申報中的道教

上

1872／1902

丁常云
高洪兴 主编

上海辞书出版社

图书在版编目(CIP)数据

《申报》中的道教 / 丁常云，高洪兴主编. 一上海：上海辞书出版社，2024
ISBN 978-7-5326-6164-0

Ⅰ.①申… Ⅱ.①丁… ②高… Ⅲ.①道教史-研究-中国-近代 Ⅳ.①B959.2

中国国家版本馆 CIP 数据核字(2023)第 231718 号

《SHEN BAO》ZHONG DE DAOJIAO

《申报》中的道教

丁常云 高洪兴 主编

责任编辑 王 媛
装帧设计 梁业礼
责任印制 王亭亭

出版发行 上海世纪出版集团
上海辞书出版社®(www.cishu.com.cn)
地 址 上海市闵行区号景路 159 弄 B 座(邮政编码：201101)
印 刷 浙江新华数码印务有限公司
开 本 787 毫米×1092 毫米 1/16
印 张 64
字 数 950 000
版 次 2024 年 5 月第 1 版 2024 年 5 月第 1 次印刷
书 号 ISBN 978-7-5326-6164-0/B·346
定 价 398.00 元(全 2 册)

序

1988 年底，上海市宗教事务局（现名上海市民族和宗教事务局）成立了《上海宗教志》编纂委员会和编纂办公室，我担任办公室副主任，负责具体编纂工作。包括道教在内的各教相继成立了编纂委员会和编纂办公室，丁常云道长开始参与道教志的编纂工作。从此，我们开始了长达三十多年的道教文化研究方面的切磋和互助。比如，我会参与一些道教文化建设的工作和活动。再比如，丁常云道长定期给我邮寄他主编的《上海道教》杂志，帮助我了解上海及全国的道教发展及其研究的动态。还比如，2013 年起，我参与熊月之老师牵头的《上海通史》（新修）的编写，负责撰写宗教部分。我怕对各教历史的总体走势、所涉人物和事件把握不准，怕出常识性错误，也怕无意中伤害宗教界的宗教感情，在各教都请了一位高人帮我把关，道教方面就请了已担任中国道教协会副会长的丁常云道长。我每写完一段，他就耐心细致地帮我审阅一段，我的写作持续了几年，他的审阅就持续了几年。对此，我心存感激。

清以后，中国道教渐趋式微。民国时期，名义上实行信仰自由、“五族共和”国策，实际上地方政府和官绅以不同态度对待各教，对佛、道教，尤其是道教正一道，以破除迷信的名义多次加以冲击，正一道的社会地位大降；又深受庙产兴学风潮侵蚀，道教经济基础亦不保。上海道士绝大多数属正一道，只能在半合法状态中求生存。道士接受文化教育的程度普遍不高，留下的文字不多；社会上的主流知识分子则不屑参与、记载道教界的活动，只有陈撄宁等少数有特殊因缘的知识分子勉力做了一些规模小、时间短的办学、办刊、出版等文化活动。因此，我们编修道教志时，深受资料极度缺乏的困扰，想方设法搜集资料，包括到《申报》中去寻宝。《申报》创刊于 1872 年 4

月 30 日，停刊于 1949 年 5 月 27 日，刊行 78 年，是近代中国发行时间最久、具有广泛社会影响的报纸，见证、记录了晚清、民国时期中国社会方方面面的历史，是研究中国近现代史的“百科全书”，也是研究上海宗教史的资料宝库。那时，《申报》还没有电子版，我们组织力量扑进上海图书馆，逐页翻阅纸质影印本，形成四本手写的宗教资料目录，然后组织各教力量查阅、整理。因道教对这些资料最为渴求，故翻阅人员以道教人士为主。这番查阅，为道教研究提供了珍贵的一手资料，也使我认识到了《申报》资料的真实性、丰富性和重要性。但是，《申报》影印本字体被缩小，清晰度下降，人工查阅非常不易，疏漏难免；多人查阅，知识储备不一，收录标准难以统一，遗漏不少；上海道教历史研究刚起步，查阅人员不了解所有与上海道教相关的人物、地点和事件，漏收甚多。

2011 年，我发表了《道义和利害的权衡——南市难民区的成立及其意义》一文，引发了一定的社会反响，其中的“意义”涉及红十字会和国际人道法的建立。因此，2012 年起，我应邀参与了上海市红十字会的一些学术活动。通过这些学术活动，得知他们依托学术界，白手起家搜集资料，编写史志，已于 2011 年出版了由苏州大学池子华教授等人主编的四卷本《〈申报〉上的红十字(1897—1949)》，为史志研究打下了基础，也赢得了学界的好评。苏州大学后来渐成中国红十字会研究的重镇，2019 年，中国红十字会和苏州大学联合创办了全球首个红十字国际学院。一次，我与丁常云道长谈起，是否可以仿效中国红十字会，编一本《〈申报〉中的道教》之类的资料集子。丁常云道长兴趣盎然，于 2019 年 2 月 18 日开始组织编写组。这时，《申报》已有电子版，可以用关键词进行检索。上海图书馆研究员高洪兴加盟编写组，这项工作才得以展开。高洪兴是复旦大学历史系毕业的硕士研究生，长期从事近现代文献整理工作，曾整理并出版盛宣怀、唐绍仪、柳亚子的档案文献和江苏咨议局中的立宪运动史料，有专业功底、实践经验，还有查阅资料之便。编写组以 2018 年 6 月 2 日成立的浦东道教文化研究所为主力，高洪兴研究员是重要骨干，还邀请了复旦大学、华东师范大学、上海社科院宗教所等科研机构的学者参加，我也忝列其中。在丁常云道长的主持下，共同商定编写的目标、原则、规模、体例和编务细节。

既是“选编”，那首先要明确“选”录的标准。《申报》资料量极大，涉及道教的资料也太多，编写组搜集的原始资料有近 1 300 万字，仅 1872—1879 年的 8 年间就有 95 万字，如果不加取舍，那么既没有能力出版，也会令道教研究者迷茫。要取舍，必须有标准。比如，涉及鬼神、迷信的言论、政策是否收？对道教出版物的介绍是否收？在庙宇里举办慈善活动、开办学校的新闻报道，在大王庙举办端午赛龙舟等民俗活动的消息，是否收？庙里禁办迎神赛会后，在游乐场所“大世界”举办模拟城隍赛会的消息，是否收？经编写组反复讨论，逐步确定了收录原则：与道教有密切关系、有史料价值。当然，丁常云道长自 2020 年起主编、出版“当代道教研究”丛书，在坚持道教中国化方面已经做出了不少成绩。有鉴于此，收录标准自然要包括：符合道教中国化方向，不收那些可能产生负面影响的资料。同时，编写组也希望尽可能地尊重历史，客观保留资料的原貌。按上述三条原则，经三次大幅删减后，留下约 2 500 条的资料，呈献给读者。

编写组以十分认真负责的态度编写本书。首先逐步扩展搜索关键词的范围进行筛选，包括上海历史上出现过的 840 多个道观名，以及它们的别名和所供神明。只有充分占有资料，才能减少重大遗漏，“选”才有意义。其次进行甄别工作。选定后的甄别颇费功夫，却很有价值。《申报》电子版是先扫描影印本，形成 PDF 图片版，再将 PDF 图片版转换为更易检索的 WORD 版。几经转换，WORD 版错误实在太多，甚至文不对题，必须核对 PDF 版。编写组对照使用得泓和青苹果两个《申报》电子版，进行互补，甚至核对纸质影印本，以获得最佳版本。甄别出来的错字、别字、脱字、衍字、残缺字、无法辨别字，一一加以不同标识，提高读者阅读、理解的准确性。整理资料，特别是判断早期竖排资料的句读，不仅费功夫，还需功力。编写组利用上海 2022 年抗疫“静默期”，定心完成了这一艰巨任务。本书对资料的编排以时间为序，不分类。但对每条资料的标题进行了重点整理和完善，有的重拟标题，并加上区别性整理的标志。读者通过这样的标题就可以相对准确地检索到自己需要的资料。有的资料没有注明地名，编写组查了上一级信息，标明地名，赋予地域归属，以方便取舍。对资料的作者，有的资料有标明，予以保留；有的资料没有作者，则加以总体说明。为符合当今读者的阅读习惯，改成规范汉字简体横排，人名、地名中简化字意义不明确的，适当保留原来的繁体字或异体字。我相信，编写组的每一次甄别、每一处点校，必定会给众多读者带去一份便捷。

这本书将开创性地为中国道教文化，特别是上海道教文化研究提供原始的、可信的、鲜活的资料，提升全社会对道教文化的关注度，帮助筑牢道教中国化的基础。

如前所述，清以降，上海道教文化建设薄弱。1949 年后，为使道教获得与其他宗教一样的社会地位，道教界人士努力了很多年。中国道教协会成立于 1957 年，在全国性的爱国宗教团体中，是成立得比较晚的，且以全真道为主；上海道教协会自 1957 年筹备，历经 28 年，1985 年才正式成立。也就是说，改革开放以后，上海道教才真正有了带领信众与社会和谐相处的爱国宗教团体，道教团体才获得了完全的合法性，道教才真正获得了社会认同。鉴于人才的严重缺乏，1986 年，上海道协开办了上海道学班，培养道教人才，使上海道教能后继有人。其中，涌现出丁常云等一批有志于道教文化建设的青年才俊，他们借用和吸收社会力量，推动上海的道教文化建设，使之达到较高水平，与其他宗教并驾齐驱，并呈现出相当大的活力和潜力。在此过程中，任何成果都值得关注和骄傲，也将留载史志，包括这本书。

张　化

2023 年 2 月

前　言

《申报》是近代中国历史最长、影响最大的一份报纸，1872 年 4 月 30 日，在上海创刊。历经清朝同治、光绪和宣统三个时期，又经历了辛亥革命、五四运动、北伐战争、抗日战争和解放战争等各个历史阶段，至 1949 年 5 月 27 日停刊，前后历时 78 年。《申报》所经历的清末和整个民国阶段，正是中华民族的“多事之秋”。《申报》既重视对国内外大事的采访与报道，又将目光投向社会市井，是“中国第一张现代意义上的报纸”。它较为全面、详尽地记载了政治、经济、科学、教育、文化等方面的重要文件、条约协议、统计资料，被史学界誉为“中国近现代史百科全书式的文献资料库”。当然，这里也包括诸多道教方面的史料，真实地记录了道教活动与历史轨迹，是研究近现代道教的重要资料。

史料是历史研究的基础。研究道教历史、撰写道教史学论著，离开道教史料是寸步难行的。二十世纪九十年代初，我在参加上海市宗教局组织编撰《上海宗教志·道教篇》时，就因为缺少近现代道教史料而影响了编修工作的推进。后来我通过系统查阅《申报》影印本，梳理其中有价值的道教史料，才使《上海宗教志·道教篇》的资料丰富起来。同时，查阅《申报》全文后，我发现其中记载的近现代道教史料，涉及时代变迁、组织兴衰、道观演变、历史事件、宗教活动、政策法规等各个方面，可谓是包罗万象，这是近现代道教研究不可或缺的宝贵史料。为此，在张化老师的倡议下，我们浦东道教文化研究所积极组织人员，对《申报》中的道教史料进行全面梳理，选编与道教相关的重要史料，通过编排、标点、校对后汇编成册。

呈现在读者面前的《〈申报〉中的道教》，是由道教界和学术界共同努力完成的，是浦东道教文化研究所工作的又一项重要成果。《申报》跨越晚清、民国，是特殊时代的产物，有着特殊的社会地位。正如《申报》发刊词中所说："凡国家之政治，风俗之变迁，中外交涉之要务，商贾贸易之利弊，与夫一切可惊可愕可喜之事，足以新人听闻者，靡不毕载，务求其真实无妄，使观者明白易晓，不为浮夸之辞，不述荒唐之语，庶几留心时务者于此可以得其概，而出谋生理者于此亦不至受其欺。此新闻之作，固大有益于天下也。"正因为《申报》所载内容丰富而翔实，所以深受社会各界的欢迎，成为当时发行量最大的中文报纸。《申报》中有关道教活动的报道可谓不胜枚举，客观反映了当时道教的状况，是研究者必须加以充分利用的资料库。本书的出版，将为近现代道教研究提供查阅便捷、翔实可信的资料。本书选录的《申报》史料主要包含以下几个方面的内容：

其一，记载了近现代道教组织的发展历程。道教组织是社会历史发展的产物。自 1912 年道教界人士在北京白云观发起成立中华民国道教会之后，其他地区也先后成立道教组织。《申报》所载最早的地方道教组织，是苏州道教公会。不过《申报》中仅收录《苏州道教公会章程》(1912 年 5 月 4 日第 7 版)，并没有记载成立时间。此后，在上海组织成立的道教组织，《申报》中都有报道。比如，自 1912 年开始先后成立道教公会事务所、道教公会机关部、松江道教公会等。还有，1928 年成立中华道教联合会并发表《宣言书》，1936 年成立中华道教会，1944 年成立中华道教总会，1947 年成立上海市道教会筹备会等。此外，还有相关道教组织活动的报道。比如，上海正一道教公会兼办中华民国道教总会江西本部驻沪总机关部的声明，上海正一道教公会来函，全国道教会填给证书的会议公告，道教总会召开职员会议的公告，江西道教总会驻沪机关部的通告，道教总会驻沪机关部开会记录，中华民国道教联合会筹备委员会第一号通告，道教联合会历次筹备会记录，中华道教会执监宣誓就职，中华道教会通告各庙登记，上海市道教会召开会员代表大会公告，等等。这一时期成立的道教组织虽然很多，但是由于处于晚清至民国这段特殊的历史时期——传统宗教大多遭受无情的打压，道教组织真正能够正常开展工作或者发挥作用的并不多，多数道教组织只能流于形式，或者在困境中求生存。所以所有这些记载，都是道教组织发展的历史记录，反映了道教有识之士为道教生存与发展做出的积极努力，为研究近现代道教团体组织建设提供了翔实的资料。

其二，记载了近现代道教宫观的兴废过程。道教历史表明，道教宫观的兴废是道教盛衰的历史缩影。晚清至民国，中华民族处于深重灾难之中，社会动荡，民不聊生。这一时期的道教，逐步走向衰落，道教宫观也只能在夹缝中求生存，在艰难中求发展。《申报》对各地道教宫观的兴废情况都有所涉及，有的还进行连续报道。其中，有对于各地毁庙风潮的报道，如厦门《巡长拆毁神像之风潮》、镇江《捣毁偶像之风潮》、《皖垣毁灭东岳庙神像之风潮》、《鲁省府令毁岱庙神像》、嘉定《城隍神像亦遭捣毁》、萧山《城隍庙改为救济院》、浦东《钦赐仰殿捣毁记》、青浦《城隍偶像被捣毁一空》等；也有关于道观重修、重建的报道，如《重修杭州西湖岳王庙举行落成典礼》《句容大茅山元符宫重建三清大殿择吉上梁启事》《改建西门关帝庙将兴工》《上海桐柏宫道院迁移新屋》《修建钦赐仰殿》《上虞重建东岳庙》等；还有道观改作他用的报道，如《毁寺庙为学堂说》《武当宫改为西路高等小学〈武昌〉》《吕荡庙改为蒙学〈松江〉》《天后宫内设小学之教厅指令》《高昌庙将设小学堂》《老君庙准改医院》《关帝庙设立中西医院》《城隍庙改筑中山厅》《神庙改作教室》《元妙观将改建中央市场〈苏州〉》《城隍庙改建民众娱乐场〈镇江〉》《城隍庙归入公产》等；还有举办慈善活动的有关报道，如《小北门大境关帝庙灵医送诊时疫》《虹庙施诊给药》《城隍庙改为救济院》《保安司徒庙施诊给药》《施送观音急救保安水》《道教会施衣及施粥券》《中华道教总会筹募冬赈启事》《蓝卍字会上海道教时疫医院免费开诊启事》等。《申报》中的这些报道，真实地记录了道教宫观的兴废过程与社会活动，客观地反映了晚清至民国时期道教宫观的生存状况，是近代道教宫观生存与发展的历史见证。

其三，记载了近代道教重大活动和重要事件。晚清至民国这段时期，中国道教逐步衰落。特别是民国时期的道教，更是遭遇前所未有的生存危机，一度陷入被社会边缘化的困境。而在上海，由于特定的地理位置，上海道教反而出现了畸形发展。《申报》对当时道教的有关活动都做了客观的报道，保存了很多有价值的道教史料。其中，有关于张天师在各地活动情况的报道，如《道教所称张天师来沪》《纪张天师莅皖》《道教欢迎张天师〈安庆〉》《世界宗教会欢迎张天师》《张天师带印回山》《张天师整顿教规》《张天师昨日出殡》《张天师莅汉之盛况》《张天师请赐封给印》《张天师到苏州》等；有民国政府禁止道教活动的报道，如《县示禁止僧道建醮〈镇江〉》《上海县禁止赛会示谕》《吕荡庙被封》《民政长吴晓谕禁止迎神赛会》《军警勒拆戏台》《警务长遏止香汛》《巡警干涉迎神求雨之风潮》等；还有其他重大事件的相关报道，如对东沙岛事件的系列报道，以及《美博士讲论中国道教》《布告寺院管理暂行规则》《保定军界致祭关岳纪》《大世界九皇大会》《义记新世界福善坛大建公醮》《五省和平祈祷会》《邑庙董事会成立会纪事》《张天师在杜祠建道场》等。《申报》对道教重大活动和重要事件的记载，是晚清至民国时期道教重要历史时刻、重要历史瞬间的真实记录，是道教在困境中艰难前行的历史再现，是关于近现代道教的极其珍贵的文字资料。

其四，记载了全国各地各类迎神赛会活动。迎神赛会是深受民众和信徒喜爱的道教传统宗教节庆活动，规模盛大，影响深远。晚清至民国时期，仍然十分盛行。在一些特殊的日子里，各地多数道观都会举行神像出巡活动，以求消灾赐福。和其他宗教节庆活动相比，《申报》中关于迎神赛会活动的报道，可以说是最多的，内容也是最丰富的。其中，有城隍出巡活动的专题报道，以上海城隍出巡最多（几乎每年都有报道，并事先告示路由）。如《城隍神会之热闹》《城隍出巡再记》《鸠江赛会纪事》《城隍庙迎神赛会纪》《清节迎神赛会之热闹》《昨日三巡会之盛况》等。有对各地迎神赛会活动盛况的直接报道。比如，《浦东迎会闹热》《浦东赛会》对浦东洋泾和三林地区的赛会记录，《赛会纪盛》对杭州赛会的记录，《猛将盛会》对苏州的驱蝗赛会的记录，记录天津赛会的《药王庙赛会》，《台民赛会》对台湾赛会的记录等。也有专门为驱疫而举行迎神赛会的报道，比如《时疫流行中之迎神赛会》《乡民因疫迎神会》《迎赛东岳会驱瘟遂疫》等。还有政府部门禁止举办迎神赛会活动的相关报道。比如，宁波府发布《禁止赛会告示》，报道浦东上、南两县禁止举办赛会的《禁止赛会》，松江府发布《松府示禁赛会》，报道苏州禁止赛会的《县长禁止迎神赛会》，等等。《申报》中这些翔实的记录，真实反映了晚清至民国时期道教迎神赛会的社会影响，这种集宗教、民俗和娱乐于一体的迎神活动，正是中国社会传统信仰的体现，在民众日常生活中有着很强的生命力。所以，这些也是研究中国传统宗教和社会民俗的宝贵资料。

本书的选编与出版工作，受到上海市道教协会、浦东新区道教协会的高度重视，得到上海钦赐仰殿道观的大力支持。上海图书馆研究员高洪兴先生做了大量工作，付出了辛勤劳动。上海社科院宗教研究所特约研究员张化老师自始至终给予关注和指导，并在百忙之中为本书写序，给予鼓励和肯定。浦东道教文化研究所全体同仁积极参与本书条目的编排和点校工作。上海通志馆馆长吴一峻先生为我们查阅、核对《申报》影印本提供了诸多方便。上海辞书出版社为本书的出版做了大量工作。同时，本书在选编过程中，还得到浦东文史学会会长唐国良先生的关心和指导。在此，一并表示衷心的感谢！

对《申报》中的道教史料进行整理出版，是浦东道教文化研究所的一次积极探索和大胆尝试，如果此书对道教文史爱好者和道教文化研究者有所裨益，我们将倍感欣慰。但是，由于《申报》内容庞杂、篇幅巨大，加上影印本字迹不够清晰，给选编工作带来较大难度。编委会成员凭着对道教文化建设事业的挚爱，尽心尽力、任劳任怨。但终因时间仓促、经验不足，本书难免有疏漏和不当之处，敬请各位读者批评指正。

丁常云

2023 年 2 月

凡　例

一、本书为道教史料选编，所选史料均来源于《申报》。按年份编排，每条报道后均注明发表时间及所在版面。

二、报道如有原名，尽量沿用。如无原名，或原名表达不甚清楚者，由整理者拟定。

三、本书使用规范汉字简体。人名、地名中简化字意义不明确的，适当保留原来的繁体字或异体字。词语中古今用字不同的，以《汉语大词典》《辞海》等权威工具书为依据，尽量保持原用字。

四、《申报》版面编号说明。

《申报》有纸质影印本和电子版。影印本版面编号即原版《申报》版面编号。《申报》版面编号方式屡有改变，有时并非从头至尾依次给版面编号，而是以张为单位，在第几张下标明在该张的第几版，如“第二张第一版”等；甚至同一张还分前后幅，前幅编号标明“第几张第几幅”，后幅编号为“第几张后幅第几版”。此外，《申报》还不时有“增刊”“号外”及附送的“附张”版面。电子版编号有所简化。为便于读者查阅起见，本书在采用电子版编号的基础上，必要时再补充原版《申报》的版面编号。

五、点校符号说明。

本书对所选史料进行了整理。正文中，原文的错别字用「」标出，并在其后用[]标明正确文字，所脱字以【】标明，衍字于『』内标明，原文残缺及无法辨识的文字以■表示，原文模糊但可以辨识和补充者于()内表示。原文中的注释类文字加〔〕表示。

1911年起，《申报》先后设置《各埠通讯》《各省通信》《地方通讯》《某地快信》等栏目，将关于某地的报道归置于相应栏目之下。选自这些栏目的资料，整理者将地名用〈〉括注在题名后。若报道文字说明了地名，则不括注。此外，其他需要注明事件发生地点者，也用〈〉括注地名。

整理者自拟标题用〖〗表示。

六、本书所录《申报》刊载时间，清代采用年号纪年，括注公历纪年，民国时期采用公历纪年。

七、原版《申报》为繁体竖排，本书为简体横排。底稿中“左”“如左”“左列”“右”“如右”“右列”等文字均保留。

八、除电讯外，报道时有“本报讯”“本报特写”之类字句者，本书未录入。

九、部分文章标明作者，作者姓名一概列入脚注。作者前有“记者”等称呼者，“记者”等字删去，保留其姓名或字、号。

十、《申报》所载，同一标题下，有时包含多则内容，本书只摘录其中与道教相关的部分。若选录内容中间有省略部分，则加省略号。若选录部分前后有省略者，则不加省略号。

十一、本书选录内容的数字用法沿用《申报》。

上册目录
1872—1902

1877年

1880年

1881 年

1882 年

1883年

1888 年

1889年

1890 年

1891 年

1895年

1896年

1897 年

1898年

1899年

1900年

1872年

纪上海城隍庙神羊事

上海城隍庙向有放生绵羊数十只，内有数十年者，有十余年者，有数年者不等。近日以来，其最年久者往往出游城乡各处，人皆知为邑庙中羊，不敢驱逐，任其所之。又能往搭各处航船至乍浦、海盐等处地方，游历数日，仍附原船回庙。初欲搭船他出，先至船所傍之岸，俟船将开行，方始跳入船中，眠于隙处，以候解维，即船主驱逐亦复不去。已至其地，羊即上岸而去，并能附此船出附彼船回。现在各航船主均知为邑庙物，习以为常，任其附载，亦不之怪。夫羊知跪乳，世称孝兽，然究蠢然一物，所至之地，花果草木践踏尤甚。乃此游历所至之地，往来所附之船，皆任其行走居处而不之逐，殆已具有灵性，方能如此驯良，不至取人厌恶，谓之神羊夫，谁曰不宜哉。

同治十一年五月十七日(1872年6月22日)第二、三版

述茅山殿始末事实

邑西门内万福行宫祀三茅神，俗曰茅山殿，肇于咸丰初年，仅一椽草舍耳，迨咸丰末同治初，日新月盛成大刹焉。其事创于龟鸨，其资醵于娼妓，竟成轮焕之观矣。庙中干禁之事，一曰跳马，披以椅若凳，排列巨钉，习惯健儿坐卧其上，口中喃喃，或祸或福，鬼蜮伎俩，人所不解。一曰迎赛会，三月之吉，众龟毕集，萧鼓笙铙，旗旌羽籥，城厢周游，(租)界不入，结队成行，自朝及夕，官虽未禁，民皆侧目。以上二事，发轫不过十数年，以无人过问，遂至肆行无忌焉。论其事，原非谋为不轨。观其迹，实系招摇惑众。诛其心，则以上洋各业皆有会馆公所借以集众议事，彼业有此处所，庶不至独抱向隅之叹。然既曰公所，必有董事，既曰董事，必有项戴，此余李卢郭诸人所为必不可少者也。独怪夫舍管仲而祀三茅，不知其义何取，亵侮真神，孽亦重矣。往岁尝用董事名帖敦请地方官员诣庙拈香，率皆拒而不往，盖虽

未明申禁令，却亦未受其愚也。今阅《申报》所载因告道士而有告白一条构讼县堂，殊属可笑。夫张道士者不修炼于山深林密之中，乃留连于山节藻税之所，致令刁徒借口、恶棍垂涎，董不能为护身之符，龟岂能作藏身之窟。况有司励精图治，明理烛奸，将并其窟而毁之而何有于龟，且并其符而焚之而何有于董道士乎。道士乎曷不飘然远举乎。吾闻句曲之间山水极佳，三茅之灵宝式凭焉，决不爱此污浊之区、歆此龌龊之祀也。明矣，是乌可以不辩乎！

同治十一年六月初八日（1872 年 7 月 13 日）第二、三版

邑尊给茅山殿门禁告示

为给示谕禁事：据职举潘承湛、江承桂、沈大立、朱长熠、华伯宰、周溶等禀称“小南门外二十三铺地方茅山殿，系城内西仓桥潘姓捐造庙宇并置器具，向归潘姓为庙主，又拟附近公正之人为护法庙董经理其事。因有刘煜村近须驱逐，「巳」[已]将庙内什物交还潘姓收管。今议得安澜道院前道令司王涵老成妥当、恪守清规，堪以接管。惟恐无知棍徒借端滋扰、恃强借宿，叩请示禁”等情，据此，除批示外，合行给示谕禁，为此示仰地保居民人等知悉，自示之后，如有棍徒入庙借端滋扰、恃强借宿，立即指名禀县以便惩究云云。

同治十一年六月二十二日（1872 年 7 月 27 日）第三版

记遇仙赠丹事

王虚翁者，湖州乌程县人，号筠窗，世居郡城馆驿河头，伊家信奉吕祖不一代矣。曩尝预合药肆中所未备之救急丸丹、玉雪救苦丹、纯阳正气丸以及损伤狗咬药等类，施送不谋利，亦不计功，吾湖人咸谓王筠窗可与苏州谢蕙庭先生媲美云。兵燹后，家计寥落，而其医药贫苦者则仍不事少懈，洵一乡之善士也。同治十一年七月二十三日，伊子号渔舲者，余之犹子婿也，于是日午初时在馆驿巷下段地方，忽路遇一老翁，呼曰：“来，来，哈哈，我有物赠

你。"老翁即在腰带之左挂有蓝布小钞马袋中上口取一枚、下口又取一枚授之，乃是胡桃两枚，色白，大而且鲜。渔舲接时向问作何用处，即曰："你取往家中自有用场。"叮嘱其中有物，不别而去。渔舲携至家中，禀知虚翁，以谓湖州从无新鲜胡桃，事出奇异。既云有物在内，何妨用锤敲之。桃甚坚固，锤之数下始开，异香满室，座中人客闻之骇然。第一枚肉色紫衣肥润并无他物。第二枚更坚，锤至六七下乃开。看右半片亦紫色肉无物；左半片一半有肉，一半夹生膜，拨开膜，突见一丹嵌其中，状如古老时铜钮大，有金色银色大小斑点不一，奇香馥郁，莫可名状。时虚翁敬诣郡之天医道院请珓卜之，叩问此丹是否即昔日纯阳丸中所用之九凤丹乎，竟得圣珓。可见思之思之鬼神通之。孰谓遇仙诚难事，吾恐仙之度人更难于人之遇仙也。王虚翁信心奉道，力行善事，殆亦近乎仙矣，焉得不有真仙遇之哉。余昨接家书所云，确乎此说诚非荒唐，故笔之于《蛰庵杂记》中。云苕上凌德嘉六甫志。

同治十一年八月初一日(1872年9月3日)第二版

记香港醮会

港地连日醮会之举，恭迎列圣銮舆镇游街巷。丝竹管弦之盛则有洋洋盈耳之笙歌，衣冠锦绣之仪则为落落大观之人物。二龙飞舞将欲跃渊见田，五凤跨游恒愿凌霄接汉。西历紫薇之巷燕舞翩翩，东过兰桂之芳马腾簇簇。旌旗历乱真堪耀目炫神，翡翠迷离亦足赏心快志。又况会名花果，盘设盂兰，宣佛法于无边，启坛场之浩荡。结若蜃楼不少，茧丝蝉壳幻成海市，居然万户千门，莺院花香宏招蝶使。法场善广，遍诵菩提。羽衣则说道德之言五千一贯，比丘则证如来之法万亿归虚。夺目张灯，风来则有声铿尔；迎神结彩，雅化则静寂肃然。将见识六如之道，咸登欢喜之乡。空三昧之心，众拔忧愁之国矣。

本港赛会之设，有以稚年小子巧装昔人故事，使之骑马遍历街衢，以为乐趣者，殊不足观。况当炎天赤日，烦苦备至，在彼小子实有惨不可言，乃父若兄又何忍？乐而为此，风会之陋习真可怪哉。

同治十一年八月初三日(1872年9月5日)第三版

孚佑帝君放生文①

春生万物，感召祥和。人为万物之灵，当体天地生生之意，为国家培元气，为家庭致休征，为一身成善愿，为众类溥恩施。天下无告之穷民，此为最难普济。天下有形之血气，此为最难周察。一物之微其损已细，然非有人焉发此善念，救此细微，则生理已几半息矣。上海为人烟辐辏之区，一日之中，一年之内，其戕生者不知凡几，亦岂无救生之士、放生之流，然或始勤而终怠。而其中有无知之徒，更创一说，谓无生之不灭、无灭之不生。理似近情，人易煽惑，遂使饮食之微，大而牛犬可恣意而杀之，小而鱼鳞遂可无日不戕之。虽天地生物以养人，而生之者促，食之者繁，恐天地好生亦将靳其生而不使饱无厌之口腹矣。大劫当前，欲求一粒之粗粝而不可得，此亦曾几何时哉。乃一入尘网，便不思返。窃恐天不之许，神不之应，必致处于劫外仍不离他劫之侵凌，伊可畏焉。诚能量力而行，不以其细而忽之，自不以其大而犯之。一节之微积而至于众善，一人之力合而成为众擎。由小及大，自少至多，则一念之祥和便可与三春之煦育相辅而行，而家庭亦臻豫顺，子孙亦得繁昌，身体亦见丰腴，物利民恬，一善士何非国家之良佐哉。此可为放生者告。至于择地而施，总由人先禁捕，又得活水源头，则生机自畅，当不致见笑于校人矣。勉诸毋怠。〔是篇得于乩坛，言词悚切，有心者其共遵之。〕

同治十一年八月二十二日(1872年9月24日)第一版

叶邑尊查禁匪人以符箓撞骗告示

出示晓谕事：准人真人府张移开"切照敝府世受国恩，掌理道教，所有祖传经箓原为济度亡魂、宣扬正教而崇道法。近有一等不法之徒，擅戴五品、六品顶戴，以符箓各项遍地引诱善信，招摇撞骗。不思符箓以传家印信为真，印信属于敝府祖传，从无假手。如此符箓遍售，难保不无伪造。查有

① 本文作者署名“河间悟程子”。

已经地方官讯明、责革之官长吉、罗保泰、罗保和。惟恐以伪符撞骗，滋生事端，请出示晓谕并烦立案”等因，准此，合行示谕。为此示仰该地甲居民人等知悉，如有此等匪人将符箓撞骗情节，许指名禀县，以便提究，尔等不得受其愚弄，各宜遵照。特示。

同治十一年八月二十八日（1872 年 9 月 30 日）第三版

记葛井仙丹出现事①

丙午夏夜，与关君欣伯夜泛舟西湖中，风雨骤至，舟泊圣因寺前，时已漏下三鼓矣。雨霁，予登岸闲步，见孤山之背有火光冲天，意必火起。趋往孤山路口，视之，见有红丸一颗，大约径尺五寸，金光四烁，如旭日初升。时许，渐堕地下，光亦渐隐。予心异之，不知其为丹也。次早湖浜访老人问之，据云此系葛丹出现，由葛岭炼丹井中起，故西湖八景中有葛岭朝暾云尔。予迩时自惭浅陋、见闻狭隘，以谢老人。老人谓予曰：“此丹出现不易见也，君殆非庸流辈乎，尚其勉旃。”因录之以记其异。

同治十一年九月初十日（1872 年 10 月 11 日）第三版

道宪禁龙王风神庙前开设酒馆告示

道宪沈为出示谕禁事：据船号商郁森盛等禀称“商等素业沙船，出入重洋，专赖神祇默佑。近年海洋不靖，船只迭遭危险，屡赴各庙祈祷以期安澜。查南市十六铺八图地方向有龙王风神庙，本系船商豆业捐建，公举羽士住持庙事。庙前照墙原有栅栏圈护，不料该住持擅将照墙栅栏折毁，改造市房，开设大荤酒馆，贪得重租。但酒馆杀生最众，紧对庙门，实属亵渎神灵。并查该庙历设海运总局，出入人众，一开酒馆，难免不酗酒生事。禀请示禁该庙门前勿开酒馆以免杀生，并请札县谕饬遵照”等情，到道，据此，除批并札上海县外，合行出示谕禁。为此示仰该住持及地甲军民人等知悉，所有该庙

① 本文作者署名“崖泉居士”。

门前现开酒馆作速迁移他处，免致杀生秽亵及酗酒滋事。如敢不遵，即由该号商禀县驱逐。各宜凛遵毋违，特示。

同治十一年九月二十八日(1872年10月29日)第三版

叶邑尊谕禁迎会积弊告示

照得清明、中元、下元三节，本县牒请邑神诣坛赈济孤魂，凡有随巡书役人等理宜虔肃。前因有妇女扮犯，涂脂抹粉，身穿赭衣，乘坐无衣竹轿，跟入会内行走，以致轻浮子弟逐队嬉戏，大为风俗人心之害，历经示禁在案。兹届下元令节，诚恐无知妇女仍蹈前辙，除委员查办外，合行出示谕禁。为此示仰阖邑军民保甲人等知悉，自示之后，如有妇女扮犯随会行走，定提夫男究惩，决不姑宽，各宜凛遵毋违。特示。

每逢令节，本县牒请邑神诣坛赈济乏祀孤魂，凡有随巡书役理宜虔肃，马执事人等亦应缓辔徐行，毋许疾驰奔逐，并不准深夜迎回，以昭诚敬。自应限于辰刻起马，申刻即行，恭迎回庙，前经出示谕禁在案。兹届下元赈济之期，合行查案谕禁。为此示仰保甲及各项会首人等一体遵照毋违。特示。

同治十一年九月二十九日(1872年10月30日)第三版

镇海庙重建告示

为出示禁约事：据原办镇海庙工职董贾履上、赵光禧、赵豫升、周志鸿、周树莲等禀称“大东门外镇海庙，职等于同治元年环禀前邑廉给示筹捐起建后楼侧厢，惟大殿山门未建。现经树莲将僧超尘所抵庙基涨滩一亩五分划还转售得价施工，禀蒙宪批应即照此办理在案。复经志鸿雇工购料，克日重兴，诚恐无知阻扰及偷窃料物等情。并查山门外旧有地场，在三年分有沈姓借地起房，出租取息，行人往来甚形不便。职等现着该僧向沈清理拆让。合祈一体出示禁约，俾庙貌重新，行人方便”等情，到县，据此，除批示外，合行出示禁约。为此示仰该地甲居民人等知悉，镇海庙重建大殿山门，克日兴工，如有无知之徒借端阻扰以及窃取物料情事，许该职董等指名禀县，以凭提案究惩。再山门外借地起造房屋，行人不便，此番应由该僧清理拆让，各宜遵照毋违。特示。

同治十一年十月初六日(1872年11月6日)第三版

1873 年

浦东迎会闹热

浦东洋泾镇之东陈家村地方有三老爷庙，土民相传为东岳之甥，每三年须解饷往钦赐仰殿以保一方之年丰，平静年间历来如是，匪扰后不复举行者数载矣。今年又复兴赛。将次届期，曾奉邑尊访闻示禁。迨后在会之人太众，皆因有保佑丰年之说，地保等莫之能遏，是以仍于前十七日出迎。邑尊因知习俗惯常，只得勉体舆情，未遑提究，而会首人等亦深体宪心，毫不肇衅。是日也天朗气清，适逢礼拜，浦西各处往观者不下十数万人。其会中随从，有「台」[抬]「橺」[阁]及装扮戏出，以及三百六十行故事，皆用机巧贵重之物装饰，极其闹热可观。路过洋泾镇，自未刻经由，至酉刻尚未走完，接连有二十余里之长，可谓盛矣。据称看马之驼有翡翠、如意等约值万金。最可喜者，迎者观者如此其众而不致闹事，虽邑尊示禁在前，亦殊见夫地方之安静也。

同治十二年三月二十日(1873 年 4 月 16 日)第二版

记陶家堰天师拿妖事

绍兴之陶家堰有村人某家，忽有怪异，不见其形而为扰殊甚，主人不能堪也，则祷祠之，扰如故，则禳解之，扰亦如故。且其扰也，非有他故，秘藏扃闭之物无端而失其所在矣，中单亵秽之物无端而出之于外矣，其于人则无伤也。而主人痛苦怨毒之深，必欲泄此忿也。因介其戚属某太史往函请龙虎山张天师来除之。天师得其聘币，慨然命驾扁舟一叶直抵越中。至则仅携法官四人而已。主人除舍宇以馆之，设坛场以延之。天师乃研朱命笔书黄纸为符者十余纸，属主人遍悬之于门外户内，以及寝室、庖湢之地无不遍，并曰三日后可捉矣。天师乃登坛焚檄文，檄城隍神、檄社公令之搜捉，曰三日必获。至期则天师登坛，鸣金鼓，动铙吹，宣步虚之唱者。久，复焚牒牒诸神将。天师乃一手持宝剑，一手叠五雷诀，禹步禁咒者。又久之，二法官服五品服俯伏于地，(二)法官服五品服仰伏于地。先是案置一钵。天师取一钵托于掌中，以剑头再三画。忽见钵中现火球，渐而火焰腾上，高尺许，焚灼几及一时之久，天师手不为炙也。是时观者如堵墙，无不称奇诧异云。既而金鼓愈紧，铙吹愈繁。天师禹步蹀躞，忽急至案前，取案上钵合之，大声叱曰："在是矣。"复急取符箓封之，命法官起携之而去。遂登舟渡江来游武林云。呜呼！符箓禁咒之术本为道家下乘，以今日法派寖微，至能持此术者亦不可多见，若龙虎真人，则犹能守其祖传，而不使饮食嗜好之侵寻以失其本来道力欤，岂非彼教中之所为佼佼者乎。因记拿妖事而附论之如此。

同治十二年三月二十七日(1873年4月23日)第一、二版

记张真人治妖庙事

杭州织造使者有女，年甫及笄，忽病，临终时谓父母曰："三姑要我作婢。"使者因痛女之夭，恨三姑入骨髓。但不知三姑为何如神，令人访之。知嘉湖交界处有杨爷三姑庙，左杨爷而右三姑，两庙相联。据土人云是夫妇，香烟之盛甲于西浙，盖以三姑能治病。凡来求方者，必先一日致祷，明日领方，饮之者往往得愈。若病不可治，则明日无方。三姑有差十人，皆年近古稀之老媪，至夜轮班宿庙。三姑附于媪而方出焉，皆老媪口授而庙祝书之者也。绣履数千双，悬于神幕前，珠冠霞帔数百件。杨爷之金冠绣服亦动以百计。时适天师至苏，使者邀至浙，具道所以。天师乃同法官登小舟至庙所，乡人之来观天师者如蚁集。第见天师仗剑登岸，在庙门上以剑画之如书符状，已，乃贴封条一，两庙皆然。天师即登舟去。嗣后有人来求治病者，老媪曰："杨爷、三姑俱被天师捉去吃官司矣，安能复为人治病哉。"两庙之香烟遂绝。此湖友为余言者。

同治十二年六月十一日(1873年7月5日)第二版

记张真人设醮叩科名

今年天师复至苏。由苏至浙有文学二十五人醵金二百五十元求天师

醮，盖欲卜今科乡试之中否也。天师许之，乃结坛于杭之某道院。始二日，四法官不过诵经礼忏，天师每早晨一拈香而已。至第三日，天师乃演法事。于是观者如堵墙，禁之不能。天师曰："尔闲人只可于庭中立看，不可入坛。"众皆遵天师令，屏息立观。见天师将洁净新茶盘一中铺沙，频以符咒施盘中。既而将沙画作太极图，复以符咒施之。良久，乃将二十五人姓名朱书于黄纸，纸覆盘上，又符咒。久之，将令牌一击，喝曰："起。"旋见斯盘起空中，自坛中飞出，直上云霄，望西北而去，流星无其疾也。黄纸并不飞坠，倏忽不见。天师乃令一法官跪仪门上，令人遥望西北，若见盘来，急令法官两手承接。于是诸文学及众人皆向西北望，约半时许，忽见隐隐一点黑，曰盘来矣，一霎时已飞在法官手中，黄纸已无。视盘中沙则非复太极图，有字三行，如古篆隶。天师跪而观之曰："黄纸天已收去，君等二十五人不过三人得中，其姓名未可豫「曳」[泄]也。"虞某为新安诸生员，亦醮中人，目睹其事，来申述于相知如此。

同治十二年六月十三日(1873 年 7 月 7 日)第一、二版

上海设坛祈雨

天时久旱，上海合城文武官员均诣沉香阁观音大士处及龙王位前，邑庙设坛求雨。自昨二十八日起禁止屠宰，凡民间市集咸一体斋戒，冀获甘霖之应焉。倘是时得雨，则田禾尚未受伤，而沙岸木棉亦尚有秋成之庆云。

同治十二年六月二十九日(1873 年 7 月 23 日)第二版

法官设坛求雨

叶邑尊因久旱无雨，现在请江西真人府中「庐」[卢]姓法官求雨，昨已饬差借用木植在广福寺搭造将台，择期作法，想可望沛甘霖。此道士乃卢源盛栈主职员卢国安号际舟者因家中驱妖而请来者也，故现在尚寓城隍庙后卢宅，今遇此亢旱遂请其作法耳。闻此公深通玄妙，想不枉邑尊之敦请也。

同治十二年闰六月初七日(1873 年 7 月 30 日)第二版

上海近日求雨并得雨情形

天时久旱，农人望雨甚殷。兹有廿七保金司徒庙设坛祷雨，共计八十三村，每家各出一人，轮「泒」[派]敲锣执旗。复设各色彩龙共十条供奉于坛。又有数人身穿蓑衣，头戴箬帽，若业经遇雨之状。并有烧肉身香等类。再刘猛将军系金司徒庙内向所供像，现已于前三日将刘将军像请出露宿，俟得雨之后方送归庙。今系第■日，明后日更加人众。三日无雨，歇数日再求。再无雨，则日日求祷矣。总俟得雨方行停止。并闻法华各处亦均祈求。未知上苍可能鉴佑降甘霖以活众生耶。

又闻初九、十等日，闵行镇及砖驳马桥一带天雨约有三四寸，诸翟镇、北新泾有雨亦有二三寸，七宝镇、虹桥及法华一带均有微雨，外虹口及江湾一带则得细雨约有寸余，大场镇西镇亦有雨云云。日来官宪求祷如此之虔诚，加以乡民望泽如此之迫切，蔀屋铃辕均申祷祈之意，将见天和感召，不日甘霖遍沛，沾足田畴，拭目俟之可耳。

同治十二年闰六月十二日(1873 年 8 月 4 日)第二版

记卢法官求雨置备事宜

上海邑尊叶公，因天时亢旱，久祷不灵，敦请寓沪之江西真人府卢法官名保泰者设坛作法。初拟造步罡台于广福寺，现在定见建于邑庙豫园湖心亭对面三穗堂前之余地，应办事宜皆系县署谕饬差保置备。罡台高一丈二尺，方(阔)一丈七尺，台下设水缸六十四只。并置尖角黑旗二十八面，用白粉书写二十八宿星君名字。另置黑长幡一件，传请有职道士三十二名为轮流班首，各备大朝笏，均约长三尺。应置一切事宜概于初十日齐备。园中闲杂人等驱逐尽净，在园店家惟准送饭人进出。茶馆亦皆停歇，由县酌给辛工为做工人之饭食。各处园门「泒」[派]拨勋勇看守，盖免人多嘈杂以冀清净而扫除污秽也。并闻作法时邑尊与佐贰官皆须在坛行礼，阴官若城隍以及长人、新江等司亦俱恭■到坛云。昨十一日卢法官已发符行令乎。夫风云雷雨呼召可得，真人府本有此法，今邑尊若是之虔诚，则法官亦当竭其心力。且看其法力若何耳。

同治十二年闰六月十二日（1873 年 8 月 4 日）第二版

卢法官求雨许应

卢法官之祷雨也，节经本馆列入前报。兹闻卢法官保泰曾于道宪面前应许十五日以前周方一百五十里可得天雨四寸，各宪大为嘉悦，而沈观察亦面许苟能如愿当送程仪三百两之外再为备文咨请天师复还若兄若弟之职。盖卢法官有弟保安，均曾在上清宫礼拜延生宝忏，各有授职，前为同来沪上捐篆犯规，已奉天师开革，所以道宪有允为给文咨请开复之说也。此闻如果属真，则屈指十五日只有两日，似此云无斑点，未识何以致之也。

同治十二年闰六月十四日（1873 年 8 月 6 日）第二版

卢法官法术

邑庙园中筑坛求雨已列前报。有见其作法者传述，前日竖幡于水缸之旁，卢法官挥剑书符喃喃念咒，以剑指诸缸中，水可随剑而下，迨将剑提起，水亦随之而上，并授剑与祷雨官宪，指其缸，水亦能随之上下云。是亦殊见卢法官之确有法术也。惟雨仍不能霈，岂真天意耶？

同治十二年闰六月十七日（1873 年 8 月 9 日）第二版

迎位入祠

上海县城隍神秦裕伯公为元朝进士，易朝后明太祖曾三次下聘，乃一代之贤臣。坟在浦东裕伯桥，今因新造祠宇，恭请神位供奉，于前十八日由邑庙迎往。是日向常随巡在会书役尽皆恭送，大为热闹，均送至码头，下船随往者惟红班等会首耳，余者一概撤回。此次城隍神并因上届海运全数无险由大吏奏奉恩旨加封灵佑二字以答神贶，其加封之典，天后、风龙、海神皆与焉，盖上年之海运，不但风波无险，更无潮湿及船户水手盗卖等项情事，实为从来未有，因皇上之洪福，亦圣天子百灵相助也。

同治十二年七月二十日(1873年9月11日)第二版

杭州东岳庙冥审疯人案

客有言冥审痴人一案，殊可令人知人鬼之未必虚无也。据称杭州之东岳庙每年俗例有冥府秋审名目，三班六房无不齐备，极灵极盛，求医问卜皆可通神。兹有土著被人负欠失据吞没(无)还，因此气郁成痴。当时会首中议将诉知神明，遂由家属置备香烛纸锭，邀请通班人役排街放告，而痴人则备具状词临堂投递神案，乃会首中以草扎人形作为被告提案听质，掌案者数其不应瞒心负质情状，喝责四十大板，令痴人看打，意将令其快意而愈病耳。痴人自听审■神发令箭一枝判差押回，病竟霍然。而被告者在家，离城原有二十多里，排堂之际，时正夜半，该被告于睡梦中■■■惊觉，次日为家属言梦被神责，未及经旬人竟身死。谁知痴人病虽痊愈，两月之后忽称与被告前生尚有纠■■■翻控阴曹，随亦身死。异哉，若是论之，则可见阴阳却有依凭耳。此节为友人在会首中言之，凿凿可据，似非虚驾，是则神明之鉴察感应，宁可信其有而不可信其无也。

同治十二年十月十二日(1873年12月1日)第二版

1874 年

道人奇寿

黄冠一流稍有异能即为士大夫延誉而引重，未闻有不识之无未窥道德而竟至名动一时、为士夫延为上客者。有之，自鄂城一百三十五岁之聂道人始。聂道人者，安陆钟祥县人也。乾隆甲子间邑大水，聂已五龄而失怙恃，茕茕遂无依焉。适县治东之元游宫有羽士盛契真者，悯其孤露，收之门下，以衍道脉，而聂固钝根，人少慧悟焉。逾年，盛羽化。聂稍长，以一镵一衲云游海峤，不自知其阅年几何矣。偶一飞倦如丁令威化鹤归来，城郭犹是，人民已非景象。嘉庆初避居鄂垣，始栖于东郭之长春观，趺坐蒲团，阅二十余稔。暇时赤双脚持长柄镵行歌于闹市，遇有遗纸半字者必拾之，如是者亦有年。逮道光初而年已八旬矣，见者咸以为四十许人。自是聂道人之名日噪，而叩道人长生之术者，车马喧阗，应接不暇。巳未秋有相遇于黄鹤楼畔者，问其年，则曰两阅甲子，而发丝齿贝无异曩年。偶至酒酣耳热之时，老拳技痒，试一搏击，狡捷如猿，虽健少年不敢与角。某节相奇其寿且奇其人，赠之甚厚，而道人遂挟此以游于公卿之门，遐迩咸震慑焉。一日谒某学使，延之座，方将纵谈长生之术，而太守某通刺入，揖让间道人宽踞上坐不少为之动。太守退谓从人曰："何处黄冠，井底蛙妄自尊大，若不痛惩，若曹愈横无忌惮矣。"遂笞三十板而禁锢一月。道人被创之后，宜乎坐破蒲团不出元关一步，斯为上乘，奈何故态复萌，又于达官之前奋衣起舞以示年高有力之意，而不知豪气虽逼人，已为达官之所难受矣。此文昌宫之所以不容聂道人住持也。然而其人其寿固亦奇矣。有七十八岁之伛偻一叟，询之，为道人外孙之孙；八十四岁之矍铄一老，问之，乃道人四代之裔，皆骑竹马时亲见。道人之须眉面目垂七八十年如一日也，谓之大年不亦宜乎？特恐如《聊斋志异》之某道人，其所谓曾、元者即其祖若父，每记矜奇以惑人耳目者耳。

同治十三年正月二十六日（1874 年 3 月 14 日）第二版

邑庙观灯

昨日邑庙游人蜂拥，兼之进香男妇络绎不绝，烟云缭绕，烛焰缤纷。因祝城隍太太寿诞，庙园内以及庙前街铺户张灯结彩，无不家家恐后，是以户户争先。其灯彩为最著者，莫如升和绸庄所扎彩绸，固不须仰假于人，皆由己出，故极尽光辉发越，竟至灯彩扎遍无隙处也。城乡男女游行者踊塞街衢，咸称盛世升平之象也。

同治十三年三月二十九日（1874 年 5 月 14 日）第二版

道宪禁止赛会

迎神赛会本干例禁，《大清律例》违犯者为首杖一百。盖赛会必然聚众，最易肇事，是以定例除奉旨由县牒请城隍神三巡赈济孤魂之外，余者皆不准聚敛迎赛。近日西门内三茅宫之众会首约期迎敬高将军之胜会，执事会首极众，仪仗等件或自行置备，或各处借用，莫不争奇斗异，于一个月前早经纷纷措辦。原定于月之初五日出迎，旋改十二日。数日间不但在会之人奔乱若狂，即预备看会者，城厢内外各处之男子妇女，东家借衣，西家赁饰，实有大观胜会之形状。而迎会之路由，意将游遍各国之租界。岂料法国巡捕房先有风闻，因知迎会为中国干禁之事，禀明法总领事照会道宪，以为"日内在城有迎会之举，闻须经由租界，不知会之名目，应否弛禁"等由，耸请示复。盖巡捕房之禀明请示者，系因每届夏秋租界中向有中元节之盂兰盆会，前曾聚众滋事，是以会审公廨陈司马常年查案，预请道宪照会各国领事并檄县谕知各帮董事一体查禁有案。巡捕不知会之名目，故此次迎赛三茅宫之神会有斯一番请示之举动也。道宪接准照会之后，遂以迎神赛会本干例禁，立即分饬上海县衙门与会审公廨查明禁止并照会法总领事一体查禁矣，则所谓三茅宫改期迎赛之会既奉道宪行查严禁，各会首自当凛遵宪谕，月之十二日届期迎会之举必作罢论也明矣。本馆已有所闻，恐看会者暨与会诸君莫知查禁之令出自何故，因特详列报中云。

同治十三年八月十二日（1874 年 9 月 22 日）第三版

汉口新到天师

江西广信府贵溪县之张真人于前月驾一巨舰行抵汉口之里河停泊，中桅悬一“承袭龙虎山太乙天师”九大字旗一面飘扬空中，饶有鸾鹤随行之势；船首旗「竖」[书]“龙王免朝”，船尾旗书“诸神免参”，各四字，形如斗大。已经地方官就于汉皋万寿桥左首扫除宾馆优礼待之。只以鄂疆近来时和年丰，无需禳醮，而天师忽然莅止何耶？其或有核考彼教之举欤？容俟探明续述。

同治十三年九月二十八日(1874 年 11 月 6 日)第四版

再记张真人在汉皋事

小春天气，风日清佳，闲无个事，因步花市街，购残菊二三盆。正与花翁争价，但见裿裳联袂，游人如蚁，皆欲取道向西江万寿宫，一径奔驰，络绎不绝者。予异之，策杖从行，至数武外，甫欲借问路人，而金鼓喧阗，歌管谐适，一片承平雅颂声，已飞来耳畔矣。窃讶铁柱宫演剧亦寻常事，何今日男女杂遝，夹道争趋，几至踵接履错而争先恐后者？益异之。有苍髯老者三四人叉手立于路傍，亦延颈注目，引领西望。予就询之，知前到汉皋之龙虎山张天师，为汉子房后裔，今慕许真君锁怪洪湖有功江表，特鬃置绰楔，择于是日送往悬挂，以志宗风。故都人士女既欲见扁额之藻耀，又欲观真人之威仪，遂热闹如是也。因相与嗟叹。久之，忽有飞骑驰来，勒缰下立，似有所伺。须臾红伞绿扇陆续继至，引导五岳朝天顶盖绿呢官舆一座，左右护卫法官两人，拥至万寿宫中庭步下。时恰戏台上演前明徐中山封王一出，鼓乐喧天，一时观剧者万首回瞻，俨如鹅鸭成群引颈长鸣景像。但见张真人年约三十余，形状魁梧，丰仪秀雅，飘飘然真神仙中人矣。头戴三品衔顶，孔雀补服「緞」[缎]褂，项挂「密」[蜜]蜡朝珠，宝光璀璨，抠衣徐上拜台，就真君座前拈香，三稽首三起，侍丹墀，命侍者掇一金地漆字扁一方，面神座而举悬之，中题“道参今古”四字，其大如斗，书法似摹董初白而秀韵差觉不及，尾缀细字两行，盖“袭封留侯正一后嗣六十一代天师大真人张仁晸敬题”二十二字。

左厢前梁先有乾隆年间五十四代天师张继宗扁额，中题“三清式廓”四篆字，钩勒秦相斯遗法，颇为不俗，系重建此宫落成后再摹挂者。天师仰视良久，顾谓从人曰：“先人手泽，今幸犹存，实与有荣施尔。”是日，西江之客于汉上者咸集追陪，并令住持扫除内花厅设筵款接，备极欢洽。旋移外庭之梨园，登于内台，演八仙飘海杂剧，各显神通，以夸张道教之法力，直至斜阳一角影乱花梢始罢，钧天乐奏而家家扶得醉人归矣。惟张真人之法驾驻于汉皋已逾月，瑄而祝鬼咒邪迄无所见，岂此地人寿年丰，无俟费长房少施壶中妙术耶。只闻好奇士竞将白镪十星购镇宅符一道，约画二百余纸，计获润笔二百余金。此外唯火居道士醵集银蚨二百枚献作贶意，其他无所闻焉。今拟于月望前返棹东下，则濒行之际，旌旗耀日，鸾鹤驭风，步虚声里，当见仙云冉冉飞去矣。兹因百余年来从未闻张真人入鄂之举，故琐屑再记，以供众览。

同治十三年十月十八日(1874 年 11 月 26 日)第三版

五通作祟

五通之为祸也，于江以南为多，近且移而之甬江焉。鄞城北郭外何姓者门内共居三家，忽来有五通，日夜作祟，室家不宁。门内有妇，年约三十许，颇美丰姿，顿为五通所祟，白昼昏迷，宣淫无度，醒后自愧不能告人，恨欲自寻短见。密告其夫请巫觋设坛逐之，无灵。是后，其夫进房，反被五通所驱迫，时有空中大言曰：“汝妻已归我供奉，是禁脔也，凡人宁得再近身耶，汝速去别娶可也。”此事喧传。有邻居某者，夫妇同床夜话，述及何姓家邪祟事，因自言五通当怕张天师之说。少顷睡熟，则已将男妇赤身扛至门外露卧矣。夫妇为冷气逼迫而苏，张眼视之，惊见满天星斗，不知如何同睡阶下而门户反扃也。夫妇只得洞窗而入，遂作忿忿声。忽帐上烈焰飞腾矣，惊骇不已，喊人扑灭，焰亦渐熄，则实未焚灼一物也。又闻空中言曰“狐婢，汝老鸦臭，我尚不屑御幸”云云。次日遂往请龙虎山天师府下之汪法官前来驱逐，方欲结坛作法，才入门间，虎子秽巾飞空乱掷。汪法官不敢停趾，随即抱头鼠窜云。

同治十三年十月二十四日(1874 年 12 月 2 日)第四版

1875年

府城隍像入宫

金陵城内白衣庵向为府城隍忠佑王之庙，自遭兵燹后，殿宇被毁，荡然无存。及既克复，屡拟建造，俱因经费不足以致迟迟不果。前虽就金沙井发匪所造之伪王府暂作行宫，究竟地方狭窄，不足以壮观瞻，只能权处。今春地方官禀请仍在旧址起造，奉宪批准，当经工程局宪勘定原基鸠工建筑正殿五间、寝殿五间以及两庑、傍宅等屋，悉照旧制。其左为忠佑王行宫，殿宇三间。殿前戏台一座，两廊有楼。规模阔大，院宇宏深，其雕梁画栋、金碧辉煌固又非笔墨所能尽者。昨因工程已竣，合城绅耆择于前月十七日迎请都城隍忠佑王圣驾入宫，敬演神戏三日，城内士民俱各焚香庆贺。想忠佑王声灵赫濯，凡属境内士民靡不同邀默佑，共荷神庥也。

同治十三年十二月初八日(1875 年 1 月 15 日)第三版

庆贺神诞

昨三月初八日为城隍夫人诞辰，故城乡士女赴庙进香者络绎于道。庙中音乐数班极称热闹异常，人影衣光掩映于风清日朗中，洵可观也。自小东门内至庙前街四牌楼一带，两岸铺户均悬挂灯彩以伸敬贺之意，而又各自斗巧争妍踊跃恐后。计悬彩极精丽者为升和绸庄，其绸匹取诸宫中，不事仰假于人，故尤为出色，即频年此日亦无与相角者也。

光绪元年三月二十九日(1875 年 5 月 4 日)第二版

蛇听道人说法

载角披毛之类，莫不各有性真，一自皈依正教，则不独咒狮象于座下、降龙虎于寰中，而蠕蠕蠢动，亦解尊阐教为上乘，而依依门下，至以修道为复性者有之，自秦中之楼观道院始。楼观道院者，距省垣九十里，为百二秦关一大丛林也，向称道教之宗，固与鄂之武当、鲁之泰岱推为鼎峙天下三大宗峰，自是云游羽士至此而挂海单者，担簦蹑蹻，络绎不绝，门限几为之穿。中有主教苫道人者，年九十余岁，鹤发虬须飘飘若雪，而步虚声里饶有费长房缩地之方。善于炼永，每遇丹灶云升，观者辄疑为函谷关前东来之紫气焉。以故三十六洞天修真弟子几有二百余人，咸尊苫道人为宗工，日侍其侧，听讲道德五千言。迨至舌粲莲花，谈入玄妙，而松坛竹径间，飕飕然而百而千而万，蜿蜒而来者，皆蛇弟子也，然性极驯，不敢近于讲座，惟俯伏庭前，昂首而视，若为领解也者。逮讲毕，苫以玉麈挥之令去，始各自散归洞壑。数十年来日以为常，与人无患，亦与物无争尔。偶有一蛇无事听讲，辄自独入讲堂盘卧鼓上，误螫一侍者，为护法师所知，乃剑断寸尾而逐之，不准复入道宗。自此每讲太上清净之法，群蛇皆入，而惟尾秃者徘徊户外，不敢遽进，只以双目灼灼侧视堂中，一似有悔悟意。适一方士甫出院门，则秃尾蛇身绕方士之足，口衔方士之衣，如捣杵然首频频下也。方士察其意，乃作当头棒喝曰："蠢尔物不遵清规，妄启杀戒，安得有金丹换骨时耶。此后旅而进，亦旅而退，毋再自甘化外也。"秃尾蛇摇尾乞怜。又一移时，方士入请缓颊，随传道人之命而大啸一声，疾如流星，飕奔而入，从此不复屈曲于讲堂焉。不数年，而苫道人羽化之后，群蛇悉皆盘旋于梁楹间，阅三昼夜始各散去。嗣后楼观道院讫无蛇至矣，然于盛暑时，偶一聚于三道■冢畔，互相缭绕，经时忽不见尔。自道院毁于兵火，而宗风寂阒，继起又无人也。此汉皋离明宫住持为言之，然确与否则不敢知也。姑录之以作谈柄云尔。

光绪元年五月初二日（1875 年 6 月 5 日）第三版

中元赈孤

沪上逢上元、中元、下元三节，城隍神例入坛壝赈济孤魂，扈从人等颇称热闹。本届中元之会系在遏密八音之际，是以旅锣伞扇并细乐等概屏不用云。

光绪元年七月十六日（1875 年 8 月 16 日）第三版

岳庙被焚

传曰:“天火曰火,人火曰灾。”若杭垣武林门外东岳庙庙中之失慎则火欤灾欤,非所敢知也。岳庙基址崇宏,规模壮丽,每岁七月间杭俗传为冥司朝审之朝,自朔至望凡十有五日,该处居民逐日进内轮班办事,热闹非常,其诣庙投文者男女凡数千百人,怪诞名号不可胜数,殆所谓一国之人皆若狂也。然使谓岳神有灵,则作善降之百祥,作不善降之百殃,冥冥之中自有主宰,「目」[自]有役使,何待生人杂处于其间。况男女喧哗,语言庞杂,欲使神妥其居而歆其祀,殊非计之得也。十一日下■,庙中人将冥钱纸锞堆积于戏台之上,俄而其中浓烟突起,冲出台顶,众人齐来扑救,无如燎原之势,不可向迩,顷刻间内外尽焚。庙中妇女之进香者,或遗凤舄,或坠鸾簪,娇啼之声不绝于耳。其男子亦有焦头烂额欲出无门者。直至羲驭西沉,始庆祝融南返。居人环集,满目苍凉,贝宇琳宫不堪回首矣,唯岳庙内宫如鲁灵光殿岿然独存。于是杭人中好为巫鬼之说者议论风生,纷纷不一,然安知非神之恶亵而姑借回禄以儆之欤?孔子曰“事鬼敬神而远之”,杭人独未之知耶!

光绪元年七月十八日(1875 年 8 月 18 日)第二版

岳庙被焚详述

杭垣武林门外之东岳庙前日竟成焦土,本馆业经登报。兹又探得起火情形较为详细,故备述之。是日值日者为红门泰号一班。向来庙中俗例,凡投文人死后,必将原文送入庙内和锭焚诸炉中,谓此文经缴焚后,死者即至神前照文上所投执事当差服役云云。时适有一妇死,其家人送文入庙,即投炉内焚化。忽来旋风一阵,炉中卷起黑烟,四散冲射。烟甚浓厚,以至众目被迷。迨黑烟散入虚空,而戏台上所堆之锭纸中忽见烟似云腾,庙中人遂以竹竿挑取锭纸,锭纸中分,烟即直冲台顶,火光骤发。右首戏楼先被延烧,旋见楼上椽木带火飞入中殿,火势遂至燎原。惟其地并无水龙。庙中执事人等乃争抬(诸)神像,仅请出大小神像十三尊,而上清宫大殿、大中宫、延寿司、地狱及各房头共屋一百四十余间已尽化为灰烬矣。自申初起火烧至戌正才灭。所存留未被焚者，太后宫、太子宫、内宫数处而已，什物等等则已概归乌有云。惟值朝审时节，各班按日进庙似不可以迟缓，而宫殿之起建虽集资甚易，落成则难，故于次日清早即将大殿基址收拾清净，雇工盖一明瓦大厂，仍照常办事。此亦一大火也，观其起火之由，诚非无因而至，亦天道之不可知也。

光绪元年七月二十六日（1875 年 8 月 26 日）第二、三版

解 冥 饷

吴俗好鬼其由来旧矣，不特庸夫憨妇惑志锢（神），即搢绅之家亦为流俗所蔽，几于举国若狂。杭州东岳（庙）于七月十二办朝审，阳班舍身者有宫监、侍女、传宣、家将名目及六科书吏等，按日入值，装腔作势，以为岳帝办公事。冥镪数千百万，费钱费工，咸付一炬，而在事男女诸人，心胡想，口胡言，笑不可遏。官宪知其事，因积习难改，亦姑听之，其实治以左道之罪不为过也。今苏城又有此类事，泚笔记之以为吴俗好鬼之证。近日苏州以天气寒暖不时，人多感疾，好事者创为禳瘟之说，彼此附和，捐冥镪至一万五千号，解诣胥门通和坊温天君庙，求神转解穹窿山玉帝，祈佑病民。廿四日齐集巡行城内，计有扮演五劳七伤诸鬼并解粮官、鬼地保、差役诸色，有花面模糊者，有硕腹皤然者，鲜衣炫耀，憨跳嬉舞，队而立，班而行，蹢躅而来。又有完愿烧臂香者十余辈，银丝穿臂，系锡香炉自一具至三具，重或至数十斤，而人不知痛，叉手鞠躬，缓步蹒跚，咸谓至诚所感故也。其他■景诸物称是。此一会也，阖城士女观者如云，亦可谓好鬼之盛事矣。闻念五日清晨齐集上船赴穹窿山云。究竟时疾之流行果因是而遂瘥否也？余乌敢知之。

光绪元年九月二十八日（1875 年 10 月 26 日）第二、三版

岳庙重建劝捐

杭垣武林门外之东岳庙前遭火患已录报内，灰烬之余惟三宫如鲁灵光

殿岿然独存而已。当朝审时不过草草了事，现拟重建大殿及各房宇，用款颇巨，一时难于募化。庙中司事之人已嘱刻字匠刻板捐募，惟捐募之条款颇(有)勒逼捐输之语。据称凡在投文当差之人无论男女均须慨为捐助，加有不肯大破私囊者，岳神必殛其身破其家，而我等亦将其投文之姓名削去，不准在此庙中当差云云。此等捐募情形殊可发笑，岂非欲投文者荡产捐助如毁家纾难之旧事乎？抑人不肯解囊，(神)即从司事所云而殛其身破其家乎？抑投文之姓名削去而是人即难出而见人为贻羞没世之事乎？况捐赀入庙系乐善好施者之所为，兹既如此捐募，则何有于乐与好也？庙中司事何不察之甚也。

光绪元年十月初一日(1875 年 10 月 29 日)第二、三版

1876年

神　羊

上海城隍庙向有放生羊，俗名之曰三其足一其角者不等。吴中兵燹后，人亦效法，买羊放生于郡庙中。羊亦通灵，游行自在，出入无忌，投以食则食。若酒馆饭店中生肴置地，则嗅之而不食也。每当月夜，则群羊踞庙外守夜。人知其通灵，莫之敢欺。市中顽童偶戏侮之，羊亦弗与较也。本月十四日二更后，有某自中市归，过皋桥，暗中见一人牵一羊，一兵勇扭住之，欲拉与同行。某问其何为，兵勇云："我中军衙门巡勇也。彼窃庙羊，故拉彼同往见大人耳。"牵羊者则谓："此羊是我出价买得来此。"问："从何处买得？"曰："从上海买来。"问："何以夜方牵羊出城？"曰："自娄门上岸，将牵出阊门，趁夜航归无锡耳。"某思，既已买羊，岂有只买一只，且日中何以不行而必俟夜牵之出耶。遂谓两人曰："是不难。我闻庙羊角上均刊有字样，且待有持灯者来烛之便知底细。"未几有人持灯至，同观羊角，则有郡庙放生字样，且用一汗巾系其角，知其决系窃来。乃劝兵勇还其巾，留其羊，勿拉彼往署，天明将羊送还庙中，免彼受责。而牵羊者反不肯已。某怒，遂任兵勇拉人并羊同去，牵羊者方哀求释放，旋即逸去。及十五日，某至元都观前，见一人在市中若号若笑，疑其为痴，细视之即昨夜窃羊者，因大异焉，究不知此人因疾而窃羊乎，抑因窃羊而后痴乎。见者皆谓羊能通灵，故窃者将牵出城，能使遇人为之拦阻也。噫，放生之物本不应受屠刑，而非分之财又安可妄生希冀，人之无良反不如羊。宜乎其败露也，岂真羊能通灵哉！

光绪元年十二月二十八日（1876年1月24日）第二版

财神出会

正月初四日上海城隍庙前财神出会。此财神白面黑须红袍，即财帛司也，而俗误以为即五路财神。不知五路则五神，此只一神，非五路也。神高六七尺，坐显轿，执事咸备，正月初四财神出会。此风他处所无。

光绪二年正月初七日(1876 年 2 月 1 日)第三版

崇祀财神

京师有五显财神庙，祀典之所不载，泥塑五像，求财多应，于是与增福财神并崇且有过之。相传五位财神，中坐系一诸生，旁坐四神均曾为寇，有豪侠气，劫富济贫，非等闲作剽掠也。至封神始于何时，司财始于何日，均无确凿考据。有尊崇之者，娓娓言其始末，然其说不一，近于齐东野语，似不可据为定评。即如五显财神系九月二十七诞辰，何以五人同日诞降，未免荒诞不经。有强为之说者云："系同日升天，故于是日祀之，与增福财神九月十七诞辰有异。"姑不深辨。京师崇祀五显财神极多，庙亦不止一处，惟彰仪门外柳巷村一庙尤著灵应，求财者不辞远道捧香而往。殿上除求签问筊外，有纸糊元宝可向神前借用。借去一宝，不数月间所进恰符其数。时借时还，还时总以较前借稍大为敬，为财神益子母也。好事者立有财神会，设神龛一座，中书"五显财神之位"，另备签筒，内有祀神及福禄寿财喜五签，余签均书陪祀，夹杂其中。于祀神日同会依次掣签，掣出祀神一签，即系掣着财神，大家公贺，即日以鼓乐迓财神于家，下届设筵演剧，即以掣财神者为首领，四星副之，其余各出分金十二千为香赀。有愿以十二千入会者，亦听。不愿与掣者，停掣。亦可醵大家之分金作祀神散胙一日之用，不敷之数，首领及四星赔之。往往首领独任其劳，不令四星帮贴居多。以既掣财神，必为财神灵爽所凭，此一年中邀无穷之神贶，奚庸斤斤于此。是日戏筵，灯彩务极鲜明。优伶闻系财神会，亦倍加鼓舞。且纠合此会者不止一处，每岁必举行数次。自国恤后，八音遏密，财神会亦暂时停止。旋以说白清唱弛禁，居然彩服登场，与戏无异。惟前场无旗伞，后场无大锣，稍为区别以示敛迹。财神会因而蹈袭其辙，又复举行。日前在天寿堂祀神，白日清音坐唱，灯下即彩服登场，有司佯不知，地方若无闻，一任鼓乐喧阗，日以继夜。众谓盖有财神以震之故不敢多事也。

光绪二年正月十七日(1876 年 2 月 11 日)第三版

上海城隍庙花园考①

或谓上海城隍庙乃明永乐时建，其始额曰金山庙，祀汉之霍光，后知县张守约乃改祀城隍之神。是说也，余颇疑之。夫汉之博陆侯霍光何与于上海而祀之哉？况额曰“金山”更于义何取？及读前任上海道沈观察秉成所撰之《上海县城隍秦公祠堂碑》而始知前说之非也。《碑》言，上海县城隍为明待制秦公，讳裕伯，洪武二年已褒封为显佑伯矣，则谓其庙永乐中祀霍光者非也。按：今湖心亭中尚悬秦公之真像，神采秀发，奕奕如生。又考其墓在今黄浦之东奉贤县头桥镇，同治癸酉其裔孙茂才名端即墓建祠。自庙奉栗主奉祀，阖邑士民皆焚香虔送，于以见公之功德入人者深而民之爱戴者切也，后之贤有司可以兴矣。邑之庙则有司春秋祭祀载在祀典。考神屡著灵异。我朝顺治十年海寇犯县治，神显灵而民赖以安，官民奉祀益虔。康熙中始拓东园，广数亩。乾隆中又拓西园，广七十余亩，修筑二十余年而后成，则即前明潘方伯之豫园而修拓者也。故邑之城隍庙较郡之城隍庙为更胜，实甲于天下之城隍庙焉。大门之坊额四字曰“保障海隅”，乃永嘉神童所书。其中戏台正殿之外有暎芑堂、玉清宫、三圣阁、双梧道院、许真君殿、文昌宫、关帝庙、花神庙诸处。由正殿之右廊行，壁嵌「鑴」[镌]石，中有孝子像并「鑴」[镌]文纪事，足以劝孝。旧时西园有挹翠亭、鹤闲亭、春禊阁、吟雪楼诸胜，今皆无矣。而九曲桥、湖心亭、五老峰诸处，游目骋怀，尚游人不绝。自咸丰中土寇毁之，西兵驻之，于是莲花厅、点春堂、花神阁、得月楼诸胜又不可复问矣。迨寇平，同治初又复修筑，顿焕一新，又游人如蚁矣。壬申沈观察以海运祷于神，全漕平安达津，明年夏旱祷雨，又立沛甘霖，以是官民事神益谨，祷祀无虚日焉。朔望则启园门纵游人畅游。至每岁园中有兰花会最为雅事，园中国香齐会，由各人送至，静室明轩顿成香国。兰中奇品如梅瓣、荷花瓣、水仙瓣、菊花瓣之类皆品题而共赏，若并头兰、素心兰、红兰、墨兰、金兰之属亦间列焉。此种韵事又他处所无者也。又东园、西园近改称外园、

① 本文作者署名“平心居士”。

内园。外园则成列肆，内园则朔望开园。外园之列肆如入五都之市，百货「具」[俱]集，百戏俱陈，是以游人尤为杂沓。其西则星相之士居焉。东廊多画室。余如湖心亭、桂花厅、绿波廊、玉泉轩各处皆为品茶之所，时有灯谜，亦见雅人深致。更有翼化堂，则专售善书，各种善书咸备，此真足以辅翼圣化，尤为他处所无者也。

光绪二年二月初一日（1876 年 2 月 25 日）第三版

玄坛存疑

嘉定城西有玄坛庙者，不知始于何时。庚申城陷，庙亦旋毁，今已鞠为茂草矣。向来神颇灵异，祈祷辄应。相传先有某生者，馆于江西龙虎山张真人府。一日得家信，知亲病，「革」[某]生归心如箭，恨无缩地术，因求计于真人。真人与以一符，令藏身畔，并属在舱熟睡，「榜」[旁]人等不得声张，抵家即将符焚化。生谨志之。迨解缆，惟闻波涛澎湃，船驶如飞，天甫明已抵家矣。嗣以侍疾心乱，竟忘焚化，后神屡见形于生前，生始忆真人语，谨具香楮焚送。是夜神复示梦于生曰：“送我已迟，业逾期限，不得归矣。”生乃醵资为营殿宇，俾有栖息。因见神颇肖世间所塑之玄坛，故即以玄坛名庙，然不知究何神也。传闻如此，请以质诸居斯土者。

光绪二年二月初六日（1876 年 3 月 1 日）第三版

放生羊拟择地收养

邑庙中有放生羊不下数百头，然神所式凭之地而污秽满目，非敬神也。花园本宜清洁，而有羊以践踏之，非娱人也。且饲者无人，或饿而僵仆，冰雪之交更难觅食，欲其生而反促其死，非恤物也。放羊在外，往往沿街攫食菜蔬糕饼诸物，人谓为神羊而莫敢谁何，非便民也。乐善诸君子因共思南门外有放牛局尚多隙地，拟建数楹为放羊屋，聚邑庙之羊而居之，雇人专司喂饲。■事诚属莫大善举，然闻经费未敷，尚拟筹(捐)以要于久也。

光绪二年二月十四日（1876 年 3 月 9 日）第三版

放生羊迁地

本埠邑庙放生羊日渐繁殖，前已登报。兹闻择于念一日起陆续迁往南门外放牛局中，所写捐款亦于是日开簿，业经购办木料，不日兴工盖屋矣。物得其所，是亦诸善士一片婆心也。

光绪二年二月二十二日(1876 年 3 月 17 日)第二版

城隍神出巡

吴下盛行三节会。日昨清明，本埠城隍神偕四司神像出巡以赈孤魂等众。计自庙辕而出大东门后，即迤逦而进西门。其时沿途观者极形热闹。西门外自大马路西口起，直至四明公所一带，来往者不绝于道，至于东洋车与小车亦停满道旁。下午四点钟，人更纷纷，以致西人之马车碍难驰驶，多有下车而步行者。惟最可憎者，有一等无赖，或于道左，或于桥上，见有折取桃柳者，便借端索诈，一不遂意则即高声痛骂，是以巡防局中特派勇逐「叚」[段]弹压。迨回殿时，庙园之后门已拥挤不开，尽有从石桥上而堕入桥下者，满身泥污，喊声盈耳，旁人无不狂笑云。

光绪二年三月十一日(1876 年 4 月 5 日)第二版

供神通表

世之所谓冥镪者，纸钱也，纸锭也，皆肖其形为之，然而有识者讥焉，谓徒以耗费物力耳，岂区区纸物遂能达诸幽冥哉，然犹曰取其形之肖也。若南昌所焚之通表，则既非纸钱，亦非纸锭，仅用黄纸，长阔俱尺许，上印人物几种。其印列正中一物，似人非人，似兽非兽，惟头面之上冠戴毕具，如世所供菩萨状，至两手两足则又尽为龙爪，亦不知何名也。周围四旁又印有如意及宝剑各式，间有兼画八卦及日月等形者。总之花样无定，惟人所欲为耳。计焚通表一副，仅用三张，以二张斜角扎好如狗牙形，又一张则用正扎，将斜角者逐张铺迭，并卷为一束而袭什之。每张必用未印之黄纸相间，盖纸质太薄，非是则不堪举手也。客有曾叩通表之义，居人曰："此非钱也，乃包钱之具耳。"然又不知钱是何物，将从何处包来耶？或又曰："此盖钱券也。"然纸上并无点画字迹，又将从何处汇钞耶？况且八卦者乃世人所称可以灭邪者也，今用之以供鬼神，得毋正投其所忌乎？种种无稽之谈不可殚述，究亦不知何时所起。惟礼本从俗，故凡各省之寄住及居官者，亦无不用之也，至其命意所在则诚不得而知矣。

光绪二年三月十七日(1876 年 4 月 11 日)第三版

赛会纪盛

杭垣大关外之山墩地方有土地庙，其神相传姓雷，为忠佑明王也，向于三月间迎神赛会，极形热闹。庚辛之后久不举行。今年三月初七日仍有赛会之举。是日卯刻迎神出座，遍历各乡镇，至次日卯刻回庙，约行百数十里。其头起则为旗帜衔牌，俱极鲜明。继以清音，皆十余岁童子为之，衣服俱极华丽，乐器亦极精良。继以仪仗数队，炫耀夺目。次则龙灯十二条，内惟二条系夏布所扎成，余皆上等湖绉纺细所为。次则万民伞四十八柄，伞沿全用贡「緞」[缎]而绣以金色各样，每柄值钱二百数十千。次则香炉五架，人肩负之，均约三百斤以外，惟有一黑须老者，年已五十，身躯短小，独负重一千二百斤行三里余。次则肉身灯二百余架，摇摇摆摆，视之毫无痛苦。其余秋千、「台」[抬]阁、地戏，「元」[原]为悦目。计自头起至神座沿途排列约有八里，可谓一大赛会矣，于以见杭之民康物阜迥异前数年也。

光绪二年三月十八日(1876 年 4 月 12 日)第二版

重修猛将军庙

苏城宋仙洲巷向有猛将军庙，每遇元宵，各铺爇以大蜡烛，间有大至二百余斤者，都人士联袂往观，传为胜会。兵灾后片瓦无存，仅以草屋盖之而已。现在集赀重葺,神座下忽掘得一碑,字系行草,笔法遒劲,有“仁风坊宋景兴四年三月初八日”等字。按:仁风坊即今之中街路。而所尤奇者,今碑之出土亦在三月初八日,何前后之若合符节欤!

光绪二年三月二十一日(1876年4月15日)第二版

神像开光

本埠珊记码头之福寿庵新塑照天侯神像。传得神杨姓,北阴正掌财神也。昨为开光日,故会内诸人排列旗帜伞扇、烧爇臂香出迎租界。不特沿途之观者众多,即随会之妇女亦居然执香步行驰驱恐后云。

光绪二年三月二十五日(1876年4月19日)第一版

城乡赛会纪盛

上月念八日为本埠城隍夫人诞期,故庙园内以及庙前各店廿七、廿八、廿九三日均张设彩灯,极形华缛,升和绸「緞」[缎]庄及滋大烛店较为更盛。是以晚间看灯者,无论城乡人均骈肩接踵,填塞街路。嗣经巡防局恐人多闹事,特饬勇丁逐「叚」[段]查察,顾亦无甚话柄。兹因廿七晚天雨未能盛设,故于今晚补祝一天也。按志书载,上海城隍神秦姓,元末明初人,殁后时著灵异,一邑之人咸德之,故神之服色仍宽袍大袖,与今各庙之神像仿佛。若浦东高家巷镇本月廿四五六日所迎之会,神则服本朝之服也,红顶花翎黄马褂,足蹑乌靴,宛然大官模样,在会之人亦极诚敬,其仪仗之鲜明犹其余事,盖神即原任江苏巡抚刘公松岩也。咸丰十年公摄上海县篆,是时发匪窜扰,吴越沦亡,惟沪上一隅可为一片干净土。顾鸱张豕突烽火频惊,公则率勇登埤战守迭用,卒得保全一邑,危而复安,未及数年遂建节钺,荩臣之伟绩、圣主之酬庸允称交至矣。顾民之感德犹未能餍其心也,故于该镇曾建祠设赛以答神庥,每值农事方兴,乡民即舁神出巡以申诚悃。观于前日之盛举,乃知一时至治洵不愧千古馨香也。

光绪二年四月初一日(1876年4月24日)第二版

土地神会

迎神赛会之举，惟吴越最多，他省所不及也。本月初三日苏城又有土地会，其神即楚之春申君。是日早起，会中人均焚香虔祷，护送天表至元妙观之三清殿，代民祈福。陈设仪仗，计有锦旗绣伞，绚烂异常；又有茶箱几座，中列古玩多件，虽非商周间物，而陆离光怪允称希世之珍。故是日看会者亦甚热闹云。按：春申君即黄歇，相传食邑于上海，故本埠称之曰申江，而又有黄浦、黄渡等地名。然考春申君之为人，远不及信陵、孟尝，何以竟得为神耶？且即为神，又何以为苏之土地耶？是真不可得而知已。

光绪二年四月初十日（1876 年 5 月 3 日）第二版

魁星现形

近日杭人纷纷传述魁星现形一事，初不辨其真假，惟言之者谓曾眼见，颇觉确凿可据，本馆故照录之。据称：前月十八日傍晚，城内登瀛桥之居民见有红光照耀满天，疑是火警，探之并无此患。俄见红光聚于一处，中忽现一青面之神，左足踢斗，右手执笔，如世所塑魁星之像，一跃而即不见。察其神现之处，下为仁和孝廉徐君住屋。徐君名琪，字花农，上科中式，年逾弱冠而文名已噪甚，并工古学，善绘事，故今魁星现形，杭人多以徐君当之。窃思徐君文学虽可大魁天下，即吉兆先露亦属恒有之事，然必谓魁星预先显形，则前之状元岂皆有此事耶？姑俟榴花开时以觇众论之信否可也。

光绪二年四月十二日（1876 年 5 月 5 日）第二版

星主圣诞

昨日为万星教主紫薇大帝圣诞，本埠城内育婴堂、净土庵等处均建设醮坛，羽士黄冠开场演法，俗呼为过关，故有老者延年益寿、少者关煞开通之谚语。鼓乐喧阗，钟铙杂奏，旆分五彩，供献三清，阖城士女趋之若骛，甚为热闹也。

光绪二年四月十九日(1876年5月12日)第二版

禀请天师捉妖

昨报列苏州总捕分府之幼弟为纸人剪去发辫，当令长元吴三县查缉未经拿获。近闻已禀知抚宪，欲求咨请天师查拿其人，为地方除患云云。中丞得允与否及天师是否驾临则尚未悉也。惟本月初三日抚宪传见长元吴三首县，以纸人剪辫层见叠出，谕令分别查究。所有庵观寺院由长洲县编查，元和邑宰则巡察烟馆以及茶坊酒肆之类，吴邑宰则稽查各客栈来往人等。三县奉谕后即带同丁役亲自密查。自此吴中匪类或当远遁也。

光绪二年五月初十日(1876年6月1日)第二版

延圣会

延圣庙在苏之齐门外陆墓镇，亦土谷神也。月之初八日神以解天饷于元妙观，出巡跟会者几数千人，一切行仗执事以及风轮、「檯」[抬]阁之类与前报拖鞋会景象无少异。尤奇险者，一轮车上扮双孙斗两孩子，俱行者模样，互翻「觔」[筋]斗，流星赶月，捷若风轮。七八岁儿童乃有此技允称罕觏。是日黎明，由陆墓绕道阊门，两点钟进元妙观，事毕抵暮出齐门回庙。观者充途塞巷焉。吴中风俗，每遇盛会，动有斗殴事情，此次较为安靖。闻出会必先由县请示。万邑尊恐其滋事，本欲禁止，嗣以会中首事者力保无虞，始「淮」[准]给示。故随事众人无不循规「踏」[蹈]矩也。

光绪二年五月十二日(1876年6月3日)第三版

华山道士

前苏藩蔡小海方伯之侄某，以庚申之难流离失所，久无音耗，今年四月间始归自吴门。其素识者询其踪迹，云：自当年被掳至陕西华阴县界，辗转崎岖，遂走别径。行数十里，无人烟鸡犬，遥见树林阴翳中有茅庵一所，竟投之。一道者童颜鹤发倚杖俟门，见蔡至，招之曰：“乾坤浩劫，遍地烽烟，此间幸可避世。与子有缘，息肩可耳。”乃偕之入室。居常，道者惟凝神趺坐，寡言语饮食。其弟子二十余人，日两餐，夜一席，暇则习吐纳之术，皆飘飘有仙骨。十余年来不知有应世事，亦不测道者为何许人。一日忽谓蔡曰：“世路荡平，子可归矣。”出白金数锭并净水一盂而嘱之曰：“慎携之，患难相需也。”遂行。盂水在手，欹之不溢，覆之不倾，知必有异，制匣盛之。至汉口，方渡江，江心隐约有战艇数百号，随波上下，俄而飓风大作，舟眠水立，篷樯倾折，生死在呼吸。正颠沛急遽间，匣中水盂飞出，霹雳一声，风浪顿息，战艇亦灭，而盂水亦从此不见矣。嘻，所谓道者，其长房公之流欤抑赤松子之流欤？

光绪二年五月二十二日（1876 年 6 月 13 日）第三版

灵符疗瘵

苏州胥门外杏春桥石湖边，有黄姓翁者，饶有财，年六十余，只一子，名大保，甫弱冠，患怯症，百计千方，迄无效验，病一年余，至今夏转剧，医皆束手，已奄奄一息，气如缕丝矣。一日有湖南祝由科道者自云能治诸病，百发百中。翁邀至其家，乞疗其子。许之。问酬仪，曰：“不愈无须，愈亦不较。”乃令置香案于病者卧房外，书其姓名生辰于黄纸，焚香点烛，书符三道，屏家人，独留翁跪于香案前。见其喃喃持咒，先将所书黄纸焚化，有间，焚符一道，呼之曰：“大保起。”则闻病者在床应曰：“唯。”焚毕，继第二道，复呼曰：“大保起起。”则闻病者起床应曰：“唯唯。”焚毕，又继以第三道，遂大声呼之曰：“大保起来。”则见病者踊跃自房中出，连应曰：“唯唯，来矣。”大保之病霍然若失。翁喜欲狂，以百金为谢。道者取数星而璧其余，曰：“纳此以领翁情。世外人朝秦暮楚，宿露餐风，无需挟此重资也。若肯俯纳刍荛，将此利物利人，不惟为道人作福，抑亦为郎君延寿矣。”言讫飘然竟去。此系苏郡友人所述。按：医家之有祝由科，本在十三科之内，然亦有验有不验。如此道者，其果能着手成春欤！

光绪二年五月三十日（1876 年 6 月 21 日）第三版

敬礼财神

俗传金危危须数年一遇，为天库财神，正乙元坛降临之日祀之可以致富，故各处皆作财神会也。本月初五日苏垣城厢内外居家铺户无不焚香点烛，宰牲设醴，爆竹之声通宵达旦，依稀除夕光景。惟可笑者，城中泰伯庙之旁新供元坛神像，是日有数人致祭者，俱穿白袍，戴摘缨凉帽，神前点白烛，神座系白桌围，盖无一非白者。有询其故，曰："神为商朝之臣，商尚白，故特取此。"闻者莫不绝倒。然其媚神求福之心亦至矣，神能默佑否耶？

光绪二年闰五月初九日（1876 年 6 月 30 日）第二版

吴中近事①

温将军庙在「闾」[阊]门内通关坊东，每年例解天饷于穹窿山出巡一次，为民间驱除瘟疫。其会之壮观，除一切执事外，有五道七煞等，令人可惊可怖。现于十一日在城内巡行，名曰派单，惟魔神鬼卒一概从删，恐孩提睹之面失惊也。

光绪二年闰五月十五日（1876 年 7 月 6 日）第二版

祈雨琐闻

求晴祷雨，地方官之职也。今年扬州府属各田亩沟浍本有余水，尚可耕种，惟因淮北一带旱干太甚，米行预先「长」[涨]价，是即所谓未荒先荒也。于是英太守遂设坛求雨。将求之前一夕，太守自将指头啮破血书表文，及诣坛叩祷毕，伏地痛哭，为民请命，各官书吏皆为陪哭。如是者两日，至前月念七八，果得密云匝布，大沛甘霖。人皆谓太守之诚心所感云。又传得海州知州某公亦因求雨，将城隍神抬至某山，与之同暴于酷日下，历三日，勺水不入

① 《吴中近事》在第一、二版。此处摘录一部分，在第二版。

口，嗣亦果得大雨。百姓皆感激欢呼，公具盛筵，宴刺史于山寺内，另以鼓乐送城隍神回庙。刺史亦喜极，举杯痛饮。不意此三日中正气已亏，暑气潜伏，骤尝酒肉，病即触发，故三爵未终而一棺先舁矣。百姓皆恸哭失声，为舆尸入城治丧，并乞漕督据情入奏云。但此事言者虽多，究未见有明文，正不敢据以为实耳。

光绪二年六月初四日（1876 年 7 月 24 日）第二版

设坛求雨

金陵自前月五月中旬得雨后，迄今已四十余日，未见点滴，山乡禾苗日形枯槁，农田待泽孔殷，粮食日见涨价。故上宪已择定前月念七日设坛求雨，禁止屠宰，并奉藩宪梅方伯谕择于城隍庙内设坛。闻得方伯此次求雨，系新得一祷雨之法。所设坛内，均按八卦方位设立方桌八张，按定方位摆列。每桌安放净瓶一口，瓶内满注清水，各插杨柳一枝。又每方插五色旗一面。传僧道数十人，各授以经，令先期诵熟，临期诵经，向各方闯走。念七日早已得微雨数点，午间则阴云密而其机已兆，想破块倾盆当可拭目以俟之矣。

光绪二年六月初八日（1876 年 7 月 28 日）第二版

盛会遇雨

本月初一日，苏垣李王庙桥李王出巡，解饷于虎丘小普陀山。以神为天厨司，故执事人等均系酒菜饭馆厨役庖丁。是日黎明出堂，起马牌缀以茉莉、夜来香等鲜花，旗锣伞扇灿烂齐整。轮车四座，孩子装扮戏文。一为偷诗，两小无猜，居然情种。一为水门，女妖仗剑，老衲披袈，势不两立。一则洞宾仙姑，飘然霞举，即所谓扫花者是也。一则张生游殿，法聪和尚歪戴僧帽，见者莫不粲然。轮车方过，继以小轿，洋台上面悉陈琉璃古玩，舁者皆二十许精壮男子，倚肩并进，捷足如飞。随后刽子手八名，硕腹便便，既肥且很。又有阴皂十二名，面面相觑，浑如泥塑木几。笙笛箫管，兰麝旃檀，簇拥暖轿以行。轿前敕印之外，复有瓜棱金锤一柄，云系神所习用军器，负之者皆衣冠乘马。其余提炉、臂香，万民旗伞，指不胜屈。神坐显轿，法像威严，秀发玉骨森森。按：神为南宋功臣，童年殉节也。是会随从人等不过三四百，而其中行仗已觉五花八门，目不给赏，知天下事固不在夸多斗靡也。是日申刻，苏城东北沺云密布，中有一线白光夭矫无定。未几昏黑如夜，大风拔木，骤雨倾盆，城东北铺户房屋多有为其卷塌者，咸以为龙阵云。

光绪二年六月初九日（1876 年 7 月 29 日）第二版

书符治病

武林显真道院前月来一道人，言从四川峨嵋而至，惯能书符治病。凡求治者，先购香烛一副，向述病源，道人点烛焚香，喃喃默祷，然后书符焚化为灰，令其服下。服后愈，仅取香金百钱，并不需索重酬。有张姓者，向作丝业，患喉症已三年矣，不能进食，惟饮酒以解饥，身体瘦弱，日形困惫。闻道人名，就而求治。焚香插烛祈祷已毕，道人曰："此酒痨也。"书符令服。约一炊时，张忽大呕，吐出赤虫一条，长三寸许，蠕蠕欲动。道人曰："今愈矣。此酒虫也，焙干煅灰可治酒嗝。"自后张饮食如常，不复嗜旨酒矣。现在求治者日众，道人深厌其繁，人皆神其术。余谓此辰州祝由科之流也，第亦有验有不验耳。

光绪二年六月十二日（1876 年 8 月 1 日）第二、三版

朱司徒会

朱司徒为长洲县之土地，十九日解饷元妙观，出巡城厢各处。行仗与三节城隍会仿佛，惟八表、十旗、十令、十逍遥以及六冲执事并敕印、符节、后拥军丁皆骑款段马，服色鲜明。以天气炎热，城中街道窄狭，故轮车、「台」[抬]阁易以茶箱四副，箱陈白玉屏风、翡翠花瓶、珊瑚如意、琉璃灯镜，珍宝器玩不可枚举。暖轿四角遍悬茉莉花篮，檀芬麝馥，间以笙箫，锦簇花团，真似天神下降。随后神坐显轿，四面遮阳，排须飘荡，冠乌纱冠，穿大红金绣纱袍、

乌「緞」[缎]皂底方头神靴。前有提炉,后有护勇,左右轿班健步如飞。是日黎明出堂,申刻回庙,从事者自晨至暮,莫不整齐严肃云。

光绪二年七月初五日(1876 年 8 月 23 日)第三版

出会驱邪

向例苏州三节会,合城城隍、土地均照例出巡,共有三十余起,他处无此盛举者。自庚申之后,上宪以出会本属虚文,既多糜费,尤恐生事,以故每逢三节,除苏州府长元吴三县城隍外,一概不准迎赛。今年以纸人作祟,各处店民拟请本境城隍、土地于七月十五日赈恤孤魂,就便巡行本境,驱逐妖疠。一切行仗执事业经预为整备,届时当必有一番热闹也。

光绪二年七月十四日(1876 年 9 月 1 日)第一版

浦东赛会

前日霜降节,浦东西山林塘各乡镇均迎神赛会,以伸春祈秋(报)之意,虽无新奇,却求热闹,并到城中租借马匹数十只,兵勇戎妆列队整肃而行,盖迎霜降本属武,以应秋令肃杀之象也。第所迎之神乃宋岳忠武王暨王妃李氏夫人,不知何意。按:王忠孝大节炳若日星,神游太清职赞玉阙,岂屑下佑畎亩,然亦可见一门忠义节烈正气弥纶,民不能忘之意也。王自三林庙出巡,随路皆搭蓬厂供奉,名为座厂,如行至各庙宇,均有筵席宴待,亦若生人酬酢者。虽近于戏,而礼意之诚不可泯没也。其建庙之缘起则不可考矣。

光绪二年九月十一日(1876 年 10 月 27 日)第一、二版

杨元帅开光

本埠正丰街大悲庵,向本供奉观音大士,每逢朔望亦有士女进香,兼做道场。近又捐资增塑一神像,为茅山部下之昭天侯杨元帅也。前日开光,进香者络绎不绝,并在租界出会,所有执事一律全新,兼有顶马。诚恐人多滋

事，特向捕房请发华捕一名沿途弹压。计是日观者甚盛云。

光绪二年九月十四日（1876 年 10 月 30 日）第三版

朱司徒神诞

长洲县治土地朱老爷堂在苏城临顿路者，多系铺面富户，故香火尤盛。重阳日为土地神诞，书吏差役各按班分别铺张庙貌，灯彩器皿一切陈设俱簇簇鲜明，其余烧香还愿人等香车宝马、裙屐衣冠，自朝至于日中昃亦不可胜计。是日庙中大小清（音）共十六堂，可谓盛矣。

光绪二年九月十四日（1876 年 10 月 30 日）第三版

土地显灵

扬州新太尊黎公接篆任事之日，在城之文武各属员以及分府之候补官皆循例贺喜。有某候补县丞者，极贫苦，久无差使，是日只得假公服一套随众入贺。礼毕回寓，解衣送还借主。衣正脱下，适一同寅来访，某即出见，令仆出烹茶。仆应命回室，而两件公服已不在榻。仆惊呼，主人及客入视果无影响，并友人托代售之钮表一对亦失去。仆手足失措，主人亦忿恨欲绝。客乃太息解劝，因携之出。仆乘隙奔叩于运司街之都土地祠，涕泣而返。甫入门，见一人肩负衣包流汗而至。仆正惊讶，主人及客亦返。开其衣包，则袍褂与表全在。询之，贼哭曰："我久伏床下，趁仆出烹茶，我席卷越墙而出。正在某铺讲售，忽不知不觉而至此，亦不自审其何因也。"仆以为土地神所使。主人叹曰："失而旋得，夫复何求。彼亦一穷人，不得已耳。"麾之去。此主人可谓善于周旋矣。

光绪二年九月二十二日（1876 年 11 月 7 日）第三版

温将军会

前报录温大天君于念五日往穹窿山解饷。兹悉是日黎明出堂，绕城巡行一次，至暮出胥门登舟。随从执事，首先为开道马、乡道马、对子马各六十匹。复有八标、十旗、十二令亦皆骑马，共计二百余人，悉穿箭衣马褂，行头一色。马毕，清道飞虎，间以彩旗，肃静回避排列衔牌，喝道声、竹板声、铁链声、金锣声、旗牌伞扇喧阗未已。忽有一片丝竹之声如天降下，则乐工随小轿数乘，其一为张仙送子，其一为刘海戏蟾，形像如生，呼之欲出。又有古铜角端盛以旃檀云烟满口。又有一香亭，高三尺许，以檀香为之，雕刻穷工。其他臂香党数十名，掀袖露肘，银钩缀肉，或承铜炉焉，或承灯盏焉，或承花篮焉，或承金锣焉。五道神、七杀神，各戴行头不开脸，恐或惊人也。十景琉璃牌、十景逍遥伞相辅以行。另有翠羽伞，以雀羽编成，陆离光怪。宝玉伞，以玉刻百寿缀之伞围，两伞尤为璀璨。更有童子一班。四童顶冠袍服，负琴棋书画，骑款「叚」[段]马。一童骑小驴，披鹤氅，捧兵书宝剑，飘然有仙骨焉。又一童缀双丫髻，红衣绿裤，坐竹车，车载金银珍宝。群童各执元宝护之以行。然后解饷之车辆随之，长矛、短刃、盾鼻、钩牙不离前后左右，催纲司坐显轿押之，盖温部之督饷神也。自后旃檀馥郁，笙管悠扬，而神之暖轿至。轿围通体金线织绣，中用白玉如意扶手，四角花篮排须飘荡，虽凤辇鸾舆不是过也。轿后有负敕印者，有负狼牙棒者，有负乾坤圈者，皆公服乘马。再后提炉数十对。观者莫不肃然起敬云。

光绪二年九月三十日(1876 年 11 月 15 日)第二版

拜斗免灾

苏人刘某为药材行生理，平素虔奉斗诰，与其同道设立斗会，每月逢初三、念七日洁坛礼斗并扶乩给病者方药。二十一下午，方请乩各问休咎，乩初动，便判传刘某。刘至，复判云：“今尔有灾，宜速回去。”刘匆匆回家，无所异。至晚炊举火，取柴火，煤落柴堆，柴房火起，将燎屋梁。忽闻屋顶有二猫相斗，踏破瓦楞，掀倾酱坛，酱油迸出，形如水灌，得遂扑灭。刘之得免于灾，咸以为拜斗之虔。然虽相传如是，其然岂其然乎？

光绪二年十月初二日(1876 年 11 月 17 日)第三版

1877年

元妙观失火

十三日黄昏时，苏垣内元妙观甬道西首茶棚失火，延及夹路西之茶室，并燃着桃阁及南壁耍货店、北壁雅叙茶家之长寮，幸即拆去，始息。当时红光烛天，左近之人靡不失色云。

光绪二年十一月十七日（1877年1月1日）第二版

三茅会

世俗盛行三茅会，沪地亦踵行之。每年春仲，群奉真君出巡一次，旗帜鲜明，扈从严肃。谚谓是月必解饷至茅山也。昨日为赛会之期，神像出大东门，进小南门，巡阅街道后即登舟就道云。惟午后天气乍暖，竟有小满节光景，且有微雨，与会者不免「幸」[辛]苦耳。

光绪三年二月二十六日（1877年4月9日）第二版

重建神庙

黄浦为春申君所开，立庙本在三茅阁桥堍。通商后欲开马路，因将神像移于城内穿心街，虽建有数椽以蔽风雨，然究不足以壮观瞻也。兹闻本城绅董、会首等相议重建庙宇，估得工料银约三千七百余两，先由会首聚制钱五百千，其余拟照向年重建城隍庙大堂例，以四百文为一愿，任凭各业乐助。已禀由邑尊转奉道宪批准晓谕照办。俟见土木兴工，不数月而美哉轮奂矣。

光绪三年二月二十八日（1877年4月11日）第三版

三茅神回申

本埠三茅真君神像每年必由庙祝等群奉之以往茅山，称为解天饷，荒诞不经，识者皆知之。今岁于前月奉神像启行，排列之整齐，扈从之富丽，业登前报。昨日神像自茅山回申，在会执事诸人咸虔往大东门外大码头迎接入城，由东街至海防署前，再经县署，观者塞道，其中男女杂沓，往来不绝，妇女则遗簪坠珥在所不免。计随从之盛，有扮演香严童子者，貌娟秀可爱。次则伞十二、旗十二，各按花名刺绣。执事人等有骑马者，乘轿者，皆衣冠整肃。次又有持乐器者，音声嘹喨，不绝于耳。至托臂香者以数十计。而阴皂八名，则手执刑具，面面相视，目不转睛。刽子手八名，「睅」[睅]其目，皤其腹，迤逦而行。此二种尤称骇诡。一路香花供奉，直至庙中。又有所谓跳马批者。牛鬼蛇神，大约为下愚说法耳。是日之会幸遇天晴，观者咸啧啧称羡，以为借此扩眼界饱眼福，亦有生者所不可少之事也。其不得见者亦称憾不置云。

光绪三年三月十七日（1877 年 4 月 30 日）第二版

天师到苏

江西龙虎山天师张真人，闻于月之十六日到苏，居于「圆」[元]妙观内。未知因何公干也。

光绪三年三月十八日（1877 年 5 月 1 日）第一版

天师至苏缘由

前列天师至苏事尚未明其究竟，兹悉因奉部札令于各省考选道童咨送都中以备禳晴祈雨之司，故抵阊后公馆即在元妙观中，衔牌大书袭封正一大真人府，现着道纪司各举清真道士报名候选审。若是，恐游行正未已也。

光绪三年三月二十二日（1877 年 5 月 5 日）第二版

庆贺神诞

今日为上海县城隍司夫人诞日。昨晚庙东庙西各店铺，东至小东门，西至香花桥，家家张挂门灯，颇形齐整，并有升和绸庄内扎各色彩球，甚为艳丽。惟六点钟时细雨蒙蒙，观灯者未免扫兴。闻明日尚有一日，若能天气晴明，游人谅必繁盛也。

光绪三年三月二十八日(1877 年 5 月 11 日)第二版

建醮出会

南昌广、惠二门内因新正间大遭火患，未与难之居人感及神贶，遍在各坊庙内建设清醮。凡前此被灾处及附近左右数里内店铺均按照一月租值摊派，房主六分、房客四分，统计各处「泒」[派]赀不下千数百贯。万寿宫左近，即前发火处，店市尤为稠密，摊钱既多，出会亦盛。自本月初六起至十七止，共建醮十二日。灵坛广设，百戏具呈。内殿置一宝塔，旁有丹梯，是为诸神上天庭奏事，盖取仙灵往来之义也。塔凡九层，以彩色纱绢为之，面面空明，恍如亿万千佛齐现庄严宝相。闻此一件已费数百千钱。此外纸扎各事均精致无比，几于人巧极而天工错焉。十三日迎神出会，旗锣导前，轿伞拥后，衔牌明亮，鼓乐悠扬。中间杂以玩器，加以祭品。顶马数十匹，骑者皆属幼童，冠冕堂皇，顾盼自得。「台」[抬]阁八座，尽取新鲜式样。扮戏者皆衣裘服，锋毛簇新，并有妙龄女子作好装束，见者尤极艳羡。入后则首士等肃具衣冠，棒执香炉；道士服法服，各执所事随行。初出宫门，由棋盘街、合同巷进至甲「戍」[戌]坊、翘步街及西大街，转历广润门，还至宫口，复由翠花街出塘塍上，转过筷子巷、陈家桥、猪市、白衣庵、带子巷等处，遂过高桥，由六眼井、小教场口、谢家巷，出书院街，转抚州门大街，由系马桩、应天寺进扬子巷，至洪恩桥。而霖雨骤至，烛为之灭，香为之销，职事纷乱，不复能整齐。首士身颤如缚茧，道士瑟缩如被魔，盛服鲜衣未几而拖泥带水矣。雨稍止，乃取道府学前等处还宫，观者亦散。于是有谓敬神不虔故致遇雨。又有谓因火灾而建醮，是火为仇水为德也，当出会而遇雨，有水克火之象，非虔心敬神何以致此。更有谓既被火灾，何又打火醮，只求媚神不知修己，是真人情之大惑也。街谈巷议纷纷不一，亦极一时之热闹云。

光绪三年三月二十九日(1877 年 5 月 12 日)第一、二版

天师来沪

龙虎山天师张真人昨已由苏来沪，寓于南码头安澜道院云。

光绪三年四月初七日(1877 年 5 月 19 日)第二版

公建醮坛

天师张真人来沪业已多日。现闻各业董事以此为难得之遭逢，公议定于二十一日请天师带同法官建一平安大醮，醵资三千金以作费用。天师经已应允，饬传龙虎山法官前来。届时当必别有一番景象也。

又雷祖道院内道士徐子成假用符印，经天师访闻，送交会审公堂查办。兹悉天师以其不守清规，函请陈司马将其管押一月俾静心思过云。

光绪三年四月二十日(1877 年 6 月 1 日)第三、四版

建醮禳灾

前报叠述南昌时疫流行，病殁者多至无算。迨本月来各坊遍议建醮禳祷，合城四十八庙均于初七日约同起坛，一时金鼓齐鸣，声闻相应。初八日先奉神像出庙巡行一周，以大锣导前。凡仄狭小巷神轿所不到者，则以锣往。又于各路口高建一竿，彩幡护其上，斗笠系其中，灯笼或单或双，书列其坊福主字样。竿下粘贴黄纸一条，上书“建节大神”“白马素车大将军”等号，大抵由道士随意撰设者。自十一日起至十六日止，人家均素食五日；各庙亦先后出会，摆设一是不离旧套，凡玩器、抬阁等类所以致饰观美者亦务极其盛，观者啧啧称赞焉。窃思时症之多总由感召秽气所致，如肯移此醮会之费用以洁治街道，清浚沟

渠，居人必无他患。况自今月以来风色渐正，人心亦安，即久病者亦多有起色，倘必以此归功于建醮，则是事之适然，非理之固然也。

光绪三年四月二十五日（1877 年 6 月 6 日）第一、二版

赛神盛会

历年四月初六、初八等日，津郡府县城隍尊神施赦孤魂，会内皆阴冥故事，凡森罗殿、刀山、剑树、血湖池色色俱备，于春祈秋报之中寓赏善罚恶之意，此亦足以发人深省也。本月初八日，城隍庙前之府县书差各设灯棚于庙之两旁，门额曰头壮班、二壮班。棚内陈设具备，花卉生色，字画奇古。几上供宣炉，燃沉檀香，烟气芬馥。一点钟后，又来绸绫四大纛，高不可以丈寻计，因不便持行，憩于路隅。随闻锣声镗然，即有高跷十数人，各服彩衣，装点故事，御空而行，其名目用小旗署曰京秧歌，措词命意以不解解之而已。随有十魁老会者，鬼貌狰狞，各带面具，「撩」[獠]牙青面，咄咄逼人，手上持牌书所犯罪名，铁索银铛拖于道左。即有赭衣十余人尾随，道途仆仆，日无停晷，此乃还愿者也。又有五魁老会，鬼状离奇。判官则硕腹如匏，骑小骡得得而行。一小鬼笼灯前导，灯书"上任"两字，鬼形可掬。其余高者则与檐齐，矮者去地尺咫，虽罗两峰之《鬼趣图》无此逸致也。嗣有仙桥一架，有金童玉女引三两善男信女拾级而登，所谓善者天堂恶者地狱，为愚夫【愚】妇说法。俄又鼍鼓逢逢，则有大鼓十架，装扮十数小童各执玩器以为点染，名曰远音跨鼓。忽因争道扬镳，遂相口角。远音跨鼓之首倡至下会，时会中经理人赶前拦住，至跪道旁，坚请回去，央至再三，鼓声始发，否则几几乎不获听渊渊金石声矣。是夜赦孤在西门外，即刑人处，所有楮帛几同山积。或谓焚化时与青磷互相掩映，其信耶抑附会之说耶？是非目睹，未便定其有无也。

光绪三年四月二十七日（1877 年 6 月 8 日）第二版

天师将行

张天师来沪后，民间凡有妖异，莫不具情禀请驱除，而邀奉批准者实少。

天师曾经致书于善堂董事云称“上海地方繁华太甚，愚夫妇每多妄想致染病邪，乃纷纷以妖异具禀，殊属冒昧。某虽参掌道法之源，却乏岐黄之术”云。至前报述及各业议建公醮，因近来市面不佳，意见各异，兼之常年中元令节各业本设醮坛，恐难另行筹款也。惟闻商贾之请发镇宅、催生、护身等符者尚日不暇给。天师于【本】月之初六日亦拟起程云。

光绪三年五月初五日(1877 年 6 月 15 日)第二版

药王庙赛会

去月二十六日津郡河东出会，其神为药王，即华「陀」[佗]也，并尝百草之神农氏亦与焉。夫二神者，神农则功德在民，华「陀」[佗]亦以术济世，顾以之出会谓足以驱邪降福，则诞妄甚而亦亵渎甚矣。是日会景颇华，裔皇富丽，「台」[抬]阁之新鲜，仪从之煊赫，姑不具论，其最文雅者为鹤翎，最奇巧者为重阁。鹤翎则羽衣翩翩，振翅欲飞，跨以美童，衣服丽都、颜色姣好，其栩栩欲活，恍如子晋当年。重阁则扮八仙。汉钟离手中之扇翎，吕洞宾背上之剑锋，李铁拐之葫芦，曹国舅之玉版，张果老之道筒，韩湘子之洞箫，蓝采和之篮，何仙姑之花，八铁之上皆翘企一妙龄女子，弓鞋二寸许，凌空而行。有以男扮成，有真女子身者，摇曳多姿，旁人为之胆落，其实安于磐石，自上至下皆有铁条从中缚定，断不虞有他也。降香会借十字余家店以为下处。降香即海上臂香之类，下处即跟会余间憩息之所也。余家店向本寓人，亦堆客货，目下沙船云集，店中百货俱备，既借为降香下处，店主谓此实情不可却耳，请与诸君约，除在会诸人外勿听入店，以免混淆。在会均有号衣，或执旗帜，良易辨认也。乃是日中饭时降香下会在店食息，有混星某掉臂而入，店伙拦之，彼称亦系降香会者。诘其“何无号衣，碍难放入，以免他人效尤，倘必需入会，或于会内认识一人，道出姓名，令其引入可耳”。某闻言，遽怒不可遏，直奔店主，谓“我非图窃而来，何诘责乃尔?”余家店本多用武夫，因与搏击，某伤甚重。某退，约人同往，思逞其毒以为报复，余家店亦不之怯，竟各聚众械斗。翌日在县署验伤，两造共伤七人。是日又有侯家后斗殴一案。审讯之际，观者颇多，大堂之外为之拥塞。混星即无赖之称，叠见前报云。

光绪三年五月十八日(1877 年 6 月 28 日)第二、三版

天后宫香市

天津濒海之区，天后元君福佑海疆，故其香火最盛。郡城东门外有天后宫一所，琳宫梵宇，金碧辉煌。其最热闹之区曰宫南宫北，即天后宫之南之北也。五月朔日大开庙门，一时白叟黄童、红男绿女投庙进香者不绝于道。是日晨起，偕友上院衙参，而后就院东东来轩吃茶。该处两岸一河轩窗临水。茶话未几，锣声锵然，猝有河船从上流来，船桅旗帜高悬“天后宫进香”字样。船中妇女粉白黛绿，难以悉数。其云鬓之旁各簪黄纸，剪作桃形，楷书“天后宫进香”五字，或径书“进香”两字。橹声过去，香风披拂。俄而锣声又作，一船衔尾而来。船中垂髫者三人，衣桃红衫绿裤，凌波三寸许，逸艳横生，余则壮年妇与村妪杂坐，舟几不容，其旗帜簪饰与前船同。瀹茗未竟，半朝之间而香船已过八艘矣。相随诣庙，船上人已舍舟登陆，络绎于途。及进(头)门，两旁尽卖香烛及要货者。将近二门，上盖凉篷，约荫亩许，下用苇席拦阶前尺地，如厅事然，内设条凳，凡妇女进香者就彼少憩，然后齐赴寝殿轮班膜叩，跪献表文一通，内列姓名里居，倩道士读讫，加一黄纸封筒用火向炉焚化，然后叩头起去，童稚敲锣并执天后宫进香小旗以为前导，其敬恭将事觉有无敢戏渝之意。进香之人与观进香人之人几于足趾无停处，亦海边绝好风景也。

光绪三年五月二十日(1877 年 6 月 30 日)第二版

赛　会

苏城四乡农人以蝗不为灾，醵资酬愿敬祀刘猛将神。枫桥之乡陈家浜一带村庄于二十五日恭迎猛将出巡，所有执事各班皆村童牧竖、主伯亚旅之属，自村中遍历阡陌，由枫镇大街取道山塘至虎阜而回。吴人之好尚如此多见其自诬也。

光绪三年六月二十九日(1877 年 8 月 8 日)第二版

城隍神出巡

今日为中元节，本县城隍神同四司向例出巡。兹闻自辰刻由庙起马，出大东门到坛，随进西门迤逦回辕。所有妇女装作犯人及入庙烧香，昨已经水利厅出示禁止矣。

光绪三年七月十五日（1877 年 8 月 23 日）第二版

城隍出巡

本月十五日苏州城隍、土地（入）坛主祭、陪祭者共七起，一府三县财帛司、纠察司、水仙明王也。会中仪仗亦一概删繁就简，所有小轿及茶箱、食箱、逍遥旗伞等均未随从。苏州府及长元吴三县俱赴虎阜祭坛致祭，已毕，同在张公祠早膳，至申牌时分始入城回署。是日跟会女犯早经府宪出示禁止，故本城妇女俱遵功令。独有一金陵妇，身穿半臂，袒其两肘，肘上缀满铁针，跟在财帛司土地之后，适为府宪所见，立命差役拘拿带归署中羁押。是日有张姓童子，年甫四五岁，老妪负至山塘看会，适在中途，有人以苹果递给者，曰："官官试尝之，前路鸣金，盛会来也。"老妪问其为谁，曰："汝不识乎？余即比邻某某也。"妪遂不疑。行数武，其人倏不见，视童子手上小金镯亦与人俱去矣。

光绪三年七月二十二日（1877 年 8 月 30 日）第二版

猛将盛会

苏阊外白莲桥浜之西乡各村乡农，因本年蝗虫为患，公同醵资，按亩摊捐，自产每亩捐钱一百文，租产每亩捐钱五十文，众农人莫不踊跃乐从，即于前月二十五日恭迎猛将出巡赛会驱蝗。以猛将本庙地方狭窄，特借朱家火神庙作为公馆。所有会中执事，由各处城隍、土地庙中公助。自起马开道至于各色仪仗凡二十四班，跟会者数以千计。此外有金盔金甲一座，护以骁卫。复有驱蝗马一匹，骑马者手捧黄纛，上书"驱蝗"两字，约有斗大。以上两项尤为他会所未有。是日「已」[巳]刻出堂,从下新桥行至山塘渡僧桥,绕道南濠至胥门城外折回白莲桥浜,酉刻回庙。所过地方观者莫不摩肩接踵充衢塞巷云。

光绪三年八月十二日(1877 年 9 月 18 日)第二版

重修庙宇

杭垣下城之联桥上向有广福庙,俗呼为孚蒋庙。其大殿供奉广济孚顺侯、利济孚惠侯、灵应孚佑侯三像,久著灵异,香火颇盛。庙中自住持外,更有经理庙事者,为米业中人。兵燹后基址尚存,略为修饰。以三神曾为地方捍患御灾,灵应昭著,所加神号系我朝敕封,故地方官春秋祭祀列「人」[入]祀典,载在邑志。现因风雨剥蚀,又被游人蹧蹋,是以省城米业拨款重修,定于八月十一日破土。现已版筑登登,土木并作,惟工程浩繁,未知何日完竣也。又因此处有聚赌情事,先特禀请邑侯邢司马出示严禁在案,使匪徒知所敛迹,庙内不致作践云。夫聪明正直之神,其庙貌固不可不为修饰,但今山右灾区极宜急为拯济,曷弗移此巨款造些实在功德耶!

光绪三年八月二十八日(1877 年 10 月 4 日)第二版

万寿进香

许旌阳为江右第一福主神,每月朔望抚部院必亲诣行香,居民叩祷者无虚日,而尤以八月为盛,四方之人不远数百里奔走偕来,各立胜会名目。一会至数十人,短衣赤足,俱戴凉帽。其制则深而且狭,似系乾嘉间旧物。众人各有执事,肩挑背负者均楮帛之类。前行者手捧龙头如代香盘身,系黄布袋,上书“万寿进香”四字。此人成衣长衫。后此则锣鼓间作,吹打悠扬声以地别。自斋戒起程以迄旋里,遇村落必吹,过城市亦吹,云所以示敬也。顾乡民所瞻拜者为会垣之万寿宫,而会垣居人又于是时结伴往朝西山真君殿。相传西山即旌阳得道处,距城仅六十里,水陆之程各半,数日间可往还。现因霖雨滂沱,多稽迟至旬余犹未能返城。至乡民之来城者更苦不可言。此时天气甚寒，携带「绵」[棉]衣者绝少，瑟缩时形，手有执而不能张伞，头有戴而不便荷笠。初五、六等日大雨倾盆，刻无休息，街上积水骤深至半膝。往者八月朔日城内如洗马池、翠花街、合同巷、塘塍上等处各店摆设玩器，美丽繁华，家家焚烛「热」[爇]香、爆竹喧腾不减于元旦，游人乐极，壅塞街衢，今亦因阻雨，变热闹而为冷静，不得谓为风景不殊也。

光绪三年八月二十九日(1877 年 10 月 5 日)第二版

集仙宫古迹

凡庙宇每以寺院并称，然佛寺实多于道院而宏敞亦胜于道院。到处名山大丛林俱缁流踞之，而羽士则鲜闻焉，惟嘉定城东有集仙宫者可于道院中首屈一指。宫不知创于何代，地广约十余亩，环绕以河曰玉带。宫前一桥上镌双龙，俨然王者之规模也。踰桥行约里许，则丹墀九级，陛楯咸备。宫之高敞雄丽逾于圣庙。殿上塑金身玉帝像，垂旒执笏端拱而坐，长约二丈余。两旁侍立者则文昌帝君、张真人也。帝君衣蓝衣，上绘金龙，手「棒」[捧]卷册。真人衣紫衣，上画八卦，一手执圭。殿之前后左右则宫殿林立，约二三十所，凡道家之神几备焉。每年正月九日为玉皇诞辰。先一夜，城乡之神咸往朝贺，张灯鸣锣，排列仪仗，此往彼来，终宵络绎。因是游人争赴宫中，颇为热闹，至质明，俟城隍及本境土地往朝始卒事。宫中道士所居者仅四五楹，缘庙无田租，惟借香火度日，故来者辄不能久居。入其室，墨突不黔，积尘满甑，故游人亦鲜至也。惟中有瑞竹轩尚可憩息。相传前有一跛【足】道人支竹筇前来乞食，道人不之礼，因倒植其竹于庭而去。少顷拔之，牢不得起，掘土视之，则已生根，翌日则嫩箨争放，因以瑞竹名轩云。每值玉帝诞辰，轩中悬《瑞竹轩雅集图》，亦韵事也。先是有装池工吴契贤者，系客槎先生族孙。客槎邃于经学，出入于乡先辈钱竹汀宫詹、王竹庄光禄之门，著述宏富，顾一衿赍志，名不出乡闾。契贤诵芬扬烈，欲发潜德之幽光以永其传也，于是仿沧浪亭五百名贤之例，访乡先辈之品学兼优名望素著者得若干人，绘成巨幅，而以族祖客槎附之，一时名人题咏殆遍。粤逆之乱，宫既全毁，图亦不存。最奇者，宫前有石牌楼一座，从无鸟雀巢其上，并飞过者亦未尝遗矢。相传曾有凤凰集其颠，故凡鸟敬避之。又言有蛇虺为窟，鸟故不敢近。然每届傍晚，群丐咸炊宿其下，从未见有他异。宫之前后又有银杏两株，大可十人围之，皆系前代所植，至今森立，幸未遇斧斨也。

光绪三年九月初九日（1877 年 10 月 15 日）第三版

土地惩凶

前报八月二十六日扬城南门外柴棚失火，几成大灾。兹又闻扬人传言缺口东关二门交界之外城脚下有一小土地庙，高不盈丈，方五尺许，土墙剥落，庙貌仅存。二十八日有行路者忽见庙门口长跪一人，年约三十许，神气灰败，奄奄一息，问之，即叩头泣诉云：“再不敢放火害人矣。”众讶其语不经，灌以米汁。俟神气复原，始称：“与某柴棚实有宿怨，故纵火以报，不料其如此之烈也。”众又问其何以跪此，某称：“放火后即走开，突遇一官服者挟我至此，以后即昏昏不知矣。”众乃以某交地保禀官惩治云。窃思土地神固亦有地方之责，然阴阳隔阂各有专司，土地而捉人得毋越俎乎？姑妄听之可也。

光绪三年九月初九日（1877 年 10 月 15 日）第三版

穹窿灵迹

前月有穹窿山天将殿失火事。兹闻殿中天将神像统共三十六尊，当时望见火起，道众仓皇各负神像以出。其神像身高一丈有余，重可【达】四五百斤，负之者一人一像，山路崔嵬，不觉其重。比火「息」[熄]后，欲待另觅地方暂时安置，则每一神像非四五人不能举动矣。近日远近哄传，或该庙道士欲以此为耸动乡愚之计？未可知也。

光绪三年九月初十日（1877 年 10 月 16 日）第三版

斗坛纪盛

每岁九月初一日起至初九日止，俗谓为九王诞，有持斋者，有礼忏者，咸佞佛以祈福，举国若狂，无赖之徒即借此以生事，不独苏省为然也。客言杭城自九月朔日起各庙皆摆设斗坛，以斋天而供佛。或拜忏，或度关，各项皆热闹异常，各立坛名，各司乃事，其一切费用皆由捐募而得。坛前摆列铺设均各争奇斗巧，不肯稍让，以致游人拥挤异常，而裙屐蹁跹，簪环络绎，正不止履舄交错而已也。其最易滋事之时，则为坛中度关、做朝二事。其时挥汗成雨，联袂成帷，踵相接，肩相摩，恐后争先，与热闹戏场无异。其仓桥之日新坛于初六日度关，有妇女三四辈均为游人团拥，首饰簪环尽失，手镯亦被抢去。一富家妇见势不佳，急入旁室闭门避祸。欲观胜会，反躲禅房，苟念及此，真徒劳往返也。殿外空院有玻璃呢轿一乘，竟被游人击碎，已如片片花飞然。类此之事不胜殚述，姑举一端，以见杭垣斗坛之有损而无益也。呜呼！为区区礼斗之事，捐募者金钱掷如泥沙，语以赈济饥民未有不废然返者，即此一端，可以观世变矣。

光绪三年九月十六日(1877年10月22日)第二版

邑庙发牌

十月初一日为下元令节，本邑城隍神循例准县牒请出巡兼赈济无祀孤魂，故头门前悬牌于今日午刻发牌，即行点卯。按：沪城往年发牌之期每在先一日夜半举行，自城内于是夜遭盗劫之后，今乃易之于日中，亦未雨绸缪之意也。

光绪三年九月二十八日(1877年11月3日)第三版

振兴医道

苏城窑院巷之北首向有药师古庙，中立神农之位，配以灵枢、岐伯及历代名医，以是为医生公所，载在志乘，迄今久就荒圮，益以兵燹，瓦砾仅存。陆殿撰之封翁九芝先生为当代良医，现欲商之诸名医，拟就基地重新修建，恢复旧规。中间更须广购医书，并集百药，俾各医生随时讲究，以扩见闻。余则兼办善举，以资同道、孤贫之助。其经费拟由各医生量力捐施，不相勉强云。

光绪三年十一月初六日(1877年12月10日)第三版

1878 年

送子神会

正月十四日为宁郡庙送子殿女神梳妆之期，故往年皆于十三日夜初交子时有妇女多人代神梳头裹足、换衣升座。天甫微明，求子者已男女杂沓、肩摩踵接，纷纷进香。今岁更有镇海县于印波司马遣人还愿，故轿马络绎，愈形拥挤。闻系去年是日，神方梳妆时于司马亲往祈求，即于当年腊月十四日生一子，至今年是日适为令子周月之期，故署中汤饼筵开，官绅满坐，不(克)分身，特先遣人了愿，「已」[己]则于十五日上郡迎接太守，乘便躬往拈香云。

光绪四年正月二十日(1878 年 2 月 21 日)第二版

神像开光

宁郡西乡邵家渡有忠义王梁圣君庙，现择于二月二十七日为梁圣君、祝氏娘娘暨东殿沙元帅开光，故礼梁王忏十昼夜，至三月初六日演戏安神，乡人呼之曰梁山伯庙。相传梁山伯与祝英台成神后专司嗣续，因是宁人奉之极虔，谓实能求子得子，每年正月初七日神诞往求更为灵验。是日无论晴雨，男女均杂沓而来，争先恐后，此诚积习然也。然余以为假神愚民招摇赛会，费此种种闲钱，实属无益，曷不移此款以赈晋豫之饥也。

光绪四年正月二十八日(1878 年 3 月 1 日)第三版

解饷茅山

沪俗有茅山神督解天饷之举，苏帮中尤为遵信。城内万福宫每年春秋两季必解天饷，催善男信女赶紧完纳。此不过敛钱计。现在英租界潮阳楼南首道院中亦供有茅山神，业经榜贴头门，定于二月二十五日解饷，限期三卯，以逢五逢十为限。昨系头卯，各赴该院烧香，履舄交错，男女无别，殆亦所谓敝俗乎？

光绪四年二月初六日（1878 年 3 月 9 日）第三版

猛将盛会

光福善人桥刘猛将神庙，频年香火合远近村社悉视家之有无、岁之丰歉酌量摊捐，凑零成趸，为酬神出会之资。自兵燹后此会尚未举行。客岁蝗不为灾，惟神之佑，由是该处乡人悉愿捐金请神出巡，于十六日为始，十八日为止，各处山头须周巡一次，并闻仪仗执事备极绚烂精工。其闻风赴会者正不啻万家空巷矣。

光绪四年二月二十五日（1878 年 3 月 28 日）第二版

昭天侯会

西门城内茅山殿经（莫）邑尊将司事重惩后，英租界亦严禁佛店，故昨日于珊记码头某寺院中迎昭天侯会，特迁在大王庙起马，遍游租界，轿马纷纷，颇形热闹。然堂堂邑令竟不能禁迎神赛会，岂七品宰官真不敌若辈耶？

光绪四年三月二十四日（1878 年 4 月 26 日）第二版

禁止妇女入庙烧香告示

署理苏松太道褚为出示严禁事：照得妇女入庙烧香、出门乘会，甚至罔知廉（耻）混杂于茶烟酒馆，实为地方之恶习，若不严行禁止，何以端风化而正人心。除饬属一体示谕外，合亟出示严禁。为此示仰阖属军民诸色人等知悉，自示之后，无论老少妇女务各谨守闺门，勿事游逸。倘再不知敛迹屏踪，复蹈故辙，一有所犯，立提本妇夫男从严究办。茶烟酒馆以及庙中住持，敢于阳奉阴违，听其出入，定即分别押闭究惩。各宜凛遵毋违。特示。

光绪四年三月二十五日（1878 年 4 月 27 日）第三版

赛神尽敬

兹为上海城隍夫人诞辰，故邑庙甚为热闹，张灯结彩，任人游览。庙东至长生桥，庙西至旧教场口，地甲■捐牌知会各店铺于二十七至二十九三日须排街挂灯。亦有铺设香案宴待者，其陈设皆争奇角胜，极堪娱目。兼值天气晴明，游人比往年更盛。庙中本有莲船会名目，谓生前寄纸锞于船，死后便能取用，妇女咸深信之，于是或投锭袋，或投纸箱纸桶，羽士因借此而得通疏钱，代为存放于莲船中。按：莲船系纸扎成，硕大无比，装满后即付之一炬，妇女皆绕船念佛。呜呼！贪财嗜利之心，不仅生前，而兼图死后，神佛其许之乎？

光绪四年三月二十八日（1878 年 4 月 30 日）第二、三版

神诞类述

昨日为纯阳祖师诞辰，苏城元妙观是日有轧神仙名目，扶老携幼，相习成风。本埠城内水仙宫〔即真一禅院〕正殿亦供吕仙，故昨日颇形热闹，倾城士女以进香为游春之所不逮焉。今日俗传为库神诞，道署关房以清音宴待，道宪亦亲临拈香。闻道光时本雇名班演剧，匪乱后始更清音，亦撙节之一道也。

光绪四年四月十五日（1878 年 5 月 16 日）第二、三版

汉阳重建朝真道观示

钦加盐运使衔汉阳府正堂加四级纪录十次严为出示严禁事：案据光禄寺署正优附贡生李荣光，附贡叶肇封，廪贡陈水清，廪生陈锡周、余锦、许绍鼎，增生傅午、吕周鼎、徐谐钦，附生宋用宾、贺章鸣、顾宝祺、柴祯、吴兆松，职员文国源、吴开缙、赵云名、杨文锦、吴仁和、田龙藻禀称“缘汉阳离城十里之赫山，紧与宗关对峙，为汉镇水口关键。山头旧建朝真观，树木森绕，庙貌

极为巍峨，住持道衲专照山间土石，不准掘取致伤地脉，查县志刊在。赫山位(居)「戍」[戌]方，原为火库，汉阳位居午方，汉镇位居寅方，寅午「戍」[戌]会成火局，库破即有火灾。康熙年间勒石封禁。自遭兵燹，非特禁碑倒塌，庙宇亦被火焚。前因附近居民希图渔利，屡次在山窃石取土，致汉地迭被火灾。虽生等禀请，曾蒙赏示严禁，无如该山旷野，道衲无所栖止，职无专司，而掘取土石纷纷，地脉损伤，火灾依然层出迭见。兹拟仍在该山基址重建朝真道观，镇锁水口，照前立碑勒石严禁。其创建经费早经筹募，而汉镇绅商见系培植风水，无不踊跃乐输，共襄盛举。所有兴复古迹情形理合禀明查核，批准遵行。其中或有借端阻挠，偷窃木石，以及无知乡愚任意在山朋掘，祈出示晓谕。如敢藐法违示，许该照守道衲偕同保甲扭禀究惩，从此砥柱中流烽烟或可永靖，则阖镇感戴高厚无既矣。谨禀"等情，据此。查前据该职员李荣光等赴府具禀，业经出示严禁在案。兹据前情，除批示外，合行出示晓谕，为此示仰该地保甲及(诸)色人等知悉，现在该山重建朝真道观，镇锁水口，原为培植风水起见，勿许附近乡民借端阻挠、偷窃木石，并不许无知之徒在于该处掘石取土损伤地脉。自示之后，倘敢藐法违禁，许该照守道衲投同保甲扭禀赴府，定即严究惩办，决不姑宽。其各凛遵毋违。特示。

光绪四年四月二十八日(1878年5月29日)第三版

迎神治疫

宁城五都元帅会俗名四月半会，往年极盛，今夏以各行生意清淡不复举行。然日来瘟气大作，故阖郡士民商于柱首以定坐堂会一社迎神出殿，驱除疫疠。择于五月二十七、二十八两日报赛云。

光绪四年五月二十日(1878年6月20日)第二版

华「陀」[佗]仙诞

月之十八日为华「陀」[佗]仙师诞辰，莲溪同仁善堂旧有华「陀」[佗]神像，远近求取仙方辄有奇验，故是日音乐毕张，牲醴特盛。更有求方而酬愿者，或携锭楮，或持香蜡，尤觉络绎纷纭，不招而自至云。

光绪四年五月二十一日(1878 年 6 月 21 日)第二版

香火减色

本月十九日俗称观世音诞期，各庙香火素来极盛，乃日前城内之沉香阁及沪北之红庙妇女烧香者比往年约减十之四五，大抵一因阴雨，二则大半以烧香资移作赈捐，兼地方官禁止妇女入庙烧香之示遍贴通衢，未始非因斯三者而却步也。惟青楼中姬姜仍坐大轿，披罗縠携羽扇，仆妇在前，元宝挂后，往来如梭织云。

光绪四年六月二十一日(1878 年 7 月 20 日)第三版

火神胜会

日昨为火神圣诞，本邑之火神庙作会甚闹。左近各店铺俱张灯结彩，摆设文玩。东至城关，西至西彩衣街，北至东街，无不供设香案，灯烛辉煌。虽酌减浮费移作赈捐，而庙中之宴待仍如旧式。兼有摆十六沙泥盆者，人物花卉翎毛等栩栩欲活，共推兰雪堂龚姓为独步。故游人如蚁。而扒儿手亦乘间攫物，无所不至，虽有勇丁弹压亦难尽绝云。

光绪四年六月二十四日(1878 年 7 月 23 日)第三版

雷祖盛会

二十四日为雷祖诞，宁城自二十三日起北门内佑圣观雷祖殿热闹异常，虽庙中住有绿勇，惟不许香客上楼进香，此外则一无阻碍。沿途白衣寺一带摆卖香烛摊不计其数，见人即唤，诚一宗大生意也。缘往年道士出售点过之烛，有卖至百余元者。庙内后进有白莲一池，较上年略减二成，然数十朵出水芙蕖摇漾于玉沼之中，自饶雅韵。前后殿烧香妇女整队偕行，左手执香，右手掐百八牟尼，口念阿閦佛，逢神即拜。路上乞丐假装残疾生疮，席地而坐，一如诸地狱苦恼，进香者咸解囊掷以金钱云。

光绪四年六月二十八日(1878 年 7 月 27 日)第二版

龙身全现

前报珠普镇、善墩两处龙现事，皆仅露片鳞半爪，人之闻之者亦复疑信参半。不料昨有自扬之伍祐场来者，言其船行至中途，突见前面有一龙戏水，龙尾深入水中，而龙首蜿「蜓」[蜒]，俨在云表。时则水声怒吼，云气狂飞，船不敢行，亟向柳桩系住。霎时间，但见龙身一纵，而龙尾所扫左近草房俱皆塌毁，船亦在水颠簸异常。缘此船离龙戏水处不过数十武，故历历可辨。特是龙神物也，瞬息千里，若江若海何难任其所之，兹乃吸水于洲渚之中，岂果不必择地欤？抑故示神灵欤？

光绪四年七月初七日(1878 年 8 月 5 日)第一、二版

三官香会

苏胥门七子山小云台僧寺供有三官神像，每届七月间，自朔及望各处烧香者络绎不绝，寂静山林较诸冲繁城市尤为热闹，且每至初十以后，山中进香往来上下，几于通宵达旦，所照灯笼各有“灵台”“三官”字样，则尤同元夜张灯金吾不禁也。本年在城各项生理诸多减色，即如元妙观中醮事亦复寥寥，独七子山香火则照常繁盛，其神之灵欤抑地之灵欤？毋乃人之佞神而好事者欤？

光绪四年七月十一日(1878 年 8 月 9 日)第二版

中元赛会

中元令节本埠城隍神例准县牒出巡以赈孤魂，刻下上海县按照向例特出告示云：“凡有妇女扮作罪囚，身穿赭衣，坐无衣轿，涂脂抹粉，杂于会内者，此非敬神而亵神也，亟宜严为禁止，并不许入庙烧香。若蹈前辙，定

予掌责。”并谕是日之会于辰刻起马，酉刻回辕，不得深夜迎神云云。是亦防患于未然之一道也。至新闸之广肇会馆，每年于中元节必盛设会事三日，悬灯结彩，极其热闹。兹闻从今日起仍照旧式，并不酌减，想游人定形杂沓也。

光绪四年七月十四日(1878 年 8 月 12 日)第二版

重修刘猛将军庙示

补用直隶州特调江南苏州府吴县正堂加十级纪录十次汪为出示谕禁事：据家属潘升禀称“家长布政使衔记名简放道潘绅曾玮暨布政使衔前浙江宁绍台道顾绅文彬、二品顶戴前四川盐茶道彭绅毓棻、按察使衔江西遇缺酌补道蒋绅嘉棫、翰林院庶吉士吴绅郁生、侍读衔内阁中书彭绅祖润、道衔候选员外郎吴绅嘉椿、内阁中书王绅伟桢、道衔候选知府程绅肇清、五品衔内阁中书冯绅方植，因台治北利一图宋仙洲巷向有刘猛将军庙，创自宋代，乾隆八年前府宪觉罗重修，碑碣俱存。旋经兵焚毁圮。同治间经郡人顾元根等募捐修理，仅将大殿完葺，此外屋宇及头、仪门等处均未竣工。顾元根招僧永林看守。嗣因该僧募有粮道宪英捐洋二百元，当时交瑞记洋货铺收存，未交顾元根，遂致口角。该僧现已告退。此项捐洋业经程绅肇清发交洋货公所收存，以备工作之用。家长因思上年苏郡飞蝗入境，仰赖神佑，保全田禾，今庙貌未整，实无以答神庥，亟应一律修造完竣以复旧规。惟查顾元根以募捐修庙为名，从中取利非止一次，现因他事经长洲县宪提案管押，此次庙工未便再令与问。家长等公同商议，拟先倡捐凑集经费，诹日兴工修复，另招妥人看守。诚恐地匪人等借端阻挠，为特遣身禀请出示谕禁”等情，到县，据此，除批示外，合行出示谕禁，为此示仰居民、地保、看庙人等知悉，尔等须知该处刘猛将军庙现由郡绅倡捐，凑集经费，择日兴修，另招妥人看守。如有地匪人等借端阻挠以及窃料妨工情事，许即指名禀县以凭提究，地保容隐察出并处。各宜凛遵毋违。特示。光绪四年七月初七日示。

光绪四年七月十七日(1878 年 8 月 15 日)第二版

苏台近事汇录

枫镇陈家浜猛将堂为该处乡农所信奉。去年以蝗不为灾，感荷神庥，因「剧」[醵]资每岁出巡一次，名为解饷，自此援为成例。本年田中禾稼可望丰收，是以各村居人兴高采烈，拟于八月初六日恭迎神像出巡。其应解天饷，遣人分「叚」[段]鸣锣催解，无论城乡远近莫不周游劝募云。

光绪四年八月初十日（1878 年 9 月 6 日）第二版

乍浦海防同知徐公告本镇城隍除蝗文

年月日嘉兴府同知徐皋设坛建醮，谨昭告乍浦城隍之神曰："惟神受上帝锡命永镇海疆，皋奉天子恩纶分防斯土。幽明异治，征应同归，捍患保民虽资牧守，消灾集祜，端赖神「祗」[祇]。今此民困甫苏，虫灾顿作，沴气所被，螟螣横生，栖泊经时，蝮蝻盈野，已在能跃能飞之候，保无食苗食叶之虞，国赋攸关，民生奚赖，虽由官守之不职以召凶荒，亦岂神力之莫为而甘坐视。神之血食斯土与皋之分守是邦，苟不恤民，同为旷职。奈譬诸贼盗旋灭旋生，即纳于沟渠愈焚俞炽。围捕之术已尽，官民之力俱穷。惟有仰渎威灵，转祈苍昊潜除遗孽，阴佑斯民。敢竭愚诚，尚希神鉴。谨告。"

光绪四年八月初十日（1878 年 9 月 6 日）第三版

苏垣琐事①

前报记八月初八日陈家浜猛将将出巡解饷于穹窿山一事。兹闻催饷未齐，会中首事者又或吝于捐资，彼此因循，势将中止。一日各首事均往庙中会议以定行止，维时首事者八人，其四人心殊不愿，入庙后忽颠狂呓语，如遭

① 《苏垣琐事》在第二、三版。此处摘录其中一部分，在第三版。

神谴，是以此会无敢阻挠，拟于十八日照旧出巡。然愚谓此特奸僧敛财之故智而首事者抄习旧文耳。吴人乃信为实然，亦可笑之至矣。

元都道院每届二、八两月杭湖一带进香船只如蜂屯蚁聚，不可胜数。初十日黎明，抚宪吴中丞驾出阊门致祭社坛，适遇乡客入城，或携香篮，或负香袋，或十数人一起，或数十人一起，纷纭络绎，女多男少。抚宪疑之，因即告知吴县。祭毕，吴县汪邑尊亲往各船查验，盖恐人多滋事，并虑混藏匪类也。

光绪四年八月二十一日（1878 年 9 月 17 日）第三版

进香纪盛

凡庙皆有主名，独南昌许旌阳殿则直称为万寿宫，历代相沿，未之或改。现届进香之期，城内甚为热闹，自前月晦日起，各街动有拥挤之患。在乡人不过小吹小打，结队而行；而城内居民无分男女少壮皆束身散发，或三步（一）拜，或五步一叩，灯笼火把充塞满途；又有小车碍路，行道维艰。地方官照例派差在庙门左右弹压，故滋事者少。洗马池一二洋货铺，仿照本埠香粉铺式，各务门面，夜则多设玻璃灯数盏，益足以哄动乡愚，而生意亦借得稍盛云。

光绪四年八月二十一日（1878 年 9 月 17 日）第三版

施药救疫

宁波益和糖行及王家墩林姓等，近以阖郡疫气盛行，施救稍迟病即不起，查知五香散最为灵效，故旬日以来每日配合一料施送，每料约费十余金，然可救百余人之命。兹又每日增合二三料，日间分给不暇，夜静更深之际叩门来乞者且实繁有徒也。于是宁民皆有戒心，择二十四日奉瘟神出巡收除疫气。旗锣执事衔牌红伞前导。中有天师画像亭，羽士八名。后有神座绿呢大轿，神白面黑须，戴「冢」[冢]宰金冠，穿金绣蟒袍。后随蓝呢官轿一乘，其人水晶金顶，执香端坐舆中。前后统约百余人，巡行城厢内外，谓可以禳疫「厉」[疠]，然效否正未可必也。又闻扬城亦多瘟疫，某太史家三日内死其二人，又某姓家一昼夜死其三人。又某铺共有五人，俱病倒在床，不能贸易，邻铺复被传染，病皆吊脚痧或喉症，生死止争片刻，危乎哉！

光绪四年八月二十七日(1878 年 9 月 23 日)第三版

重修庙宇

盐仓门内佽飞庙神相传姓黄，宋时敕封江夏侯，载在宁波郡邑志，今春重加修理，至秋初庙貌为之一新。本月二十二日神像开光，议定演戏十昼夜，至九月初始罢。日内山门前食物摊生意大盛。此处素称冷落地，忽一变而为热闹场矣。庙西之报德馆，向为卫安勇居住，前经失火，勇已迁往佑圣观中，然尚有一二人看守报德山门。今年绅董议妥将勇悉数移去，于是缁流募化香资，将山门前一切修盖整齐，并将从前迁出之神像移回，旁亦搭盖偏屋多间，规模业已粗具，然欲复昔日之庙貌恐非旦暮功也。

光绪四年八月二十九日(1878 年 9 月 25 日)第二版

吴门琐记

八月二十二日苏阊外陈家浜猛将庙解饷穹窿，当日会中各执事均雇船前往，拟解饷事毕，舍舟登岸，由木渎镇排齐仪仗，一路归庙，巡行阊、胥两门附郭一带地方，以壮观瞻。讵念三日下山，竟日风雨。行近木渎镇口，前有焦河船因风倾覆，阻梗河道，猛将神舟阔大，竟为所阻，由是另觅小舟请神过载，而跟会诸人均以大雨淋漓不能如愿，遂各返棹中止云。

…………

穹窿山玉帝殿及星宿殿因去年祝融之劫几成焦土。兹闻该处道士已从各处募捐凑集巨资，业经雇匠兴工。日来山顶水木两作日以二三百人，约计落成非万金不办，亦可见道士之神通广大也。

光绪四年九月初二日(1878 年 9 月 27 日)第二版

会馆迎神

苏阊外闻德桥浜湖南会馆于今春创造落成，为瓷器煤炭公所。该帮素敬金龙四大王神，故会馆中殿供奉是像。月初神像庄严事竣，由湖南舟迎至苏。二十四日清晨，由舟中请神舁进会馆，大开筵宴，演剧酬神，气象颇觉繁盛云。

光绪四年九月二十七日(1878 年 10 月 22 日)第三版

茅山真君开光

英租界潮阳楼相近处之茅山真君庙，香火本极繁盛。闻今晚为真君开光，明日赛会想更当热闹也。

光绪四年十月初三日(1878 年 10 月 28 日)第二版

演戏酬神

本年扬境两属五谷丰收，而江、甘为尤盛，较之豫境目下情形不啻霄壤，故城内各官于各庙演戏以伸谢意。昨闻于本月初六七两日在刘猛将军庙演戏，初八九两日在城隍庙演戏。是日各官入庙拈香，民间看戏者亦络绎于道云。

光绪四年十月十七日(1878 年 11 月 11 日)第二版

改建专祠余闻

本埠西城之茅山殿前曾议改升护巡抚原任上海县刘公专祠，今悉是案莫邑尊已详奉各大宪批准，将前殿改作刘公祠宇，其后「另」[另]有向称杨爷殿者改为愍忠公祠，盖即福星轮船海运被溺之诸公也。所有先曾按照当日团练章程各乡劝集之捐款，除提修建一切费用外，余则充作灾赈，其有已写未收者，仍须照数催缴。今款已充裕，不日即可兴工云。

光绪四年十一月三十日(1878 年 12 月 23 日)第三版

1879 年

戏班建庙

优人所供奉者为老郎神，向惟苏垣有是庙。今本埠京徽各班齐集提捐，复有是举。先经置地，为同辈孤身病故而无力回籍者之义冢。秋间又由现开天仙戏园之东人赵锦华创首筹垫款项，在城■建三圣宫，即为戏班公所，办理同辈善举。已鸠工庀材，共造三间两披，业将完工。此为沪地新有老郎庙之始也。

光绪四年十二月十二日（1879 年 1 月 4 日）第三版

祭　丁

昨初三日为丁祭日，又为文昌帝君诞期，故本埠道宪以下各官均于黎明入圣庙，行礼毕，即赴文昌殿拈香云。

光绪五年二月初四日（1879 年 2 月 24 日）第三版

浙省抚辕事宜

三月初九日，补用县江澄禀奉军需局委修理玉皇山福星观差。

光绪五年三月十七日（1879 年 4 月 8 日）第五版

节会难兴

苏郡三元佳节例由各神致祭厉坛。兵燹前各庙城隍、土地出巡者共有三十余起。克复以后，庙貌摧残，人亦零落，入坛致祭惟府县城隍数起而已。年来各处庙宇渐形恢复，庙中各执事等亦渐形齐集。此次清明拟各禀府县请示出巡，有司恐其滋事，除向例入坛外概不给示，以是中止云。

光绪五年三月十八日(1879年4月9日)第二版

乡间盛会

本埠浦东之杨家镇有庙巍然，供奉之神，或曰三老爷，或曰十三太保。旧例六年赛会一次，会中装有三百六十行以及抬阁等件。于昨二十日出巡，颇形热闹。除旗锣伞扇不计外，乡民之扮卖盐婆者有三百余人，均涂脂抹粉，极堪大噱。又有以农器置诸牛背牵行者，更有以手钏而扎诸马背驮走者。至纺纱织布等式无一不备。「台」[抬]阁计共四座。更妙者，所扮之鬼最多，无常鬼、摸壁鬼、大头鬼、小头鬼，怪怪奇奇，足令望而生畏。沿途观者约近万人。午后闻杨家渡一船满载看会之人，因人多倾覆。有无溺死则未探悉云。

光绪五年三月二十一日(1879年4月12日)第三版

城乡赛会

三月二十八日相传本埠城隍夫人诞期，故阖城送嫁娘俱到寝宫洒扫，作莲船胜会。凡大家小户妇女半皆亲往烧香寄锭。庙前东西街各店户前后三日皆悬灯结彩，或雇清音宴待。今日正届诞期，循例举行。惟昨早天有微雨，诸人未免减兴。又沪北江湾镇亦于今日赛会，向来极为热闹，兹则不知若何也。

光绪五年三月二十八日(1879年4月19日)第三版

三茅君会

扬州夙称富庶，每当三四月之交必盛行都天会，会中一切陈设穷奢极侈，无不珍美。自乱后遂无力举行，嗣又格于上宪示禁，更无敢稍议及此。今年有好事者复变其名曰三茅君会，冀稍稍复昔日之观，遂于前月念六日出巡，道路纷传，凡妇孺闻之无不踊跃出视。乃前日为江都主访知，即行示禁。

但告示悬贴稍迟，而会已齐出，不能半途撤退，祇得潦草葳事。然是日縻费合计之已不赀也。

光绪五年闰三月初四日(1879年4月24日)第三版

杨王出巡

苏垣北濠杨王庙神灵素著，向例每年出巡一次，会中仪仗备极繁盛。兵燹后庙貌摧残，年来日渐恢复整齐，故庙中执事人等分派传单，拟于本月内请神出巡云。

光绪五年闰三月初十日(1879年4月30日)第二版

财神开光

苏阊外湖田财神庙，自经兵燹，仅余大殿数椽。兹为某姓绸「緞」[缎]铺独捐千金，修造内寝四间，盖为夫人之所居也。十二日工程告竣，内外神像同日开光，并备寝宫各项物件，灿然一新。传闻该铺于数年前所许愿心，果能如愿以偿，源源获利，则信乎财神之不可不敬也。

光绪五年闰三月十九日(1879年5月9日)第三版

窃窥神镜

苏州府城隍庙，每有小孩成群结队顽耍其中。庙有阴阳镜一面，人皆不敢窥视。十六日，有众孩行至亭畔，戏将镜罩掀开。窥镜未竟，众孩反身疾走，若有人追逐者。然既出庙门，仍复四散奔驰，闭口无声。中有一孩，年纪稍长，约有十一二岁，亦以狂奔疾驰，直至刘家浜地方，竟尔跌晕。越半晌，始渐苏醒。醒后人问其故，言镜中有无数蛇神牛鬼，不觉神惊魄荡，惧为所迫，以故逃避，自不知其至于此也。此事苏友来述之，苟世有阮瞻其人者，当必又以为妄言也。

光绪五年闰三月二十二日(1879年5月12日)第三、四版

捐资修庙

宁波府城隍庙自兵燹后虽经善后局修造，迄今十有余载，殿宇已有损坏，兼丁丑冬月冰雪连旬，去春又被上屋看戏，以致庙貌渐「圮」[圮]不堪寓目。今由里人向各行号店铺捐资，择吉兴工，但工费浩大，全仗各善士源源乐助，似不难克日告成也。

光绪五年闰三月二十五日(1879 年 5 月 15 日)第二版

盛会琐闻

念五日苏州北濠杨王神解饷出巡，本欲于阊、胥、齐三门之外周绕一次，适是日下午阴雨不止，各执事遂亦「怱怱」[匆匆]回庙。念八日复有盛会两起，一为阊门外禾山土地，一为齐门外延圣神君。传闻延圣会中备有抬阁、轮车、小轿等项，各色仪仗靡不鲜明齐整，故苏人之闻是信者早已引领延企矣。

光绪五年闰三月二十九日(1879 年 5 月 19 日)第二版

延圣盛会

苏州延圣会于前月二十八日在陆墓出堂下船，行抵穹窿山解饷。会中仪仗执事亦俱舍陆就舟，至二十九日下山。舟抵枫桥登岸，更为整顿旗仗，按部就班，次第巡行。始则开导马、响导马及大小五方各等马凡数十匹，其次则十景逍遥牌、十景逍遥伞，花团锦簇，间以臂锣党、臂炉党相辅而行。又其次为小轿，为轮车，为抬阁，先后二十余座，十分精致，八面玲珑。观者引吭喝采。他如旗牌伞扇寻常所用执事亦莫不齐整鲜明。是日在会诸人约有一千三四百名，而观会者充途塞巷，尤不可以数计云。

光绪五年四月初六日(1879 年 5 月 26 日)第二版

京口赛会

镇江府城于承平时每岁四月必赛都天盛会，与宁波无二。会中陈设皆鲜妍夺目，极欲穷奢，以故四方之往观者甚众。迨遭匪乱无力能行，继奉示禁更无有议及此者。惟民间以每年赛会必添一番生意，因而各行公议照旧酌出会资，一则欲复昔日之盛观，一则借获商民之齐集，以有易无市面必更热闹。兹闻本月十一日又循例举行，共有二十三起，每起会名如景福、金炉等悉照旧规，但会中各物终不及从前之精致，亦可见民力之艰难已。然左右邻邑闻之渡江而往者实繁有徒。宜乎！贸易场中甚愿有此一举也。

光绪五年四月十七日(1879 年 6 月 6 日)第二版

津人赛会

天津府县城隍神年例于四月初四、初六两日出巡祀孤，府县房差供备一切。另有随巡人役戴假面具，扮九幽十八狱牛头马面诸变相，新鬼故鬼备极狰狞，有铁锁锒铛受诸苦恼者，有金童玉女导登天桥者，津人名之曰鬼会。是盖善者天堂，恶者地狱，为愚夫妇说法也。去年因在城隍庙设厂放粥，难民齐集，恐滋事端，故虽照例举行，所有会景均从简略。今年民气稍复，经城隍庙住持并会中董事等具禀天津府出示照旧巡行，会中人等皆兴高采烈，各拟斗靡争奇，襄斯盛举。特月初正在庙中设坛求雨，未便迎神外出，因改于初十、十二两日出会云。

光绪五年四月十七日(1879 年 6 月 6 日)第二版

天津望雨

天津于闰三月念七日起禁屠求雨三日，四月初四日傍晚果大雨滂沱，已列前报。但一雨而后，初虽沟壑皆盈，继复连日晴霁瞬经干涸。现在麦秋时节，望泽弥殷也，初八九等日复在城隍庙设坛祈求。年例城隍尊神于四月初六日出巡，初八日赦孤，嗣以求雨改为初九日出巡，十一日赦孤。终以到期仍未撤坛，经天津府马太守谕，定于十一日出巡，十三日赦孤。现既举行，十五日复设坛求雨。乃日来天气异常干燥，大风扬尘，口鼻皆涩，火伞当空，冰纨无力，倘再不甘霖渥沛，不特年岁不登，恐人民且多疾病也。好雨知时节，日与三农望切云霓矣。

光绪五年四月二十四日(1879 年 6 月 13 日)第二版

禾山盛会

苏胥门禾山一带村农颇多饶裕。山上有土地庙，素著灵验。向例，每岁春间村人请神赴穹窿山解饷毕，即绕道苏垣，庙中各班执事悉皆附近村人，外人不与焉，所有一切仪仗要皆齐整鲜明，与城中各庙相埒。本年拟于三月间出巡，嗣以村人蚕事未竣，故定于四月十八日由庙径赴穹窿，十九日下山，由胥门至阊门周巡一次。城中闻是信者几空巷而出焉。

光绪五年四月二十四日(1879 年 6 月 13 日)第三版

重建社庙

杭垣众安桥上旧有资福庙，劫后惟存荒土，十余年来社下人无议及此者。前月间有里耆数人于大街一带挨户书捐，开工兴造，众尽乐输，故现已落成有日。相传庙所奉为施将军全。将军隶武穆王麾下，仅一军校耳，而愤武穆之死，挟利刃伏众安桥下以刺秦桧，不中，死之。盖庙基即其殉义地也。杭人之祀将军者不下数十庙，若下城之弥勒寺，上城之太平社等处，无不庙貌重新，丹青辉映，而独于殉节之处直至今日而始为营造，议者犹谓为阙陷事矣。

光绪五年四月二十九日(1879 年 6 月 18 日)第二版

戏台坍塌

本城内邑庙东首之岳王庙向有戏台，年久失修，前日大雨后柱更欹斜，昨午后竟连屋顶及台尽行坍毁矣。

光绪五年五月初九日(1879 年 6 月 28 日)第三版

天津赛会情形

四月廿六、廿七两日系杨柳青出会之期。杨柳青地属天津,虽僻处城西,一大村落也,烟户且以万计。村东有药王庙,祈祷辄灵,香火极盛。俗传四月二十六日为药王诞,村人称觥介寿,向有赛会之举。年来岁收歉薄,漏未举行。客岁大秋尚属丰亨,今年春夏之间,津城隍会、鬼会已次第举行,见于前报,故村人敬于药王圣诞之期,踊跃输将,照常赛会。时正津城求雨,村人即借以祈甘雨为名。会景,各缀柳条少许,粉白黛绿,空巷而观,视津城会景较为堂皇冠冕,就地取材未尝不可以寓目也。会计三十六道。首为扫垫、善事大旗两面,大书特书。另备头锣为骅骝开道,打扫夫役沿途洒扫粪除不洁,务使王道荡平,即所谓扫垫也。继之以中幡,形狭而长,约二丈许。幡系绸「緞」[缎]为之,或有顾绣翎毛花卉者。后支巨竹,长过于幡,粗类碗口。有所谓耍中幡者十数人,一人以绳缀幡之颠,一人举之以行,或挟以肘,或接以肱,或自下上,上承以额颅唇齿。幡之迎风招展,其重不可以斤两计,而耍之者手柔弓燥,举动若轻,幡亦不倚不偏,矗立霄汉,更相迭换,妙于转圜。使应接稍偏,即头破血流,而若人不暇防,亦不屑计也。是日中幡二,一黑质白章,绣“前街口”三字;一系津城之梅家胡同者。中幡而后为重阁,又名节节高,系募人家韶秀子弟年约六七岁者饰为好女子,或丫而角,或髻而钗,范铁为竿,以人负之肩。以上结构垆瓶盂盎等事,饰小凌波,立诸童于竿上,钩心斗角,极欲穷奢。计共八人,七扮女子,一则圆领蓝衫扮作书生模样。该会允推冠场。外此尚有高跷,即所谓「殃」[秧]歌者,接木为脚,计十数人,着古衣冠,婆娑歌舞,屈伸盘曲,进退疾徐,无不如意。杨柳青高跷本有三起,而津城之运署后北门东侯家后是日赴会者亦三,于是各显所长,精神几增百倍。津城又去黄轿、绿轿、提炉、日照、马童、迎辇、圣驾等名目,踵事增华,更形热闹。然此犹系津城迎会所数数觏者也,而外乡趁赴者,洋芬港则有彩坛会,娄家院则有音乐,大沙窝则有吹歌音乐。吹歌鼓吹休明，和声鸣盛。彩坛系以坛播弄，间以碗碟，如弹丸脱手，圆转如圜。其最醒脾「胄」[胃]者系少林会三，计有数十少年，各戴武士巾，剑戟刀枪，当街比武，刀锋犀利，一往无前。北人之好勇斗狠即赛会时亦见一斑也。莲花落、法鼓等亦系以丝竹铙钹胜场。尚有所谓渔樵耕读，则以舞勺而外能唱小曲。乐终观止，大概如是。而杨柳青已通国若狂，二十六晚因看会遗火几致焚如，二十七晚一高跷过桥跌落伤足势颇危殆，然则会果何益之有哉？

光绪五年五月十六日(1879 年 7 月 5 日)第二版

修建道院

苏郡元妙观三官殿有隙地数椽，遭兵燹毁坏，道士既无力兴造，亦无设法募缘。忽于前月间有老人同一工匠行至其处，度地庀材，不告道士，即日鸠工集事。及道士出与款接，叩其姓氏籍贯，老人不饮勺水，亦不告以乡籍，第云是我愿心不必细审。道士复叩之匠人，匠人亦模糊影响未知的确。传闻老人自上海至苏者，布施功德，不欲人知。如此老人盖亦罕觏，惜乎未将此有用之资为山西赈款耳。

光绪五年五月二十一日(1879 年 7 月 10 日)第二版

猛将盛会

苏枫桥陈家浜猛将堂素著灵应，前年蝗不为灾，悉赖神力驱除，故该处农人事奉尤虔，每年请神出巡一次，其费皆由各村按亩摊「泒」[派]，踊跃捐输，争先恐后。今于月之二十一日请神往朝穹窿山解饷，二十二日下山归庙，顺便巡行阊、胥两门各境。其会中执事仪仗已由各村捐输，将次齐集。有未备者，则于近处各城隍庙假借，以壮观瞻。故此次猛将赛会较前尤为繁盛云。

光绪五年五月二十七日(1879 年 7 月 16 日)第二版

宁郡求雨

宁郡自五月以来连日亢旱，西乡沿山一带稻已枯槁，即东湖所蓄之水亦已放尽，故早禾或可无碍，而糯稻、湖白、野稻、晚青等种土已坼裂，难望有秋。鄞县石司马于月前出示禁屠外，近仍随同宗太守日诣郡、邑二庙求雨，不知何日能感格神明也。

光绪五年六月初五日（1879 年 7 月 23 日）第二版

〖广东祈晴〗[①]

广东连日淫雨，农田恐乏秋收，知府、知县皆往城隍庙祈晴矣。

光绪五年六月初六日（1879 年 7 月 24 日）第二版

乡民祷雨

本埠各乡望雨情切。兹悉下海浦乡民于今日奉猛将出巡，并闻再无雨泽将舁神像暴于烈日中云。此虽楚巫暴尫之古意，然为之神者不亦难乎。又新闸一带之乡民亦鸣锣聚众求雨，计经英租界之金锣共有五六十面云。

光绪五年六月初八日（1879 年 7 月 26 日）第三版

求雨纪略

本埠西南乡农民昨在静安寺相近之关帝庙内恭迎猛将神遍巡田间，并有青白纸龙二十余条在会，殊觉热闹。事闻于莫邑尊，尤恐人多选事，即派差前往弹压，陈司马亦亲往拈香。并闻邑尊自昨日起每早赴邑庙拈香求雨，

① 本文为《近日气候汇录》的一部分。

如仍无灵验，将谕城厢内外断屠云。

光绪五年六月初十日（1879 年 7 月 28 日）第二、三版

乡民祷雨

前报宁郡府县二宪在郡、邑二庙设坛求雨。兹悉雨坛已易三处，天仍不雨，祈望更切。西南两乡各处农民，无日不鸣锣聚众，手执祷雨之旗，舁本庙神像来城，至各衙门见官面告情形，官皆赏给点心茶钱，或四千，或二千四百文不等。并悉提道府县各衙门之大堂上皆供奉龙王神位以示虔诚外，又每日早晚二次在城文武各官齐集天（宁）寺雨坛祈祷，并闻如三日内再无雨泽，将舁大庙神像巡行街市云。

光绪五年六月十四日（1879 年 8 月 1 日）第二版

抚宪祈雨

苏抚宪吴中丞以日来天久不雨、农人待泽良殷，是以于月之十五日躬亲率属在元妙观虔祷甘霖。想中丞至诚所格，定能感召天和以纾民望也。

光绪五年六月十七日（1879 年 8 月 4 日）第二版

醮会叠见

苏人于六月中所有铺户居家往往挨家按「叚」［段］醵资敛钱，倩道念经礼忏，名曰公醮，以为消弭罪过起见。本年城中各处居人于公醮完满时复恭请本境土地神像舁往元妙观玉帝殿焚解天饷，是以十五前后春申君、土地暨周宣灵王各神皆由庙中各班预备执事仪仗在城周巡一次，至十九日朱司徒、土地出巡阊门，各铺各备清音香案虔诚迎送。是日中市下塘乐部鳞次相接，共有一十余起，盖亦苏人之善于媚神而工于附会也。

光绪五年六月二十九日（1879 年 8 月 16 日）第二版

捐修胜迹

苏城元妙观弥罗宝阁自宋迄今，久为郡中胜迹，兵燹以后观宇摧残，是阁仅余废瓦颓垣，不蔽风雨，虽城中檀越有志兴修，观内羽流多方募劝，只以工程浩大，集腋维艰，因是十数年(间)凋残如故。月之初五日抚宪祈雨事竣，出自观门，甫经上轿，忽有葛姓老人匍匐轿前，拦舆递禀。抚宪接阅呈词，知此老发心誓愿，独自捐银一万两兴修弥罗宝阁。抚宪收呈，即谕静候批示云。

光绪五年七月十二日(1879年8月29日)第二版

迎会志略

本邑中元节奉神出巡，此定例也。昨午后二点钟，从邑庙起马，朝西而行。初则海崇侯、长神司、海宁侯、财帛司，末则显佑伯城隍神。其执事一切与旧章仿佛。惟财帛司会首内添有拜香者十余名，显佑伯会首内男女扮作犯人者不下百余十人。迤逦出老北门，沿城脚朝西到坛，赈济毕，天色已晚，随进西门回庙。咸谓尚有夜会，故观者仍不绝于道云。

光绪五年七月十六日(1879年9月2日)第三版

香市繁盛

苏郡七子山上向有三官殿，每逢七月间，各处烧香酬愿者，无论男女老幼、大家小户，自初一日起至十五日止，山中来往纷纭，几于昼夜不息。本年虽旱干日久，山田稻苗都就枯槁，而焚香点烛之人则依旧摩肩接踵，较之往年有增无减。世谓吴人信神佞佛，斯言洵非虚诬也。

光绪五年七月二十日(1879年9月6日)第二版

河神到津

河神有所谓大王将军者，载在祀典，颇著灵异，而神好观剧，故自清淮以北各地方官知有河神驾到，即雇名班开台演戏，昕夕无间，神去始止。月初有大王四位闻附江北粮艘由豫至津，即于初九等日演戏。又陆续来者约共十位，十二日内外两台合演。内台系在寝殿，神听和平，台下兼列官位以娱宾客。外台则任人观听，白叟黄童、红颜绿鬓罗列几满。庙门内外履舄交错，户限为穿。十三日大王逐渐登程，仅余四位，是日停戏，而日中锣声复作，闻又迎到三位。河水本已大消，至此又涨一尺有奇。地方官闻报急往拈香，十四日复传泰庆恒班在内台开演。十五日系中元令节，去大王庙数武外有三官庙，年例津人于十四五六等日演戏祀神。是日招如意班与泰庆恒相角，泰庆恒以行头胜，如意班以脚色胜。除戏外，岸上则有灯桥，水上则有龙舟诸景，是故桥横雁齿兰膏争星斗之光，舟绘龙麟桂桨挟风云之势，万人空巷，哄动一时。而毗连之关下复有女筋斗、跑马、踹绳诸杂剧，几令来观者如入山阴道中，应接不暇。是诚及时行乐，点缀升平也。

光绪五年七月二十二日(1879 年 9 月 8 日)第二版

赛会繁盛

安徽省东北两乡每年秋季迎会，一以报田祖，一以逐疫也，故山口镇、集贤关、大龙山各处均有城隍庙。本年五谷丰登，民歌大有，现择于本月十九日参庙，廿一二两日出会，闻乡间之抬阁、秋千、大鬼、高跷等共有一百余起，是以赶会者殊热闹云。

光绪五年七月二十七日(1879 年 9 月 13 日)第二版

财 神 会

上月二十二日恭逢财神诞期，安庆同安岭向本建有财神庙，张灯结彩，爆烛香烟，极其热闹。二十一夜先开台清唱，与神上寿。廿二夜延僧施食，会首执事人等皆衣冠整洁，恪恭庆祝。盖惟恐财神之不我顾也。

光绪五年八月初一日（1879 年 9 月 16 日）第三版

松江杂闻

松江华亭县城隍庙自遭兵燹庙貌未能复旧，现在华邑尊倡捐洋五百「员」[圆]，并请城乡绅士募捐建造，以复旧制，盖妥神灵，诚盛事也。

光绪五年八月初一日（1879 年 9 月 16 日）第三版

神像开光

宁南茅山庙素著灵应，年久失修，庙貌渐圮。今春由里人集赀修建，现已告成，预贴知单，择于月之十七日开光，十永日演戏庆贺。是以烧香男妇颇为热闹，往来游人几无容足地，而游手好闲辈亦即混入其中，远近赌棍搭厂开场借此聚赌，甚至有斗殴而几酿成命案者。有司官正当早为禁止也。

光绪五年八月初七日（1879 年 9 月 22 日）第二版

神庙纪盛

苏城朱司徒土地庙系在阊门中市，上下两塘皆开店铺，集资较易。初九日为土地诞辰，适届重阳佳节，由是各店户公祝神诞。庙中大张灯彩，酒醴牲牢、香蜡楮帛如山如阜，其各处供奉花草、陈设古玩又极精工齐整。是日清音奏乐共有十数起，盈耳笙簧，满眼金璧，益以士女如云，花团锦簇，比之海市蜃楼有过之无不及也。十四日又为周宣灵王神诞。神为玉器各行所敬，年来玉器生意颇佳，故各行敬神之事既极虔恭又加丰备。其庙中铺张繁盛与司徒庙异曲同工，惟陈设各种玉器，故又若水晶宫阙、白玉楼台，更觉琳琅满目，美不胜收云。

光绪五年九月十九日（1879 年 11 月 2 日）第二版

禁点臂香

明日为十月朔，本埠城隍神循例出巡，县署内仍着随从人等于辰初起马、酉刻回辕，民间妇女不得涂脂抹粉装作罪囚。会中所有之点臂香者最易生事，业已谕知会首汤发明等一概不得入会。其会闻出大东门到坛，由西门回庙云。

光绪五年九月三十日（1879 年 11 月 13 日）第三版

节会增盛

苏郡于兵燹以前，每年上中下元三节致祭厉坛，所有城隍、土地神像出巡赛会多至三十余起。自克复后，省中官宪以事属虚文兼恐滋生事端概行裁汰，故年来出巡者，惟主祭一府三县城隍，并例应入坛陪祭土地，不过七八起而已。本月初一日除常例出巡之外，更增两起。如果此例一开，来岁清明必更增盛，盖吴人信神尚鬼，于赛会等事尤好夸多斗靡，故城中屋宇半尚荒芜，而各处庙宇靡不恢复。观此一端，余可类推矣。

光绪五年十月初七日（1879 年 11 月 20 日）第二版

道流传戒

鄂省武汉等处各寺院丛林向有和尚传戒之举。每至冬季，即先示期张贴各镇，至期斋天供佛，将僧众齐集佛坛，礼先和南毕，趺坐蒲团，顶灼艾而口讽经，然后给以度牒，可谓受戒禅师。今闻道教亦然，诚特开生面者矣。日前有道人从京都来者，传闻有国师之称，衣黄衣，执扁拐，将至湖北，集武汉各道教考选经典、较阅课程。如考得果有道行，赏以美衔，给以文牒，若衣钵之相传，以鼓励后进。鄂垣外之长春观、汉郡城外元妙观俱为道家渊薮，其余散处者乡镇多寡不一，未知其作何铺张也。

光绪五年十月十四日（1879 年 11 月 27 日）第二版

1880 年

叠次求雪

章门冬至后天气又渐转暖，至十四五两日益复东南风发，地多霉湿，大有暮春首夏气象。于是首府及南、新两县出示禁屠，自十六日起至十九日止，虔诚斋戒，求降瑞雪。至十六晨起，果寒气陡重，尖风剌剌，细雨丝丝。十七午后遂间有小雪飞洒，十九复晴。抚院现又牌示，定于二十二日起，先一日熏坛，至二十四日止，亲诣万寿宫虔祈瑞雪，并禁止屠宰，不理刑名，所有应办仪节着各执事官谨慎料理。于此知中丞之实事求是也。至诚求感，灵贶自臻矣。

光绪六年十一月三十日(1880 年 1 月 11 日)第二版

重造神庙

南昌高桥横巷之华「陀」[佗]庙，居户多于此问病祈方，颇著灵验。兹由该庙董募捐全行拆毁重造云。

光绪六年十二月初六日(1880 年 1 月 17 日)第二版

劝捐修庙示

特用直隶州调补江苏松江府上海县正堂莫为出示晓谕事：奉苏松太道刘批本县详复修葺火神庙大门、戏台等处估计情形请示由，奉批“此项工费前既劝捐有案，仰即会督各堂董筹捐妥办，仍将办理情形随时报查。此缴”等因，到县，奉此，除照会同仁辅元堂绅董传劝各业输捐济用外，合行出示晓谕。为此示仰典商行号店铺居民人等知悉，尔等须知修葺火神庙大门等处系属要工，务各踊跃捐助，所需捐钱付缴同仁辅元堂经收，以济工用而新庙貌，慎勿观望迁延，其各遵照毋违。特「永」[示]。光绪五年十二月十五日示。

光绪六年十二月十九日(1880 年 1 月 30 日)第二版

恭迎神牌

本埠汇业公所本在英租界望平街庆兴酒楼内,今因该业新购得未园房屋,故昨晨十点余钟时,董事等均备齐执事仪仗恭请关圣、天后、火神、财神、江河福主神牌共五位供设黄亭迎往新屋,同业人皆执香步行护送,计有三十余人云。

光绪六年十二月二十三日(1880 年 2 月 3 日)第二版

梅 花 会

本城邑庙豫园向例于正月念五日作梅花会,系香雪堂董事鲜肉业经办,故日昨仍循年例恭请四司神在寝宫宴待,分八字式排成五席,阶前摆设盆梅,游人亦颇杂沓云。

光绪六年正月二十六日(1880 年 3 月 6 日)第三版

申禁朝山进香示

上海县莫前日有谕单给发本境保甲人等知悉,其略曰:为谕饬严禁事,奉本府正堂特札奉护抚院谭札开"照得本护院前因访有各属无知之徒借进香为名设立香头,成群结党,男女混杂,雇船进香,到处鸣锣放炮,服色仪仗称种僭妄,实属目无法纪,业经颁示严禁在案。兹据苏城厘局委员钱守卿鉌禀称'遵奉札饬严行查办,惟地方散漫,穷乡僻壤诚恐难以尽知。或有无赖之徒先期「斜」[纠]敛,直至中途拿办,利已入己。禀请严饬州县飞速遍谕地保、圩甲到处切实严禁'等情,到本护院。除批示外,合再据禀札府立即饬属遵照遍谕各图保甲严禁查拿惩办"等因,到府,转饬到县。奉此,除查拿外,合行谕饬。为此谕仰该图地保即便遵照,无论穷乡僻壤一体切实严禁,如敢故违，即将为首之人声明名姓禀候饬拿惩办，毋得违延干咎，速速。特谕。

光绪六年二月初九日(1880 年 3 月 19 日)第三版

定期赛会

宁波压塞堰地方有东岳宫，每年二月间奉东岳大帝暨王天君出巡，系鄞、慈、镇三邑乡人会聚而成，名曰永昌会。今闻择于十六日祭旗，十七日出殿，十八日先巡鄞县江北等处，十九日巡镇海白沙等处，二十日巡慈溪章桥等处。想「届」[届]士女如云，又多一番热闹也。

光绪六年二月十六日(1880 年 3 月 26 日)第三版

香火纪盛

江省[①]城外码头生意最巨者，当以广润门首屈一指。该处有所谓关赵庙，所供之神则关帝、赵大元帅。有谓赵子龙者，误也。赛会演戏一年之中不计其数。有按「叚」[段]而「泒」[派]者，有分行而设者，争奇斗巧，夸艳逞奢。幸值天时晴朗，则远乡之来、城内之往，肩摩毂击，举国若狂，遗簪堕屦之事在所难免。若一遇妓女来游，则团聚揶揄，必致其狼狈不堪而后已。在各铺亦借是得以生意兴旺，故皆归功于神灵而酬谢更不遗余力。兹于月之初三日又新开台，须演戏二十日。过此尚有盛会出赛。时和民乐，亦于此可见一斑矣。

光绪六年二月十七日(1880 年 3 月 27 日)第二版

遣男封山

苏省常州府属有茅山焉，山巅供奉茅山真君，庙宇巍峨，香火繁盛，真君亦素著灵迹。庙中道士与巫师等勾串连络，由是附会装点有所谓跳马辔者，

① 江省：指江西省。

人则如醉如狂，吞火受刃，现诸般恶态，以为惑人之术。随有愚夫愚妇被其欺惑，深信不疑。彼此结会，或十数人，或数十人，多且至于百余人。每当二三月间，雇船驾橹如蜂屯蚁集，远近数百里成群结队而至者数以万计，虽不至滋事构衅，而耗财废事、男女混杂实为无益之举。苏人多信神巫，相习成风，几于牢不可破。官宪亦以无关紧要，久置不禁。兹护抚谭中丞禁止烧香结会，具悉茅山香信极盛，恐愚民积习难化或至令出不行，故于初十日间特委文武官弁两员并拨勇若干名前赴茅山庙中封贴山门，不准烧香违犯禁令。并闻谕该庙道士，以此次示禁之后，该道士如敢阳奉阴违，定将该庙作为淫祠立时拆毁云。

光绪六年二月十九日(1880 年 3 月 29 日)第二版

共祝神诞

昨日上海城隍神诞期，邑庙豫园萃秀堂、内园点春堂皆大开正门任人游览，得月楼、香雪堂、铁锚厅、钱粮厅、柴行厅、湖心亭、厨房厅、飞丹阁、桂花厅、酒业公所、花神楼、凝晖阁、船舫厅等俱张灯结彩、清音宴待云。

光绪六年二月二十二日(1880 年 4 月 1 日)第三版

节会例志

昨日为清明节，系本境城隍神暨新江、长人、高昌、财帛等司出巡之期，出大东门往南至坛散赈后，复由小南门进城回庙。莫邑尊早经谕示，在会人役不准深夜迎神，亦不许妇女妆扮犯囚、乘坐无衣竹轿、身着赭衣、涂脂抹粉随从神后，以免滋事。兼委水利厅诣庙弹压，并循例不准臂香入会。惟神舆出庙后，凡烧香客以及游人俱从庙园后门回出，而后门外向有石桥，现已由邻近居人将桥拆去，另用木板铺平，第人多拥挤，木板木桩未见结实，以致踏塌坠入沟中者约数十人。有无跌伤尚未查悉，惟污泥满身在所不免，斯亦可为仅饱眼福者鉴焉。

光绪六年二月二十六日(1880 年 4 月 5 日)第三版

节会减色

苏郡每逢上中下三元厉坛祭祀，各庙城隍、土地例得出巡，仪卫执事夸多斗靡。兵燹以前数至三十余起，由金阊至于山塘、虎阜旌旗飘荡，金鼓喧阗，益以歌船画舫、扇影衣香，尤增吴市之辉、荡吴人之魄。庚申乱后十余年渐次复原，前数年间庙神之出巡者亦有十数起，虽不逮前时之盛，而升平景象已有可观。此次清明因护抚谭中丞示禁烧香赛会，并不准于会中装扮罪犯模样，苏人靡不恪遵禁令。是日出巡者惟苏州府及长元吴三县城隍并春申君、水仙两土地六起。会中仪仗惟用旗牌伞扇，此外暖轿、小轿一概删除。故虽当良辰佳节而盛会不行，游人亦复无多，白堤春色未免为之黯然也。

光绪六年三月初六日（1880 年 4 月 14 日）第一版

禁止赛会告示

宁波府正堂宗示：宁郡都神会奢侈异常，本非岁岁常有之事。去年举行此会，传动远近，不但赌风因此大炽，且来观者或借行奸拐，或陷良为娼，见诸讼牍不一而足。且近来年岁不丰，贸易大减，若破耗物力之事亟宜禁止。为此示仰本届暨各柱首人等速即停止，如违，定提各柱首究治。尔等若能力行善事，利物济人，神必锡福。若徒淫侈靡费，谓能媚神邀福，断断无此理也。毋违。特示。

光绪六年三月二十六日（1880 年 5 月 4 日）第二版

出会改期

金陵十庙东岳会年例于三月中旬出巡，仪仗虽不敌乱前之盛，然亦楚楚可观。本年又增伞盖抬阁等件，似较往年热闹，远近传闻均纷纷邀约来省看会。本择定月之十九、二十、二十一共三日出巡，嗣因有西官在省游历，诚恐会场人众，或生事端，殊非和睦友邦之道，故上元县郝少山司马昨将会中首事传去喻以姑缓日期，该首事等亦即遵谕停止也。

光绪六年三月三十日（1880 年 5 月 8 日）第二版

庙貌厘新

本埠大东门内之火神庙前因山门及戏台年久失修，经该主持禀县悬示劝捐，而居民富户咸畏祝融之患，故火神庙集捐极易。现已捐有成数，饬匠估工，于昨日破土兴修。闻此事由同仁辅元堂注理云。

光绪六年四月初五日（1880 年 5 月 13 日）第二版

节会述略

江西赛会迎神盖以端节为一年之最，历经本馆采访登报已可概见。兹以俗沿旧例、事非新奇，故不备赘。惟盛衰所系则时世可知，有不能不撮其大略者。按：向来自四月下旬各「叚」[段]皆抬神出庙，即于空阔处搭盖行棚戏台，或演戏，或放烟火，或设筵席。■五月初一日起，则每日于清晨出棚，遍游所管地「叚」[段]，铺户皆焚香燃炮以迎之，亦有以筵席相接者，夜则仍回棚内。如是者或数日，或十数日，盖视其地段之广隘也。惟将回庙之时，则所过各铺户门口争以边炮然放，互相角胜，以多为贵，而庙祝更以鼓声继之，执事复呼喝相助，虽深堂奥室耳为之聋。今岁自出庙后正值淋雨，洗马池、书街口、府学前等处被灾者无论矣，即其余地「叚」[段]演戏设席亦觉寥寥，烟火更绝不一见，边炮较往年已不及半。夫以愚民求福之心一旦忽自杀其仪，岂有悟于节用厚生之道耶？抑亦有大不得已者？是可见市面之一端矣。

光绪六年六月初四日（1880 年 7 月 10 日）第二版

默祷甘霖

苏郡自前月杪至今连得甘霖，高下田畴新秧遍插，已有丰年之兆。惟当未雨之先，河水淤浅，米价日涨，方虑人心不定，府县将择期祈泽，独护抚谭中丞每于黎明微服出署，从者一人，手持香蜡，徒步至护龙街西关帝庙拈香默祷。庙中道人知系宪节亲临，以其简从微行，亦不敢承迎如礼。乃不数日间果得甘霖迭沛，咸谓中丞至诚感格足以默召天和云。

光绪六年六月初八日（1880 年 7 月 14 日）第二版

祈晴念切

京师多雨已列前报，兹又于本月初九日得雨四寸，十一日得雨六寸有零，京外田禾久已淹没，故农家者流日盼开霁。皇上又拟于日内往大高殿拈香祈晴云。

光绪六年六月二十日（1880 年 7 月 26 日）第一版

香会热闹

六月二十三日俗传为火神诞，本城中之火神庙年例悬灯结彩、陈设古玩各器，互相比赛。去年因晋豫灾荒将此经费悉数充赈，今因修庙尚未竣工，闻改于中秋前后再行开光恭祝。至若新北门东首之丹凤楼，昨因雷祖生日，城厢内外之老幼男女拈香者实络绎不绝，计自黎明至午刻，黑桥至庙门竟拥挤不开，大铜香炉以焚化冥镪过多热气外溢人不能近。该处巡防局恐有无赖辈乘间滋扰，特派巡勇数名弹压。英租界潮阳楼地方有徐道士亦租屋三间，颜曰关帝庙，兼供雷祖神像，前昨两日之烧香客亦不减于城内。但前奉道宪札委印员驱逐佛店，该庙亦开列在内，今越时未久而故智复萌，是真视官法如弁髦矣

光绪六年六月二十五日（1880 年 7 月 31 日）第二版

香禁严密

苏郡人民于六月二十后赴各庙雷祖殿烧香，相沿成例，无论贫富贵贱男

女老幼必须焚香点烛拜佛叩神方得了此心愿。而是日香火之盛，惟城内元妙观为最。藩宪谭方伯久禁妇女入庙烧香，尤恐阳奉阴违，特派委员多名前往观中弹压，不准妇女入庙，因之日来元妙观中不惟香客寥寥，而游人亦复寂寂，即他处香火亦因宪禁綦严大为减色也。

光绪六年六月二十七日(1880 年 8 月 2 日)第二版

重建岳庙

皖垣东岳庙本在枞阳门外，自癸丑年间遭发匪蹂躏后，颓垣败壁，庙貌无存。去岁该庙住持叩请首士倡捐重建，城内外绅士军民俱乐输将，遂得集腋成裘，择于月之朔日开工，首从戏楼起造云。

光绪六年六月二十七日(1880 年 8 月 2 日)第二版

香会继起

前报列徐道士盛设雷祖香会。兹悉宝善街中之福仙道院道士曾宝三亦作是举，遍发会帖，每会出资七百文，是日之在会者共计约有百人。当道官若不早经设法禁止，恐效尤者日众矣。

光绪六年六月二十七日(1880 年 8 月 2 日)第三版

申禁茅山香会示

补用府特用直隶州调补江苏松江府上海县正堂莫为出示谕禁事：奉本府正堂博札奉护抚院谭排单札开“照得句容县所辖茅山，每年春间香会，男女溷杂，糜费民财，例禁綦严。本年经本护院先行示禁，并派员驰往会同该县查封禁止。旋据刘守暨该令会禀查办情形及拟办各条到院，当因为时尚早，恐有阳奉阴违之弊，面谕刘守再行查禁。今查明实已敛迹，自应准如前拟办理。惟玉印一颗，若仅每年腊月封储，难保不私行盖用，仍蹈从前积弊，应即饬吊存储县库以免祸胎。即经批饬分别遵照办理，并由县随时认真访察，如敢抗违，立提究办。复经附片奏明，奉旨‘知道了’，钦此，钦遵，等因各在案。现经本护院访闻，迩来仍有茅山道士到江南北兜揽下年香会，预收银洋，并有与香头狼狈分肥之弊，显系已经还俗之道众乘机撞骗，以民间血汗之资填若辈无底之壑，违禁惑民，殊堪痛恨，合行通饬”等因，札府转饬到县，奉此，合行出示谕禁。为此示仰城乡保甲诸色人等知悉，自示之后如果再有茅山道士兜揽香会，许即捆送究办，并香头希图分肥勾串、道士硬派散户亦准禀候惩办，勿得受其愚惑。其各凛遵毋违。特示。

光绪六年七月初六日(1880 年 8 月 11 日)第二版

龙王上游

皖垣前送张凯臣军门赴都之红船卸差后行至清江，见水面浮有一物，长一尺余，青背方头，双目上各有白痕一道如眉，余作金色。一长年知其为金龙大王，即在船头恭请上舟，安位供奉，扬帆上行。前日抵皖，舟人投县禀明邑尊转详首府，饬即请至大王庙供奉，府县亲出西门拈香，居民闻之莫不争先往睹。现犹时隐时见，人莫能测。说者谓皖垣从未之见云。

光绪六年七月初七日(1880 年 8 月 12 日)第二版

预禁赛会

时届中元，好事者往往借迎神赛会设醮逐疫之名敛赀肥己，花样百出，故各印官预为悬示，不准出会迎神以及扮各式鬼像并踏高跷等，倘有不遵，定予传案惩办。亦足见地方官之防患于未然也。

光绪六年七月十一日(1880 年 8 月 16 日)第二版

节会例志

昨日为中元令节，本埠城隍神循例出巡祀孤，一切仪仗仍如旧章。莫邑尊悬示，禁止臂香及妇女扮囚，马上执事亦不准奔驰，随从人役限以辰牌起马，酉时回庙，不许深夜迎神。故路程较捷，闻出大东门诣坛进西门回庙云。

光绪六年七月十六日（1880 年 8 月 21 日）第二版

节会繁盛

十四日报登循例建醮一则。前晚系中元令节，广肇山庄灯彩较去岁更觉精工，重以秋月如珪，秋露如珠，天气晚凉，游人更盛。日间虽形热闹，然大都皆贾宝玉所云龌龊男子。至晚则衣香人影，流水游龙，烂其盈门。自他有耀团云队中人，俱卸装而往，铅华不御，簪珥阒如，愈形素净。然尚有滋事者，恶习诚不可不除也。是晚车声辚辚，彻晓不绝。查该山庄铺设东辕门外高搭南瓜棚，长有数百步，上悬小玻璃灯百余盏，高低不一，远望已若火城。山门口高竖幡杆，上悬大旗灯串，高矗霄汉。门口则倩巧匠扎成粤戏数出，并有鲜花扎成之花龙船及刘海洒金钱等杂耍。地藏殿门首则两边各扎一纸人，高与檐齐，怒目下视，状极凶恶。对门则往年纸扎天罡各星，今岁则扎一座水晶宫，穷工极巧，甚觉可观。正厅建设醮坛，皆广东羽士，喃喃呐呐不知其作何功德也。至各处所悬之字画等，皆出名手，亦颇雅致云。又闻英租界泥城外新街亦有众姓捐资，于前夜延僧虔设醮坛焰口焚化锭帛，因捐资尚属有余，兼放宁波烟火，一时观者塞途，夜深始散。虽较之广肇山庄诚有天壤之别，然作无益以害有益则一也。

光绪六年七月十七日（1880 年 8 月 22 日）第二版

节会复盛

十五日为中元令节，苏郡各庙城隍、土地应赴厉坛致祭。庙中各执事莫不踊跃醵资，争先恐后。是日出巡者统共十一起，已觉繁盛，而城乡老幼男女，或则烧香，或则看会，相与摩肩接踵，几于空巷倾城，遂使山塘一带大街拥挤充塞，驻足为难。尤盛者，湖里游人甚于堤上。本处歌船画舫及他处牡丹头、蒲鞋头之类，自虎阜山寺沿河至于冶芳浜下迤桐桥以东，各极装潢，首尾相衔，恍同蜃楼海市，令人目不暇赏。白堤本系销金之窟，兵燹以后尚未有此巨观。犹忆前护抚谭中丞在苏时清明时节亦无如此景象，意可返朴还醇。乃中丞调未匝月，频使改弦易辙，故态复萌，变而加厉。一张一弛，岂禁令之不足恃耶？抑民情之不可革耶？第世富人贫，外强中干，恐终非地方之利益也。

光绪六年七月二十日(1880 年 8 月 25 日)第二版

复设醮坛

本埠广肇山庄盛设醮坛已列前报。兹悉头填后之三元宫系广肇帮之分所，于二十一日起至二十三日止亦设坛放水陆焰口，往观者当亦热闹也。

光绪六年七月二十三日(1880 年 8 月 28 日)第三版

香会繁盛

江西各庙宇香会以万寿宫为最，计自中元以至本月初旬，自朝抵夕进香者不绝于路。然皆自远方来者。若附城百里内外各乡则多于七月尽日进省，省内民人则又以西山为仙灵崛起之区，群争赴焉。但见有荷校者，有带链者，有负荆绑手者，有散发披衣者。或跪而来，或拜而去。定期于初一上殿，故七月晦日省城万寿宫彻夜不闭，殿内所摆各货摊亦皆不收。游玩者百十成群，就中良莠不齐，常至滋生事端，南、新两县及保甲城守各官例皆亲到弹压。今岁更值洗马池各洋货铺于此数日内开张，悬灯结彩，故游人愈觉拥挤云。

光绪六年八月十六日(1880 年 9 月 20 日)第二版

天师到粤

江西张天师于本月初五日到粤，船泊于沙基缉捕厂前。船旁竖有“钦命”及“世职”字样。头牌船上悬旗帜二杆，一书“诸神免参”，一书“袭封龙虎山正一大真人府”。船内有绿呢大轿。随从人等皆自带来。或(谓)天(师到)省必有所作，或谓系当道官宪延接而来。连日观者驻足捕头几如堵墙。更有人另雇小艇驶近船旁，欲一窥伺仪容，广增见识。其令人景慕有如此者。

光绪六年八月二十四日(1880 年 9 月 28 日)第一版

香会纪盛

武汉风俗,每年八月初一日起各业男人皆结香会朝山,谓可保人口太平也,其名曰亮子。每一会二三十人不等,绣大旗一柄,亮子一肩。亮子者,系木制成,形如山,罗列金装诸佛于上。佛亦以木雕刻,长不过二三寸,多则几至百十余尊。临时往返均用道士祝告经忏以通神明。临行每人各执香一股,头戴大帽,腰束黄巾,胸挂黄布袋。鸣锣前导,次肩亮子,后执绣旗。概至木兰山。远则乘舟,近则步履。是月来街市中所见络绎不绝,江面亦如川之流,后湖之鱼贯而往者更不可以数记。此山距省百余里,上供真君,次供木兰将军,即昔之孝女代父征而成神者。前月又照例举行,殊见热闹云。

光绪六年九月初五日(1880 年 10 月 8 日)第二、三版

周王神诞

苏城穿珠巷有周宣灵王庙,相传神为珠宝玉器之祖,凡业此者靡不虔诚供奉,每有生意出入,分别大小抽厘存贮,为庙中一切公用。年来玉器生理颇佳,存项尤为充裕。月之十四日为周王神诞,由是大开庙门,款神饮福。庙中各处陈设,内而珊瑚、玛瑙、翡翠、碧霞,种种珍玩几于琳琅满目、美不胜收;外而清音乐部、钟鼓管弦,分部按班,同工异曲。昼则衣香扇影,裙屐联翩,如登极乐之国;夜则月烂星辉,灯火照耀,如开不夜之城。自十二日起至十六日,游人接踵摩肩未尝稍减云。

光绪六年九月二十日(1880 年 10 月 23 日)第二版

驱逐道士

租界道士毛凤池,经人诉其亵渎道教,于法公堂准词传案。讵毛称卧

病，遣妻投案，禀称：“住居升真道院，前年真人府提举司到沪，曾托向天师府捐有道官凭据收执，前日南市泳源店嘱建道场，致为道流妄控。”孙明府谓：“揆察该道院形同佛店，前经道宪示禁在案，尚敢阳奉阴违乎？限五日搬迁，如敢不遵，定予惩办。”

光绪六年九月二十四日(1880 年 10 月 27 日)第三版

演戏酬神

河神金龙四大王附张军门舟抵皖后，即送至西门外大王庙供奉。其时水旱各营哨官弁均许愿求保平安，日前集成公分，即大王庙前搭台，拟演戏十二本，十五日开演，各将弁皆亲至庙内拈香，颇觉诚敬云。

光绪六年九月二十五日(1880 年 10 月 28 日)第二版

节会届期

时届十月朔为下元令节，上海县莫大令牒请邑庙城隍神出巡赈济乏祀孤魂，并出示严禁，“随巡书役咸宜洁净，马执事等各宜缓辔徐行，更不得恃众生事，自辰刻起马申刻回辕，不得深夜迎回以昭诚敬”等情。而上海县水利厅赵亦大张示谕云“奉道宪札饬不准妇女入庙烧香、身扮罪囚、坐无衣竹轿等事，委令届时赴庙弹压，遇有前项情事立予究办”云云。按本埠城隍神一载三巡本列祀典，无如近今在会诸人不遵禁令，每至深夜迎回。兼之素所不行之私街小弄中，一遇该处人值会务，必在其门首经过，殊失体统。况迎会到坛■有一定大路，何得由径，致失敬神之道也。

光绪六年九月二十九日(1880 年 11 月 1 日)第二、三版

庙会繁盛

苏郡三乡土地神庙在胥门外西虹桥北首。该处僻在乡庄，向无店市，兵燹后庙貌摧残，年来渐就恢复。九月念七日为神诞之期，在庙执事各班共有

一百余名，彼此踊跃醵资，公祝神诞。自念五日起各处烧香者、酬愿者、览胜者，游人士女如蚁聚蜂屯，摩肩接踵，更有歌船画舫鱼鳞栉比，自庙桥至于庙门一带河浜约有六七十号，数日之间繁华特甚焉。

光绪六年十月初一日（1880 年 11 月 3 日）第二版

厉坛胜景

苏郡厉坛在虎阜山左。该处本系名山胜水，虽遭兵变摧残而一经点缀便觉繁华。月之初一日为下元厉坛祭期，城厢内外城隍、土地之出巡赴坛者十有四起，会中仪仗莫不鲜明齐整。由是游人士女蜂屯蚁集，自金阊大街至于虎阜山前，观会揽胜者如潮去潮来，充途塞巷，益以湖中画舫首尾相接，以致七里山塘只见兰桨桂棹，不复见波光水色矣。向晚则灯烛辉耀，笙歌缭绕，遂觉水晶宫不夜城如在目前也。

光绪六年十月初六日（1880 年 11 月 8 日）第二版

禁屠祷雨

鄂省武汉等处天燥火烈，省垣诸大宪业经出示祈雨，一面禁止屠宰，以感召天和。自前月二十五日起，大小官宪择山南龙神行宫设坛祷雨，虔诚斋戒，早暮步诣祝叩，并延僧道讽经，现在并鸡鸭鱼虾之属一概禁绝。而瞻仰昊天有嘒其星杲杲者如故也。

光绪六年十月初八日（1880 年 11 月 10 日）第二版

设坛求雨

金陵自秋稼收获后久晴不雨，田土干燥，农民艰于播种，麦未插秧，若再稽延，又恐春荒不免。是以上江两邑尊已在府城隍庙设坛求雨，业于月之初二日出示禁屠一日云。

光绪六年十月十三日（1880 年 11 月 15 日）第二版

祈雨种麦

苏郡自九月至今未见滴雨，各处鳞原皆如龟拆。现在正须播种豆麦以资来岁春收，无如雨泽愆期，锄犁难下，故府县尊均在郡城隍庙虔诚祈祷，已非一日。第刻下依然日燥风干，想牧民者至诚感格定能上迓天和俾慰农夫之望也。

光绪六年十月十四日(1880 年 11 月 16 日)第一版

制军求雨

金陵上江两邑尊求雨已录前报，而慈云一片卒未飞来，四乡焦灼已极。昨刘制军于十五六七三日斋戒祈祷，由甘露庵徒步至城隍庙虔心拜祝。十七日早阴云密布，微雨霏霏，咸谓制军积诚所至。惟旋即晴霁，农田仍无裨益耳。

光绪六年十月二十五日(1880 年 11 月 27 日)第二版

诚祈雨泽

今岁三秋干旱，乡民待泽，人心惶惶，各省郡县无不设坛祈祷。今闻皖省裕大中丞亦以四乡农民春花均难播种，前饬府县二次禁屠求雨，今已半月余，天气仍然晴朗，兼之寒暖不时。中丞尤为忧虑，又特斋戒沐浴饬禁屠宰，于龙王庙设坛，率同司道亲诣拈香，诚祈默祷早降甘霖以慰苍生之望。想至诚无难格天也。

光绪六年十月二十六日(1880 年 11 月 28 日)第二版

建醮酬神

皖垣东门外日前因遭回禄，焚烧柴堆及数家房屋后，该处居民心惊不安。甲内各董筹商，沿街募资，延道建醮三日，铺设行宫经堂，禁止荤酒，循市张灯，逐户焚香，择于上月二十日取水迎神入坛祈保平安云。

光绪六年十一月初一日(1880 年 12 月 2 日)第二版

虔心祈雨

皖城自秋杪至今迄无雨泽，首府孙太尊已两次率同尹邑尊设坛祷雨，未沛甘霖。抚宪裕大中丞以民间望泽孔殷，菜麦难以播种，面谕府县两宪设坛，饬委陈参军前赴龙山祈雨，向龙泉取水入城供奉龙神祠内，中丞斋戒率员弁亲赴龙王庙拈香。其爱民之心无不衔感，想指日可歌东广微甘雨霖之句矣。

光绪六年十一月初二日(1880 年 12 月 3 日)第二版

祈雨得雪

苏郡于十月二十日经府县禁屠祈雨尚未得见甘澍。二十五日抚宪吴中丞亲偕藩臬粮道及府县官步行至元妙观虔祷雨雪，至二十六日果见浓密云布，瑞雪纷飞，自午刻至戌牌时分得雪二寸有余，人心皆大慰云。

光绪六年十一月初二日(1880 年 12 月 3 日)第二、三版

天师来沪

英租界泰和酒馆前夜有广商宴客，一人巍然首坐，从旁窥视者甚众。有识其面者曰："此张天师也，不知何事来沪？"或曰天师今由广东佛山镇某绅请往建醮，事毕顺道来沪，即欲起程回山。前一夜曾在大观园观剧，抵沪已二三日矣。其轿后所悬帖袋内露出"张昰"二字。盖天师前年曾经抵沪，故沪上人多有识之者。闻现寓万安楼云。

光绪六年十一月初五日(1880 年 12 月 6 日)第二版

真人去沪

前报天师张真人到沪，曾在泰和馆酒叙。兹闻与之对酌者系带来之某法师，是夕二人共罄三十壶，均无醉态，亦云豪矣。并闻天师袭封已六十一代，仙印仁晸，号清严，道号素阳子。此次在广东汕头收伏水怪，传系鼍龙精，已用铁牌符镇压水中。现奉其太夫人之命往南海普陀山敬香，故顺道过沪，今已乘轮舶往宁矣。

光绪六年十一月初八日（1880 年 12 月 9 日）第二版

禁屠求雪

江右久晴不雨，火患频仍，兼之刻下正当播种春花，亟须润泽，故上月念三日南、新二明府出示禁屠，设坛于郡城隍庙祷雪，逐日早晚亲往拈香以申诚敬。惟近来昼仍日光杲杲，夜则星点荧荧。佳瑞之降未审天公有意否也？

光绪六年十一月初十日（1880 年 12 月 11 日）第二版

落成演剧

宁郡城隍庙今已修理，焕然一新，在庙董事择于十月二十六、二十七两昼夜悬灯结彩雇班演剧以为落成之庆。适是日风吼如虎，天气骤寒，不但观者寥寥，即吃食各摊亦寥落如晨星，不甚热闹云。

光绪六年十一月十一日（1880 年 12 月 12 日）第二版

讽经求雨

鄂省一带雨泽愆期，各宪设坛祷雨，屡经登报。自十月内略见微雨一次，雪花一次，无济于事，兼且市镇房屋枯燥，火灾堪忧。是以汉口之道生堂某董事邀约各善堂具一公禀恳请宪批准行，按通镇二十八行捐赀，借沈家庙设坛，延请道流讽诵经忏，作四十九天罗天大醮，并请张司马出示严禁屠宰以及禁卖鸡鸭鱼虾葱蒜等荤秽之物，犯则必惩。二十九日剪子街某馆违示摊卖，有差役数人进馆特点荤肴，挺腹大嚼，围饮两席，约计须数千文，食毕方明说来意，遂致争闹，击碎碗盏，毁坏椅桌，一哄出门而罢。初一日又有乡人荷担买葱蒜者被差拘见张司马责问违示笞四十板，该乡人深为不服，复喝笞一百六十杖，至皮破血流而后已。其余若大火路街被差挑去白鱼一担，或被夺去肉一提，不一而足。呜呼！乡人之违禁固属可(恶)，然差役等反以此为利薮，则亦非体政所宜也。

告示附后：

钦加三品衔补用道候补府汉阳督捕清军府分防水利事务总察汉镇加二级纪录十次张为出示晓谕事：照得天气亢旸，久晴不雨，豆麦未能播种，街衢叠见火灾，凡尔商民谅必同深焦虑。第欲挽天心须尽人事，经合镇绅商集赀在于沈家庙设立斋坛礼忏讽经，由本道宪何率属虔诚祈祷，冀迓和甘。饬自本月二十九日起至冬月初二日止禁止屠宰，此三日内凡大小酒馆及熟食各店均着暂行停止，不准贩卖鱼虾，以昭诚洁。除临时派差查察外，合先出示晓谕。为此示仰商民人等一体遵照，如敢阳奉阴违，一经查出，定即拘案责惩。其各凛遵毋违。特示。

光绪六年十一月十二日(1880 年 12 月 13 日)第一、二版

江抚求雪

江抚李大中丞屡饬南、新两首县虔诚祈泽已列前报。兹于初二日中丞又悬牌禁屠洁诚斋戒。自初三起至初五止设坛万寿宫，每日辰申两时徒步减从率司道府县各官诣坛祷祝。初三晚果获微雨，夜半淋漓一阵，檐溜已通。自是连日阴晦，间洒雨点，惟六出花未见纷飞，雨亦未甚沾足，故于初六日续示禁屠以冀仰迓祥霙下慰三农之望也。

光绪六年十一月十六日(1880 年 12 月 17 日)第二版

赛会纪盛

南昌万寿宫于上月中旬修建清平斋醮禳除火患，其规模与水陆道场无异。僧人数辈按日演法降神，梵声锣鼓之喧嚣，烛影香花之馥郁，称盛一时。至月之尽日，乃于早九点钟扮「台」[抬]阁五架出游，又有古董玉器鲜花纸扎等十杠，凡一切仪卫卤簿莫不色色从新艳夺人目，执事者三百余人。天气晴明，观者益众，街道为之壅塞，至夜十点钟而罢。幸得寓目者当感祝融氏之德矣。

光绪六年十一月十六日(1880 年 12 月 17 日)第二版

庆贺神诞

十一月初十日相传为宁郡城隍神诞辰，在庙各执事于本月初一日为始悬灯结彩，按日演戏，恭祝神诞。初九日府宪宗太守诣庙拈香外，又拨班演剧，民人往观者颇形热闹也。

光绪六年十一月十八日(1880 年 12 月 20 日)第二版

兴修邑庙

苏郡吴县高邑尊莅任以来，以本邑城隍庙宇久已失修，现将案中罚款拨作经费择吉兴工，并闻经费有余，尚须置备田产以作岁修一切公款云。

光绪六年十一月二十五日(1880 年 12 月 26 日)第三版

庙貌重新

扬城自遭乱后，凡在祀典各庙均次第拨款兴修，其余由庙中住持自行募化，大半渐加整顿。惟东关大街武当行宫，既不载在祀典而主持又以年老苟且相安，迨老者羽化，继之者又苦年稚，是以十余年来此庙日见倾颓，所存神像俱属七零八落，其旁屋有可以住人者悉租与他人，聊恃租金以资糊口，但见出入男妇杂沓过此门者，几不知为清净地也。兹有某姓(睹)此情形慨然有兴修之志，先行倡捐，又纠集同人随缘乐输。现闻已凑成巨款于前月择吉开工，转瞬间将貌庙一新也。

光绪六年十一月二十六日(1880 年 12 月 27 日)第二版

天师朝山

天师张真人闻于本月十九日到宁，寓江北岸榆兴木行，次日即往普陀山进香云。

光绪六年十一月二十七日(1880 年 12 月 28 日)第二版

1881年

天师返宁

前报天师张真人由沪来宁后即往普陀进香。兹闻真人已于前日返宁，寓江北岸招商局，连日入城拜会文武各官以及巨绅大富，仪从甚盛。观者塞途，咸欲一瞻道貌云。

光绪七年十二月初三日(1881年1月2日)第二版

助炉入庙

本埠英租界大马路之保安司徒庙供奉普门大士像，素著灵应，香烟甚盛。前日有苏人李光勋独助大铁香炉一只，约重二十担云。

光绪七年十二月初三日(1881年1月2日)第三版

修庙工竣

本城大东门内火神庙之山门年久失修势将倾「圮」[圮]。又西间壁关帝殿亦渐剥落，均须修理，曾经该庙羽士祥和募捐并禀请道宪暨邑尊捐廉相助。嗣捐有巨数，当即鸠匠兴修。刻下已将工竣，而戏台仍系螺蛳结顶，两廊看台均经拆卸改筑，焕然一新。惟大殿尚须移建，年内势已不及，须俟开春再行动工云。

光绪七年十二月初四日(1881年1月3日)第三版

本埠董事号商请改修庙捐章禀批

本埠前议重建天后宫庙，所有经费曾奉关道宪刘观察饬在冬漕起承运米船提捐，旋经会馆董事及号商等赴海防厅署禀请筹议改章，经刘分府批示。今抄录于左：

海防分府刘批：查上海重建天后宫行馆，筹议工费，曾奉道宪札饬应于本「届」[届]光绪六年分冬漕起承运米船每石捐银二分以资经费，当经转行遵照。今据禀陈，揆度情势，诸形偏碍，请免提捐，俟开单由该董等筹议妥章禀请核办等情。能否准如所请，既据并禀，仰候关道宪批示遵行。缴。

光绪七年十二月二十三日(1881 年 1 月 22 日)第二版

劝修邑庙示

代理鄞县正堂石为出示晓谕事：照得邑城隍庙为阖邑保障，春秋致祭礼典綦隆。本县于前署任时每逢朔望行香，目睹殿宇渗漏，门墙倾「圮」[圮]，曾询就地绅耆，始知道光二十五年间经董事请示劝捐巨资，添筑月台，一律重修，同治二年又复择要修葺，迄今多年，倾欹尤甚，亟应设法捐修。旋经交卸，未及举行。今奉委重莅兹任，爰拟劝谕捐资，赶早修理，以妥神灵而昭诚敬。除劝令绅董会议捐办外，合亟出示晓谕。为此示仰阖邑殷实绅商行号庄铺暨各社会柱干首事人等知悉，自示之后务各争先慨助，积少可以成多，量力乐输，一倡何难百应，迭相劝导，踊跃急公，一俟捐有成数，即便诹吉兴工，庶庙貌重新，神灵弥赫。本县实有厚望焉。特示。

光绪七年正月十七日(1881 年 2 月 15 日)第二、三版

俗例志略

昨日俗传为三元大帝诞期，本埠南乡大三官堂香烟素盛，今岁虽逢阴雨，烧香者仍络绎不绝。又沪俗，是日凡木器店皆将各式木器运到南门外摆列出售，其价较平素便宜，乡人争来购买。今岁生意因天雨稍形减色云。

光绪七年正月二十八日(1881 年 2 月 26 日)第二版

送灯致祸

扬城风俗，每年二月初二日谓为土地神诞辰，各土地祠皆悬有小紫篾

灯，多至百数。居民每抢取其灯，鼓乐花红送于亲友家之少妇，为生子兆。如生子，次年二月二日即照样制灯数十盏，香花鼓吹送还祠中，以为灯花甫报兰梦旋征实由神佑也。故年年各土地祠之灯皆有增无减。其灯送入人家，即悬挂卧床帐幔之上，主人邀客宴饮尽欢乃散。今年是日居民照例而行，不意因灯致火者城厢内外一夜间竟有七家，最惨者天凝门外某姓房屋俱投一烬，并烧死三人。喜庆未邀奇祸先至，亦愚而可哀矣。今闻郡中绅士公禀地方官请颁示禁此习俗，诚省费免祸之意也。

光绪七年二月十三日（1881 年 3 月 12 日）第三版

节会增盛

清明日致祭厉坛，城隍例须出巡，此固到处皆然，独苏城城隍、土地踵事增华，兵燹以前至有三十余起之多。年来有举有废，时减时增，未能畅厥大观，独此次出巡共有十五六起，在会执事皆振作精神、整齐仪仗以助升平景象。惜是日锦簇花团艳说繁华之地，而雨丝烟缕转成惆怅之词，故跟会者未免劳形而观会者亦殊多扫兴也。

光绪七年三月十一日（1881 年 4 月 9 日）第二版

禁扮阴犯

苏郡于厉坛节会有装扮罪人模样者，谓之阴犯，居然赭衣被体，黑索贯胸，宛与徒流斩绞诸囚无异。前经官宪出示禁止，现又故智复萌。清明日藩宪谭方伯饬县派差分巡郡城隍庙门前后，遇有阴犯入庙进香者，悉令褫落囚衣，毁其刑具，呵斥遣退云。

光绪七年三月十五日（1881 年 4 月 13 日）第二版

香市纪盛

京西妙峰山去京约八十里，山半有庙，琳宫梵宇，金碧辉煌，所供奉者为天仙圣母。每年于四月初一日起十五日止大开庙门，任客拈香。此半月中帽影鞭丝、香车宝马往者难以数计。从山脚至庙计程四十里，路分数条。由京往海淀石路十八里平直如砥，再从大觉寺上山，是为中路，行人最夥。从东便门起至回香亭止，沿路茶棚计二十五座，香烛缤纷，幢幡招展，每棚书有“诚献粥茶”字样，行人饥渴趋向佛前叩首，或粥或茶就坐饱餐，无宾无主，不送不迎，亦不道谢。山上茶棚更有敬送灯笼蜡烛以便香客夤夜上山，故山上行人半月内亦昼夜不绝。倘就道旁假寐，亦不拾遗。或遇少艾，更无敢戏谑从事者。此西山之进香大概情形也。今因大行慈安皇太后升遐，四月初一二三日复连朝大雨，方以为香客或当少杀，讵昨接京信，冒雨登山者仍车殆马烦不稍减色。初四五日晴明，车辚辚，马萧萧，行人如蚁。初六日又雨，擎盖而来者仍络绎不绝，行人姑不具论，只计轿车，经海淀者已有八千余辆。初七八向为正日。是日天晴，车如流水马如龙，行人复如恒河沙数。其到山以后，香客或住庙，或住茶棚，一宿两餐所费甚巨。宿旅店者得稍省，乃今年概为捷足者先得，虽贵官大贾，至有幕天席地露坐郊原者。山系磨盘样，曲折回环如往而复，临崖一望心胆皆寒，而必敬必诚不避险阻敬香之人每岁以数万计。天津人士尤信之笃。又津城天后宫本供奉垂慈笃佑天后圣母，津人奉之尤虔，年例于三月十五日起至念三日圣诞为止，此八日[①]中，城厢内外善男子善女人无不赴庙恭祝圣寿。今年因有国服，入庙者较往年十不及五，即赶庙贸易者生意亦为之略减云。

光绪七年四月十八日(1881 年 5 月 15 日)第二版

仙诞热闹

宁东灵峰山寺供有葛仙翁像，俗传四月初十日为神诞，是日进香者、游玩者，男妇老幼纷至沓来，江东新河头及大河桥一带租船舳舻相接，宝幢河头之茶坊饭肆竟无虚坐，山上山下香烛食物等摊之赶香市者亦鳞次栉比云。

光绪七年四月十八日(1881 年 5 月 15 日)第二版

① 应为九日。

神诞汇志

二十三日为火神诞期，本埠每年分「叚」[段]祝献，火神庙之东西南北各店铺均挂檐灯志贺。今岁庙中正修大殿，兼之念一夜间大东门内大遭回禄，故此举极为减色，挂灯者亦属寥寥。昨日为雷祖诞辰，城中之丹凤楼、也是园等处均诵经拜忏，烧香者络绎于途，甚为热闹。而英界新桥之三茅宫亦供有雷祖、火神及王天君，妇女烧香甚众，颇形拥挤。是处恒和等店亦挂檐灯，前晚竟通宵斋待云。

光绪七年六月二十五日(1881 年 7 月 20 日)第二版

兰盆盛会

本埠新闻广肇山庄年例于中元节盛设盂兰盆会。兹闻于十四夜起仍延羽士诵经，计共三昼四夜。届时想往观者必济济也。

光绪七年七月十二日(1881 年 8 月 6 日)第二版

皖垣琐事

皖垣城隍会期向在五月，今岁以限于国制改在本月初七八两日举行，曾经列报。乃初七日遇雨未及蒇事，初八日又大雨泥泞不果出，初九十两日恭逢忌辰，十一日天气晴明方可补出。乡间之到城看会者因有耽搁；文武衙署中人本亦有会，又神过各署均焚香相接，今亦以国制之故署中人概未出会，而署前亦无香案，故其热闹情形不及往年一半也。

光绪七年七月十七日(1881 年 8 月 11 日)第二、三版

中元接祖

中元接祖之说杭人最重，虽屡经前人辨驳，而习俗移人，贤者不免，故至

今仍未改也。杭城中忠清里钟雨辰学士家亦以中元令节延请佑圣观羽士五员在家建醮,于十二日熏坛,十三日发符请神,十四五日礼忏,十六日上表,至十七日设放水火炼度焰口而止。闻佑圣观中法事久为各庙之冠,即羽士等所衣法服无不金碧辉煌,贵者每件非百余金不办,是以远近喧传,争来观视。无如阀阅宏深,外人不得擅入,遂各废然而返。其忠清巷内则应敏斋方伯家在焉。方伯亦以太夫人新丧,逐日延请仙林寺戒僧数十员在家修斋营奠,极为热闹。两家相去只百余步,一则缁衣锡杖宏开选佛之场,一则星帔霞冠大启朝元之会,一时鼓钟闻外彼此相应云。

光绪七年闰七月初四日(1881 年 8 月 28 日)第二版

镇海赛会

镇海每逢三月间年例奉东狱大帝出巡,今春因逢国制故改期于七月二十四至二十六等日巡视城厢内外。所有鼓亭纱船、联灯彩搁等类务极新巧,不亚于甬江都神会之彤云社,各爵献亦较往年增胜,且有彩搭牌楼。会所过处皆有街灯照耀如同白昼,是以倾城士女联袂出视云。

光绪七年闰七月初十日(1881 年 9 月 3 日)第二版

皖垣祈雨

安庆自入秋后酷热无雨,不独田畴干涸,即居民亦多疫疠。怀宁尹明府已禀请府尊于本月初二日起初四日止在龙神祠、城隍庙两处设坛诚求,城厢内外均禁屠宰云。

光绪七年闰七月十二日(1881 年 9 月 5 日)第二版

年丰会盛

本埠虹口东北三里之虹镇东乡有萧王庙,房屋宽厂,计有三进,兼供城隍神。该处每逢中元节亦有神会普度之举,今秋花稻丰收,乡民格外虔诚。

与会者共七十余村，前日午刻迎神起马巡历各处，观者如堵。除寻常执事外，有乡孩二十余名扮为女童，肩挑盐担。内有三四名，既挑盐担，复立人肩上，听人行走，从容闲暇，如履平地，盖皆平时练成者也。又扮四平山一戏，颇属可观。马匹不可记数，万民旗伞亦多。该处人谓兵燹后赛会此次为最。虽愚人若狂，情属可笑，然非年谷顺成，不易观此景象也。

光绪七年闰七月十五日(1881年9月8日)第二版

邑庙坍屋

本境城隍庙大殿西首之平房本已年久失修，前日午后有泥人耍货铺房忽然坍倒，幸人口无恙，惟压坏货物而已。有传言云，该铺内甲乙两人正在做工，突一人立于门首唤甲乙出外观屋顶奇鸟，甲乙甫出门，屋便坍塌，其人即无影踪。佥谓甲乙数不应死，故神灵为之引出云。然此系道听途说之言，未可据以为信也。

光绪七年闰七月十七日(1881年9月10日)第二版

虔诚祈雨

皖垣患旱祈雨情形叠经列报。兹悉前月十九日因准部文决囚，故权为开屠一天，二十日仍行禁屠示至二十三日止，官宪设坛祈祷，逐日两次，中丞以下均诣城隍庙、龙神祠行香敬求。二十三日晚间果大雨滂沱，沟浍皆盈，人皆谓官宪为民请命诚能格天云。

光绪七年八月初二日(1881年9月24日)第二版

火神出巡

汉阳双街迤南有火星庙，俗传每花甲一周神当出巡一次。今岁适轮值到期，是以上月初该庙首士叙议择日出迎，所有行栈船埠以及殷实住家亦共踊跃捐钱，襄成是举。旬日以来，各首士无分晓夜赶紧预备执事。十七日十一点钟，居人均赴庙拈香，奉神巡街，前列旗锣伞盖、銮驾、沙船、太保轿、帐篷、十番鼓乐等，并有扮犯人坐入彩笼，其解差及差官亦皆童子扮演，均乘肩舆。此外更有抬阁九乘，高约丈许，纸扎花卉，儿童坐立其上，极其新巧。先由汉阳火星庙起马，从双街头江边大街南行，过铁门关，进郡城朝宗门，穿城向西门大街尽处折回，至大别山尾，过四湾莲花堤，仍至洗马口落北，到高官桥，由双街回殿。武汉三处男妇老少看会者约有十万人，排列十余里。神所到处人山人海，挨挤不开，殊有空巷出观之概云。

光绪七年八月初二日（1881 年 9 月 24 日）第二版

法官递解

前七月间闻有江西天师府内法官四员到扬，自称奉文进京，沿途盘川不足，故广施符水以作川资。四员中五品、六品、七品、八品各一。五品者名郑聚亨，寓扬州新城三义阁。乃近日四法官皆为江都县递解回籍，众皆诧异。嗣经查得，该法官至扬遍拜同乡，江西会馆各行业凑银百两以壮■色，（首）途不日矣。因郑欲独吞此百两，议分道而进，余三人不可，八品者尤不服，定欲公分，谓我等沿途售符所得均是公分此款，岂容独享。郑怒，遂控于江都。其到县名帖上书“方外教弟某顿首拜”。江都谢明府即刻接见。坐谈未几，八品者亦来拜会，即于明府前互相攻「揭」[讦]，无私不呈，并云郑某私雕假印种种不妥情事。谢明府即款留二人在署，密嘱公正官亲率领干仆往三义阁搜查各法官行囊，果有许多符印，除道教各印不计外，有天师所用正一真人印一颗系新刻者。谢明府随禀商本府。程雨亭太守以此事不便刑讯，只有通详递解，任天师及江西地方官办理。明府从之，是以四法官随起解云。

光绪七年八月初十日（1881 年 10 月 2 日）第二版

朝山纪盛

鄂省香会之盛莫过于朝木兰山，其神灵显应，众口佥同。山距省垣约百四十里，形势嵯峨路尤曲折。庙在山巅，高凌云霄，向有金顶金柱之说，诚楚北之宝刹也。内供祖师、灵官诸神，每岁以八月初一日开门，听香客进香，各府州县善男信女俱结社来朝，络绎不绝，至明岁春三月农忙时始闭门不纳。香客至庙一宿三茶两餐照例收赀，庙外如卖香烛诸熟物茶点者摆列如市。武汉等处之进香者，船夫、屠户并诸手艺工人为多，每起必三四十人，名曰亮子会。其首事人先除一洁室，列座设案张灯陈牌似佛堂样，更用道士具疏祝赞。每一亮子刻木为山，上列四寸许高诸佛像，雕刻精工，饰以全金，下接木柄以便肩负而行。人人头戴凉胎大帽，腰束黄布，斜挂香袋，末以一人持绣花大旗，沿途烧旃檀不绝，并高宣佛号。近者步行登山，远者乘舟而往。现在武汉等处朝山诸人争先恐后，香船前从江面后由湖滨逐日鱼贯趱行不知凡几。香会之盛恐鄂省无有出其右也。

光绪七年八月十三日（1881 年 10 月 5 日）第二版

进香纪盛

江垣许真君庙香火甚盛，灵应素著，而其俗例进香则以八月为大汛，外府县不远千百里而至者自中元后日有数起，其人数多者一起至一二百人，舟车并进，男妇偕来，不惮跋涉之劳，遑计花销之大，盖其沿途一应用度皆较常人倍贵，咸目之曰仙客。而万寿宫内食物香烛及各货摊价亦比常时悬绝，实惟于此卜收成焉。兹于日前已见陆续而至，行李不绝于途，闻今岁天既晴朗，就近又皆丰稔成象，当更异常热闹。惟本城之进香者，则又舍近求远，以离省四十里之西山为仙灵发迹之所，群趋而就之，故该处香火竟不亚于省垣云。

光绪七年八月十五日（1881 年 10 月 7 日）第一版

进香纪余

江右闰月念九及本月初一夜万寿宫进香仙客颇为热闹，而两日夜中尤以二十九日为最，通宵达旦男妇罗拜阶下者以千计，此去彼来无间「杪」[秒]刻时。南、新两县及左右堂并保甲局各印委皆照例到场弹压，以防滋事。洗马池各洋货铺复于是夜大张灯景，五光十色，艳夺人目，缘去岁火后重新，此数日间适有开张者，偶一点缀门面，本非特意创举，讵好事者遂因而附会，以致逐家悬灯云。

光绪七年八月十七日(1881 年 10 月 9 日)第二版

恭送神轿

苏郡干将坊巷东首有道城隍庙者，兵燹后庙貌粗具而香火寥寥，庙中一切仪仗诸多未备，以故每逢上、中、下元三节厉坛致祭之期曾未出巡与祭。兹粮道衙署内外各执事报名助捐，公制旗牌伞扇以及神袍、神帽、神轿各项，置办齐集，于月之初一日分排执事周游街市，将各项选入庙中。人既整齐严肃，物又璀璨鲜明，观者皆啧啧称赞云。

光绪七年九月十二日(1881 年 11 月 3 日)第二版

告阴状

十月朔为下元令节，本埠城隍神循例出巡赈济无祀孤魂，由邑尊照常示禁：凡一切扮犯之妇不得涂脂抹粉、身着赭衣、乘无遮竹轿，随从书役须辰出酉归，不准深夜迎神，马执事等亦须按辔徐行不许疾驰。惟庙中发牌点卯本在出巡之前夕，待会中人晚餐后齐集举行，须至三四点钟事毕。自城中同昌典、庆云银楼被劫后，是举改于先期二日，故前晚会中人集于邑庙，请城隍神升坐大堂发牌唱名点卯，一内皂已酩酊大醉，东歪西倒，似戏中醉皂隶模样，两眼朦胧站班在站台上，令人失笑。旋有一人白顶衣冠上堂高擎禀帖等件喊称伸冤，当经醉皂隶引进跪于阶前，即俗所谓告阴状也。其人诉称咸丰九年分有元宝两只、洋二百数十元寄存某处，今屡次往索，非惟不认，且受欺凌，盖某为某洋行执事，故力不能敌，求为伸冤。会中人递呈铺案毕，逾时，喝令抽签以观判断。旋就案上竹筒中抽出一签，上载“候痴疾司查覆定夺”字样。于是差人随令原告在三日内每晨赴痴疾司处拈香候示，即着退去。想城隍必行文痴疾司，不知痴疾司如何办理。会中人于事毕后亦各分散。

并闻此次迎会出入之路均由老北门云。

光绪七年九月三十日(1881 年 11 月 21 日)第二版

出会琐记

十月朔本埠出城隍会,莫邑尊因骑马武执事等经过衙署及空阔之所往往疾驰,虑其生事,以故防患未然,先将若辈传进面谕禁止,故若辈在城驰驱就范,不敢奔放,一出北门至城河浜,即加鞭飞驶。而第一起中一人驰至同仁分局东偏,马首忽昂起,扣勒不住,便从马背翻落,马即自行跑进北门,看会人有被冲撞跌者,幸未受伤。本城邑庙有大堂、内宅之别,两处均有人进香,其出息各有人收取。常例出会日之午刻会中人请神像升坐二堂,此后凡香客之点烛钱及残烛等均为司管班所收。此次不然,是日早上所谓司管班者预「泒」[派]人拦住内门,不容香客进去,故有一人从洋场进城烧香,衣冠整肃,随有仆人,携带香烛,欲进内宅,被彼等拦阻,其人强欲进去,致启争端云。

光绪七年十月初三日(1881 年 11 月 24 日)第二版

开光类志

本城安仁桥南首硝皮弄中有公输子庙,即俗所谓鲁班先师也。其庙为木作、石作等公所,凡遇议事讲理辄集殿上评论。现其神像重复开光。据闻此次事由棕榻业轻理,拟于今午刻出会云。又沪北新桥堍潮阳楼南首茅山殿所奉之三茅真君昨亦开点灵光,旗锣伞扇列满街衢,会中人及香客趋之若「骛」[鹜]云。

光绪七年十月初四日(1881 年 11 月 25 日)第三版

开释阴犯

苏郡每逢三节厉坛城隍、土地出巡之期,郡中愚夫愚妇装扮罪囚,衣赭衣，贯铁索以从，谓之阴犯，以为邀福禳灾之计。前经谭护抚出示禁止，而陋俗相沿几于牢不可破。月之初一日郡庙城隍出巡，阴犯一二十名甫欲入庙焚香，中丞预饬巡查拨勇分把庙门，见有阴犯入庙者，即将其囚服剥下，不加笞责，亦不呵斥，一时见者「为」[谓]阳官开释阴犯云。

光绪七年十月初八日(1881 年 11 月 29 日)第二版

酬愿至诚

苏郡三乡土地相传为洞庭君主之神，庙在白莲桥浜，兵燹后庙貌湫隘，恢复维艰。前月杪忽有湖南某客入庙拈香，并唤庙祝量度荒址，许以独力修建、择日兴工等情。闻客系楚人，数月前泛舟洞庭，陡遇风涛，倾覆仓猝，伏舟求神，徐见神灯隐约中有“洞庭君主”字样，旋即风息舟平，得以无恙，故今不惜巨资虔酬神贶云。

光绪七年十月初八日(1881 年 11 月 29 日)第二版

阴赦驱瘟

本年苏郡夏秋之交各处疫气甚盛，因之延及监狱，狱中罪囚毙者甚多。俗传有狱衙门遇监瘟之候，须为阴赦之举，可驱疫疠。所谓阴赦者，由有狱官虔请本治城隍神像舁入狱中萧王堂上，阴阳两曹分设公案，禁卒呈递病毙各犯名册，每唱一名焚化城隍文凭一道，文如递籍之式，解差亦以亡故各役充之。闻此次长元吴三县亦以监瘟之故，将于月之十三日举行阴赦云。

光绪七年十月十六日(1881 年 12 月 7 日)第一版

皖事杂纪

皖垣县城隍庙一切用款向由怀宁县库书人等摊捐应用，如遇议事亦集于此。及经兵燹，庙宇焚毁，恢复后经一僧独建一椽供奉城隍神像。数年前僧为募捐，得县署各书差解囊佽助，集成数千，盖造大殿、僧房。复由某君独修戏楼、山门。工程告竣,庙貌重新,惟庙内原有普济堂工不易举。于是首邑书差协力相助,将应得纸张之赀归公,并于工食项下提捐,凑集成数。月前动工,即就庙右兴修普济堂及山门、殿宇,现亦工竣。复各捐资议办善举。衙署中人如此好善,深可嘉也。

光绪七年十月二十五日(1881 年 12 月 16 日)第二版

进表出会

苏州城北有朱司徒庙,俗称校场土地。十月念五日下午醮坛毕,庙祝等舁神出巡。先有道士十人乘舆前行,后有一亭,即表文也,继有执事数对,又有监督演武场一对,神服黑纱袍,齐赴元都观拜表,行礼毕,乃脱去皂袍,仍整导回庙云。

光绪七年十一月初四日(1881 年 12 月 24 日)第一、二版

令节排堂

前日为冬至令节,本埠官员咸各往来拜贺,而邑庙中亦照旧例陈设,四司皆赴庙拜冬,各会中人请城隍神升堂受贺,即俗所「为」[谓]排堂是也。官会中向以徐绅掌案,嗣因有住居南市之何某被卢姓控于县署经莫邑尊惩办,徐绅等耻之,不欲预闻,于是何为掌案。既易何后,不论何人均可入会。前日排堂时,官会中有粤人某,晶顶花翎,昂然站立案侧,复从身畔取出玳瑁边墨晶眼镜「带」[戴]上,各会中人嘱令除下,其人置若罔闻,而阶下观者噪谓渠看城隍神不仔细故「带」[戴]眼镜。嗣经掌案何某将其眼镜除去,乃各依式排堂而散。

光绪七年十一月初四日(1881 年 12 月 24 日)第三版

1882年

庆贺神诞

宁郡于本月初十日为城隍神诞期，庙中以月朔为始悬灯结彩，恭行祝贺，而正日更形热闹，因邀得著名京班演戏也。

光绪八年十一月十九日(1882年1月8日)第二版

府县祈雪

苏郡入冬以来天气晴燥，各乡农以来岁春畴久盼雪泽，近又时症叠见，火警频仍，故郡中府县于前月念六日早在郡城隍庙拈香祈雪，早晚两次，至念八日清晨见同云四布，随有密雨飘洒，想天心酝酿已兆先机矣。今冬各处晴暖燥烈，本埠亦然，若不渥沛祥霙，则来岁收成与目前疾病、火患均可虑也。

光绪八年十二月初三日(1882年1月22日)第一版

元都兴工

苏城元都道院弥罗宝阁前经浙江某观察倡捐估修已列前报。兹悉观察集成巨款，并会同本郡富绅鸠工庀材，大兴土木，已于上月念七日先行破土，明春兴工云。

光绪七年十二月初九日(1882年1月28日)第一版

烧香新例

苏护抚谭中丞莅任以来政绩昭著，凡有关民生风化者力为整顿，即如妇女入庙烧香早经示禁。去岁底中丞复面谕总捕同知，凡庵观寺院如仍有妇女烧香者，庙门以内僧道是问，庙门以外地保是责，是以今正元妙观等处均觉肃静云。

光绪八年正月初九日（1882 年 2 月 26 日）第二版

毁庙改龛

南昌陈家桥头旧有五显庙，湫隘嚣尘，不堪颓败。其左右前后多小户游手辈，遂日夜聚集其中，借为赌场，历经各保甲总巡封锁，然借敬神为名不旋踵而门又大开，以致就近铺户屡受责问。故于日前经本处人将庙拆毁改造小龛一座，内仍供奉原神云。

光绪八年正月二十四日（1882 年 3 月 13 日）第三版

宝阁兴工

元妙观内弥罗宝阁纵横各九间，四围石柱高列三层，为一郡之巨构。兵燹后楹柱挖空，榱桷倾圮。光绪四年曾募资重修，因巨款难措，旋复中止。兹于去年方丈由魏某转募浙绅某观察独力允修，已列本报，闻嗣后方丈又募得本城某绅襄助重赀，故砖瓦石灰等料已于去年在南窑定造预备。现闻二月初观察派戚某来苏经理，其匠工数百系宁波人亦由观察之戚某带来。迟迟春日，兴此巨工，想观前一带不知如何闹热也。

光绪八年二月初一日（1882 年 3 月 19 日）第二版

赛会日期

宁波压赛堰之东岳宫供奉东岳帝及王天君，素著灵应，每年二月间出巡一次，即向称永昌会是也。兹闻择于初五日出殿，初六日先巡鄞境江北岸等处，初七日巡镇海白沙等处，初八日巡慈东樟桥等处云。

光绪八年二月初九日（1882 年 3 月 27 日）第二版

群观赛会

本埠西乡五六里之淡井庙不知所供何神，常年二月十二日该处乡民有迎神赛会之举。昨日届期照例赛会，士女之往观者殊形热闹云。

光绪八年二月十三日（1882 年 3 月 31 日）第三版

城隍例会

前日系清明令节，本埠城隍神循例出巡并赈济孤魂。午后二点钟率领新江、长人、高昌、财帛等四司起马出庙，向西过陈市安桥，由昼锦牌楼向东转南，经三牌楼又折向北，过穿心街，出老北门，迤逦到坛。照例赈孤之后，时已薄暮，复由坛起马，进西门回庙。是日天气晴朗，途中观者殊为拥挤。诸会首惟高昌司之马执事屡经坠马，尚有四人执令旗者到坛后先去。向东行至宁波会馆地方，有一马疾驰，致撞倒三十余岁之人，其人未伤而转碰倒一小孩，则已头破血流，经人舁归，至骑马人当已远逸矣。

光绪八年二月二十日（1882 年 4 月 7 日）第二版

宝阁兴工

苏垣元妙观内弥罗宝阁前闻浙中某观察助赀重修，节经列报，兹已鸠匠兴工，木料堆积如阜。工匠均系宁人，由本埠雇去。于本月二十后将元妙观后门起至方丈前止，两头用木栅拦住，禁止行人绕走，登登之声不绝于耳。现拟先搭木架，然后依次重修。闻估价需三万金左右云。

光绪八年二月二十九日（1882 年 4 月 16 日）第二版

宝阁兴工续闻

前报苏元都观内弥罗宝阁由浙中某观察兴工重建。兹闻自动工以来搭架拆卸颇属易易，盖随搭一架即拆一处，俟拆过一处即将架木卸下易地再搭，故用木不多而程功较速。犹记数年前曾议兴修，四围密搭阴架重叠而上，已需工费三千余金，此次难易判，然土著匠石者流无不羡彼之巧而愧己之拙。再椽梁窗槅之属已次第动工，俟拆卸净尽即可应手装配。大约秋风动处当可瞻望宏规矣。

光绪八年三月十一日(1882 年 4 月 28 日)第二版

严禁「伙」[火]居

吴中有无业之人，平居习学礼斗拜忏，道装法服，讽经念咒，居然天师门下客也。亲友有熟识者，遇事延请忏悔，但供茶饭不取分文，因是各庙宇生意清淡。道纪司禀请府宪示禁，凡「伙」[火]居道士不得在外包揽经忏，如有以上等情仰该地保禀明查办云。

光绪八年三月十三日(1882 年 4 月 30 日)第二版

祈保平安

温郡春间街衢均有祈保合境平安等事，俗名拦街福。本年二月十五夜，百里坊口起至西门止二里之遥，排设猪羊祭礼，延请羽士施放焰口。相离十家光景，复有神厂，奇花异卉罗列殆遍。及至三港庙前街，中设一极大斛食，高十余丈，四围约有两三丈广阔，以米粉为团，不计其数。中有锦簇人物，装点戏文；顶有彩扎八角亭，四面悬灯。其时人山人海，拥挤不开。三月初一晚大街年例太平福，自大南门起至北门止，亦有四五里之遥，均灯烛辉煌，明如白昼，其热闹虽同，而灯彩实高出百里坊云。

光绪八年三月十六日(1882 年 5 月 3 日)第一、二版

神诞演戏

三月二十三日俗传为天后圣诞，今沪地以国制周年期满，各会馆均雇名

班演剧，十分热闹，兼以久无庙台之戏，故往观者更形拥挤云。

光绪八年三月二十一日（1882 年 5 月 8 日）第三版

委员弹压

苏城元妙观弥罗宝阁兴工后，人多事杂，游手辈不免滋扰。现经方丈尤灵峻禀请臬宪派员弹压，许廉访准如所请，即札饬中路总巡程福五明府在该处弹压云。

光绪八年三月二十四日（1882 年 5 月 11 日）第一版

苏台杂事

近日盛传元妙观修弥罗宝阁宁波匠人从架上跌下，死一人伤二人。据云屋脊上有鹰窠，该匠探其巢而取其子。讵群鹰麇至，张翼奋咮，攒啄群飞，该匠大惊，手足抵拒不及，即蝉联堕下云。然询诸宁波匠，则云并无其事。或曰是苏匠因夺其生意忿极而为此诅咒之言。噫！苏人说谎本无足怪，至因生理而出于诅咒，亦下策矣。

光绪八年三月二十五日（1882 年 5 月 12 日）第二版

神诞悬灯

三月二十八日沪俗以为本邑城隍夫人神诞，年例届期庙中及庙东西并后园各店皆悬灯结彩以伸贺悃，本年仍循旧例。先期会中人出贴知照悬灯三夜，昨晚为始，辉映园林，光彻衢路，香烟人气，氤氲不散，殊足以资游览也。

光绪八年三月二十八日（1882 年 5 月 15 日）第三版

苏台杂志

元妙观弥罗宝阁自春仲兴工，宁波匠数十人旦夕经营，颇称勤紧，每日工作视苏匠惟倍，且飞檐缘走捷若猿猱。今已将前面拆断，凌空架上唊喇呢木梁两根，观者咸啧啧称赞，谓公输墨子之巧不是过也。董其事者为浙绅所倩之魏某，亦指麾如意，监督精勤。闻八月间可以工竣，崇闳规制行将拭目俟之。

光绪八年四月十三日(1882 年 5 月 29 日)第二版

仙诞热闹

昨日俗传为纯阳祖师诞期，本城水仙宫供有仙位，悬灯结彩供设祝筵，男妇进香者甚为繁盛。殿中有纸船一只，长二丈余，妇女辈每以青蚨数百购取船票。盖愚妇冀慈航之度，庙祝即邀仙佑之隆，亦一举两得之道也。

光绪八年四月十五日(1882 年 5 月 31 日)第三版

仙诞纪盛

苏垣阊门内下塘有神仙庙，供奉吕祖，四月十四日俗传为祖师诞期，是庙香火极盛。吕仙有炼丹度世及三戏白牡丹之事，故医生、妓女咸往拈香，冀邀仙佑。士女在庙游戏，随众拥挤，谓之轧神仙。买耍货者有神仙乌龟、神仙老虎、神仙帽子之类，各设小摊。又有担花卉求售者，谓之神仙花树。十三夜通宵达旦游者不绝于道。又因八仙中有铁拐李者。相传叠次有人遇仙，皆似乞人，故凡丐者如烂腿断足、跛躃蹒跚之类，容其坐卧两旁，人皆不嫌其秽，竞掷金钱以冀奇遇。前日天气清和，香烟之盛较胜往年，而剪绺挖包之事不可胜计云。

光绪八年四月十七日(1882 年 6 月 2 日)第二版

过关逃关

俗传四月十八日为万星教主紫薇大帝诞辰，沪地风俗羽士、星士辈设坛讽经礼忏，预行出帖邀请施主届期拈香。是日每将中门两扇锁闭，进香者均在门后，羽士辈喃喃通疏，诵百解图毕，喝令开关，即启钥开门，男妇老幼一拥而出，名为过关，其无钱布施杂乎其间者谓之逃关，谓老者可延年益寿，少者可关煞开通。昨日本城育婴堂及各羽士、星士家均设是会，而城外法界延寿庵亦有是举，颇形热闹。过关逃关者欣欣然以为灾障全除也。

光绪八年四月十九日（1882 年 6 月 4 日）第四版

建醮禳灾

宁波滨江庙自遭大火后屡见烟焰冒出，不止一次，幸皆扑灭无恙。该处各铺户咸有戒心，于是邀集十三境各出分赀，挨户斋戒，延请道士择本月初九日起在滨江庙建醮五日以祈平安云。

光绪八年四月二十日（1882 年 6 月 5 日）第一版

迁建道院

本埠英界新桥北堍之雷祖院据称由杭州雷祖院分建，兹以开筑马路，该院适当其冲，已为拆卸。院中住持在西门外购地另建，闻已禀请上海县出示择日兴工矣。

光绪八年四月二十日（1882 年 6 月 5 日）第四版

都天胜会

扬城敬奉之都天大帝俗称英济王。神汪姓讳华，相传为唐时秀士，夜读时闻五瘟使偶语散疫于井，神即赴井受毒以救民，故其像青面赤发极其可畏，乃受毒后之变相也，其灵异尤为显著。扬城年年赛会，去年因国制暂停，今年复行，择期于四月十二日各行业皆提厘为出会经费。是日系六陈行、衣布行、铜铁行、木竹行、荤店及厨行五业当首，其余各行择日再行。此五行有九如、仁福、崇福、荣禧、春祥五牌号。旌旗伞盖之辉耀，「台」[抬]阁贡亭之堂皇，顾绣组织之鲜艳，金鼓丝竹之喧阗，较昔年尤盛。其最名贵者有金炉、宣炉、五色玉山、玉琢八仙，长皆尺许。又有精雅花草供、珠宝供，无不争奇赌胜，夸耀一时。至于会头以及帮忙照应之人皆华服鲜衣，虽用力粗人亦衣裳完好，不似前此之以乞丐应招也。据云本月二十八日未行之各业出会，其一切更为大观云。

光绪八年四月二十三日(1882 年 6 月 8 日)第二版

香市热闹

闽俗信鬼佞佛，每逢神诞必击鼓鸣金沿街迎赛，于城隍诞、东岳诞则庆祝尤虔。凡祈病祈寿之徒，或披枷，或带锁，或拖链，五步一叩首、十步一焚香者不知几千百人。至装扮无常鬼，或身高丈余，或身矮三四尺，面貌狰狞、摇头摆手、高视阔步沿街游行者又不知几千百人。或谓借此鬼物以巡逻街坊可以驱除不祥之疫气，殆即古者方相氏逐疫之遗意欤……

光绪八年四月三十日(1882 年 6 月 15 日)第三版

赛会纪略

南昌进贤门外黄司空殿于上月望日起为赛会之期，共计五日。其办法，先将殿内各神像抬至行台，自是逐日早八点钟巡游街市，计神轿二十余乘，均结彩须，轿前用旗帜牌匾鼓吹笙箫作引导，火炮之声不绝于耳，至上午十二点钟仍回行台小憩。随升炮开台演戏，看者人山人海。惟连日晴朗，热气熏蒸，殊为难耐云。

光绪八年五月初二日(1882 年 6 月 17 日)第二版

淮城赛会

上月十五日系清淮都天会期，各行争奢斗靡。其间以抬阁为尤胜，计抬阁六架，钱行所出者又首屈一指。至旗伞亭台则往岁较胜于今，盖近年生意清闲，虽各行首事者豪兴未降，未免外强中干，有心无力。是日来观者远及百里之外，帽影衣香，殊形热闹云。

光绪八年五月初三日(1882年6月18日)第二版

控告阴状

昨日午后本城邑庙前有年约六十左右之宁波口音妇人，背负冤状一纸，在头门膝行跪拜至大堂欲告阴状。傍人问之，据云被族叔名某者吞没财产，在宁波本籍衙门控告，屡控不准，故含冤来申求城隍爷显应耳。噫！是固愚妇之所为也，然其情则可悯矣。

光绪八年五月初八日(1882年6月23日)第一版

神诞恭祝

五月十三日相传为武圣诞辰。是日如逢天雨，谓主解瘟疫。昨日飘风先发，时雨洒尘，妇孺咸为欣慰。本城西门内武圣庙、大境上丹凤楼、南门外大佛厂、东门外泉漳会馆、北市英界上麟里各庙皆设筵恭祝，侑以清音。无如檐溜连绵，街衢滑澾，故进香者颇形寥落。广帮中素极诚敬，今届亦无往常之盛云。谨考武帝生于汉桓帝延禧三年六月二十四日，卒于汉献帝建安二十四年十二月初七日。不知今人何所据，皆以五月十三日与九月十三日为帝诞降成神之期，各庙设宴拈香，转以六月二十四、十二月初七两日不知敬礼，殊不可解也。

光绪八年五月十四日(1882年6月29日)第二版

庙会记盛

北方之庙会年年如是，无足赘笔，然亦有堪纪述者，如天津有峰山庙，去城三十里，供奉药王，颇著灵爽，香火最盛。然去城颇远，且非圣诞庙门不辟，故酬神还愿、挂袍祝嘏、进香乞灵概于圣节前后之数日，肩摩毂击，拥挤异常。俗传圣诞系四月念八日，庙门于廿一日预启，至廿八日始闭。其间香客最多、游人最夥者，系廿五六日。相离廿里，地名土城，亦供药王，却于廿八日为进香之期。凡天津庙场皆百货毕集，而峰山庙则罗列求售者农具居多，饶有古风。所有进香之客，城厢则士庶大夫，乡间则黄童白叟，良家妇女间或心香一瓣膜拜神前，而北里中人向无厕足其间，亦无宝马香车游山挟妓者。山在津之南，凡属登山，紫竹林系必经之路。该处近来桃柳争春，燕莺斗巧，一点红不免有向青山点缀者。不三两年风气大开。今年风日清和，念五六日车如流水马如龙，行人更复如蚁，而其间粉白黛绿有女同车者指不胜屈。沿路茶棚数座，钗光帽影到此徘徊。而因闹生事，间有坠车折臂，并一孩儿被压毙。繁盛如斯，其所往之地宜必梵宇琳宫、红墙白塔，足供游眺，乃庙宇则颓败不堪，尚待修葺。惟中有一联曰"泽加于民庶几无疾病，援之以手如见其肺肝"，集四书句，颇属浑成，堪以传诵。由是观之，天下事擅盛名而无实际大抵如庙会者多矣。

光绪八年五月十五日(1882 年 6 月 30 日)第一、二版

姑苏琐志

苏城元妙观弥罗宝阁自兴工后，工作甚勤，屡登前报。兹于本月初七吉日已经上梁，且楼板亦将次铺齐，可谓迅速。看来今秋可以竣工矣。

光绪八年五月十七日(1882 年 7 月 2 日)第一版

准建庙宇示

补用府直隶州调补江苏松江府上海县正堂莫为给示事：据职董黄锡正、周善元、潘崇福、江文炯、瞿开桐、魏圆琛、陈炳灿、王桂生禀称"北门外雷祖殿于同治年间由杭州显真道院分设，经道士徐至成募建，供奉神像。现因庙基改作马路，复于西门外二十五保十三图价买基地建造殿宇。查道士徐至成住持该庙恪守清规，苦心募建，恐有冒名书捐以及借端滋扰等情，环求晓谕"等情，到县，据此，除批示外，合行给示。为此示仰该处保甲人等知悉，如有无知棍徒冒名书捐及借端生事，许即指明禀候提案究惩，决不宽贷。各宜凛遵毋违，特示。光绪八年四月二十日示发雷祖殿实贴。

本埠英租界潮阳楼南雷祖殿现已开工建造。祈请乐善好施诸大护法驾临登衔，以便勒石标名，永垂万古不朽矣。监院道衲谨启。

光绪八年五月十一日(1882 年 6 月 26 日)第四版；光绪八年五月十二日(1882 年 6 月 27 日)第五版；光绪八年五月十三日(1882 年 6 月 28 日)第六版；光绪八年五月十四日(1882 年 6 月 29 日)第七版；光绪八年五月十五日(1882 年 6 月 30 日)第九版；光绪八年五月十六日(1882 年 7 月 1 日)第五版；光绪八年五月十七日(1882 年 7 月 2 日)第七版；光绪八年五月十八日(1882 年 7 月 3 日)第九版

新台开演

宁郡鄞县城隍庙现已修理，焕然一新，惟映墙尚未修筑。乃各社会因神诞在迩，咸欲演戏以申庆贺之忱，故董事择于本月初七日雇新庆丰班先行贺台。是夕往观者如蜂屯蚁聚，殊形热闹云。

光绪八年五月十九日(1882 年 7 月 4 日)第二版

天后宫开工

美租界铁路地基拟建天后宫已列于报。兹悉由法会审员翁太守、筹防局员谢刺史、水利局员张太守于前日会同勘察地基，其间堆积石料甚多，谕令该处地保知照货主限三日移开。并闻业经破土，定于二十二日立柱先造大殿。然工程浩大，需费亦甚巨也。

光绪八年六月初二日(1882 年 7 月 16 日)第二版

宁郡赛会

宁郡例于五月间出关帝会，去年因逢国制未曾举行，今年本定期于五月二十一至二十三等日巡行城厢内外，适为雨阻，延至二十八日始得蒇事。会中执事半系纸扎而成，如联灯、鼓亭、纱船、抬阁之类亦颇彩艳夺目。宁人以为故事尚存，故观者填塞街衢仍不少减云。

光绪八年六月初六日(1882 年 7 月 20 日)第二版

香市热闹

六月二十四日俗传为雷祖神诞，宁城南门之吕祖殿、北门之佑圣观皆供奉雷神，进香者、游玩者络绎不绝，十分热闹。且悉是日妇女多不食烟火，以瓜充饥，以水止渴，谓来生可登仙籍，何其愚也。

光绪八年七月初二日(1882 年 8 月 15 日)第二版

苏台近事

吴俗于六月间多茹雷斋，比户编民十居七八，售食物者多取给于蔬笋，肉食之徒至无从问鼎。迨二十四日，元都观内雷祖殿进香者络绎不绝，香烛触处皆是，东拖西拽，不论是否进香均被絮聒，可厌莫此为甚。二十三日通宵达旦彻夜如织，兵燹前六门为之放夜，本届天气清凉，妇女又未垂禁，故执香膜拜者较往年尤盛。二十五日为辛天君诞辰，进香亦不见杀，迨二十六日辰起，过屠门而一望有肉如林，刀俎鼎鼐杀气腾霄，沿途点心店、熟食铺蓬蓬勃勃，釜上气可眯人目，老饕之流放饭流歠，莫不脑满肠肥急谋一饱，故连日小本营生暨设肆售贩者无不利市三倍也。

光绪八年七月初二日(1882 年 8 月 15 日)第二版

修整殿工

元妙观弥罗宝阁第一层业经修竣，兹复将三清殿楹柱用机器抬高。其殿经粤匠将柱础挖去以致倾欹，现用西法修整，欹者正之，缺者足之。并闻修竣后将玉皇上帝仍请至弥罗宝阁第一层上，三清殿另塑三清像，以复旧观也。

光绪八年七月十二日(1882 年 8 月 25 日)第二版

城隍失靴

七月十五日为中元节，出会济孤，此成例也。扬州府县城隍神俱奉祀于郡庙。前日江都城隍殿之庙祝因出会期近将神袍靴帽检点修饰，乃失去新靴一双，急鸣地保严密查缉。此靴之尺寸较常靴甚大，必须特制，日期已迫，断赶不及，又不能仍用平时之靴。筹之再四，只得商之府殿之道士燃香神前借新靴一双，幸府殿新者尚有数双。于是哗传城隍借靴以为笑柄云。

光绪八年七月二十二日（1882 年 9 月 4 日）第二版

土地沉舟

「杨」[扬]州年例，中元节夕都土地神于西北一带河道乘舟施食济孤，于是绅富之家或少年好事者亦于是夜沿河施放荷灯，通宵宴集。至土地所坐之船系游湖划子帮应差，乃今年大船皆出外河装载，惟以一大摆渡船搭篷张灯以安神座。不意船身朽敝，神像升坐，加以僧众及吹手粗细乐人等约三四十人，所载甚重，水浸入舱。当时无船可换，只得多用椰瓢左右盘水使出敷衍。至小金山地方，前途水深，万不敢进，且船已欲沉，神像半湿于水，众人皆立，船更下坠，只得急呼他舟先将神像请上小金山岸畔设座施放。据云，所幸像系木质，如土坯则不可思议矣。

光绪八年七月二十二日（1882 年 9 月 4 日）第二版

庙会遇雨

沪俗以昨日为三官大帝诞辰，南头本有三官堂，香火极盛，每逢神诞之期，兼有竹木各器及纺车、轧车、犁靶农具等类皆摊列荒地以求售，近来并有大小钉鞋任人拣买，而点心、水果诸担亦均赶市交易，十分热闹。午刻时大雨淋漓，烧香者、游玩者、买卖物件者均须躲雨，南门外之酒肆茶坊座上皆为之塞满云。

光绪八年七月二十八日（1882 年 9 月 10 日）第三版

梵宫重建

皖垣火神庙昔在东门内，兵燹后琳宫贝阙变为蔓草荒烟，行人过之每有今昔之感。近来官宪拟捐廉筹款修复旧观，而以工程浩大尚未集事。是以各檀越愿邀菩萨之灵重构庄严之境，将大殿两廊及戏楼等择期修造，于上月念四日雇胜春班演戏一台，冀邀神佑，自宵达旦，烛火辉煌，爆竹响震。闻司事常诣庙行香、看守台宇，他日事竣当立碑碣以志姓名，俾护法之勤劳偕我佛以同寿也。

光绪八年八月初四日(1882 年 9 月 15 日)第三版

大王抵浦

大江以北皆信奉金龙四大王，见之必恭迎入庙演戏虔祀，相沿已久。八月十六日下午，清江浦哗传杨四将军至矣，当请入栗大王庙中供奉。翌日循例演戏，观者颇为热闹。按：金龙四大王乃宋末时会稽诸生，姓谢讳绪，谢太后之内侄也。神父司徒公生四子，曰纲，曰纪，曰统，曰绪，大王于兄弟行为四，殉宋室之难，投苕溪而死。有明屡卫河工，且翊护漕运，封为大王。以生时读书金龙山，敕令在山建立专祠，遂称之曰金龙四大王。是金龙系因地得名，非神之为金龙也，明甚。无如自江以北，河道中一遇蜿蜒游行者，即指为大王，敬谨承奉，无敢或慢。然所著灵异亦确有令人悚惕者。如在天津时，河北大王庙演戏，而神之法身在烛焰上昂首观看，且于烧红香炉之顶盘旋自得，毫无所损。此则仆所目击者也，岂不异哉？同治十三年九月自津门返浙，在临清闸候水。一日大王至，仆随众通诚默祷，问何日可以通行，签语有“江河九五能通贵”之句，果于九月初九日五更水通。呜呼！何其神欤。而四大士之外又有栗大王、朱大王等数位，并有将军多位，皆河工官员死后而成神者，老于河务者能一一辨认之。凡河工开合之际其灵显尤指不胜屈云。

光绪八年九月初四日(1882 年 10 月 15 日)第二版

城隍合卺

本埠虹口下海浦地方有下海庙，中供城隍神位。别处城隍庙皆有寝宫及城隍夫人神像，而下海庙则阙如焉。近闻该处居民议醵赀塑夫人像。有好事者谓，该处城隍神尚未完婚，将来神像塑就迎入庙中，当行合卺礼。愚氓之怪诞附会一至于此，岂不可笑耶。

光绪八年九月初九日(1882 年 10 月 20 日)第三版

宝阁将成

苏垣弥罗宝阁自开工以来，游览之士无不望其速成，即本馆亦屡录于报。兹悉宝阁工程已十有七八，所少者惟下层铺砖砌墙及各殿髹漆而已。昨有友人自吴中来，言曾一登其巅，眼界为之大扩。首层为弥罗宝阁，供玉帝像。其神龛盘旋雕刻极神工鬼斧之奇，刻下尚未竣工。推窗四望，轩豁通明，可以瞻巨区，可以眺诸峰，烟户万家，严城百雉，历历在目，洵大观也。是阁之高峻阔大当推苏省巨擘。神前供桌高与人齐，宽广倍之。登是阁者，或熟视而无睹。第二层供斗姆等神，额悬四大字曰“万天帝主”，第一层额曰“西天竺国”，均擘窠书，大三四尺，闻系邵君小杏手笔也。自下循级而上，计石扶梯及木级约百步。闻工程未尽之际者，塑像置器等项不计外，尚需油漆等费约三四千金云。

光绪八年九月十九日(1882 年 10 月 30 日)第一版

邑庙落成

宁郡修造邑庙现已落成，美轮美奂，气象一新。各店铺及各社会择于十三日起演戏敬神，现已铺陈一切，以壮观瞻。想届时必有一番热闹也。

光绪八年十月初六日(1882 年 11 月 16 日)第二版

新庙落成

本埠潮阳楼地方之雷祖殿，因庙基改为马路，遂于西门外购地重建新庙等情已列前报。兹悉新殿现已告竣，今日由各会首敬送神像，并闻欲于英法租界各马路赛会巡行，想届时观者定形热闹也。

光绪八年十一月初二日(1882 年 12 月 11 日)第三版

赛会俗例

英租界潮阳楼南首有羽士租屋于此，设三茅真君殿，烧香者颇众。本年春间鸠工庀材，复于西门外建造三茅殿，工竣已久，焕然一新，各情已列前报。闻于昨日午刻迎请三茅真君像，自潮阳楼行宫起马，有清道旗、肃静回避牌、九天司命及三茅真君牌，又有万民伞两顶，銮驾十八对，顶马一骑，快手八名，皂隶八人。后有绿呢暖轿一乘。再后又有对皂八人、清音一班及令旗、令箭、敕印等轿。最后即三茅真君像，亦八座显轿。与会者共计二百余人。观者极形热闹云。

光绪八年十一月初三日(1882 年 12 月 12 日)第三版

1883 年

鄂垣近闻

江西龙虎山张真人印仁晸于十月「念」[廿]三日抵汉，其法驾暂驻于郭家巷正街之垣盛栈内，次日坐五岳朝天绿呢大轿投刺拜客。据闻真人此来盖因四川提督鲍爵帅招之入川，真人道经汉镇，是以小作勾留也。现在真人拟考阴(阳)学与各道士，并闻有黄陂乡民来请真人施符除怪，未(审)真人能大展其法力否。闻法驾赴川亦不出数日也。

光绪八年十一月二十四日(1883 年 1 月 2 日)第二版

天师入蜀

天师张真人到汉各情已详前报。兹闻真人于上月十六日入川，羽葆法驾辉映于天梯石栈间，真人或亦顾而乐之。或谓真人有祖茔在蜀，展拜久虚，此行也，非特广施符箓，(抑)将瞻望松楸。所言未审确否。

光绪八年十二月初九日(1883 年 1 月 17 日)第二版

重修苏州「圆」[元]妙观弥罗宝阁碑

弥罗宝阁者，故明周文襄公建以登道藏者也，岿然八柧，廓然重棼，千聘万奏，靡不周赡。形家以镇郡中央有文明利益之说，代不撼焉。逮万历而毁于火。我朝康熙、嘉庆世再废再起。会咸丰庚申吴会之陷，燔及阖之东北翼，殨风渗雨，日即圮坼，故所为岿然廓然者垂夷为榛莽荒翳之墟。克平越十数稔莫之缮完。岁壬午泉塘胡观察以母寿思有所祈报，以答灵贶，翼然复而新之，舍金三万，遂经始，既涂既茨加以丹臒，不期年而工蒇。乌乎伟矣！夫先王之道，明治以礼乐，幽治以鬼神，使非清净之教为之辟正觉、揭功德，喘贯而旁通，吾甚惧天下之少财力靡以制之炽而盈者且侈而溢，而孝慈仁义之道卒弥弥其失，莫由鼓舞而相磓。又况万物之揄弃沦毁者，苟任其磨荡于天地之间而无人焉振而起之，则万物且一败而不复成，安得如老子所谓弊复新者哉。余初识胡君于浙江，习其人伉爽挺义，乐施尤笃，累年猛志西北赈事，倡赒振业全活亡算，得毋以寿斯民者寿其母邪？谭子曰："大义无状，大恩无象。大义成，不知者荷之。大义就，不识者报之。"然则斯阖之成其为祈报以答灵贶者，抑所谓幽治以鬼神，使先王之道游乎清净之教中而人弗知也？吾故伟其意而为之记。铁岭文焯撰。

〔右「碌」[录]为文小坡孝廉所撰也。孝廉夙负清才，渊雅倜傥，不但属文直逼汉魏，即其余事琴诗书画无不精妙。书丹者为中江李香严廉访。先生书法深得西台三昧，不轻为人落墨。今观察之功德得孝廉之文以表彰之，又得廉访书之，允称三不朽矣。尝读《元妙观志》，其中群载重修缘起，以铁竹道人之道行而有国初诸当事之赞助，尚经营数载有余方克蒇事。今年春暮，钱塘胡雪岩观察莅苏，小住方丈，目睹杰阁将颓，慨然独任兴修巨举。适值秋间为其太夫人八秩诞辰，结此善缘以报母恩，岂不懿哉！德清徐承福砺青甫跋。〕

光绪八年十二月二十一日（1883 年 1 月 29 日）第三、四版

沙市[①]近闻

龙虎山张真人于十三日至沙市，法驾暂驻江右会馆，闻将赴某爵帅之招也。江右各会董皆投刺请谒，又招梨园弟子以宴天师。天师乐甚。为人书符皆有价，护身者洋七元，镇宅者九元，催生者十一元，然有赀则可无赀则否，岂具大法力者亦以孔方兄为左右手耶？

光绪九年正月二十八日（1883 年 3 月 7 日）第二版

神诞悬灯

俗传正月二十七日为三元大帝诞期，宝山县风俗，无论大街小巷所有店

① 沙市：湖北荆江沙市区。

铺民居均须于二十六七八三日内晚间各门首张挂檐灯，吴淞镇系宝山县管辖，故亦仿照举行，极形热闹也。

光绪九年正月二十九日(1883 年 3 月 8 日)第三版

土地开光

英界会审新廨添造土地堂已列前报。兹悉各差役已醵资装塑土地神像，于昨日午后迎神入座，明晨开光，各差役兴复不浅云。

光绪九年二月初二日(1883 年 3 月 10 日)第三版

都门近信

京师自新正初二雨雪后，初六日复大雪，此后连阴十余日，至十六日始晴。向年琉璃厂之吕祖祠、土地祠、火神庙诸处，自元旦开庙至十七日闭门，(游)人往来甲于都下，今岁路皆滑滑，人亦寥寥，远不及往年之盛，市面亦因此减色，如古玩、玉器诸店尚可支持，至于儿童耍货、食物及说平书、唱词曲、看西洋景诸类皆小本经营，难免枵腹之叹云。

又西便门外白云观亦元旦开庙，至十九日闭门，以十八日为正日作长夜之会，俗传有会神仙一说。今年前半月雨雪连绵，游人不得出门，故放晴以后白云观游人较往年尤盛也。又传新正十八日，有一骑马人自白云观回，行至西便门内城根，撞倒一四十余岁之男子，头面带伤，骑马人扬鞭向东而奔，追之不及云。

光绪九年二月初八日(1883 年 3 月 16 日)第三版

武穆诞辰

前日系岳武穆王诞辰，邑庙左傍之岳王庙由各会董奏乐设宴以迓神庥，而殿傍设有锅灶，以致神面为烟所熏黑，会中人心滋不悦，拟将埽除殿庑，然后为神开光云。

光绪九年二月十六日(1883 年 3 月 24 日)第二版

城隍诞期

二月廿一日俗传为城隍神诞期，故昨日豫园中游人杂沓，各茶肆中坐客常满，而小本贸易者亦利市三倍云。

光绪九年二月二十二日(1883 年 3 月 30 日)第二版

宝(阁)重修

苏省自弥罗宝阁重建落成后，元都观里现已大焕光华。奈三清大殿以及正山门吉祥、如意两角门依旧栋宇凋零，髹饰剥落，似乎金玉其中而败絮其外，殊不足以壮观瞻。现经道流集捐将一律重加葺治以全名胜，已于三月初一日动工，先将三清殿一座雇匠兴修，四围均筑篱笆，禁止游人入探，以利工作。想此殿去岁曾用机器将柱础舁平，其余工程定必省事，或不致多费时日也。

光绪九年三月初七日(1883 年 4 月 13 日)第二版

天后诞辰

昨日相传为天后诞辰，小东门外之天妃宫演戏酬神，南市之商船会馆肆筵奏乐。道宪以下各官均往拈香，殊形热闹云。

光绪九年三月二十四日(1883 年 4 月 30 日)第三版

邑庙悬灯

俗传今日为城隍神夫人诞期，本埠旧例在庙之东西两街及后园门首各店铺皆挂灯结彩。而长生桥堍之升和绸庄扎成五彩绸绉牌楼，分别东西及正中三门，加以楹联匾额，台上列花卉古玩。而园中各肆亦皆悬彩。明日又值兰花会，想往观者益形济济也。

光绪九年三月二十八日(1883 年 5 月 4 日)第二版

解饷赛会

每年春间吴地土谷神「祗」[祇]诸庙例有解饷穹窿之举。先期沿街鸣锣，悬旗书明“催解天饷”字样，遍贴黄榜，举动悖异。前有某宪路过，见壁间贴有黄纸朱标告条，诧为骇闻，即严示申禁。无如各处庙祝道流借以敛钱，凡赴柜完饷者索香金解费甚多，每年据为利薮，遂使日久复萌故智。本月二十六日为齐门内安齐王督解天饷之期。是日宿雨微晴，地泞而滑，随会诸人皆鼓兴齐集，新衣簇簇，冠履一色，由齐塘舁神绕观前，由吴趋坊折西出阊门，登舟径诣穹窿，仪仗甚盛。前导有牌数对，继以马六。次即两人舁一「扛」[杠]，罗列长香、黄烛、元宝极富，锦「緞」[缎]若干束。香则以玻璃锦盒装盛，均有善男女名姓镌列。烛则方圆不一式，皆有朱书。金银元宝大或如五石瓮，亦奇伟可观。如是者六「扛」[杠]，护以勇目。计丱角之童十六名，区为四队，若洋枪，若牌刀，若腰刀，若标枪，皆短衣密纽，装束整齐。所荷洋枪长仅二尺，如淡巴菰管，而制特精雅，聚观者无不啧啧。其次则对马、解差、牌伞锣帽不可胜记。又有童子十余人，或翎而顶，或袍而靴，皆白「晳」[皙]可爱。茶箱两架，若甚重笨者，两人承以一肩，好整以暇，人谓其预习乃有此技。后有孔雀羽缀成之旗伞冲风羽扇等件，皆金碧辉煌，极为富丽。暖轿一乘，四围亦缀以雀羽。皂隶十余对，凡手中所携刑具皆满堆鲜花，纷红骇绿，并作一团，湾腰曲项，瞪目互视，地滑溚而汗淋漓，苦恼不胜言，旁人多目笑之而若辈乐为之。最后则灯牌、五方旗、顶马、太保，而神轿亦临。沿途又有所谓迎神者，庙役在神前哓哓背诵，不知作何语。而炮声且大作。少顷神驾出城登舟，帆樯林立，画舫成行，又开背水阵矣。是时观者咸啧啧称赞，佥谓较赈孤时觉崭新花样，耳目为之一新云。

光绪九年三月二十九日(1883年5月5日)第二版

永禁都神会告示

钦加三品衔浙江补用道特调宁波府正堂加三级纪录三次宗示：宁郡都

神会奢侈异常，诲娼诲赌，举国若狂，闻所费几及巨万。向以除瘟为名，自本府示禁后已历四五年，从未见有瘟疫。本年县差岳彪〔即胡阿唐〕，乃公然违禁遍贴知单，嫁名众姓，以扫疫惑众意存尝试，希图娼赌朋兴，各衙门差役可从中渔利，胆玩已极。除提案惩办外，合再查案示禁，自后都神各社会永远禁止。如果狃于积俗，因夏秋病疫必欲请神出巡，准由守庙僧人赴府禀请，仿照城隍出巡之式，于七月间出巡，本府捐钱四千交快皂两班头役雇人舁神出巡一日，各行各业如有捐存会费另作别项济人善举，永不准再蹈奢糜积习，违者提案惩办。毋违！特示。

光绪九年四月初八日（1883 年 5 月 14 日）第二版

浔阳[①]琐闻

天花圣母诞日，南门外小坝娘娘庙、九华门外天后宫连日演唱会戏，男妇老少之往观者几致空巷云。

光绪九年四月初九日（1883 年 5 月 15 日）第二版

金陵赛会

三月二十九日俗传为东岳大帝春巡胜会。金陵每逢赛会，各家门首无不垂帘设座，饰儿童妇女列坐以观，衣香鬓影，队队婵娟，屐印鞭丝，人人年少，可谓极一时之热闹矣。是日起北门桥、花牌楼、淮清桥、钞库街迤逦而出南门抵长十里尤形拥挤。其会则一人举大纛前行，继以清道、飞虎、衔牌、鼓乐、八卦、蜈蚣旗各数十杆，又有戴花帽着红裤者吆喝而先导，是为第一队。次则为炉会，炉中爇以巨炭，四人舁之，旁有衣冠者持壶沃以水或醋，笙箫锣鼓，其声悠扬。有凉伞多柄，或玻璃，或斗锦，璀璨争霞，鲜明映日。会中惟炉会最夥。再次则秋千四架，每架扮假女子四人盘舞于云霄之上，莲钩桃靥，艳丽非常，设有如许女郎，岂不令荀奉倩消魂欲死耶。再次有玉器数担，

---

① 浔阳：古江名。这里代指江西九江。

用健者戟手支肩强项担行，护视人尺寸维谨。过此则香亭数十座，亭前导以灯牌，后或鼓吹一二部，繁弦急管，缭绕于人山人海间。久之始有手利叉涂面目若神鬼者随爆竹声挺叉交舞于通衢，即俗所谓五猖神也。神过则关三木披髲而赭衣者不计其数，男妇杂沓，且有乘笋舆系白练裙抹脂粉以恣顾盼者，其意不知何居。至是有一种名为当阴差者，各州县皂隶民壮之属持铃旗相率跪报于道两旁，观者闻报匐伏，一如警跸。羽士捧銮驾肃静而趋，称为驾过。驾后有凤辇一座，以红明角为之，外罩紫霞帔，俗称为东岳夫人，不别立仪仗，惟赭犯则悉系媒婆、接生婆充之。夜间回銮时灯火万千，照耀如昼，市上各悬灯彩以助。土人每以夜色何如卜是会之繁寂，此正端木氏所谓一国之人皆若狂也。

闻北门桥有某妇于饭后置儿女于门首，已则系犊鼻凭灶涤器，不料会过时拥挤异常，急欲驱孩等入内，而七岁小女早已不见，张皇呼唤，查无声息，诚恐误入拐匪之手，则合浦珠还尚须时日耳。

又内桥以北房屋往往败絮其中而锦绣其外。有某宅之家人悉坐檐际以俟会来，有乞丐见其室中虚无人也，遂踰后垣以入，罄其力之所胜席卷而出，遗破筐缺盂于院，迨会既去人既返而物已杳然，贼亦乌有矣。欲诉保甲分局而莫得其主名，惟有抚躬自咎而已。又有某甲自乡间来，携十余洋置之腰橐，橐故隔一长衫，不知何时被剪绺者割衫与橐取其洋以去。自云被割时适探手扪视，洋尚直立橐中，因原物尚在，故不介意，讵再探，则已空空。论者谓，剪绺之来，实由于甲之时时探视所致。谚曰疑心生暗鬼，此之谓欤。

光绪九年四月初九日(1883 年 5 月 15 日)第二版

仙诞略志

俗传四月十四日为吕祖诞期，苏城向有轧神仙之名，扶老携幼，接踵摩肩，不啻举国若狂。而本埠则只有水仙宫及也是园两处供奉吕仙，昨日亦大开山门，肆筵奏乐，凡杏林之高士、药圃之良工无不络绎偕来，惟士女游观不免为雨丝风片所阻耳。十五日为库神诞期，本城榷署中供有两神。向例每逢诞期则演戏酬神，红巾乱后城中禁止演戏，改用清音。此数日内有酒如渑、有肉如林,在署诸人无不据案大嚼餍饫老饕也。

光绪九年四月十五日(1883 年 5 月 21 日)第二版

厦门消息

厦门地方奉神甚诚,每遇神诞,多设「台」[抬]阁鼓乐,喧闹异常。四月十一日为保生大帝圣诞,各铺户皆醵资演戏,糜费数千金。复于十二日出彩亭三十六座,男女「台」[抬]阁六十余架,马八十余匹,鼓乐二十余台,舁神于途,家家祝拜,观者塞「涂」[途],镇日游人络绎。是日天气炎热,加以人气拥蒸,途人无不汗流浃背。其无常鬼之奇形怪状虽似骇人瞻视,然高矮肥瘦老少喜怒毕肖其形,故妇孺辈皆凝眸熟视甚为诚敬云。

光绪九年五月初二日(1883 年 6 月 6 日)第二版

宁郡火灾

五月初一晚七点余钟时,宁波府城隍庙大殿上突然火起。守庙人等并不出外呼救,亦不舁城隍神像出庙,但皆从后门逃走。附近居民皆欲赴救,无如庙门闭不得入,于是槌碎庙门,入视,则势已燎原,延及后殿。迨各处水龙洋龙以及文武官员赶到,不可收拾矣。约焚两点钟之久,大殿三间、两弄后殿五间、台亭一座、东西看楼共为焦土,惟后殿东西墙外之余屋以及大殿下东西两廊皆赖各水龙竭力浇灌得未延烧。火熄后物议沸腾,竞谓郡庙向系僧人住持,自遭粤寇乱后被里绅张某将僧人逐出,另雇工人看守。讵所雇之人皆不守本分,大则侵用庙产,小则私收摊费,是以赌博及弹唱淫曲之各摊难以禁绝。近则愈趋愈下,甚至将庙中之余屋不惟借作赌寓,且招妓女日居于此,以清静之地为淫秽之场,所以突然火起未始非神明震怒以示儆也。是夜三鼓后,盐仓门内盐仓桥下某姓又火,共毁房屋三进,约有二十余间。此外又闻东乡韩林市南门外三江口之民居同时亦火,皆因路途遥远,水龙不能往救,闻被毁房屋不少也。

光绪九年五月初五日(1883 年 6 月 9 日)第二版

温州多疫

近来温郡瘟疫盛行，甚有染病不数日而即毙者，而世俗狃于积习，患病之家率延羽士遣送瘟神，比遣送不及者谓之随船驶。纱帽河某木匠亦患是病，于上月二十日延道士送神，而同居之朱某适于是日完姻。傍晚时彩舆入门而某木匠即已气绝，幸其时鼓吹喧阗，哭泣之声尚未聒耳。新人随归洞房，遂将灯彩收拾罄尽，即请客酒席亦迁至别处，女客有由后门而去者。此正所谓“欢声未断哀声至，贺客未回吊客来”也。尤可笑者，一村之有患病者，则他家所豢鸡豚鹅鸭一概杀却而送于患病之家，以祀鬼神，故近日屏山、方岙等处猪羊鸡鸭竟无遗类。噫！雨阳失序，饥馑存臻，而又重之以瘟疫，我民其何以堪此？

光绪九年五月十二日（1883 年 6 月 16 日）第二版

赛会略志

昨为中元节，邑庙城隍循例出巡大东门到坛施赈，进老北门绕道回庙。其随从人役及马执事等早经县署悬示务须辰时起马，缓辔徐行，妇女人等亦不准身穿赭衣、涂脂抹粉、坐无衣竹轿。而昨日天气酷热，在会诸人诚不免汗珠儿湿透衣衫也。

光绪九年七月十六日（1883 年 8 月 18 日）第二版

通州琐闻

南门外七星观年久失修，殿宇墙垣大半倾圮。近有城乡董事劝捐重建。正在兴工之际，■门外旧有石碑久倒在地，每至晚间碑底闻有水声，莫不诧异。嗣约众撬碑掘土约四尺许，见有封口坛一个，启之有清水半坛，坛口包有油布，上书“道光三年存，饮之可疗人病”。于是求圣水者多人，治病颇效。想此庙工竣当更有一番兴盛也。

光绪九年七月二十日（1883 年 8 月 22 日）第二版

法师失剑

上清宫■纪掌印汪法师之设坛于荆州也，导鬼区、开神场、役灵保、诏方相。有剑一具，焯焯生芒，炼雷风之罡气，烁星日之精光，可以逐厉疫、走蜮祥、捎魑魉、拂游光，辟划海岳，宰割阴阳。钹铙助其声势，羽鹭舞而飞扬，披发仗此，神武莫当。坛事既毕，■乃云：“亡何物幺麽，妄窃灵器，藐我■师，不知畏避。”法师赫怒，飞符敕谕，山精听命，木客来诉，夸娥奔走，禺强煌怖，巨灵殚力，五丁应募，劈险劚幽，未得其处。或潜水府化龙匿形，娲皇贷灰，精卫■灵，尾闾可竭，西江欲倾，冯夷俯首，海若输情，乞恩泽国。俟缉■名，法师定息，神游八表，碧落飞行，黄泉搜讨，九天九渊，沧瀛蓬岛，丁甲骋辔，真祇忧懆，驭气往来，灵归物杳。噫嘻，幺麽敢干道纪，驱遣霆雷立殛汝死。噫嘻，幺麽敢尔潜藏，棰挞元武必首汝赃。呜呼！师穷于术，魔近于戏，倘不为汉皇之求，将毋效滈池之遗。

光绪九年八月二十一日(1883 年 9 月 21 日)第十一版

老会重兴

宁郡每逢十月初一、初二等日向迎郡邑两城隍出巡，名曰祥云会，即俗称十月朝也，由来已久。然此会向系各酒馆行中捐赀出赛，嗣因各业艰难，力有未逮，是以停歇已有十余年之久。今因秋疫大作，前奉五都神出巡之后渐见平静，而迩来又有湿热等症，民间仍死亡相继，咸谓未奉城隍出巡之故。是以该会总柱首禀请府宪，现已准赛，想皆期又多一番热闹也。

光绪九年九月十八日(1883 年 10 月 18 日)第二版

神驾行程

上海县城隍神三节出巡赈济乏祀孤魂本属旧例，但法马路从未经历。今年下元祇请神驾出小南门，向东北沿浦滩，走新开河浜，至老北门吊桥堍，巡法大马路，抵西门外■坛，是亦创见之事也。

光绪九年十月初二日（1883 年 11 月 1 日）第二版

武庙岁修

金陵武庙在鸡鸣山之南麓，旧为齐梁宫殿基址，前明时犹有存者，洪武初年就其地为国子监。《南雍志》称其柱大十围、石础刻画工致，小朝廷取精用宏，可谓不遗余力矣。入国朝改为江宁府黉宫。咸丰癸丑粤匪陷城之前一月大成殿忽毁于火。殿内空洞无一物，扃锢素严，诚不解其致火之故。相传有人见一白鼠，长尺许，据殿为巢穴，已不知其几经岁月，素不畏人。是日忽衔一炸余未烬之巨爆竹筒缘门扉而上，噪而逐之，升甚疾，倏忽不见，未几而殿内火已从上烧下矣。克复后，今李太傅署两江督篆时，移文庙于故朝天宫而于此建武庙，庙貌非常壮阔。岁久失修，经住持禀由善后局张观察委员估计工料，现已派定程大令于九月念八日设局开工矣。

光绪九年十月十五日（1883 年 11 月 14 日）第一版

苏省抚辕抄

袭封正一嗣教六十二代少真人张元旭、署理大上清宫知事厅选授京畿大光明殿梵修法员张纯福均江西来，即辞进京。

光绪九年十月二十七日（1883 年 11 月 26 日）第三版

上梁志盛

十一月十九日辰刻宁波郡庙上梁。先一夕，城厢内外各庙宇以及半边街共约百余处皆悬灯结彩、雇班演戏庆贺，以致戏班雇尽，或以孩儿戏，或以鳌山，或以南词，或以楚曲代之，彼也锣鼓喧天，此也笙歌满地，通宵达旦至日出始止，士女游观者实繁有徒。其热闹情形无异赛会，亦从来所未有之盛事也。

光绪九年十一月二十六日（1883 年 12 月 25 日）第二版

1884 年

谕旨恭录

十六七日奉上谕："卫荣光奏神灵显应请加封号并颁匾额一折。江苏青浦县城隍神夙著灵应，光绪八年夏间雨水过多，经该县虔诣祈祷，即复晴霁。又同治元年贼窜县境，亦赖神灵佑助，闾阎以安。实深寅感。着南书房翰林恭书匾额一方，交卫荣光祇领敬谨悬挂。其所请敕加封号之处着礼部议奏。"钦此。

光绪十年二月初五日（1884 年 3 月 2 日）第一版

〖苏抚卫奏请敕赐封号匾额折〗①

头品顶戴江苏巡抚臣卫荣光跪奏为青浦县城隍灵应昭著请敕赐封号匾额恭折奏祈圣鉴事：窃照松江府属之青浦县于光绪八年五月间雨水连绵，深惧稼穑不登，民情惶恐，经前任知县吴康寿恭诣邑庙虔祷于城隍之神，即获雨止■晴，得庆有秋。而同治元年贼窜县境淀山湖，图窥松沪，值水师救援，亦赖神灵效顺佑助军威，贼始惊溃自相残杀而遁，闾阎以安。似此卫国保民功垂百世，据该士民呈请奏恳敕赐青浦县城隍封号匾额以答神庥，由府县访查属实，刷印县志、搨摹碑文，详经苏州藩司谭钧培转详请奏前来。臣伏查庙祀正神实能御灾捍患有功德于民者，例得请旨敕加封号。今青浦县城隍神祈晴辄应、岁获有秋，又能默助兵威显灵杀贼，实能保障一方应时效顺■允，仰恳天恩俯准敕加青浦县城隍神封号并颁赐匾额悬挂以顺舆情而昭灵贶。除将送到碑文、县志咨部查核外，理合会同大学士两江总督臣左宗棠恭折具陈，伏乞皇太后、皇上圣鉴训示。谨奏。奉旨已录。

光绪十年二月十六日（1884 年 3 月 13 日）第十版（附张《京报》）

---

① 该奏折见于《申报》附张《京报》第七百零一号《光绪十年二月初七日京报全录》。

赛会志略

沪西数里有淡井庙，中供城隍神像，清明时节例有赛会之举。前日会中集数百人迎神，过法租界，经四明公所，往高昌庙，然后回庙云。

光绪十年三月初四日(1884 年 3 月 30 日)第三版

禁游寺观

鄂省武昌东城外长春观素住道友，迤东有洪山宝塔一座，自兵燹后稍加修葺。每年三月念八日为东岳大帝圣诞，城内外士女皆来游嬉兼敬神还愿，故每年逢此时日，云鬟雾鬓皆摩肩接踵而来，闲汉等亦即扶肩搭背任意嘲谑，平时地方官亦未申禁。去年此时，正教(匪)约期举事，幸天网恢恢，疏而不漏，当即破案。现在神■将届，两司与各道宪已剀切示谕，一应军民人等，今年三月念八日东岳圣诞，除饬该观住持照常关闭外，尔等如有还愿进香诸事，各就自己家中献祝，不得违抗，自取咎戾。此亦安不忘危之意也。

光绪十年三月初九日(1884 年 4 月 4 日)第三版

道士荷校

妇女入庙烧香，吴会久垂厉禁，各庙无敢或犯，至有无知老媪佞佛成性，在庙门外长跪磕头以遂其心愿者，亦以见宪禁之严矣。本月初八日苏垣郡庙前有老妇二人手持香烛施施然来。甫入山门，适总巡李司马乘舆过此，立饬拿人。该妇「谎」[慌]急乱窜，一霎不知何往。遂提该庙住持责以显违宪禁。住持诉称未敢故违严禁。司马谓亲见老妇入庙尚敢狡赖，喝令重责，并予荷校一月示众正山门外。于是黄冠羽服亦居然出人一头地矣。

光绪十年三月十八日(1884 年 4 月 13 日)第二版

道院纪胜

京师西便门外三里许有白云观道刹，传建自宋元间。观内外松柏参天，幽深雅邃。元邱真人，讳处机，道号长春子，山东人，《西游记》即其所著也，在观炼气有年，丹成仙去，至今遗像在焉。嗣后相沿每届正月十九日俗名燕九前后三日必有真仙下降度人，是以游人摩肩擦背、■集■屯，皆为会仙而来。庙期年年如是，然未闻有遇仙而霞举者，世俗之愚真堪捧腹。观中有桥，桥下有洞。洞中一黄冠■踞坐蒲团，手执蝇拂，带华■巾，衣百衲，闭目垂眉，不食饮亦不溲溺，如此者凡三昼夜。面前悬金钱一枚，大如盘，一任男妇老幼用当十钱向金钱托内抛掷，即击其头面亦若罔■，其坐功真不可及。今岁闻内廷颁赏宫灯数对、银二千两暨供品等物。观中添置纱灯多架，灯上绘画皆《阴骘文》《感应篇》各图，为劝善起见，是以游人较前尤众云。

光绪十年四月十六日（1884 年 5 月 10 日）第九版

广厦告成

虹口铁路天后宫系广帮绅商创捐建造，将次竣工。大门内旁侧另盖接官厅三楹，想以备各绅憩息之地耳。

光绪十年四月二十三日（1884 年 5 月 17 日）第三版

定期演戏

虹口铁路新造之天后宫刻已落成，惟码头等工尚未蒇事。闻于月之初六日演戏一本，名为“扫台”，闲人不准观看。而初七八九三日则为关道宪邵观察预祝太夫人寿诞演戏三本云。

光绪十年五月初三日（1884 年 5 月 27 日）第二版

择吉迎神

铁路天后宫落成后，业经演戏敬神诸事毕备。兹闻于月之念三日恭请小东门外天后宫内之敕封护国庇民天后圣母元君法驾进宫升座，届期除各执事往迎外，凡有一切仪仗均由各绅商敬助云。

光绪十年五月十二日(1884 年 6 月 5 日)第三版

苏乡赛会

吴之北乡陆家桥地方向例每间一年必舁延圣尊神出巡迎赛，城乡周历须两三日始遍，往岁极盛无比，有抬阁、小轿等类，仪导绵长可数里；又有臂香、臂炉各数十人，举重若轻，毫不痛楚，尤为骇人耳目。本年五月初八日复举行出赛，十日前■城画舫游船均已有人雇定。是日辰雨午晴，天公极为解事，会中仪仗虽较往年稍逊，尚觉可观。齐门一带，若水若陆，满坑满谷，几至举国若狂。惟神驾并未入城，故毕事甚早，而游船容与于阊、胥门外者如鱼之衔尾而过云。

光绪十年五月十四日(1884 年 6 月 7 日)第二版

迎神改期

铁路天后宫本拟于二十三日预备执事仪仗往小东门迎接天后圣母法像，嗣因是日系逢孝恭仁皇后忌辰不用鼓乐，遂改期二十四日，并悉邵道宪已札饬英会审员黄太守照会总捕头，届期饬派巡捕在三茅阁桥堍守候照料云。

光绪十年五月二十二日(1884 年 6 月 15 日)第四版

迎接法像

今日系迎接小东门行宫天后圣母法「象」[像]至铁路新建宫内。闻法驾出宫朝北转湾，由外洋行街过陆家石桥，朝南走外咸瓜街，一直过外郎家桥，至王家嘴角，朝东至外滩马路，朝北过十六铺桥，沿滩过外洋泾桥，仍朝北进三马路，向西至石路转湾，朝北至大马路，朝东过抛球场，转北一直过大桥进宫。其仪仗等件当有可观也。

光绪十年五月二十四日(1884 年 6 月 17 日)第三版

协戎巡缉

前日，淞北营叶协戎统带巡防炮船两艘，由苏州河来沪巡缉，适逢迎接天后圣母法像进宫，将到之时该炮船即敬升三炮，迨法像进宫复升三炮，升座时又升三炮，前后共升炮九门，盖亦适逢其会也。昨早该炮船已驶出浦江巡缉矣。

光绪十年五月二十六日(1884 年 6 月 19 日)第三版

澳门赛会

澳门西字报云，本月十一至十三三日该处华商举行关帝会，极为热闹，各处华人之赴澳门看会者不「如」[知]凡几，并有携带妇女者，故平日澳门轮船之往来香港、广东者仅有一艘，至出会之前数日另增三艘，是亦可谓兴高采烈者矣。

光绪十年闰五月十九日(1884 年 7 月 11 日)第一、二版

宜昌近事

四乡农民望雨孔急，每日有数起人手执柳条、头插杨枝到龙王庙或清江宫、府城隍庙、龙王洞、汉景帝庙及各寺院拈香，而总无甘泽。道府县均出示禁止屠宰并不许五荤入城，顾未知雨师能鉴此诚否。

光绪十年六月初五日(1884 年 7 月 26 日)第三版

循例出会

昨届中元令节，上海县城隍神同财帛、高昌、长人、新江四司循例诣坛致祭孤魂，自二点钟起马，由庙出西门，赈毕，由坛进小南门回庙。各会首遵奉县示，惟以清道执事迎神，并不铺张藻缋云。

光绪十年七月十六日(1884 年 9 月 5 日)第三版

白门秋信

金陵于中元节例请城隍神出巡。是日天气晴朗，在会诸人尤觉兴高采烈，法驾卤簿焕然一新，即顶香拜跪于道旁者亦比往时多三之一。銮舆过处，香烟缭绕，笙乐悠扬，颇足敛一国若狂之手足而使之肃然起敬云。

光绪十年七月十九日(1884 年 9 月 8 日)第二版

粤垣近事

白云山在省城北五十里，峦岫回环，树林畅茂，为岭南一大名胜。山上有郑仙祠，素著灵感，每年七月望至八月朔进香者如水如龙，颇极一时之盛。此次法事未定，人心惶惶，兼之风雨无常，香市顿形减色。有僧人下山言，该处盗贼披猖，前月杪某甲遭匪劫掠，左足被伤。闻者益深戒惧，不敢前往。

光绪十年八月十一日(1884 年 9 月 29 日)第三版

神诞演剧

俗传天后系潮人林灵素之女，十六岁时因救父溺死，后遂敕封为神，「庀」[庇]护海中商舶。重九日为后诞期，寓沪之林氏绅商于今日特雇定天仙茶园京班在虹口铁路新建天后宫内演戏一天预祝千秋，至初九日则兴泉漳永众商公献清音一堂以伸悃祝云。

光绪十年九月初七日(1884 年 10 月 25 日)第三版

循例赈孤

昨日为下元令节，本埠城隍循例率同财帛、高昌、长人、新江四司于午后三点半钟出小东门诣坛赈济孤魂，七点钟进西门回庙，一切仪仗均未用，惟肃静回避牌及旗锣伞扇而已。

光绪十年十月初二日(1884 年 11 月 19 日)第三版

1885 年

秀州[1]杂录

南堰镇有刘猛将庙，常年正月十三日大小铺户群往拈香以庆神诞，香火之盛一时无比。今年是日特传大鸿福班在庙前开演，庙内设鼓吹一部，夜间并放烟火，至十八日止。于时红颜绿女结伴来游，一种少年咸目断山门礼佛时也。

光绪十一年正月二十一日(1885 年 3 月 7 日)第二版

宜昌近事

关帝庙在南门城上，高耸层霄，下临无地。每届新年，文武官员及商民人等咸往拈香跪拜，几无隙地。惟今年香市不及往年之繁盛，想亦为市面清淡故也。

光绪十一年正月二十二日(1885 年 3 月 8 日)第三版

首善纪闻

彰仪门外里许石路旁五显财神庙素著灵应。庙塑神象五。俗传国初有五盗跳刀拍张，任侠好义，每窃富家不义之财以济贫困，死遂为神，乡人立庙飨之。神案下以箱篓满贮纸锭，都人士之求财者祷罢袖锭而出，归供神龛，俟他有奇遇，别购纸锭送还，且十倍其所取之数，名曰借元宝还元宝。每月朔望开庙，神箫巫鼓尽日喧阗。正月初二日为京师礼财神之第一日，是日该庙祈祷还愿之人什伯于常，车马往来肩摩毂击几于举国若狂云。

光绪十一年正月二十三日(1885 年 3 月 9 日)第三版

① 秀州：治嘉兴(今属浙江)。

禾中[1]近事

高桥庙供奉秉义王，向例四年中赛会两次，今届照旧举行，而画船箫鼓远逊往年，盖为风雨所阻耳。

连四荡有刘王庙，素号灵应，凡操舟为业者每年封印开印时齐往拈香，及届赛会之期又各醵赀，然放烟火、招集梨园，盖若辈以一年利市皆以祀神之虔否卜之，故不惜浪掷金钱也。今年自本月二十一日起至二十三日止循例赛会，兴高采烈不为雨丝风片所阻也。

光绪十一年二月二十五日(1885 年 4 月 10 日)第二版

烟台近事

郝家村有泰山圣母庙，每年二月间赛会一次。中有大鼓十余面，其声镗然，大有发聋振聩之意。余则扮演杂剧，不过奉行故事。而游观之人肩摩毂击，真所谓举国若狂。

光绪十一年二月二十七日(1885 年 4 月 12 日)第二版

江阴纪事

北门外十余里有小茅山，供奉真君像，每年三月朔望乡民有拜香会之举。本月朔适值天晴，往拜者均穿短袄，外罩蓝布对襟元边香衣，足穿蒲鞋，手执小凳，上供香烛，或三步一拜，不绝于道。以此佞佛亦殊可笑。

光绪十一年三月初六日(1885 年 4 月 20 日)第三版

东岳盛会

金陵每年春秋二季有东岳、都天、城隍三大会，会各有首事。除市面各帮

---

① 禾中：嘉兴之故称。

各有专司外，其余皆由各署书役分「叚」[段]承当。三月十二日为东岳大帝鸾驾出宫之第一日。俗传东岳理太山，阳气发于东方，主生，故善男信女蒲伏道左为邀福计者人以千数。会中头班为龙虎旗，次则神牌，次则各种绣伞，皆副以玻璃灯匣，能燃蜡为夜色。再次则马上鼓吹。再次则香亭銮卫。再次则愚民之还愿者，装点为鬼物状；又有衣赭衣者，琅珰载道在神前，与戴花帽涂面而吆喝跪拜者，迤逦一干人最众。再次则羽士，披鹤氅，笙笛悠扬。至肃静无謦咳声则驾过矣。后有龙舟，舟后即凤辇，辇上有碧霞夫人。女犯无数，皆官媒婆、收生婆，阔脸大脚，披发衣赭，腰系白练裙，其俏者则挽碧丝作闹扫妆，抹脂粉，用一小轿踯躅会后。计会中有玉器数十事，俗呼为茶担，每担约值数千金，为钱业中所赛，肩担者选有力年少用左肩作余勇可贾状。观者多啧啧羡。又有十龄小妮子，淡妆艳服，端坐假沉香亭内，亭以八人舁之行，左右置金留犁如酒器，又设象牙箸，旁揭小旗一标曰酒幡，恍惚旗亭故事。后一水牛，首尾结五色彩。牛背坐一牧童，童亦十许龄，负长笛戴笠，揣其意，似以“借问酒家何处有，牧童遥指杏花村”二语为题也者。于依样葫芦中忽然觏此簇新花样，真令人忍俊不禁。旧有秋千架三四座，无所谓奇异，惟视架上之婕妍以厌众望而已。每会必巡行十数日始罢。虽曰胜事，亦漏卮也。

光绪十一年三月二十日(1885 年 5 月 4 日)第九版

禾中纪事

太平坊施王庙自遭兵燹殿宇荒凉，过其地者深以未复旧观为憾。近经太平坊绅董于十七日传集六房军健班役排齐仪仗迎神遍行各街，欲使善男信女各助巨资，重新庙貌。值此市景艰难，窃恐舍金布施者未能多觏也。

光绪十一年三月二十五日(1885 年 5 月 9 日)第二版

神诞悬灯

本月二十八日相传为本邑城隍懿德夫人诞辰，自小东门至邑庙西香花桥各铺户皆循例悬挂明灯，排设香案。届时红男绿女把袂游观，定卜一番热闹也。

光绪十一年三月二十六日（1885 年 5 月 10 日）第三版

香船被扣

俗传三月廿三日为天后诞辰，天津东门外天后宫向例赛会两天，谓之皇会。二十年来此举已作罢论，惟届期稍有香船数艘略加点缀而已。船中香客以关卡例不稽查，各带些微土产，或售钱文，或换洋布纸张等物，习俗相沿，由来已久。今岁香船过多，私货亦复不少，十八日竟被扣留一艘。至午时，各香船麕聚百十人，各执某府某县某庄进香小旗，齐向天后宫当家求救。当家者，津城僧道之尊称也。该庙系黄冠住持，只知撰符箓、卖香烛及以小儿关煞开通锁易钱，安能效鲁仲连解纷排难，迟之又久，去者复来，清净法门几变为烦恼世界。后有人告以尔等自去乞关，有例可援，当蒙恩释，始纷纷散去。

光绪十一年三月二十八日（1885 年 5 月 12 日）第九版

京师纪事

朝阳门外东岳庙系皇上谒东陵时往来用膳之处，年例于三月望至四月朔开庙半月，各项经纪借觅蝇头微利，而庙例綦严，单日仅准男游，双日惟准女逛，虽三尺幼童亦不许带进。三月廿八日为东岳大帝圣诞，是日有撢尘、攒花、纸帐、海灯、檀香、粽供、拜垫、鲜果等会进香，男女雾聚云屯，诚都中第一热闹场也。

光绪十一年四月十一日（1885 年 5 月 24 日）第二版

芜湖近述

俗传四月十五日为南正大帝神诞。是日乡民皆麕聚赛会，计文火帝会一起，武火帝会十数起。文会为宁渊观所奉之神，端坐辇中，八人舁之而走。武会为各社所奉之神，高坐显轿，四人舁行。是日执事銮仪未极鲜艳，而观者已填街塞巷、毂击肩摩。转瞬五月初一日出城隍会较此更为热闹，想届时观者又必如水如云，万人空巷也。

光绪十一年四月二十二日(1885 年 6 月 4 日)第三版

苏台杂录①

苏城福济观供奉吕祖师，历著灵应，载在祀典，俗所称神仙庙者也。四月十四日系纯阳诞期，向来吴下各医生无不华服肩舆至观拈香，降至于牛医、毒科、摇虎撑、卖狗皮膏者亦争来赛愿，以祝利市。而阊门外丁家巷圆照弄各妓女又附会回道人度白牡丹故事，亦皆艳妆冶服结姊妹行入庙祈祝。以故红男绿女倍形拥挤。且神其说者谓是日八洞诸仙争来祝嘏，大抵幻化乞丐，或作僧道装束，患痼疾者得遇有缘，一经悯救，其患顿失，于是瘸腿、瞽目者尤思一遇神仙俾脱苦海。此轧神仙之说所由来也。兵燹后上下塘一片瓦砾，红楼翠馆久已绝迹，惟余二三医士犹循故事以一炷香为纯阳称庆，其余则神仙花草、神仙乌龟，犹有设摊以逐蝇头之利。谭序初方伯习闻男女混杂易酿事端，年例专委干员带同差保至庙弹压，故游人尤为安静，谈及三十年前景象真觉有今昔之慨。

光绪十一年四月二十四日(1885 年 6 月 6 日)第三版

都门杂录

三月二十八日为天齐大帝圣诞，北方天齐庙皆于是日作会。京师之西涿州北关外有天齐庙，俗例于十六日开庙起至月尽止，而以二十八日为正日，较他日尤盛，肩挑贸易之流皆不远百里而来以图蝇头微利。涿州旅邸不多，诸贸易人又虑旅邸主人索费过重，皆舍店而居庙。北门内有关帝庙，庙僧每年于天齐开庙期内搭盖席棚，税诸贸易人居于其中。今年廿八夜四鼓时，一贸易人某甲迟归，方入庙门，见桌上灯花甚长，时诸贸易皆已睡熟，甲以手拈灯花掷地，花忽自起飞上芦棚，登时火起棚落，烧毙睡者一百零三人，

① 《苏台杂录》在第二、三版。此处摘录其中一部分，在第三版。

此外逃出者仅甲与乙丙三人而已。是亦意外之灾也。

光绪十一年四月二十四日(1885 年 6 月 10 日)第二版

袁江赛会

镇江举行都天会前已列报。兹闻袁江亦有此会,本定于四月初八,后改为十四日,南自宝应北自沭阳暨附近之山阳、西坝、河口等处舟车麇聚,青衫红粉、白叟黄童诚不可以数计,盖数年未有此大观也。是日宿雨新晴,晨曦乍露,但闻门外嘈杂声,好梦惊回,揽衣争出。逾时各会以次集庙前,逶迤西行,由镇署、道署、院署折而东至县署,从大街出东门,渡闸西至海神庙歇坛,晚间减道回銮。共计洪福、锦福、景福、都福、降福、增福、万福、申福、锡福等十会。而得福尤胜,有秋千一架、抬阁七架,珠光钏影,雪貌花肤,令人生爱。至万、申、锡伞旗古玩则已等诸自桧以下。观看之人遗簪堕珥不胜屈指。有某甲被檐前鸳鸯瓦击破头颅,以致两颊作桃花色。晚间虽增灯会,惜淡若疏星,颇负此一轮明月也。

光绪十一年五月初一日(1885 年 6 月 13 日)第二版

东粤纪闻

河南金花庙香火极盛,上月十七日系金花神诞期,远近男女无不联袂掎裳进香膜拜。庙前俯临珠江,乡人即为竞渡之戏,十里烟波画船箫鼓,犹见升平景象。

光绪十一年五月初二日(1885 年 6 月 14 日)第二版

鸠江赛会纪事

芜湖县城隍神每年于五月初一日出巡东南二门,至金马门外行宫驻驾,至六月朔始回殿。土人相传,神之丈人峰在金马门,故神必于仲夏住甥馆一月修子婿之礼,且看竞渡之戏。此说不知何所昉而相沿已久,莫敢废也。凡祈病愈及祝寿永者均扮罪人式样,于神驾前后逐队徐行,黑索赭衣、踉跄满路不下二三千人。其间，男的、女的、老的、少的、村的、俏的，或于额前扭好汉结、插花散发。富者服纨绮，贫者衣布帛，甚有作梨园装束者。一二小妮子明眸皓齿、窄袖弓腰，或效贵妃妆，或作飞燕舞，尤有一见消魂之想。赛会之前数日，各人赴庙挂号，例给道士香金。今届共得钱一百余千，尚不及往年之半。是日赴会者午前已齐集，至一点余钟而会始出。计首导有舞钢叉者二十人，次则扮土地、黑无常者各一人，扮白无常者四十余人，扮五猖者五人，扮十破者二十人，均于额上嵌刀剑剪叉等件，状貌狰狞，望而生畏。再次烧肉香者七十余人，蹑草履系罪裙而上体不挂一丝，用银针插肤内而挂盘香于针，自眉端以至手肘胸背等处共有九挂，以木棍系之而行。再次则为各种仪仗，金碧辉煌，旌旗闪耀。有彩轿一乘，内坐二三岁之小童，询系某绅之文孙，宫妆艳服端坐舆中，以四人舁之，两旁悬百结流苏，陈设诸宝玩，婢仆一队簇拥以去，观者诧为神仙中人。继见四人舁一亭，则龙神至矣。未几而扮囚犯者过矣。又未几而旃檀馥郁，鼓乐锵鸣，隐隐闻呵殿声，则城隍神驾至矣，各铺户皆焚香点烛以迎之，而会于是乎毕。四乡之人无不驱车买棹得一纵观为快焉。是时适遇暴雨，各人奔避不遑，多作小狐之濡首，而坠珥遗簪失孩攘臂等事尤不可以更仆数矣。

光绪十一年五月初五日（1885 年 6 月 17 日）第二版

营口纪闻

俗以四月廿八为药王诞辰，营市各业皆于是日停工，不论大小铺户无不肆筵设席引类呼朋。而东营三义庙、西营大庙尤为游人麇聚之处，四乡男女不远数十里而来。赤日当天，燥吻欲裂，庙前茶蓬几无容足之地，幸广顺京货铺前有凉水一缸，游人争掬饮之以当清凉一服，炎天得此，觉上池之水、昆仑之露无以过也。

光绪十一年五月初五日（1885 年 6 月 17 日）第二版

磨 刀 水

五月十三日系关圣诞辰，武庙及四明公所、泉漳会馆、大悲阁等处均设音觞。午后适有细雨,俗呼之为磨刀水,年内可免瘟疫,相传如是,记此以验将来。

光绪十一年五月十四日(1885 年 6 月 26 日)第三版

马祖建庙

《诗·吉日》戊午一章注谓:"祀马祖而作知马祖之由来远矣。"松五营近以马匹瘟死过多,群集资建马王庙一所以邀神佑,现已上梁,计六月中旬可以落成矣。

光绪十一年五月十九日(1885 年 7 月 1 日)第二版

至诚感神

苏垣各宪在元妙观设坛祈晴,原拟上月二十三日起禁止屠宰,乃至诚感格,二十二日已露晴晖。三首县遂立饬吊回示谕。翌日杲杲日出,净扫阴霾,各宪因率属恭诣坛次叩谢神灵,巷舞衢歌,小民更喜溢眉宇云。

光绪十一年六月初一日(1885 年 7 月 12 日)第二版

神诞悬灯

前日为火神诞,昨日为雷神诞,本城火神庙、雷祖殿、也是园等处,红男绿女顶礼焚香,鬓影衫痕往来如织,蔓笠桥、黑桥两处各铺户莫不悬灯结彩以申庆贺。

光绪十一年六月二十五日(1885 年 8 月 5 日)第二版

中元风景

楚北民风,每年祭祖者除清明节扫墓之外,惟中元节为最盛,无论世家殷商富户皆延僧道超度亡者,并焰口祀孤,河灯、路灯焜耀夺目,虽极贫之户亦必买纸设肴名之曰烧包「伏」[袱]，稍可自给之家必以延请僧众施放焰口以为必不可省之举。近届中元之前，沿街铺户居民住宅每日烧包「伏」[袱]、每夕放焰口，即汉口一镇计之一日何止大小百十起，若以汉阳、武昌衙署、营盘统计之更指不胜屈矣。僧道每年于此节亦视为利薮，除每日得工资外，又必自备捐河灯簿数百本，逢人稽首求为募捐河灯，每盏取赀五文，以数十盏起至数百盏千盏，多多益善。究竟果有功德与否吾未能知也。且汉口盂兰会甚夥，每年必推香山会馆之盂兰为首屈一指，所陈诸般灵巧工致务悦心目。闻必捐写数百户至千余户、经费至数百金千金不止。曷不仿上海广肇山庄之例以之移助两广灾区，斯莫善之功德焉。

光绪十一年七月十六日(1885 年 8 月 25 日)第二版

节会述余

前日为中元令节，本埠城隍神照例出巡，一切仪仗悉仍其旧，无足述述。其余事：当卤簿出大东门入法租界时，有法捕房三道头捕头率中西捕等在彼照料。桥北堍有某船局不肯除脱招牌，几至肇衅，后经法捕头饬令将牌除下。及至西门，适有本城某绅少君乘马车游静安寺路，逢会过，巡局勇丁喝阻马车，未及停轮，勇丁倚势举手中白藤向某少君作当头棒喝。少君之家丁见而大怒，急下车与勇扭作一团。正在难于解纷，局员朱司马及邓都戎等先后赶到，见是某绅少君，立请至官厅谢罪，传肇事之勇丁当场惩责，某少君亦谦逊不遑致谢而去。

光绪十一年七月十七日(1885 年 8 月 26 日)第三版

括州[①]丛话

近来时疫流行，死亡相继，城内各绅士议请华盖山忠靖王出巡以驱疫鬼，并于上月十四日在东瓯王庙设立罗天大醮，二十四日迎像出游。神道设

① 括州：温州丽水古名。这里指温州。

教甚无谓也。

光绪十一年八月初六日(1885 年 9 月 14 日)第二版

五羊近事①

城隍庙系广府香火也,七月廿四日恭逢神诞,先于十八日差役人等请神驾至西关古城隍庙更衣,随行仪仗极形繁盛,旌旗耀日,金鼓鸣雷,诚一大观也。

光绪十一年八月初六日(1885 年 9 月 14 日)第三版

京华摭要②

前报述东安门内桥上玄天大帝庙兴修一节。兹闻该庙原系正殿三间,耳房、山门、院墙、旗竿悉付一炬,现重修正殿及东西配殿须较旧时宽大,估得工料银一千二百余两,已经内廷总管太监等公助银六百两,交广兴、泰源、天兴三木厂收存,再有不敷,均经三木厂捐助云。

光绪十一年八月初七日(1885 年 9 月 15 日)第三版

迎神驱疫

汉阳一带亦有时疫,有一巷内邻居左右死至十八人之多,民间大为寒心。有力之家如避兵然举室远徙,只留残弱一二人守门,是以市景萧索。崇信神道者创为迎神驱疫之举,此唱彼和,捐款集赀,遂奉天符菩萨出迎。其神青面赤须,身有六手,手各持一物,如镜如针如环如铃之类。神前又扮有雷公、电母、鬼王、冥判等像。其旗锣伞扇、十禁、十贡、彩棚、提炉、古案、香亭并随神之旗牌敕印更指不胜屈。于上月廿四日迎起至廿八日尚挨「叚」[段]恭迎。又有谓时症已由西门传至鹦鹉洲一带,故该洲之店铺居民亦莫

① 《五羊近事》在第二、三版。此处摘录其中一部分,在第三版。
② 《京华摭要》在第二、三版。此处摘录其中一部分,在第三版。

不仰赖神灵呵护亦恭接神像仪仗以去。神亦不惮烦哉。

光绪十一年八月二十一日(1885 年 9 月 29 日)第二版

云间[1]归雁

时疫盛行,染者朝发夕死。初衹起自四乡,近且延及城厢内外。郡人集资于八月二十七日起在北门内温公庙中延请羽士作法解禳,并禀请华、娄两邑尊出示禁屠以昭诚敬。

光绪十一年九月初二日(1885 年 10 月 9 日)第二版

下元赛会

明日系下元佳节,城隍神循例出巡。莫邑尊示谕各会首,神驾于辰刻起程,未刻回庙,不准绕道游行,并悬示署中停办公事一日。

光绪十一年九月三十日(1885 年 11 月 6 日)第三版

宁郡杂闻

郡庙前后大殿及后殿台亭看楼六厅、县官厅均已竣工,城隍神于十月二十日子时升座开光,来观者约有千余人。至前殿、两廓、台亭、看楼、头门、仪门建造之费无所出,尚须筹捐以成之。

光绪十一年十一月初二日(1885 年 12 月 7 日)第二版

---

① 云间:松江县(今属上海)的旧称。

1886年

集捐修庙

京口西门外德星宫向奉火神，年来殿宇倾颓，失于修葺，以致垣摧栋折，满目荒凉。刻绅董杨君等拟加修理，具禀县中。旋于本月初五日出示劝捐，略谓“该庙载在祀典，若听其尠朽，殊非敬重之道，且悉各铺户乐从善举，咸愿解囊。若有市产者，各业户及租户于本月租金内概提五成，房主房客各认其半，由董事挨收以作工料之用。其下走之役则饬各坊地保承充。倘有不肖之徒从中阻挠，准其指名禀究。应用款项若干，俟工竣日书榜通知”云云，想不日即可鸠工庀料矣。

光绪十一年十一月二十九日（1886年1月3日）第二版

祭天后文

维光绪十有一年岁次乙酉，五月朔「巳」[己]亥越二十有一日「巳」[己]未，出使大臣二品顶戴翰林院侍讲许景澄谨致祭于护国庇民妙灵昭应弘仁普济福佑群生诚感咸孚天后之灵曰：盖闻乾苞始辟资元气以生成，坎德灵长配曾穹而立极，■以裨瀛万里聿瞻幢葆之仪，中外一家无间艵艨之化，矧琛航之远届，宜望秩之虔修。恭维天后胄自神明德隆坤顺，八闽肇迹，璇宫毓■贞符，四海安澜，玉检崇其徽号。凡圣主怀柔之逮皆神灵显佑之功。信官等「祗」[祗]奉简书，驾兹巨舰，駪征靡盬，播西被之先声；鸿羽乘风，喜东归之在迩。特申昭告，用荐馨香，伏冀鉴临，默相护助。有溟镜砥时扬异甸之仁，横海楼船永纪伏波之绩。神其昭格歆式苾芬。

光绪十一年十二月十二日（1886年1月16日）第三、四版

崇德建祠

左文襄公之丧，海内人民罔不震悼，凡其立功省分无不上郡阁之颂、建

石相之祠。杭垣为公收复之区，且系开府之地，浙中人士被泽最深，感恩尤切，善堂各绅董联名禀请在西湖堧创建祠堂，以顺舆情而孚众望。现「巳」[已]购得岳坟左邻花神庙基址，创造殿宇两进，上用建楼，择于本月十一日上梁，俟新正即须大兴土木也。按花神庙在栖霞岭岳王庙之侧，殿宇闳伟，楼阁玲珑，每遇春秋佳日宝马香车游人不绝。后进有一戏台，台上塑唐元宗像，正中而坐，两旁则十二花神列侍焉。自经赭寇，厢已无存，仅蔓草荒烟，三五儿童牧牛其处而已。自有文襄之祠，将见地以人传，千秋不朽，可与刘公、蒋公两祠共成鼎足矣。

光绪十一年十二月十九日(1886 年 1 月 23 日)第三版

上元佳话

道家言正月初九日为玉皇上帝诞，厦门各家皆恭设香灯遥望长空叩谢，爆竹之声通宵达旦，俗谓之祭天。富户则更资雇名优登场演剧，好事「老」[佬]复在各街设天宫堂，周鼎商盘、木难火齐争奇斗丽，焕然一新。至上元日，各宫庙咸烧巨烛，有重至数十斤者。复捏米粉作龟形，大如五石瓠，上书某店某人所献，岂真如俗谚云天下营生龟为第一，故肖此以卜一年利市欤？至夕，庙前堆木柴为塔，举火焚之，炎炎直上，名曰蹈火，并有施放烟火者。红男绿女观者如堵墙，构祸滋衅时有所闻。然新年行乐借答升平，为人上者例所不禁也。

光绪十二年正月二十八日(1886 年 3 月 3 日)第一版

嘉兴城隍铜印①

嘉兴城隍神有铜印一颗，相传系乾隆十三年所铸，发逆扰乱不知遗失何处。日前庙祝在供桌上见有一包，启而视之，则铜印也。由是远近相传以为神灵显应，县署各书吏又从而附会其说，在城隍庙演戏一台。识者以为此特

① 原标题《鸳水锦鳞》。

宋代天书之故智耳。

光绪十二年二月初一日(1886 年 3 月 6 日)第二版

皇州春色

文侍御海前曾具奏不准妇女入庙游玩。目下文侍御巡视西城,西便门外白云观为其所辖之地。该庙为邱真人修真之处,每值正月十九日有会神仙一说,向年游人拥挤、男女溷杂,今年侍御密谕庙祝概不放妇女入庙游逛,庙外则平原旷野,(无)可玩赏,故游人较之往年大为减少也。

光绪十二年二月初四日(1886 年 3 月 9 日)第一版

帝京春讯

白云观仍准妇女游玩一事缀入前报。兹闻十八日未刻西城文侍御带领勇丁吏役往该寺巡察。甫至庙门,庙中妇女闻信悉从后门蜂拥而出,即各买卖亦收拾而去,惟恐被拿致干罪戾。及侍御进庙,方丈迎入鹤轩献茶。侍御谕以明日为会神仙期,奉旨禁止,理宜谨闭。寺门方丈百般哀恳,侍御不允。遂饬所带勇役于十八、十九两日把守前后庙门,倘妇女入庙,无论宗室觉罗、大小官员即行锁拿解送本城分别参办。即此一端,可见侍御力挽颓风,保全实为不少,不得谓其杀风景也。

光绪十二年二月十一日(1886 年 3 月 16 日)第二版

定期赛会

宁波江北压赛堰之东岳宫每逢二月间奉东岳大帝暨王天君出巡,即向称永昌会者是也。闻今岁定于廿三日祭旗出殿,廿五日先巡江北岸等处,廿六日巡镇海白沙等处,廿七日巡慈溪樟桥等处。想届期士女如云定多一番热闹也。

光绪十二年二月十六日(1886 年 3 月 21 日)第二版

天章重焕

杭垣武林门大街百井坊向有天后宫一所，墙垣屹立，殿宇辉煌，庭中古木参差阴覆檐际。其内则复道回廊，深房曲户，是谓内宫。两旁各精舍数楹，明窗净儿，不染一尘。后有一花园，养竹种鱼、芸瓜锄豆，别饶幽趣。其大门之西有大石亭，中树巨碑，外以石阑缭之，系前浙抚李敏达公所立也。李公修辑《西湖志》，搜讨极博，考证确实。此地向设西教堂，为戚南塘总戎收回，改建宫殿，其碑文则历叙其战功与一切原委。同治改元全浙肃清，凡列祀典之各庙皆次第创建。有某西人在杭行教，便道过此，下马读碑，录其文，归禀诸领事，函请督抚各宪求还其地仍作教堂。各宪以碑石俱存，非同要挟，遂允其请。自此天后宫之名遂易而为天主堂焉。西人更于堂之左右「构」[购]买荒地，起造洋房，直至武林门一带，不下数十余处。其中接婴所、戒烟局、义塾、书馆，分门别类，朗如列眉。杭之人以天后功德在人不可无奉明禋、申祈祷之所，遂择西牌楼隙地另建行宫。西牌楼在孩儿巷内小桥头。宫成，俗以小天后宫呼之，每年祭祀中丞必亲诣行礼。本月初八日为春祭之期，前数日刘仲良中丞恭送御匾一方亲至宫中悬挂。是日鼓乐引途，仪仗夹道，匾则以黄亭供奉，八人舁之而行，系文宗显皇帝御书“海滏流慈”四字，上盖御宝，题款为“咸丰三年三月颁赐，光绪十二年正月浙江巡抚臣刘秉璋恭摹”。从此天章炳焕，千秋悬日月之光；祀典崇隆，四海乐梯航之利矣。猗欤休哉。

光绪十二年二月二十七日(1886 年 4 月 1 日)第二版

烟台琐纪

郝家村旧有泰山行宫，每年循例赛会，今于初九日举行。会中仪仗不甚鲜明，大率奉行故事，然观者已肩相摩踵相接矣。

光绪十二年二月二十七日(1886 年 4 月 1 日)第二版

括苍[1]小志

上巳前后例有赛会之举。去岁法人龃龉，风鹤惊心，以致此举作为罢论。兹值花明柳媚之时，八仙楼东岳庙各司事已于初八日以温元帅旗伞执事前往各处发贴标红，连日送寿桃、分星疏者络绎不绝，虽曰春秋祈报之遗意，然其实皆会中人借此敛钱也。

光绪十二年二月二十九日（1886 年 4 月 3 日）第二版

告 阴 状

清明日城隍神循例出巡赈济无祀孤魂。前日各会首点卯时，突有王福生者持状向神控告。好事者询之。据称去冬被人谓我拐孩，控诸巡防总局，冯刺史未经研讯遽尔严惩，冤抑难甘，叩请神明伸雪。旋经会中执事令将诉词焚化，给以案上竹签，王即叩首而退。嘻，彼南面者明明事权在手尚不能理枉伸冤，而谓无形无声之鬼神可以管人闲事乎？乡愚无识真可笑而亦可怜已。

光绪十二年三月初二日（1886 年 4 月 5 日）第四版

鹤市[2]新谈

三节祀厉向惟府县城隍神入坛，近则巡抚、两司、织造、粮道、总捕、督粮大小各衙门书役均兴高采烈，各自派定一神，造出督祭、陪祭名目，其小财帛则派为阴理问。届期纸糊锦「叚」[缎]冥镪以为解银入坛放给厉鬼。种种可笑，奚啻痴人说梦。而浮华浪子又鲜衣骏马，恬不知耻，且敢假窃名器，翎顶辉煌。此等浇风陋习，前裕鲁山先生巡抚江苏时曾严加禁革，近年谭序帅尚置诸从俗从宜不论不议之列。现朱竹石廉访稔知痛恶，饬派干员于清明日在各城门拦截各神会不准出城，惟容一府三县城隍神至虎阜厉坛以循典制。

① 括苍：古县名，治今浙江温州丽水。这里指温州。
② 鹤市：江苏苏州的别称。

不恶而严，诚善政也。

光绪十二年三月初五日(1886年4月8日)第二版

西泠碎录

初二日清明令节，吴山之省城隍例须出巡至武林门外之社稷坛行享厉之典。是日黎明，会中人等均已齐集，恭请神驾至庙门外端坐。辰初，换坐显轿恭迎下山，一切仪仗皆极整齐严肃，一路鼓钲锽聒，旌旆飞扬。后随高跷胜会扮演翠屏山、叭蜡庙故事以及秧歌地戏。后更有鬼会一队，所扮牛头马面、无常、摸壁及地狱变相，狰狞跳舞，令人怖畏。是日午前天色晴霁，观者填街塞巷，惜下午神驾回城雨师已载道相迎，人皆扫兴，遂即「悤悤」[匆匆]由大街一直转清河坊，经司府前，由登山西道上山，故回殿时尚未抵暮也。

俗传三月三日为北极元武真人圣诞。是日杭垣仁和仓桥之水德院、观桥之宝极观、孩儿巷之报恩观及东街之水德庙各处无不香烟成雾，烛炬如林，日则钟鼓喧天，奉真朝斗，夜则笙歌达旦，楚曲清音。而其中惟宝极观尤为热闹，缘观中例有茶会、香会、忏会，故初二夜之拈香宿山者善男信女指不胜屈，且于是夜作大布施，或分饼饵，或给角黍，或具数十人之餐，或煮八百人之粥，盖以结来世缘也。呜呼！人生如梦幻泡影，今世尚不可知，何论来世，而人乃甘为若辈所骗，抑何愚哉。

光绪十二年三月初十日(1886年4月13日)第二版

姑妄听之

杭城竹竿巷内向有白泽庙，久著灵异。庙中供奉社主，管辖数社。相传三月初八日为社主娘娘寿辰，社下居民例于初七八九等日悬灯结彩，清音祝献，计三社共三昼夜，笙歌酒宴，闹热非凡。俗传娘娘姓梁氏，乃山舟学士之侄女也。盖学士第宅本在庙之对门，学士有侄女未嫁而卒，其易箦时自述为神迎娶，如河伯故事。一时传播里邻，咸牵羊担酒诣庙贺喜，且增塑一娘娘之像,并坐其侧,至今乡父老犹能历历言其事云。

光绪十二年三月十六日(1886年4月19日)第二版

东岳盛会

金陵东岳庙向在鸡鸣山之南麓,与鸡鸣埭之十庙同列于祀典。当全盛时以酒醴笙簧报赛者无虚日。乱后一片荒凉,仅余瓦砾。宁俗尚神道,其注籍上江两县者又多倚衙门为城社,计上自总督下至典史,又加以将军、织造,屈指巢穴其间者当不下千万家。此中人尤赖冥冥中之呵护,故如城隍、都天各会无不次第举行,东岳其一也。近年来「緞」[缎]业中之春生鉴以叱拨起家,居然推仲子为巨擘,而会中之锦绣成堆者,以三月十二日为东岳大帝出巡之期。先数日,预由庙祝将某日经过某处、某日某处尖站、某处歇宿先刊一起马牌张帖通衢,俾早打扫洁净,行宫内灯彩鼓乐,较地方官接差尤觉整齐严肃。上年有某董事盗神木料添修余屋,出巡日该董事竟在大众中自数其罪,如有物凭附之者,故此次明心榜上无一物敢著半点欺字。十三日俗称谒署,神像过各衙门,在仪门外驻驾,会中人备香案行三跪九叩礼,礼毕各退。是日会最盛。会之前以一有力者举大纛先导。次则神衔、封号、灯旗无数。再次则清道各牌,或方或圆,或扇式,皆雕镂玲空,装以五色玻璃,夜则举烛。又次则对马数十匹,马上羽葆鼓吹作军中乐。以后或伞或旗或香亭相间而行,无虑百十队。队各分新会老会,每一队必杂以鼓乐,与前导之锣声铿然并奏,令人语不相闻。香亭一座,高与屋齐,皆琢沉楠、紫檀为重檐峭角,中庋古铜炉,旃檀袅袅,舁以二十余人,随而和者又如之。有所谓茶担者,盛玉器珍玩,计一担之值可数千金,一健儿肩之以走,两旁多年少,闻其为钱业公所之物。过此则秋千六架,如蝴蝶舞空中。最后则数十无常,率衣赭衣者二三百人琅珰于道。好事者饰小儿女坐以竹筐,筐如囚笼式,列珍物于前,用四人舁之,见者多驻足以视。少顷则羽士之云璈远远而来,如大罗天上,后缀缁流,顿觉肃静。迨神驾过后,又有龙舟一座,精巧夺目,不啻七宝装成。舟后又有衣赭衣而系白裙者,皆六婆中人,而收生婆为多,铁锁丁冬,在碧霞夫人前一步一顾,不知其意云何。夫人坐凤辇,凤以红明角镶成片「叚」[段]，真不愧朝阳之丹凤。中有一起扮戏文者颇不俗，惟一亭内眠无弦琴一张，后用一小黄牛，饰小童为牧竖踞锦韉之上，意在怪世上无知音者，似失忠厚之意矣。

光绪十二年三月十九日(1886 年 4 月 22 日)第二版

神诞悬灯

昨日俗传城隍神懿德夫人诞辰，邑庙左近居民均于二十七日起至二十九日止一律悬灯，照耀通衢无异白昼，红裙幼妇、白袷名流结队游行，途为之塞，亦一年劳之盛事也。

光绪十二年三月二十九日(1886 年 5 月 2 日)第三版

掷骰殴伤

钦赐仰殿在申浦之东，即俗所称金丝娘殿也。每年三月二十八日乡人必醵资赛会，善男信女结队拈香，肩挑背负之流亦借此博一年活计。有某甲者摆设糖果摊，以花骨头角胜负。某乙向之口角，渐至扭殴。甲鸡助不足当尊拳，受伤垂毙。亲属闻信，即欲赴县诉冤。经该处廿四保二十图地保竭力调停，令乙延医诊治，事遂寝息。

光绪十二年四月初一日(1886 年 5 月 4 日)第三版

沪滨琐缀

四月初六日相传谓第五殿阎王生日，浦东钦赐仰殿香市颇盛，村氓巷妇趋之如骛。闻此后十殿阎王均须作生日。氓之蚩蚩抑何可笑，阎罗有知料应不食其余。

光绪十二年四月初七日(1886 年 5 月 10 日)第二版

天津近事

城隍神例于四月初六八两日赦孤，俗谓之鬼会。会中扮演十八狱变相，牛头马面、摸壁、无常凶恶狰狞不可逼视。其所谓油锅地狱、锯解地狱、碓舂地狱、■膛地狱、拔舌地狱以及刀山剑树、铜柱铁床尤足令人毛发森然不寒而栗。盖为下等人说法固应尔也。今年大差在迩，六班差役应接不遑，且当兵役云集之时，或虑变生意外，遂公议改缓日期，俟骖乘去津再行举办云。

光绪十二年四月十三日（1886 年 5 月 16 日）第二版

珠江月色

西关清平天后庙向有戏台，每遇神诞之辰，必雇优演剧。频年法越构衅，风鹤惊心，此调不弹已久。目下海宇升平，民物康阜，都人士及时行乐，将戏台粉饰一新，拟即资雇各班登场演唱以伸庆幸而答神庥，想届时金鼓齐鸣，笙歌迭奏，定有一番热闹也。

光绪十二年四月二十六日（1886 年 5 月 29 日）第二版

五茸途说

四月二十八日松郡舁请东岳大帝出巡。是日嫩晴初放，香泥乍干，小儿女扶婢游观莫不欣然色喜。至下午，四乡人士麇聚城中，毂击肩摩不减临淄道上，而深闺女伴亦皆淡妆浓抹相约俱来，步上店楼凭阑眺望。既而锣声响处，神会进东门，旗锣执事排立如林。有所谓报娘恩者，用大香炉重数十斤者以铜钩刺臂肉中悬之而行，若辈大率湖南人。此外可观者莫如刘郡王会。按：王讳锜，宋南渡名将，顺昌之战尝以飞叉破敌人，故会中相率以小铁叉抛空际接之以手，累黍不差，俗称为打连法。昭天侯会中则有小犯人，皆十岁左右男孩，装束似武松，高立佣人肩上，按步徐行。施将军会有十余龄小儿，头盔身甲，手执刀枪，谓之解送天饷。神轿后皆有健丁乘马疾驰稠人广众中，泛驾奔蹄时所不免，虽曰敬神，殊无谓也。

光绪十二年五月初二日（1886 年 6 月 3 日）第二版

盛会复兴

杭俗于五月十六日向有元帅会，倾城出观，甚盛举也。兵燹后久拟重兴，诸事咸备，适杨石泉制军抚浙时于庙前勒石永禁，此调遂成广陵散矣。今年春瘟盛行，各社首议请永宁院之元帅神出巡城厢以收瘟疫，已于五月十六日出迎。杭人无不兴高采烈云。

光绪十二年五月十九日（1886 年 6 月 20 日）第二版

皖省杂言

五月十五日为皖省府城隍神诞期。先一日晚间，会中各董及庙祝叩祷神前请定何日赛会，历年如是奉行惟谨。本届各董以春夏之交人畜平安，深叨福庇，遂雇优演剧以答神庥。金鼓喧阗，鱼龙曼衍，倾城士女无不逐队往观云。

光绪十二年五月二十日（1886 年 6 月 21 日）第二版

江西琐述

省垣各庙各分地段敛钱，彼界此疆不容踰越。日前火神庙舁神收方，与关赵庙神遇诸状元桥二段交界处，彼此互争界址，啧有烦言。适界上某茶肆因生意清寥无力多燃边「爆」［炮］，关赵庙人疑为火神庙人所指使，遂将火神庙人殴伤数名。旋控诸南昌县，拘到行凶者四人，研讯之余分别板责，并谕令不许再生事端。

光绪十二年五月二十三日（1886 年 6 月 24 日）第二版

日下谈资[1]

京师之东百五十里有丫髻山，年例于夏初开庙半月，富家豪族多往进香，住持道士一一酬应，所获香资措成巨款，可供庙中数月斋粮，此外更有香火地二百顷，按季收租，故此庙素称殷富。六月初间突有强盗数十，各执洋枪刀矛等械于白昼夺门而入，直捣房中，翻箱倒箧，搜掠一空，庙中人无敢与敌者。幸住持已预将存款安放他处，所余不过数十金，虽被席卷而去，不至大有损伤。住持当即赴怀柔县署报案，尚未获盗犯也。

光绪十二年六月十六日(1886 年 7 月 17 日)第二版

云间实录

天时炎热，瘟疫易兴，城厢各店铺于十五日始在西门外东岳庙延请羽士建醮禳瘟，又环禀府宪禁止屠宰。客有过屠门而思大嚼者乎，请吟东坡句告之曰“无肉令人瘦”。

光绪十二年六月十九日(1886 年 7 月 20 日)第二版

燕京[2]清话

阜城门内南顺城街吕祖阁住持道士于上月杪羽化登仙。该道生前喜与士大夫相契，即铺户人等亦莫不酒肉交游，殆所谓富贵神仙欤。初十日为发引之期，仪仗鲜明，无异世家大族，执绋者亦实繁有徒，甚有绣阁名姝端坐绣軿相送者，斯亦奇矣。惟牛眠未卜，故灵柩暂停白云观内云。

光绪十二年六月二十二日(1886 年 7 月 23 日)第二版

---

① 《日下谈资》在第一、二版。此处摘录其中一部分，在第二版。
② 燕京：北京的别称。

沪滨纪事

俗以昨日为雷祖诞辰。新北门内丹凤楼供奉雷祖，往年香市颇盛，近因西门外建造雷祖殿，有某羽士住持其中，神诞前数日以灯笼一盏分送各信士，邀请拈香赴会者出资若干，以故是日香烟缭绕，铙钹喧阗，较丹凤楼有过之无不及也。

光绪十二年六月二十五日(1886 年 7 月 26 日)第三版

娃馆[1]延秋

六月二十四日俗谓雷祖诞辰，元妙观中雷祖殿每年是月初旬起乌衣公子、红袖佳人礼佛拈香时时不绝。自谭中丞秉节三吴，严申厉禁，并委员监察有犯必惩，以致寂寂禅堂绝少游人屐印。今岁禁令已弛而香烟稀少，较盛时只十之二三，雷醮亦寥寥无几。神若有知亦祇坐冷山门，眼看裙屐少年蚁聚于山塘花月间耳。

光绪十二年六月二十八日(1886 年 7 月 29 日)第二版

禾中香市

烟雨楼为南湖名胜之一，楼上供奉雷祖神像。六月二十四日相传为神之诞期，禾中士庶咸于清晨买棹登楼焚香膜拜，亦有大家闺秀、狭巷名姬合十喃喃求免阿香嗔怒者，履舄交错，珠汗蒸淫，亦一年之佳会也。是日也，卖食物者、售玩具者、观洋画者、设茶寮者，总总林林不可以数计；更有香船、赌船、妓船、曲船挤满湖心，何止数百号。直至曜灵西逝，皓魄东升，始游兴阑珊，各呼归棹。至城内韭溪桥雷祖殿、火神庙、南门外小曹王庙、城内观音堂，虽亦香烟撩乱，然究不及十之二三云。越日为火神诞期，城内火神庙中

① 娃馆：春秋时吴王夫差为西施在今苏州灵岩山建馆娃宫。这里指苏州。

进香者亦联络不绝。甚矣，丙丁神真势焰熏天也。

光绪十二年六月二十八日(1886 年 7 月 29 日)第十二版

虎皋①清谈

六月十九日观音诞，廿三日火神诞，廿四日雷祖诞，向来元妙观香市最为繁盛，廿三日尤彻夜不绝。自谭序帅派员拦禁以来大为萧■。今届各巡员虽照章弹压，而往来如织，各殿羽流较往岁顿觉利市三倍，即各茶寮亦列座皆满，惟妇女烧香尚未敢轻于尝试云。

光绪十二年七月初一日(1886 年 7 月 31 日)第十一版

云津鱼素

本年各会中人奉地方官示谕，凡载在祀典诸正神历年赛会者准且仍旧举行，此外不许轻举妄动。好事者遂借为口实，各会以次迎赛，几如山阴道上令人应接不暇，屡经肇事，涉讼公庭。天津县因又申明禁令，除城隍之赦孤、天后之皇会外，如药王、关帝等庙宇众多，只准各庙轮流，不得一年并举，以免废时失事、劳民伤财。无如言者谆谆听者藐藐，上月廿二日有高跷一起遇姚铁山明府于途，询系廿四日拟行关帝会预期拜客者，邑尊以故违禁令，饬传会首责惩，不知各会中人闻之或可小惩大戒稍知敛迹否也。

光绪十二年七月初二日(1886 年 8 月 1 日)第二版

九江近事

九江苦旱已见前报。兹闻六月廿七八等日庐山之麓微获甘澍，尚未一律沾足。九江府王太守、德化县周明府爰于二十九日起在府县城隍庙拈香

---

① 虎皋：苏州虎丘。这里指苏州。

设坛祈祷，出示禁屠。关前杨泗庙又扎龙灯一架，每日午后出行，燃烛鸣锣游行街市。此亦民间祈雨之新法也。

光绪十二年七月初九日（1886 年 8 月 8 日）第二版

拟赛节会

七月十五日为中元令节，苏城向有厉坛在虎邱山①下，三元令节照例赛会设祭。前数年经升任粤抚谭序帅严行禁止，每逢令节仅准府县城隍入坛致祭，其余各神均不准迎入坛壝。今届中元之期，闻各处庙宇盛设仪仗均拟届期赛会，灯船画舫亦皆端整齐集，想是日虎阜莺湖定有一番热闹也。

光绪十二年七月十二日（1886 年 8 月 11 日）第三版

胜会重兴

苏垣于每岁三元令节例由首府以下各员率同吏役迎请府县城隍神赴阊门外虎邱山麓厉坛致祭张士诚及一切无祀孤魂，故事奉行已数百年于兹矣。每届迎神，仪仗之威严、衣服之都丽，夸多斗靡，精益求精，亦曰黼黻升平，非徒奢华相尚也。此外又有都城隍、财帛司、纠察司及各乡土地，俱由各署办公人分班迎请入坛陪祭，极盛时计共三十余起，一日之间费至数千金。城厢内外士女如云，宝马香车，灯船画舫，山塘七里无异绣地锦天，此诚盛世之风光、名区之点缀也。自今鄂抚谭序帅在苏藩任内严行禁止，除府县城隍莅坛设祭外，其余一概不准迎赛，数年来会中诸执事几于云散风流。今岁上元节魁太守遵照向章奉府县城隍入坛祭厉，都城隍以下概不迎赛，一时白叟黄童、红男绿女乘兴而往者无不兴尽而回。目今晴雨应时，人民康乐，中元令节各吏役遂兴高采烈赛会以答神庥，会共二十起，除旗锣伞扇鼓籥笙箫外，又有所谓茶担者，陈设古玩斑驳陆离，禹鼎汤盘、秦铜汉玉皆假自缙绅世族，

① “虎邱山”，今作“虎丘山”。

以青年都丽者挑之，精雅维伦，尤擅会中之胜。是日晓起疾风淫雨，泥滑难行，风㶇弓弓几有行不得也哥哥之苦。至午后雨师解事，卷旆遄归，惟封家姨颠狂轻薄依然走石飞砂，而观者仍毂击肩摩，争先恐后，自元妙观前至阊门外虎阜连绵十余里，几无隙地容身。亦有驰怒马、乘飞舆，顾盼生姿、轩昂阔绰者。而大家闺秀、狭巷雏姬击桂楫、■兰桡，容与中流，借以畅怀娱目者。山塘七里亦复鹄首如林。直至日落虞渊，暮烟四起，而女曰观乎、士曰既且，犹复兴往情来，未肯歌陌上花开之曲。会以春申君、城隍为最盛。财帛司兵燹后未复旧观，须俟下元补赛。纠察司因奉朱廉访示禁故是日姑付阙如云。

光绪十二年七月十九日(1886 年 8 月 18 日)第二版

东藩杂记

航海者皆供奉天后神。汉城中华商已建庙宇，悬灯结彩借答神庥。惟仁川尚无庙貌，现拟集资起建，需银甚巨，恐非旦夕所能集事也。

光绪十二年八月初一日(1886 年 8 月 29 日)第二版

中元盛会

苏州盂兰盆会年盛一年，初只铺户人家铺张扬厉，近则各署吏役亦皆仿而行之，名为超度幽魂，实则逢场作戏。其出会也，前导有起马牌两骑，开道马十骑。嗣是即高擎纸扎之嫖赌吃■烟酒等鬼，类皆妙造自然、惟妙惟肖。所最可观者，酒鬼则面赤若绯桃，斜戴瓜皮小帽，颇似沪北小青皮灌饱黄汤向乡懦拆梢形径；烟鬼则脸青唇黑、瘦若枯柴，一种无精打采情形尤若毫添颊上。继之以目莲、地藏、观音、阎王、公侯将相、鳏寡孤独、九流三教等像，计二十有四类。随后则有牛头马面、大头、小头、黑白无常等鬼约又二十，游行市上，如在地狱中蓦现鬼王变相，妇女之胆小者类皆齐纨低掩不敢正目观。由是而茶箱，由是而食箱，箱各二，中供金玉古玩盆盂之类。此外又有署中人之子弟装扮戏剧，一为十字坡，一为四杰村，皆结束整齐植立佣人肩上。又一装刘海者跨卫徐行，年不及十龄，丫角双叉，宁馨可爱。又幼童骑马者六，各背瓶钵麈尾锡杖之类。对马四、顶马三十、禁牌马十二。后拥四骑香亭，旗伞幡幢更不计其数。和尚、道士、乐工各九名，管弦匝地，声转黄鹂。纸箔漫天灰飞白蝶。由府署迤逦向东，至乌鹊桥平桥西折至道南街，转南走养育巷，至北寺方回。沿途观者若云拥、若水流，扇影衣香迷离莫辨。呜呼，谓非一时之盛欤！然果何益之有？

光绪十二年八月初三日(1886 年 8 月 31 日)第二版

松江鲤信

历年八月十五郡人例赛东岳神会，而以照天侯、靖江王、施将军扈从。比年市道式微，东岳会久经停止，所举行者惟杨、施二神，一时鬓影衣香不减长安水边之盛云。

光绪十二年八月二十二日(1886 年 9 月 19 日)第三版

鸣谢良医

余目失明数月，幸遇四川朝山来沪元妙观道师洪精一悬壶于郑家木桥南彩视街。余见看症下指认脉病如在医手中，犹奇者双手看二人脉断之不差。予见之奇，试之一方获效，今痊矣。予清贫无报，惟有榜传申扬用酬大德，亦告同人，凡痼疾新疴可速治之，恐师别游。闻师自著《医学活法》十六卷，医林捷径未刻世，数月之习可成医手。上海新闻史长生顿首敬传。

光绪十二年九月初八日(1886 年 10 月 5 日)第七版

四明琐纪

宁郡每逢十月初一、初二等日奉府县城隍神出巡。今闻会总李、马二人皆于八月间相继逝世，现尚无人接管，想会事当作罢论矣。

宁波府城隍庙之前后大殿、两廊、看楼以及官廳、仪门均已落成，惟大门内左首之怀棠祠、右首之痘神殿及大门等处因捐款不继尚未修竣，现由首事劝八闽绅商致函于日本各华商量力捐助，未知能集腋成裘否。

光绪十二年九月十八日(1886 年 10 月 15 日)第二版

京江谈屑

镇江府城隍庙之戏台近又鸠工修整，自十八日起演剧六日，一时巷女村童闻风麇集拥挤异常。至第二日两伶忽得暴疾。第三日午后东首看楼忽圮，楼上跌伤三人，楼下压伤六人。优伶以为不祥，乃于第六日涂面装须扮作五瘟形像，用梯五张从戏台飞奔而下，名曰送草，盖亦厌胜之意也。

光绪十二年九月二十九日(1886 年 10 月 26 日)第二版

道场热闹

杭垣金衙庄之忠义祠于初八日招集羽客作法事，而监坛各神又于是日仿秋审故事发给各路冥饷，各坛僧人亦皆宣诵经佛，钟鼓喧阗，作无遮大会。省中各绅士先后云集城中，游观之士女几于空街塞巷，遗簪坠珥之人不可胜计。闻初九日又添有女尼两坛兼各优婆夷，诵七人佛，宣血盆经，讲经说法。初十日则延请丛林各方丈登坛说幽冥戒，谓禅门中第一功德也。十一日为圆满功德，释家开甘露门，放瑜珈、斛食、焰口，而道家则焚符宣咒、舞剑掉幡，以水火炼陀焰口了事。是役也，十一日之胜会良因大启慈悲之教而七十县之忠魂义魄共升兜率之天，各绅之捐集金资其数亦甚巨云。

光绪十二年十一月二十一日(1886 年 12 月 16 日)第十一版

1887 年

鹭岛[①]纪闻

武当山顶武当殿，经火灾后殿前现出大石，有“水天一色”四字。山旁大石甚多，当火势猛烈时，石忽暴裂，有一块适堕鼓浪屿旧路，幸该处尚未起建房屋，故虽石破天惊而尚不致毙人毁物，此又不幸中之幸也。

光绪十二年十二月十五日（1887 年 1 月 8 日）第二版

禾中胜会

嘉兴南堰镇有刘猛将庙，郡中店铺居民例于元宵前群赴该处恭迓神庥，有备牲醴而往者，络绎途中。是日以鼓吹一部陈设殿上，并传阳春班在庙前演戏。其戏台系在河内搭船而成者。晚间又燃放烟火五架及花炮等，流星万点，明月千家，不数广寒之游，恍与瑶池之会。又值天宇放晴，惠风送暖，以故春城士女无不联袂偕来。该镇街道人山人海，拥挤不堪，一切茶酒饭馆及烟馆等座客常满，河中大小船只接尾衔头不计其数，而小本经纪及大小赌台亦不知凡几。通宵达旦，糜费银钱不知几许。诚有如子贡所谓“一国之人皆若狂”者矣。

光绪十三年正月二十日（1887 年 2 月 12 日）第二版

鹭江[②]渔唱

每年正月初九俗传为玉皇诞日，厦门各铺户届期必设立天宫堂供奉玉皇大帝，陈设骨董，施放花灯，斗艳争奇，穷极精巧，并资雇梨园子弟演剧酬神，银花火树之间杂以清歌妙舞，新年乐事无过于斯。去冬各郊生理多有亏

---

① 鹭岛：福建省厦门岛的别称。这里指厦门。
② 鹭江：鼓浪屿和厦门岛之间的海域，海面上常有很多美丽优雅的白鹭盘旋飞翔，故称之为鹭江。

折，加之洋药厘捐并由税司征收，市面更形寥落，是以今岁天宫堂之设虽仍旧观，而各铺户亦惟故事奉行，不复兴高采烈矣。

光绪十三年二月初一日（1887 年 2 月 23 日）第二版

定期赛会

宁波压塞堰之东岳宫每逢二月间奉东岳大帝暨王天君出巡，系鄞、慈、镇三邑乡人会聚而成，即向所称之永昌会是也。闻今岁择于月之十九日祭旗，二十日出殿，二十一日先巡鄞县江北岸等处，二十二日巡镇海白沙等处，二十三日巡慈溪樟桥等处，想届期必士女如云均以先睹为快也。

光绪十三年二月十一日（1887 年 3 月 5 日）第二版

茸城[1]巷语

青蛙神俗呼为猛将，问之乡老云，姓刘，能为民驱逐蝗蝻，捍卫稼穑，故凡沾体涂足之辈尤信而奉之。时届春秋，醵钱赛社，神箫巫鼓盈耳洋洋。去岁雨旸时若，田舍翁多收十斛麦，咸颂神之佑我蒸民。今岁仲春好事者遂迎大漯浜猛将神为赛会之举，一时樵童牧竖采烈兴高，或则披发持斧跳舞市廛，夔足腾踔，有若刑天；或则绛唇朱貌炉爇都梁，一步一拜，顶礼空王；更有吹箫挟瑟，击鼓弹筝，洋洋盈耳能移我情。以致神舆过处，结队往观，轻衫小扇之俦、曳雪团云之侣，铜街十里几于嘘气成云。诚一年之盛会也。

光绪十三年二月十三日（1887 年 3 月 7 日）第二版

浦滨会景

浦东洋泾镇有东岳庙，当承平时，每年春间迎神赛会往往斗靡夸多。赭寇乱后疮痍未复，民力艰难，此举遂废。今年该处之人复鸣锣集议于本月二

---

① 茸城：一般指上海市松江区，位于上海市西南部。

十七日举行东岳会，所备仪仗甚为鲜艳，想届时丁男子女必当争先恐后以一扩眼界也。

三月二十八日俗传为城隍夫人诞辰，邑庙西首陈市安桥迤东直至小东门各铺户于二十七日为始循例悬灯三日。碧桃花下处处闻歌，绛烛丛中家家设宴，亦沪城一年胜景也。

光绪十三年三月二十七日(1887年4月20日)第二、三版

东岳盛会

贾江湖者必以镇江之都天会为酒后茶余之谈助，究竟其所以娱耳目悦心意者，不过艳阳天气佳丽风光相与摩荡于金焦银蒜间，遂觉褶尽内裁、香熏韩寿、妆皆闹扫、花满优昙，凡此借影绘声悉属烘云托月，耳食者大抵如斯。乃近日石头城下之东岳会似比长安水滨有更上一层者，不妨与诸公作纸上观也。金陵东岳庙在鸡鸣山麓，香火为十庙之冠，兵火后会者只十数起。迩来踵事增华，凡以牌以旗以伞以香亭以龙凤舟为色目者，各视其所执之业认一二事，分新老会首，如油漆铺认牌对，绸「緞」[缎]染坊认旗伞，丝行认香亭之类，错金镂采缀锦裁缯，惟恐作寒乞相，为明明在下、赫赫在上者所唾弃。会共四十余起，与镇江之都天会相埒。三月二十八日为神诞，俗例当出巡三日。前导而行者为神衔牌，牌式不一，皆紫檀嵌空，两面镶五色玻璃，朱书东岳大帝，或神会老会新会一牌可容烛两枝，辅以大锣，锣声远听如洪钟。其次则伞数百柄，计一伞之值不下三四十金，内有绣四大名山，绣长江全图，与夫穿孔翠镂檀片象草木鸟兽者，其价又不止以十倍数。再次则香亭，高可寻丈，木质也，而光可鉴人，中设商彝周鼎，陆离斑驳，不知其几千百岁，亭周围皆神工鬼斧，恍惚刻寸楮之叶。每一亭必具粗细乐各一部，或护以羽葆，即俗所谓蜈蚣旗，或拥以马乐，乐人在马上作军中鼓吹，此皆三大营之期门佽飞为之。秋千架，向以髫稚之面如冠玉者扮为女郎，今岁勾栏中有多美，各徇其群花领袖之请愿演唐院故事，因选丽者为十班，班四人，梨涡莲瓣飞舞空中，各用其素相识为之抱云肩、捉香腕，沿路祗候换班，一时美少年之从而附和者微闻芗泽便怦怦心动，比之为探花及第。又有具雅人深致者添出韵事十阕，每阕或四人或三人，皆非传奇中所习见者，如以青笠绿蓑供渔舟之炊具者，则张

志和之浮家泛宅也，现宰官身对青牛而作揖者，则老子之过函谷关也，一娈童捧蟋蟀数笼则为贾平章半闲堂之相业，又有据雕鞍插金仆姑与一宫妆艳服者并辔则为请官家更杀一围之冯淑妃。他如杨玉环之海棠春睡、苏玉局之佛印禅机，皆情景逼肖，与寻常之粗枝大叶者不同。故尤夸为从来未有。过此则神前之銮驾、仪仗、提炉、香案，又有扮皂隶者数十辈驱无数赭衣囚徒琅珰于道。少顷■器悠扬，笙箫嘹亮，羽士作海阔天空之曲，道旁观者肃然起敬，神驾已呼跸而至。再后则凤辇，以红明角为之，碧霞夫人珠冠锦帔端坐其中，凡妇女之占籍六婆者，自知罪无可逭，一如男子散发桁杨泛莲船于辇后。金陵城垣辽阔，自北而南折回必卜以夜，故兴高采烈者悉欲趁灯下一拓眼界，盖至是珠帘高卷，银缸斜倚，非徒不夜城开，抑亦无遮会启，相习成风，熟视者几若无睹矣，是又会事之余波也，并志之以质铁瓮城边之曾饱眼福者。

光绪十三年四月十七日(1887 年 5 月 9 日)第二版

温州杂录

温郡东岳出巡安方业已蒇事，择于初四夜亥时回庙。是夜锣鼓声如鼎沸，灯烛灿烂有若繁星。闻该庙司事结算用帐约需二千余金。其余布幔棚花门竹、每夜所点红烛、沿街所摆三牲祭礼，其费用必数倍于兹。温俗奢靡于此，可见一斑。

光绪十三年四月十七日(1887 年 5 月 9 日)第十版

宁波盛会

甬上都神会曾筮期本月二十日迎赛，一时小本营生之辈先期就君子营教场一带建厂设摊，或售食物，或货要具，五光十色无不炫异矜奇。是日先舁神像至此小住，时适风和日丽，簿暖轻寒，举凡绣阁名姝、青楼妙妓无不靓妆丽服莲步轻移，而纨袴少年喜评花事者更如蝇逐臭、如蚁附膻，征逐于人山人海之中，以冀微闻芗泽，如云如水不足喻其拥挤。幸会过时有各社总柱暨差役等人弹压，得免滋生事端。会凡六社，老文华为先，老协兴次之，由是而文英、风云、彤云护驾鱼贯而行，不相凌躐。会之最佳者当以彤云为首屈一指，其中大旗、报马、头牌、联灯、日照、鼓亭、纱船、彩阁穷工极巧，式式鲜明。有女太保者，花容妍丽，侧坐绣鞯，恍如出塞明妃，令人见而心醉。至于纱船上之梢婆则淡妆素服，雅丽欲仙，使李君福见之当不复向桐桥间觅荡湖船小坐矣。及观抬阁，则俱以惨绿少年扮演梨园戏剧，熏香剃面，掠鬓簪花，彼五代时郑樱桃当亦无此秀媚。此外更有老文华之三人马，马上系以铁架，三人联坐其上，扮福禄寿三星。文英会则有双人马数匹，二人并坐，或扮送京，或扮盗绡，皆可人意。若爵献之佳者，当推新会馆为最，次则为半边街、新街、大庙、前廿条桥诸处俱有彩扎牌楼。每当鼍更初起，兔魄才西，万道烛龙疑是城开不夜。更有好事者燃放烟火，如仙鹤生蛋、老龙化水、轮船放炮诸戏，无不有声有色、奇巧玲珑。神前所陈分为五色，自瓷铜玉石以迄披椅桌围不相混淆，各从其类。随从八大人之铺垫则悉用满洲式席地低炕，陈设满汉大菜、软糕细点、蜜饯水果、鼻烟香茗、巾扇拂尘以及洋烟之属，无不备具。时则贵官大贾、墨客文人、录事都知、缁流道侣并肩联袂。较日间尤觉喧阗。诚海国之芳游、盛时之佳景也。然而费尽赀财、耗尽心力，非徒无益，且恐招灾，试一念及北地饥民流离失所、嗷嗷哀雁转徙饥寒，则此会也非但不忍举行，且更有不忍观看者。嬉游征逐，君子果何取乎哉？

光绪十三年四月二十七日（1887 年 5 月 19 日）第二版

粤东汇纪

河南金花庙素著灵应，相传四月十七日为金花夫人诞辰，庙前一带张灯结彩，并延僧道礼忏讽经，一时善男子善女人争先膜拜，衣香鬓影络绎于途。

光绪十三年闰四月初三日（1887 年 5 月 25 日）第二版

烟台杂志

烟街西南三十里有太平顶者，旧有泰山行宫，每至四月十八日各处行宫例至此山聚会，远近村民进香还愿者人山人海，即本街商民亦皆携友挟妓车驰马骤以扩眼界，而售卖食物者又多相率麇集以觅利市，街市之间是日几如空巷。

光绪十三年闰四月初六日(1887 年 5 月 28 日)第二版

京华纪事[①]

出彰仪门迤西十八里看丹村，相传为孙真人炼丹之所，后人建设药王庙以资报飨。四月二十八日为药王诞辰，前后共开庙三日，京城内外药行人众暨医家者流悉往进香，各色买卖人之前往赶庙者几于密若繁星，文武各会玩艺抵庙进香较他庙倍蓰，自二十七日午正起至次午方可演毕，远近共有三百余起，往观之人多有竟夜不回者。按：进香会规，演毕须给香资，自数十千至二三百千不等，故该庙虽不甚大而住持和尚颇为殷富云。

光绪十三年闰四月初八日(1887 年 5 月 30 日)第二版

邑庙演戏

本邑城隍庙不演戏者二十余年矣。前年上海县监犯殷光海潜自脱逃，当经前任黎壶山明府饬捕踹缉，未即就获。捕役柴樛无计可施，即至城隍神前默祷，后果将殷光海擒获仍行收禁，深感神之默佑也。现拟招天仙茶园伶人于本月二十七八九三日在城隍庙演戏以答神庥，先期禀明蒯邑尊请示弹压。邑尊以城中演剧，深恐人多滋事，未便遽准，禀商龚仰蘧观察。嗣经议准于本月二十七日开演一日以曲徇该捕之请云。

光绪十三年闰四月二十七日(1887 年 6 月 18 日)第三版

禾中杂纪

北门内钟秀坊绅董本议于秋间建罗天大醮悬灯结彩，近又议得秋间为时尚远，不能久候，当先建清醮五日，于五月初九始至十三日止，俟秋间皮货

① 《京华纪事》在第一、二版。此处摘录其中一部分，在第二版。

店开齐后再行建醮七日。

光绪十三年五月初七日(1887 年 6 月 27 日)第三版

道士求官

方士自天士将军、地士将军而后,(几)无如栾大之佩侯印赐甲第,然得贺季真乞镜湖一曲为道士,而士族遂以道德五千言为飞升之阶梯,觉方士又不以官重矣。向列十八行省之羽流均隶龙虎山张天师门下,天师每岁命法官一人下山巡历,课其勤惰,征其香火,其至也,供张庀具仪注一如州县伺候■司之过境。前■有某法官至皖南,怒(某)院之道士翘接不如礼,褫其袍服。适洞神宫某甲谋补其缺,先进七星冠以表意,法官喜,即为带上。方揽镜欲照,忽为帘钩扳落,(掷)地有声。法官顾呵曰:“尔岂不知近来要讲究大帽子乎?乌以是不合时样之■接羅来也?”甲惶恐,睨视法官所服茶青色缎马甲,意其必属爱,乃选购如其色者,而帽样放大,为之捧而入,跪求一试。讵其须眉一并罩在帽檐下,法官大怒,当堂扯破曰:“是谓我不成丈夫也。天下有若是玩视其上之下官乎?”先是有劝甲宜为暮夜之请者,甲欲效司马安之巧宦,因此弄巧反拙,卒不得官。然甲犹自疑未觅得第一等大帽子致遭晦气,不知甲如信人言早已于芙蓉镜下及第矣,何至赋“承恩不在貌,教妾若为容”乎?因思道会一未入流耳亦需费心计争捷足,如此则凡有大于道会者宜将何如垄断也?可慨已!

光绪十三年五月十四日(1887 年 7 月 4 日)第十一版

〖茅山华阳元符宫声明〗①

谨启者:茅山自汉迄今,代有元符宫五云楼,真迹层峦,深院循序,住持思复巍愁而非朝夕者也,锄自叹道根微薄从未敢沿门托钵之请。今有游方之流假托茅山书愿肥计,虽好善者不辩真伪,而华阳清规从此败矣。且锄即有募「卷」[捐],皆信实善士经募,未敢轻托与人。望四方善士如有解囊推惠

① 原题《声明》。

之意，祈分鱼目，不胜幸祷。茅山华阳元符宫住持周月锄谨启。

光绪十三年五月十三日（1887 年 7 月 3 日）第五版；光绪十三年五月十四日（1887 年 7 月 4 日）第五版；光绪十三年五月十五日（1887 年 7 月 5 日）第八版；光绪十三年五月十六日（1887 年 7 月 6 日）第九版；光绪十三年五月十七日（1887 年 7 月 7 日）第六版；光绪十三年五月十八日（1887 年 7 月 8 日）第八版；光绪十三年五月十九日（1887 年 7 月 9 日）第十版

京师纪事

永定门外有南顶娘娘庙，乃官庙也，每逢皇上幸南苑围猎必由庙前经行。明年皇上有幸南苑之举，此庙业已颓敝不足以壮观瞻。闰四月二十间经内务府派员往查估核工程，但须稍为修补，约需银二万两有奇，已饬承修木厂于五月十八日开工矣。

光绪十三年五月二十二日（1887 年 7 月 12 日）第二版

吴中近事

游方僧道类多为非作歹。苏城五方杂处，近闻上宪严饬“六城旱关委员不许外来道士入城，如敢故违，当即拿送地方官衙门究治”等因。兹闻前日元妙观中有外来道士形迹可疑，当经保甲局盘询，据称由葑门而入，旋在该道士身畔搜出黄绫一块、簿子一本、文凭一张，随经局员移送吴县衙门审讯矣。

光绪十三年六月初九日（1887 年 7 月 29 日）第二版

都下委谈[①]

年例六月初一日为中顶娘娘庙开庙之期。庙在右安门外三里草桥北里许，梵宇精深，地势宏敞，诚胜景也。届期京内各会莫不赴该庙进香，计扛箱、

① 《都下委谈》在第一、二版。此处摘录其中一部分，在第二版。

幢幡、开路、打路、太狮、少狮、花砖、石钹、杠子、五虎棍、少林棍、大鼓、戏法、旱船、竹马、高脚、秧歌、什不闲、八角鼓、花锁、跨鼓、攒花、献供、爆竹、檀香、灯油各会共百数十起,自未初挨次进香演唱,至次晨天曙方毕。在京老幼男妇往观者约万余人,间有乐而忘返彻夜流连者,车如流水马如龙不足喻其繁盛。

光绪十三年六月十三日(1887 年 8 月 2 日)第二版

北通①寄语

亢旱已久,农田待泽孔殷,阖城员弁筮期五月二十四日在城隍庙设坛求雨,每日两次拈香,令羽士诵经礼忏,各铺户皆门插柳枝、遍悬"叩天求雨"四大字。至二十八日清晨,阴云四合,雷声轰然,俄而大雨滂沱,檐溜如注,直至深夜始止。久旱逢甘雨,农夫之欢忭有未可以言语形容者。

光绪十三年六月十四日(1887 年 8 月 3 日)第十二版

皖江渔唱

佑圣观俗称玉皇殿,自遭兵燹片瓦无存。克复后某羽士建修两进以奉神明,饱阅星霜,迩日又经坍塌。桑田沧海变幻无常,华屋山丘古今同慨,此观其小焉者也。

光绪十三年六月二十日(1887 年 8 月 9 日)第二版

浔城祈雨

九江一带,自五月十七日放晴后,迄今月余,未见雨泽。火伞当空,炎威似甑,稻田多龟圻纹,棉花豆菽亦多枯槁,四乡桔槔之声不绝于耳,塘堰俱涸,农民之望云霓真如婴儿之望慈父母。现经德化县钟测生明府将各水乡圩坝履勘,并谕乡绅督率民夫认真挑筑以防意外之虞,回署后于二十二日在

① 北通:北通州,今北京通州区一带。

龙王庙设坛求雨，并出示严禁屠宰。连日羽衣黄冠之流讽经礼忏，明府晨夕诣坛拈香，想至诚感神苍苍者当立沛甘霖以苏民困也。

光绪十三年六月二十六日（1887 年 8 月 15 日）第三版

甬东香市

镇海招宝山供奉观音神像，本月十九日相传为观音诞辰，今年殿宇重修，适当落成之际，即于是日开光，故各处男妇老幼之进香者较往年为多。又南湖吕祖殿、北郭佑圣观皆供奉雷祖，俗以六月二十四日为神诞，是月无论男妇悉茹雷斋，自月朔起至二十四日神诞进香后乃可茹荤食肉，合计通城男女之茹素盖得十之六七焉。此风由来已久，今年则香客倍多往年，约自月望至正诞日进香者络绎如织。至廿三晚惟佑圣观香市直达天明，观中香烛食物等摊彻夜不收，白发红颜联翩而至，勾栏中人亦各挈其姊妹莲花细步礼佛山门，裙屐少年无不神往于秋波一溜时也。

光绪十三年六月二十七日（1887 年 8 月 16 日）第二版

金陵祈雨

金陵前以霪雨兼旬平地水深尺许，制府曾宫保每见僚属辄指密云浊雾谓“百姓何罪而令夏畦者不得及时耘耔，得毋夏暑雨小民惟曰怨咨乎”，因亲诣龙王庙拈香。楚人有善五行生克者，献舞火龙可破重阴之策。护军等营乃试其说，用绛红布扎龙三头，金鼓喧阗，舞者皆载赤旗、衣朱衣以象离明。甫三日雨果霁，此闰四月下旬事也。讵自是以后一连不雨者又浃月。既入伏，酷热非常，寒暑针升至九十五度，当檐下射阳处竟升至九十七度，夜过半始一律降至九十三度，而酷吏仍不稍敛威福。宁俗以黄梅时节为青黄不接，市价多不平，初苦雨百物昂贵，至是买米者粜始廉、买薪者炊始足，故虽火伞日张而人都忘其类热汤之沃雪。读历日知白帝之当令其为巨蛇与否不得而知，而田圻之望云霓者久矣。乡民插杨柳、扛土龙日向龙潭龙湫乞龙神之毋或我后事已。为制府所闻，乃援旧例诣龙王庙再以不雨为民祈祷，各营又创为龙王出巡，日奉黄龙一、白龙一、乌龙一，夭矫通衢，随而和者不下千百人。翊午雨果下，檐溜点滴有声，于是闾阎见制府再叩再应，始信龙之为灵固昭昭也。月之廿一、廿二日天气亢且蒸，寒暑针升至九十八度者，约三时许，骄阳烁金，热潮成汗，早晚欲雨不雨，钟山之云有时如破帽败絮，虽不及泰山之触石而出，肤寸而合，而观其志趣大有不崇朝而遍雨于天下气象。现在一府两县尚未撤坛，意必俟大沛甘霖方足了此心愿。未识何日倒泻银河，使下隰高原既沾既足，岂非官绅士庶所同深呼吁者哉？

光绪十三年六月二十八日（1887 年 8 月 17 日）第二版

彝陵[1]琐志

六月二十四日雷祖诞辰，城乡男妇多往各寺观庵堂做会，各出股「分」[份]钱百零八文即在该庙内吃斋饭，后各归寺观，分别日期宴会。各城乡香客男妇等人自二十二日起，一路负儿抱女，呼姊招姨，联群结伴，不一而足，殷实家妇女乘舆往各寺观烧香者亦实繁有徒，直至二十四日神诞正期方止，亦以见各处之土风然也。

光绪十三年七月初六日（1887 年 8 月 24 日）第二版

香市闲评

俗传六月二十四日为雷祖诞辰，杭省吴山之雷祖殿兵燹以前极形热闹，进香者不卜昼而卜夜。当夫骄阳乍敛，新凉袭衣，灯影万家，车声一路，举凡簪缨华胄、诗礼名门所谓老太太、太太、奶奶、小姐者珠围翠绕、鬓白颜红，龙媪鸦鬟前后拥护入庙礼佛随喜，云房道士即盛备珍果清茶殷勤款待，临行以酬金帛，甚有费中人一家之产而绝无靳惜心者。迨至谯楼三鼓夜漏■深，则贸易中人、衙署中人、工艺中人，或舆或步分花拂柳而来，道士款待渐不如前，然亦准贫富以分厚薄。及夫鼍更五转、鸡唱一声，则鬓影衣香、红矜翠謔

① 彝陵：今湖北宜昌。

娉婷袅娜扶出莲舆，盖无非曲巷名姬平康里之妙妓也。乱后沧桑变易迥不如前，今则重睹承平，复襄盛事，香车络绎，渐复旧观，惟一过四更即已风流云散矣。盛衰之感能无喟然？

光绪十三年七月初十日（1887 年 8 月 28 日）第二版

三山秋爽

福州今年较往岁炎热数倍，良由澍霖少降所致，各处田亩经烈日所晒已有月余之久，亢旱十分。现在各乡耆民延羽士祷雨。前日有柑蔗等乡到某处请陟太后，路出城垣，该乡耆咸手执竹竿上书“风调雨顺”等字，大鸣金鼓，每乡约百数十人不等。每至衙门口，暂停片刻，地方大小文武必派员出署焚香，伊等始退。现地方文武均到龙神等庙祷雨，未知现已得雨否。

光绪十三年七月十三日（1887 年 8 月 31 日）第二版

大宪祈雨

皖垣苦旱，秋稼不登，四乡十里铺、集贤关、总铺坂等各农民恭舁龙王偶像入城至各宪辕前声请拈香祈祷。初三日安庐道丁潜生观察亲诣离城四十里之龙山龙王庙拈香，住宿庙中三日，至初六日巳刻回辕。「院抚」[抚院]陈六舟中丞设坛纯阳道院、城隍庙等处，先期饬怀宁县范映泉明府晓谕民间禁止屠宰，紧闭南门，饬司道晨夕分诣拈香，中丞则专诣纯阳道院。坛上并设三牌，坛下按八方设方桌八张成八卦形。桌下放黄泥坛一口，内装泉水。桌上置镜瓶一，内插杨枝；尖角旗一面，上绘八卦形。延七僧十道以次诵经。至初七日复委水安涛别驾赴龙山取水，初八日辰刻遄回。想似此至诚感格指日可得甘霖矣。

光绪十三年七月十五日（1887 年 9 月 2 日）第二版

宁波患疫

宁郡近因时疫大行，于初八日在大庙建醮禳疫。不意日来疫气较前更甚，往往子发丑毙其速不逾一时，民情惊惶异常。刻闻宁波府胡练溪太守为俯顺舆情之举，择于十六、十七等日迎五都元帅遍巡城厢内外以祛疫疠，又于二十日为始在北门报德观重设醮坛七天，虔诚祈祷，阖郡斋戒，不但禁止屠宰，并将荤腥之类概行禁绝，以祈阖郡平安。未悉苍苍者能鉴此诚悫否也。

光绪十三年七月十六日(1887 年 9 月 3 日)第二版

循例迎神

昨日为中元节，本埠城隍神循例出巡。一点钟升座排堂，各执事站齐起马出庙，向东由四牌楼彩衣街绕道出小南门，诣邑厉坛奉祀毕，乃由西门朝北，经法租界入老北门回庙。

光绪十三年七月十六日(1887 年 9 月 3 日)第三版

鸠江杂志

芜湖亢旱已久，前经道县各宪一再虔祷而雨师仍未税驾。双锡五观察复于初十日率同钱明府在城隍庙立坛拈香，并致辞于神谓“若不即沛甘霖，捍卫民生，定即舁神曝诸太阳中”。观察并于是日同钱明府赴城北神山「颠」[巅]祷雨，至晚方回。未几而甘霖骤降，合境胪欢，白叟黄童咸颂贤使君之至诚感格也。查县志载，宋乾道七年秋天大旱，邑令沈端节诣神山「颠」[巅]李卫公祠祷雨灵应，即取苏轼喜雨亭中语作《志喜亭记》，传为美谈。今兹之举何难媲美于古人耶。

光绪十三年七月十七日(1887 年 9 月 4 日)第二版

泖滨渔唱

松江风俗，每岁七月十五日乡民咸赴府城隍庙拈香。有设肆庙前售田家杂物及各种菜子者，老农、老圃莫不顾而问焉。凡拈香以先至者为得神佑，十四夜早已人山人海，不减临淄道上毂击肩摩矣。今岁入秋以来亢阳为厉，三农望雨甚殷，至十四日始暴雨倾盆，泽下五六寸，致香市为雨师驱散，作小买卖者皆大失所望云。

光绪十三年七月二十三日（1887 年 9 月 10 日）第二版

东瓯杂纪

近来温郡瘟疫盛行，而以各乡为尤甚，羽士诵经送船、医生乘舆诊视真如山阴道上应接不暇，药店与棺材店生意甚属畅旺，棺材匠竟至各做夜工，病死之多于此可见。

…………

刻下温郡时疫日盛一日，轻者阅两时毙命，重者片刻即死，甚至有行路而倒毙者，业已日繁有徒。故东岳庙司事议于八月初一日请忠靖王出巡驱疫，现已派人在各处书捐。不求人而求神殆亦习俗然欤。

光绪十三年七月二十四日（1887 年 9 月 11 日）第二版

皖江杂事

府县各城隍神遇三元节由会首舁像出巡。本月十五日行会至北关外鬼神坛赈济孤魂，事毕，仍由旧路回庙。前导有高桥地方五猖、醋溏等会，观者纷纷，途为之塞。

光绪十三年七月二十五日（1887 年 9 月 12 日）第二、三版

观盂兰盆会记

嘉兴县署自本月二十一日为建设盂兰盆会三天圆满之日，署中书吏公差齐赴郡庙舁本县城隍神像至县署大堂设席肆筵虔诚款待。神左右设僧道法食台两坐，入晚各登台召集无祀孤魂共尝甘露，至天明始散。当三更后，各书差皆衣冠整束至神前行排堂仪节，谕饬一应鬼魂支领路凭俾千里羁魂

各归故土。至辰刻仍排导舁神像回殿。秀水县署则定于二十四日为始,二十六日亦恭请城隍尊神监坛,与嘉兴无异,惟事后尚须于二十七日排齐全副仪仗迎神赛会,游过城厢,驱除瘟疫,并传鸿福班在郡庙演戏酬神。一时负贩小民麕集其间,冀觅蝇头之利,熙熙攘攘颇极喧阗云。

光绪十三年七月二十五日(1887年9月12日)第三版

章江琐缀

江西亢旱已久,农民望雨孔殷。经南昌府县虔诚求雨未沛甘霖,护抚李显之中丞恻然动念,于七月十六日设坛真君庙祈求雨泽,即于是日熏坛行香,禁止屠宰,次日诣坛焚香跪求。说者谓中丞清正严明素孚舆望,一旦为民请命,想至诚感格自必甘雨随车三农慰望也。

光绪十三年七月二十七日(1887年9月14日)第二版

北通杂述

新秋以后瘟疫流行,且多疑难之症,医生束手无策,死亡者日以数计,僧道阴阳颇有接应不暇之势。

七月望日城隍神循例出巡,除旗牌伞扇各执事外,又有舍身人等,分设八班、六房书役,押带枷犯二百余名,并有顶马、马童、护卫、提炉等项护驾前行。是日各处举行盂兰盆会,演唱、影戏、杂耍并恭舁神像入坛,远近乡民莫不争先快睹。

光绪十三年七月二十九日(1887年9月16日)第二版

闽中胜会

福州涧殿林立,供奉赵、史、刘、钟、张瘟神,俗呼为五帝。每年秋夏之交,闽人必制造彩舟择日舁请神像游巡城厢内外,谓之出海,其意以为一切瘟疫均载以出洋。■现各处涧殿均已出海。有嵩山涧在抚院衙门左侧,本年该会董等兴高采烈，上月二十六日奉神出巡城厢内外，赵、史、刘、钟、张各瘟神叙次而行。各神皆有董事，各董极力倡捐，互相比赛，约縻费四千余金，一切器具悉臻美丽，洵为城垣各涧首屈一指。是日也，都人士如山如海在分歧大路站看，好事妇女亦逐群结队借人家门口作垂廉之观。但见金鼓喧天，丝竹管弦联络不绝，并有台江少妓善唱工弹扮妆故事跨马而行。计马十余匹，装纱舫一艘，实生旦其中，唱西湖之曲，杂以男耕女织各抬阁，新巧无比。少年子弟自六七岁迄十二三岁，教之榕腔小调，俗呼为水手。近日无赖辈以游西湖不甚新鲜，重演打樱桃新曲，少年扮妆生旦丑站立诸壮汉肩上。闽俗迎会，每遇歌童词妓必燃爆迎迓，彼应暂停片刻一唱而去。壮汉东旋西转如演戏一班，少年在肩上歌声袅袅，手舞足蹈，曲尽淫冶之态，喜事之徒从而尾者不下百数十人，一路争相喝采。最可异者，某童年约十二三，站立壮汉肩上，更有六七龄之子以脚踏于某童肩上学魁星模样，高与檐齐，绝无惧色，壮汉自在游行，其旁围集多人预防跌落，皆以手作捧接状。该会于傍晚晋城，甫抵南关，有某武员令其跟丁每遇水手歌妓前来燃爆以接，若辈见是官长，分外献媚，作种种醉丑状，闽人士见之有目笑而去云。

光绪十三年八月初三日（1887 年 9 月 19 日）第三版

东瓯锁记

近来温郡时疫盛行，而府署东、公廨、考棚前、三牌坊等处路行倒毙者日繁有徒。东岳庙十八花各首事按户书捐以为迎请忠靖王出巡安之方之费，闻择于八月初五日辰时上殿请令，十二夜戌时送■，但历年经办人连日沾染时疫死者如招贤郎等已有三人，故此次举行迎神并设罗天大醮其事■形掣肘云。

永嘉各乡时疫流行，惟永嘉场为尤盛，阖境之人议请本境城隍神出迎以祛疫鬼。讵意城隍甫出庙门，而装扮部下总管元帅即为时疫所传染，行未数武开路将军亦为疫病所困倒，于是众心惶惧，遂请城隍神回庙。连日傍晚时各家双扉紧闭，路上竟无一人行走。

光绪十三年八月十一日（1887 年 9 月 27 日）第二版

朝鲜杂录

居民供奉关帝几至比户皆然，中有不轨者颇思作乱，前已严为禁止。今则其禁已弛，又将复蹈前辙。假神道以惑众，诚国之隐患也。

光绪十三年八月十五日(1887年10月1日)第二版

杭城赛会

杭城旌德观于五月十六日奉温元帅出巡。查此会自经勒石永禁后迄今二十年未敢举行，每岁但奉永宁院内皮元帅一巡而已。兹以疫症流传，杭人视禁谕内有五月十六日元帅会云云，遂谓改期迎赛不为犯禁，遂于八月初十日清晨奉旌德观温元帅出庙驱邪逐疫。前有云先师仪仗开导，除头亭、衔牌、执事一切照旧外，有高跷二十人，立搁四架，地戏八起，弓马、枪马、伞马共十九匹，蓝旗手一名，青龙一条，扮金刚四尊，罗汉十八尊，大头鬼、小头鬼、无常、摸壁等鬼，又拜香凳二十四名，大腹刽子手四名，押解犯数名，炉亭一座，香亭一座，衣冠亭一座，敬神牌亭一座，驱邪遣疫亭一座，抬锣两面，敕印马、顶马、十景担八副、大吹四起，细吹四起。时则音乐锵鸣、香烟缭绕。杭府、杭捕、仁和、钱塘各班书(差)，文武判官元帅坐显轿。前有暖轿一乘，后有帅字大纛旗一杆。出西辕门，经上板儿巷，由狮子巷过车驾桥、荣镇楼、部院、仓桥大街道直下，进太庙巷，由瑞石亭出城隍牌楼，经大街转至望仙桥，进袁井巷，绕镇东楼，由金钗袋巷过演教寺、洋市街，出姚园寺巷，过斗富二桥，由梅花碑进城头巷，绕管驿后佑圣观巷、荐桥直街，经珠宝巷、丰乐桥、炭桥大街直上，转后市街，进太平坊直上，由大井巷司前过道院巷、塔儿头府前运司河下，由闹市口进延龄门，出井市楼，绕饷部前，过教场桥，向东过贯桥大街，向南过北桥、仙林桥，由祠堂巷转长庆街、大福清巷、联桥直街，进忠清里，至助圣庙更衣毕，由磨盘井巷直北，过坝址桥东街，直上回庙，时已三更将尽矣。是日观者较助圣会更为热闹。第士子均在学院考棚应八月朔课试，旗兵又均在箭道操演弓马，未得寓目，盖当道亦深恐看会人多不免滋生事端，故以考操两项同在此日，俾不得聚集观看，是亦防患未然之意。

光绪十三年八月十六日（1887年10月2日）第二版

台「夏」[厦]杂闻

泉州安溪有广泽尊王之神，俗呼为郭圣公，香烟极盛，漳泉各府人大都家家供奉，即远出外洋者，每届八月中旬为郭圣公神诞，届时皆到安溪进香，台湾南北亦然。相传今年郭圣公亲自赴祖庙扫墓之年，进香者较之寻常百倍，得忌利士公司之科么沙轮船由淡水至厦，船内搭客皆系进香之人，共计七百数十名，每人胸前挂一木匣，内供王像一尊、小旗一面。刻下同安、泉州一带热闹异常，香火之盛即此可见一斑。

光绪十三年八月十八日（1887年10月4日）第二版

瓯海珠光

迩来瑞安城内时疫盛行，绅士先期斋戒三天，于上月十九日在日真观建设罗天大醮，并舁城内各神像赛会，大街小巷各家门首均点太平灯，入夜灯烛辉煌，不啻银花火树云。

光绪十三年九月初四日（1887年10月20日）第二版

朝鲜双鲤

王京商人久敬关帝、海神二庙以邀呵护而奉馨香。道署扩充其址，将关帝庙包在署内。商人供奉祈祷以为不便，另议择地改建。

光绪十三年九月初四日（1887年10月20日）第二版

会同阅城

新任上海县裴浩亭大令定于初四日巡城，而苏松太道龚仰蘧观察莅沪以来亦未登城巡阅，遂于昨晨九下钟时偕提右营陈钰卿参戎会同大令暨守备傅守戎、城汛叶千戎等带领官匠头王姓自大南门登城，迤逦绕小南门向北，经大东门，过小东门，至丹凤楼。主持羽士延入献茗，观察小坐，即偕参戎大令等员诣关帝座前拈香行礼。复升舆向西，抵新北门，越老北门，复折而南，至大千胜境，又向神座前行香。随至西门下城，各命驾返署。每巡阅时，城关守城弁督率沪军营勇等呈递手版迎送如礼，凡见雉堞剥损之处，观察即商同参戎、大令谕饬工匠头修理清完以崇体制。

光绪十三年九月初五日(1887 年 10 月 21 日)第三版

营口要谈

今春盖州三江会馆由首事人集款兴修，鸟革翚飞颇形巍焕。中奉碧霞元君像，即俗所谓圣母娘娘也。九月初九日为圣母飞升之诞，拈香者不绝于途。馆中更演戏五天以酬神贶。演毕，又移至内厅宴会三江诸客，笙清簧暖，酒洌肴芬，履舄屦綦，颇极一时之盛。

光绪十三年九月二十三日(1887 年 11 月 8 日)第二版

穗城纪事

广州城隍神玉印前因神诞开用误跌于地以致破坏，迩经府署差役集赀重雕玉印一颗，于初二日用亭宇仪仗送入庙中，善男信女均入庙进香默为祈祷，庙前一带拥挤异常，大有连袂成帷挥汗如雨之概。

光绪十三年十月十七日(1887 年 12 月 1 日)第三版

皖江雁影

十月初一日道家谓之下元，皖垣自是日起各善局、各善堂广延僧道施放焰口赈济孤魂，铙钹丁东声响互答，不但无祀鬼雄同尝甘露味，即黄冠缁服者亦不愁香积厨空矣。

皖垣苦旱，迄今六月未沛甘霖，不特春苗无可播种，兼之疫疠蜂起时有死亡，联仙蘅太守怒然忧之，涓吉月之十六日设坛龙王、城隍等庙朝夕虔诣拈香，并先期饬范映泉明府晓示民间禁止屠宰。想至诚感神定卜及时雨下也。

光绪十三年十月二十八日(1887 年 12 月 12 日)第三版

温郡新谈

谯楼下元坛庙募捐重建，约费数千金，洎落成，涓吉本月十一日开光，演剧酬神，一连五日五夜，约费千余金。仓后七圣庙于本月十五日开光，所费亦不相上下。开元寺金刚殿告竣，于二十日开光。五灵庙重修，于本月初开光。他如海坛山杨府庙、博侯王陈府庙、东瓯王庙、三港庙，各司事在外集捐修葺者不啻肩相摩而踵相接。当此河南灾重赈捐告竭之时，苟得贤父母一纸之颁，谕令已修者暂停，未修者且缓，所得捐款通行拨助赈捐，则莫大阴功岂可与修庙塑神同日而语哉！

光绪十三年十月三十日(1887 年 12 月 14 日)第二版

庙会纪盛

宁波郡庙告成，择吉开光。先期经会首将庙门外东至石柱桥，西至新桥约长半里许遍张五色彩幔，悬灯数百盏，两街各店铺亦悬灯结彩，光怪陆离。庙前高「塔」[搭]一台，以色纸糊假山，隙处嵌以菊花，并缀楼台亭阁，镶以玻璃，燃烛照之，分外鲜明绚烂。又用纸扎成渔樵耕读之类，眉目手足宛转如生，中设机关可以运动，偃师之巧诚无以过之。大门内，东之怀棠祠、西之痘神殿，陈列各玩器，商彝周鼎古翠斑斓，疑非人世间物。二门内东西两廊为售卖开光图照之处。神前锡烛台一对，约重五六百斤，为乌木打眼行所助。又有彩铜■眼炉一座，计重千斤，为众铜业所助。所烧蜡烛大几如椽，其最巨者重至百斤，闻系元凯兵船所献。阖庙悬挂彩色玻璃灯千五百余盏，光明照耀，满殿辉煌。前后戏台上，或羽士，或缁流，铙钹丁东、诵经礼忏。后殿楼下，左为签押房，摆设骨董及文房四宝，无一不精雅绝伦；右为客房，桌上恭奉《宣宗成皇帝实录》一函。楼上左右分东西两宫，是为神之卧房，床几橱椅、被褥帐檐、巾扇拂尘、水旱烟袋无一不备，无一不精。计最热闹者为十九之夜。是夜五鼓时，宁波府胡练溪太守及所属一厅五县齐集庙中，开光毕，就神前设公案，扶神升座，三班六房皂役快役排列两旁，然后属县投文参谒，一切仪礼与阳世无殊。至进香游玩者，自十九日下午为始，熙来攘往络绎于途，达旦通宵肩摩毂击。庙中董事深恐人多滋事，预请府县尊派差弹压，并请提、道二宪拨出巡城营精兵、卫安绿头勇各二十名分驻庙之前后左右以资巡缉。然宿山坐夜等陋习仍不能禁止，而剪绺挖包之辈亦胆敢溷迹其内伺隙探囊，被差拿获一名，送县后判令荷以巨枷发庙门外示众。此外如大庙、宝云等寺，南门仓桥庙，虽亦热闹，总不及郡庙之繁盛。是举也，本郡城乡无不相率偕来，即远自绍兴、定、象等处亦有买棹而至结伴游观者，是以各城门皆拥挤难行，江东新河头、三眼桥、西南两门外各饭店无不座无虚位，诚兵燹以来所罕有也。然而果何益哉！

光绪十三年十月三十日（1887 年 12 月 14 日）第二版

台疆纪俗

台湾之迎神赛会与内地不同，每当神驾出巡之前数日，先以猪鹅鸡鸭数百头架叠成山，高与檐接，其他蔬果香物之属横看成岭侧成峰，尤不可以胜计，进香者扶老携幼途为之塞。出会日，凡佳人姝子必浓妆淡抹安坐小轿，轿外插五色旗，自晨至晚随会游行。会中装饰之新鲜、仪卫之繁盛固不待言。最奇者，有数十人以五色粉涂面扮作阴司鬼雄状前导。以十数龄小儿装成大头鬼，头大数围，身则短小若侏儒，用人承之以行，招摇过市。更有神舆数乘，舆上各有一人高立于后，辫发散乱，手执利刃，两颊横穿一铁条，有长至四五尺者，面血涔涔，然无痛苦状，时复旋转荡決，或左或右，神舆为之簸荡，舁者疾趋如风，以之赌胜。计每年所费约需洋蚨三万翼。城外各厅县各乡镇及台南全境、澎湖小琉球各岛用度之奢侈较此更当倍蓰。氓之蚩蚩牢不可破，诚得贤长官为之革其俗、节其费，移此以作正用，庶揆之古人不作无益害有益之训不相背戾欤。

光绪十三年十一月初九日(1887 年 12 月 23 日)第二版

盛设道场

咸丰庚辛杭城为贼所陷，于时殉难官绅及军士之战殁者不下恒河沙数。曾奉恩旨敕建忠义祠于金衙庄之旁，岁时致祭以妥幽魂。去岁有地方绅士集有经费延僧礼忏为之超度，今年十月十一日起照旧作佛事，所需各费均由地方捐募，诵经拜忏则系僧道各自捐助，不收一钱。于是僧流羽士闻风兴起，自十一日至十七日为一起，自十八日至二十四日为一起，自二十五日至十一月初一日又为一起，此二十一日中，梵唱之音、铙钹之声远闻一里以外，祠外各食物摊露列星联远及半里，获利者十中约得其九。灯烛辉煌上烛霄汉，香烟缭绕满目氤氲，阖城士女或结群而膜拜，或约伴而闲游，几与天竺进香同其热闹。然回念当年罹祸之惨且多，则又掷笔长叹，为之痛悼不置矣。

光绪十三年十一月十三日(1887 年 12 月 27 日)第三版

姑苏巷语

吴中久不得雨，农田待泽孔殷，前经首府魁太守督令长元吴三首县设坛祈祷，已登前报。迄今半月，仅于初七夜得细雨两三阵，次日晴朗如故，河水既干，并泉亦涸。大宪痌瘝在抱，爰于初十日起禁止屠宰，改设于元都观之三清殿内求雨。是晨苏抚宪崧中丞命驾出辕，率领司道首县各官竭诚虔祷为民请命，想苍苍者必有瑞雪甘霖以慰我三吴士庶也。

光绪十三年十一月十四日(1887 年 12 月 28 日)第二版

1888 年

改设斋坛

苏省设坛求雨已纪报章。十六日午后府县各官仍诣元妙观拈香祈祷，有一卖大包子馒头之山东人上前观看，县差驱之不去，以至扭殴。吴县马渔珊明府见之，饬差拿案，略讯数语即命荷以巨枷。因是府县商议，以观中游人甚众，地亦不能清洁，或致亵渎神明，遂于十八日起改设在沧浪亭五百名贤祠。想贤父母竭诚尽礼为民请命不难感格天心也。

光绪十三年十一月二十三日(1888 年 1 月 6 日)第二版

声明昭印宫募化告白

浙江玉皇山住持朱圆亨奉师命蒋永林重兴天柱山大涤玄盖洞天玉清昭印宫。昔宋康王敕建载于县志可考。当择吉动工，掘出金宝银匣书剑石函，乃上锡敕镇福地之宝。宫后神仙洞高接云衢，宫右大涤洞曲径盘旋，宫左观音洞峰玲罗列，共七十二洞，概不细述，潜通百里。《出洞玄记》《洞霄集注》详明真仙事迹，更不复赘。兹因工程浩大，须借善乐助，特遣敝徒郑明忠上海行鱼尚未恳捐，倘有无耻之徒在外冒名，恐误善功，特此布闻。如有宰官长者、乐善仁人发心捐金者，请至潮阳楼玉皇山下院交郑明忠道士登收，概施功德无量，名列福地，永垂不朽矣。如愿大驾亲临到山者，可问杭州府临安县土名洞霄宫路，由武林至宫投西五十里通舟。昭印宫司事周住持朱圆亨率徒郑明忠启。

光绪十三年十一月二十四日(1888 年 1 月 7 日)第五版

之罘[①]近事

宁波人士之旅居烟台者在西圩门外建修四明公所，现已落成。十一日迎福德尊神上座，前导仪仗颇极辉煌，更有乐工僧道等人箫管声与梵呗声相应。绅商皆车驰马骤，结队往观。至晚又有羽士施放焰口以祭乏祀孤魂。该所共房屋四十余椽，其资由合顺行倡首，捐自同人云。

光绪十三年十一月二十八日(1888 年 1 月 11 日)第二版

虔求雨雪

上海县裴邑尊以沪上旱干已久，田壤均已龟坼，乃于昨晨斋戒竭诚诣城隍庙虔求雨雪。贤父母为民请命致悫致诚，必能默感苍穹有求必应也。

光绪十三年十一月二十九日(1888 年 1 月 12 日)第二版

钟山[②]黛色

府县以求雨求雪设坛龙王庙内已经匝月，因疑龙当蛰时恐非草木之馨香所能通其肸蠁，援例禀求制府委员赴江西请龙，前日已禀知起程。此龙前数年曾来江南，大敷霖雨，其时充伴驾使者为戴梅圃司马。据云龙就道时有祥云瑞霭旋绕空中如仪仗护拥者，然后在船上炎热熏蒸鳞介奕奕有生气。所谓得志当为天下雨，灵物固如是也。

光绪十三年十二月初一日(1888 年 1 月 13 日)第二版

邑尊祈雪

上海县裴邑尊因日前在城隍神前默祷后虽已立降甘霖，犹以未见祥霙

① 之罘：山名，也作“芝罘”，在今山东省烟台市。
② 钟山：南京紫金山的别称。这里指南京。

为憾，遂于前日清晨复诣庙坛求雪。贤父母为民请命倍致虔恭，想滕六君当不难六出飞花以慰下民之翘盼也。

光绪十三年十二月初五日(1888年1月17日)第三版

鹭水采珊

不雨已数月矣，厦民虽不事农田，而四乡之以番薯为粮者现在亦苦根荄枯死，明年恐不免于饥荒。唐蓉石司马为民请命，出示禁屠，并于初一日虔诣城隍庙祈沛甘霖。日来一碧穹窿渐有阴云密布，想必能仰邀神鉴丰澍普施也。

光绪十三年十二月初八日(1888年1月20日)第二版

设坛祈雨

九江苦旱久矣，辫麦不能下种，仓谷多出蛀虫，饥民千万人相约流离转徙，忽闻地方官有截留之信，益觉冻馁难忍。德化县钟泽生明府，贤父母也，厪怀民瘼，忧心如焚，诹吉初一日起严禁屠宰三天，在城隍庙设坛求雨。是晚果得细雨帘纤。贤宰官致悫致诚上苍感格，哀鸿亿万不觉载道欢呼矣。

光绪十三年十二月初十日(1888年1月22日)第二版

金陵见雪

不雨久矣，泽枯井涸，抱瓮者几如行大戈壁中，一掬甘泉迥非一索再索所能得。府县就龙王庙设坛祈祷匝月无灵响，许方伯乃率僚属朝夕为民请命，又不应。有述刘岘庄制军曾委员赴江西请龙，龙至而大沛甘霖者，遂援例仍派戴梅圃司马赍表前往。因此事系张天师主政，须诣龙虎山。传说法官为之焚符咒水便有真龙随之出山云。屈指戴公行未十日，上月之晦云垂若翼，云端隐隐有雪意，入夜小雨一阵，侵晨檐际积素已寸许。说者谓心动神知，无不喜溢眉宇。此为滕六君之开宗第一章，虽不及韵斗尖叉咏分盐絮，然试诵林滋《小雪赋》殊觉差强人意。客有为介葛卢后身者，闻豕啼谓“我辈例止一槽糟粕借延旦夕，不料许多官来磕一阵头，便伤我辈多少性命”其音云，问之，则屠者以开禁，咸磨刀霍霍向猪羊也。

光绪十三年十二月十一日(1888 年 1 月 23 日)第三版

鸳湖春涨

嘉兴来信云：每年正月初八日，郡人咸往塘汇镇对河徐王庙拈香并携取冥镪，名曰换元宝。届期殿中奏乐，场上演戏，男女老幼尽日游观，堤畔画船络绎如织。本岁仍循旧例，惟因天雨以致游人寥落如晨星云。

东门外南堰镇刘猛将庙每年正月十三日恭祝华诞，换宝之事略与徐王庙同。晚间更燃放烟火，流星达旦通宵，异常热闹，直至黄鸡三唱、渐露晓光而柳外雕鞍、河中画舫始各招携俦侣兴尽而归，亦一年之乐事也。

光绪十三年十二月十三日(1888 年 2 月 25 日)第二版

鸳水述新

嘉兴信云：南堰镇例于新正十三日恭祝刘猛将诞辰，名曰南皋峰。是日天朗气清，游人甚众，青衫绿鬓相属于途，河内雇就台船传同庆班演戏，殿上笙清簧暖，竹肉互施。晚间更燃放烟火花灯，光怪陆离，无异银花火树。而无赖恶少即借此热闹(相)与赌博诱财。虽曰胜游，亦恶习也。

光绪十四年正月二十一日(1888 年 3 月 3 日)第二版

杭城赛会

杭垣庶院之旁有紫微宫，每岁于元宵奉神出巡周历社下地方而止，若逢大比之年则须满城巡行。今岁雨雪连绵，直至初九日天始放晴，而道路依然泞滑，至十四日方见干燥，会中人兴高采烈，添备各物以备题赛。好事者又造言此会须戊子年始出，六十年一见之盛会也，于是城厢内外一齐哄动。是日天又晴明，大街小巷几于毂击肩摩。辰刻紫薇会出，前导头亭一座，黄稼伙半副，黄亭一座，衔牌十二对，德政牌八对，大金锣两面，鼓乐一起，红伞羽扇各一柄，马上三檐伞一柄，枪马八匹，蜈蚣旗马八匹，香亭一座，鼓乐一起，龙灯一条，龙灯鼓一起，尖式彩旗马八匹，张弓背箭马十六骑，清音一堂，敕印官马二骑，提灯、香盘、提炉各一对。神像坐五岳朝天顶暖轿，神像甚小，似温元帅之先锋俗称云仙师塑像相仿。神后拥马四匹。由大街经各宪辕门，先历东南、西南两隅，后历西北、东北两隅。回宫「巳」[已]在掌灯后矣。

光绪十四年正月二十四日(1888 年 3 月 6 日)第二版

定期赛会

宁郡北乡压赛堰之东岳宫每逢二月间奉东岳大帝暨王天君出巡，即向称永昌会者是也。闻今年择于十一日祭旗，十二日出殿，十三日先巡江北岸等处，十四日巡镇海白沙等处，十五日巡慈溪樟桥等处。想届期旗伞缤纷，笙歌嘹亮，嬉春士女盍往观乎。

光绪十四年正月二十八日(1888 年 3 月 10 日)第二版

姑苏杂志

清明日各庙之迎神赛会者多至三四十起。时适天气清朗，薄暖轻寒，陌上游人往来如织，而河中鹢首密比如林，锦缆牙樯数亦以千百计。或携俊侣，或拥名姬，扇影衣香，中流款乃，与十里山塘水色山光互相辉映，真升平盛事也。而打降失孩之事时有所闻。然踵事增华果何益之有哉？

光绪十四年二月二十八日(1888 年 4 月 9 日)第三版

津沽杂志

郡城东门外天后宫栋宇辉煌，颇壮观眺。相传三月廿三日为天后诞辰，津人预于十六、十八、二十等日恭迎神驾出巡，谓之皇会，其华丽为诸会之冠，然经费不赀，滋事亦所难免。去岁地方官有鉴前车出示禁止，以免肇衅，现在又届会期，庙祝与首事正在跃跃欲试，天津府汪子常太守深恶作为无益害有益，仍谕天津县孙筱萍大令出示禁止，不日张贴通衢。今年皇会又当中止矣。

光绪十四年三月十三日（1888 年 4 月 23 日）第二版

天津近事

宫北天后宫俗谓之娘娘宫，廿三日系天后诞辰，会中先于十六、十八、二十等日舁神出游，谓之皇会。今岁虽经官宪示禁，而城乡士女至期仍以一瓣心香向神膜拜，亦以见习俗之难移也。

光绪十四年三月二十一日（1888 年 5 月 1 日）第二版

凤池春晓

宣武门内迤西铁匠胡同西首有都土地庙一座，年久失修，殿宇门墙颇多颓圮。适土地神灵显，凡有疾病往祷者无不感应，远近人民祈祷相接，醇邸政躬不豫时，亦赖神之默佑邸恙得以日减。刻由邸内派员重新庙貌，从此美轮美奂益壮观瞻。神而有知庶其陟降于兹乎？

…………

朝阳门外东岳庙年例自三月十五日起开庙半月，男女杂沓，往往滋事。本年经步军统领札谕巡捕左营并朝阳汛：不准妇女借烧香为名进庙游玩，以免滋生事端，如违，即将跟随妇女之人拿交衙门惩办。

光绪十四年三月二十四日（1888 年 5 月 4 日）第二版

五茸春草

东岳宫温天君等六神像每年三月二十六八两日由会中人舁之出游，日前已禀请府尊牌示允准。想届时又有一番热闹矣。

光绪十四年三月二十五日(1888年5月5日)第二版

八闽琐纪

东郭外十里许有东岳泰山庙,殿宇宏敞,香火繁盛,旗民崇信尤甚。每年三月二十四五两日赛会,笙歌载道,羽葆如云,凡求福谢愿者皆装作犯人,披枷带锁一路随行,不知几千百名。廿七日泰山娘娘祝嘏,鬓影厮磨,粉香飘射,又有南台妓女及洪山桥舟妓相与斋戒沐浴入庙焚香,以供无赖少年品头评足之,一助盛哉会也。

光绪十四年四月初二日(1888年5月12日)第二版

胜会减色

宁波都神会向来共有六社,曰文华、曰协兴、曰风云、曰文英、曰彤云、曰得兴,会之最胜者首推彤云社。是会系甬江众糖行所捐助,今因糖行闭歇者六七家,开者仅四五家,力有未逮,只得停赛一载,闻者皆为扫兴,想届期断不能如往年之热闹也。又闻都神会之爵献,城厢内外约有八十余处,其中陈设之佳莫如君子营之康宁会。此会自初九日为始至十一日为止,三日两夜约需三四百金,穷工极巧莫之与京。兹闻该会存款无几,会友星散,只得将爵献推与他人接办,改其名为安宁。此等事所谓作无益以害有益者也,兴替盛衰固不足论,然念时势之迁流、市廛之零落则不能无今昔之感矣。

光绪十四年四月十一日(1888年5月21日)第二版

〖鼓浪屿迎神赛会〗①

鼓浪屿周围仅数里,向有一庙供奉保生大帝,每年惟三月中圣母诞迎神

① 原题《厦门杂录》。

大担清香。今由某甲为首出资赛会，择定四月之望迎大帝像出游，一时举国若狂，各助鼓乐、抬搁、旗伞等项。嗣以不能齐备，改于十六七两日。有心时事者谓：今郑振孔亟，如能将此无益之费改赈饥黎，则拯活无数生灵，大帝有知定必甚为保佑也。

光绪十四年四月二十日（1888 年 5 月 30 日）第二版

南湖鸳梦

嘉兴北门外端平桥上向有陈洲圣母庙，郡人每年四月二十一日集资演剧以祝圣母寿辰。本年仍循旧例，传阳春班演唱，缓歌慢舞，竹脆丝清，观者如云，途为之塞。

北门外中街底田鸡湾向有关帝庙，毁于兵火，未复旧观。上年诸绅酌议集资雇匠建造，月初已告成功。其关帝像当匪乱时有某乡人为之收藏，今特处虔诚迎至重复开光云。

光绪十四年四月二十六日（1888 年 6 月 5 日）第二版

永嘉余话

温州新河街应道观中奉吕祖仙师神像，上月十五日俗传仙师诞辰，观中悬灯挂彩，昼夜弹唱摊黄，香客往来如鱼之贯。甚无益也。

光绪十四年四月二十七日（1888 年 6 月 6 日）第二版

吴中盛会

苏垣风俗奢靡，积重难反，迎神赛会往往踵事增华。今年各庙赛会之事又复时有所闻。先有八大王会、梅林侯会、白鹤三乡会以开其先，又有贤圣会、春申君会以继其后。廿一日贤圣会，不知系何神，先期远近哄传，咸思一广眼。界河中船以千计，岸上则老的少的、男的女的、村的俏的不知几千百人，攘往熙来，争先恐后。日方晌午，会之前导已至，除寻常仪仗外，有小轿十余肩、抬阁十余肩，六角亭内置神像以八人舁之行。抬阁系以木架上用铁条将小孩扮出戏文立于铁条之颠，高可丈许，亦以八人舁之。又以小孩扮戏置铁架中，架下一铁条插于强有力者之腰背间，负之以行，高高低低临风绰约，煞是可观。更有数十人以金锣、香炉用铜钩插入手腕之内，旋行旋击，见者多为之呼痛而若辈则略无倦容。夫以父母之遗体而狼藉血肉以媚神，愚民之愚诚有所不能及也。

光绪十四年四月二十八日（1888 年 6 月 7 日）第一、二版

赛会志盛

宛平县城隍神年例于五月初一日出巡，诣都城隍庙交表。出巡之日以八人绿呢大轿舁请尊神，前有童子十余人装扮仙童持香旙、宝盖、炉瓶、香灯，两旁有男妇多人随轿以扇挥风。再前则宛平县役皂持鞭板锁棍前导，沿途吆喝。再前则有提灯者十余人，以红绳洞穿两臂结作活圈，下系牛角大灯两盏，沿途伸臂以行，晚即燃烛。又有中军会奏乐导引，音韵悠扬。再前则香灯供桌，八人舁行。又以架抬荷包手巾各色活计，如五杂组、九张机，其架以四人抬舁。又有冰桶、梅汤、茶水、香池，各以一人肩挑。再前则有装扮土地、判官、小鬼、丧门、吊客各神鬼怪，狰狞不可名状。又前即为马童二十余，效古时装，各■马一匹，鞍鞯鞦辔，光彩陆离眩夺人目。再前则金瓜、斧钺、朝天灯、清道、飞虎旗，龙头凤尾、枢拉粉棍、肃静回避牌、玉棍、龙旗、红衔牌约数十对。前有幢幡一对、钱粮筐一对，并扮军流徒杖披枷带锁、身着赭衣并插耳箭，■差男女老幼不下千余人，并有大少「师」[狮]、高脚秧歌、少林棍、什不闲、杠子、开路各会。沿途演唱。此为二十余年所示禁者而今岁忽踵行之。男女往观，途为之塞。计由庙中起马，沿皇城进厂桥，经护国寺，当街庙，西四、西单牌楼，进刑部街闹市口，入城隍庙。维时鱼更三下，沿途设茶棚数座施茶以供憩息。迨神驾回庙，东方已明矣。

光绪十四年五月十一日（1888 年 6 月 20 日）第二版

芜湖会景

五月初一日芜湖迎赛城隍神会。是日也，天朗气清，惠风和畅，赴会之人无不兴高采烈。午前即向庙中齐集，未刻舁神像出游。前导土地神、五猖神、无常鬼以及烧肉香者、舞钢叉者、装十破者，或则狰狞凶恶，或则矫健轻狷，刻意描摹，惟妙惟肖。其他仪仗俱循往例，无待赘言。所最足观者，三五俊童装扮《玉堂春》诸剧，明眸皓齿，窄袖弓鞋，莲步轻移，临风袅娜，轻盈艳丽，几令人一见魂消，三五少年咸错杂其间品头评足。神像端坐八人大轿，行遍东南二门，然后抵金马门外行宫。时则暮色催人，已将酉刻矣。一时红男绿女、白叟黄童，人海人山，填街塞巷。事虽无谓，亦大观也。

光绪十四年五月十二日（1888 年 6 月 21 日）第一、二版

县示照录

本邑东北隅城墙上之丹凤楼〔即小穹窿〕供奉文武二帝、雷祖神像，乃沪城八景之一也。现因住持道士徐元真废弛庙务，并于殿内停寄棺木，本城各绅董以徐办理不善，乃另延前在邑庙住持之朱瑞芳接管庙务，禀请上海县裴邑尊出示给谕并令修葺殿宇。兹将县示照录于后。

补用府候补同知直隶州江苏松江府上海县正堂裴为出示晓谕事：据绅董职举贡生王恩溥、潘崇福、「土」[王]增禧、沈嵩龄、沈澄锜、曹勋等禀称"本城东北隅万军台之丹凤楼小穹窿向有雷祖庙，其中住持道士历由本地绅董公举。今住持徐元真不守清规，庙章紊废，近年庙之内外任听妇女人等摆设香摊且有停寄棺木，污秽不堪，亟应量为整顿。查有现居是庙道士朱瑞芳谨守道规，人亦自爱，环求分别给谕示禁"等情，到县，据此，除给谕外，合行出示晓谕，为此仰居民人等知悉，该处雷祖庙系供奉神灵之所，理宜肃静。自示之后，妇女人等毋许至庙摆设香摊，各家棺柩亦不准常年寄庙内。倘敢不遵，仍有前项情事，许该住持鸣保禀县以凭提究不贷。切切。特示。

光绪十四年五月二十二日（1888 年 7 月 1 日）第二、三版

辽阳雁帛

苦旱已久，道厅宪连次求雨未沛甘霖。上月二十一日重复设坛，示禁屠宰。翌日有距营二十里之白庙子乡民邀齐三四百人跣足拈香至西大庙龙王前求雨，是晚雷声隆隆，电光闪闪，居民皆欢欣忭舞，不料阅时仍云散天青。

光绪十四年六月初五日(1888 年 7 月 13 日)第二版

〖保生大帝出巡〗①

福寿宫有谓保生大帝者，世俗供奉之神也。神驾出巡至外武庙，被大雨所阻，暂驻庙内，因之外街行铺复募捐抬阁等件。继因时疫流行，咸谓神驾不回宫之故，遂择定五月廿七日恭迎神驾出巡，较前尤为热闹。各街之看会者拥挤殊甚，每至一街无不万人空巷，惟官宪示禁不准以土妓幼女装扮抬搁，稍觉减色耳。

光绪十四年六月初七日(1888 年 7 月 15 日)第二版

沪滨谈屑

本邑西门外茅山殿住持羽上徐某襆被赴京都请得大藏经，昨日午前排齐全副执事，舁以黄亭，鼓籥悠扬，绕游英租界中，从石路向南过郑家木桥，由法大马路向西南，过市招摇，倾动愚夫愚妇，甚无谓也。

光绪十四年六月初八日(1888 年 7 月 16 日)第三版

彝陵樵唱

宜昌苦旱已登前报。六月朔日有宝塔河下路之高升铺农民约千余人，

---

① 原题《厦门杂录》。

抬鼓四面、金锣四面，一路敲击，手执香炷柳条，又有黄纸旗幡等件，入城求府县向关庙、城隍庙祈泽。初二日又有四乡各铺农民较前更多，亦入城进香求雨。至晚六点钟后，阴云密布，凉风飒至，雷电交加，雨如瀑布。初三日又微雨数阵。四乡秧田业已浸润矣。

光绪十四年六月十六日（1888 年 7 月 24 日）第二版

〖春申君解饷会〗①

十五日春申君解饷会，由阊门而至元妙观，城内热闹地方绕行几遍，虽不过寻常仪仗，然沿途观者值此伏日炎天犹复扶老携幼拥挤不堪，亦可谓习染之深矣。

光绪十四年六月十九日（1888 年 7 月 27 日）第二版

鸠江琐记

六月廿四日相传为雷祖诞期，芜湖大小各茶馆停市两天，醵资在城隍庙内演戏以祈神佑。往观者亦有如水如云之盛。

光绪十四年六月二十九日（1888 年 8 月 6 日）第二版

烟台小记

奇山所东城楼旧有二郎神庙，民间相传神能管理五瘟。前值神诞，咸集资演戏以禳灾祲而伸祷祝。习尚如此由来久矣。

光绪十四年七月初六日（1888 年 8 月 13 日）第二版

节会例志

今日为中元令节，本埠城隍神循例出巡诣厉坛祀孤。所有会中一切踵

① 原题《吴苑禅声》。

事增华，如解饷车、十景牌、阴皂隶等件，经上海县裴邑尊先期示禁俾崇朴实而黜奢靡云。

光绪十四年七月十五日（1888 年 8 月 22 日）第三版

中元祀孤

昨为中元令节，本埠城隍神循例出巡，各会首于午刻在邑庙前排齐执事，神于三下钟时率领四司神自庙起马，朝东过长生桥，由四牌楼经县署前，绕道出大南门，迤逦诣厉坛祀孤毕，随进西门回庙。当祀孤时，上海县裴邑尊循例排道诣坛致祭，西门外巡防局员朱森庭明府先饬局勇等在道旁妥为弹压，俾棍徒不致借端生事。

光绪十四年七月十六日（1888 年 8 月 23 日）第三版

吴苑蝉声

苏垣于本月十四日举行冥赦。先期由县府中查明已斩监毙犯名，查明开册送城隍庙，届期请府县城隍神公座派阴阳差至监提犯，复到庙中唱名一周，然后焚化冥镪，将册置之纸船上送出郊外焚化，意以为押解回籍。是以居民相戒夜行以避邪秽。可谓愚矣。

光绪十四年七月二十二日（1888 年 8 月 29 日）第二版

皖中零拾

安庆府县城隍神例于中元节出巡，届期由各善局绅董及各会首恭舁神像至北门外厉坛，陈云溪明府预备牲醴祀祭。街头巷尾观者甚多，途为之塞。

…………

中元节各善局广设道场超度孤魂，延羽士七人礼忏十五夜，在附近之莲花闸周家塘当铺后之长塘、吃水濠、蝶子塘等处放荷花灯，明星万点照耀水中，颇可观也。

光绪十四年七月二十四日(1888 年 8 月 31 日)第二版

内监设醮

昨日上海县裴邑尊出单立传道会司即拨正乙道士十数名前诣县署内监狱神堂，于明日在监门内设坛建醮一永日，循旧例也。

光绪十四年七月二十八日(1888 年 9 月 4 日)第三版

京江谈助

入夏以后雨泽愆期，官宪为民请命，移舁都天神像至万寿宫设坛祈雨，越日即得细雨一阵，十三夜复得甘霖，四野虽未遍沾，三农已形抃舞。因拟于本月二十日复迎神像周游城厢一遍，然后送驾回宫，以酬神贶。

光绪十四年八月二十五日(1888 年 9 月 30 日)第二版

都下述闻①

地安门外火神庙年久失修，经庙官报官核修。由工部营缮司稽核，前次修理年分已逾限外，自应奏派勘估大臣勘明，分别急缓工程估计兴修，禀明各堂，于八月二十五日奏派。奉朱笔“派户部左侍郎嵩申、工部左侍郎徐用仪勘估火神庙工程”，钦此。

光绪十四年九月初五日(1888 年 10 月 9 日)第二版

书画助赈

看云道士擅丹青于六法之外，精绘事于造化之机，工则鬼斧难施，写则

① 《都下述闻》在第一、二版。此处摘录其中一部分，在第二版。

神化莫测，愿奏其技以半润助赈，计山水人物仕女轴心三尺一元、四尺二元、五尺四元、六尺六元、八尺十元，横幅同屏条减半，扇册五角，写照二元，大者递加，补景照轴心例，花鸟减半，外点题、工细者、加泥金不画。已上三君[1]皆当世杰出神乎其技者，非时下寻常者流也，因事过沪暂留旅次，鉴家有意请尝试之，必以谓余之言不谬也。求书画者，润笔即交陈家木桥电报局豫皖赈所掣票，凭此送棋盘街北必得彩吕宋票行黄宜寿画寓，小件三天、大件五天取件。外埠信资自给。于十月底为止。上海陈家木桥电报局豫皖赈所代启。

光绪十四年九月初九日（1888 年 10 月 13 日）第九版

德泽及民

镇江亢旱两月有余，田畴龟坼，百物枯燥，加以疫气流行，死亡甚多。嗟我「梨」[黎]民莫不疾首蹙额。镇江府县求雨数日后，又请都天神进城设坛万寿宫祈雨，然而亢旱如故，疫疠未消。旗营都统钟大人关心民瘼，发愿十三日又请都天神至旗营公署，都统率领八旗官员虔祈雨泽以苏我民之困，设坛后即见片云西至，好雨东来，翌日大雨如注，下隰高原无不既沾既足。由是疫气渐消，军民欢声雷动，都统之功亦伟矣哉。

光绪十四年九月十二日（1888 年 10 月 16 日）第五版

云间雁字

本月初七日郡城好事者舁施相、杨侯两神像出游。是日自西而东，重九日由东返西。杨侯轿后有一掮大纛者勒马不住，以致跌破头颅。嘻，赛会以媚神也，而神竟任其皮破血流略不庇佑，神其忍心也哉？君子曰：“是非神之忍心，实土木偶之毫无灵应而已矣。”

光绪十四年九月十七日（1888 年 10 月 21 日）第二、三版

---

① 本文所提书画助赈画家共有三位，分别是邓尉散民、寒山农子、看云道士。

台疆樵语

台北天后宫刻经告竣，陈设一切壮丽非常。大殿之前另建一戏台，画栋雕梁均极精美。月初福省某戏班到台，既在抚署演唱，复移至庙内开演三天，远近之人携老扶少来观，各大宪眷属亦皆命舆前往从楼头垂帘而看。衣香鬓影、翠绕珠围，尤为一时之盛云。

光绪十四年九月十八日(1888 年 10 月 22 日)第二、三版

白门近事

故事，旱太甚，忧旱者辄具表遣人赍赴龙虎山张真人府请龙，龙即随使者而至，至辄灵验。金陵不雨已三月，自制府以下咸有靡瞻靡顾之惧，遂援例仍令戴梅圃司马前往请龙，缘戴君叩珠宫者前后已三度，使节所至皆不辱命，或者龙华会上与作其鳞之而者有香火情，故能此以是感彼以是应。本届龙既至，制府命在龙王庙内照常供奉，亲率司道府县排日拈香。香烟袅处天果沉沉如墨，正拟支台演戏，忽赓"其雨其雨，杲杲出日"之章，于是众哗然曰龙去矣。或曰此次实请来龙王五位，皆乌服，法身潜盂内仅寸许耳。

光绪十四年九月十九日(1888 年 10 月 23 日)第一版

好类叶公

金陵久不雨，援例赴江西请龙。龙既至即供奉龙王庙内，制府为民请命身祷者不止一次，前后得雨二阵，殊不称为神为霖之意。方谓徐徐当有以名吾亭也，讵住持云："龙来时窥盂内约有法身五位，刻悉杳然。"于是人心皇皇，咸疑黎民必底于靡有孑遗而后已，故龙不施其技，使人见首而不见尾。一人曰："昔闻某寺壁有张僧繇画龙，初不点睛，恐其飞去，众以为妄，因点其一，果破壁上升，其未点者仍在。此事久藉藉，不知处今日而起张公于九泉，犹能借其笔底云烟一变而为空中雷电否?"因相与太息。忽一人应曰："子但

知龙之为灵，而不知其上之可以游霄汉，下之可以入虞渊，小之可尺蠖而如蜷，大之可千里而一瞬，区区之雨又何难以孚众望。今乃昂头掉尾而不愿者，度此间必有屠龙巨手，故高瞻远瞩不乐久居欤。”一时牛饮者多不解其言之文，惟堂官则相喻于无言，抑亦奇也。

光绪十四年九月二十九日(1888 年 11 月 2 日)第二版

扬城祈雨

扬城干旱日久，九月十三日虽得微雨二寸许，土脉尚未深透，迄今多日点滴皆无，二麦仍不能播种。江甘雨邑宰为民请命，于九月二十五日起在郡庙内设坛祈雨并出示禁屠五日，坊保挨门切嘱此番有犯必惩，尔等不得视为具文。精诚所格，上苍其亦怜悯而施以膏泽耶？

光绪十四年十月初一日(1888 年 11 月 4 日)第二版

语　怪

厦门之凤仪宫于九月十八日迎请中军神出巡，而往寮仔后船橹店中购办小船桅篷悉具，旗锣伞扇均与宫内者相埒，又有代天巡狩牌一对。各保捐助抬搁八座，俱以雏妓扮演戏剧，衣服鲜明。红男绿女空巷往观，谓之清篷，将来照此式样配造帆船一只以备宫内王爷巡海之用。船内柴米油盐、食物、果子、器皿无不齐备，然后择期出巡。此事阅十数年始一举行。出巡以后卜告请神示，或烧毁，或留以巡海，则派水手二人在船，将船放出海口，听神指示扬帆以去，不知所终。水手家眷即由宫内董事按月给赀抚养，永远不归则永远抚养。若船在外洋损坏而人得生还，则亦永食干俸以酬其劳。光绪纪元灵应殿曾有此举，共计迎神数日费去数万金。此次凤仪宫又踵行之，将来巡山「采」[踩]路必有一番热闹也。

光绪十四年十月初二日(1888 年 11 月 5 日)第二版

戏台遭劫

九月廿四晚二鼓后，平湖县城隍庙戏台不知如何失火。其时庙中羽士出外礼忏尚未归来，祇留香工看守，深入黑甜。及火透顶，经邻居知觉鸣锣报警，水龙驰到，戏台之火光焰熊熊延烧羽士卧房，极力扑救始得灌熄。计焚去戏台并羽士卧房两间。左右邻已受惊不浅矣。

光绪十四年十月初三日(1888年11月6日)第二版

北通州近闻

十月初一日俗传为送寒衣节，是日本郡城隍神出巡。舍身之人扮作神差鬼使，各班差役、各等执事，带同车犯、枷犯随驾前行，直至北台赦孤。大家小户剪彩纸糊寒衣，黄昏时候各在门前与冥镪俱焚，亦习俗然也。

光绪十四年十月十八日(1888年11月21日)第二版

京师纪事

永定门外南顶娘娘庙乃内务府所管官庙也，殿宇颓圮不足以壮观瞻，内务府堂官恐明年皇上有幸南苑之举，翠辇经过礼宜严肃，乃会同奉宸苑于南苑园墙工程款项内划拨若干，派员先将庙前要紧工程兴修。旋经奉宸苑准如所咨，大约本月即可兴工矣。

光绪十四年十月二十日(1888年11月23日)第一、二版

神京日记[①]

闻太常寺为咨取事，恭照十月初十日慈禧端佑康颐昭豫庄诚皇太后万

① 《神京日记》在第一、二版。此处摘录其中一部分，在第二版。

寿圣节应遣散秩大臣一员致祭都城隍庙，相应咨行侍卫处，即将散秩大臣衔名务于五日内开送过寺以凭缮本题派可也。

光绪十四年十一月初九日（1888 年 12 月 11 日）第二版

炼师朝山

本埠南泥城桥六马路三茅灵仙道院法士陶朱义，神医妙手，符法通神，正是一枝宝剑邪能克、三道灵符病立除。今余央往龙虎山张真人门下修醮，倘如主顾绅商相访者，务于月底可回。为特登报声明。海上映雪主人启。

光绪十四年十一月初十日（1888 年 12 月 12 日）第五版；光绪十四年十一月十一日（1888 年 12 月 13 日）第六版；光绪十四年十一月十二日（1888 年 12 月 14 日）第五版

明州问俗

十一月初十日俗传宁波城隍神诞期，庙中各执事自月朔为始悬灯结彩、排日演剧以伸祝嘏之忱。初九夜起更形热闹，红男绿女结队来观，古时即墨临淄亦无此毂击肩摩之盛。

光绪十四年十一月二十日（1888 年 12 月 22 日）第一版

1889 年

饬查道士

江西龙虎山张真人派法官罗保泰来申札饬道会司，着查明城乡各镇有无道童冒充法师朦混招摇，如果有此等不法道童，着即送请地方官究办等情。道会司以接办未久，时当岁暮，未便稽查，乃商请法官暂行回山禀复，容俟明春再行申请来申督同查察。法官随于前日返棹西江。

光绪十四年十二月二十日(1889 年 1 月 21 日)第三版

鸠水冰纹

十二月十六日相传为南岳大帝诞辰。是日湘中官绅咸在湖南会馆恭申庆祝，就中领袖者为芜湖营游击陈月樵游戎，衣冠毕集，水陆杂陈，备极一时之盛。

光绪十四年十二月二十四日(1889 年 1 月 25 日)第三版

粤东纪事

南海鹤亭乡有海神庙素著灵威，地方遇有荒灾祈祷颇著灵应。去岁年谷顺成，人民康乐，乡人集资雇优演剧以答神庥。一时红男绿女结队来观，如水如云，非常热闹，附近茶寮酒肆因之利市三倍。

光绪十五年正月初六日(1889 年 2 月 5 日)第三版

芜湖近事

芜湖风俗，腊月下浣家家户户必召道士张贴符箓，诵经作法，钟磬齐鸣，爆竹之声远闻数里，更宰雄鸡淋血门前，俗语谓之发血，盖取爆竹一声除旧、桃符万户更新之意也。

光绪十五年正月十五日(1889 年 2 月 14 日)第二版

维扬春信

江右人供奉许真君甚虔,以其有功于桑梓也。扬州南河下江西会馆有绢图二十四轴,摹绘真君于水陆等处斩蛟故事,笔致之灵秀、着色之鲜明,见者咸谓近时罕覯。平时珍同拱璧,不肯轻以示人,惟新年悬诸正殿任人观玩。日来骚人墨客咸欲趁此良辰一扩眼界,裙屐翩翩几欲踏破户限。

光绪十五年正月二十四日(1889 年 2 月 23 日)第二版

浔江杂志

世俗崇尚鬼神,凡迎神赛会之事无处不有,而九江之南北各乡殆有甚焉。春间自元旦以至花朝,秋间自中元以至十月朔,无处不有神出游,金鼓喧天,炮声震地,皆以四方木舆供神于中,而拥卫之众、点缀之繁,实足炫人观听。习俗相沿,无足怪也。

光绪十五年正月二十八日(1889 年 2 月 27 日)第二版

灯会志新

东门外天后宫供奉垂慈笃佑天后圣母金身,梵宇琳宫辉煌金碧,每岁自元旦起至元宵止百货云集,十色五光,而燕赵佳人往往敬爇瓣香虔诚顶礼,而少年裙屐错杂其中,耳鬓厮磨,了无避忌。盖亦及时行乐之一端也。

河北大寺供奉关圣帝君,庙貌巍峨,灵爽夙著。咸同间曾于上元佳节胜会游行,兵燹之余会景遂如广陵散矣。年来民康物阜、时和年丰,会中人重复举行,踵事增华较前尤盛。今年议定正月十五、十七两日恭迎神像出游,歌管喧天,楼台市地,红男绿女空巷来观,正不第"十里珠帘尽上钩"为足尽此时胜景也。

杨柳青火神庙亦于十五六两日演剧酬神。是处烟户数万家，两岸河堤遍栽杨柳，每当浓春佳日烟景迷离，行人如在画图中，不数邗上绿杨城郭。去秋年岁丰稔，是以今兹赛会益为采烈兴高，较之津城有过之无不及。元宵时节，六街三市遍地张灯，上下通明，恍惚城开不夜。最奇者为宫北东来居酒肆，别开生面，独具匠心，用冰浇成四酒坛，上绘彩色，内燃红蜡，悬挂门前，游人过斯咸诧为见所未见云。

光绪十五年二月初二日(1889 年 3 月 3 日)第二版

花埭寻芳

广州访事人云：顺德大良乡天后庙素著灵应，迩经乡人从新建造，择吉正月十七日落成，连日赛会游行，并雇名优演剧，远近士女联袂往观，宝马香车如云如水。一日戏台忽然倾倒，压毙数人，伤者无算。兴尽悲来，其斯之谓欤。

光绪十五年二月初六日(1889 年 3 月 7 日)第二版

神祠报赛

本月初二日相传为福德神诞辰，扬州新旧两城大街小巷所有土地庙经各坊居民先期纠资髹垩彩画各种戏剧，庙貌为之一新。诞日，有香花设供者，有于庙外敲打锣鼓者，并有招雇十番在庙前歌吹者。教场街土地庙则张灯结彩，以色纸扎成双龙抱柱等灯，璀璨辉煌，尤为热闹。说者谓今春雨旸时若，秋成必然丰稔，故铺户居民无不兴高采烈也。

光绪十五年二月初十日(1889 年 3 月 11 日)第三版

芜湖杂志

相传二月初三日为文昌诞降之辰，各员于黎明时虔诣文昌宫祭祀。多士之欲向璇宫金阙中高折一枝丹桂者，亦莫不醵资联会敬「谳」[献]香花，鼓乐衣冠备极一时之盛。

光绪十五年二月十三日(1889 年 3 月 14 日)第三版

粤海春潮

二月初二日相传为土地神诞,城厢内外均张灯鼓乐以伸庆贺,更有施放花爆燃点烟火者,士女如织,举国若狂。大宪访闻深虞滋事,除出示禁止外,并派出兵役多人分投弹压以免滋事。

光绪十五年二月十六日(1889 年 3 月 17 日)第三版

重修古刹

清江斗姆宫,古刹也,风霜雨蚀,颓圮异常。兹禀请大宪拨款兴修,复由铺户捐资协助,目下业经开工,美「焕」[奂]美轮拭目俟之。

光绪十五年三月初五日(1889 年 4 月 4 日)第二版

节会例志

昨为清明令节,会中人循例舁城隍神像及四司神出庙,迤西过陈市安桥,由昼锦牌楼、三牌楼,经县署前,绕出大东门,诣邑厉坛,然后进小南门回庙。

光绪十五年三月初六日(1889 年 4 月 5 日)第三版

烟台琐志

春间各村争赛神会,而烟街各铺恭迎神驾者香资颇厚,故出驾来烟者年多一年,几以烟街为利薮。二月以来各处之人来烟进香络绎不绝,虽及期风雨时作亦所不避,真令人不可解。

光绪十五年三月初八日(1889 年 4 月 7 日)第二版

禾中近事

府县各项书差于清明日赴郡庙拈香，循例排设全副仪仗，举迎府县城隍出巡，约十点钟由庙起马，一切路径尽（照）向例，出东城门，绕迎至北门外到坛，祭毕，排导进北门，由大街回宫。其最可恶者，无知年轻子弟接木脚扮地戏为高跷，从楼窗以观民居卧房，设心诱引，实干例禁，曷不禁而绝之。

光绪十五年三月初十日（1889 年 4 月 9 日）第二版

广州近信

城内桂香街桂香庙供奉北帝神，俗传三月初三日为神诞辰，因于二月二十九日奉神出游。随行仪仗极形繁盛，有顶马百余乘，彩色数十驾，其余鼓乐香亭尤不可数计。士女联袂来观，几至万人空巷。所惜上午时大雨滂沱终日不止，迎会及看会之人均淋漓尽致，乘兴而来败兴而返，未免怨「大」［天］公之不做美矣。

光绪十五年三月二十日（1889 年 4 月 19 日）第二版

津沽香市

天津系属水乡，天后圣母灵爽式凭，应验如响。俗传三月二十三日系天后诞辰，自月初起善男信女络绎而来，无问远近，人数最多者系十八至二十二等日，往者过来者续无一息之停，无论庙中香火骤异寻常，即阛阓中人亦遽利市三倍。盖香船来往向有恩关，来船例带榛栗枣修及耰锄农器，回船则以布匹杂货为大宗，贸迁有无于斯称盛。帆樯由院浮桥径达茶店口，以至茶园停泊至无隙地。去岁时和年丰，今届侫神者更倍于曩昔云。

光绪十五年三月二十五日（1889 年 4 月 24 日）第二版

螭阶簪毫

上月二十三日皇太后临幸颐和园，陟玉泉山游览，见山上有玄天上帝庙神像已凋零，因传谕海军王大臣速将是庙盖造，重塑金身，并就庙壁上将真武源流考全行画绘，另绘一册呈览。

光绪十五年四月二十二日（1889 年 5 月 21 日）第一版

芜湖近事

俗以四月十五日为南正大帝神诞。相传神司火政，故居人奉祀惟虔，相与「醵」[醵]（资）赛会并雇京优演戏三台以邀神佑。十五日赛会正期，计有文火帝会一起、武火帝会十数起，相属于途，而火帝庙前则又氍毹贴地，锣鼓喧天。一时红男绿女、白叟黄童之赶戏会场者络绎如织。迨午后二点钟时天降大雨，无异倒泻银河，赶会看戏之人无不拖泥带水而归，乘兴而往者未免败兴而返矣。

光绪十五年四月二十三日（1889 年 5 月 22 日）第二版

松江谭屑

每年三月二十六、二十八两日好事者必舁神像游行，斗丽争妍，互相赌赛。兹因学宪按临考试，改期四月二十六日由各社首奉五帝、温郡王、痘神、施相、杨侯各神像先后绕道出东门，至二十八日迎回庙内。郡城附近各乡镇红男绿女挈伴来观。古时三月三日长安水边当亦无此繁盛也。

光绪十五年五月初一日（1889 年 5 月 30 日）第三版

鸠江夏汛

芜湖年例于五月初一日舁城隍神像巡行东南二隅，好事者踵事增华，先期黏布邀单共相斗赛，而男女老少之求福消灾者咸先期赴庙挂号，装扮各种囚犯模样，铁锁琅珰，状貌狰恶，无异捣破十八层地狱放「山」[出]几千万亿怨鬼。庙祝日进挂号资约可得数十千，而佞神媚鬼者之所费已可概见。目下奉、东灾黎嗷嗷待赈，曷若移此救彼，是亦莫大阴功也。

光绪十五年五月初二日(1889 年 5 月 31 日)第二版

赛会纪盛

天津杨柳青药王庙供奉普济真君，年例于四月廿六七日恭舁神驾巡行，谓之出会，就地取材，其会景实为阖津之冠。年来道府两宪饬令邑尊示禁赛会迎神，适值旱干，该庙首事遂以祈雨为名，于旗帜上稍插杨枝、香亭中张贴“叩天求雨”字样，掩耳盗铃，依旧门幡中幡胜舞，彩坛、重阁、登云、高跷、秧歌、鹤龄、云龄、太狮、少狮、吹歌、法鼓、宝座、香亭、扇伞幡幛色色具备，于夜间行会，火光照耀，如游不夜之城。其余兴未阑鼓舞于日之方中者，谓之拜客，参伍错综，鸣金代鼓，声彻远近。绿女红男每闻鼓乐声辄出街头争先快睹，不啻万人空巷斗新妆也。廿七日约五点钟，鹤龄会中人等在村西拜客时，有高氏妇正作晚炊，燃芦叶以代薪，徒闻金鼓声，心旌摇摇，急掷剔火棍，闭关下键，步出胡同看会，但见往者过来者续如入山阴道上应接不暇，加以粉白黛绿烂其如云，彼此清辩滔滔，忘却室内无人灶下有火之能肇祸也，讵料火已蔓延灶外积薪，烟雾迷漫彻于屋上，邻人号救。氏踉跄归，亟拟拔关，而北门锁钥已炙手可热。是时人如蚁集，有强有力者踢倒双扉，火遂从中滚出，其人毛发被燃过半，取水浇救，杯水车薪，无济于事。赶紧鸣锣报警。村中水会闻警趋前，火已燎原不可收拾。幸在日间易于为力，当将房屋拆开，始不致株连邻右，而该屋三间已靡在孑遗矣。火刚救灭，行会如前，该氏已如失巢之燕茫茫然无所归矣。闻此会所费不赀，而阖村人等之摒挡衣饰留待亲朋费尤倍蓰。村中计有典当三间，会之前后廿五八两日其门如市不下于除夕。伤财之巨略见一斑矣。

光绪十五年五月初八日(1889 年 6 月 6 日)第二、三版

台民赛会

台湾风俗素来佞佛，迎神赛会之事终年不绝，每有兴作莫不穷奢斗艳，虽縻巨费而不惜。北门外之大稻埕保安宫向奉保生大帝，四月廿六日土人奉神出会，周游四境，男红女绿空巷往观。会之前面导以五色大旗数十杆，中有香亭数座，民间以十余龄童子扮作太监模样乘马在前，后相随者十数人。其余鼓吹、执事等件色色俱全。更以布制就狮子身段用两人罩之以行，沿途或跳或舞，五光十色，几如生龙活虎夭矫不群。神座后一人赤身立于轿顶，手持钢刃当头乱砍，鲜血淋漓，即俗所谓巫马也。此种恶习各省皆有，然推台地为尤甚。愚夫妇信神佞佛所以媚神者当自有道，何独不惜此皮肉，为人所难堪之事。神果有灵亦必不佑此妄诞人也。所望贤宰官黜邪崇正，将此等人惩一儆百，未始非地方风俗之一关键也。

光绪十五年五月初九日(1889 年 6 月 7 日)第二版

襄垣会景

五月初一日为芜湖城隍神出巡之期，适值天气晴明，赛会者、观会者无不兴高采烈。会中执事、銮驾、旗帜伞扇午前俱齐集庙前，未刻舁神出巡。前导有扮土地、五猖，装十破者、舞钢叉者、扮无常鬼及烧肉香者，较往届尤多。男的女的、老的少的、村的俏的，扮囚犯者则又何止恒河沙数，光怪陆离，眩人心目。其中有扮妇女者，明眸皓齿，莲步姗姗，轻薄子弟从而品头评足。并有戏园中扮成《八件衣》〔《阴阳报》〕一出在会中游行，观者皆喝采。神像坐绿呢轿中，以八人舁之，遍游东南二门，至金马门城外行宫驻驾一个月再行回庙。待会赛毕，日已西沉，城厢内外之赶会场者肩击毂摩，几于万人空巷矣。

光绪十五年五月十一日(1889 年 6 月 9 日)第二版

京江胜会

京口都天胜会向例于四月二十左右出巡，谓之降福消灾，今岁即于本月初九日举行。是日先有银锞会、跳狮会、钟馗嫁妹、拜香等会，继以抬阁七架及龙亭。其舁亭者皆着黄衣，灿烂夺目。少顷净街会至，计有护国王、痧神、保宁王、痲神、保婴王、痘神、裕国侯、增福财神、定海侯、杨四将军、辕门都土地、立报使司、平浪王、晏公、南极长生大帝、威灵大帝、蒋公十位神像。最后有镇江各业敬奉都天大会，有赐福、景福、多福、万福、降福、金炉、敬香、送驾、回宫、角端各起。及都天大帝神像将至时，则有内外班、更衣、随驾、进香、金炉等会。各会旗帜伞扇较前去二年有增无减，玉器茶食共十二担，其中陈设古怪陆离，炫人耳目，每担均有二三十人手执令旗在旁护卫。先是数日天气酷热无异炎夏，及至是日天忽转寒，颇似深秋气候。十点钟时细雨缤纷，时下时止，至午后则跳珠溅玉。各会执事及神像皆在公馆避雨，惟都天大帝则在西津坊行宫歇驾。幸次日天气晴朗，会中人重整旗鼓，于大马路迎接神驾回辕。入夜明灯万盏，光耀如昼，先闯道宪辕门，后闯各衙门，然后回宫，天已将曙矣。红男绿女之观胜会者真有联袂成帷挥汗如雨之势，亦一年胜会也。

光绪十五年五月十六日（1889 年 6 月 14 日）第二版

奉旨迎牌

京师久旱不雨，虽经设坛祈祷、皇上亲诣拈香，然仅见微雨数点，农田尚未沾濡。深宫宵旰忧劳，谕令顺天府府尹委员迅往直隶邯郸县迎请铁牌来京供奉，当由府署赶办滚单飞饬沿途地方官预备，并委员会同内务府官于十一日晨前往邯郸圣井迎请铁牌矣。

光绪十五年五月二十一日（1889 年 6 月 19 日）第一版

湖楼听雨[①]

温元帅庙毁于兵燹，历年既久，尚未恢复旧观。今春里中绅董建议募资就火德庙东首择地起造，尚未竣工。十八日相传系温元帅诞期，会中人虔备牲醴并雇清音一班恭祝神诞，膜拜拈香。游人颇众。

光绪十五年五月二十三日(1889 年 6 月 21 日)第二版

月湖逭暑记

前报记宁郡将赛关帝会云云。兹悉会有四社，曰福兴，曰新文华，曰新风云，曰得兴，仪仗之佳当以福兴为首屈一指，一切铺设大约与都神会之彤云社不相上下。会中人因日中火伞当空，每至下午四点钟时始游行各处，讵甫起行而雨即随之，数日中皆如是，是以延至六月朔日始送神回殿云。

光绪十五年六月初七日(1889 年 7 月 4 日)第二版

杭事杂志

涌金门有金华将军庙，相传将军生前凿池引西湖之水进城，功德在民，故得庙祀。去年卫静帅以庙神灵应奏请颁赐匾额，奉旨允准。赐额到杭后选料制匾，金碧辉煌，于本月初一日悬挂庙中。是日观者如堵，涌金门前热闹异常，城外三雅园茶室午前竟无容足之地。庙祝又用仪仗奉神至宗阳宫谢恩，礼毕始回本庙。

光绪十五年六月初十日(1889 年 7 月 7 日)第二版

襄垣新语

初六日为杨泗将军神诞。相传神职掌江河风浪，故是日河下各船户以

① 本条记嘉兴之事。

及渔划水贩之筹莫不醵资就岸上借屋赛会酬神，计大小会十数起。或雇清音，或演傀儡，以尽一日之欢娱。江西木牌帮雇到京优在江滩搭台演戏十台，观者于炎天烈日之中挥汗如雨尚觉乐此不疲也。

光绪十五年六月十三日（1889 年 7 月 10 日）第二版

南薰挹粲

右安门外中顶娘娘庙年例六月一日开庙，今年是日邀请京师五城子弟走会者计有四十余档，于是士女如云，车马拥塞，右安门直至莲漏三下始得掩关，亦可见游人之盛矣。

光绪十五年六月十六日（1889 年 7 月 13 日）第二版

甬东琐识

迩来天气酷热，患急病身亡者指不胜屈。好事者咸谓瘟疫之多恐系未奉明神出巡之故，议于七月十一至十三等日奉五都元帅遍巡城厢内外以期神灵默佑。

光绪十五年六月十六日（1889 年 7 月 13 日）第二版

九峰①云气

每年夏令各肉店例必停宰数天，集赀建醮。刻经禀奉恩太守出示，自十五至十九日一律断屠，就西门外岳庙延羽士建设醮坛虔诚斋戒。

光绪十五年六月二十日（1889 年 7 月 17 日）第二版

螺女江泛舟记

福州亢旱多时，天气炎蒸，寒暑针直升至百十二度，有司皆赴城隍庙祈

① 九峰：即云间九峰。这里指松江。

沛甘霖并禁止屠牲以冀邀上天之鉴，督粮道张笏臣储宪更于十五日亲诣鼓山大士殿拈香为民请命。想至诚上格不难甘澍洪施也。

光绪十五年六月二十三日(1889年7月20日)第三版

松江近事

每年六月下旬好事者必奉杨侯神像出游，俗称为赏荷，实则神果何尝耽般游哉，亦惟会中人借以敛钱肥己耳。本年定于二十二日赛会，绕道出东关，诣钱明宫小驻，旋于二十四日回庙。当迎赛之日，天公不做美，道路泞滑异常。行至西门大街，有某甲纵辔飞驰，一不经心倒仆于地，马之后蹄碎裂，带伤旁观者五六人。神若有知，定当悯恻，断不能娱神悦志贪看池上六郎矣。

光绪十五年六月二十七日(1889年7月24日)第二版

三韩问俗

华商会馆旧址为道署，购买扩充官署迄今已三年矣，内有关帝庙，每逢关帝诞日众商诣庙行香。道宪以为不便，改庙为书房，将关帝神位送至朝鲜南庙。众商不知，至五月十三日照旧诣庙行香，见空宇犹存而神灵已渺，即行就天后圣母庙中致祭而返。

光绪十五年六月二十八日(1889年7月25日)第二版

北通近事

俗传六月十七日为城隍神诞辰，是日大开寺门，香客毕集，并雇京都广合成戏班外，邀本城梨园子弟登场演唱。一时观者人山人海，莫不挥汗如雨。

光绪十五年七月初六日(1889年8月2日)第二版

香市热闹

相传六月二十四日为雷祖诞辰，吴人崇奉雷神，居人茹素一月，谓之雷斋，市上无不易荤而素，逢诞日则香火之盛不言而知。苏州故多雷祖殿，而以元妙观之雷庙为最，所入香资足敷一年用度，主持者嫖赌吃着无不取给于此。谭序初中丞开藩吾吴时，曾将山门封闭不放香客人内，道士无不垂头丧气，退有后言。现在禁令渐弛，故是观中灯火密于繁星，卜昼之后继以卜夜，善男信女焚香膜拜，拥挤不堪，附近茶蓬亦因之利市三倍矣。

光绪十五年七月初七日(1889 年 8 月 3 日)第二版

醵资建醮

中元节英美租界中醵资建醮者殊形热闹，惟虹口之三元宫道场大启，陈设一新。踵事增华固当推粤人为巨擘，未知广肇山庄水陆道场不减往年之盛否。

光绪十五年七月初八日(1889 年 8 月 4 日)第三版

北通剩语

六月二十三日道家言系马神诞辰，凡有騄耳骝黄之癖者，均以三牲致祭。至二十四日关圣诞辰，则鞭爆之声不绝于耳，盖居家铺户莫不敬而奉之也。

光绪十五年七月初十日(1889 年 8 月 6 日)第二版

太守拈香

沪北栖流公所循照旧例延羽士建醮三天，昨日下午英廨谳员蔡二源太守排道前往拈香。

光绪十五年七月十二日(1889 年 8 月 8 日)第三版

中元赛会

时为中元令节，好事者例舁城隍神像出游。午后由陆家石桥沿护城河迤逦往西门外义冢，名曰赈济孤魂。法捕头备德禄深恐无赖之徒乘间滋事，因饬中西巡捕包探沿途为之弹压，葛同转传谕捕房■迟发落，盖亦佳节停刑之意也。

光绪十五年七月十六日（1889 年 8 月 12 日）第三版

山塘选胜

姑苏来信云：中元令节会中人分舁府县城隍神像入坛致祭无祀孤魂，十里山田塘游人如织，河内则画船萧鼓粉黛云蒸。吴中习尚奢华于此可见已。

…………

入伏以来雨泽稀少，以致农田龟坼，禾稻黄萎。长元吴三邑尊念切痌瘝，簸期十七日设坛求雨。次晨即浓云密布，甘澍宏施。说者谓贤父母为民请命诚能格天云。

光绪十五年七月二十二日（1889 年 8 月 18 日）第二版

乘舟赈孤

每届中元节，扬州府县城隍暨都土地神驾须循例出巡至北门外祀孤，地方官亦亲诣坛前行礼。傍晚城隍神驾入城回宫，福德神又乘舟至廿四桥、小金山等处赈祀水面孤魂。本届神驾登舟时适当雨霁，清风徐来，水波不兴，酷暑炎威顿化作清凉世界，个中执事咸曰近数年来皆异常酷热，如此凉爽得未曾有。尾而观者，或中流容与，或安步当车，啸侣呼朋亦颇济济。驾船前有清音、焰口船各一，咸以两舟相并，于舱面铺搭平台，上支布幔，四围各悬五色彩灯，倒影波中无殊燃犀牛渚。两舟比翼而行，一则歌喉宛转丝竹悠扬，一则铙钹叮当梵音嘹亮，往来荡漾亦颇可听。直至皓魄西沉、金乌东上，神驾始入城还宫云。

光绪十五年七月二十四日(1889 年 8 月 20 日)第二版

盂兰胜会

节届中元，九江自七月初一日起至十五日止各善士醵资倩僧道启建盂兰盆会并施放焰口超度水陆孤魂者不下百数十起，惟招商局、县城隍庙、岭南会馆热闹为最。招商局码头牌楼前上张五色幔，悬灯数十盏，光彩陆离，不异白昼。以外扎经台一座，并匾额对联，均用绢扎成，镶以玻璃，绘画飞禽走兽、山水人物，夜间可以燃烛，两旁用纸绢扎成十殿并判官、小鬼、焦面、大士、地方等神，手足口目宛转如生，令人见而生怖。台上延七僧人晨夕讽经礼忏，听经者毂击肩摩如入广寒宫闻霓裳仙曲。十四日县城隍庙施放焰口，西门城垣以及莲花池用竹木扎成冲「大」[天]油烛燃着，光烛云霄。十三夜义渡局用大渡船两艘镶拢连环架高台一座，上张五色华盖，四围明角灯、琉璃灯、纱灯，桅杆上又高悬七星红灯，游行上下江面，延僧施放焰口，沿江布施，河灯密若繁星，见者以为得未曾有。连日浔城内外儿童妇女昼夜游观，衣香鬓影，队队婵娟，屐印鞭丝，人人年少，可谓极一时之乐事矣。

光绪十五年七月二十四日(1889 年 8 月 20 日)第二版

闽海拾零①

闽人多供祀五帝神，每当夏秋之交择日舁神像出游，俗呼之曰游村。又必借楮先生之力制就龙舟，舟中日用所需无手不备，惟均以纸代之，涓吉舁至渡头付诸一炬，美其名曰出海，盖取载送瘟疫至外洋之意也。每遇游村出海，会中人皆采烈兴高，扮就傩神以数十计，黄金四目略似《周礼》所记方相神，俗呼为长柄鬼、矮八鬼，雇人顶之而行，习俗相沿已数十载。

---

①《闽海拾零》在第一、二版。此处摘录其中一部分，在第二版。

卞制军恶其神道设教无益民生，且当喧阗热闹之时最易滋生事故，因之出示严禁，不准赛会迎神。现各乡里虽有举行者，然只露尾藏头大不如从前之招摇过市矣。

光绪十五年七月二十五日(1889年8月21日)第二版

中元胜会

中元令节芜湖各铺户醵资赛会，俗名之曰烧天香。月朔以来次第兴建，而以十三四五六日为尤盛。每晚处处张灯，家家款客，既延释道拜诵瑜珈焰口经，复雇清音演唱霓裳羽衣曲，一时文人墨客、公子王孙联袂掎裳及时行乐，如云如水几于毂击肩摩，而蒋妹邢姨、张娇宋艳掩映■枣花帘底，尤足令狂生心醉魂消。……水师营及各衙署、公馆、善堂、洋行则更施放荷花灯，远而望之，几疑太华山头开遍莲船十丈。更彩饰楼船十数号，上缀五色琉璃灯，中坐僧道多人，法曲梵音临风袅袅，每船后随以划船多艘，以五色纸折叠成荷花灯，中贮樟脑松香，放乎中流，光明照耀。堤畔画船堤上马，真一年之胜会也。

光绪十五年七月二十六日(1889年8月22日)第三版

厦门客述

盂兰盆会各处风行，厦门不延僧道诵经，惟排日就街头巷尾各庙中纸糊一焦面鬼王俾人家备筵供献，或则雇优演剧邀友来观，履舄觥筹，通宵欢乐，美其名曰普渡酒。一月之内举国若狂，耗费金资何止数万。官宪恐人多滋事，派员协保亲至各街弹压稽查。

厦门风俗重巫不重医，是以阖邑无三折肱者，人家有病例舁清水祖师神像到家招巫觋跳神开方服药，生死委之天数，虽被神方所误亦皆不怨不尤焉。

光绪十五年八月初三日(1889年8月28日)第二版

北通近闻

中元佳节，各处举办盂兰胜会，或演戏说书娱人耳目，或谈经施食超度孤魂。至于险神地鬼法船、晚间施放河灯，愈形热闹，并各处恭请城隍入坛献供，一时青衫白袷士女往观几至万人空巷。比城隍神升炮出巡，旗牌仪仗一律新鲜，各班舍身执事妆成神差鬼使，铁锁银铛，令人生怖。驾至东门外南西闸，甫经入坛，倏尔浓云一片雨师税驾，看客均冒雨而归，狼狈之形不堪言状。是日恭请城隍入坛者共十三处，直至黄昏始抵北台循例赦孤，三更时始返驾回殿。舍身人等亦苦矣哉。

…………

年例六月二十四日山左人集资在三义庙演戏祀神，兹因雨水连绵改于七月十七至二十日雇定京都吉利班演戏四天。适值宿雨初收，晴光乍露，男女往观者人山人海，大有嘘气成云，挥汗如雨之概，赶台之小经纪莫不利市三倍。

光绪十五年八月初三日(1889 年 8 月 28 日)第二、三版

粤东剩语

老城隍庙素著灵异，凡遇水旱荒灾有求皆应，官商人等奉事维谨。七月廿四日系城隍神诞辰，是日子刻首府孙太守会同南番两邑宰亲诣拈香，男女之膜拜者毂击肩摩，昼夜不绝，附近茶亭酒店忙迫异常，无不利市三倍。

光绪十五年八月十三日(1889 年 9 月 7 日)第二版

都中琐记

闻北运河武清县河西务地方建有金龙四大王庙、杨村建有龙神庙、通州平家疃建有潮白河神庙，经通永道查明禀由直隶总督咨部恭照三月十六日恩诏遣官告祭，除祭文香帛照例封递外，其致祭官已奏派直隶天津镇总兵官

罗荣光就近恭往告祭。

光绪十五年八月十五日(1889 年 9 月 9 日)第二版

九峰秋色

松江东门外某庙塑有施相、杨侯二偶像,每届中秋佳节好事者必舁以出游。本届择于十三日自东之西暂驻郊外,至十五日迎回,仪仗鲜明。观者如堵。

东门外紫阳宫供奉东岳大帝,庙貌崇闳,每岁新春府县各员咸于此行迎春典礼焉。现以年久失修,屋宇颓败,由邻近某富户建议重兴,一俟择定吉期即须大兴土木矣。

光绪十五年八月二十一日(1889 年 9 月 15 日)第二版

求雨得雨

九江自七月望前得雨一次,迄今弥月,烈日当空,异常干旱,桔槔之声不绝于耳。凡木棉之结铃者嫩棉炸烈殆尽,多有华而不实者。早稻刈后,农夫欲插晚禾,苦于无水灌溉。德化县金雨卿明府于八月二十五日严禁屠宰,在城隍庙设坛祈雨,并延僧道讽经礼忏,晨夕虔祷。次日阴云四合,微闻雷声,俄而大雨倾盆,城厢内外沟浍皆盈,大慰三农之望。精诚感格,不得不归功于贤有司。

光绪十五年九月初三日(1889 年 9 月 27 日)第二版

贤宰求晴

霪雨连天,泥潦载道,当此秋收之际禾棉均已生芽。上海县裴邑尊民瘼关怀忧心如捣,昨晨虔诣城隍庙及沉香阁观世音像前拈香默祷求放晴曦。祷毕而回,行经旧教场,■某姓姑媳二人因事勃溪互扭至舆前控诉。邑尊饬差带回署内押候讯惩,既复传齐各铺地甲着传谕各屠户禁止屠宰三日以迓天和。想贤令尹至诚感神必能使雨帅返驾也。

又闻浦东南汇县属亦苦雨成灾,是处田亩木棉约有七分,禾稻只居其三，目今俱已腐烂不堪，农民相约入城纷纷以灾象禀报云。

光绪十五年九月初十日（1889 年 10 月 4 日）第三版

再申祈祷

上海县裴邑尊以霪雨兼旬农田无获，虔诣城隍庙、沉香阁两处祈晴，并谕令禁屠三日。日来仍连朝阴雨，罕见晴光，乃于前日复亲往端诚祈祷，未卜苍苍者天能俯念贤令之苦心，速令雨师返驾否也。

光绪十五年九月十三日（1889 年 10 月 7 日）第三版

为民请命

上海县裴邑尊设坛于城隍庙，并延羽流僧人诵经礼忏，邑尊早晚虔诣坛前默祷求放晴曦。按本埠昨日密雨暂停，晴光微放，已非前数日气象，倘从此畅晴，庶不负贤令尹为民请命之忱也。

光绪十五年九月十七日（1889 年 10 月 11 日）第三版

执香虔祷

上海县裴邑尊设坛于城隍庙，连日虔申祈祷。无如前晚仍复密雨如丝，邑尊忧心如焚，乃于昨晨执香步行虔诣城隍庙坛前祈祷求放晴光。未卜天心能默佑否也。

光绪十五年九月十八日（1889 年 10 月 12 日）第三版

苏台气候

苏垣苦雨已纪前报。现在雨师洒道，旭日韬光，各乡呈报水灾者不止一处。刚大中丞关心民瘼忧之甚深，爰于十五日起禁止屠宰，率同在城司道各官虔诣天后宫求晴，朝夕两次拈香默祷。府县仍在沧浪亭设坛祈晴。想大宪公忠体国诚能格天，不日即大放晴光以慰民望也。闻苏乡雨水过多，稻田浸没，收成必将减色，市侩已将米价抬高，每石骤加三四百文之多，柴价亦增倍蓰。当此民穷财匮之际，米珠薪桂，长安居大不易，想贤有司必当早为设法维持市面也。

光绪十五年九月二十一日（1889 年 10 月 15 日）第二版

西泠丛话①

十七日杭府李太守、仁和县高邑尊、钱塘县朱邑尊行牌禁止屠宰，十八日八点钟崧大中丞虔诚斋戒亲临宗阳宫设坛祈晴。苍苍者天尚其使雨师退避三舍以慰民望欤？

光绪十五年九月二十五日（1889 年 10 月 19 日）第三版

传谕禁屠

近日阴雨连绵，四乡花稻收成无望。上海县裴邑尊痌瘝在抱，早晚诣坛祈祷，并延僧道诵经。昨复传齐各图保、各铺甲到案，谕令传谕合境各肉铺禁屠三日以迓天和。

光绪十五年九月二十五日（1889 年 10 月 19 日）第三版

蟹舍丛谈

松郡自九月二十日禁止屠宰以来，惟廿二日晴光大放，洎乎夜漏下三商仍复阴云密布，檐溜丁冬。恩太守率同邑侯每日两次躬诣郡庙暨西门外天后宫、东岳庙等处虔诚祈祷，为民请命。未识苍苍者其亦鉴此忱否。

光绪十五年十月初一日（1889 年 10 月 24 日）第二版

---

①《西泠丛话》在第二、三版。此处摘录其中一部分，在第三版。

依旧祈晴

昨日上海县裴邑尊复饬僧会司、道会司等设坛祈晴，在邑庙月台上虔依前法按分八卦遴选道众数名执旗演法，与僧人轮流诵经。正值天宇开霁，或以为至诚感格所致，然至薄暮仍见阴雨密洒，未知碧翁翁肯放晴曦否。

光绪十五年十月初三日（1889 年 10 月 26 日）第三、四版

再申祈祷

浙抚崧大中丞、藩司许方伯、臬司廖廉访暨各道员于九月廿七日黎明诣上天竺法喜寺头山门，下轿步行虔请观音大士至城隍山药王庙设坛祈晴，早晚两次，于城隍庙右首铺设官厅，各宪齐集，持伞著屐，步至坛前约有数十步之远，拈香默祷，一时缁流口诵大悲观音经，法鼓金铙声彻云表。果能感而遂通遽使霪霖立止欤？

光绪十五年十月初六日（1889 年 10 月 29 日）第二版

演戏酬神

连日天气畅晴，道宪龚观察、上海县裴邑尊定于今日雇天仙茶园戏班在城隍庙演剧一日以答神庥。

光绪十五年十月初九日（1889 年 11 月 1 日）第三版

台北从谈

台北武庙前由大宪筹款遴委李蔚三参军就文庙右侧督建，鸠工庀材匪伊朝夕，计造楹殿前后两大进并花厅、池沼及活戏台一座，钩心斗角，雕刻玲珑，近已竣工。本月初一日阖郡官绅咸诣拈香，并雇祥升班演剧一天以庆落成。

光绪十五年十一月十八日（1889 年 12 月 10 日）第二版

求符助赈

同云密布，刚天公酿雪之辰，比户断炊；正季女啼饥之候，被灾之广，望赈之殷未有切于今日者也。昨承浙省不留名大善士因玉体违和来函叩请灵符三道，续助山东赈捐规银五百两，嘱解灾区。以指困之高风求病魔之郤舍，吉（人）天相，霍然勿药指日可占。窃以大善士生性慈祥，前因江浙被灾曾经乐助巨款，今复以兼金遥颁俾灾民借获更生。祗领之余尤为欣颂。昔人云阴德犹耳鸣，若大善士之屡解囊金不求闻达，殆所谓隐君子者欤！谨列报章以昭激劝。上海六马路仁济善堂筹赈公所施善昌等谨志。

光绪十五年十二月初四日（1889 年 12 月 25 日）第三版

厦门杂录

厦门养元宫供奉保生大帝，向来未闻有迎神之事。今夏福寿宫、清水祖师庙迎神赛会热闹异常，■多称道，养元宫司董见猎心喜，亦于十一月二十七日奉神出迎，旗伞锣鼓马吹抬搁色色鲜明，花费不下三千余金。以有用之钱作无益之事，孰若移助赈捐，可以生死人而肉白骨。往者不可谏，来者犹可追，质诸乐善君子当不以此言为河汉也。

光绪十五年十二月初八日（1889 年 12 月 29 日）第二版

1890年

祭黎母文

盖闻天地之大德曰生，听万物并育而不相悖，帝王之博施济众俾一夫不获以为余辜，诚以率海隅而共唯帝臣，普天下而莫非王土，此盖我黎母位跻婺宿、化被寰区，所深识大义之为昭、亦早先自神而效顺者也。兹长华奉天子命率我将士以开黎地，原欲变混沌太古之风，寒为衣而饥为食；化冥顽不灵之类，摩以义而渐以仁。归诚者怀，逆命者戮。虽在化外，犹当共懔声灵；矧属域中，讵可自为风气。知用兵原非得已，欲圣人以皆孩之。固将忠信而行于蛮貊之邦，庸有血气而罔识尊亲之戴。乃者诸将士蒙冒雾露斩刈荆榛，讵瘴「厉」[疠]为灾，忽作沟中之瘠，致膏肓莫挽半归泉下之磷。流血边城，读兵车行而陨涕；枕骸遍野，吊战场文而更哀。彼皆王事不遑贤劳，我独谁无天伦之乐，存殁莫知，前者甫作古人，后者复登新箓，付城西而藁葬三寸之棺已空，投郊外而火焚一抔之土何托，新鬼烦冤而旧鬼哭，(他)生未卜而此生休。呜呼，黯黯长城虫沙，暴骨累累丛冢，布奠倾觞，生也何恩，杀之何咎，岂真浩劫无可奈何，抑实夙愆终归于尽惨，不知故揆厥由来。或云阴风萧条砭人肌骨，或云毒泉「慓」[凛]冽沁人心脾。较蜮影而更奸，何蛊惑之太甚。似黎鬼凭陵作祟，能为伯有之殃。俾蒸民呼吁无辜同作良夫之枉，合观两路易地皆然，哀此三军无门可控，山川亦垂泪雨，草木为生悲风，念往抚存不忍道矣，伤心惨目有如是耶。长华悲悯为怀，救援乏术，本溺饥之由已，实甘苦之相同。睹兹肝脑纷涂，凄凉满眼；听到呼号痛极，呜咽回肠。伤哉坡下积尸文空传乎瘁旅，恸矣野殇作诔骚谁续乎招魂。譬真宰而诉天，天应共泣；敢为民而请命，命岂尽穷。伏惟黎母，乃神乃圣等西池王母之处荒邱，大慈大悲如南海观音之救苦海，既自爱云礽之裔，愿推恩将士之流。昔路伏波征蛮出师登五指峰而未造其极，海忠介平黎抗疏辟十字路而莫遂厥施。现今督帅下令进兵，克期凿道，统窟室巢居之境为衣冠文物之邦，所约法者无多，原造福于有众，成以不日令出惟行，所冀尊神地转天旋，云驰电合。扶以神力，效女娲后补石之工；鉴其精诚，施夸娥氏移山之智。荡妖氛而清世界，禽兽胥逃；逐魑魅而肃乾坤，龙蛇不害。陋五丁而不用，驱六甲以皆从遍刊密树；从箐康庄大道，勿使蛮烟蜒雨纠郁盘空。化磈礧之不平，消蹉跎之绝险。忧以喜而病者愈，何愁药石无灵，往不谏而来可追，应念桑榆非晚。转瞬春风已届，百沴不生；依然化日再中，群阴尽遁。然后广开学校，泽以诗书，岂徒大启田畴俾成富庶，牖其知觉复睹青天，隶诸版图，皆如赤子。夫外部通地中之海，人力有必贡舟车；即生番启台北之区，古来无不开风会。是知功同行水，讵可如三山之引动神风；倘蒙德速置邮，当请附群祀而仰邀湛露。永绝群酋窥伺，甲兵销日月之光，长为中国屏藩，带砺壮山河之气。自今伊始同我太平，我尊神固与有荣施，诸将士尤共叨灵贶矣尚飨。

〔此侯官张幼亦司马代方棣生观察祭黎母文也。司马负经济才，服官粤西，三提县印，诗文颇有奇气。谨按：黎母上应婺星，东坡诗所谓愿为黎母民"奇峰望黎母"是也。宋·胡铨梦见黎母遂谪海南，于传可据。上年方观察奉命开黎，将士瘴亡甚多，于时幼亦司马亦在军中，为民请命，建策祭黎母以通诸峒。观察韪之，遂撰文以祭，从此将士入峒开路，一律平安，直达于五指山暨黎母山下。明年又奉督帅令，开井字路，四通八达，克期功成。至「諴」[诚]感神一至于此，可见天人相通捷如影响。余去岁偕司马自山左还沪，途中昕夕相见，话及此事，叹为神助。昨又出示斯文，敬录之为海外一「叚」[段]奇闻，亦可资琼岛中一掌故也。天南遯叟王韬附识。〕

光绪十五年十二月二十二日（1890年1月12日）第一版

北通岁事①

入冬以来尚未得雪，许仲韬观察俯念民艰，于腊月十六日起在大关庙设坛祈祷，禁止屠牲，并延僧道讽经，昼夜不辍。二十夜滕六效灵，琼瑶遍野，足见贤监司为民请命能上格天心也。

光绪十六年正月初十日（1890年1月30日）第二版

① 《北通岁事》在第一、二版。此处摘录其中一部分，在第二版。

鸠水采风

芜俗，每当岁暮家家延羽士焚香禹步，名曰法穴，取扫除旧秽之意也。二街张某家号小康，小除夕循例延羽士法穴，事毕燃放白子爆，不「堤」[提]防火星飞入厨房，延及积薪，致兆回禄之祸。幸为时尚早，家人未入睡乡，赶急取水灌浇得以立时熄灭云。

光绪十六年正月十二日（1890 年 2 月 1 日）第二版

鹭岛春光

正月初九日相传为玉皇上帝生辰，官绅士庶均于初八夜预备牲醴竭诚致祭，谓之祭天公。各家皆用糯米粉制糕，厥状如龟，陈列牲醴之旁，竟有以数斗米制成大龟以为供献者，人则五体投地效龟行在供桌下「扒」[爬]十二转或廿四转，不知是何取义。统厦门一隅计之，初八九两日祭费已有数万余金云。

厦门各街于正月初（旬）搭造一天公堂，供奉玉皇上帝，俾各街店铺居民来此设祭。堂内摆设古董、悬挂名人字画，金碧辉煌，钩心斗角。去年各郊生理未有倒闭之事，倍觉兴高采烈，自初六七八日起各堂演唱官音大戏，玉箫金管、铁板铜琵声闻远近，较往年尤为热闹。

光绪十六年正月十七日（1890 年 2 月 6 日）第二版

上苑春光

去岁河南郑州大工合龙，吴清帅奏明于郑工金门堤上建盖河神庙、大王庙以答神庥而资巩固，当蒙俞允。嗣由河帅筹款派商集料鸠工择吉兴修，至十一月间一律工竣，迎神入祀，旋由河帅据情奏报并咨部立案列入祀典云，想见庙貌聿新，美轮美奂，从此河伯效顺，黄流安澜，奠两堤如铜墙铁壁而无虞漫决，则沿途居民莫不馨香祝之而垂千古美谈矣。

光绪十六年正月二十四日（1890 年 2 月 13 日）第二版

烟台近事

之罘迤西玉皇顶上旧有玉皇庙一所，道家谓正月初九日为玉皇诞辰，届期必召集梨园登台演戏。绅商士庶趁进香之便结伴登高，亦见杨柳帘栊，枇杷庭院花开，姊妹紫姹红嫣，至此必连袂偕游借以招蜂引蝶，“香烟人气，两般儿氤氲得不分明”，《西厢记》曲文颇切■时风景。

光绪十六年正月二十九日（1890 年 2 月 18 日）第二版

定期赛会

宁波北乡压赛堰有东岳宫，年例每逢二月奉东岳大帝暨王天君出巡，所谓永昌会者是也。闻今年定于十九日祭旗，二十日出殿，二十一日先巡江北岸一带，二十二日巡镇海白沙等处，二十三日巡慈溪樟桥等处，想届期士女如云，必有一番热闹也。

光绪十六年二月初五日（1890 年 2 月 23 日）第二版

维扬杂纪①

俗传二月二日为福德神诞辰，扬州新旧两城各坊土地祠均于是日由本坊居民醵资设供，香烟缥渺，灯彩辉煌，庙墙之上彩绘各种戏剧以壮观瞻，并招雇小清音班，笙歌嘹亮，鼓吹升平，亦一年中佳会也。

光绪十六年二月初八日（1890 年 2 月 26 日）第二版

苏台小志

苏州府头门内向有土谷神庙，灵应昭著，兵燹以后祀典久虚。兹经各房

① 《维扬杂纪》在第一、二版。此处摘录其中一部分，在第二版。

书■禀请照常祭祀，现蒙魁太守批准，择于本月望日亲自拈香致祭，庙中香烟缭绕，鼓吹悠扬，一时甚为热闹。

光绪十六年二月十八日(1890年3月8日)第二版

五羊纪胜

本月初十日广州府李宫山太守会同番禺县杨大令亲诣白云山龙王庙拈香，盖为民祈福也。

…………

道家相传二月十三日【为】洪圣神诞辰。先一日，东关洪圣庙司事奉神像出游，仪仗「斩」[崭]新，规模整肃。适值风和日丽，天朗气清，是以远近人家争先快睹，万人空巷，竞斗新妆，古时长安水边三月三日恐亦非必有此繁盛情形也。

光绪十六年二月二十七日(1890年3月17日)第三版

天津纪要

每年三月天津天后宫例得举行皇会，四月间又有药王会，虽曰及时行乐，然亦劳民伤财。刻经天津县孙筱坪明府出示禁止，如有会首及住持人等借故擅违，定当提究。盖不欲民间以有用之财作无益之事，亦贤父母一片苦心也。

光绪十六年二月二十九日(1890年3月19日)第二版

循例赛会

今日系清明节，本邑城隍神循例出巡。定于午刻出庙，向西过陈市安桥，向南由三牌楼经太平街，转南过县桥，经过道辕，折回向北，过县署及海防署，出小东门，由法租界护城河向西南到坛，祭毕，进西门绕道回庙。

裴邑尊告示照录左方：

为出示晓谕事：照得三节祀孤例应迎请邑神诣坛，民间往往增饰仪从，虽前县示禁而未能一律遵行。前经本县访闻，有等好事之徒及工匠人等敛钱聚会，兴起臂香、阴皂、看马、装扮马夫、花扎十景牌、大锣班、逍遥伞诸名目，哄动城厢内外，无知男女填街塞巷，拥挤观看，以致剪窃匪徒乘间攫取首饰物件，且有无耻妇女涂脂抹粉扮犯随行，引诱浪游子弟逐队嬉戏。近时更有游手好闲之辈，手持管弦乐器随会行走，沿途吹弹，结队成群，动辄滋事。以上各项，既失祀孤本意，尤见亵慢神灵，大属不合。至会中马执事人等，凡遇热闹地方任意驰逐，一经碰撞，轻则受伤，重则性命堪虞，全不思三巡典礼一切仪从自有常例在。尔等敛钱聚会原以祈福，现在灾赈未停，何不将此资费移充作赈，上可为安分良民，下可与儿孙造福，以无益而为有益，较之徒耗赀财终归无济者，岂非天壤悬殊。历经明白晓谕在案。兹查闰二月十六日又值上元迎神之期，诚恐故智复萌，自应仍限辰刻起马、未刻恭迎回庙，并不准绕道游行租界。除谕该庙住持传知外，合行出示。为此示仰阖邑诸色人等及各项会首一律知悉，自示之后不准兴起前项会首名目，至马执事人等均须缓辔徐行。倘敢故违，定提重究，决不宽贷。凛之，切切。特示。

光绪十六年闰二月十六日（1890 年 4 月 5 日）第三版

赭塔望春

芜湖风俗，每届清明时节舁城隍神像至赭山地藏殿，名曰放孤鬼，会中人咸谓阎摩天子尽释冥中无祀孤魂分扰游人得邀祭祀，真无稽之谈也。今岁清明风和日丽，好事者兴高采烈，踵事增华，仪仗鲜明，衣裳艳丽，巡行各处，过市招摇。一时拾翠佳人、踏青公子香车宝马络绎而来，亦有蹑登赭塔巅凭阑望远。洵乎美景良辰赏■乐事也。

光绪十六年闰二月二十三日（1890 年 4 月 12 日）第二版

名山胜景

京西妙峰山冈峦层叠，山势陡削，其最高处去地四十里。内有碧霞元君庙，灵爽式凭，祈祷辄应，曾受敕封，载在祀典。每年四月朔起辟庙半月，进香男女不远千里而来，扶杖登山，不分昼夜。前年津城某善士恐暗中摸索或入歧途，捐助洋灯，于辟庙之期沿途燃点，进香者受惠良多。今春又有善士以山径逼窄崎岖，倘一失足，一落千丈，不堪设想，拟于山边往来要道护以铁栏，俾免倾跌颠越，特以独力难成众擎易举，遂为集众书捐之举。行见红栏缭绕引游屐以徐来、翠嶂参差界炊烟而欲瞑，墨客骚人又添几许诗情画意矣。

光绪十六年三月初十日（1890 年 4 月 28 日）第二版

潞江[①]迎夏

亢旱不雨，田坼若龟，许观察筮期三月初三日率同属员在鼓楼后关帝庙内设坛祈祷，并委程少尉虔赴东关龙王庙焚香叩取圣水，灌入花瓶，上插柳枝，用黄亭舁至坛前敬谨供奉。想神灵默佑自当早沛甘霖也。

光绪十六年三月十八日（1890 年 5 月 6 日）第二版

台北近事

台湾风俗素好佞佛，迎神赛会之事终年不绝。每有兴作，莫不穷奢斗艳，虽糜巨费而不惜。小南门外十五坌保安宫向奉保生大帝，月之初一日土人奉神出会周游四境，执事鲜明，鼓乐竞奏，红男绿女空巷往观。

光绪十六年三月二十二日（1890 年 5 月 10 日）第二版

松江擢歌

年例三月二十六日好事者必舁东岳大帝、刘忠显公、温天君、护粮之施公、杨侯六神像出游，至二十八日回庙。郡志所载名为田发会，盖即祈年丰

① 潞江：潞河，位于北京市通州区。这里指通州。

之意也。本届华、娄两邑尊以时逢试士诚恐滋生事端，因禀请恩太尊谕令展至四月初六八日迎赛。

光绪十六年三月二十八日（1890 年 5 月 16 日）第三版

析津杂志

天津镇道率属结坛于城隍庙求雨得雨，遂于十五日起演戏四日以答神庥，已列前报。惟初十日得雨究系终朝霢霂，未获大沛甘霖，畎亩小民仍切云霓之望。二十夜雨师复经税驾，约及四鼓沛然雨下，如玉女倾盆、银河倒泻。廿一日晨铜钲高挂，四望郊原生意满目，瞻蒲望杏者咸欣然色喜云。

光绪十六年三月二十九日（1890 年 5 月 17 日）第二版

瓜洲会景

江北瓜洲地方年例于春夏之交举行都天胜会，以冀默邀神佑降福消灾，此愚民之陋俗也。兹当赛会之期，好事者咸兴高采烈，三月二十五日恭舁神驾出巡。前导旗锣伞扇无不耀眼鲜明，继以抬阁、秋千各一架。次则童男女扮就各种戏剧共十五起，雏年秀质妙选一时。再次则香亭、龙亭、提炉、宫扇。最后则瘟神、财神。凡瘟神到处，景象冷落，非特香火全无，且率众驱而逐之，谓之祛瘟。俄而财神至，则笙歌竞奏，酒肉纷陈，家家邀接，恐后争先，谓之接财。财神暂莅，大小咸欣欣然曰亦将有以利我家乎，由是趾高气扬，便有骄人意态，以为发财可以操券，比户皆然而不以为耻吁。财神之后则都天神像，坐绿呢大轿，威灵显赫，望之俨然，沿途居民俱捻香膜拜，肃静无哗。盖至此而会毕矣。入晚会复举，烛龙万道，齐吐光芒，世界通明，诚不减上元火树。此京江之盛会，亦瓜步之奇观也。

光绪十六年四月初二日（1890 年 5 月 20 日）第三版

榕乡①夏谚

东郭外十里许有东岳庙，气宇轩昂，约有数十进，为一方之胜地。庙中年例于三月二十四五两日舁岳神出巡城厢内外，旗人信奉者尤多，卤簿仪仗俱极鲜明，故神驾左右前后皆弯弓乘马者拥护，一律黄衣黄帽，头插黄鸡毛，迎风飘飐，神像之威严侔于王者，乘坐大轿，其余列圣皆坐亮舆。丝竹纷纭，香烟缭绕，观者人山人海，推挤不堪。直至夕照西沉会止而游人亦散。

光绪十六年四月初三日(1890 年 5 月 21 日)第一版

芝罘近信

三月二十三日为天后圣母诞辰，天后宫及潮、建帮二会馆俱演戏庆祝，一时观者人山人海，拥挤异常，阶下台前几无插足之地。嗟乎，大抵人生及时行乐，际此丝清竹脆、舞软歌娇，宜联袂而来者无不兴高采烈也。特较■浅斟低唱，其雅俗为不同耳。

…………

距烟三里之玉皇顶上旧有玉皇庙，近年以来香火颇盛。住持因规模窄隘不足以壮观瞻，于是邀请首事者向本街诸善士信女募化重修，现已鸠工庀材大兴土木矣。

光绪十六年四月初八日(1890 年 5 月 26 日)第一、二版

京口谈荟

瓜洲会景已登报端。兹京口亦于本月二十日举行都天胜会，各会堂早于半月前铺张扬厉，香花供品无一不斗丽争奇，至于手艺帮中所助之抬阁数架须于会期之先两日方可演试。官斯土者以神有保障安澜之功在于黎庶，

---

① 榕乡：福州别称“榕城”。这里指福州。

故各衙署亦拟陈设供品以迓神庥，盖亦循旧例也。

光绪十六年四月初九日(1890 年 5 月 29 日)第二版

九峰揽胜

初八日会中执事人恭舁东岳帝等六神像游行街市，进东门而绕出北门始行回庙，一时观者兴高采烈，举国若狂。于时又有控马扬鞭驰逐于人丛中以自鸣得意者。闻得某甲之骑撞倒李某，鼻准受伤甚重；又某乙在施公会中执香屹立桥心，蓦被某丙所坐之紫骊驹冲跌浊水河中，衣襟湿透，臭不可闻，幸尚无性命之忧。初十日复赛萧王会，一切仪仗亦颇灿烂可观云。

光绪十六年四月十五日(1890 年 6 月 2 日)第二版

章武纪闻

年例四月初八日由天津府县牒请府县城隍诣郡厉坛赦孤，载于祀典。预于初六日恭请神像出巡，一切执事即由府县书差承充。其外有好作鬼脸者，装扮九幽十八狱种种变相随同神驾游行，谓之鬼会。今岁迎神赛会概由地方官示禁，惟赦孤一举不在禁例，故仍旧举行。据曾经寓目者言，神前之座马暨马童等最为出色，而灯棚之陈设尤为光怪陆离，踵事增华。虽曰作为无益，亦神道设教之一端也。

光绪十六年四月十七日(1890 年 6 月 4 日)第一版

玉河梅涨

颐和园中玉泉山上有龙王庙，年久未修，风雨剥落，庙貌不甚壮观。三月杪翠华临幸是处，见此庙倾圮情形，即传懿旨着海部即将该庙从新翻盖，务期聿新，以示整肃。遂由海部饬知厂商核估土木油画各工应需钱粮若干并开明做法呈览。刻已拨匠鸠工从新修盖矣。

光绪十六年五月初二日(1890 年 6 月 18 日)第一版

潞河夏涨

东关外药王庙于四月二十六日起辟门演戏四天，适值久晴不雨，天气炎热，观剧者几至嘘气成云、挥汗如雨。有某甲忽患霍乱，急延针科针治，未识能起死回生否。

京西海甸皇会于四月廿九日排齐龙旗、御棍、响锣、铜鼓请驾到通，暂寓西街客栈，次早虔往城南浬江泗庙娘娘驾前朝顶进香。在会各执事均系娘娘之家人，每年五月初一进香一次，循俗例也。

光绪十六年五月初九日(1890年6月25日)第二版

杭垣近语

杭俗以每年五月十六日为旌德观温元帅诞辰，乡人排列彩仗周行城厢内外，取逐疫之意。兵燹后某中丞勒石永禁，近来日久玩生又复举行，争奇斗艳，别出心裁，闻今年较上年更增五六倍云。

光绪十六年五月十六日(1890年7月2日)第二版

磨刀胜会

五月十三日相传为关圣磨刀之辰，九江各寺院崇奉关圣像者均以是日馨香祷祝，岭南会馆尤为热闹。先期有值年首士安和、谦益等土号往安徽省城以重价雇定著名京班初十日附轮来浔，十二日开演，至十三日晨殿庑上下鼓乐迭奏、牺牲罗列。主祭者系九江府曹朗川太守，助祭者黄梅西司马、彭星阶大令、许晓峰明府，此外更有洋行及茶土各商，冠裳云集，舆马星罗，颇极一时之盛。大殿高张五色锦幔，宫灯、皮灯、玻璃灯共悬数百盏，五光十色，鲜艳异常。圣座前所设供养金珠宝翠如数家珍，且有各种时花，杂以瓷铜玉石各物，位置得宜，见者诧为得未曾有。是处前临庐山，背接大江，风景天然，又值榴红蒲绿之时、草软花娇之地，宜乎香闺俊侣拾翠偕来艺苑名流胜游快续也。

光绪十六年五月十九日(1890 年 7 月 5 日)第三版

皖山晴黛

安庆省垣定期五月二十四五两日迎赛城隍会。是日天气炎蒸,浑汗如雨,而好事者仍兴高采烈,斗丽争奇。计五猖会、地方各会卅余起,高跷会十余起,寿星会二起,张仙送子会一起,阴阳官会、财神会各两起,五叉会四起,清香炉会十余起,醋糖会三十余起,其余中小会几有偻指难终。行至各宪辕前均施放花爆,每大会赏银牌一面、红布一匹,小会赏雪片糕两条。当热闹时,城厢内外绿女红男无不衣服[斩][崭]新,争先快睹,以致幼孩之被挤失落者多至四家,事后四处鸣锣招人寻觅,现已寻获一孩,尚有三孩未识能完赵璧否也。

光绪十六年六月初二日(1890 年 7 月 18 日)第二版

湖山藻夏①

涌金门金华庙于去岁兴工改建,规模宏敞,丹青焕然,好事者定于六月初一日赛会迎神于炎天烈日之中。作无益有害之事,神如有灵必不见许也。

光绪十六年六月初六日(1890 年 7 月 22 日)第二版

金华盛会

杭垣金华会日期已列前报。兹悉浙抚崧振青中丞去年四月间恭折奏请御笔匾额并请加封,七月间朱笔圈出"诚感"字样。奉旨后即将殿宇改建,规模宏敞,金碧辉煌,现已落成。择于月之初一日神驾先出涌金门,至表忠观设玉帝位上表、钱王祠朝参,毕,进城诣万寿宫行礼谢恩。复游社巡视,二更后由西辕门回殿。其寻常旗锣伞扇外,更有高跷、地戏、台搁、肩搁、炉子、幡

① 本条记杭州之事。

杆、龙灯船、香亭、香盘、神枪、神马等助会，一时瞻仰者凫而趋、鸠而集、鹄而立、鹰而视，锣鼓喧哄，卜昼卜夜，斯真举国若狂矣。

光绪十六年六月初七日(1890 年 7 月 23 日)第二版

京师灾象

初三夜忽有灾民二三百人男女赤条条不挂一丝奔至彰仪门外白云观求救，住持道士见而悯恻，安置空室，次日市衣履给之。救人于水火中可谓善矣。

光绪十六年六月三十日(1890 年 8 月 15 日)第一版

盂兰盆会

每届中元节各处皆有盂兰盆会。本埠新闸西首广肇山庄常年建设水陆道场，扎成灯彩，陈列古玩，踵事增华，矜奇斗巧。今自昨日为始仍延羽士建醮讽经，海滨裙屐又可于夜凉月朗时驾香车、挈俊侣赴园林佳处一听梵唱也。

光绪十六年七月十五日(1890 年 8 月 30 日)第二、三版

节会例志

今日为中元令节，本邑城隍神循例出巡，出小南门迤逦至坛，晚间进老北门回庙。上海县陆春江大令先期出示禁止大锣班、十景牌、解饷会、看马、阴皂隶并沿途吹弹、妇女扮犯等名目，并由大令饬差巡察以免滋事。

光绪十六年七月十五日(1890 年 8 月 30 日)第三版

沪城会景

本埠城隍庙每逢三元令节迎神出巡。本届中元节天时晴朗、风物宜人，城

阓内外红男绿女持斋还愿，虔爇一瓣心香，向神座下深深膜拜者有肩摩踵接之势。俄而会中人迎神赛会，所扮各样如马执事、皂隶、清客串、臂香、黄旗、令箭、万名伞、万名旗、刽子手、看马，黄令旗上绣风雷火电等字样，黄尼会、小鬼、判官，神轿五肩，护国公显佑伯殿后。马执事等，每社或数对或十数对不等，共有五起，在会者约计数百人之多。自邑庙启行，迤逦过各衙门、巡防局，皆设香案升炮迎送。复出城往南市一带，折而北，经咸瓜街，过陆家石桥时已钟鸣六下。法捕头备德禄与谢副捕头谕各包探带同伙役并落差之中西捕往新、老北门外护城河畔及小东门外一带分投弹压。会中人以经过大马路有碍马车来往，遂穿洋行街转西，沿护城河过西门到坛稍憩，其时暝烟已合，皓月未升，于是然灯照路，明星万点，光烛通衢，入老北门绕道回庙。途中有局勇分「叚」[段]弹压，流氓不致滋事，妇女之看会者尚无攫环抢簪之事，惟西门外马路中有某甲行走被马车碰撞，幸受伤不重，谅无性命之虞也。

光绪十六年七月十七日(1890年9月1日)第三版

定期建醮

每年秋间本埠城厢内外各业建设盂兰盆会，今年入秋以来沪上各业之设醮祀孤者日前已有数起。南市各业亦建醮坛，羽士游行街市，铙钹喧阗，幢幡飘飐。闻各药材行拟于本月二十六等日启建水陆道场，并扎各色纸灯及龙船等物，细巧玲珑，惟妙惟肖。窃谓设坛建醮每岁常例，未能议革，然近来顺直、山东等处水灾甚重，饥黎载道，待哺情殷，与其穷工极巧作无益之事，孰若提出数成经费移助赈捐俾灾民共沾实惠乎?

光绪十六年七月十八日(1890年9月2日)第三版

金阊夕照

姑苏七子山有三官大帝庙，俗传七月望日为大帝诞辰，自月朔以迄望日无明无夜、无女无男，膜拜进香，不绝于道。凡乞丐之瘤者、瘍者、跎者、跛者、盲者、哑者、脓血被体者、涕泗交颐者，皆手击木鱼哀求布施，使外邦人见此必将疑为动物博览会矣。

吴俗三元令节各庙皆舁神像至坛，名曰督祭，赛者既兴高采烈，观者更举国若狂，七里山塘画船如织，花香人气掩映于文窗珠箔间，游荡少年互相征逐，致前年有茶楼压倒、桥梁挤断等情，为害地方诚无既极。■县马明府有鉴于此出示禁止，略谓今届中元令节除府县城隍入坛致祭外其余无论何项神像一概不准入坛，亦足见贤父母戒靡去奢关心民瘼也。

光绪十六年七月二十一日（1890 年 9 月 5 日）第三版

醵资设醮

每逢中元节各业均设盂兰盆会。前夜本埠各马车行醵集资财延羽士备冥镪建水陆醮坛赈济孤魂，并备宝马、香车、香亭、执事奏乐鸣锣遍游租界，预先知照捕房派中西捕沿途弹压，观看者殊形热闹。

光绪十六年七月二十二日（1890 年 9 月 6 日）第三版

神宇告灾

福州城隍神为闽人所钦奉，香火十分热闹。庙在藩署之后，头门右侧为阴阳司庙，城内外居人凡有祷祀欲乞灵于神者必先叩祝于二司。本月十四日阴阳司庙董事人等援照年例召梨园子弟以佐清觞，下午时候优人正在登台唱戏，观剧之人如山如海互相喝采，忽见台后黑烟突起，火光熊熊，游人抢步图遁，有跌倒在地、遗失扇履者。其时火烈具举猛不可遏，由六科■事文昌楼一直烧进。此庙年久未修，木料干燥，回禄神东冲西撞，约二点钟许悉成灰烬。庙后一带民居幸有高墙挡住未遭池鱼之殃，然已受惊不浅矣。

光绪十六年七月二十五日（1890 年 9 月 9 日）第一、二版

北通近事

中元令节各庙皆启建道场施放焰口。西水关黄亭、东关卸货厂药王庙、

北关葫芦头更陈设戏要，燃点河灯，舁城隍神像入坛，仪仗鲜明，执事严肃，跄跄济济如睹汉家威仪，有舍身人二百余名铁索琅珰扮成枷犯。无益有害诚宜（禁）也。

光绪十六年八月初二日（1890 年 9 月 15 日）第二版

嘉兴近事

禾中瘟疫盛行，诸绅之不解事者定于七月廿六日辰刻舁忠靖王〔即温元帅〕偶像出游。出南城门即有曹王庙，会中人舁武惠王偶像（翘）待。及进南门出北门，复有好事者舁安乐王偶像恭迎赴宴。沿途仪仗务极鲜明，观者如云，路为之断。翌日又舁武惠王偶像出行。虽曰逐疫驱邪，实以敛钱惑众，且人多之处汗气蒸腾，人或触之最易酿成疹疠，殆所谓非徒无益而又害之者耶。

宗太守以地方瘟疫流（行），思借神力以弭灾患，亲赴火神庙忠靖王座下焚香拜祷叩求奏达天庭化凶为吉。神道设教亦足见良二千石之苦心已。

光绪十六年八月初三日（1890 年 9 月 16 日）第二版

禳灾致祸

松江来信云：郡城时疫盛行，好事者纷纷建醮设坛俾二竖子退避三舍。西门外白龙潭一带招雇缁流羽客建醮于施公庙中，扎成五色纸船，中储冥镪，撤坛之夜唤小舟载羽士沿途宣诵梵呗，其声喃喃，行至义渡浜将船焚化。近村遥见火光直上，疑是祝融氏为灾，四出鸣锣招人护救。后得访知颠末，乃谓此地幸邀天佑并未沾染瘟「瘟」［癀］，汝等竟以瘟舟送来，此岂非为移祸之计乎？焚者强项不稍屈，以致互张旗鼓相与凶殴，复蜂拥至江干，遽将坐船拔置陆地，声言今岁村中无恙方肯罢休。不知以后能调停妥洽否也。

光绪十六年八月十一日（1890 年 9 月 24 日）第二版

嘉兴琐纪[1]

郡中时疫尚未敉平，无业游民复于二十日升安乐王偶像出游，由中街、汇塘湾街进北门，绕西南北三门，出东门，经西街回庙。嘉、秀两邑城隍庙及温元帅庙皆设茶筵以待。疹疠迭起原系天气使然，神即有灵乌能消灭。无益之举，本馆早已立说辟之，乃仍敛钱惑众过市招摇，意者愚人之愚真有至死不变者欤。

光绪十六年八月二十四日(1890年10月7日)第三版

芜湖纪事

秋来旱魃为灾，赤地千里，王邑尊自本月初二日起虔心斋戒设坛城隍、龙王两庙祈沛甘霖。日来虽有阴云，未见满城风雨，骚人韵士载酒登高，试望平畴，禾皆枯槁。其雨其雨，不知何日始洒遍大千世界以慰农民也。

光绪十六年九月十五日(1890年10月28日)第二版

松江霜信

松郡每届重阳令节，好事者必迎神赛会借以引动多人流连风景。本月初七日会中执事人恭舁施相、杨侯两神像道出东关驻驾，初九日迎回本庙。惟罗神会则于重九日迎赛，出西关，进北门，旋即回殿。所有仪仗俱极鲜明，观者途为之塞。此亦一年胜会也。

光绪十六年九月十五日(1890年10月28日)第三版

邑尊祈雨

入秋以来甘霖稀少，四乡黎庶望泽孔殷。上海县陆邑尊为民请命，特于

---

① 《嘉兴琐纪》在第二、三版。此处摘录其中一部分，在第三版。

前昨两日亲诣邑庙虔诚祈祷以迓祥和。

光绪十六年九月二十五日(1890年11月7日)第三版

令节迎神

今日为下元令节,本邑城隍神循例出巡赈济孤魂。预由陆邑尊出示禁止花十景、大锣班、阴皂隶、逍遥伞、臂香会及沿途吹弹并妇女扮犯等名目。闻各会首所定路由出大东门进西门云。

光绪十六年十月初一日(1890年11月12日)第三版

润地喜雨

镇江不雨者已两月矣,四乡黎庶无不望苍苍者早沛甘霖,庶几土润可耕得以及时种麦。丹徒县帅邑尊关心民瘼,择吉上月二十日出示禁屠,就郡庙设坛求雨。二十三日复以神道设教舁都天大帝偶像往万寿宫设坛虔祷。以祝厘之地作选佛之场,一瓣心香昕宵敬爇。至二十五日夜半黑云蔽野,细雨霏霏,继而溅玉跳珠,滂沱不息,翌日天晓雨师始卷旗而回,一时蔀屋乡民欢声雷动,咸谓来岁可免春荒矣。

光绪十六年十月初三日(1890年11月14日)第二版

烟台近事

迤西三里余玉皇顶上旧有玉皇上帝庙,连年香火甚盛。庙祝欲广其规模,由会董募化巨资鸠工庀料从新修造。月之初一日为神像开光,招优演戏,甚形热闹。是役也闻已化费三千余金云。

光绪十六年十月十七日(1890年11月28日)第二版

龙古山道士

秘授太素脉相法，寸关尺诊，好能知富贵贫贱祸福吉凶，毫厘不爽，相金三角，施医男妇胎产方脉分文不取。寓昼锦里轿伞店对面石库门内。

光绪十六年十一月初六日（1890 年 12 月 17 日）第五版；光绪十六年十一月初七日（1890 年 12 月 18 日）第六版；光绪十六年十一月初八日（1890 年 12 月 19 日）第六版；光绪十六年十一月初九日（1890 年 12 月 20 日）第六版

1891年

定期赛会

宁波北乡压塞堰地方之东岳宫，每岁二月间奉东岳大帝暨王天君出巡。是会系鄞、慈、镇三邑乡人集赀而成，即所谓永昌会是也。闻今岁择于初七日祭旗，初八日出殿，初九日先巡鄞之江北一带，初十日巡镇之白沙等处，十一日巡慈之樟桥等处，届期士女如云自必异常热闹。然以有用之金赀作无益之举动，旷时费日，劳精疲神，是亦不可以已乎？窃思北地被灾正当青黄不接之时，待哺方殷，发棠屡请，若能减省会费移助赈资，一转移间便是无量功德，敢以此说质诸痌瘝在抱者，或不视为河汉乎？

光绪十七年二月初三日(1891年3月12日)第二版

清明赛会

今日为清明佳节，会中人舁城隍及四司偶像巡行各处，借口于奉旨赈祭孤魂，实则不免招摇过市。定于午后出小南门，傍晚进老北门。陆邑尊知会中花十景、大锣、阴皂隶、逍遥伞、解饷会、女犯人等矜奇吊诡易肇祸端，因先期出示禁除，违者惩办。

光绪十七年二月二十七日(1891年4月5日)第三版

〖江抚德馨奏报收回张真人借款缘由片〗[1]

〔德馨片〕再据藩司方汝翼详称“案查嘉庆十九年钦奉谕旨赏借张真人修宇赎田银二万两，经前抚臣先福奏明在司库闲杂款内筹解，当经该司遵于库存各营盐规项下借放银八千两、谷价盈余项下借放银七千两、各营武职缺

① 该奏折见于《申报》附张《京报》第三千六百六十号《光绪十七年二月二十日京报全录》。

半养廉项下借放银五千两，共银二万两，原请自嘉庆二十年起分作二十年归还。除已还银五千一百两归还原借各营盐规，尚未还银一万四千九百两。因逾限无完，又于道光二十年经前藩司赵炳言议请将弋阳、贵溪、安仁等县额征上清宫斗阁香田租谷变价盈余银两解司划收以期清还借款在案。计自道光二十一年起至咸丰二年止陆续收还原借各营盐规二千九百两，又于道光二十一年收还武职缺半养廉银五千两，连前已还银，一万三千两均于历年司库杂款收支拨册内按次缩除原借之数造报无欠，尚未专案具报。所有未还谷价盈余银七千两现已陆续起存归还，容造入光绪十七年新拨司库杂款收支册内报查。理合详请具奏”前来。臣复核无异。除咨明户部以清积案外，谨将张真人借款业已一律收还缘由理合附片陈明，伏乞圣鉴。谨奏。奉朱批“户部知道”。钦此。

光绪十七年二月二十八日(1891 年 4 月 6 日)第十一版

湖楼春望

清明节府县城隍循例出巡东栅口，乡间高桥庙又届别赛水会之期，乡人兴高采烈，扮成龙船、踏排船、荡湖船、盘车船，笙箫杂奏，锣鼓齐鸣，船只大小不一，计不下数百艘，在南湖经过，谓之闹南湖。其时，城乡男女老幼数千人争来观看，白石老人所谓“堤畔画船堤上马，绿杨风里两悠悠”，佳景何不可移赠南湖耶！

光绪十七年三月初三日(1891 年 4 月 11 日)第二版

赛会志盛

昨报纪沪南高昌庙神像出巡云云。昨日上午十点钟时由各会首恭迎神像出庙，绕行制造局、陆家浜，向西入马路、斜桥，过龙华镇，然后迤逦回庙。会中执事除旗锣伞扇外，有王命旗牌、敕印、风雷火电等马。又有马上负执事者、掮十二时辰旗者，率皆光怪陆离，兴高采烈。又在马上扮赵家楼一出，意致生动，见者无不喝彩。此外有臂香、拜香、花十景、万民伞。万民轿一乘，内储玉如意一只。殿以神像。当游行各处时，观者人海人山，几于嘘气成云、挥汗如雨。帮办总巡朱森庭明府深恐人多肇事，督同局勇分投弹压，以免意外之虞云。

光绪十七年三月初三日（1891 年 4 月 11 日）第三版

闽垣杂俎

出东郭门五里许，有东岳泰山庙，殿宇宏「厂」[敞]，深至二十余进，香火极盛，旗人尤信奉之。年例三月二十四五两日舁神像出游，一时善男子善女人欲为父母祈平安者咸带锁披枷追随会后，沿途络绎不下三四千人。神若有灵，其亦睹此载道桁杨为之恻然心动否也。

光绪十七年三月二十九日（1891 年 5 月 7 日）第三版

会戏盛行

九江天后宫、火帝庙等处正值神诞赛会之期，众檀越相与敛赀雇梨园子弟登台演剧以答神庥。各庙中张灯结彩，鱼龙曼演，袍笏鲜明。数十里内外携男挈女而来者几如临淄道中肩摩毂击，白袷临风圆映王珉之扇，红罗贴地香兜小玉之鞋，真觉士女丰昌莺花撩乱矣。闻江北各乡村亦有买棹而来者。良辰美景、赏心乐事兼而有之，诚升平之佳话、江国之胜游也。

光绪十七年四月初五日（1891 年 5 月 12 日）第九版

云津杂录

天津府县城隍例由府县牒请于初八夜赦孤，预于初六日由两署差役恭备仪仗协同在会人等戴假面具鬼鬼祟祟，扮九幽十八狱诸变相随驾游行，谓之鬼会。初七停憩一日，初八赦孤行会，出东门，进北门，小家妇女夹道争观，帘额檐前花枝掩映，饶有对影闻声之感。

光绪十七年四月十九日（1891 年 5 月 26 日）第一版

暂停赛会

芜湖闹教之事传至镇江，闻者几于风声鹤唳，草木皆惊。匪徒更乘间私贴黄标，语多狂悖。黄观察因拨兵分驻各教堂附近，竭力保全。向例四月中旬迎赛都天神会，今岁会中人已备办一切，相与斗丽争华，有此谣传，概行停止，盖亦先事预防之意也。

光绪十七年四月二十四日（1891 年 5 月 31 日）第二版

宁波赛会

宁波江北岸向例五月中择期奉关帝偶像出游。本年定期十五、十六两昼夜游行白沙、江北等处，城内好事者亦踵而行之，择期廿一至廿三日奉关帝偶像遍游城厢内外，想届期丁男子妇必当争先恐后一扩眼界。然而作无益害有益古人已先我言之，关帝有灵当必不乐于享受也。

光绪十七年五月初五日（1891 年 6 月 11 日）第二版

灵隐松涛

杭州每年五月十六日好事者必舁旌德观温元帅偶像赛会。迩来各衙吏役及殷富绅商争出资财，互相炫耀，奇奇怪怪，斗角钩心。现在将届会期，咸雇城中灵巧工人扎成人物花朵，五光十色，变幻迷离。忽传闻崧振帅札饬杭州府及仁、钱两县禁止会赛，以免匪人滋生事端，但未见明文，究不知其果否也。

光绪十七年五月初十日（1891 年 6 月 16 日）第二版

诚求甘霈

谨启者：入夏以来，天时亢旱，现交黄梅之际，仍未下霈，秧田燥裂，禾能■种，四乡人心张惶已极。善昌谨于本月十五日邀集敝堂同诚斋戒沐浴、衣冠到堂，联名叩求上苍早沛甘霖，以苏枯苗。又经三日，仍无雨意，焦灼万分。敝堂谨延白云观戒士十三位于十九日晨起虔礼朝天宥罪大忏三永日，用再诚求，惟期恩膏速降补救田禾。具柬恭请当道拈香外，务请本埠善士公同斋戒光临敝堂，共申祈祷，庶几感格以迓天和得沾既足。不胜■甚，请登报章，■昭公鉴。十八日上海六马路仁济善堂董事施善昌等谨启。

光绪十七年五月十八日（1891年6月24日）第四版

吴侬细语

姑苏望泽孔殷，地方官谕令自本月十四日起禁屠三日，各宪齐集沧浪亭内四面厅中祈雨，上设龙神、风伯雨师、山川城隍各■，左八僧，右八道，钟鱼铙钹镇日不休。每值清晨八下钟、午后四下钟，抚宪必亲临拜祷。不知碧翁翁肯唤醒痴龙宏施雨泽否也？

光绪十七年五月十九日（1891年6月25日）第二版

诚求雨泽

仁济善堂于十九日起延羽士十三众熏坛虔求雨泽。兹悉昨早道宪聂观察、右营刘参戎、海防刘司马、邑尊袁明府、英法两会审蔡太守、葛同转均驾临拈香，求沛甘澍。至下午已有雨意。想各官绅如此诚心定能感格上苍也。

光绪十七年五月二十日（1891年6月26日）第三版

白下琐谈

金陵访事人云：刘岘帅设坛祈雨至悫至诚，日前复投文于城隍庙中，义正词严，足与韩昌黎《祭鳄鱼文》、左懋第《祭山神文》并传不朽。至初七日午后油然作云，沛然下雨，跳珠溅玉，凉沁诗脾。约历半点钟时雨师始返驾。入晚又敲椽撼瓦，淅沥不休，好梦惊回，大有悔种芭蕉之意。及晨起闲行街市，则各家屠户已磨刀霍霍向猪羊矣。

大宪前请龙神至省垣求雨，现委管带水雷船马君超群送回江右。所请龙印，另委江宁布政司仓厅周君殿魁送回茅山之上。均于初九日起程。

光绪十七年五月二十五日(1891年7月1日)第二版

循例赛会

今日为中元令节，本邑城隍神循例率同四司神出巡赈济孤魂。前晚各会首在神前抽签，定于今日出小南门，绕道往北至小东门，迤逦到坛，晚间入(西)门，游行各处，然后回庙。会中本有花十景及大锣班、逍遥伞、阴皂隶、臂香会及妇女扮犯、沿路吹弹诸名目，预由上海县袁大令出示禁止以节縻费。

光绪十七年七月十五日(1891年8月19日)第二版

丁沽波影

天津府城隍庙(向)有道士住持，去年地方被水，乡民避难来津，筹赈局司道曾在庙中搭棚安插煮粥放赈，由是清净之地不免作践污秽，道士遂借此为因捐资修缮丹垩一新。曾未数月，又与土棍表里为奸，手持缘簿，挨户书捐，声称至少需钱二千文；既经书写，立刻索钱，声势汹汹，几若催逋。此道也何道也？是真“道其所道，非吾所谓道也”。

光绪十七年七月二十七日(1891年8月31日)第三版

驱疫纪闻

淫祀本关例禁，而闽人好鬼，尤崇奉之。邪神中最足动人畏敬者，莫如五灵公，即俗所谓钟、张、刘、史、赵五帝是也。该庙宇人呼为涧殿，有内外东西南北各涧以及九福、白龙、蛤埕、伽蓝、钟山、嵩山、狮楼等俱有专庙。嘉道年间有某官申禁并令毁其庙貌，乡父老急将帝像私徙别处，另塑关圣镇坐殿中，颜曰武庙，官因邪祀已绝，亦不深究。迨日久玩生，涧神又居然报飨。每当夏秋之交，里人制成纸龙舟一艘，凡民间日用之物无所不备，择日舁帝像出巡城厢，呼为游村。后一日将舟送至津头，举火焚之，呼为出海。尤可异者，焚船时刻，须由神预定出海日，延道宰生命祭祀，置鸡羊腥血并毛羽等物于桶内，呼该桶为毒桶，又曰福桶，雇健儿担之，神派高、矮二鬼押送，健儿行如飞。龙舟以十余人舁之行，有顺风逐流之快，行路人望见皆躲避道旁，恐冲撞或有不利也。相传五帝为明季书生，游京都时，京中大疫，死亡相继，嗣悉因某井水有毒以致传染，帝遂殉身井中，盖绝人来取汲也。善念所触，死即化为瘟神。此殆齐东野人语，无足深考。城内又有仓王庙，秋间亦须游村出海，为省会涧中之首出，缘花行有喜金抽捐借（资）耗费也。本年七月十五日系仓王游村之期，五帝亦援例出巡，执事导前，伞（扇）继之，香担花担排设玉器古玩，颇极精雅，鼓吹笙箫联络不绝，更有粉妆扇棚马上台搁故事，有生有丑。其旦脚系台江雏妓为之，手抱琵琶，歌喉清脆，古所谓冶容诲淫不是过也。由下午三点钟起行，到至半夜回殿。士女来观者几至空巷，此实闽中之敝俗。卞颂臣制军莅闽时曾有示禁八条，淫祀亦在其内，不知因何仍不果行。惜哉！

光绪十七年八月初四日（1891 年 9 月 6 日）第二、三版

鹭岛瑶函

吴观察因朝天宫火神庙年久失修，恒虞倒塌，特派委员招匠估价，计需工料洋一千元。迄今工程已竣，经观察查知有偷工减料情弊，饬厅将工匠传案究追。孰料工匠已去如黄鹤，遂由委员赔洋一百二十元以了其事。

光绪十七年十月初二日（1891 年 11 月 3 日）第二版

赛会例志

昨为下元令节，本邑城隍神循例出巡赈济孤魂。午后二点钟时，各会首迎神出庙，行过道、厅、县各衙门，出大东门，往南迤逦到坛。晚间由坛起马，进西门，绕行各武衙门，然后回庙。是日天气晴和，城厢「士」[士]女夹道纵

观，颇有如水如云之盛也。

光绪十七年十月初二日(1891年11月3日)第三版

悟道修真

粤东某太史，少年英伟，早宴琼林，翔步木天，文名卓著。旋以立言不谨，致罣吏议，悬车归里。与前督张制军相款洽，延为某书院主讲。未几制军调任两湖，函荐太史至武林，仍主书院讲席。是处梵宫绀宇棋布星罗，类皆傍水依山，得擅泉林之胜，故缁流羽士恒多卓锡其间。太史功课余闲，遨游名胜，暂憩某观，以是与长老稔。长老亦粤人而云游至浙者，他乡故知，深相契合，烟云啸傲，频相往还。太史遂时乔道装，螺髻簪冠，芒鞋竹杖，往来山水之间。彼都人士见其飘飘出尘，群相迎迓，故所至之处，老少追逐，百十为群，竟有目之为大仙者。粤东官商闻名景仰，恒往拜谒。太史情深桑梓，亦不肯以萍踪偶合懈厥敬恭，时以字画投赠。闻太史捐金万余增建道院一所，俾马帐余闲得与丹灶药炉为伴，从此野鹤闲云，谈玄炼性，厌风尘之征逐，薄富贵如浮云，故不仅仙吏风流雅人深致已也。见《循环报》。

光绪十七年十月初五日(1891年11月6日)第二版

潞水霜鳞

鼓楼后关帝庙羽士承烈之徒继鸿，前日往京师白云观受戒百日功德圆满。十月二十一日承烈为继鸿加冠，大设筵宴，贺客盈门。此真昌黎所谓“道其所道，非吾所谓道也”。

光绪十七年十一月初五日(1891年12月5日)第二版

羊石[1]委谈

近日城厢各住眷无论大家小户多有书“杨某在此”四字贴于门楣上，乍

① 羊石：这里代指广州。

见之下实不可解。有人从乡中来省，据云：夏秋之间各处乡落瘟疫盛作，传闻书此四字贴于门首可保无恙，故人多效之。但灵验与否则不可得而知也。至此四字何以能辟疫，则系出于一羽士之口。该羽士谓“杨君上年往江西龙虎山谒见张天师。迨去后，天师语人曰‘此瘟疫神也。偶遇瘟疫之时，但书其名贴之，瘟鬼自不敢犯’”云云。乡愚无知信以为是本不足怪，不料传至省城，绅富之家仍有信之者，诚可哂也。至杨君何名，传者谓系今日之达官，故讳之。

光绪十七年十一月二十七日(1891 年 12 月 27 日)第二版

1892 年

神山[1]鹤语

江口鹤儿山下旧有雄观亭，为邑中人八景之一，红羊历劫，画栋成尘，久已鞠为茂草。春秋佳日，载酒寻诗，惟见云影江光、荒渚断岸而已。去春有一老道士婆娑山下，诡称梦神指示来此与善男信女结香火因缘，俾古迹不致沦亡。闻者不察真伪，此唱彼和，磨崖剔藓，重兴土木，名为规复古迹，实则山门低小仅供羽士栖息。庙旁空地素为外来贫民结茅团处，道士指为庙基，按户收租。旁有天曹庙住持李道士，见而不平，谓何物游民竟敢喧宾夺主，由是擦掌磨拳互相斗法已非一次。日前雄观亭羽士云游山外，留佣人罗姓守门。薄暮时罗启门唤犬，呶呶訾詈。「大」[天]曹庙望衡相对，李道士谓为指桑骂槐，奋然突出敬以老拳，罗遂一蹶不振，急觅住持回庙。方欲舁赴县署喊冤，不图甫舁下榻，罗已一命呜呼。王邑尊闻报，于翌午带领刑书仵作诣验。惟见小腹略现青色，余无伤痕，遂饬当场备棺收殓，一面将李道士及附近穷民带案以便讯究。如何定谳，尚待续闻。

光绪十七年十二月初二日（1892 年 1 月 1 日）第二、三版

古沪述新

上海县捕役柴樛、赵金拿获哥老会匪陈金龙押解金陵正法，刘制军赏给六品功牌并银五百两。二捕领赏后。于本月廿一日在邑庙酬神，并将神像开光，居得天仙部优伶登台演剧。上海县袁大令恐有无赖滋事，饬差带同通班差役分投弹压游人。

光绪十七年十二月二十二日（1892 年 1 月 21 日）第三版

---

① 神山：位于芜湖城区中心位置。这里指芜湖。

循例祭神

江苏粮道景观察、松海防刘司马、海运总办谭太守、上海县袁大令并各绅董等均于昨日亭午时齐至龙王庙、天后宫、城隍庙致祭龙神、海神，循向例也。

光绪十八年正月十七日(1892 年 2 月 15 日)第三、四版

演戏酬神

金陵南门外老君殿系制造局工匠敛赀建造，雕墙峻宇，庙貌巍然。二月既望为银鹿入胎之日，例招菊部敬答神庥。去岁因各处会匪滋闹，总办恐生事端，改用傀儡登场，是亦未能免俗，聊复尔尔之意。今年众匠谓有慢神「衹」[祇]，人口未得康乐，再三以演戏请于总办，不得已而许之。十四日午后集优孟之衣冠、仿钧天之歌舞，时值雨师洒道、风伯扬尘，观者寥寥可数。次日天气新晴，扶老携幼而来者络绎于道，总办因拥挤异常，不待曲终便令停演。看客均扫兴而归。

光绪十八年二月二十三日(1892 年 3 月 21 日)第三版

节会届期

明日系清明令节，本邑城隍循例率同四司出巡赈济孤魂。上海县袁大令先期出示，禁止会中阴皂隶、逍遥伞、花十景、大锣班、臂香会及沿途吹弹、妇女扮犯等名目，并谕各会首于辰刻起马未刻回庙。

光绪十八年三月初七日(1892 年 4 月 3 日)第三版

松江桃浪

松郡每于三月二十六、二十八日好事者恭舁东岳帝、刘郡王、温天君、痘

神、施相、杨侯六神像出游。刻因学宪按临伊迩，经各社首禀请府辕择于十六、十八先期迎赛。

光绪十八年三月十四日（1892年4月10日）第二版

淞滨胜会

昨日南市制造局左近老高昌司庙迎赛神会，适值天宇放晴，嬉春士女烂其如云，会中人愈觉兴高采烈。除寻常执事外，有高跷、杂剧、扮演故事。马上八仙飘飘乎有凌云之想，五色长龙一条鳞甲蜿蜒攫拿作势，采莲船一艘恍在西子湖头风清露白冲波打桨看鸯鸳卅六时也。游行各处，北至大马头，西至龙华寺左近，然后迤逦回庙。经过之处，观者人山人海，途为之塞，觉《清明上河》无此繁盛。

光绪十八年三月十四日（1892年4月10日）第三版

云间韶景

松江好事者定于三月十八日舁西门外东岳圣帝、刘郡王、痘神、施相公、杨侯、北门内瘟天君六偶像出游，绕道提辕，迤逦至东郊诸寺院驻节。十七夜五鼓时前呼后拥舁刘郡王以下五偶像赴东岳宫，满载冥镪于车，谓之解饷。事毕，各持诸神名柬向各庙投递，如官场之拜客然。聚而观者不啻肩摩毂击。十八日下午二三点钟益复兴高采烈，扶诸偶像登舆，自东而西各还本庙，或经菜花泾，或绕大仓桥，卤簿鲜明，管弦嘹亮。其最热闹者则为施相公，除寻常仪仗外，另有马上鼓吹、收毒、放毒诸名目，所过之处人海人山。呜呼盛哉！当十八日东岳偶像未启行时，有乡人某甲贸贸然踞坐神辇中，自鸣得意，不踰时志乱神昏，四肢厥（冷），有人向神前虔祷，始得渐苏。一时无识者流咸谓帝之灵应，而不知其暗中串合，借以淆惑愚人也。是日西门大街有富家子某乙，翩翩年少，自命风流，翘足于某店门前以观盛会。突有剪绺贼某丙，戴玳瑁眼镜，穿线绉珠皮袍，宁绸坎肩，捱近其旁，暗将所佩之对时表袋窃去。表上系以金「练」[链]，袋中储金约指二枚，大小洋银数饼，银票一纸，计所值约二三百金。幸旁人见之大声喊破，扭住发辫，搜出原赃，并有磨薄大钱一枚。乙以诸物未失毫厘，不欲深究，旁观不服，将丙饱以老拳。

光绪十八年三月二十四日(1892年4月20日)第三版

募修钦赐仰殿

是殿始自汉时，建于浦左，神灵赫濯，庙貌巍峨。第以岁月屡更，丹青无色。乾隆中年募修者陆文彩，嘉庆初载援修者毛恒和。道光一朝重修两次，敦本堂朱出以独力，潘董学易劝诸同人。自同治七年张宝生等修葺之后，迄今已逾廿载，风霜剥蚀坍毁难堪。用敢遍告十方福田广种，俾得成功一旦。广厦重新，独木难支，众擎易举。倘蒙诸善长解囊乐助，集捐时有普育堂、宝仁堂联单为凭。经手私侵，明神殛之。董事王宗寿、朱征(寿)、潘伟琛、赵清源谨启。住持道末叩募。

光绪十八年四月初二日(1892年4月28日)第七版；光绪十八年四月初四日(1892年4月30日)第七版

秦淮韵事

城北迎赛东岳会已列前报。向例南门外东岳大帝出巡均定于三月廿九、三十，四月初一等日，仪仗之盛、舆辇之华甲于白下。不料此次为风雨所阻，首事等未便令在会执事诸人有沾体濡足之苦，不得已另卜良辰。倘天宇放晴，则经过之处士女如云，可以一饱眼福矣。

光绪十八年四月初八日(1892年5月4日)第二版

赛会志盛

金陵南门外东岳会前因阴雨改期已纪前报。嗣因天色晴霁，惠风和畅，遂于初七、初八、初九等日舁神驾出巡，经过督辕、将军署及水西门花市市廛热闹之处。初七日「已」[巳]牌进西州门，旗幡夹道，仗仪连云，计各色灯牌二百余对，玻璃伞、纱伞、绸「緞」[缎]伞、明角伞约三百余柄，炉亭、玉器亭、灵官亭、圣母梳妆亭又不下五六十座，龙舟凤辇、秋千架及黄「緞」[缎]彩舆，更觉辉煌夺目，令观者如入五都之市，为之应接不暇。宫监侍卫排列两行，几有千数。锣声雷动，仙乐风飘，喧闻数里。入暮明灯万点照彻九衢，火树烛龙逊兹光焰，如入长春之国，恍游不夜之城。由是乌衣秀士、绿鬓仙姝联袂往观、如云如水。人多拥挤，时堕舄遗簪往往而有。而往来蹀躞者仍如蛱蝶穿花、流莺掮柳，几于刻无停趾。是真所谓举国若狂矣。

光绪十八年四月十一日(1892 年 5 月 7 日)第二、三版

豫章①杂纪

广润门内万寿宫规模为通省弁冕，香火亦首屈一指。庙祝常立香案内伺人点香烛，一经燃著，随即拔去，迨其人回身行礼，则香烛已归乌有。夫香烛世人借以敬神者也，若敬神尚未行礼而香烛已入庙祝手，何以能尽礼耶？且庙祝常立香案内，不啻受人拜跪然，是敬神反敬庙祝也。闻拔去香烛一年可售千余金，有此大宗利息，是以毫无忌惮，慢神辱人，诃禁不止。议者咸谓以后敬神不用香烛但凭一瓣心香可已，但恐能说而不能行耳。

光绪十八年四月二十日(1892 年 5 月 16 日)第三版

重修古庙

吴淞港西北有周太仆庙，代远年湮，雨淋日炙，将有倾圮之虞。今春由苏省水利局先札饬上海县雇工修理，袁大令即会同该处厘卡委员陈小庄明府鸠工庀材，今已告竣，翚飞鸟革焕然一新。前日午后大令会同明府乘马车而往，验视工程，详览一周，旋即回署。闻当详覆省宪云。

光绪十八年四月二十八日(1892 年 5 月 24 日)第三版

① 豫章：这里指南昌。

潞河夏汛

四月二十九日为城隍庙赛会之期，山门大启，四乡八镇善男子善女子相与联肩接踵而来，共以一瓣心香深深默祝。更有一种人因病许愿，从山门匍匐而进，三步一叩首，一步一顶礼，直至庙中，自以为诚敬。窃恐诚敬者其貌，阴诈者其心。聪明正直之谓神，其肯不问是非妄为庇护耶？

光绪十八年五月十三日（1892年6月7日）第二版

淮扬胜会

本月十三日相传为关圣诞辰，扬城市肆如复茂恒银号、志成蔚丰厚绸庄、许洪源、谢馥春等著名巨铺皆于铺之后进扎成灯彩，排设香花，炫异矜奇，穷工极巧，或古铜玉玩，或名卉奇葩，或禹鼎商彝、秦砖汉瓦，或书屏画槅、拳石瞻瓶，浏览其中，颇觉辉煌璀璨，如入五都之市。而许洪源绣货店更复踵事增华，以五色琉璃制成花菜等式供灯密排于几案墙壁之上，映以大镜，参差高下，十色五光。至如钱业、瓦木等会馆则招菊部名班登台演戏，笙箫呜咽，袍笏鲜明，有色有声，卜昼卜夜。此外各铺或雇小清音坐唱卫调，或延相熟友竞唱昆腔，各尽所长，不拘一格。是诚一年胜会也。

光绪十八年五月二十日（1892年6月14日）第三版

津桥望海[①]

大府严禁民间赛会迎神，迄今星霜两易矣。今岁三月中旬，东门外天后宫会首复舁偶像游行，且复美其名曰皇会，官宪耳目偶然不及，若辈遂得为所欲为。至四月初六八等日鬼会继之，廿二三五等日药王会又继之，至五月初八、十三两日又行关帝会。时将盛夏，溽暑熏蒸，夫亦不可以已乎？愿勿

① 本条记天津之事。

作为无益害有益也。

光绪十八年五月二十二日(1892 年 6 月 16 日)第二版

京师巷语

南顶娘娘庙开会以来,游人如蚁,香车载道,怒马追风,十丈软红,几欲使元规污人。地方官恐肇事端,往往先期出示禁止车马,近复由南城副指挥「曰」[白]君饬令差役将永定门外马路掘断,冀使坠鞭公子不得策马驰驱,意至善也。而自负好身手者竟改就他道绝尘而驶,十一、十二、十三等日车马伤人之事时有所闻,良有司将何术以处之耶?

光绪十八年五月二十六日(1892 年 6 月 20 日)第二版

赛会志盛

皖垣于五月廿四五日迎赛城隍神会。是日计地方会廿四起,五猖会十八起,高桥会十二起,炉会八起,醋溏会廿五架,以及小会颇夥。凡走各署,每大会一起各署赏给银牌一面、红布一匹,每小会一起赏糕一条,颇极热闹。距城数十里百里不等各处闻信赶来看会者沿途络绎不绝。迩来省城骤添数万人,鱼肉米价骤然昂贵矣。

光绪十八年六月初一日(1892 年 6 月 24 日)第二版

弭蝗刍言

有桂林橘峰弈叟邮来一函云:“近闻大江南北多报蝗灾,地方官督率兵民捕蝗不遗余力。兹有刍言足供采择者。因忆道光十三年粤西平乐一带飞蝗满野,愈捕愈多,后有八十岁老人来县致词云‘宋刘猛将军之神最为灵验,若迎神出游,蝗可消灭’。官民依言择吉鸣锣击鼓奉神出游,凡蝗所到之处皆神所历之处,一夜西风大雨,蝗蝻消归乌有。官民以其言验,急踪迹老人,不知去向矣。又道光廿八年广西复报蝗灾,百姓照前迎神出游,不旬日西风大雨蝗亦消灭。查刘猛将军编入祀典,神庙所在多有,何弗试之。人力固宜尽而神灵亦不可忽也。无神庙之处,即书牌位出游亦验。”本馆以其有恤灾之志,爰照录之。

光绪十八年六月十一日(1892年7月4日)第三版

神诞悬灯

俗以今日为火神诞辰,明日又系雷祖诞辰,沪城火神庙及大东门雷祖殿及黑桥一带各店铺均自昨日起(张)灯结彩,热闹异常,小本营生及出售香烛者均各设摊求售,无不利市三倍。

光绪十八年六月二十三日(1892年7月16日)第三版

香径消夏录

俗传六月二十四日为雷祖诞辰,元妙观雷祖殿预期张灯结彩铺设一新,愚夫愚妇之进香者自二十日起络绎于途,至二十三日更肩摩踵接,致炉内香烟缭绕上彻云霄。羽士皆灿烂其衣,钟磬叮当,借以哄动一切。入夜则更明灯璀璨。游人达旦通宵,小本营生及以香烛求售者无不利市三倍,喜溢眉梢云。

光绪十八年六月二十八日(1892年7月21日)第二版

金陵官报

闰六月初七日中协刘见南、捕通判邓心茂禀知龙王庙住坛。

…………

王以采禀知奉藩司委赴句容县茅山恭请龙神、龙印。

光绪十八年闰六月十二日(1892年8月4日)第三版

京江得雨

京口地方因天久不雨，循例迎请都天神入城，朝夕祈祷，此为前报所已纪。嗣又按五行生克之理将南门关闭，召僧道诵经叩祷，迄不一应。王大令闻省垣请龙得雨，乃竭诚斋戒，于月朔亲赴华山龙池用古窑瓷瓶迎五龙入城。途次失去其一。黄观察躬至南门迎迓，供奉京江试院后堂，道宪邑尊及印委等员逐日拈香如礼。直至初八九日下午时天油然作云，沛然下雨。闻各乡均得甘霖，或多或少，惟近城地方及城内不过略沾微润而已。

光绪十八年闰六月十五日（1892 年 8 月 7 日）第二版

白门喜雨

金陵亢旱已久，禾苗欲枯。刘岘帅、瑞方伯札委南捕厅邓裕生别驾在茅山迎到神龙五尊、茅山真君玉玺一方，于初十日巳时进城。午后云阴如墨，电影疾闪，风伯助威，雨师接踵，银涛直泻，势类倾盆，约一点余钟始止。岘帅顾而乐之，面赏信府河元帝庙老道士番佛十尊。酉初复闻雨点洒窗，淅沥有声。倘再大霈甘霖，三农之望庶几大慰。窃愿濡笔而作喜雨记也。

光绪十八年闰六月十五日（1892 年 8 月 7 日）第三版

白门琐纪

金陵各大宪设坛祈雨后，虽霈甘霖，尚未既沾既足。日内刘岘帅、瑞方伯委本署文（案）委员某君赴茅山龙池请回五龙，承以玉盘，供奉香案之上，虔心叩祷，致悫致诚。特不知见首不见尾者果能使雨师命驾以润田畴耶？抑竟如叶公之所好者耶？

光绪十八年闰六月十八日（1892 年 8 月 10 日）第一版

金陵官报

十七日……南捕通判邓心茂禀知龙王庙撤坛回署。县丞王以采禀送龙神、神印回茅山。

光绪十八年闰六月二十一日(1892年8月13日)第三版

法界公堂琐案①

西门外白云观住持羽士杨本立遣其徒王士中诉称,观中募建三清殿尚未竣工,不料有游方道士樊祥鳌及祖孙、祖贵等人竟敢伪造三清殿缘簿,上书"广种福田"四字,向各处冒收捐款,是以交捕送案。葛同转以白云观在租界之外,着将一干人送往西门外保甲局请朱大老爷讯办,并谕令王自行投质。

光绪十八年七月十二日(1892年9月2日)第四版

节会例志

昨日系中元令节,本邑城隍神循例出巡赈济孤魂。午后两点半钟,各会首恭迎「神」[城]隍及四司神像出庙游行,经过道厅县等衙门,然后出大东门往南,又折而北,循护城河向西至坛。晚间进西门,绕过参府、守备等署,迤逦回庙。当节会起行时,上海县黄爱棠大令、帮办总巡朱森庭明府恐无赖之徒滋生事端各派差勇分「叚」[段]弹压。

光绪十八年七月十六日(1892年9月6日)第三版

四明祈雨

宁绍台道吴福茨观察,因亢旱多时,农民纷纷迎赛龙灯,恐滋事故,乃延

① 《法界公堂琐案》在第三、四版。此处摘录其中一部分,在第四版。

佑圣观羽士于本月十三日黎明时设坛天宁寺大殿，致诚致悫祈沛甘霖。是日统率属下各员并会同冯军门以下步行入坛，令羽士仿照古书在殿外设八卦方位，每位用八仙桌一，桌上置净瓶，瓶中插杨枝。又以瓷杯盛法水设北向桌上，中奉太昊伏羲之位，左奉行雨先师之位，右奉本境龙神之位，下又列一桌，中插各色三角旗八面，每旗大书卦名，左设钟，右设鼓。少焉钟鼓竞奏，羽士执旗入位，如法诵经。复派四羽士在两旁跪诵，二僧在大殿上宣梵音。约演一点钟时，遥见西南乡黑云蔽天，雨师戾止，惟城中雨不甚大，倏晴倏阴，但愿由此大沛甘霖则四乡可不忧荒歉也。

光绪十八年七月十七日(1892 年 9 月 7 日)第二版

伴城隍

嘉兴俗喜佞神，节届中元，适乡人空闲无事，是以入城看会者尤相属于途。是日午前，好事之徒舁秀水县城隍偶像出游。前导有五道、七伤、拜香诸名目，离奇怪诞，俚咨可嗤。绕出东门，由西河街、塘湾街至邑厉坛焚化冥镪，谓为奉旨振孤。试问所奉者何旨？所振者谁氏之孤乎？既而进北门，由大街回庙。当赛会之前一日，人皆以纸桶装纸锭往郡庙城隍神前爇之，膜拜拈香，喃喃叩祷，妄称以银寄宝藏库中，恳库官查明转给祖先作冥途使费，诚无谓也。更有无谓中之无谓者，妇女赴庙烧香而后，即露坐殿前殿后，竟夜不归，名曰伴城隍。嘻！使城隍而果为聪明正直之神，安用此愚妇人作伴？使城隍而为无知之木偶，则虽毕世陪伴亦不能为之降福消灾，仅露坐一宵何益哉？君子曰：禁革颓风，是在官斯土者。

光绪十八年七月十八日(1892 年 9 月 8 日)第二版

芝罘客述

本月十五日为中元令节，本滩合会中人在天后宫建设斋坛，讽经三日，至夜施放焰口施食以赈孤魂。浙宁船商亦在会馆中建醮。噫！幽冥之事儒者不谈，奈何以有用之赀财徒饱此不尴不尬之僧道，何习俗之牢不可破竟若斯耶？或曰：僧道亦流民也，今之建醮与助振将毋同？执笔者默默不能答。

光绪十八年七月二十三日（1892年9月13日）第二版

疫疠盛行

汉镇武圣庙迤上居人率患吐泻之症，因此殒命者不少。近日传染愈盛，几于通镇皆然，且来势甚速，一经吐泻，甚有朝发而夕毙者。数日前郭家巷某姓家一日而毙三人，又花楼某姓家姑媳二人同日毙命，其他类此者不胜枚举。花楼一带居民惑于世俗之说，招雇黄冠设坛建醮，并用纸竹扎成龙舟，锣鼓喧阗，沿街迎赛，以为可以驱逐疫鬼。呜呼！何其愚也。

光绪十八年八月初六日（1892年9月26日）第二版

江省祈雨

江省近日亢旱异常，地方官为民请命屡次设坛祈祷，此已列诸前报。兹闻抚宪德晓峰中丞偕藩宪方佑民方伯、臬宪福余庵廉访、粮宪邓莲裳观察、盐宪裕竹村观察及首府曹朗川太守、首县朱绍霞明府、陈鹤春明府暨左右城守三营副参游、都守各武官，均于早间八点钟齐赴万寿宫行二跪六叩礼，复赴龙神庙、城隍庙各行二跪六叩礼，同时令僧道长跪神前，朗诵经卷，并于城隍庙立坛讽经以迓天和。七月廿五六等日府县宪又连祷二日。而苍苍者尚不肯下泽于民。闻不日将往圣水塘恭请鱼龙，安奉龙王庙，朝夕祈祷，以期甘霖立沛。可见各大宪致恪尽诚固已无微不至也。

光绪十八年八月初七日（1892年9月27日）第二、三版

沪滨琐语

浦东洋泾镇左近有钦赐仰殿，相传系明末建造，迄今屡阅沧桑，宝相庄严渐归剥落，梵宫金碧亦付飘零。近由该处图董协同绅士向诸檀越募化金

赀，以便兴工修造，未知何日始克落成也。

光绪十八年八月二十六日（1892 年 10 月 16 日）第三版

豫章杂录

广润门内万寿宫供奉许真君，香火之盛足为通省冠冕。相传真君于八月朔日诞辰。前后一日瓣香祝者人山人海，几于拥挤不开。说者谓同治年间各属寇氛不靖，省垣戒严，官宪出示禁止入城烧香，而民间仍阳奉阴违。自此以后一纸空文照常悬贴，见之者几熟视若无睹。今年自八月初四日后有巡丁、差役多名在路巡缉，知有入城烧香者，事毕即押令出城，不准逗遛，无论大小船只不令泊近章江，于是城内各铺生意为之大减。然官宪为严杜匪类起见，各商贾皆有以相谅而不敢有怨言。

光绪十八年八月二十七日（1892 年 10 月 17 日）第三版

白下琐谈

金陵自入秋以来天气亢晴，雨泽稀少，农人盼望甘霖以图种麦。刘制军关心民瘼，谕上元、江宁两首县，于十三日起洒扫城隍庙，供奉龙王神位，传集僧道数十人讽经默祷，府县以下均往拈香。倘绿章上达霢霂无期，制军当躬往虔求，为民请命也。

光绪十八年九月十九日（1892 年 11 月 8 日）第二版

汉皋杂佩

汉镇培心善堂因秋来亢旱已久，于上月廿九日招玉皇阁道士二十余名设坛诵经祈沛甘霖。至本月十一日晨，汉阳府沈太尊、汉阳县陈邑侯、汉阳协镇俞协戎暨文武印委各员均往拈香。惟汉黄德道孔观察因抱清恙未与其事。至十三晚十一点钟，果见雨师税驾。蚩蚩者遂归功于经忏之有灵。其然岂其然乎？

光绪十八年九月二十七日（1892 年 11 月 16 日）第二版

四明闻见录

宁波天妃宫开光日期前已登报。兹闻前后大殿及两廊一律悬灯结彩。大门外彩搭牌楼高耸云霄辉煌夺目，宫前街两旁店铺皆悬五色明灯。前一夕江东新老会馆、水仙宫以及甬江滨江庙、汤令公庙召集梨园子弟通宵演戏以庆升平，道、府、县各衙门派差弹压。庄别驾尚恐稽察未周，首先到庙亲自督率，提宪冯军门、道宪吴观察、府宪胡太守均于是日黎明鸣驺莅止拈香行礼。俄而琼筵大敞，袍笏登场，至初更时始各回署。闻此次庙中演戏共有二三百本之多，任俟岁阑方可竣事也，诚洋洋乎大观哉。

光绪十八年十月初一日（1892 年 11 月 19 日）第三版

节会例志

本邑城隍神于昨日出巡循例赈济孤魂。午后二点半钟，各会首恭迎神像游行各处。先过道、厅、县等署，由小南门往南，迤逦至西门外厉坛。晚间由坛上起马，入西门，绕道参府、守备等署然后回庙。当经过县署时，会中马执事纵辔疾驰，有一人踯躅中途不及避让，致被踏伤，幸伤处不在要害，可无大碍。又小南门外某氏妪步履蹒跚，被马撞倒在地，旋经旁人扶送回家，未知能无恙否。是日天气晴明，倾城士女夹道纵观，颇形热闹。上海县及各「叚」[段]保甲局预派差勇往来弹压，以免滋生事端。

光绪十八年十月初二日（1892 年 11 月 20 日）第三版

庙貌重新

江西省城垣①相传为汉颖阴侯灌阴创筑，至今犹称之曰灌城，省城隍庙即肖颖阴侯遗像，世世尸祝以志功德于不朽，礼也。沿及后代踵事增华。后

① “江西省城垣”原作“江西城省垣”，错简。

栋添建夫人殿，旁列寝室，添设罗帐、绮床、绣被、香奁、粉具、签押公案、泥塑侍童使女。两廊罗列十殿阎王。下塑鬼像穷极罪恶诸状。历年既久，栋宇渐就倾颓。抚宪德晓峰中丞慨然兴复。自头门、二门以迄两廊、正殿、翼亭，皆焕然一新。中丞撰文一通，勒诸贞石以垂永久。其文曰："今国家之制，祀也，凡鬼神之有功德于民者，例得奏请立祠，■天子加封号赐匾额以答神庥。盖御灾捍患则祀之。揆之圣人神道设教之意，列之典礼，在所不废，矧乎高城深池为一方之保障者哉。在《易》泰之上六曰'城复于隍'，《礼记》'天子大蜡八，伊耆氏始为蜡'，'水庸居七'。水，隍也。庸，城也。说者谓即古祀城隍之始。江西省城隍旧传为汉丞相颍阴侯，载之志乘有足征者。祠宇之建最古，至■本朝已数修矣。岁甲申奉简命来抚是邦，日思所以劳来而安集之，今历七稔矣，民物康阜，油油愉愉，虽偶有灾荒旱涝夭札疵厉，祈祷辄有应，秩诸百神之列而索飨之不亦宜乎？然吾窃念：神负雄伟俊杰之概，佐高帝定天下，攻城略地如摧枯拉朽，所至辄靡，直与萧、曹比烈焉。至诛诸吕拥代王以安社稷，功尤不在平、勃下。虽事猜主辅吕雉，独以明哲自全，又岂韩、彭诸臣所能几及哉。儒生家犹泥史传仆御贩缯之言，至谓淮阴羞与等列以相诋娸，固神所隐恫焉，而其功德之在民者卒不可没。至于追崇隆礼历千余年，血食斯土罔敢亵越，斯固神所乐为凭依而与化民成俗者交孚而辅相之者也。因数谒庙，见栋宇朽敝不治，心焉负疚，爰檄冯学澧鸠工庀材葺而新之。阅八月工竣，为文以志之，刻石于庙门之左。藩司方汝翼、臬司福裕、粮储道邓蓉镜、盐法道裕棍皆与斯役者，例得并书。"

光绪十八年十月二十四日（1892 年 12 月 12 日）第三版

瘟神肇祸

闽人奉祀瘟神，呼为张、钟、刘、史、赵五帝，游手好闲之辈每于夏秋二季奉偶像游村出海借以猎取赀财，积习相沿牢不可破。长乐县城外邓石乡五帝庙，其俗每遇皇上践阼历十八载，必迎神赛会，谓之十八帝会，俚俗可笑一至于斯。今岁恭逢我圣主御极十有八年，若辈遂采烈兴高，挨户书捐，举行会事。上月二十一日舁赵帝木偶，纳入亮舆，舆前排齐銮驾鼓吹，并择十余龄之俊童扮成马上抬阁，樱桃风致，秀绝西山，使池上六郎见之当亦退避三舍。是日适逢天雨，游兴未阑，遂于二十二日复赛。至湖井乡，不「堤」[提]防与前塘乡之会相遇。前塘乡亦有抬阁，其扮为游西湖之一生一旦，清歌妙舞，艳绝尘寰，而湖井乡人偏从而嘲之，谓似此俗粉庸脂乌足供大雅之一噱，以致一言不合，大逞凶锋，强夺甲乙二幼童如飞而去。古田县乡民某丙向之排解，反为会中人所伤。斯时有识者咸谓祸已酿成，会事可以暂止。不料二十五日依旧游行，清村乡曾姓族人又添入马上诸戏剧，行至上店乡相近，复被乡民将歌儿抢去。曾姓闻知其事，立纠族人往斗，刀光皑皑，炮声隆隆，脂柔粉腻之乡一变而为血飞肉薄。乡民恐有不测，将歌儿释回，然已玉「萃」[悴]花「蕉」[憔]，非复丰容美满矣。是役也，穷海陆之奇珍，极天人之能事，縻金钱至二万以外，好事者不远千里而来，凡神驾所经，禾麦菜蔬蹂躏殆尽，而更酿成械斗，几于祸水难收。嘻，神若有知有不双眉紧蹙者哉！

光绪十八年十一月初四日（1892 年 12 月 22 日）第二版

1893年

神诞演剧

十一月初十日相传为宁波府城隍诞期，庙中各执事先期悬挂明灯，结成各种绸彩，璀璨辉煌，一新耳目，并召梨园子弟登台演唱，琅璈曲奏，响遏行云。府县各官莫不鸣驺临止，在神前拈香。初九、初十两日裙屐纷来，尤形拥挤，不可谓非一时盛会也。

光绪十九年十一月十五日(1893年1月2日)第三版

金陵官报

十九日……县丞王以采奉委赴句容茅山请龙神、龙印。

光绪十九年十一月二十九日(1893年1月16日)第九版

白门瑞雪

金陵各大宪禁屠求雪已纪诸报章。越日复委王冠英二尹赴茅山请龙印、龙神，供奉城隍庙内。是日午后即甘霖大降，淅沥通宵。次日风自北来，寒气砭人肌骨，滕六君命驾而至，檐牙屋角遍洒琼瑶。越一日天公又作玉戏，絮影飘空，多少楼台尽成缟素，前后约三寸许，虽未十分酣足，然阴云密布，寒气滞空，必有接踵来者，呈丰年之瑞也。

光绪十八年十一月三十日(1893年1月17日)第一版

金陵官报

二十二日……县丞王以案禀知由句容茅山请龙神、龙印回。二十三日督粮同知敖禀知在龙王庙住坛。

光绪十八年十一月三十日(1893年1月17日)第三版

金陵官报

三十日……同知敖禀知送龙后撤坛回署。县丞王以宋禀知赴句容茅山送龙神、龙印。

光绪十八年十二月初七日(1893年1月24日)第二版

胜境重新

大境亦曰大千胜境,在沪城西北隅。杰阁三楹,附庸雉堞,中供关帝像。其下,槿篱茅舍,疏柳丛篁,城市山林,颇饶幽趣。每当鹑躔庚伏,铄石流金,团扇轻衫,携朋而至,清风习习,如遇羲皇上人。昔年恶札歪诗涂写盈素壁,适海昌李壬叔先生下榻于此,命垩者悉铲去之,荆榛满目为之一清。今者饱阅星霜,渐形颓废,鳞鳞翠瓦,遍布昔邪。住持羽士遂募集金赀重加葺治。近以大工告蒇,于十三日落成,从此名胜之区依然完好,花晨月夕益足快我登临矣。

光绪十八年十二月十二日(1893年1月29日)第三版

演戏酬神

去冬雨雪稀少,以致今秋飞蝗遍野层出不穷,然所过之处有啮食者,有未啮者,冥冥之中一若有神为之主宰。今冬神霙迭沛,先后约得尺许,秋间蝗集之处纵有遗子,经此大雪定可歼灭无余。扬城各宪遂在南门街八蜡庙招雇优伶演戏三日以答神庥。是日自都转以次均往拈香,并闻城外某乡刻亦醵金演戏以谢蝗神并祈来岁丰稔云。

光绪十八年十二月二十日(1893年2月6日)第二版

恭贺新禧

新正元旦,沪上道、营、厅、县及英法两谳员会同在沪文武诸员弁于黎明时趋诣西门内万寿宫行朝贺礼，威仪棣棣，肃穆整齐。礼毕，复至邑庙、沉香阁、文庙、关帝殿拈香。及回署中，书役等人咸具手版叩贺。少焉，驻沪各国领事及英刑司、新关税务司分投贺禧。盖历年成例如此也。

光绪十九年正月初四日（1893 年 2 月 20 日）第三版

烟台琐志

烟台西南有玉皇山，冈峦埋伏，树木「忽」［葱］茏。其上有玉皇庙，近年重加修葺，星题月牖，金碧辉煌，香火顿胜于昔。俗以初九日为玉皇诞辰，招集梨园登台演唱，一声檀板，观者云屯。善男子善女人虔爇心香深深膜拜，颇有举国若狂之势。

光绪十九年正月二十六日（1893 年 3 月 14 日）第九版

迎神入庙

昔者伊耆氏始为蜡蜡之由来久矣，世所称八蜡乃以刘猛将军当之，不知何所本。去秋许太守率同甘泉县下乡捕蝗，至邵伯镇，拟先诣八蜡神前拈香，查悉该镇尚无此庙，遂于镇南武庙偏殿内供奉神位，昕夕焚香默祷。此后虽有飞蝗，幸未十分肆虐，遂以■有神助。及太守公竣旋扬，议塑神像永洁明禋，借酬■佑。元宵佳节像已塑成，即雇大船一艘载之，许太守暨甘泉县亲送至邵伯镇，在武庙偏殿安设，十六日黎明登岸拈香，礼毕始返。该镇绅耆即在清江雇菊部名优登台演戏，自十八日起，鱼龙曼衍，锣鼓喧阗，士女往观几于空巷。从此绿扬城郭间又辟一春游境界矣。

光绪十九年二月初一日（1893 年 3 月 18 日）第三版

春江零语

前日下午有茅山道士手持缘簿至上海县署宅门前募化，阍者叱令他往，道士不允，坚不肯行。旋经差役到来驱之使出。

光绪十九年二月初六日（1893 年 3 月 23 日）第三版

修葺祠宇

上海县土地祠年深日久，栋宇将颓。近由各差役醵资于昨日鸠工修葺，此后轮奂聿新可以稍壮观瞻矣。

光绪十九年二月初七日（1893 年 3 月 24 日）第三版

土 地 灯

俗以二月二日为土地诞辰，每年邗上居民将街头巷尾土地祠粉饰彩绘，焕然一新。陈设供品亦各争奇斗胜，铜瓷古玩、异卉名葩灿然杂陈。祠前遍悬纸糊红灯，煊烂如霞，任人摘取，盖谓携以回家悬诸流苏帐可以诞育麟儿也，习俗相沿不以为异。其有幸而如愿者，来岁必十倍赏还。更有选事之徒于是夕送灯，选俊俏幼童扮演张仙模样，弯弓囊矢，手捧红灯，身骑驴背，迤逦前行，箫管引其前，钲鼓随其后，探知亲友人家抱伯道嗟者，即以此灯■之。其家必预设酒肴殷勤款待，濒行赠以果饵玩物给驴背小孩，故孩亦欣然乐为之用。今岁永胜街赵姓所送之灯独出冠时，以其花样翻新，预扎一麒麟，高约三尺，内燃蜡炬，下设轮车，在地牵行，宛转如意，令一孩执灯踞坐其上，盖取麒麟送子之意。经过之处（观）者如云。所惜前一夕雨师■道，余润未消，是晚香泥滑澾，红裙白袷逐队来■时虞颠踬，未免怨天公之不做美耳。

光绪十九年二月初九日（1893 年 3 月 26 日）第二版

江右采风

广润门内万寿宫供奉许真君，香烟极盛。同治初年各大绅集捐巨款，兴修庙宇，附建逍遥别馆。工竣核算，仍余二万数千金，存放典铺，以八厘生息，加以店栈摊贳岁收数千金，原议积为本省状元花（红）。迄今三十年，状元既未有其人，存银本利亦化为乌有。呜呼！利之所在，悍然不顾，真君有灵，能无时怨时恫。

…………

德胜门内吕祖祠某道人，日荷长镵并挑筐筥赴乡村僻静处「检」[捡]拾死鼠、死猫、死孩之类聚而埋之。日前至德胜门外沙窝地方，见有小棺一具，颜色甚新，浮置土面，知系土工贪懒任意抛弃者。道人见而恻然，方欲掘土代埋，忽闻棺中啼声，知已复苏。劈而视之，孩仅岁余，目光荧然，气息仅续，亟解衣裹之抱至抚院东辕门心仁堂乞医为之疗治，并觅乳哺之人，一时传为异事，远近来观者不下数百人。适某妇有乳允为代哺，孩尚能吸，自此可期活命矣。似此现成功德胜造浮图七级矣。

光绪十九年二月初十日（1893 年 3 月 27 日）第二版

太液恩波

西便门外白云观向有正月十八夜会神仙之说，愚夫愚妇信以为真。是日游逛之人拥挤尤甚，或被车马践压，或于途中失去孩童，种种情形实属不成事体。嘻！神仙也而亦喜掀风作浪若此乎？禁之禁之，是所望于民之父母已。

光绪十九年二月十三日（1893 年 3 月 30 日）第一版

甬江春浪

宁波江北压赛堰东岳宫每逢二月间奉东岳大帝暨王天君出巡，向所称永昌会是也。今定于初五日出殿，初六日先巡江北岸一带。是日男女往观真有如水如云之盛。

光绪十九年二月十三日（1893 年 3 月 30 日）第二版

乡人赛会

沪城西门外有蛋井庙，香烟素盛。乡人于昨日舁神像巡行各处，笙箫钲鼓响彻层霄，羽葆云幢光腾野陌，一时士女纵观不数曲江春宴。巡防局员蔡蓉卿二尹恐人多易于肇事，督同局勇往来弹压，极为周密。

光绪十九年二月十四日（1893 年 3 月 31 日）第三版

赛会届期

浦东烂泥渡迤东吴家厅地方向有庙宇，供奉中天王，不知昉自何年。迩以节届清明，各会首择于今日迎神出巡，一切仪仗争奇斗异。中有采莲船一艘，看船一艘，看马数匹。当此轻风破暖、微雨弄晴，寻芳斗草之余，可睹芝盖春旗之盛，不可谓非赏心乐事也。

光绪十九年二月十六日（1893 年 4 月 2 日）第三版

赛会续述

昨报纪赛会届期一则。昨日上午十点钟，各会首至浦东烂泥渡吴家厅迎中天王神像出巡。会中除旗锣伞扇外，有「檯」[抬]阁四座，看马二匹，采莲船、看船各一艘，杂以万民伞、万民旗、马执事等。更有轻薄少年涂脂抹粉扮作卖盐婆，并有杂涂粉墨装作无常、摸壁诸鬼，狰狞可怖。最后则扮《西游记》，灵怪毕现。玉箫金管浅吹低唱而来。荡湖船数艘，轻风乍过，棹讴齐发。骏马数十匹，锦鞍玉勒，振策疾驰。游行烂泥渡、杨家渡、钦赐仰殿、唐桥镇迤北、陆家嘴等处，然后回庙。时则暮烟绕树，夕照衔山，陌上游人始缓缓而归。

光绪十九年二月十七日（1893 年 4 月 3 日）第四版

循例赛会

今日为清明令节，本邑城隍神循例率同四司出巡赈济孤魂。前晚由各会首在神前拈香抽签。今日会出大东门，进老北门。所有会中逍遥伞、大锣班、臂香会、阴皂隶、花十景以及妇女扮犯、沿途吹弹名目先期由上海县黄爱棠大令出示禁止。

光绪十九年二月十八日(1893 年 4 月 4 日)第三版

赛期已近

沪南高昌庙常年于二月二十四日赛会,迄今会期已近。闻会中人此次预备抬阁,又由宁波借得各种灯彩,穷极华丽。倘届时暖日烘晴、和风徐拂,沪堧士庶又当结伴呼群以无负此阳春烟景也。

光绪十九年二月十八日(1893 年 4 月 4 日)第三版

柳浪莺声

杭垣艮山门外皋亭山地方有娘娘庙,相传后宋高宗南渡时所建者,素著灵异。每当春景暄妍,小本营生者麇集于此,谓之赶香市。现届二月中旬,香市未起而博徒已先在沿河一带喝雉呼卢通宵不绝,为民上者当有以禁止之,幸勿为阿家翁也。

光绪十九年二月二十二日(1893 年 4 月 8 日)第二版

沪渎潮音

今日为制造局左近高昌庙赛会之期,闻会中人拟舁偶像游行大南门、小南门、仓桥、花衣街、大关、咸瓜街、郎家桥等处,迤逦至徽州会馆、邑厉坛,然后回庙中。有抬阁、高跷、马上戏剧之类。适逢礼拜,观者自必盈途也。

光绪十九年二月二十三日(1893 年 4 月 9 日)第三版

重修大殿

浦东洋泾镇附近有钦赐仰殿者,不知建于何时,亦未明其何所取义,俗呼为金丝娘殿。或曰唐贞观时东征驻跸于此,命秦叔宝亲自督工大兴土木,此则齐东野语，不值识者所嗤也。迩来物换星移，日形凋敝，若邪玼蒿来布阶，昔之月牖星题渐变而为荒芜瓦砾。董事王君稼梅、朱君吟香见而生慨，深恐前朝胜迹后人无可稽查，因募集赀财重行修整东岳行宫、十殿阎王殿之类，约需银三万两始得重复旧观。因商诸施少钦封翁请代为筹劝。日来捐款已源源而至，行将择日兴工矣。然窃谓各省沉灾未澹，山西又告洊饥，饿殍盈途惨不忍睹，传闻灾重之处竟有脔肉以疗饥者。与其以有用金赀兴此不急之务，何若用以助振，或可使饥民性命苟延乎。质之在事诸君，其不以斯言为河汉乎？

光绪十九年二月二十三日（1893 年 4 月 9 日）第三版

沪南会景

制造局附近高昌庙常年于二月二十三日赛会。在会者均系制造局各工匠，兴高采烈，为他处所不及。昨日下午一点钟时，会中人等齐集庙旁，俨如鹄立。及整队启行，已二点半钟矣。寻常旗锣伞扇不计外，有抬阁一架，以十余龄之童子扮成女郎，望之如月里嫦娥排云下降。采莲船一艘，彷彿在西子湖头露冷风清围红泛绿时也。有清客班，品竹弹丝，宫商互奏，盖来自五羊城畔者。锦幡彩帜映日鲜明，移粤峤之风光，点沪江之景色。杂以高跷，扮演各种故事，离奇光怪，触目生辉。其忍俊不禁者，一人短类侏儒，头大如斗，鬑鬑绕颊，戴墨晶眼镜，携画眉鸟笼。一人头小如锥，长同詹五，头戴凉帽，口衔雪茄烟。相对相当，彷徨中道，人皆掩口胡卢。有以绸绢扎成之白龙一条，长十七节，其鳞以菜花铜凿成，夜间可以然烛。此外万名伞、香亭、看马、执香、九连灯及灯牌等亦皆应有尽有，极巧穷工，不异波斯斗宝。神像坐绿「緞」[缎]绣金八人大轿，出庙向东，至王家嘴角行王家码头，向西至小南门、大南门等处，然后抵坛。是日也暖旭微烘，和风徐引，红男绿女联袂纵观，但见人头如蚁。而西门尤形热闹。马车、东洋车、小车拥塞道途，妇女之在斜桥观看者失钗堕珥时有所闻。迨至暮色催人，明灯齐上，始整队回庙。繁星万点掩映林端，亦一时胜景也。是日午后一点钟时，有住居洋泾镇之某姓女郎，年约十六七，携弟偕来欲看会景，舟抵董家渡北首码头，登岸时偶一疏虞，失足堕浦。其弟大声呼救，经邻船上人设法拯起，诚大幸也，然已眼零雨而首飘(蓬)矣。当会过斜桥时，观者拥挤异常，东洋车、马车在人丛中横冲直撞而来，令人避让不及。有住居高昌庙之计某携同七岁童子名金生者踯躅途中，忽有某马夫驾车疾驶，一往无前，将童撞倒于地，车轮在胸前滚过。该马夫竟欲扬鞭遁去，幸巡防局勇丁在此弹压，将人车一并拦住。俄而计某亦至，同赴西门外巡防局请讯，未知如何发落。容俟续述。

光绪十九年二月二十四日(1893 年 4 月 10 日)第三版

乡人赛会

虹口下海庙者，相传系明时创建，中供城隍神像。每至春秋佳日，乡人舁像出巡，有举国若狂之势。昨日下午二点钟时踵行是举。各会首齐集庙中，排列仪仗。旗锣伞扇之外，有执事、旗牌、敕命等。马数十匹，驰逐于芳塍翠陌之间。继以逍遥伞十顶、臂香、臂锣，旃檀馥郁，笙管悠扬。更有抹粉涂脂、肩负花篮、色染朝霞、香凝晓露，扮成各种故事、踏高跷者数十人。荡湖船一艘，以少年无赖为驾娘，艳曲淫词，不堪入耳。神像以绿呢大轿舁之，过张家浜、王家宅、新马路，穿里虹口，至坛。观者填阡满陌，几如空巷观潮。美捕房预饬巡捕数名沿途弹压，以免滋事。

光绪十九年二月二十四日(1893 年 4 月 10 日)第四版

乡人赛会

本邑浦东洋泾镇向有昭天侯庙。俗传神杨姓，究竟齐东野语，无可稽查。昨日午后会中人舁偶像游行，由唐桥、陆家渡、杨家渡、烂泥渡、钦赐仰殿至邑厉坛。前导除寻常仪仗外，有王命旗牌、门枪、册印、风火雷电马、逍遥伞、万民伞、清音班。无赖少年更扮作卖盐婆，青布包头，裙下莲船尺许，装模作样，见者粲然。又有荡湖船一艘，船中人掠鬓画眉，轻颦浅笑，微呈半面，颇足消魂，沿途歌唱淫词，靡靡之音足动人听。所过之处观者塞途。

光绪十九年二月二十七日(1893 年 4 月 13 日)第三版

浦左杂闻

浦东陆家行向有东岳庙，兵燹后未经修整以致坍塌无存。现有董事某某等人捐款，鸠工庀料葺治一新，召丹桂园诸妙伶于本月十四五六等日演戏三台。

光绪十九年三月初九日（1893 年 4 月 24 日）第三版

火焚袄庙

通州城北十八里平家疃地方有娘娘庙焉，栋宇宏敞，金碧辉煌。三月初一日系赛会之期。殿前支搭茶棚二座，男左女右以免混杂。山门内外摆设首饰、零剪、绒花以及孩童玩艺、食物各摊，星罗棋布，几无容足之地。清晨九点钟时有中幡、跨鼓、狮子、高跷等会十余起陆续赴庙进香。庙前高搭戏台。钲鼓之声远闻数里。男妇老少挨肩擦背而来不数曲江春游。十点钟时台上演《采桑》一出，歌喉宛转，惊起梁屋。游人方侧耳以听、注目以视，忽见庙内黑烟突起，烈火腾空，一声呼喊，相率奔逃。无如山门窄小，拥挤不得出，妇女遗失簪环者无算，有跌腿者、折腰者、呕血者，人声鼎沸几如浪涌涛奔。唱戏者见火势猛烈，遂将戏箱搬至旷野，揭去戏台芦席。幸此处距河较近，会众竭力取水灌救，祝融氏始返旆。是役也，焚去禅堂三间、正殿一间、茶棚三间。其起火之由，因庙内老道收藏香炷，余烬未灭，致肇此祸。盖此种残香尚可售诸香铺以博蝇头，故守庙者不惮此琐屑。回忆前数十年城隍庙亦因此遗灾，延烧正殿暨两廊、配殿、七十二司，雕梁画栋顷刻成灰，水局中人束手无策。救火诸官见事势危急，将顶戴朝珠掷入火中始得反风灭火。不意此次又罹浩劫，老道之罪可胜诛耶。

光绪十九年三月十六日（1893 年 5 月 1 日）第二版

古刹重兴

浦东高桥相近高家巷地方有萧王庙，供奉神像，乡人以三老爷呼之。只以年深月久，日炙雨淋，栋宇渐形顷圮，由董事王某集款兴修。迄今工程告竣，遂于前昨两日迎神赛会，并雇英租界天仪戏园诸伶于十五六七等日登台演唱，檀板一声，裙屐纷至，海曲居人又添无数兴会矣。

光绪十九年三月十七日(1893年5月2日)第三版

乡人赛会

沪北严家角某妪年逾花甲，家道小康，儿孙绕膝，有鼓腹含饴之乐。妪性喜佞佛，供奉观音大士像，稽首莲台，愿结来生净果。而附近村妪里女亦皆一倡百和，争乞一滴杨枝水，冀以忏除夙孽。妪以信从者众，遂度地于居宅之旁鸠工建屋，名曰净修庵，规模虽不甚宏敞，然月殿云廊颇极清幽之致。前日为观音、吕祖、太阳三神开光，善男善女携瓣香而来者深深下拜，叩叩通诚，颇形拥挤。昨晨十一点钟时乡人齐集，以黄呢大轿舁神像出游，旗锣伞扇之外，导以鼓吹一部，女弟子八人乘蓝舆中执香相送，经过铁马路、唐家弄、新闸等处，红男绿女约伴来观，颇觉填衢塞巷也。

光绪十九年三月二十日(1893年5月5日)第三版

仙镇赛会

扬属仙女镇为各镇中之巨擘，镇上贸易以六陈木行为大宗，凡里下河米麦皆荟萃于此。距三江营口门甚近，宁波等处客商往往载木而来，运米而去。客岁此两项生涯畅旺，镇上人兴高采烈，遂于三月三日仙女娘娘神诞迎赛灯会。初一二日小试其端，迨初三黎明各会陆续排出，约有三十余班，南北东西各随其便，洎虞渊日坠，始于河南头摆渡聚集，一律上灯，然后过渡而北，循北岸过大桥，绕河南各街，至南滩又折而向西。其灯景之奇巧玲珑尤驾京江、维扬而上，如灯鳌山、灯抬阁皆高矗云霄，林泉花木人物翎毛无不逼肖，内皆燃点蜡炬，照耀通明。其他如十二属像，形如子鼠，则以一人骑之，鼠灰色人亦灰色；寅虎色黄，人亦周身衣黄。皆十一二岁俊俏孩童所扮。更有各种花担及渔樵耕读等故事，亦以小孩扮演，担上各花以及渔翁之篮、樵子之斧均以五色纸扎成，穷工极巧。最后殿以龙灯九条，有迎以爆竹者，龙即盘旋飞舞，忽合忽分，令观者不辨其为九为一；或贴地作偃卧形，或昂首作飞腾势，擎之者无一大汉，皆系十五六岁之童子。其余灯景繁多，并皆佳妙。锣鼓灯棚约三十余起，光腾巷陌，响彻云衢。各村镇来观者奚止万人，通镇客寓、烟寮、饭馆、酒肆以及庵观寺院无不有人满之患，后来者欲求片席地几不可得。河下船艘更不可以数计，其来往商船虽有要事亦不克前进，盖河道为游船塞满，一篙之隙皆不能容，诚洋洋乎大观也。当赛会之前数日，镇上已热闹非常，适江都县林邑宰因公至镇，闻此消息，甚不以为然，即欲出示禁止。嗣经该镇绅董以是会并非募捐，系各业自行解囊，且制办物件已匪伊朝夕，再三面恳俯顺舆情，并通街公保决不滋事，邑宰不为已甚，首为之肯。回署后即移请东南各汛暨五台山驻防合字营酌派营兵前往弹压，极为周密。直至会终仅有斗殴一起，余均照常安堵。

光绪十九年三月二十三日(1893年5月8日)第九版

东瓯杂纪

温郡本筮上「己」[巳]良辰舁东岳神像出巡，不意初三日细雨如丝终朝不辍，仅将神像舁出庙门驻驾于左近东瓯王庙。至初七日天始畅晴，会中人采烈兴高，门异矜奇，真有举国若狂之势。桃花扇暖杏子衫轻，士女春游不减流觞曲水也。

光绪十九年三月二十四日(1893年5月9日)第三版

沪滨琐语

上海县土地祠年久颓圮，由各差役集资兴修，择于今日迎福德正神回庙开光，已列前报。昨由皂头全顺、快头沈翔知照各差伙预备一切，以便届时举行。

光绪十九年三月二十四日(1893年5月9日)第四版

神诞悬灯

今日相传为本邑城隍神夫人诞辰，庙东西及小东门、旧校场等处各店铺悬灯结彩，焕然一新，想届时裙屐来游必有一番兴会也。

光绪十九年三月二十八日（1893 年 5 月 13 日）第三版

淮清桥玩月记

金陵东岳会本定期三月十五六日迎赛游行，嗣以大雨滂沱暂为停止，至十九日午刻始舁神像出游。一时羽葆纷纭，管弦迭奏，香烟缭绕中膜拜道旁者数以万计，加以绿鬓娇娃、乌衣子弟，渡头迎汝，扇底窥郎，此往彼来，几至挥汗如雨。虽有宪谕严禁，居然置若罔闻矣。幸二日之间地方安静，不知是神之威欤，抑官之力欤，孰能叩灵座而问之。

光绪十九年三月三十日（1893 年 5 月 15 日）第二版

闽中盛会

福州东关外七里许有东岳庙，金碧楼台去天尺五，乡民于神诞日拈香膜拜并召梨园子弟登台演唱。岳后之神供奉于大庙之侧，闽中人奉为鼻祖，每遇诞日相率入庙饮宴，各司其事，裙钗风流，一时传为佳话。三月二十四日出巡南台一带，次日游历城中各处。不由达明里经过，因此处有古树一株，前此岳神抬过时，树枝忽然垂下，将神冠拽上，众以为侮神，以后巡游皆不在此经过。无稽谰语，不妨一笑置之。此二日中，都人士夹道纵观，燕外风清，莺边云聚。凡平昔许愿者，此时披枷带锁、执香随驾不下千百人。所至之处排设香几，焚化纸帛，几如山积。媚神之术可谓无微不至矣。

光绪十九年四月十四日（1893 年 5 月 29 日）第九版

紫禁朱樱[1]

年例四月十八日致祭䍗髻山[2]、广仁宫两处碧霞元君，例应由内务府咨取乾清门行走王公等衔名奏请钦派行礼。兹经内务府缮单具奏，奉朱笔圈出："䍗髻山遣科尔沁辅国公博迪苏行礼，广仁宫遣镇国将军载瀛行礼。"钦此。

光绪十九年四月二十六日(1893 年 6 月 10 日)第二版

润州赛会

镇江都神会向例于四月间出巡。今岁各会董定于四月十八日举行，适值阴雨连绵，道途泥泞，遂改于二十三日。是日天气晴爽，日暖风和，会中人愈觉兴高采烈。先一日，万福、多福、景福、增福、金炉、龙亭、陆端、蒋公府、钟馗老会、长寿星老会齐至南门参庙。午刻神驾出城小憩。此特赛会之嚆矢耳。次日黎明，各会陆续排出，约有十余班，经过城内外大街及洋马路一带。前者甫过，后者又来，真如山阴道上令人目不暇给。神驾抬阁由南门大街过古楼冈，绕千字桥出城，至皇华亭小憩片刻，进打索街，至银山门。时值日堕崦嵫，各会排在大街，形如雁翅，约长十余里，明灯齐上，缓步进城。其灯景之奇巧，如玻璃伞、明角牌、灯花、茶担、鳌鱼灯、鲇鱼灯、凤凰灯、金瓜、月斧及各色灯，蜡炬通明，几如白昼。更有烟火盒子，烛龙万道，光焰射人。将神驾送至宫中，始各收灯而返。各会仍归会堂，时已鱼更四跃矣。古楼冈空隙之处两旁搭盖凉棚，开设茶坊、酒肆，密若星罗。会之佳者，首推钱业中之增福财神会，如头牌、联灯、鼓亭、旗锣，并新添五色明角伞琉璃灯十余对、抬阁一架，均仿绝时花样色色鲜明，见者莫不赞叹，咸谓他会虽亦佳妙总不及增福会之多而且奇。绵延六七里，中有抬阁七架，选美貌娈童「粉」[扮]成绝色女子，迷离扑朔，令见者不辨其为花底秦宫。所扮

---

① 《紫禁朱樱》在第一、二版。此处摘录其中一部分，在第二版。
② "䍗髻山"，今作"丫髻山"。

戏剧，如文王访贤、蟠桃会、打金枝、打鼓骂曹、满床笏、文昭关、状元谱等，率皆惟妙惟肖。经过道、府、厅、县各衙门，预备银牌果包逐一赏赉。此外会景繁多，抬阁之上杂以锣鼓，灯棚约有十余起，光腾巷陌，响彻云衢。扬州各镇来观者约有数万人，大道通衢人多拥挤，客寓、烟寮、饭馆、酒肆无不利市三倍。当长寿星驾过打索街时，有某甲碰撞黄亭，脚夫遂拳棒交下，甲以寡不敌众，身受微伤，游人愈聚愈多，呼声动地，幸有执旗人从中排解，始各分散。各处之泛舟而至者锦缆牙樯衔头接尾，河道为之挤塞。当赛会之前数日，镇城已热闹非常，镇江营即派千百把总带同营兵十余名在街巷严密梭巡。及各会进城，游人缓步归来，必经西门桥上，万头攒动，车轿皆不能行。香闺伴侣莲步俜伶，每有恶少故意围绕，蜂喧蝶闹，狼藉花枝，更有剪绺贼乘间攫取簪环不可以数计。归来小窗下对镜理残妆，当有首飞蓬而眼零雨者矣。

光绪十九年五月初二日（1893 年 6 月 15 日）第二版

蝗蝻展翼

江宁府属蝻子萌生前报已迭纪之矣。近闻乡人云，蝗已生翼若马鞍然，虽未远举高飞，然颇跃跃欲试，割麦稍迟辄被蚕食。各大僚虔往刘猛将军庙拈香祈祷，并派员及营勇往各处扑捕，每斤赏钱二十文，未识能聚而歼旃否。

光绪十九年五月初二日（1893 年 6 月 15 日）第三版

西湖佳话

上月二十三日俗传朱天君诞辰，亦无稽谰语也，而无知妇女偏深信不疑。是日下皮市巷温元帅庙悬灯结彩，点烛焚香，杂以南调楚曲傀儡戏，笙簧刮耳，锣鼓喧天，进香者络绎于途。鬓影衣香如云如水，少年浪子如蝇逐臭、如蚁附膻，故意挤入其中，肆行平泊，淫词秽语入耳难堪。正不知天君何竟付之不见不闻，不将左手所持黄金棍击之。

光绪十九年五月初五日（1893 年 6 月 18 日）第二版

通州余话

北通州万缘老会历有年所，今届会首复鸠资迎赛，上月初七日在发祥胡同碧霞宫预备一切，初八日排齐冠袍带履、钱粮、龙旗、御仗、都驾、通驾、钱粮筐、行上中军、十番音乐、銮驾、辕门、稽查、欢门、宫门、弹压、支应、官长、执事、总司、架鼓、号炮、响锣、架香、扫尘、芸香、净手、随驾、敬惜字纸、司厨、司茶各行各作，舁偶像赴城隍庙、东岳庙、龙王庙发信，回时进北门，穿北街回庙。闻议定明年赴丫髻山朝顶进香，更有一番热闹也。

光绪十九年五月初六日（1893 年 6 月 19 日）第二版

神山晴眺①

五月朔日邑人奉城隍神出巡，仪仗艳丽，羽葆纷驰，并有无数痴男愚妇披枷带锁随神驾前行，名曰讨罪受。本届前五日讨罪受者已陆续赴庙挂号，倩羽士对神焚疏，领取批示，每人又出青蚨二百翼，谓为办公小费。岂阴曹又有需索之风耶？愚人之愚诚不可解。

光绪十九年五月十一日（1893 年 6 月 24 日）第二版

迎神驱疫

宁波每于四月间奉五都神出巡，鄞县杨大令恐肇祸端出示禁止，前已列报。兹因时疫盛行，西门内虹桥头起至和利桥止，百步之内旬日之间共死十八人，愚民无知，咸谓实因未奉明神出巡之故，是以坐堂会大柱于初一日在都神殿聚议，遍贴知单，自备资斧，概不派捐，定于十一二日备本神衔牌及清道、飞虎等旗遍巡城厢内外以驱瘟疫。

光绪十九年五月十三日（1893 年 6 月 26 日）第二版

① 《神山晴眺》在第一、二版。此处摘录其中一部分，在第二版。

御柳蝉琴[①]

西直门内大街曹公观年久失修，风雨摧残，渐形倒塌。复有土棍窃取木植，以致化为瓦砾之场。目下仅存牌楼、山门及二层正殿、东西配殿、钟楼、穿殿、角门遗址而已。明岁■皇太后六旬万寿举行庆典，是处为金辇必经之地，应传集道士唪经并请慈驾拈香以答神佑，遂由海部率商前往勘估，拟兴工逐一葺修，俟算房销算应需工料钱粮若干，绘图贴说请旨遵行。

光绪十九年五月十五日（1893 年 6 月 28 日）第二版

芝罘剩墨

乡民迎神赛会游遍各乡，名为进香，实则敛钱肥己。本月十六日有黄务村人舁天仙圣母偶像来烟，愚夫妇信服皈依，争施财帛。嘻！是亦不可以已乎。

…………

烟市之南相距四十里有山名太平顶，上建太山行宫。四月十八日相传为太山神诞辰，好事者自十五日起赛会三日，附近各山皆舁神像至此祝嘏。烟台之操小贸易者相约荷担而往冀博蝇头，而妓馆娼寮亦皆秣马膏车登临■眺，亦一年之胜事也。

光绪十九年五月二十一日（1893 年 7 月 4 日）第二版

匡庐[②]瀑布

西门内县城隍庙于初十、十一等日招集春台班演剧酬神，一声檀板，万目争观，有举国若狂之势。

十三日俗传为关圣帝诞辰，道、镇、府、厅、营、县等官均于是日五鼓齐诣

① 《御柳蝉琴》在第一、二版。此处摘录其中一部分，在第二版。
② 匡庐：指江西省九江市境内的庐山。这里代指九江。

关帝庙致祭，岭南会馆亦演戏数日。

光绪十九年五月二十一日（1893 年 7 月 4 日）第三版

武林会景

杭州温元帅庙共有六所，前报所纪崧振帅出示严禁赛会，庙鬼因之小试其技，游社上表，朝参北阙，此盖旌德观元帅庙事也。至下皮市巷元帅庙改期十七日午刻赛会，出东辕门，转杨子凌巷，进清吟巷，过皇诰儿巷，出联桥，诣司马渡巷，至赏乐桥、炭柳官巷，折至平津桥、荐桥，进金芝麻巷、头发巷，绕庆春桥、东街，过新桥，诣福圣庵巷，出史清里，进肃仪巷，过永宁院，仍由东辕门。前导用銮驾半副。继以“直入天门”“无拘霄汉”等蓝字金牌四对，十景担四副，提炉、香盘、锣鼓、伞扇之属。末后舁八人空轿一乘。申初天忽雷雨，观者皆衣服淋漓，无异雨中病鹤也。吴山城隍神向例十月初一日赛会。今春下城东园巷新塑城隍偶像，工竣后拟于五月十七日先行游社，筵之曰吉，乃于是日举行。会中有高跷八起、荷花灯十二对、抬阁四架、肩阁四起、十景担六副、对马八匹、马上鼓吹一部，及马上伞扇、马上敕印之类。殿以锣鼓亭一座、神枪一枝、神马一匹，侩子四名、拜香者十四人。末后八人舁雕嵌红木大轿一乘，文武判官各一，清音一班。神像金面长须，所过之地，妇女及目不识丁者咸相惊诧曰：“元帅老矣，面色何变而为黄也。”盖误认为温元帅，元帅本蓝面无须云。

光绪十九年五月二十三日（1893 年 7 月 6 日）第二、三版

红桥月色

扬俗每届五月十七日必迎都天神像出巡，以为可以去灾降福。今岁轮应缺口门外都天神出巡。是日清晨舁神入城，各会咸集三元宫前，少顷绕行各街。会中仪仗与上年无异，惟新增炒米穿成花篮四对，匠心独运，绮巧玲珑。是日天气炎热，人皆挥汗如雨。天宁门外下街一带，红男绿女依然如水如云。晚间灯会入城，行至运司街，会中人类吴牛之喘，力不能支，遂纷纷散归。缺口老会亦送神回宫。闻会中人当晚患痧者实繁有徒，神前装内侍之

某甲病势尤重，咎由自取，神固不能为之佑也。

光绪十九年五月二十七日(1893 年 7 月 10 日)第三版

几焚妖庙

英租界大马路中市有保安司徒庙，俗称之曰“红庙”。盖当通商以前，此庙本在旷野中，四面围墙皆刷红粉，几与落日晴霞同其灿烂，故以红庙呼之。中有观音大士殿、关圣殿，香烟素盛。自海舶东来，市廛日辟，高甍延月，杰阁凌云，此庙遂与店铺相毗连。每逢神诞及朔望等日，异方殊俗之民问卜求签、输金还愿络绎而来，庙中羽士居然作富家翁。昨日下午四点钟时，关帝殿中焚化香楮，火势横飞，延及所挂冥镪，烟雾迷漫。幸地临孔道，中西巡捕齐集取自来水灌救，不致成灾。在佞佛者必以为菩萨有灵，一滴杨枝洒遍大千世界矣。

光绪十九年六月十七日(1893 年 7 月 29 日)第三版

庆贺神诞

昨日相传为火神诞辰，今日又逢雷祖诞辰，沪城自大东门以至火神庙、丹凤楼一带店铺悬灯结彩热闹异常，保甲局恐人多肇事，饬局勇、地甲往来巡察。昨日黎明时，关道宪聂观察、提右营廖参戎、松海防刘司马、上海县黄大令及印委各员均赴火神庙拈香，礼毕分导回署。上午九点钟时，有西乡妇某氏手持香篮一只入庙烧香，欲往雷祖殿。行至山门口，忽有卑田院中人团团围住，强索青蚨。氏吝而不予，厉声辱骂。众丐遂一拥而前，将所插金簪一枝攫去，飞步奔逃。氏大声呼救，迨巡勇至，已无所睹。氏乃抚膺踯足狼狈而去。

光绪十九年六月二十四日(1893 年 8 月 5 日)第三版

县案汇录

有毛忠孝者，前日贩得香烛纸锭赴丹凤楼门前摆摊出售，住持羽士驱逐不理,遂将毛扭送巡防局,于昨日转送县署听候讯办。

光绪十九年六月二十五日(1893年8月6日)第三版

神诞进香

昨日俗传为雷祖诞辰,沪城内之丹凤楼、西门外之白云观香火素盛,善男信女之进香者异常拥挤。黎明时关道宪聂观察、松海防刘司马、上海县黄大令等齐至也是园雷祖殿拈香,循常例也。

光绪十九年六月二十五日(1893年8月6日)第九版

陈设会景

虹口武昌路有三元宫,系粤人创建,每年七月间设水陆道场振济孤魂。今因为期已近,雇人在大殿前搭盖凉棚,山门首装设木架,上支蓬帐,高约五六丈,下设奇花异卉。七月初旬即当大启山门赛兰盆胜会矣。

光绪十九年六月二十六日(1893年8月7日)第三版

金焦黛鱼

近有汴梁城道士四五人,手持毛竹筒,频频搥击,其声阁阁然,以建造铁莲庵为名沿街募化。每至晚间,或宿于云台山上,或集于牌湾客寓。为保甲总局刘少尹所闻,立即派差往拘到案。少尹高坐堂皇,谓"尔等假作道士,强索硬化,法所不容。况去岁徒、阳荒歉,各业助捐甚众,元气未复,岂容尔等募化。"饬道纪司查明并无牒文。少尹令取竹篦,每名笞臀五百下,复以巨枷梏其颈游行街市五日后驱逐出境。

光绪十九年六月二十八日(1893年8月9日)第二版

虹口琐谈

虹口三元宫建醮已登前报。兹悉自七月初一起至初四日止，延粤东羽士盛设醮坛召一切孤魂来受甘露味。届时裙屐来游，自必异常热闹也。

光绪十九年六月二十八日(1893年8月9日)第四版

敛钱宜究

前者上海县署差役集资修建土地堂，旋有人冒名劝捐，因即禀官查办。近日又有无赖在英租界各店铺募修英公廨土地祠，受其愚者已属不少。昨日在同丰洋货店捐得洋银一元。有人观其捐簿，见已集得二百余金，谅捕头闻之当必悉心查究也。

光绪十九年七月初三日(1893年8月14日)第三版

台北赛会

台北居民例于六月廿三日迎西秦大王神会，凡百里内村民先期咸集，如水赴壑，谓之看热闹。会中陈设仪仗不及他省之整齐，而人数极众，每有持枪相随，沿途轰放，其声隆隆，是亦足觇风俗之强悍已。尤可异者，中有神轿数座，每轿后必立一人，赤身露体，或持利刃向顶上乱斫，血淋淋然；或以铁条长约丈余横贯吻间，两目斜视，几若不知痛楚者。会后又随小轿百数十乘，半系平康妙妓，颈荷纸枷，身被赭服，轿前插小旗一面，用锦制成，陆离光怪，不可名状，随会遍游城厢内外，任人品评。中有抬阁一架，以十余龄俊童扮就许仙斗法一剧，情景宛然，差强人意。台地所出各会，以此及五月十三日所迎霞海城隍会为最，每次所费总不下万余金。以有用之赀财竞掷于无用之地，良可异矣。

光绪十九年七月初五日(1893年8月16日)第三版

琳宫小劫

昨晨八点钟，沪城西门内关帝庙后殿附近斗母阁失火，廿二铺地甲分投报警。少顷果育堂、辅元堂、沉香阁、保安会、坎济社、既济道院、松沪捐局、道辕、十铺、复善堂等洋龙风驰电掣而至，汲水灌救。关道宪聂观察闻警，首先策骑而至。俄而提右营廖楚才参戎、上海县黄爱棠大令、总巡张牧九司马、守备程守戎及城厢内外保甲局员先后临场，督同差勇往来弹压。观察见失火之处离大殿甚近，即命本辕洋龙竭力施救。至八点二刻钟时始得烟消火灭，共毁平房四间。各官遂分导而回。至其起火之由，闻因焚化冥镪遗火积薪中，遂致一发难收，阁内土木偶像早已送往西方极乐世界矣。

光绪十九年七月初八日（1893 年 8 月 19 日）第三版

金阊琐录

七月十五日为中元令节，吴中循例舁城隍等神像出游，名曰振济孤魂。是日天朗气清，惠风和畅，会中人益复兴高采烈，遍处游行，红男绿女之联袂往观者到处人山人海，拥挤不开。苏州府魁太守率同长元吴三县尊、总捕府惠司马以及阊、胥门二总巡于上午排导出阊门诣虎邱坛上，太守首先拈香，各官亦依次行礼毕，然后登舟回署，时已傍晚矣。

光绪十九年七月二十五日（1893 年 9 月 5 日）第一版

云间雁字

松郡每届中元令节例舁府、华、娄三城隍神像出巡，至北门外邑厉坛振济孤魂，驻节片刻当晚即返。神像俱乘暖轿，向无健丁跟马。此届有游手闲徒策马北郊，紧随于府城隍神像后，冀遂其纵辔疾驰之概。不期某二尹端坐舆中，奉委入坛诣城隍神前拈香，舆夫几遭冲踏，二尹亦魂飞天外，大受惊慌。洎乎礼毕而退，趋禀府辕请为澈底根查，特未识府尊如何根究也。

光绪十九年七月二十六日（1893 年 9 月 6 日）第二版

神诞进香

昨日俗传为三官大帝诞辰，本邑大南门外及城中永兴桥等处之三官堂香烟最盛，自晨至午，善男信女手执瓣香络绎于途。南门外之三官堂向有各乡人摆设农具并家用木器等物求售。昨晨有甲乙二人因争夺摊基互相扭殴，旁人力劝尚不肯散。甲力大如牛，致将乙之头额击成一孔，猩红四射，倒地昏迷。甲见势不妙，弃担而逸。旁人见之将乙扶起，良久始苏。乙无可如何，惟将甲所弃之物收拾而去。特恐价值无多，所得终不偿所失耳。

光绪十九年七月二十八日（1893 年 9 月 8 日）第三版

兴修邑庙

本邑城隍头门、仪门及两廊等处年久失修，各善堂董事遂于前日同往估看，立雇工匠，于昨日兴修。经之营之，自可美轮美奂矣。

光绪十九年八月初四日（1893 年 9 月 13 日）第三版

庙貌重新

本埠新闸桥西苏州河畔有大王庙焉，中供四大金龙神像，巡防保甲局即设于其中。惟是代远年湮，渐形倾圮，经河工李总办招雇工匠修饰一新，并禀请聂观察将巡防局勇迁设栖流公所。庙中于今日起雇菊部名优开台演剧以答神庥，想红男绿女结队往观者当有如水如云之盛也。

光绪十九年九月二十日（1893 年 10 月 29 日）第三版

乡人赛会

本埠外虹口地方有下海庙焉，供奉城隍神，该处乡民每于春秋二季舁神像出游。昨日又值秋赛之期，各会首齐集庙中拈香，至二点钟排齐全副仪仗，前导除旗锣伞扇之外，有肃静、回避、灵佑、护海公衔牌，马执事旗牌。骏马数十匹，锦鞯玉勒，映日迎风。继以逍遥伞、臂香。清客串班沿途吹弹，豪竹哀丝，悠扬入听。荡湖船一艘倚棹清歌，如在三十六陂间。更有少年子弟扮成巾帼，肩挑珠灯，或装高跷举步如飞。神像■绿呢大轿，以八人舁之出庙，向东入马路，由西王家宅过新马路、里虹口，折而北，迤逦回庙。所过之处，铺户人家摆设香案。观者人海人山，途为之塞。美捕房派中西巡捕按「段」[段]弹压以免滋生事端。是亦一时之盛会也。

光绪十九年九月二十八日(1893 年 11 月 6 日)第四版

赛会肇衅

浦东南汇县界有狮眼庙，中供城隍神，该处乡人于前日邀齐会首舁像出巡。会中除寻常伞扇外，有扮作三百六十行者，有扮作卖私盐之妇女者。有三人扮作荡湖船，浪态淫声，不值识者一噱。行经分水墩地方，有无赖等以赛会未曾发帖，近于侮慢，遂将头锣攫去。会中人不敢向前，中道折回，约齐各会首与无赖理论。后经地甲钱晋卿出为排解始了其事。

光绪十九年十月六日(1893 年 11 月 13 日)第三版

修庙劝捐

钦加运同衔补用直隶州特授松江府上海县正堂黄为出示晓谕事：据职董李曾珂、王宗寿、朱征镕、汪涛、曹基善、朱其莼、叶佳镇、姚文枬、杨本增、莫肇辰、瞿开桐、江文耀、姚天来、叶永孚等禀称“窃本邑城隍庙为一县之规模，万民之瞻仰，四时报享，庙貌宜崇。溯自同治初年集捐改建大殿时，因经费不敷，未及头二门等处，兼之年久失修，四处朽窳，照墙已坍，鼓亭欹侧，棋杆根烂，倾折堪虞，若不急为修葺，势难收拾。兹据该庙住持道士曹建华、陈德新禀商前来，董等公同履勘，果属实情，已饬匠估建，约须修费四千余元。值此地方清苦，筹款无从，因思本邑万商辐辏，好善者多，且商贾行运海舶往还咸赖神灵庇佑，若劝共相佽助，当可成此要工。议缮捐册，互相布劝。惟虑五方杂处，作伪冒捐，呈请出示晓谕以便集捐”等情，到县，据此，除批示外，合行出示劝谕。为此示仰合境绅民商富保甲人等知悉，尔等须知城隍为一邑之保障，庙貌宜崇。现在庙门坍损，自应筹款修整以壮观瞻而昭诚敬。自示之后，务各量力捐助，俾济要工。惟此项捐款系由该绅李曾珂等经收办理，随时给发收票执凭，以昭征信。倘有无耻奸徒托名冒收以及借端滋扰情事，一经访闻，立即提案究办。各宜凛遵。毋违！特示！

光绪十九年十月六日(1893 年 11 月 13 日)第三版

捐助旗杆

本邑城隍庙头二门及所立旗杆年久失修，经堂董禀明上海县黄大令出示劝捐，择吉兴工，已纪前报。兹闻劝助已有成数，择于本月初三日动工。所有头门外之旗杆二枝由沪南木行捐助，长约十余丈，如搬运进城难以转折，前日从城上运入花草浜，至如意桥起岸，由人家住屋中穿至邑庙头门照墙外拆洞而进，存放戏场中，固已大费周折矣。至拆毁人家墙壁则由经事者雇工前往为之修理。

光绪十九年十一月初一日(1893 年 12 月 8 日)第三版

1894年

江巴邮筒

宜昌南门外龙王庙自庚午年被水冲刷年久未修，近来捐修正殿、前殿已经告竣，复由各首事捐铸大钟一口，月前在天官桥宽阔地方设炉鼓铸，善男信女各投银钱及金银首饰于炉，谓之结缘，未几铸成，据云约重千余斤。

光绪二十年十二月初三日(1894年1月9日)第二版

兴修祠宇

苏松太道署头门内土地祠年久失修，书差人等拟欲规复旧观，祗以经费难筹，遂禀请道宪聂观察提倡。观察俯准所请，捐廉数百两发给经办之人。现已择吉兴工矣。

光绪二十年十二月初四日(1894年1月10日)第三版

祠宇重修

沪南行仁弄里街口向有土地祠，岁久年深，雨淋日炙，岌岌欲圮。近经各铺户集资重修，并将神像装塑一新，于前日告竣。各铺户均于清晨赴庙拈香，亭午时排齐仪仗并顶马、刽子手、五梅花、六件头、清音等至沪城县南街迎神，端坐显轿，以八人舁之，过彩衣街，出大东门，过咸瓜街，然后返庙。观者为之塞途。

光绪十九年十二月初十日(1894年1月16日)第三版

北固山治春词[①]

初五日俗传财神诞。是日五鼓时，各店铺皆燃放鞭爆，鼓龠款神。靴帽铺、杂货铺大半悬牌开市。又值天宇畅晴，城内财神庙香烟缭绕，灯烛辉煌，红男绿女进香者络绎不绝，庙门之外医卜星相之流咸于此卜一年利市。

光绪二十年正月初十日(1894年2月15日)第三版

秀州邮简

塘汇镇对河落乡有徐王庙，禾俗每年新正初八日有换元宝香汛之例，住持羽士备三牲福礼并奏乐全部以卜此日香汛之利。在郡大小各店铺以及远近居民咸具福礼鼓棹前往拈香叩祷，换取元宝。庙前吸食诸摊无不利市数倍。

光绪二十年正月十三日(1894年2月18日)第二版

虹口琐闻

美租界北河南路天后宫于昨日起至十八日止建设长生会，悬灯结彩，灿烂辉煌，两廊更陈设书画骨董。善男信女礼佛拈香无夜无明，络绎如织。

光绪二十年正月十五日(1894年2月20日)第三版

岳庙盛会

沪城火神庙中向有东岳庙一所，供奉东岳大帝。俗以正月二十二日为大帝开玺之期。昨日亭午时，各会首齐集庙中舁大帝升座，循例开玺点卯排堂，各会首纷纷叩拜。观者人海人山，热闹异常。巡防局委员恐匪徒借端滋

① 《北固山治春词》在第二、三版。此处摘录其中一部分，在第三版。北固山位于江苏省镇江市境内。这里代指镇江。

事，预派局勇数名往来弹压。

光绪二十年正月二十三日（1894 年 2 月 28 日）第三版

芝罘杂录

月之初九日俗传为玉皇诞晨。距烟台三四里有一土山，名毓璜顶，其上旧有玉皇庙，重修而后金碧辉煌，香火甚盛。本届天气晴暖，道途利便，进香顶礼者数倍于往昔。迄今灯节已过，而游客登临仍复络绎不绝，盖烟台风俗民间皆于新正登高以卜一年利市也。

光绪二十年正月二十八日（1894 年 3 月 5 日）第二版

神诞拈香

昨日俗传许旌阳诞辰，旅居本邑之夏布、茶叶各业中人资雇清音在南市江西会馆奏乐，各巡防局员弁咸乘舆拈香，循旧例也。

光绪二十年正月二十九日（1894 年 3 月 6 日）第三版

南市杂言

高昌司每于三元令节随城隍神偶像出游，美其名曰振济无祀孤魂，实则惟招摇过市耳。兹好事者议于二月廿四日举行，届期必有一番热闹也。

光绪二十年二月初二日（1894 年 3 月 8 日）第三版

京华记丽

新正时节琉璃厂摊肆如林，元宵后收拾净尽。十六日起阖城士女出游白云观，谓之遇神仙。俗传十七、十八两日八仙下降，有遇之者必发大财。嘻，真无稽之言欤。

光绪二十年二月初五日（1894 年 3 月 11 日）第一版

致祭吕祖

昨日系致祭吕祖之期，文自关道宪聂仲芳观察以下，武自提右营廖楚材参戎以下，皆于午前七下钟时整肃衣冠恭诣拈香，而居民之具一瓣心香竭诚默祷者亦复骈肩接踵，有举国若狂之势云。

光绪二十年二月初五日(1894 年 3 月 11 日)第三版

庙门暂闭

本邑城隍庙头门年久失修，日炙雨淋，渐形倾圮。现由董事汪君静岩、曹君纪云等雇匠兴修，择吉昨日破土开工，暂将头门封闭，善男信女之欲入庙拈香及来往行人均须绕道东首之玉清宫云。

光绪二十年二月初六日(1894 年 3 月 12 日)第三版

岭南谭屑

白云山龙王庙载在祀典，夙著灵异，凡遇水旱偏灾，地方官竭诚吁祷无不响应。兹广府张润生太守于本月初九日循例亲往行香，为民祈福，借答神庥云。

光绪二十年二月二十日(1894 年 3 月 26 日)第二版

定期赛会

沪南高昌庙每于三节出巡赈济无主孤魂，此亦非礼之礼也。今年会中人择于本月二十四日迎神赛会，踵事增华，穷工极巧，拟向宁波都神会中租赁抬「搁」[阁]、采莲船、秋千架，又有高跷数班、铜龙一条、清客串数起，其余马戏、马执事等色色都备。倘天工解事，日丽风和，红粉青衫掎裳「联」[连]襼当不减长安水边也。

光绪二十年二月二十日(1894 年 3 月 26 日)第三版

沪滨香市

昨日俗传观音大士诞辰，本埠官场文自道宪聂观察、武自提右营参将廖参戎以下，均于清晨整肃衣冠诣沉香阁、丹凤楼拈香行礼。此外善男子善女人亦各具一瓣心香向宝座前深深叩祷，乞洒杨枝一滴，冀可祈福消灾。山门内外肩摩毂击，旃檀馥郁，璎珞缤纷，南海西天不是过也。

光绪二十年二月二十日(1894年3月26日)第三版

神诞拈香

昨日为本邑城隍神诞辰，道、营、厅、县各官咸于清晨整肃衣冠诣邑庙拈香，而豫园之萃秀堂、点春堂等处俱大启重门，任人游玩。适值天气晴朗，乌衣子弟、红粉佳人拾翠寻芳往来如织，小本经营者为之利市三倍。

光绪二十年二月二十二日(1894年3月28日)第三版

沪滨会景

节届清明，本邑城隍神择于二十八日卯刻发起马牌，三十日辰刻排列仪仗游行各处。

沪南新高昌司庙定于今日舁神出巡。际此风和日丽、花暖草熏，想陌上游人搴芳拾翠接迹而来，当不减南涧西园之盛也。

本邑西南乡有潭井庙，每于春令赛会。昨日天将破晓，会中人齐集庙前。俄而鸣炮三声，各会首排齐仪仗，前导有銮驾、冲风弯号、马上吹打、马上执事、提炉、臂香、拜香、皂隶及清客串，笙管嗷嘈，如听琅璈法曲。经过之处观者如云。迨赛罢回来夕阳已西下矣。

光绪二十年二月二十四日(1894年3月30日)第三版

甬东胜会

宁波江北岸压赛堰有东岳宫，每于二月间奉东岳大帝暨王天君出巡。是会系鄞、慈、镇三县乡人集腋而成，即所谓永昌会也。今岁定于廿二日先巡江北岸等处。虽不能如甬江都神会之穷工极巧，然其中扮演七十二行故事，行行出色，惟妙惟肖。以故远近来观，男的女的老的少的，如水如云，十分热闹，亦一年胜事也。

光绪二十年二月二十五日(1894 年 3 月 31 日)第二版

赛会纪事

昨为沪南新高昌庙赛会之期，午前九下钟时舁神出巡。前导有开路神、敕封高昌司等牌。继以大头鬼、小头鬼，鼓乐数班悠扬入听，刽子手、阴皂隶八对列队步行。有马上吹打数起、马执事十余对、逍遥伞十二顶、万民伞两顶、广东锣鼓二起。清客串两起，更唱迭和，恍听云璈水瑟。秋千架两座，一架有童子扮作水漫金山，一架扮杨六郎辕门斩子，栩栩如生。抬搁两座，荡湖船一艘。黄色九接龙一条，龙头以百琲珠串成，奇光异彩，映日鲜明。小龙一条，以五色绸绫扎成，鳞鬣翕张，姿态生动。狮子一头。一僧手执铁杖、项挂佛珠一串，状似水浒中之鲁智深。一人扮作相士，手执布牌，上书“善观气色”字样，摇摆而来，以目视，以手招，描摹逼肖。龙舟两艘，中设锣鼓，沿途奏响，如听铙歌。九连灯八对，马上戏剧一起。高跷四对，高可六七尺。后有马上冲风弯号。小轿两乘，一系王命，一系敕印。数人扮作夜叉，手执钢叉，身穿红绿衣，面涂五色。一人扮判官，捧高昌司签筒。后有臂香数对，风过处，旃檀馥郁。自出庙，经忠信两字营，直达龙华，折回马路，至南铁厂，复向北走外滩，经大马头，走沙家宅桥，至坛。夜间由坛回庙。是日风和日丽，观者填街溢巷，拥挤异常，香闺侣伴堕珥遗簪往往而有。各处巡防局员带勇弹压，尚未闻有滋事者。

光绪二十年二月二十五日(1894 年 3 月 31 日)第三版

准备迎赛

时届清明，城隍神循例出巡，定于二十八日饬发马牌。会中各执事于昨日齐集静候拨派，大堂上已整备一切。近日适■雇工修理头门，现由工程局饬令各匠将堆积木料运往他处，将头门大开，以便神轿出入。

光绪二十年二月二十九日（1894 年 4 月 4 日）第三版

乡民赛会

沪城西门外有扛金庙，昨日是处乡民集资赛会。中有臂香、拜香等类不下数十起。杨柳青旗天然入画，治游士女拾翠偕来，颇有联袂成帷之势。

浦东洋泾镇有副「神」[城]隍庙，每遇三节出巡。本月二十七日由镇上店铺以及农户集腋成裘，排齐仪仗，游行市肆中。有三十六行、解饷、冲风弯号、判官、夜叉诸名目。数里之外红男绿女结队往观，途为之塞。是诚于洋场十里而外别饶胜赏者矣。

光绪二十年二月二十九日（1894 年 4 月 4 日）第三版

节会例志

今日为上元令节，本邑城隍神循例出巡。辰刻起马，走天官牌坊等处，绕彩衣街，出大东门，由外仓桥过陆家浜，迤逦到坛。回时进西门，经太平街、东街等处。上海县黄大令、水利厅林少尹恐各会首争奇炫异致生事端，遂会衔出示禁止各种名目，如臂查、阴皂、解饷、看马、装扮马夫、花扎十景牌、大锣班、逍遥伞、妇女扮犯入会并手持丝竹管弦随路吹弹之类，即马上吹打及马执事亦须缓缓而行，不得疾驰。

光绪二十年二月三十日（1894 年 4 月 5 日）第三版

清明赛会

昨为上元令节，城隍神循例出巡赈济孤魂。清晨由执事人等排齐仪仗。最前则为海崇侯靖江司，旗锣伞扇之外，有马执事、马上枪旗及黄衣会之类。其次则春申侯长城司，会中陈设不甚出奇。及永宁侯高昌司会过，则有丝竹一班沿路吹弹，马执事等扬鞭疾驰。未几护国公财帛司及护海公城隍神会至，除寻常仪仗外，有冲风弯号、万民旗、万民宝盖、班牌、签筒。阴皂四对歪其头瞪其目，一路行来令人发噱；而马上敕命及马上执事至县署西即逐队争驰，无如是处街道狭窄，加以看会之人填街塞巷，时有碰撞之虞。有某甲痴立道旁，一马飞驰而过，不及避让，竟被撞倒，幸马上人将马收住不致受伤。犯人入会者不下百余人，以十岁内之小孩为最多。又有扮作解差模样随会游行，约共十余人。妇女扮犯者三四人，更有四五十岁之人身穿犯衣罪裙游行自若，何其甘心媚神不顾禁令耶？会过处，家家户户点烛焚香，观者亦有排山倒海之势，小本营生之辈莫不利市三倍。至晚诸神更效古人之秉烛夜游，会中人手执灯球，招摇过市，然观者不及日间之众矣。

光绪二十年三月初一日(1894 年 4 月 6 日)第三版

高昌会

昨为沪南高昌司出巡之期。清晨，会中诸执事咸集庙前。午后一下钟舁神出庙，走马路，往南仓大街，进大东门，走县西大街，出西门，到坛赈济孤魂。夜间由坛回庙。会中有奉旨出巡、永宁侯高昌司等衔牌。前导马上冲风弯号、执事、提炉、敕印、刽子手、军健、皂隶、清客一班，男女犯随后游行者甚多。后又有黄衣会、清香会、万民伞、逍遥伞、臂香。清音数起，一路吹弹。观者人山人海。妙手空空儿乘机窃物实繁有徒，妇女堕珥遗簪更不可以数计，乘兴而来不免败兴而返矣。

光绪二十年三月初二日(1894 年 4 月 7 日)第四版

章江[①]鲤信

府学前天后宫为八闽官商奉祀天后神之所，规模壮丽。每年春三月、秋九月致祭，礼毕，开筵宴，各以联桑梓之情，演戏数十台，绿鬓红裙黄童白叟咸得争先寓目。惟人多地狭，时有拥挤蹂躏之虞。近日大加修理，将神座移入后栋，并拆卸两旁房间重行改造，俾观者得以驻足。迄今土木丹青将次告竣，彼都人士无不欣然色喜。

光绪二十年三月初四日(1894 年 4 月 9 日)第三版

兴修古刹

浦东钦赐仰殿相传前明敕建，至今垂三百余年，风雨飘摇渐形倾「圮」[圮]。前经绅董集议雇工修整，嗣以经费难筹事遂中止。现由某木作向各绅董商定，由绅董贴洋四百元，至于修建工程则由木作主承揽，倘有缺乏决不加价。现已议定择日兴工。先修头门及戏台，其余再事扩充。行见金题玉牖粉饰一新，可以大壮观瞻矣。

光绪二十年三月初四日(1894 年 4 月 9 日)第三版

钟山香市

金陵钟山之半地名茅草凹者有寺一座，供奉三茅祖师，俗呼小茅山。二三月间善男信女赴大茅山进香者，前数日必先至小茅山行跪谒祖师之礼。烛焰腾空，炉烟蔽日，半月以来昼夜不辍。每逢朝暾将吐时，或阴雨之日，云气横截山腰，杂以香烟团结，遥而望之，颇有缥渺蓬「壶」[壶]之状。是处终岁荒凉，人踪几绝，惟于此时热闹异常，茶肆饭店及售要货者支席为门、削竹为室，两行鳞列，俨若通衢，土人呼为香市。

光绪二十年三月十一日(1894 年 4 月 16 日)第二版

① 章江：即赣江。这里代指南昌。

香市寂寥

津城东门外天后宫栋宇巍峨，香火鼎盛。每届三月神诞之期，远则山东，近则直隶，村乡男妇络绎而来。其绝盛时，香船停泊由芥园直至东浮桥，十里河唇几无隙地。虽近年已不若往时之盛，然艕香舟楫亦不止累百盈千。盖香船准带零星土产如粗布、鸡蛋、苇席、小枣、柿饼之类到津销售，恩免税厘以示体恤，村乡人等一举两得，用是不惮远涉。从前三月朔后通衢大道即有陈物求售者，而进香男妇亦旗影飘摇、锣声镗鞳，自朝至暮来往如梭。此庙系火居道士住持，两旬香火可抵一岁开销。今届则香船绝少，佞神男女寥落若晨星，山门内外空空洞洞，不似庙会之期。盖因去年水灾过巨，村人救死不赡，故无暇作进香之举也。有心人于此不禁感慨系之。

光绪二十年三月十五日（1894 年 4 月 20 日）第二版

致祭水神

沪城小南门外有水神阁，系裴浩亭大令在任时所建。兹闻二十三七铺董事择于今日致祭，请上海县黄大令届期拈香，循常例也。

光绪二十年三月十五日（1894 年 4 月 20 日）第三版

道士喊冤

昨日有茅山道士张理清至上海县大堂击鼓喊乞伸冤，值日差诘问何故，答称被西门外白云观住持击伤右臂。值日差禀明大令，饬差驱逐不准逗留。

光绪二十年三月二十日（1894 年 4 月 25 日）第四版

袁公垒畔[①]人言

本邑城隍庙年久失修，渐形黝朽。同仁辅元堂董事汪、曹二君引为「已」［己］任，雇匠捐资重修。月斧云斤昕宵不息，日内将次蒇事，遂复将棋竿加以丹雘，望之焕然一新矣。

光绪二十年三月二十二日（1894 年 4 月 27 日）第三版

庙工将竣

本邑城隍庙头门兴工修葺将次告竣，择于本月二十五日竖立棋杆，可以大壮观瞻矣。

光绪二十年三月二十三日（1894 年 4 月 28 日）第三版

析津赛会

天津所谓皇会即天后元君胜会，今岁仍沿向例于月之二十、廿二等日举行。天后宫坐落郡城东门外，津人谓之娘娘宫。庙中正座除天后圣母外，两旁供奉子孙娘娘、送生娘娘、瘢疹娘娘、眼光娘娘等像，皆不见于祀典，黄冠者流借以鼓惑愚夫愚妇从中渔利。先于十六日送天后并各神像于城西皇姑庵，谓之送驾。十八日迎回庙中，谓之接驾。送神之日虽会景无多，而天后及各神皆御黄轿，备全副銮驾，簇簇生新，执事诸人无一不衣冠济楚，舆夫均服红「緞」［缎］绣花驾衣，不下数十人。各神仪仗亦复冠冕堂皇，惟驾衣稍次，盖神舆四乘舁者较多，不得不稍从节俭耳。黄姑庵前搭盖罩棚，并于十六日起演戏三日。庵之左右茶棚四座。光怪陆离，无怪乎是会不易举行如广陵散者计经廿载，然而识者仍以为作无益害有益也。

光绪二十年三月二十四日（1894 年 4 月 29 日）第二版

① 袁公垒畔：袁公垒是古时上海境内吴淞江畔的海防要垒。这里代指上海。

旌旆飞扬

邑庙头门大加修理，择于廿五日竖立棋杆，早登前报。昨晨黎明时，各工匠将棋杆竖立，千寻屹立，上接层霄。棋杆斗四角均插小红旗一方，上有“五谷丰登”“物阜民康”字样，斗上金漆“风调雨顺”“国泰民安”等字，取吉利也。

光绪二十年三月二十六日(1894 年 5 月 1 日)第三版

神诞悬灯

昨日相传为城隍神夫人诞辰，邑庙大殿建设道场。庙前街一带店铺悬点花灯，五光十色。城乡男女老幼结队往游，万人如蚁。邑庙茶肆及小本营生之辈莫不利市三倍。

道辕之北有火神庙，其中供奉东岳大帝、紫皇上帝。相传昨日为神诞辰，■■九松堂名班演唱孔雀元音，丝弦竞奏，响彻云霄。红男绿女逐队而来，联襶掎裳，异常热闹，瓣香一片虔爇莲台，司香火者获利不少。

光绪二十年三月二十九日(1894 年 5 月 4 日)第三版

湖堧新志

杭州下城藩封小桥之北有天后宫焉，重楼杰阁，金碧辉煌。二月二十三日为天后诞辰。先三日，由箔业中人分投柬帖，知会同行届期整肃登堂拈香祝嘏。是日同行之冠衣戾止者约共二十余人，弄盏传杯，至未末申初始散。董其事者为长庆街姚某。

光绪二十年四月初四日(1894 年 5 月 8 日)第二版

穗垣琐志

城西湛露巷有医灵庙，香火极盛，每年香钱所积为数不赀，凡届三年巡游一次。兹值巡游之期，都人士遂择于三月二十八日举行。连日皆雨，独至是日则大放晴光，故执事诸人愈觉兴高采烈，仪仗之美备、顶马之众多、彩色之新奇，实数十年来所未见。倾城士女结队来观，如水如云，几至万人空巷。所有茶亭酒肆皆形忙(迫)，无不利市三倍云。

光绪二十年四月初五日(1894 年 5 月 9 日)第二版

东岳盛会

三月二十九日金陵南城外东岳庙例出社会，以三日为期，仪仗之盛、点缀之工甲于通省，即京口都天会亦难与之颉颃。城中士女结伴往观，大有如水如云之盛。据个中人云，所需经费约银三千有余云。

光绪二十年四月初六日(1894 年 5 月 10 日)第二、三版

白门会景

金陵南城外东岳会向例三月二十九日出巡，以三日为期，前报曾记其略，兹复泚笔志之。缘是会为驱疫之举，故各行皆有捐款，如绸「緞」[缎]店、布店、钱店、米店以及负贩之流，每一业立会一起，总会曰东岳，分会不下数十，一时未能悉数。会中灯牌、旗帜、仪仗无不色色争妍。所持之伞约有二三百柄，如绸伞、纱伞、明角伞、玻璃伞、孔雀毛伞、荼蘼花伞，极巧穷工，一望炫目。间以香亭、龙舟、凤辇、秋千、抬阁之类，排列途次长约三四里所。尤可悦目者，选俊童自八岁以外十二岁以内者，矗立壮夫肩上，饰生丑净旦为各戏目，每一出戏攒在一簇，衔尾而走，约及百出，衣服之丽、情状之肖非纸笔所能形容。最后选黑卫数十，上坐小童若内监然。黑卫鞍上撑四柱，覆以锦幔为蔽日之用，中悬花球，微风一吹芳气溢路，当逐队奔驰时得得之声乱人言语，此又一大观也。至若香烟缭绕、音乐嘈嘈，几令途人目迷耳震。城中士女着雾縠衣、掠蝉翼鬓，或随行于其中，或驻足于其侧，真有拥挤塞途之势。幸城守营派哨官兵丁朝夕弹压，不至滋生事端。虽云粉饰太平，而消耗金赀已不少矣。

光绪二十年四月初七日(1894 年 5 月 11 日)第二版

免灾建醮

沪南万裕码头沈大茂花行前晚九点钟时各伙伴正欲收拾领略游仙好梦，忽闻花仓中有哔剥声，且见浓烟缕缕自花堆中出，立即取水浇灌，火势已炎炎欲炽，幸人手众多，大担小桶纷纷取水，得以应手扑灭，仅毁棉花十余包，房屋依然无恙。行主及左右邻以为神灵默佑，相约集资，定于初八日雇羽士建醮酬谢火神。

光绪二十年四月初七日(1894 年 5 月 11 日)第三版

五茸迎夏

茸城内外东岳帝、刘郡王、温天君、痘神、施公、杨侯六神像于三月二十六日出巡，十八日回庙，前已略志报端。是日会中执事鲜明耀目，光彩绝伦，绿女红男无不挈伴携俦争先快睹。至本月初一日，社中人又舁萧圣明王神出游，穿提督府，绕出北关，迤逦过陶行桥，转折而东，进西门回殿，一切卤簿与诸神会大致相同。神像后随骑约有三四十匹，扬鞭策马，意气自甚无谓也。

光绪二十年四月初十日(1894 年 5 月 14 日)第九版

时疫盛行

近日粤东染疫者甚众，死亡相继，首府两县于三月二十六七八等日在城隍庙设坛祈禳，为民请命。方冀神灵感格仁寿同登，讵料祷祀以来传染如故，老城更甚，西关次之。西门外第一津为出殡者必由之路，每日携白打以送榇者累百盈千。闻染疫毙命多系少年男子，大都不出三十岁外。小民何辜遭此荼毒，岂苍苍者尚未悔祸耶？

光绪二十年四月十二日(1894 年 5 月 16 日)第二版

北通州近闻

城北四十里孤山建造娘娘庙，琼楼玉宇，上接层霄。自三月初一日起至十五日止演戏酬神，男女老幼络绎而来。有某叟带子携甥登山游玩，因足力不济暂憩碑碣下，忽闻砉然一声，穹碑遽倒，裂为三截，将三人压毙。祈福未得，祸已随之，佞神者果何益乎。

…………

三月二十八日为东岳诞辰，自二十五日起大开寺门，罗列估衣玩物，茶摊宝棚及卖食物者无一不备。又雇梨园子弟演戏一台。游人结队呼群趋之若鹜，洵热闹场也。

光绪二十年四月十二日（1894 年 5 月 16 日）第三版

轧 神 仙

明日俗传为纯阳祖师诞辰，少年裙屐结伴闲游，谓之轧神仙。沪城道前街水仙宫内供奉纯阳祖师，每至诞辰，旃檀馥郁，游侣如云，倘届期天公做美，则香市之盛当不减往年也。

光绪二十年四月十三日（1894 年 5 月 17 日）第三版

妖狐为祟

有黎姓者居于粤垣之西，裘葛屡更，相安无异。近日忽有狐妖为祟，多方扰害，昼夜难安。主人邀羽士数辈到家作法以驱逐之，是夜果寂静无声。主人方自欣幸，以为羽士法力通神能将妖物驱除，不料翌日早起见儿童数人发辫尽被剪去，顶上濯濯如牛山，于是相顾失色，即日迁徙他方以避其锋。左氏不云乎"妖由人兴。人无衅焉，妖不自作"，然则猝遇非常，亦惟修德以镇之斯可耳，纷纷扰扰奚为哉？

光绪二十年四月十四日（1894 年 5 月 18 日）第九版

神诞进香

昨为纯阳祖师诞期，道前水仙宫设清音一部，笙箫迭奏，声韵悠扬。进香男女络绎偕来，颇有塞巷填衢之盛。

光绪二十年四月十五日（1894 年 5 月 19 日）第三版

岭南琐志

广州府张太守资召羽士设坛城隍庙，建醮七日，祈禳瘟疫，为民请命，至再至三。何好以神道设教乃尔？

光绪二十年四月十七日（1894 年 5 月 21 日）第二版

豫章琐语

江西风俗，每遇火灾，无论已成未成，例延僧道具疏建醮痛陈悔过。迁善之忱不求诸实而求诸虚，计诚左矣。上月翠花街某银饰铺偶然起火，并未成灾，事后即有好事者集赀建醮，约费三四百金。未几书街肇火灾，建醮亦事同一律。何不惜虚縻乃尔？

光绪二十年四月十七日（1894 年 5 月 21 日）第九版

闽中杂俎

太岁殿香火向称极盛，愚夫愚妇每喜施香金以结善缘。四月初一二日，好事者舁偶像出游，金鼓喧天，笙歌匝地。更以纸竹制成方相氏，金睛黑面，厥状狰狞。其高者额与檐齐，俗呼为长柄鬼。低者头大如斗，身仅三四尺，俗呼为矮八鬼。善男信女欲为父母祈病痊者，自愿披枷带锁随会游行，亦恶俗也。

光绪二十年四月十八日（1894 年 5 月 22 日）第三版

过关陋俗

昨日相传为星主诞辰，城内东华道院、也是园、育婴堂及邑庙、星宿殿等处游屐如云。俗例家有宁馨者，必于是日襁负而来，求菩萨默佑，谓之过关。羽士取竹两枝，以纸剪成船式，悬于中间，如桥梁，上插小旗四面，写就“关煞开通”字样，以铁「练」[链]锁锢置于殿上。俟过关者蜂屯蚁聚，羽士即将铁「练」[链]解开，抱幼孩者狂奔一匝，一日数次，以为幼孩可以无灾无害。是日天公做美，日朗风清，绿女红男摩肩接踵，羽士鸣钟击鼓声闻遐迩，司香烛者颇获厚利。

光绪二十年四月十九日(1894 年 5 月 23 日)第三版

玉陛祥云①

年例于四月十八日分遣内廷行走王公各一人恭诣丫髻山、广仁宫两处碧霞元君前拈香致祭。经内务府开单请派，于四月十二日具奏。本日奉朱笔圈出：“着派镇国将军「溥」[溥]僎诣丫髻山拈香，多罗贝勒载澍诣广仁宫拈香。”钦此。

光绪二十年四月二十四日(1894 年 5 月 28 日)第二版

画船箫鼓

江湾镇东王庙常年于五月初一日高扯彩旗临风飘飏，河下有青龙、白龙、老龙三船荡漾于烟波如画中。迄今为期已近，倘天公做美，则桂楫兰桡往来如织，青衫红粉又当络绎往观矣。

光绪二十年四月三十日(1894 年 6 月 3 日)第三版

---

①《玉陛祥云》在第一、二版。此处摘录其中一部分，在第二版。

登州海市[①]

上月十八日俗传为泰山圣母掌扇之晨，距烟四十里之太平顶本有行宫，是日赛会演戏，远近村民进省顶礼。时值天气炎热，所有折扇、团扇、蒲葵扇，每人皆购一柄借以招引凉风，扇业中人因之大获利市。

光绪二十年五月初五日（1894 年 6 月 8 日）第二版

鸠兹艾虎

芜湖城隍会年例于五月朔日出巡一次，仅由东门绕至金马门，既毕，即安神于河干所搭之木宫内，阅一月始舁之回庙。野老相传谓神之岳家旧居于此，故每年必须来省一次。或谓乃请神看龙船。呓语不经，真堪令人绝倒。本年地方各首事仍循曩例从事。前导除旗锣牌伞、香亭、銮驾各种仪仗外，又有巨商店铺自制各色景物、抬阁、灯伞，明珰翠羽辉映一时，是以今届会景较往年不啻繁华倍蓰。城乡士女乘兴来看，人山人海。自午前八点钟启行，绵长何止里许。其间有头斫凶器装作十破者，有面涂粉墨扮作阴差者，鬼头鬼脑，几欲塞途。而尤以披枷带锁伪扮罪囚模样者为最多，皆随神舆后以行。自晨及暮几无片刻之暇，劳民伤财不知何所取义，是真索解人而不得者。

光绪二十年五月初八日（1894 年 6 月 11 日）第二版

烟台胜录

上月廿八日俗传为药王诞辰，凡设药肆者体祖师慈悲意以一文钱布施贫民。儒林街地方药肆林立，咫尺之间不下八九家，各家施钱皆以日中为限。鸠形鹄面者流布满街衢，延颈跂踵以待区区阿堵物。富者挥霍如土，贫

① 《登州海市》在第一、二版。此处摘录其中一部分，在第二版。

者求之惟恐不得，不以嘷蹴为嫌，造物之不均若此。

…………

端阳佳节工商各业皆停工休息，苦无游览之处，惟南山之坳前平新修太平庵今由住持羽士择于是日悬挂匾额，演戏三日，于是各业中呼朋引类前往游眺，借以遣此永日。所惜是日狂风大作，走石扬沙，进香者每裹足不前，香积厨当因此减色矣。

光绪二十年五月十六日(1894 年 6 月 19 日)第三版

川东双鲤

渝城马王庙等处每于季春集款讽经，将祝融、天符等神像扶驾出行。其仪仗之辉煌、音乐之嘹亮，无美不臻。前导几及千人，其中选择幼童以为神尸。去岁为尸者系某娼家之子，大不理于众口。耿鹤峰大令以其玩亵，当经谕禁。故今岁只用木塑神像以昭慎重。

光绪二十年五月十八日(1894 年 6 月 21 日)第二版

皖江夏汛

距安河百数十里属之东流、宿松等县境内瘟气流行，人尚平安，惟六畜中猪牛死伤最甚。地方居民设坛延请羽士建醮禳送疫气，并备瘟船一只安载瘟神及避疫各物放诸江中推送出境。闻迩来瘟气渐杀，人心已稍定矣。

光绪二十年五月十八日(1894 年 6 月 21 日)第三版

神山客话

本月十三日【为】关圣诞辰。黎明关道袁观察、芜采营王参戎率同文武各官赴武庙拈香致敬。城厢各会馆及钱土帮各公所更衣冠璀「燦」[璨]，灯烛辉煌，膜拜神前，虔诚祝嘏。阛阓中店铺尤以信局为踵事增华，是日资雇清音部，弹丝吹竹，琼筵醉月，拇战欢呼，较之庆赏端阳更为热闹。

光绪二十年五月二十二日（1894年6月25日）第三版

定期赛会

宁波江北岸每于五月间奉关圣暨周大将军出巡，今年定于二十四、二十五两日巡赛江北、白沙等处，恐届期士女如云不减曲水湔裙之盛也。

光绪二十年五月二十三日（1894年6月26日）第二版

甬上近闻

宁波访事人云，五月十三日为关帝圣诞，月湖之延庆寺、陆殿，贯桥头之行宫、西门外之潮音堂，道署之关帝庙，内关之武帝庙，皆悬灯结彩，丝竹嗷嘈，士女游观相属于道，亦一年之胜事也。

光绪二十年五月二十四日（1894年6月27日）第二版

淮扬会景

俗传本月十八日为都天神诞，扬城各行业向于是日迎赛神会。今年轮应南门外都天庙神像出巡，更将日期提前于十七日出赛，共约十三班。是日清晨，各会在城内三元宫取齐，然后绕行新旧两城，迤逦出北门，至行宫小憩。各项会景均与往年无少差别，惟某会添设抬「搁」[阁]两架，一为时迁盗甲，一为水漫金山，均用铁条暗彩装成，剔透玲珑，结构之精，装点之巧真个人不可思议。高出檐牙约有丈许，而妆时迁者尚能在百尺竿头竖蜻蜓、翻筋斗，不动声色，如履平地，诚绝技也。薄暮，神像起驾，绕进天宁门，至彩衣街大财神（庙）前时，则万重楼阁灯火齐明，绛蜡银虬一望无际。其中以鱼行会新添之宝塔香亭最为出色，雕镂精细，逐层遍缀灯球，宝炬照耀远近，虽元夜鳌山不是过也。其余各式灯景并皆佳妙，惟各会中皆无花担，缘去岁尝因此肇事,故遵示禁革。地方衙门暨保甲总局均派员弁差役沿路弹压,自朝至暮尚称安谧。是日观者较往年为多,三市六街几于嘘气成云、挥汗如雨,直至铜壶漏尽,各会绕行至辕门桥头各自分道而回,游人始散。洎神像回庙晨钟已动矣。

光绪二十年五月二十六日(1894 年 6 月 29 日)第三版

润州消夏录

本月十八日俗传都天大帝诞辰。是日各会堂摆设茶供,并招六书班演剧,丝清竹脆,翠暖珠香。迨至皓魄东升,各堂悬挂明灯,照耀如昼,西园公子、南国佳人联襼掎裳游观竟夕,诚不愧赏心乐事也。

光绪二十年五月二十七日(1894 年 6 月 30 日)第二版

章江夏汛

江省端节前后水涨至七尺余,及初十左右已退三尺,余仅存四尺有奇,迭经列报。兹自十二日起外河逐渐消退,而省垣连日倾盆大雨,城内三湖水溢,浸没高桥尺许,人皆搴裳以涉街市,亦处处阻水,非剑负而过即乘舆而济。江抚德晓峰中丞于十五日出辕亲诣万寿宫行香,目击雨势未已,水势过大,关心民瘼,面谕南昌县周金箴明府、新建县何梅阁明府即日设坛祈求晴霁为民请命。两明府遵谕在万寿宫设坛如礼。至十六日雨势稍杀,且城外各乡尚不苦雨,外河消流甚畅,涨水亦已退清,十七日即大放晴光,城内三湖水亦退落,高桥行人往来如故。

光绪二十年五月二十九日(1894 年 7 月 2 日)第九版

灊江浪影

安庆访事人云,城隍神定于五月二十四五两日赛会……会中各分名目,斗胜争奇。计地方会、五猖会、舞叉会、高跷会、清香炉会、醋溏会共十余起，其余小会尚不可以数计。行过各署均犒以水衡钱。远近来观踵为之接。

光绪二十年六月初四日(1894 年 7 月 6 日)第三版

巴峡猿声[①]

南门内之东岳庙，古刹也，四围基址甚广。近有某生在庙旁隙船新筑数椽，被庙中会首查明，劝令让出，生恃符不允。旋经会首禀明地方官勘验明确，谕令将地退还。生唯唯，遂将房屋拆卸，地仍归庙。

光绪二十年六月初六日(1894 年 7 月 8 日)第三版

沪城巷语

沪城好事之流群相附会，谓昨为本邑城隍神飞升之期，因集赀招雇清音登台奏曲，入会者更醵钱备膳，纵饮喧呶，甚无谓也。

同仁辅元堂董事汪静岩端坐肩舆，唤人舁至城隍庙头门逐加察视，限令工匠赶在七月望前修造竣工。匠头答以即使十分赶紧总须至中秋节落成，汪颔之。

光绪二十年六月十三日(1894 年 7 月 15 日)第四版

迎神逐疫

香港染患时疫，厦门一带闻风股栗。同安县城好事者迎请温天君出巡，借以逐疫。以纸糊神像青脸红须前导，纸糊衔牌有钟进士、温天君等牌。随从者甚众。神轿后跕一披发仗剑之神，俗呼为童子，即跳神童者也。赴各乡巡游一周，于初十日到厦，即于是夜出巡厦门城厢内外各街。厦民执香携灯随行者约有五六千人，各家门前陈设香案以迎之。会中有衣冠者数人，肩荷

① 本条记宜昌之事。

竹枝，上挂铜钱数十文，不知何所取义。

光绪二十年六月十五日（1894 年 7 月 17 日）第三版

神诞拈香

道家者流谓昨日为火神诞「神」[辰]，上海县黄大令因饬办差人役预备祭仪临时需用。清晨礼生、差役人等先在火神庙伺候。既而江海关道黄观察、提右营廖参戎以下文武员弁齐诣庙中拈香叩拜，冠裳毕集，香火氤氲，亦一时之盛也。

光绪二十年六月二十四日（1894 年 7 月 26 日）第三版

神诞两志

前日为火神圣诞，善男信女群往火神庙进香。绿骇红纷，蜂喧蝶闹，巡防局员恐滋事故，派勇弹压游人。至晚间，庙祝复悬挂黄色纱灯，万道烛龙光明照耀，倾城士女几致塞途，直至露冷宵深，犹时有堕簪遗珥，诚一年之胜事也。至昨日又传为雷祖诞辰，江海关道黄观察、提右营廖参戎以下文武各官均于清晨赴庙拈香，城内外雷祖殿香客更如蚁聚蜂屯，香烟人气中汗雨涔涔，几若吴牛之喘。其有鬓边茉莉香腻檀云者，则南国佳人、西园媚子也。为之诵昔人诗云“准备明朝谒梵宫，痴情不与别人同。衣笼彻夜香熏透，故意「句」[钩]人立上风”，觉媚态憨情，宛然如画。巡防局员亦照章派勇往来巡缉，趾不稍停，以故轻薄儿郎不敢公然越礼，而剪绺掉包之辈更技俩难施云。

光绪二十年六月二十五日（1894 年 7 月 27 日）第三版

茸城蝉噪

茸城自入伏以来雨师未尝税驾，加以一轮红日不啻火伞高张，四野农田势将作龟裂纹。良有司关心民瘼，于每日清晨赴城隍神前默祷甘霖下沛。

苍苍者以仁爱为心，当有以慰我民之望也。

本月二十四日俗传为荷花生日，会中执事人例于前二日舁杨侯像出巡，至东关暂驻，届期迎回东岳庙，谓之赏荷。一切卤簿与寻常迎赛相同，固已等诸司空见惯。神驾后随从马匹约有二十余匹，健丁四五辈，皆少年选事一流，沿路滋闹在所不免，诚恶习也。

光绪二十年六月二十六日（1894 年 7 月 28 日）第二版

庐山真面

火伞高张，居人多患疾疫，龙开河一带之佞佛者相与集资，延雇僧道，于六月廿二日起至廿八日止设坛建醮，以冀平安。

光绪二十年七月初二日（1894 年 8 月 2 日）第二版

赛会先声

十五日为中元令节，本邑城隍神循例出巡。会中执事人等先期部署一切以备届时迎赛，想红男绿女夹巷纵观，当有如水如云之盛也。

光绪二十年七月十三日（1894 年 8 月 13 日）第四版

烟台纪要

各兵船上之管驾等以闽人为多，皆在烟台侨寓。自倭人构衅，各家眷属醵资在玉皇顶上玉皇殿前讽经建醮，求庇人船平安。南人信鬼于斯益见。

光绪二十年七月十五日（1894 年 8 月 15 日）第三版

中元赛会

今日为中元令节，本邑城隍神循例同四司出巡拯济幽魂。前夜会中执事人等请城隍神升座发牌点卯。昨日缮具路由，高贴头门，略云：出庙朝东天官牌楼，返西北香花桥、旧校场，往南过虹桥，朝南过参府署、杨家桥副府署，往东过道辕，迤南出小南门，过花衣街、大关码头，由咸瓜街朝西，沿城河浜到坛，拯毕，起马过吊桥进西门，由陈市安桥回辕。至头门修理尚未竣工，向以竹笆拦阻，由东首玉清宫出入，现因赛会暂停工作，头门暂开二日，正殿诸神像装塑已毕，尚未开光，惟头门屋顶及吹鼓亭、暖阁等处皆已焕然一新矣。

黄大令恐赛会时不免人多滋事，特于昨日出示，令马执事徐辔而行，并禁止臂香会、阴皂会、解饷会、看马、装扮马夫会、花扎十锦牌会、大锣班会、逍遥伞、妇女扮犯人会并手持丝竹管弦乐器随路吹弹。

光绪二十年七月十五日（1894年8月15日）第三版

高昌司会

昨日为南门外高昌司出巡之期，会中除寻常旗锣伞扇外，有马上冲风弯号、马执事、吹打、逍遥伞十余顶，杂以万民伞、阴皂隶、花十景牌，余与昨日城隍会中所有景物大略相同。出庙后游行南市各处，临坛赈济，复由坛起马，仍曲折绕道而行，然后回庙。沿途观者颇形热闹，无赖之徒乘机窃取对象及抛砖掷石时有所见，可见热闹场中断无清净世界也。

光绪二十年七月十七日（1894年8月17日）第三版

庙貌重新

邑庙年久失修，自头门至内殿庭均有坍卸之势，旗杆、鼓亭更岌岌堪虞。经同仁辅元堂绅董倡首募捐开工修葺，迄今将次告竣，由黄大令出六言告示一道云："邑庙重建大门，修理直达殿庭。绅董分投劝捐，经费殊属不轻。旗杆照墙鼓亭，业先舒齐告竣。辕门以内地方，理宜整肃洁净。如再摆摊蹧蹋，责成铺甲赶清。倘敢抗违不遵，立提到案严惩。"

光绪二十年七月十八日（1894年8月18日）第三版

吴中会景

七月十五日为中元令节，吴人循例舁城隍神出游。是日火伞高张不异洪炉炽炭，而会中人居然兴高采烈绕道游行，红男绿女塞巷填街。计城厢内外会共十余起，所有臂香、跳香等诸名目预经地方官禁止，是以不闻有肇衅等事。又经总捕府刘司马饬捕勇等在各处照料，得以安谧。午后苏州府林太守率同长元吴三县宰呵殿出阊门诣虎邱厉坛拈香致祭，迨礼毕回署时已傍晚矣。

光绪二十年七月二十二日（1894 年 8 月 22 日）第三版

吴中望雨

苏州久旱不雨，天气异常炎热，四乡农田皆作龟坼纹，桔槔之声昕宵不绝。地方官为民请命，日诣郡城隍庙等处拈香虔祷。二十日午后阴云密布，细雨斜飞，片刻即行停止。抚宪奎大中丞特于二十一日起设坛沧浪亭，延僧道各十众讽经祈祷，中丞于每日上午七点钟、下午四点钟诣坛焚香。想苍苍者自能鉴兹忱悃大沛甘霖也。

光绪二十年七月二十五日（1894 年 8 月 25 日）第三版

东岳秋审

俗传以今日为东岳神秋审之期，本城火神庙东岳神循例举行，届时升坐大殿点卯发牌按名提审，倾城士女结队往观当有摩肩接踵之势也。

光绪二十年七月二十六日（1894 年 8 月 26 日）第四版

英界公堂琐案

巫者蔡雪亭控羽士王四和朱阿菊串吞祖传之天师符，由包探陈阿九拘王、朱请究。蔡诉称："小的以看香头为业，家藏天师符一轴，乾隆三十年天师张真人亲篆，历代奉以为宝。兹王、朱串借藏匿，乞求追缴。”王、朱同供称：“小的等确曾向蔡借符，现已失去，愿赔洋银十元。”蔡称：“此符系祖传之宝，务乞追还。”宋通刺商诸佛翻译，然后谕以“蔡既不愿赔洋，着将王四和朱阿菊管押追缴”。嘻，蔡岂忘巫觋惑人有干禁令而敢呶呶然诉诸公堂乎？免予责惩实为大幸。

光绪二十年八月初三日（1894 年 9 月 2 日）第九版

新安道听

皖垣苦旱于兹两月有奇，在省各大宪以及地方有司叠次设坛虔求已纪报章，而甘霖迄未渥沛。良有司固情殷切盼，而农户望雨更觉两眼欲穿，彼苍苍者何不眷念我黎庶耶？近闻有湖北道士，年六十余，历年朝谒各处名山，觌其面听，其说颇有智术，谓近年干旱，彼能代民请命。于是首县黄汉池明府访悉，即饬人唤至一询，而该道允许，请饬在龙王庙内高搭求雨台，摆设香案，俾得诚心诵经念咒，自七月二十六日起至八月初二日止，谓七日内必有大雨，所需一切明府均已应许。二十七日初更后果见东方浓云密布、雷声隆隆，霎时大雨滂沱，片刻即息，云开雨止，不过洒湿塘灰而已。次日依然晴霁，暑气更为逼人。

光绪二十年八月初十日（1894 年 9 月 9 日）第三版

匡庐纪胜

初一日俗传为许真君诞辰，城内洪都会馆南昌帮绅商皆衣冠致祭，并召福胜班演剧。凡八邑之在浔侨寓者，少长咸集，以联梓谊。初二日（天）未黎明，关道诚观察、总镇周军门、郡伯崇太守、江防厅盛司马、德化县薛大令、经厅黄参军、捕厅严少尉及府县学、广文三营将官傅协戎、丁游戎、杨都戎、潘守戎、水师守备王守戎等均赴文昌宫致祭。初三日黎明祭先师孔子，雍雍肃肃，诚盛典也。

…………

入秋以后酷热异常，寒暑表升至百度，时有中暑猝毙者。南门湾澹泉别墅某甲前晚十点钟时依然无恙，次晨猝毙。又有西门外后街胡新茂鞭爆店主中热骤毙，其妻率女与媳送葬，媳又毙于东门外道傍，女则舁回救治得以保全。此外行路倒毙者日有所闻。大码头一带居民相与醵金，召集黄冠羽衣在关帝庙建设平安醮，自十二日起至十八日竣事。七月廿七日西关外龙王庙旁有年登大衍之某甲纳凉假寐，跌入江中，无从施救，义渡局倩人将尸捞起，施棺殓埋，俟亲人认领。

光绪二十年八月十三日（1894 年 9 月 12 日）第三版

吴乘搜遗

苏垣访事人云：迩来亢旱已久，地方官禁屠祈雨设坛沧浪亭延僧道讽经，奎中丞每日二次亲往拈香默祷，以冀上仓感格大沛甘霖。而连日仍火伞高撑，铜钲朗照，中丞心甚焦灼，特于七月二十五日饬长洲县王大令诣白龙庙取净瓶、吴县凌大令诣光福取铜观音。二大令奉谕之下立即启行，翌日即已取到矣。

光绪二十年八月十五日（1894 年 9 月 14 日）第三版

古润旱荒

镇江访事人云：入秋以来不雨者已两月矣，道、府、县各官早经出示禁屠设坛祈祷，并从道家之言迎都天尊神偶象至城中供诸万寿宫早晚拈香拜跪。十六日午后天气骤热，蓦降甘霖，入夜琤琤淙淙，檐溜声通宵不绝。时适新任常镇通海道吕观察将次赴任，以万寿宫暂为行辕，遂于十八日送神偶象出城。是日细雨霏霏，长途滑澾，次晨天始开霁，秋光满眼，打稻声喧矣。

光绪二十年八月二十六日（1894 年 9 月 25 日）第三版

庙貌重新

邑庙正殿头门大加修理，刻已竣工。会中人兴高采烈，议于下元令节招雇名班演戏数台以答神庥。闻须禀明黄大令候奉准方可举行也。

光绪二十年九月十五日（1894 年 10 月 13 日）第三版

庙工已竣

邑庙头门修理将竣已登前报。今各处工程皆已报竣，准于廿五日拆卸竹笆，廿七日开门，行人可以出入矣。

光绪二十年九月二十二日(1894年10月20日)第三版

书吏建醮

上海县总房内每届下元令节由户房书吏集资建太平公醮。今年择于今日招雇羽士在总房建醮三日，循常例也。

光绪二十年九月二十二日(1894年10月20日)第三版

神像开光

本邑城隍庙修理头门并内殿等处业已竣工，为前报所已纪。兹由庙董汪、曹两君乘舆至庙，延羽士数名祭土完工，并于是日为神像开光。观者接踵摩肩，颇觉异常热闹云。

光绪二十年九月二十六日(1894年10月24日)第三版

苏城会景

苏州温将军庙每届十年赛会一次。今年九月二十日为赛会之期，士女来观络绎如梭，客寓茶肆无不利市三倍。会中除寻常执事外，有骏马二百余匹，经过养育巷时约阅二点钟始毕。后至观前大街，因人多拥挤，有某甲误踏某乙之足以致角口，继复角手，旋经旁人劝散，而甲已狼狈异常矣。至遗簪失珥、挖包剪绺等事更罄竹难书。无益之举其亦不可以已乎？

光绪二十年九月二十七日(1894年10月25日)第九版

赛会述闻

昨日本邑城隍神及四司出巡，偶像由会中人舁出游行，谓为振济无祀孤魂，实则借以招摇过市也。午后一点二刻时，炮声隆隆然，将神像纳入绿呢金八人大轿中，由庙向西而去。前为海崇侯清江司偶像，次则长城司，又次为高昌司，又次则财帛司，城隍神则殿其后。前道除旗锣伞扇外，有马上鼓吹、马上执事、冲风湾号、青衣黄衣大练。财帛司前则另有奉禁之阴皂隶八对十六名，装作死人相向行走。更有奉禁之大肚刽子八名及花十景、牌十余对、逍遥伞十顶，随以万民伞、万民旗，暨沿途弹丝弄竹者五起。第一起为北市各洋行细崽，第二起为唱摊黄人，第三起为北市新闸挑粪人，第四起为北市各书局中人，第五起则不知其为何等人，要皆游手好闲之类，迤逦出大东门，时已六下钟。由车街过外郎家桥，折而向南，穿钩玉弄，然后至邑厉坛。所过之处观者塞途。财帛司道前马执事经过县前加鞭飞驶中，其有一骑不善罄控，马忽惊跃，马上人翻身坠下，几致头破血流。及至彩衣街，各人又欲绝尘而奔，马踮弛难羁，几将观者踢倒。夫聪明正直之谓(神)，况上海城隍相传为元末隐士秦公裕伯，稽诸志乘，隐德昭彰，奈何轻薄少年借赛会为名时时肇祸乎？神如有知，恐未必不加嗔责也。

光绪二十年十月初二日(1894 年 10 月 30 日)第三版

赛会尾声

昨日好事之徒舁本邑南门外高昌庙高昌司偶像出游。清晨六下钟时齐集庙前，派定所执之事。及一下钟后，由庙中出外各市肆游行，洎回庙已虞渊日落矣。会中除寻常执事外，有马上鼓吹、马上执事、大锣、万民伞、万民旗、提炉，复令丐头扮作阴判官、夜叉鬼、童男童女，招摇过市，哄动游人，以致酒肆茶坊几无隙地，青衫绿鬓相属于途。劳民伤财真无谓也。

光绪二十年十月初三日(1894 年 10 月 31 日)第三版

解饷会

浦东龙王庙常年上中下三元节由乡人集资赛会，名曰解饷，实则安有饷之可解，惟是借此敛钱而已。前日又逢赛会之期，舁偶像游行洋泾等镇及各村庄，然后回庙。会中旗锣伞扇之外，有大宝银数十锭，装在车上，每车载大银一锭，或小者三五锭不等。其上用纸糊成看财童子。车夫则头戴凉帽、身穿花布短衣，故作怪诞之形，以博观者发噱。又有拜香会数起。经行之处观者塞途。

光绪二十年十月初四日（1894 年 11 月 1 日）第三版

芦子渡[①]听潮记

城隍庙修葺虽已告竣，大门仍围以竹笆。兹董其事者涓吉本月初八日将竹笆撤去，为偶象开光，并资雇梨园登台演剧，十一、十二、十三三日复倩羽士启建道场。

光绪二十年十月初七日（1894 年 11 月 4 日）第三版

庙貌聿新

本邑城隍神于昨日开光，清晨时黄爱棠大令赴庙拈香。是日雇清音一班，筝琵互奏，响遏行云。闻初十、十一等日有人雇丹桂园名班登台演唱以酬神贶。

光绪二十年十月初九日（1894 年 11 月 6 日）第三版

邑庙演剧

本邑城隍神开光，雇丹桂园优伶于今日起演戏三天，并请关道宪刘观察

① 芦子渡：位于上海境内的古时吴淞江渡口。

赴庙拈香设筵观剧，加以万寿期内，庙中游人如蚁，由巡防东局派勇多名在庙弹压。

光绪二十年十月初十日（1894 年 11 月 7 日）第三版

浦左钦赐仰殿

（曩）者失修年久，渐就倾颓，国安等公议重修，具禀邑尊请示募捐，现择本月初八日齐木开工。凡诸善姓乐输者，俟开工后凭票收取归存城内果育堂票式、用朱吟记联单、盖果育善堂代收字样，特恐善姓未尽周知，爰谨登报布闻。董：凌国安、赵清源、唐菊生、孙思泮、潘伟绩、许孝思、陶善钟、陆文香、成光钺、王多祥、徐丙春、孙旗勋、蔡培存、刘志涛、潘步清、孙涛清、王国恩。

光绪二十年十月十一日（1894 年 11 月 8 日）第六版

〖华光庙火灾〗①

广东高要白土墟华光庙每十年辄赛一大会并演戏以乐神听。本月初二日为赛会演剧之期，共招菊部两班，一为元天乐，一为颂尧天班。至初五晚四鼓后，司理人抹牌为消遣计，偶遗星火渐致燎原。火既生风，风又助火，凡戏（台）、醮坛以及附近房屋皆被华光神一齐摄去，一时男啼女哭人声鼎沸，墟中铺户百余家既一扫而空，火复蔓延入村始行止熄。约计烧去房屋三百余间，烧毙者不下数十人，仓卒遁逃致被踏伤者尤不可指屈。嘻，此殆华光神之善于凑趣欤？

光绪二十年十月十八日（1894 年 11 月 15 日）第九版

无赖宜惩

本邑南市茅山殿前时有无赖子意钱为戏借博输赢，有混名小长毛者向

① 原题《火灾两志》，本文为其中一则。

之婪索钱文，遂致口角挥拳，纷纷扰扰。殿中住持羽士恶之，日前函请二十三七铺巡防局拿办，局员某二尹立饬勇丁前往，至则诸无赖已逃散无踪矣。

光绪二十年十一月初六日（1894 年 12 月 2 日）第四版

普度忠魂

杭省金衙庄地方建立忠义祠供奉殉难忠魂，每年春秋二季由官宪亲临祭奠，而居民亦每年集资启建醮坛延请僧道超度忠魂，向系十月奉行。今年因庆典期内，改于十一月初一日起初七日圆满。先期铺设坛场，一切颇为华美，计设道士经坛三处、僧人经坛五处。纸衣数百件分挂两廊，纸扎人物数十座，自葵巷起一带张挂路灯以便夜游之人，并禀请保甲局宪拨派差役、巡勇弹压，深恐游手好闲之人借端生事也。

光绪二十年十一月初七日（1894 年 12 月 3 日）第三版

绣水①文波

北门内钟秀、灵光两水龙会经绅董择定本月初四日传鸿福部梨园子弟在天后宫演戏敬神，并设筵以款龙夫，下塘街碧漪坊则于初八日传鸿寿部演戏，循旧章也。

北门外城湾及荷花堤众姓集资延羽士设坛三日以求永息烽烟。噫！以有益之资财作为无益之举动，胡弗即以此项助饷俾得殪尽倭奴乎？

光绪二十年十一月初九日（1894 年 12 月 5 日）第三版

① 绣水：一名秀水，位于浙江嘉兴。这里代指嘉兴。

1895年

申江年景

本城邑庙香烟素盛，元旦日虽遇阴雨，城隍正殿焚香膜拜者仍拥挤不开。初二日天公做美，大放晴光，豫园中游人如蚁，坠簪失物时有所闻。九曲桥畔「河」[湖]心亭中，红男绿女倚栏凭眺，几无容足之地。江湖卖拳之流、戏法洋画之类无不利市三倍。至于北市，则十里洋场画「穀」[毂]雕轮，联翩如织，林间瀹茗，花下开筵，良辰美景、赏心乐事殆兼有之矣。海上繁华甲于他处，观此益信。

光绪二十一年十二月二十八日(1895年1月23日)第十二版

赛会暂停

俗传正月十五日为紫薇上帝诞辰，杭州抚院前紫薇宫向有舁神像至万寿宫朝阙及巡行各处之举，俗呼为紫薇会是也。兴是会者系抚署差役及抚标营弁等人。今因海疆不靖，兵士均有操防之责，未暇及此，仅于庙内演大木人戏一本以祝神诞，借以点缀风光聊循故事而已。

光绪二十一年正月二十二日(1895年2月16日)第三版

预备祭仪

本县黄大令昨日发出红签，饬办差丁役整备祭仪临时应用，准定二月初一日祭吴公祠、应公祠，初三祭文昌，初四祭吕祖，初五祭文庙，初六祭社稷坛神「祗」[祇]风神，初九又祭文昌，十一祭天后，十三祭关圣帝君，十四祭龙神，十五祭袁公、吉公、陈公、刘公、愍忠公祠。届时各当道当各以心香一瓣顶祝千秋也。

光绪二十一年正月二十九日(1895年2月23日)第三版

禁止赛会

浦东上南交界之所有社庄庙、戚家庙、三太爷庙、老王爷庙，近有好事者将为迎神赛会之举。事为关道宪刘观察所闻，以现值海疆有事之秋，若辈敛钱赛会恐肇祸端，因札饬上、南两县一律出示禁止。犹恐阳奉阴违，暂将庙门封闭。此诚杜患防奸之至意也。

光绪二十一年二月十六日(1895 年 3 月 12 日)第三版

封禁庙门

禁止赛会已见报章。兹江海关道刘观察复札饬上海县出示禁止，并将各庙门封闭。黄大令奉饬之下，立谕差役薛贵先传各地保到案，谕令阻止居民，不许迎赛，一面出示遍贴乡村。

光绪二十一年二月十七日(1895 年 3 月 13 日)第三版

严禁赛会聚赌

钦加运同衔特用府补用直隶州江苏松江府上海县正堂黄为严禁事：照得迎神赛会聚赌抽头均干例禁，本县访闻浦东一带有吴家厅、刘公庙、社庄庙、道王庙、净水庵等处无知之徒择期迎神出会借此开场聚赌情事，实为地方之害。当此海防戒严之际，各乡保应如何联络民团加意巡防以期地方安静，何得兴此无益有害违犯禁令之事。除另行访拿有犯必惩外，合行出示严禁。为此示仰该处地保及各庙住持诸色人等知悉，如有前项赛会聚赌情事立即禁止，倘敢不遵，即由该地保将何人为首之处据实指名禀候提案重究，该保及住持知情容隐并干责处。各宜凛遵毋违。特示。光绪廿一年二月十八日示。

光绪二十一年二月二十一日(1895 年 3 月 17 日)第二版

神诞拈香

昨日相传为本邑城隍神诞期，本县黄大令、县丞吕二尹、主簿林少尹、典史蔡少尉均诣邑庙拈香，礼成而退。至城隍神所属长人司、高昌司、财帛司、清江司亦舁至邑庙循例祝嘏。庙中内园及寝宫两处咸召梨园登台演唱，竹脆丝清，悠扬入听。会中人兴高采烈，焚香拜祝，致敬虔诚。惟积雪未消，出门咫尺，即觉道路崎岖，故闲游者甚属寥寥云。

光绪二十一年二月二十二日（1895年3月18日）第三版

地保候谕

浦东社庄庙、戚家庙等处士人因欲迎神赛会，为关道宪刘观察所闻，饬县示禁。黄大令业经出示并传该处地保到县面谕。昨日各地保均奉传来县齐集署前，原差入禀，奉内谕暂候听谕。

光绪二十一年二月二十七日（1895年3月23日）第三版

兰台新语

都城之西白云观梵刹精蓝，红尘不到，其中羽士道高望重，每与诸王侯声气相通。正月十九日俗呼为燕九节，例得悬灯结彩铺设辉煌。自十八夜起达旦通宵，游人不绝，西便门整夜不闭。八仙殿及窝风桥下皆有羽士趺坐其间，羽扇纶巾飘飘然有神仙之致。今岁游人如故，神仙亦依然趺坐其间，特灯火全无，怅乎如入漆室云。

光绪二十一年三月初一日（1895年3月26日）第二版

示禁赛会

本邑南市高昌司庙常例于清明节由江南制造局各工匠集资赛会。今年本拟三月初六日举行，事为江海关道刘观察所闻，谕以现当海防多事之秋，诚恐匪徒溷迹其间，易于滋事，着暂停迎赛以靖地方。各工匠遵谕奉行，惟各备牺牲以申祭献，并于是日召梨园子弟演唱一天。

光绪二十一年三月初二日(1895 年 3 月 27 日)第三版

不准游行

本月十一日为清明令节，好事者例舁城隍神象游行，名为振济幽魂，实则借以招摇过市也。上海县黄大令查案出示悬挂邑庙头门，略谓：上元令节例应牒请伯府城隍神出巡赈济孤魂。惟前次游会适当防务孔亟，示令清道恭迎，不准绕道游行并增饰仪从等情，饬遵在案。现当上元令节，而海防仍在戒严之际，自应循案禁约，礼宜清道恭迎，不准增饰仪从，免生事端。合行出示谕禁。为此仰保甲居民及会首人等知悉，尔等须知海防戒严不得绕道游行，如敢不遵，定干提究，并饬差传谕邑庙东西房各羽士毋许男女混杂以整浇风。

光绪二十一年三月初十日(1895 年 4 月 4 日)第三版

白门琐语

朝阳门外十余里有小茅山，上供三茅祖师，每年三月朔大开山门，进香赛会，即百里之外亦来朝山。今年各乡会因去秋收成丰稔兴会愈豪，添设异样会景，香烟缭绕，旗伞鲜明，一路笙歌，如听洞天仙乐，是亦一大观也。

光绪二十一年三月十三日(1895 年 4 月 7 日)第二版

乡民顽梗

浦东社庄庙乡民集资赛会几于举国皆狂，江海关道刘观察闻之札县出示严禁。及差役持示前往，突被凶殴。黄大令正在加差查拿滋事之人，而乡民仍于今日迎赛，亦可谓顽梗性成者矣。

光绪二十一年三月二十日(1895 年 4 月 14 日)第三版

屧廊弓印

姑苏访事人云：本月十一日为清明令节，好事之徒舁城隍等偶像出游，向有臂香、臂锣诸名色。兹者海氛不靖，官吏恐肇祸端，先期出示禁止。是日适逢孝贤纯皇后忌辰，故途中并不开锣，至下午由厉坛回庙始闻锣声镗镗然。是日会共十一起。苏州府桐太守、长元吴三县宰循例诣虎邱邑厉坛致祭，迨回时已傍晚矣。

光绪二十一年三月二十一日（1895 年 4 月 15 日）第二、三版

明州闻见录

西门外高桥东岳宫乡民奉东岳大帝暨王天君偶象出游，踵事增华，制备联灯、鼓亭、沙船、彩阁，色色鲜明，不亚都神会之彤云社。有绿窗妙选端坐彩阁中，绝世丰神，几讶天仙谪降。是以城中士庶往观者较多于往年。

光绪二十一年三月二十七日（1895 年 4 月 21 日）第三版

赛会纪盛

镇江访事人云：距郡治东六十余里有地名大港镇者，铺户如林，人烟比栉，南街东岳庙每岁三月好事者例舁东岳大帝暨王天君偶象出游，即俗所谓永昌会是也。今岁定于三月二十九日举行。适是日天公不做美，大雨滂沱，遂改至四月初一日。时则天气清和，曲尘扇暖，会中人兴高采烈，效束皙之补笙诗。上午十点钟时出庙门，偶象咸乘黄轿，全副銮驾，簇簇生新。执事诸人衣冠济楚，舆夫均服红缎绣花驾衣。前导有玻璃伞、明角牌、灯花、茶担、鳌鱼灯、凤凰灯、金瓜、月斧、五色明角伞、八仙玻璃灯。继以抬阁二架，选十五六岁美貌男子改作女妆，扑朔迷离，几难辨别秦宫一生花底活，见者殊不知乌之雌雄矣。抬阁前有锣鼓灯棚五六起，光腾巷陌，响彻云衢，绕游城内外大街，前者甫过，后者又来，真如山阴道上令人目不暇给。杂以高跷三十余起，所扮蟠桃会、打

金枝、荡湖船、彩楼配、八仙过海、四郎探母、打鼓骂曹诸剧无不钩心斗角尽态极妍。其扮小上坟之萧素贞缟素衣裳，天然妩媚，莺声低啭圆如贯珠，玉容寂寞泪阑干，梨花一枝春带雨，诚足令人真个魂消也。迨至日堕崦嵫，各会齐集长街，排如雁翅，约长十余里，蚖膏万点，蜡炬千枝，绣地锦天，风流旖旎。中有八角字灯十余对，银钩铁画遒劲异常。又以彩绘扎就龙灯，长约十余丈，昂然头角夭矫云中，世有僧繇其人当不难点睛飞去。此外各灯如狮如虎如鳣如鲔如鲂如鲤以及神仙鬼怪，莫不惟妙惟肖，几如铸鼎象形。每起间以伶工数人沿途奏乐，洋洋盈耳，清脆可听。以故白袷名流、青楼妙伎，万人空巷，络绎于途。加以远近乡村白叟黄童靡不豪情「飚」[飙]举，铜街十里毂击肩摩，酒肆茶寮座无隙地，小本营生之辈无不利市三倍，喜溢眉梢。而妙手空空儿亦乘间挤入其中，探囊取物。有某甲者，翩翩惨绿，顾影自怜，正在娱目骋怀，忽觉腰际微动，急撩衣视之，则袋内洋银三圆、对时表一枚不胫而走，只得懊恨而回。某姓妇乘肩舆而出，舆底忽脱，堕诸缸甏摊，乓乓乒乒其声清脆，妇仆于地，满头珠翠被无赖攫取一空。其他堕珥遗簪、寻男觅女者即罄南山之竹亦苦书不胜书。虽曰胜游，诚无谓也。

光绪二十一年四月初六日(1895年4月30日)第二版

西江放棹①

江右关帝庙会城不下百起，皆由民间出资建造，惟棉花市关帝庙独由官建，称曰武庙，从祀典也。武庙岁有修葺，轮奂一新。近岁时有内匪蠢动，上年兼有外寇，当事者默畴武庙，自以为颇邀神佑。本年复饬估工修造，金碧辉煌，规模美备，日前已由郑别驾同诰验收矣。

光绪二十一年四月初六日(1895年4月30日)第二版

禁止神会

宁郡地方每届四月举行元帅神会，哄动多人，往往滋生事端，是以地

① 本条记南昌之事。

方官历加厉禁，止准扛抬神像巡历一周，不准扮装抬阁等项故事，以免哄动城乡。光绪壬辰年间偶尔弛禁，各社会司事踵事增华，务形热闹，远方男妇纷至沓来，聚于一城，遂致乡民与营兵互相争殴，几至酿成大事。今年会期将届，鄞县杨大令有鉴于此，重申禁令：循照往年，止准神像出迎，不得再用抬阁杂项故事，倘敢故违，定即饬提该司事等到案究惩不稍宽贷云。

光绪二十一年四月初六日（1895 年 4 月 30 日）第二版

东岳胜会

金陵聚宝门外东岳庙向例三月廿八日各会共赛三天，今岁因倭氛不靖业已停止。后闻中日和好将成，各会首禀请上宪谨择四月初二日起至初四日止聊呈会景以答神庥。是日也天宇澄清，风和日煦。前班乃诚兴老会供奉万寿无疆皇亭一架，四围有百鸟朝凰以备各辕门迎迓。次则永升、保诚、天福、天保、全盛等会，各排全副仪仗均系八宝嵌成，玻璃牌、珍珠伞、沈香亭、彩龙舟鲜明夺目奇巧异常。又有平台数架，则以姣童装束前朝故事以壮观胆。神驾前提炉会、红衣会、白探、黑探、文武侍卫、红黑军牢、十三太保、十二宫监装束可谓至周且备也。然后大帝偶像端坐五岳朝天黄呢大轿，一路笙歌如沸，热闹非常。所过地方数十处均高搭五凤楼篷，悬灯挂彩，妙舞清音，恭迎圣驾。大宪犹恐演会滋事，饬各「叚」[段]派兵弹压。出巡三日会事乃毕。

光绪二十一年四月初八日（1895 年 5 月 2 日）第三版

六朝金粉

江宁府城隍俗传为宋之文丞相，不知于何时加封忠佑王，向例清明日赛会。今岁会中人循例举行，除全副銮笃外，复有黑白探、太保、犯人，迤逦至北门猫耳山致祭无祀孤魂，然后回庙。

光绪二十一年四月初九日（1895 年 5 月 3 日）第二版

菱花十里

嘉善县于初四日迎赛纯阳胜会，兴高采烈，各店铺亦悬灯结彩，通宵达旦，不醉无归。远近好事者咸买舟往观，一至谯楼鼓转、花间柳下犹时有寻簪觅履之人，亦可见游兴之盛矣。又闻新塍镇亦于初一二三日迎赛圣帝会。除衔牌旗锣伞扇外，所扮各项戏剧及地戏、抬阁等斗异争奇，足令观者为之喝采。又濮院镇亦于三月廿八日迎圣帝会，裙屐如云颇不减南涧西堂之盛也。

光绪二十一年四月十二日（1895 年 5 月 6 日）第二版

五茸春草

松郡东岳圣帝、刘郡王、温天君、痘神、施相、杨侯六神像向例于三月二十六日出巡，三月二十八日回殿。今届适值考事将竣之际，恭送文旌人皆忙碌，当奉恩太尊牌示准于本月初六八日迎赛。神驾出游之日天气畅晴，一切卤簿靡不踵事增华，团扇轻衫、香车宝马仿佛山阴道上。至初八日天公不做美，雨师税驾，竟日滂沱，以致诸神回庙俱用硬执事而已。十一日又迎赛萧圣明王神像，会中仪仗大致相同，惟神驾后随马多至三四十匹，纵辔扬鞭，真有逐电追风之概，亦大观也。

光绪二十一年四月十五日（1895 年 5 月 9 日）第三版

会祝仙诞

昨为吕祖师诞辰，本城道、营、厅、县以及印委各员清晨咸诣道前水仙宫纯阳殿拈香行礼，仪容肃穆，诚不愧恪恭将事也。

光绪二十一年四月十五日（1895 年 5 月 9 日）第三版

北通州近闻

东门外东岳庙年例三月二十五日起大开寺门，并招雇名班演戏，极形热闹。今因通属驻防兵勇往来街市，诚恐滋事，届期只开寺门并未演戏。

…………

城东㚩髻山供奉天仙圣母，素著灵应。四月初一日开庙，十五日止，四方香客不远数百里而来，附近各村举办圣会朝顶进香络绎于道。讵意天不作美，自本月初三日起大雨连朝，道途泥泞，旅客停骖，加以民房客店坍漏居多，香客进退维谷、饥寒交迫，实为往年所未有。

光绪二十一年四月十八日（1895 年 5 月 12 日）第二版

灵峰香市

宁东灵峰寺供奉葛仙偶像，相传四月初十日为神诞，闻今年烧香之人较往年尤多。自初八至初十等日，远自绍台二府，近自慈、奉等县，男妇老幼不下二万余人，踵趾相接，江东新河头及大河桥一带舟楫均被雇尽，而宝幢航船于此三日中亦无不满载香客，利市三倍，而宝幢河头之各茶坊、饭店座无虚位，山上山下之小本营生而赶香市者密如星罗棋布，洵极一时之盛也。

光绪二十一年四月十九日（1895 年 5 月 13 日）第三版

关煞开通

昨日为沪上俗传过关之期，育麟之家莫不赴庙过关，以冀关煞开通、平安无碍。本城各庙羽士在佛殿上以竹竿制成关桥一座，周围插五色小旗，置“关煞开通”四字于上，用铁线绊住，待各婴儿齐集于此，羽士将铁线放开，各抱孩儿绕走一周，以为过关。昨晨本城妇女皆抱婴孩络绎于道，各庙香烟缭绕颇形拥挤，各羽士无不利市数倍云。

光绪二十一年四月十九日（1895 年 5 月 13 日）第三版

北通州近闻

四月十四日俗传为吕祖诞辰，凡庙内供奉吕祖神像者莫不大开寺门香花供养，间有演唱坐腔戏者，善男信女纷纷往拜络绎于途。

光绪二十一年四月二十九日（1895 年 5 月 23 日）第一版

京江会景

镇江访事人云：五月十三日俗传为关帝诞辰。天甫黎明，关道宪以次文武各员恭备牲牢诣关庙致祭，礼成而退，肃肃雍雍。钱业会馆所悬之彩皆用红「緞」[缎]制成，上列绫绢所制戏文，十色五光，令人心醉。夜间则高列香亭一座，雕镂精细，逐层遍缀明灯，宝炬腾辉，照耀远近，虽鳌山灯景不是过也。城内外各钱铺之进香祝嘏者络绎于途，新河街广东会馆亦悬挂各种珠灯，别出心裁，绝不拾人牙慧。大殿上陈设古玩及各贡品，观者咸谓见所未见，无不赞叹称奇。殿以下用绢扎成象鹤鹿虎诸灯，巧妙玲珑，得未曾有。迨至曜灵西坠，即燃放爆竹，高升一道，青烟上冲霄汉。复倩清客搬演昆曲，玉箫低按，檀板轻敲，羽换宫移，声声入破。以故青衫名士红粉佳人逐队来游，非常拥挤，谓非一时之盛会欤？

光绪二十一年五月二十日（1895 年 6 月 12 日）第二版

神山即景

芜俗例于五月朔举行城隍会，舁神像游历城厢，即置神于金马门外河干行宫。相传是处为神之岳家丈人峰，情深投辖留看龙舟，故每年必须小驻一月然后回庙。谰语不经，洵足令人喷饭。届时香云缭绕、羽葆缤纷，香亭、抬阁、灯彩、伞扇五光十色，错彩镂金，几于有美毕臻、无奇不备。会经青石街、米市街，走南门，出东门，绕梅家塘而抵行宫。经过街头巷尾，红男绿女夹道纵观。会中人扮就各种牛鬼蛇神，如地方鬼则白衣长身，面涂粉墨，宛然山门所立;黑面鬼则面黑如漆,獠牙吐舌,令胆小如鼷者望而生怖。此外五猖鬼、大头鬼、小头鬼及种种鬼头鬼脑、鬼形鬼相之无名鬼成群结队,车不胜载、斗不胜量。又有披枷带锁扮作罪囚者,浑身密缀铜钩燃点肉香,不知果犯何等重罪,悉于前三日赴庙挂号领批,若甘赴大辟延颈受戮者。若果有神灵而欲按图索骥一一勾决,吾恐若辈必四散奔逃毁装惟恐不速矣。愚民见解洵足发人一笑。

光绪二十一年五月二十日(1895 年 6 月 12 日)第二版

洪都话雨

高桥白马庙由羽士出方收方,除路筵跑鼓外,复演戏建醮,于五月十二晚燃放烟火。维时万人空巷,举国若狂。未几洪恩桥白马庙亦踵而行之,尤觉兴高采烈。

光绪二十一年五月三十日(1895 年 6 月 22 日)第二版

东岳胜会

清淮地方土俗,每于四月二十日后以及五月朔日向来迎请都天、东岳二位神「祇」[祇]赛会,先后媲美,行之多年。今浦中因捐款之故经费不敷暂停一载。而射阳之各会首仍然不改旧观,官塘之上宝马香车络绎不绝。离城五里名曰河下,又有城河船数十只桂棹兰浆,游人如蚁。迨进城后,人皆舍舟登岸,各铺户门首均张灯结彩,炫耀通衢,惟府上坂以及南门大街、漕院衙门口三处最为热闹。所有每年晚会进城甚迟,独今年最早,约在二更前神驾即行回銮。会中之谨敬不怠者,以溽署之将临,欲借神以驱除瘟疫云。

光绪二十一年五月三十日(1895 年 6 月 22 日)第二版

英界公堂琐案

王信培、姚仁卿皆无业流氓也,前日手持黄纸缘簿,托称修建浦东钦赐仰殿，向香粉弄人王省三募捐。省三向之根究来由，王、姚言语支吾，颇露惊惶之色。省三遂将缘簿扣住，遣人投报捕房。捕头遣包探顾阿六将王、姚拘押。昨晨解案请讯。宋通刺见缘簿上有上海县告示一通，向之研诘。省三诉称“职员系本地人，向充钦赐仰殿董事，伊等瞻敢持缘簿来家巧语花言冒收捐款，故报捕送案，请即究惩”。王、姚同供称“小的等频年失业，糊口无赀，不得已而假托劝捐以求果腹”。通刺判令各枷号五日，期满驱逐出境。

光绪二十一年闰五月初四日（1895 年 6 月 26 日）第四版

皖城迎会

城隍一会到处皆然，以为可以驱瘟逐疫，然会中名色诸多，装潢古怪，名曰敬神，实则近于游戏，积习相沿由来久矣。皖省之城隍会，每届五月下旬预先由庙祝悬牌庙门，于二十五日齐集，二十六七出巡并黏路程单。敬香酬愿者，或为上人许朝拜香，或烧吊肉香，或圆领大袖头顶高帽作地方形者，或披枷带锁作囚犯形者，或作和尚敲钟念佛，或装探子手执令旗，或扮作武生打虎，名目繁多不可数记，均于二十五日参庙挂号，次日随神出游，城厢内外大街小巷遍走一周，东至八蜡庙，西至小星桥，北至准提庵。又有高桥会数起，每起十余人、二十人不等，装出各种戏名，均皆五色罗衫盘金刺绣，鲜明夺目。数日前四乡男妇啸侣呼俦相约来城争观胜会，非常热闹；又兼天气晴明，游人如织，市物居奇，各行卖买无不获利。至二十八日赛会始毕。每年胜会縻费盖不止万金云。

光绪二十一年闰五月初九日（1895 年 7 月 1 日）第三版

宁郡求雨

宁郡许久不雨，居民铺户望泽维殷，公同醵赀延请羽士在报德观设坛祈求。未知苍苍者能速沛甘霖慰民引领否。

光绪二十一年闰五月十四日（1895 年 7 月 6 日）第三版

三竺钟声

往年杭地旌德观元帅会盛行时，好事者咸敛赀制造各样助会，如抬阁、龙灯之类，无不钩心斗角、竞巧争妍。自奉宪禁止后，诸人不无扫兴。本年迎仙馆虽举行赛会，执事者恐其滋事，力辞助会，故出者寥寥。现在乡间民多疾病，平遥塘西地方拟于闰月间为温元帅作重庆之举，先期舁神像出巡二日，遍行各乡，旌旗载道，歌管迎风，颇极一时之盛。闻省城会中人无不踊跃欲动，将旧时所制各种彩仗重加修整，至期将往彼助会。果尔，则乡间之会必大有可观矣。

光绪二十一年闰五月十五日(1895 年 7 月 7 日)第二版

中丞求雨

安庆省垣访事人云：入夏以来雨少晴多，田禾待泽。安庆府曾太守禁屠求雨，致悫致诚，虽曾细雨沾衣，尚未泽敷四野。福少农中丞为民请命，牌示闰五月十一日辰刻亲诣府城隍庙拈香。官场一闻此信，于是文自藩司员梧冈方伯、臬司丁潜生廉访以及联观察、曾太守、吴明府，武自水师协谭镇军、陆师协刘镇军以及金参戎、齐游戎下逮都守各员弁先期齐集药王庙鹄俟宪驾。良久中丞呵殿至庙降舆，手执檀香，步行而出，礼生在前导引，各员弁自后随行，齐至城隍神象前行二跪六叩首礼。旋入两廊官厅，分班小坐。中丞复饬释子在殿东讽佛号、羽士在殿西诵真经，钟鱼铙盏之声不绝于耳。茶罢，中丞拱手兴辞，各员弁分班站立。迨中丞乘舆排导回辕，各官遂一揖而散。

光绪二十一年闰五月十七日(1895 年 7 月 9 日)第二版

羊城谈薮

西来初地关帝庙为城西一隅之香火，神灵迭著，都人士奉祀维虔。十三日为神闰诞，遂于十五日赛会巡游借伸庆祝，仪仗繁盛，鼓乐喧阗，彩色顶马皆簇簇生新，寓目之人莫不叹为观止。所惜雨泽连绵竟日不绝，赛会者与看会者皆带水拖泥淋漓尽致云。

光绪二十一年闰五月二十九日(1895 年 7 月 21 日)第二版

县案汇录[1]

新闸大王庙庙基前被董事徐星槎盗卖丈余与隆茂洋行管业，当经水利局宪李庆云司马查知，移请本县黄大令查办。旋查知徐已老迈，且系瞽目，从宽免究，革去董事。现经新闸董事瞿开桐禀请，将充公项下拨银八百五十两向隆茂洋行将原基取回。昨日下午五点钟黄大令带领书差亭耆鸣驺前往，并照请董事瞿开桐饬传该处十图地保陈惠亭齐集丈勘(基)■，以便按址取回。

光绪二十一年六月十一日(1895 年 8 月 1 日)第四版

武林赛会

杭州各庙土地神每逢诞辰便有朝阙谢恩巡社之举。俗传本月初九日为盐桥广福明王寿辰。神姓蒋氏，本邑人，向操米业，以岁荒平粜毁家济难殁而为神，功在一方，宜其庙食千秋也。初八日庙中司事舁神像出巡，先至贡院前朝拜北阙，复至祖庙巷广福祖庙拜谒祖先。相传此庙即神之旧居，供奉蒋氏先祖于此，故须拜谒。谒后，由上祖庙巷出枝头巷遍行社下，然后回殿。前导旗牌廿余对，鼓乐一班，香亭一座，敕印马一对，清音一班，暖轿一乘，后面各班衙役十余起，然后刽设禁卒文武判官排队而行。神像坐于显轿，以伞扇蔽之。虽无各样助会，然亦楚楚可观。所过之处，居民咸焚香点烛在街旁迎迓，观者拥挤异常，几致填街塞巷，亦一时之盛事也。

光绪二十一年六月十五日(1895 年 8 月 5 日)第二版

① 《县案汇录》在第三、四版。此处摘录其中一部分，在第四版。

神诞悬灯

昨日相传为明离宫诞节，道、营、厅、县各官于黎明后咸往本城火神殿拈香祝拜恪恭将事。自庙起至大东门止，概循旧俗，各铺户于当晚咸挂灯彩以迓神庥。各家争奇斗胜，预备明灯异彩，十色五光，辉煌夺目。至晚，倾城士女联袂偕行，如入不夜城中，兴致当复不浅。

光绪二十一年六月二十四日（1895 年 8 月 14 日）第三版

二分明月①

近来痧症流行日盛一日。其症之初起微觉心慌头晕，旋即四肢寒冷战栗不已而逝，虽有妙药，往往不及医治，殊觉骇人听闻。现在城厢各坊建醮禳解者实繁有徒，然卒无效验。闻本城士庶已禀准地方官恭舁都天神像出巡收瘟，拟本月廿四日举行。想届时又有一番热闹也。

光绪二十一年六月二十五日（1895 年 8 月 15 日）第二版

西泠秋浪

温元帅神庙亦于五月间举行重庆，其时民间多病，好事者欲请神像出巡以解疫疠，旋因官宪禁止故不果行，仅在庙中庆祝而已。

光绪二十一年六月二十六日（1895 年 8 月 16 日）第二版

神道设教

上海县黄大令以近来疫疠流行，人多传染，特于昨日斋戒沐浴，躬诣邑庙向城隍神竭诚祈祷，求保阖境平安，并撰就青词付炉中焚化。亦神道设教

① 二分明月：指扬州。

之遗遗意也。

光绪二十一年七月初二日(1895 年 8 月 21 日)第三版

羽士迎神

俗传火德星君于六月二十三日诞辰。神之中军为速报使。杭州茅廊巷火神庙向有中军偶像,本年司事者以庙神诞期向由中军出示晓谕,神像之设未可阙如,乃于塑佛店塑成,于六月十八日开光。先期备具执事、鼓吹、伞扇往迎庙中,羽士二十余人各执定香一枝、身披五色道袍在神前排班而行。观者颇形热闹云。

光绪二十一年七月初三日(1895 年 8 月 22 日)第二版

武林[①]杂志

东乡一带现在疫疠流行,该处居民拟舁温元帅神像巡行各处以禳。惟该处向无赛会之事,一切仪仗置办为难,故向城中元帅庙借用,择于上月廿六日举行,先请神恭祝万寿,然后游行各社。斯会之举定行热闹也。

光绪二十一年七月初四日(1895 年 8 月 23 日)第二版

六桥烟柳[②]

俗传六月二十三日为火德星君诞辰,浙省官宪例有致祭之典。廖谷帅特委署臬司郑芝岩廉访往吴山火德庙祭祀,应用祝帛先期由仁、钱两县备办,呈请抚宪用印。城内佑圣观、茅廊巷火神庙、显真道院等处均由附近居民集资悬灯挂彩演剧数日。二十四日为雷祖诞辰,杭人茹雷斋者于二十三夜往吴山雷神殿宿山,不下数百人。是夜男妇进香者纷至沓来,终宵不绝,山上茶馆酒铺终夜开设,生意极为热闹,其摆各样摊场者亦占利

① 武林:杭州的旧称。
②《六桥烟柳》在第一、二版。此处摘录其中一部分,在第二版。

市三倍。

光绪二十一年七月初五日(1895年8月24日)第二版

元帅巡街

杭城近多疫疠,而乡间尤甚,乔司横塘一带病者不知凡几,死者亦日有多人。民人以温元帅专司瘟疫,欲抬神像出巡搜瘟。此处虽有元帅庙而神从未出会,一切仪从置办不及,且需多金,因向城内迎仙馆中将会中全套家伙借去,定于六月廿四日起出巡三天,遍行乡镇,殆亦古者大傩之意与。

光绪二十一年七月初五日(1895年8月24日)第二版

都天胜会

金陵入夏以来时疫盛行。门西善司庙供奉都天大帝,好事者以为掌瘟部之事,是以择于六月二十六日起至二十八日止赛会三天,以祈消灾降福。至期,各会首兴高采烈。前导排列八宝銮驾,继则龙凤旗、珍珠伞、彩龙舟、沈香亭,然后大帝偶像端坐黄呢大轿,所扮文武侍卫、黑探、白探、提炉会、红衣会均在神驾前扈从,香烟渺渺,瑞气腾腾,一路笙歌,甚形热闹。督宪张香帅恐滋事端,饬令各营弁派兵随会弹压。穿街过巷三日乃罢。

光绪二十一年七月初六日(1895年8月25日)第二版

会景述略

昨为中元令节,好事者例得舁城隍及新江司、长人司、财帛司、高昌司各神像游行,即俗所谓三节会是也。午前雨师税驾,道路沾濡,过三点钟时大放晴光,会中人遂更兴高采烈。神像咸乘红「緞」[缎]绣金轿,銮驾、旗伞簇簇生新。前导除旗锣伞扇外,更有马执事、看马、对子马、马上鼓吹、皇命马,更令孩童扮作解差、犯人涂脂抹粉乘马而行。每起间以清客吹弹一班,沿途奏技。继以历来奉禁之逍遥伞、花十锦牌。经过之处，无不人山人海、塞巷填衢，酒肆茶寮座无虚位。县主黄大令、总巡窦明府特饬差役按「叚」[段]梭巡，又委典史蔡季卿少尉命驾前往邑厉坛致祭。洎乎晚上神像回庙，加以玻璃明角诸灯彩彻云衢、光腾巷陌，绕游城厢内外，前者甫过，后者又来，甚热闹也。然亦曾念及汴梁齐鲁洪水为灾千万生灵同遭涂炭否？盍移此无益之费一济饥民？

光绪二十一年七月十六日(1895 年 9 月 4 日)第三版

循例祭坛

大南门外高昌司庙永宁侯昨日亦循旧例由各会首迎神出巡，前赴南隅厉坛赈济孤魂，旗锣伞扇仪从炫赫，遨游之处观者如云。

光绪二十一年七月十七日(1895 年 9 月 5 日)第三版

农部建祠

八祀之中土地居其一。土地之祀因其捍灾御患也，乡村中往往崇祀者多，而京中各部院亦皆有之。农部大门内之南土地祠年远失修，飘摇风雨。有南档房某先生倡议纠集各司经承等捐资助善，共成义举，所捐约千余金，谨于暮春之初鸠工庀材大兴土木，于闰五月十九日始克工竣，庙貌一新，观瞻颇壮，各司亦终日前往拈香，如行山阴道上应接不暇。闻得某先生于庙之落成后竟尔骑箕西归，或谓恐中饱之故神夺其魄，或谓即为此庙之神，然皆不足信以为实也。

光绪二十一年七月二十一日(1895 年 9 月 9 日)第二版

中元胜会

三节祭「狐」[孤]之会各处皆然，惟禾地以中元节为盛。近因得雨后稻田沾足，农务稍闲，故远近各乡男妇老幼概于十四日络绎先后来禾。诸老妇群集郡庙席地以坐，手持念珠，口中喃喃不绝，名曰伴城隍，通宵露坐，直至次日清晨始各散去。诸乡民各准备装扮翌日会中各项。并有在城无论大小居家以及各乡咸备纸桶，装以银锭，外附大小元宝，书明某某焚寄宝库以请库官查明饬交某先祖梦人收执以作冥途使用，此亦风俗相沿，于十四一日夜连绵不绝，羽士香工获利不可胜计。神前盛设华筵果品，殿上奏乐全部。至翌日午前迎神出殿，仍循向例，绕经城内出东城门，由西河街塘湾街到坛，而后出坛弄，过北丽桥，进北城门，由大街回庙。会中各项齐全及扮犯亦不可胜计，诚盛极已。

光绪二十一年七月二十二日（1895 年 9 月 10 日）第二版

兰会增期

美捕房常例，每逢中元令节准各探捕集资建醮施放瑜伽焰口超度无祀孤魂，所以循旧例顺人心也。惟常年一日而毕。今届斯期，会中人以为界址逐渐宽广，此例亦不能仍守旧章，遂议增一日，于昨今二日假中虹桥弄三官堂内设坛诵经，张灯结彩，陈设一新，观者颇众。兰盆胜会各处皆有，地方官从不加以禁令，甚至捕房亦准探捕假地建醮，此诚善体人情，从宜从俗，曷尝判乎中西哉！

光绪二十一年七月二十三日（1895 年 9 月 11 日）第三版

会景志盛

距镇郡五十余里有地名高资镇，人民则毂击肩摩，店铺则鳞次栉比，一热闹市廛也。每届中元令节，好事者必舁城隍像出游，谓之振济孤魂，相传已久，从俗从宜。是日清晨，会中执事人等请城隍神升座发牌点卯，午刻排齐全副执事。前导有彩马十余匹，继以逍遥伞、十景牌，斗丽争妍无乎不备。有自诩男儿好身手者争托臂香、臂锣。或袒其衣襟，以铁钩悬巨锣于腹，淋漓血肉，令人见而生恐怖心。杂以皂衣一人，装摸壁鬼样，帽高二尺余，「带」[戴]黑面具，低眉吐舌，伸手作攫拿状。随后则大头鬼、小头鬼、短命鬼、勾魂鬼，类皆鬼头鬼脑、鬼模鬼样，各逞其如魅如鬼之伎俩焉。鬼党既过，锣鼓随之。复有肉袒露身者十余人，以铁针贯鼻际及胸背胁肘不下十余处，针上系红丝一缕，下缀盘香，谓之肉香。推原其故，此辈因父母有疾故许是愿，诚孝心也。又有缁衣缟裙者数十人，各执小凳，凳端插香，且走且拜，谓之拜香。复有锣鼓一班，声声彻耳。继则大鼓如雷，铜钲击破，有人撮口作鬼啸声，毛发为之悚然。又清音一班，殿以铁「练」[链]系铜炉，遍围小灯，内爇香煮醋，二人扛之行，殆辟除秽气之意也。又有锣鼓灯亭一座，杂以箫笛，颇觉可听。随以三层大香亭及全副铜锡銮驾之类。又小儿辈散发赭衣、披枷带锁作犯人状，约有数十人。神坐绿呢大轿中。轿前提炉中香烟缭绕，居民铺户设香案以敬神。会经三楼岗，过新字街，出小西门，至大通巷，在五神坛小驻。更鱼二跃，迤逦入大街，遄回郡(庙)。斯时会中又增玻璃纱绢各式大伞十余柄，光怪陆离，燃火其中，现出光明世界。远近绿女红男联袂而来，诚一时之盛会也。

光绪二十一年七月二十四日(1895 年 9 月 12 日)第二、三版

苏垣零拾

姑苏访事人云：七月十五日为中元令节，吴人循例舁城隍等偶像出游，名曰振济无祀孤魂，实则借以招摇过市。是日晨起，忽闻鸳鸯瓦上淅沥有声，俄即大雨滂沱，几若银河倒泻，午正始云收雨散，旭日当空。会中人咸以手加额曰碧翁翁真解事哉，于是兴高采烈由各庙舁偶像出排导游行。是日会共十一起，钟鸣三下齐集虎邱厉坛，然后分道入城，各回本庙。苏州府桐太守率同总捕同知刘司马及长元吴三县宰乘官舫诣厉坛致祭，循曩例也。

光绪二十一年七月二十五日(1895 年 9 月 13 日)第二版

西泠禳疫

杭垣时疫之症已及一月，死亡者不可胜记，医家俱形束手。其病之发不

过半日即已气绝，虽有痧药亦多有求治不及者。下城东街及皮市等处尤甚，尽有一巷之内一日之中连毙五六人者，且所毙之人贫苦者居多，故寿板店中下等之货俱已销罄不及赶造，善堂舍棺每日必有十余具。通计病疫而亡者不下千余人。茅廊巷慈云斗坛于初六日起至十二日止启建醮坛礼斗诵经以禳疫疠，先于初五日焚符，初十日朝天拜表，十二日圆满，施放水火，炼度焰口，特请温元帅监坛。坛内铺设清洁，门外悬挂纸扎人物衣衫之类，俱极精巧。附近居民咸斋戒七天，各输冥镪、纸钱分四路焚化，每晚请元帅令箭一枝巡行街坊一次，名曰搜瘟。圆满之夕并备纸船、纸马用元帅文牒至各处焚化。例以大傩逐疫之意不甚合于古礼欤。

光绪二十一年七月二十六日(1895 年 9 月 14 日)第二版

岳神升座

昨为东岳大帝朝审之期，此系循例奉行，由来久矣。本城火神庙后殿东岳宫昨晨由会中人舁神升座拜衙点卯毕，各会首并赴各处焚化冥锭甚多，以济幽魂而循旧典。

光绪二十一年七月二十七日(1895 年 9 月 15 日)第三版

北通州近闻

自夏秋之交瘟疫流传于今数月，几于沿门遍户到处皆然，且霍乱多系阴症，砭之不可，药之不及，稍有迟延即登鬼箓。现在城关商民约集通属八百八十余村庄人民，择于七月初七日在城内鼓楼后关帝庙预备瘟神纸像供奉彩亭上，辰刻由庙内起驾。前导有黄牌数对，大书“虔诚斋戒，叩送瘟神，祈保城乡平安”等字。次则旗锣伞扇、銮驾、清音、鼓乐相间而行。随驾步行者数百人。走北街，过鼓楼，舁至本郡城隍庙设坛，延请道士七众讽经一日，至晚请驾出东门，至小河口外送圣。一时鞭爆鼓乐齐鸣，人人望河干叩拜，极形热闹，想从此沴疠潜消共占勿药矣。

光绪二十一年七月二十八日(1895 年 9 月 16 日)第二版

中元盛会

七月十五日相传为中元大会，放开鬼门关，此道家之说也。江省会垣多建盂兰醮，期解冤忿免酿祸殃。本年自七月初十日起前后数日，僧道忙碌异常，日不暇给，有一人而掌数坛者，亦若辈一年之利市也。间有经忏拜跪之时兼召梨园演剧之事，而法服羽衣与袍笏相掩映、铙钹钟磬共锣鼓以喧阗，万人空巷，想见热闹情形。各家复焚纸包封以奉祖先，富贵家则扎就箱柜、糊成宝锭盈千累万致敬尽诚，亦孝思不匮之意也。

光绪二十一年七月二十九日(1895 年 9 月 17 日)第三版

苏垣近事

苏垣自中元节后各处举赛盂兰盆会，计有二十余起之多，其最盛者则首推府署前。是处年例于七月下旬集资举赛，本年择二十八日出游。是日天气微阴，纤尘不染，会中人兴高采烈，于午夜由府署头门内西里库排导而出，至各处游行。前导用开路神、起马牌，继以金锣。又有乐工数班沿途吹奏，顶马、对马、看马以及令旗马、掌号马共有七八十匹。又用五色纸扎成十殿阎王，每殿用四人舁抬缓缓而行。继以「鱼」[渔]樵耕读、医卜星相等纸人三十六名，用顽童三十六人各负其一。又有大头鬼、小头鬼、摸壁鬼、无常鬼，状貌狰狞，令人望而生怖。僧道各十余众，铙钹叮当沿途不绝。末后一鬼王高与檐齐，大摇大摆压队而行。到处，观者人山人海，拥挤异常。三鼓后始回坛，然后僧道登台施放焰口，振济无祀孤魂。说者谓：目下北省各灾甚急，与其作此无谓之举，曷不移资为灾区振济，则其功德不胜于此十倍哉！

光绪二十一年八月初一日(1895 年 9 月 19 日)第二版

泽及犯鬼

昨为幽冥教主诞期，本县黄大令谕饬道会司带同羽士六名赴监建醮超度瘼毙幽魂，终日金钟法鼓响彻云衢云。

光绪二十一年八月初一日（1895 年 9 月 19 日）第三版

蜃江[1]雁字

时疫流行，死亡枕藉，好事者舁东岳忠靖王偶像出游，谓之驱疫，遍历城厢内外，须七昼夜。旋在东瓯王庙设建罗天大醮，择吉七月二十八日黎明请道、镇、府、县各官拈香，并出示严禁屠宰，俟初四晚焚船送圣，然后开屠。既复，群舁杨府、陈府、元坛、晏公、府县城隍诸偶像遍游各处。

光绪二十一年八月初六日（1895 年 9 月 24 日）第三版

悬匾酬神

老闸巡（捕）房何瑞福、黄四■、顾阿六、孔阿才四包探曾于上月间拘获盗犯将[2]仁山等十三名，讯实后业经正法。何包探等以迭破巨案均系神灵默佑，因公制匾额三方，特于昨晨分往本城城隍庙、保安司徒庙及新署土地祠三处悬挂，并用（牲）牢酒醴佐以清音，各探次第行礼而退。

光绪二十一年八月十六日（1895 年 10 月 4 日）第四版

神像一新

浦东社庄庙供奉土神，俗传为三太爷，不知出自何典，大约好事者借以惑众敛钱也。今春三月十九日曾赛盛会，兹因偶「象」[像]年久破坏，由各会首在本城重塑金身。昨午会中人衣冠济楚，备齐执事，将偶「象」[像]供奉大轿中一路迎游回庙。赴庙拈香者络绎不绝，颇觉热闹云。

光绪二十一年八月十九日（1895 年 10 月 7 日）第三版

---

① 蜃江：即瓯江。这里代指温州。
② “将”疑为“蒋”字之误。

募捐修造宁郡佑圣观序

县治之北永丰门内有佑圣观焉，旧名佑圣道院，元至治元年全真高道元创建，明市舶太监梁瑶曾修饰之，正统二年内官厥成重建真武殿、玉皇阁、方丈、廊庑、山门等处。嘉隆间住持周元礼同里人方惠回创议重修，请命于余太保、柴方伯，得蒙俯允。是时中书舍人廷椿乃太保之子、方伯壻也，倡首醵金，与道士周茂龄及其徒王守纯暨善男信女出资修葺焕然一新。国朝顺治十六年玉皇阁毁于火，康熙三十三年里人捐资重建，而真武殿、方丈、廊庑、山门亦俱臻完美。至咸丰十一年遭粤匪之扰，旋被毁坏，匪平后兼寓兵勇，蹧蹋尤甚，经住持渐次修补稍复旧制。伏思佑圣居鹑首之次、应瑶光之精，而是观之建近三江而对四明、供真武而奉玉帝，山川之秀、神圣之灵萃于一郡，虽经匪扰而峻宇雕墙、金身宝座不至毁而难复者，岂非苍昊真神默护阴卫使后人得以瞻真宇而崇胜迹、思兴工而复鸿规，洵乎佑圣一观诚与国咸休永世无穷者也。中兴以来迄今三十余年，虽时经补苴而栋宇垣墙未免有倾颓之势。住持思复旧规，募资修造，伏望仕商善信乐善好施，念佑圣之神灵，悯是观之「圯」[圮]坏，输金乐助，重新旧观，不朽之功成于今日，无穷之福获于将来矣。是为序。光绪二十一年七月。各董事谨启。

光绪二十一年九月初三日（1895 年 10 月 20 日）第四版

礼忏禳疫

杭垣疫疠流行，至中秋前后尚未尽绝。吴山东岳庙斗坛诸人于十六日起在涌金门金华庙内设坛礼忏三日，并制就纸衣、船只、纸马之类加以冥（镪）交分各路焚化坛内，请温元帅神监察，圆满之夕用元帅神令箭巡行街巷以驱疫鬼。其费用一切均由坛中人公派，并不募化，惟冥镪则由居民乐助也。

光绪二十一年九月初六日（1895 年 10 月 23 日）第三版

斗坛纪盛

杭城之好事者每届九月初旬有礼斗之举。坛设于大庙之中，自初一为始至初十日止，日间宣诵各经，晚间拜忏，以期延生解厄，城厢上下共计十余处，无不斗巧争妍以悦游人之目。其坛以吴山之太岁殿宝敬坛为第一，坛中人皆系藩署书吏，集资较厚，地又宽敞，摆设一切除各样灯彩外陈列古玩多端，以故士女如云往来不绝。其次则城隍庙之巩衡坛，地虽稍窄而铺陈亦极精雅。他若中兴观、神霄雷院、金龙阁及东园之机神庙、中城之日新庙亦楚楚可观，均于上月晦日熏坛，旬日之中红男绿女结队来游者真不可胜数也。

光绪二十一年九月初七日（1895 年 10 月 24 日）第二版

钱江霜信[①]

下城东园地方岳庙斗坛于初六日过关，是日往彼进香者由坛中人供午饭一餐，不取分文，游人往来如织，几无立足之区。闻所摆素饭计有四十余席云。

光绪二十一年九月十二日（1895 年 10 月 29 日）第三版

高乔胜会

杭州荐桥高乔巷有土地庙，神姓施氏，为岳鄂王小校，当年伏于众安桥下思刺秦桧未成，因此遇害，土人立祠祭祀，后封兴福明王，为该处土地神，香火极盛。俗传重九日为神诞辰，例有朝阙巡社之典。是日居民舁神像由东辕门出，至万寿宫朝拜北阙，随由大街至荐桥、章家桥等处遍巡社下而回。前导旗牌伞扇及马道十余匹、香亭一座，高跷、清音、刽子手、文武判官无不齐备。所过之处路为之塞，缘杭地近来赛会稀少，稍有举动，好游观者无不

① 本条记杭州之事。

以先睹为快也。

光绪二十一年九月十四日(1895 年 10 月 31 日)第二版

补述重九登高记

重九登高为古人之韵事,至今文人雅士犹循例登临,借此舒啸作竟日之游,不可谓非清兴也。武汉山峦层叠无不可以登临远眺,如汉阳之大别山,俗名龟山。城内之凤山。城外之鲁公山,有三国时吴鲁子敬坟墓在焉。又有大观山,一名黄鹄山,俗曰蛇山,其山自城中起伏蜿蜒如长蛇,故以名。山上有黄鹤楼,楼虽毁于回禄,其故址犹存,后建官文恭公、胡文忠公专祠,名人碑碣墙壁皆满。后有吕仙仙枣亭,亭外两傍皆系卖茶之所,故游人多聚于此以恣游眺。山之腰即曾文正祠及昭忠祠、湖南会馆,亭台楼阁雕嵌玲珑,竹木森茂,花卉争妍,游人又于此为憩息之地。至于蛇山之尾出大东门则为长春观,为黄冠焚修所,庙基因山而筑,地势雄壮,境宇清幽,至此者皆有出尘之想。距观之山山有浮图,高盈七级,上插霄汉,俯瞰省城历历在目,江流一线自西而东,不啻陟三湘登九嶷也。昔罗忠武公泽四五里即古洪南曾于是塔作将台,指麾健儿剿贼,今人犹啧啧称道不衰。是日武汉文武各员以及人民之有游兴者,咸呼朋邀友挈榼提壶,咸赴各山续龙山之佳会,游目骋怀洵可乐也。

光绪二十一年九月十六日(1895 年 11 月 2 日)第二版

鸳湖风月

广潮帮在禾贸易甚众,惟尽业烟膏,供奉天后圣母及武圣极虔。近更习染禾俗,每于朔望往曹王庙进香。彼将香燃点顶于头上,喃喃祷告,而后插入炉中,大约不过求得利而已。

每年三、九月必集款传戏班恭祝天后圣母千秋圣诞,此次帮中人仍循向例传鸿福堂于初三日在会馆敬演神戏一台,虔具三牲福礼并各样巧扎高装以相争胜。

光绪二十一年九月十七日(1895 年 11 月 3 日)第二版

庙貌重新

浦东三林塘镇之北有崇福道院，俗名圣堂，层楼杰阁，画栋雕梁，颇具壮观。大殿一楹供北极玄天上帝真武神像，素著灵应。是庙创建于宋而盛于明，历来修葺均载邑志。迩以年久失修、风霜剥蚀、日炙雨淋，势将倾欹，庙祝屡拟募化重修，以筹款维艰，有志未逮。近得上海曹君顺甫、黄君静园等十六人宏施善愿，集资巨万，共襄是举。行见翚飞鸟革，庙貌一新，神如有灵当降之白祥以为世之好善者劝也。

光绪二十一年九月十七日（1895 年 11 月 3 日）第三版

九皇胜会

汉俗有九皇之会，俗称九皇之神，为北斗星辰，注人之死，故于九月初一日起至初九日止为九皇圣诞之期，诚心皈依者咸于八月杪即行涤洗屋宇器物为虔诚斋戒之备，临期斋戒八日，或请僧道讽经以为「酿」[禳]灾集福之举，由来已久。妇女奉祀甚虔，而乡村为尤甚焉，即平日之食不厌精、脍不厌细者至此亦甘食藜藿矣。信神信鬼，其亦风气使然耶。

光绪二十一年九月二十二日（1895 年 11 月 8 日）第二版

烟台近事[①]

十七日俗传为增福财神诞「晨」[辰]，按南籍诸商皆另有财神诞期，本届惟有本滩公会在天后宫演戏三日以祝嘏。同是神也而诞「晨」[辰]不同，其令人不解耳。

光绪二十一年九月二十六日（1895 年 11 月 12 日）第三版

---

① 《烟台近事》在第二、三版。此处摘录其中一部分，在第三版。

沪滨闲话

沪北大王庙住持向城内佛店虔装雷祖神像一尊，刻已装就，备齐仪仗至城内恭迎。因行经法界，先期投报捕房。昨上午十点钟，由新北门迤逦往北，过二洋泾桥入英界，克捕头特派包探带领探伙分投弹压。

光绪二十一年九月二十九日(1895 年 11 月 15 日)第三版

酬神演剧

杭地每届回禄之后例有禳火之举，或建道场，或演神戏，随所募之多寡以行之。前月众安桥大火之后，该处未曾被灾各家由某甲为首向之捐募，因系市面店铺居多，故所募钱文颇觉丰厚，爰拟在联桥广福庙传集名班演剧二本，尚有余资，拟在大街之上补行盂兰盆会以济孤魂。

光绪二十一年十月初一日(1895 年 11 月 17 日)第三版

谕减会仪

本县黄大令出示查案严禁，大旨谓：节届下元，例应牒请伯府城隍神出巡赈济厉坛。有等好事之徒踵事增华，有臂香会、大锣班、阴皂隶、十景牌等名目，且有手执丝竹沿途吹奏，实为恶俗。前因中东有事，谕令清迎在案。现当和议初成，自应力崇俭约。为此示仰各会首知悉，前项各会景一律禁止，以免拥挤扰事。如违，定干提究不贷。

光绪二十一年十月初一日(1895 年 11 月 17 日)第三版

会景述略

昨日下元令节，好事者舁城隍及新江司、长人司、财帛司、高昌司诸偶像齐赴邑厉坛焚帛化楮，美其名曰赈济孤魂。时适天公做美，日暖风和，倾城士女莫不呼姨挈妹征逐街头。午后三点钟时，庙中鸣炮三声，诸偶像以次出外。前导全副銮驾，旗锣伞扇簇簇生新。继以皇命马、执事马纵辔疾驰，看马、对马、鼓吹马随行于后。更以俊俏孩子扮作解差管押犯人，抹粉涂脂，赭衣黑索，高乘骏马，缓缓而行。每起间以清音一班沿途奏技，调丝弄竹，音韵悠扬。并有历奉禁谕怙过不悛之逍遥伞、花十锦、大锣班、阴皂隶招摇过市，哄动游人。偶像前，则为黄衣会、青衣会、刽子手、敕印轿参差错落，挤拥喧呶。保甲总巡曹明府、县主簿林少尹按「叚」[段]分巡、悉心弹压，典史蔡季卿少尉复命驾往邑厉坛代县主致祭。洎乎晚上神像回庙，加以诸色琉璃明角灯沿路辉煌，观者益众。

光绪二十一年十月初二日（1895 年 11 月 18 日）第三版

神山采菊

太平府城隍庙建自三国吴大帝赤乌二年，相传为天下邑庙之鼻祖，该郡每年三月必举赛会一次以迓神庥。今春因海氛猖炽，举国惊皇，贤宰官谕禁停止。刻下倭患敉平，正值秋收丰穰物阜民康，好事者遂又跃然兴起醵资出会，将一切景物格外铺张，自上月廿二日起廿五止凡三日城厢始经游毕。所有仪仗执事以及龙车、凤辇、抬阁、秋千，无不勾心斗角、妙想天开，如入山阴道上目不暇给，并将芜湖胜凤梨园子弟全部聘去，一时舞衫歌扇，更足点缀升平也。

光绪二十一年十月初三日（1895 年 11 月 19 日）第二版

高昌盛会

沪南高昌司庙神像昨日由各会首迎赛出巡，赴南隅厉坛赈济幽魂。会中仪仗鲜明煊赫，观者亦属挤拥。祭毕，仍由城外回庙，并未入城。

光绪二十一年十月初三日（1895 年 11 月 19 日）第三版

扬州火患

扬州访事人云：旧城城隍庙香烟素盛，每逢朔望尤觉香客如云。本月初一日正殿楼下忽然烟焰迷漫灼及楼板，以致火势上窜，顷刻炎炎。楼下人闻楼板作哔剥声，仰首观之大惊狂喊，而楼上椽柱神幔均已一炬成灰。庙祝急遣人四出鸣钲，一面汲水以灌。江都县署相距最近，葛明府首先驰至，见火势正盛，人力难施，遂急饬人速驾本署水龙设法施救。水从高处下注，无殊百道飞泉，火始就衰，移时而灭。明府俟余烬尽熄方呼殿而回，并饬役将本庙道士拘拿以便惩办其失察之咎。

光绪二十一年十月初八日(1895年11月24日)第一版

杭客丛谈

本月朔日为下元令节，城隍神例有赈孤之典。杭州省主城隍神为前明按察使周公新，庙在吴山。是日庙祝人等舁神像出巡，由城隍牌楼下山，经水师前大街直落出武林门，诣厉坛焚化冥镪。礼毕，由原路回殿。前导执事除旗牌伞扇、各班差役、马道、香亭外，有扮演故事者二起，名为地戏，又有高跷十余人、清音二班，踵事增华，较往时为盛，是以观者甚夥，大街之上茶坊酒肆几无容足之处，可谓盛矣。

光绪二十一年十月初八日(1895年11月24日)第二版

世德清芬

本科翰林秦介侯太史翔步木天后于前月廿二日清晨备齐祭品恭诣上海县城隍庙致祭。据称太史乃城隍神裕伯公之十八世从孙也。所有祝文照录如左："维大清光绪二十有一年岁在乙未秋九月戊戌朔越廿二日「已」[己]未，候选训导岁贡生十七世从孙秦荣光命次子翰林院庶吉士十八世从孙锡堂谨以刚鬣柔毛庶羞清酌致祭故元至正进士、福建行省郎中、敕封显佑伯、晋封护海公、钦加灵佑上海县城隍神十七世伯祖景容公曰：惟公刚介迈俗，正宜为神。却聘陈书，劲节辉煌夫家乘；去官归隐，清名焜耀夫史编。叙保国之功，漕运资其呵护；溯题桥之迹，桑梓切其敬恭。仰灵爽之常昭，宜庙食之弗替。荣光懔遵祖训，恪守儒宗，循素分以传家，奉遗经以教子。次子锡堂猥以弇陋谬列清华。此皆先泽之留贻，永为后人之庇荫。久食旧德，幸获报于诗书。敬竭微忱，用致虔于笾豆。公其昭格鉴此，苾芬尚飨。”

光绪二十一年十月十五日（1895 年 12 月 1 日）第三版

县示照登

钦加运同衔特用府补用直隶州松江府上海县正堂黄为出示晓谕事：据绅董王宗寿、黄镇心、杨廷杲、施则敬、黄崧生、郭怀珠、朱其莼、秦荣光、周希濂、沈锡骐、乔永修、罗贻润、徐黼升、汤学钊、杨孝惇、曹骧等禀称“本邑浦东三林塘镇北杨师桥附近有一古刹曰崇福道院，中供元天上帝像，凡水旱疾病祷祈辄著灵应。据郡邑志载，赐额于宋宣和元年，前明嘉靖三十八年重修，有奚按察良辅所撰碑文今尚可考，迨至本朝亦频加修葺，数百余年古迹得未湮没。乃近年以来失于修理，竟至屋瓦不完。今岁见大殿栋梁朽损，加以风雨飘摇，势必全行坍毁。董等再四筹议，一面劝捐，一面先将大殿兴修。恐有无知愚民借端阻挠，或有乘间偷窃料物情事，环求示谕，并饬该图地保随时照料”外，合行出示晓谕。为此示仰该处居民人等知悉，现由该董等募捐兴修崇福道院，如有棍徒及无知愚民借端阻扰以及偷窃物料情事，一经该董等指名禀县，定即提案究办，决不稍宽。各宜凛遵毋违，特示。光绪二十一年十月十九日示发崇福道院头门实贴。

光绪二十一年十一月初三日（1895 年 12 月 18 日）第九版

附会其说

浦东杨师桥之南有崇福道院焉，层楼杰阁，颇壮观瞻。迩因年久失修，势将倾「圯」[圮]，经上海各绅董集资修葺，先将中间大殿兴工，俟捐款收齐再修余屋。是处杨师港久已淤塞不通，近忽潮水大涨，于是附会其说者谓为神灵感应，其然岂其然乎？

光绪二十一年十一月初四日（1895 年 12 月 19 日）第三版

1896 年

和尚逞蛮

新闻地方朱某[①]家为先人营葬，并出资邀请僧人起建道场三日为祖先超度，因静安寺僧众忙迫，朱又不能改期，别延羽士登坛超荐。适有友人荐虹庙道士张某之父到家起建道场，旗幡吊挂，倍极华丽。正在铙钹声喧之际，为静安寺僧众纠领多人将道场陈设器皿打毁一空，并将羽士二人击破头颅，鲜血淋漓。朱某亦一场扫兴，遂将道场收拾，同羽士赴上海县衙门控诉。俟有续闻再行登报。

光绪二十二年十一月二十一日（1896 年 1 月 5 日）第三版

上海县署琐案

静安寺左近羽士张兰全、张理堂、张木金同诉称：本月十八日曹姓家延静安寺僧诵经礼忏，僧以无暇辞顾，遂延小的等庖代。昨日僧纠同众人【将】小的、理堂及木金殴伤，叩求验究。大令饬看管候验。

光绪二十二年十一月二十一日（1896 年 1 月 5 日）第三版

县案二则

羽士张兰全、张理堂、张木金投县叫喊声请验伤已登昨报。黄大令前晚升坐花厅提案讯问。张兰全供"木金是小的之侄，理堂是所雇客师，均是本地人，住居静安寺相近，素为在家道士。本月十八日本处曹福山家因有葬事超荐祖先，本延静安寺僧人至家诵经一天，适该僧无暇辞却，曹即改招小的等前往代做法事。至午后正在拜忏之际，不意僧人阿胜纠同众僧十余人蜂

---

① 此处称"朱某"，后两则称"曹"家。

拥而来，闯进经堂，向小的索钱，不允，就此逢物便击，遂将钟鼓铙钹、忏牌、神轴等物打毁无遗，张木金打伤乳旁，理堂殴伤眼角，小的亦略受微伤，幸医治奏效。投案请验求提讯究”。张木金、张理堂供与张兰全相同。大令问“素有嫌隙否？或有别情否”，答“无别故”。遂饬仵作逐一验伤，报称“验得木金左腰肋有拳伤一处，稍有青色。理堂右眼磕伤皮破血污”。大令亲视相符，判令回去自行医治，候提僧人阿胜到案讯明核办。

光绪二十二年十一月二十二日(1896 年 1 月 6 日)第三、四版

北通州近闻

本郡城隍每逢科岁试之年士子祈求感应。现值院试在迩，宝坻县生童踊跃捐资，雇定同顺和班于本月初九日在本庙戏楼演戏四天以答神庥。

光绪二十二年十一月二十九日(1896 年 1 月 13 日)第二版

苏垣得雪

前报苏州地方官设坛于沧浪亭，延僧道各十二众，铙钹叮当，讽经祈雪，抚宪以次大小官员咸于清晨拈香虔祷。至十五夜黄昏时，果见彤云密布，寒气逼人，少焉，滕六君果惠然肯来，率领百万玉龙空中酣斗，一时残鳞败甲飞舞漫天。翌晨推窗瞭望，但见万千世界一白如银，盖已积至二三寸矣。自交冬以来人民苦旱，一旦祥霙特霈，闾阎无不欣慰也。

光绪二十二年十二月十八日(1896 年 2 月 1 日)第二版

共赏芳时

本城邑庙香烟素盛，元旦虽劲风凛冽、滴水成冰，而旭日当空、晴光大放，城内外之善男信女赴城隍神前焚香膜拜者拥挤不堪，豫园中游人如织，或驻足九曲桥畔，或瀹茗河心亭中，诚赏心乐事也。是日江湖卖拳之流、戏法洋画之类无不利市三倍，十里街长吉祥语重，千门路辟欢笑声多，是可见

申江年景矣。

光绪二十二年正月初四日(1896 年 2 月 16 日)第四版

城隍开印

邑庙城隍神于是日辰刻升座大堂排衙开印,属下新江司、长人司、财帛司、高昌司咸到庙中,由班手唱名叩贺,盛筵谨待。县署各差役亦以开印吉期醵资宴神,并召清音四班分在各班房奏唱以娱神听。

光绪二十二年正月二十日(1896 年 3 月 3 日)第三版

东岳开印

本城火神庙内供奉东岳大帝,前日为开玺之期,午前各会首整肃衣冠恭舁神像升座大殿举行投文、领文、排衙等事,案下书役红班等人排班叩拜,甚形热闹,亦循曩例也。

光绪二十二年正月二十四日(1896 年 3 月 7 日)第三版

蓬壶日纪

正月初九日俗为玉皇上帝诞辰,烟街迤西南四里之玉皇顶地方旧有玉皇庙,近五六年间香火忽然日盛一日,前年重新修建,庙貌常新,焚香顶礼之人倍于往昔。兹当诞期,人山人海,山寰数亩几无容足之地。

光绪二十二年二月初二日(1896 年 3 月 15 日)第二版

祭典裔皇

二月初二日为土地诞辰,上海县黄大令循例诣署中土地祠拈香,各差役集资雇就清音并设祭筵宴待,调丝弄竹音韵悠扬,进香者颇为繁盛也。

今日为致祭文昌之期,黄大令先于昨日饬办差人将也是园文昌阁洒扫清洁,供设整齐,并备祭牛及羊豕各一头。

光绪二十二年二月初三日(1896年3月16日)第三版

宸翰辉煌

本邑南市商船会馆供奉天后圣母偶像,经前江苏巡抚奎大中丞奏请颁赐“泽被东瀛”匾额,札司行府转行到县,黄大令照会会馆董事雇匠髹漆安置西门内万寿宫。兹涓吉本月十二日迎至会馆敬谨悬挂,届时必有一番热闹也。

光绪二十二年二月初十日(1896年3月23日)第三版

北通州近闻

年例北关三官庙于正月间演戏祀神,恭待水火二部。今届雇定梆子腔公顺和班于正月二十三至二十六日演戏四天,士女往观者人山人海几无容足之地,凡赶会经营之辈无不蜂拥而来,真可得数天热闹也。

光绪二十二年二月十三日(1896年3月26日)第二版

立碑征信

本城邑庙前年秋间经董事曹寄耘等劝捐筹款重修大殿、头门、吹鼓亭等处并开光神像,支款所费不资,皆赖各信士捐集而成。刻已工竣事毕,曹董遂将兴工始末情由并禀帖、示谕以及征收各户捐款刊碑勒石,共成碑石十三方,字迹甚清,砌在大殿东西墙垣之中,俾众一览而知,亦足照征信矣。

光绪二十二年二月十三日(1896年3月26日)第三版

城隍赛会

本邑西乡淡井庙塑有城隍神像,前日好事者舁以赛会,美其名曰振济孤魂，午后会同高昌司神像赴厉坛焚化楮帛。前导除寻常旗锣伞扇外，有大旗一面，临风招展。次以开路神小偶像置诸竹椅，四围遍缀松柏，青枝绿叶掩映于长堤细草间。继而执事马、令旗马、青衣会、黄衣会。清音数起，调丝弄竹各逞技能。游行乡村市肆，直至二鼓后始回庙。经行之处观者塞途。

光绪二十二年二月十六日(1896 年 3 月 29 日)第三版

奎藻神庥

本邑城隍神于光绪二十年八月廿六日经前江苏巡抚奎大中丞奏请御颁匾额。嗣于廿一年三月十九日奉朱笔圈出“保厘苍赤”四字匾额一方由礼部行知巡抚后，中丞钦遵转行到县。黄大令奉札即传谕董事雇匠敬谨髹漆，已于昨日午前十点钟悬挂邑庙正殿中间。现在匾面系用黄纸糊盖，须俟排齐仪仗就万寿宫恭迎圣旨宣读讫再将黄纸除去。现准涓吉本月二十四日请旨矣，届时衣冠济楚者必有一番热闹也。

光绪二十二年二月十九日(1896 年 4 月 1 日)第二、三版

迎旨改期

本城邑庙城隍神蒙御颁匾额一方，涓吉本月廿四日排导诣万寿宫恭迎圣旨，已列前报。兹经各会首商议，以廿二日清明例应迎神赛会，执事诸人忙碌异常，未遑他顾，所有前拟廿四日迎旨一节似太局促，现改期于二十七日举办矣。

光绪二十二年二月二十一日(1896 年 4 月 3 日)第三版

城隍赛会

本月廿二日为清明令节，本城邑庙城隍神至期率同冥属新江司、长人司、财帛司、高昌司前赴厉坛赈济孤魂，循旧例也。前晚各会首迎城隍神升坐大殿暖阁举行发牌点卯领文排衙等事，掣签拟定路由以便循路游行，毋得

紊乱。出庙，朝东过天官牌楼、福佑桥，朝西过北香花桥、旧校场，往南过陈市安桥、昼锦牌楼、三牌楼，穿县署，过老学前、彩衣街，转西一直过杜家湾，往南过曹家桥、新学宫，出北弄过提右营署、杨家桥，出胡家弄、守府署、薛家桥、西王家弄，出大南门，过吊桥，走沙家石桥，往西沿城河到坛。晚间，由坛起马，往南过沙家石桥，朝东进（西）钩玉弄，往北外仓桥，朝东盐公堂，过海关、花衣街、新码头，进大东门，往西折南，过簔笠桥，穿道辕，出谈家弄，往西化龙桥、乔家浜，往南太卿坊，过县桥、县东，往北过益庆桥、海防厅署，迤西回庙。

光绪二十二年二月二十一日（1896 年 4 月 3 日）第三版

恭祝神诞

本城邑庙香烟鼎盛甲于他处。昨为城隆神暨懿德夫人千秋双庆，内园点春堂洞启重门，任人游玩，假山高耸曲折盘旋，春色宜人，花香扑鼻，牵裾联袂似水如云。各会首舁冥属四司至庙祝嘏，并召清音数起分在各园奏唱戏剧，云璈仙乐响遏行云，而善男信女装束而来焚香祷祝者，殿庭上下竟无插足处也。巡防局委员诚恐有滋闹情事，饬令勇甲梭巡弹压，是以安然无事云。

光绪二十二年二月二十二日（1896 年 4 月 4 日）第三版

会景志盛

昨为清明令节，上海县署高悬牌示给假一天。午后轻云淡日半阴半晴，三点钟时，城隍庙前炮声大作，鼓乐齐鸣。会中人舁城隍及新江司、财帛司、高昌司诸偶像置诸绿呢绣金轿中，用八人舁之赛会。前导旗锣伞扇簇簇生新，更有冲风湾号、马上执事、马上鼓吹、看马、对马、王命马，更以五六龄俊俏幼童扮作解差、犯人，丹唇粉面，按辔而行。每起间以清客一班沿路吹弹，其人轻年貌美，装束如京华子弟，乐器缀以五色绒球，璎珞垂垂，炫人耳目。继以臂香会、阴皂隶、大锣班，袒腹大肚刽子八人，押女犯若干口，由是而黄衣会、青衣会、逍遥伞、花十锦牌。会中各马则纵辔驰骋几如逐电追风。所过长街短巷，绿女红男如潮之涌。县署及总巡局各饬差役按「叚」[段]弹压以免滋生事端。典史蔡季卿少尉命驾前往厉坛循例致祭。会经南门外迤西一带长堤，帽影鞭丝掩映于绿杨紫陌间，画意诗情一时无两。洎乎晚上神像回庙，■以琉璃明角珠灯彩彻云衢，辉煌夺目，锦天绣地，果然无价风光也。

光绪二十二年二月二十三日（1896 年 4 月 5 日）第三版

庙貌重新

鄂垣皇殿、圣庙、文昌庙、关帝庙、八蜡庙等处多年失修，庙貌圮颓，丹青剥落，不壮观瞻久矣。嗣经江夏县恒敷庭大令筹集巨款重加修葺，刻已全工告竣，焕然一新，金碧辉煌，非复如前之颓唐不振矣。

光绪二十二年二月二十四日（1896 年 4 月 6 日）第三版

恭备迎旨

本城邑庙城隍神现蒙御颁匾额改期本月廿七日排齐执事赴西门万寿宫恭迎圣旨。兹闻庙内各会首兴高采烈，踊跃非常，已将一切仪仗整饬辉煌，拟定绕行城厢内外各衙署以及大关等处，清晨起马，出小南门，进大东门。届时如遇天公做美定有一番热闹景象云。

光绪二十二年二月二十六日（1896 年 4 月 8 日）第二版

备迎圣旨

本城邑庙头门首昨由羽士雇匠搭盖彩棚一座，悬挂琉璃珠灯，灿烂鲜华，盖为今日恭迎圣旨以备各官于此处跪接之用也。

光绪二十二年二月二十七日（1896 年 4 月 9 日）第三版

迎旨志盛

昨日清晨八点钟时，本城邑庙董事王介眉暨各会首衣冠齐整排列城隍神全副仪仗往西门万寿宫恭迎圣旨。前导有敕颁“保厘苍赤”匾额衔牌一对，次则寻常旗锣伞扇、銮驾、冲锋湾号马、对马、敕印马、宣令马、皇命马、执事马、鼓吹马共计六十匹，再有官会马十余人皆翎顶辉煌、衮绣璀璨。另有清音二班沿途奏乐，侍卫四名皆穿绣花袍褂，茶童四人美秀而文俊。又皂衣皂帽扮为管班差役四童子提炉香，又万民伞，黄亭一座安置圣旨，香亭二座，刽子手八人，逍遥伞、阴皂隶、顶马一人。继而抚标沪军营、督标奇兵右营、苏松太道亲兵营各健儿整队随(行)，大旗队、大刀队、洋枪队、钢叉队约有二百余名，戈矛亮雪，旗帜摩云。每队有笃队官，高骑骏马押后。绕游城厢内外，直至一点钟始回庙。苏松太道黄幼农观察、提右营参将廖楚材参戎、松海防同知叶临恭司马、沪军营管带刘开斌游戎以及印委各官早在庙内坐候，迨迎旨到时各官俱朝服而出，在头门彩棚下跪迎入内恭置正殿，摆设香案，行三跪九叩首礼，然后饬将十八日悬挂匾额所糊黄纸除去，并更衣，在神前拈香，分道而回。是日骄阳势焰，以故红男绿女皆以纨扇轻衫来观盛典，踊跃欢呼，大有如水如云之盛也。

光绪二十二年二月二十八日(1896 年 4 月 10 日)第三版

北固山光①

二月二十二日为上元令节，镇江府县城隍同日出巡，即上海所谓赈济孤魂之举也。是早八点钟时，各会齐集邑庙请神驾升堂点卯，旋在神前抽签择定，出西门，过大街，至小码头，临邑厉坛，大化冥锭。由坛起马，进小门遄回郡庙。会中旗锣伞扇簇簇生新，刽子手、阴皂隶八对列队步行，马上吹打数起，马执事十余对，逍遥伞八顶，与对马、王命马作为一队。更以五六龄幼童扮作解差，丹

① 《北固山光》在第二、三版。此处摘录其中一则，在第三版。

唇粉面，按辔随行。锣鼓二起与清客两起更唱迭和，恍听云璈水瑟。殿后则三层大香亭一座、玻璃纱绢各式大伞数柄、铜锡銮驾全副。四人抬一雕龙头为神前导，神朱袍乌履持纸扇坐绿呢八轿，轿前乐工弄笛，香党提炉，居民设香案跪道接驾，肃静无声，如在威仪于兹为烈。是日天朗气清、风轻云淡，以故白袷乌衣、轻衫团扇结伴游观，街填巷溢，拥挤异常，间有香闺侣伴堕环遗簪则小家子也。各[叚][段]保甲分局带勇弹压，尚未闻有滋事者。

光绪二十二年三月初六日（1896 年 4 月 18 日）第三版

南湖①风景

塘汇镇落乡有威灵王庙，各乡民集资于二月二十六日迎神赛会。在会诸人清晨齐集庙内，拈香毕，遂排列全副仪仗迎神出庙，除旗锣伞扇衔牌外，各会装扮地戏不止一起，他及拜香、提香炉、音乐班皆各兴高采烈。神驾过冷水湾，经杨庙，杨王神恭迎款以茶点，而后辞出。计神驾绕由各村毕取道回殿。城乡男妇往观者甚众，途为之塞。

…………

南汇镇乡间众乡民集资择定初五日迎神赛会，并传班演戏以伸虔敬。禾俗，凡未育蚕之前，各乡之迎神赛会者皆各兴高采烈，循向例也。

光绪二十二年三月初七日（1896 年 4 月 19 日）第二版

小和香市

杭州武林门外离城三十余里之遥有小和山焉，山上有圣帝庙，供奉元天上帝。俗传三月三日为神诞之期，城中好事者设立香会，届期雇船前往，每人各出分金二百四十文。上下城举此会者不下二十余集，每集约二百余人。自初一为始逐日往来不绝，以致船价大涨。城内大家妇女乘舆而往者亦不知凡几，初一二三等日各埠舆夫雇用一空。惜连日阴雨，无论坐船而往者舍

① 南湖：江南三大名湖之一，在浙江嘉兴。

舟登陆相距尚有数里之遥，一望拖泥带水叫苦连天，即乘舆者亦怪杏花雨沾衣欲湿。顷闻该处赶香市者云生意较之往岁大为减色也。

光绪二十二年三月初九日(1896年4月21日)第二版

三星会

扬州采访友人云：「叩」[扣]盘扪烛之流生而为废人，不得不谋糊口之计，乃习为敲铛算命以博蝇头，亦苦事也。每年上巳日，若辈必纠约同类舁三茅神偶像赛会，借以玩赏芳辰，个中人谓之三星会。是日曜灵匿景，商羊群飞。清晨群瞽齐集北门三茅庵拈香，旋舁偶像出游，由旧城迤逦达新城。前导除灯牌及各项执事外，又添置大伞八柄，五光十色，簇簇生新。群瞽分男女为两班，手执令旗随会行走。后有锣鼓棚一架，时而丝弦协律，时而锣鼓喧天，高下疾徐颇能入拍。直至下午四点钟后始送偶像回庵。凡会中出资者均留宴饮，入座后猜拳行令瞎闹一场。醉饱之余，齐拍手欢笑曰："我辈今日之乐较之兰亭修褉似有过之矣。"闻者咸粲然曰："是真瞎说。"

光绪二十二年三月初九日(1896年4月21日)第三版

恭祝神诞

昨为城隍神懿德夫人千秋冥庆，自晨至暮城乡士女诣庙进香者骈肩接踵，大殿、寝宫等处几无容足之地，香烟人气勃勃蓬蓬。至内园大启重门任人游玩，并雇清音奏唱杂剧以娱神听。

光绪二十二年三月二十九日(1896年5月11日)第三版

永宁麦汛[①]

十九夜巽山东岳神游巡归庙，薛元帅、方相氏均乘显轿，其余七星判官

① 《永宁麦汛》在第二、三版。此处摘录其中一则，在第三版。永宁为旧县名，在温州境内。这里代指温州。

俱用马匹数十骑。随驾犯人共有一千七百余人，披枷带锁，镣铐琅铛，头上发皆盈寸，肩荷火缆一盘燃烧而行，通衢照耀，佞佛之徒可谓多且盛矣。又有一种送纸马亭者尤见新奇，凡神驾所经之处，沿途摆设路祭，如大南门广利桥街、小南门永宁街、大街之铁井栏、朔门之百里坊诸市廛，均用圆桌，间以牡丹花卉盆景古董等件，名之曰花祭，每花祭则扎一神马，近乃变纸马为神像，统以纸制成銮驾，塑像其中。是晚归殿之先，逐队成班各送纸马亭到庙焚化，甚有扮成七星旗锣伞扇像仗整齐，或间以百卉之灯，踵事增华，所费不赀。按此事创自近年，究不知其意何居。

光绪二十二年三月三十日(1896 年 5 月 12 日)第三版

香市萧条

津城东门外天后宫金碧辉煌、香火鼎盛，每年三月廿三日天后诞辰前一二十日远近瓣香者云集，总以妇媪为多，其近者来自静、沧、盐各属，乡间远者或自德州等处。盖香船携带土货例不盘查，所以进香妇女人多于鲫，虽曰佞神，亦缘牟利，盖一举而两得也。从前极盛之时，从城西芥园而姚家湾而茶店口，下至东浮桥，沿河一二十里船只蝉联，几等天衣无缝。年来虽稍杀，而白板、乌篷仍复河中容与，荆钗裙布依然市上招摇。乃去年军务未平，进香村媪竟至绝无仅有。今岁香市依然不振，故各行生意仍略无起色云。

光绪二十二年四月初六日(1896 年 5 月 19 日)第二版

俗例相沿

昨日沪俗相传为紫微星主大帝诞期，婴儿之家例应抱孩诣庙拈香、请羽士代为祈祷过关，俗例相沿牢不可破。昨晨至暮，愚夫妇之抱婴孩诣城内东华道院、邑庙星宿殿、大境等庙进香者络绎于道，各庙山门大开，几有应接不暇之势，为黄冠之盛会云。

光绪二十二年四月十八日(1896 年 5 月 31 日)第三版

都天盛会

据镇江访事人手毕云：都天神会每年四月间举行，相传极为繁盛，故竟有不远千里附舟来观热闹者。今年四月二十日为会期，城内双井巷、大市口、红旗口等处均搭高台，高丈余，结彩悬灯，五光十色，名日茶供。台上奉神像，神前摆设各种供玩，燕金越玉、夏鼎商盛陆离光怪，观者咸称罕见。关帝庙茶供别出心裁，于台下挂绢制蝙蝠灯一盏，门栏上挂六角走马灯亭二盏，台内又悬五层者四盏，余则绢扎之象灯、狮灯、鹤灯、鹿灯、虎灯、马灯，无不簇簇生新。至于多福、万福、景福、增福、金炉、龙亭、陆端、蒋公府、钟馗老会、长寿星老会，各会堂皆收拾整洁，陈设伞牌灯彩任人游览。进香者均在南门外都天庙内。此数日间，香客游人络绎如梭，兼之天气晴爽、日暖风和，人人兴高采烈。黎明各会齐至南门参庙，上午计有十余班，经过城内外大街及洋马路，前者甫过后者又来，真如山阴道上令人应接不暇。神像舁以绿呢八轿，前导旗牌、銮马、香亭等项，其余各班皆用显轿供奉冠带袍服。今年会景以增福、多福为首屈一指，有秋千数架，每架上选童男之美者四人扮演戏剧，惟妙惟肖，飘飘乎有离世独立之概。其他玻璃纱绢各色大伞约百数十柄，又增海梅雕镂大伞十余柄，花纹精致，鬼斧神工，伞上下四旁遍缀琉璃制成翎毛人物，须眉欲活、鳞鬣如生，燃火其中即是光明世界。神袍冠带向以绸「緞」[缎]绣成，今则花样翻新，易以琉璃，燃以灯火，表里通明。并新添五色明角伞二十余柄。花茶担十余副，陈设玉器古玩，精雅殊常，咸谓他会虽亦佳妙总不及该会之多且奇，绵延数里。又抬阁六架，均仿绝时花样扮好女子者，迷离扑朔，几不辨其为花底秦宫。锣鼓灯棚皆悬灯彩，光腾巷陌，响彻云衢。经过文武衙门及税务司、洋行，均预备银牌等以为赏赉。黄昏后，千枝蜡炬由西门过大街在双井取齐，望之几同不夜城开。迨神驾还宫中时已鱼更四跃矣。街市中人山人海、足不旋踵，高楼巨第皆就户外低飏竹簾，鬟影钗光璧人隐现。至乡镇联袂而来者，粗布裙钗更不知凡几。他如客寓、烟寮、饭馆、酒肆悉为利市三倍，河下锦缆牙樯衔头接尾皆从风来拓眼界者。前数日城厢已热闹非常，常镇道吕观察、统领新湘全军陈军门、管带南字左营裘游戎、新兵前营吴参戎、水陆总巡周都戎、城守营焦守戎、丹徒县宗大令，乘舆乘骑各带兵勇遍处梭巡以防意外滋事。各会经过古楼冈愈形拥塞，轻薄子弟一见小家碧玉故意围绕其前后，间或狼藉花枝，更有剪绺贼乘间攫取簪环，设非官府早为弹压更不知何如荆棘矣。然而斯会也据观者云：可算沿江第一。故每年此日几乎举国若狂云。

光绪二十二年五月初四日(1896 年 6 月 14 日)第二版

道院落成

浦东三林塘之北有崇福道院，敕建于宋，历经修葺，载在上海邑志。迩因年久失修，风霜剥蚀，势将倾圮，由上海绅董曹君顺甫及休宁绅董黄君静园等集资修葺，于去年十月祀土兴工，至本年五月告竣，约费八千余金。前日二绅赴浦东会同秦炳如封翁亲视一周，果系工坚料固，翚飞鸟革崭然一新，想不日定当共庆落成也。

光绪二十二年五月十七日(1896 年 6 月 27 日)第三版

馨香千古

金陵采访友人云：省城自发逆乱后，规复旧制，修明祀典。江宁府学建立文庙，崇祀先师，即当日朝天宫故址。又创建武庙于城北成贤街，与孔庙遥遥相对，辉映两间。是处宫墙峻赫，殿宇恢宏，金碧辉煌，甲于他处。门外清溪一带环绕照墙，水声潺湲沁人清梦。每当风日清和云天一色，文人墨客联袂偕游；鉴沾爽之式凭，乐山川之生色，诚名胜地也。本月十三日为关帝诞辰，除本邑绅民捐资致祭外，督辕复牌示所有正殿委藩台瑞主祭、东配委巡道胡、西配委候补道桂、后殿委首府李前往祀奠，升香献爵，鼓乐齐鸣，莲炬高烧，庭燎辉煌，各员以次行礼拜跪如仪。迨事毕陆续排导回署，时已钟鸣十下矣。

光绪二十二年五月二十六日(1896 年 7 月 6 日)第二版

迎仙盛会

杭垣皮市巷迎仙馆元帅于十七日举行赛会。辰刻庙中书役人等齐集殿庭恭请神像由东辕门而出，经盐桥直街，过和合桥大街，直落诣天水桥朝拜北阙并上天表。前导头亭一座、静街大锣二面、执事衔牌二十余对、飞虎清道旗香亭一座、拜香凳会一起、莲花铳一班、鼓乐亭三座、龙灯二条青绢扎成、高跷十二人、马道旗十二匹。后面以十数龄童子扮演中军厅，随带样马一匹，大红「緞」[缎]平金马鞍，饰马首以五色绒球。采莲船一只、三星图一起、八仙庆寿图一起、抬阁一架，均以俊童扮演。暖轿一乘，以八人舁之。后面是本庙大班、头皂、二快以及刽子手、禁役人等。又闻鼓乐声喧，长吹一起。随有旗牌厅、符官厅、刑具担、提炉会、神枪、环槊、文武判官在后。神像端坐显轿，八人舁行。轿后大纛一面，上绣“全金帅”字，旁书“驱邪降福”等字。各样助会咸在天水桥等候，俟拜阙毕一路随行。由贡院前直上，进司马渡巷，过丰乐桥、炭桥，至洋坝头转而向东，过荐桥、章家桥，经石牌楼落北，至艮山门一带，过宝善桥，由青龙街出东清巷，进六克巷，转林司后，由大东门过忠清里，进肃仪巷、马市街，进永宁院，由上皮市回殿，时已薄暮矣。神像进殿后，各班书役排衙一次，然后传鼓掩门。所过之处人山人海，极为拥挤。保甲局宪及省防统领均派差役兵丁沿途弹压以防滋事。

光绪二十二年五月二十七日(1896 年 7 月 7 日)第二版

杭垣火警

杭省涌金门内金华将军庙，俗传本月初三日为神诞之期，庙中投文者如六房书吏以及皂班快役无不齐备，一如阳间衙门式样。是日各班役俱铺设整齐以祝千秋。乃时交巳刻忽闻厨房中走水，各班役急将神像抢出，弗暇他顾，一时烈焰腾空，顷刻火穿屋顶。该庙与运署相近，署内洋龙从后面灌水施救，上下城义龙及官署洋龙飞奔而至，得将殿屋保全，仅焚去旁屋十余间。

光绪二十二年六月初六日(1896 年 7 月 17 日)第二版

预备救护

七月初一日午刻日蚀，本县黄大令接奉来文，即饬办差人整备救护事宜，并传僧会司、道会司临时各派僧道六名至县署诵经。

光绪二十二年六月二十七日（1896 年 8 月 7 日）第三版

护救日食

昨日午刻为护救之期，届时学师宣琴山广文、县丞蔡二尹保昌、主簿孙少尹立干先后莅县阴阳学，将黄亭一座置于大堂当中，缮就初亏、食甚、复圆等牌三面按时供入亭内，堂上恭设香案。阴阳学唱报初亏，即请救护。各官穿元色纱套齐集大堂，由礼生传赞行三跪九叩首礼，大令亲执彩桴击鼓三通，一时炮声如珠，两旁金鼓齐鸣，僧道照例诵经，直至复圆，各官始换穿吉服行礼而散。时典史蔡季清少尉因病假未至。

光绪二十二年六月三十日（1896 年 8 月 10 日）第三版

神会志略

今日为中元令节，本邑城隍偕四司出巡赈济孤魂。兹将神驾经过路由录供众览。计开：出庙，朝东，进天官牌坊，过福佑桥，西出北香花桥、旧教场，再过陈市安桥、昼锦牌楼、三牌坊、县西，朝南太平街，往西杜家湾，过庄家桥，往东过北西仓桥，又过南西仓桥，朝西出北弄，由参府署过杨家桥、胡家弄，由副府署北过小桥，出唐家弄，往东育婴堂，向南东梅家弄，折过中大夫牌坊，经道署前、谈家弄，往西朝南过花龙桥、陈箍桶桥，直至大南门同仁里，又出小南门，过吊桥，由佛阁下进西钩玉弄、东钩玉弄，过青龙桥，再进梅家弄、东盐公堂，北至花衣街、豆市街，出外毛家弄，往北过大关、老白渡西，过外郎家桥，至小桥、紫霞殿，往北过里郎家桥，进里咸瓜街，过陆家石桥，北出里洋行街，沿城河由西而南到坛。夜会：由坛上起马，过吊桥，进西门、穿心河桥北，循石驳岸过广福寺，朝东过南香花桥、旧教场，又过北香花桥、东安仁桥，出马姚弄，经海防署，过益庆桥，沿东街、西彩衣街、果子巷、太平街，再北入三牌坊、昼锦牌坊、陈市安桥，往东回辕。

光绪二十二年七月十五日（1896 年 8 月 23 日）第三版

城隍赛会

昨日为中元令节，本邑城隍神偕四司出巡之期，其路由等已纪昨报。前晚由诸会首雇清音数起，用大轿舁请高昌司、财帛司、长人司、靖江司①四神像至城隍庙大堂。昨日下午三下钟时会同城隍神出巡，虽细雨如麻，在会者仍兴高采烈。先有各会首齐集庙前伺候，炮声响处遂舁偶像乘绿呢绣金大轿鱼贯出辕，迤逦游行。会经之处人山人海，往观者几无容足之地。经道宪署、参府署，皆抢轿而过。会中除寻常旗锣伞扇外，有马上冲风湾号、旗牌、吹打、执事及大肚刽子手。前导有奉旨出巡等诸衔牌。殿以清音数起、青衣、黄衣等诸名目。会经之处铺户居民均设香案恭迎。比及到邑厉坛，已七下钟矣。赈济孤魂毕，进小南门，迤逦回辕。今日又系高昌司出巡之期，若天公做美，则当又有一番热闹矣。

光绪二十二年七月十六日（1896 年 8 月 24 日）第三版

朝云观望雨

宜昌该事人函云：宜地久不见雨，天气亢旱，四乡求雨者各纷至沓来。六月廿七日地方官已在城隍庙设坛，又出示禁止屠宰。每日乡民入城者，执柳条，扛土龙，击鼓摐金，沿街跳舞，又入府署求官同诣城隍庙为民请命。廿九日又有青草铺及五陇铺百姓约七八百人来城诣城隍庙求雨，并逢庙烧香。亦可见民情之岌岌矣。

…………

① “靖江司”，别处记载作“清江司”。

地方官在城隍庙设坛求雨，至六月二十八日午后天半乌云陡起，大风由东北而来力狂且劲，但有云有风而仍无雨，直至傍晚始略得小雨一阵解凉而已，次日仍铜钲高悬炎热如旧。

光绪二十二年七月十七日（1896 年 8 月 25 日）第二版

岳庙赈孤

杭州访事人函云：杭州法华山东岳庙每届七月间举行朝审，相沿已久。本庙自初一日起至十六日止由各班劝募冥镪分给孤魂，虽属无稽，而崇信鬼神之德者俱言之凿凿，以为幽明一理也。土人有病疯者，每于朝审时拿至庙内审问，往往辄有效验。本月初六日为某号班期，有疯人一名，年约二十余，由其家人用轿舁至岳庙，一路叫骂，跳出轿中至再至三，后用绳索捆绑始得将就到山。晚间将疯人穿上赭衣、颈系细铁索锁入地狱，由其家人看管，另用稻柴扎一象人■系焉。及■更时，岳帝升座，由案书传谕提牢厅将狱内两犯一并带至堂上，吆喝亦如衙役，当叱两犯跪下。案书随问疯人云：“有何冤孽，一一供明，敬听大帝判断。”疯人口不作语。又命将草人重责，责毕复讯。始代鬼供云：“冤魂吴姓，系无锡人。疯人前世朱姓，吴县人。二人合伙开窑货店，由朱经手。店既折本，朱又干没洋三百元，遂郁郁以死。现在冥中困苦非常，无钱使用，以致不能超生，不得不寻伊索欠。伊又一毛不拔，是以愤甚，叩求大帝作主伸冤。”案书即传大帝之命云：“冤家宜解不宜结，况钱债细故并无索命之理，今特为汝等解释，令其备冥资十万以偿此款，另延高僧礼忏超度汝魂，以后不得缠绕。”疯人方低首无言，移时即能自称遵断，随命画供，亦知搦管遵画而退。所需冥镪由库借给当堂焚化，然后照例举行朝审。至天明疯人病果霍然矣。谚云莫道无神却有神，然乎否乎？

光绪二十二年七月十九日（1896 年 8 月 27 日）第二、三版

螺女江声

福州采访友人云：每当夏秋之际好事者例必迎神赛会，谓之驱逐瘟神。

本月十五日为仓王庙钟、张、刘、史、赵五帝赛会之期，弦管笙箫沿途迭奏。更制成肩枰抬阁，用垂髫好女子分扮生旦净丑，或柔脂腻粉描将儿女情怀，或铁板桐琶显出英雄气概。其中有某雏姬作胡人装束，手弹胡拨四高跨连钱，旁有胡儿为之执鞭坠镫者，则王昭君出「赛」[塞]图也。入夕更灯烛辉煌光照十里许，火龙万道上下盘旋。举凡莲幕佳宾、兰闺丽质、乌衣贵胄、白袷名流无不结襻游观以恢眼界，直至夜阑更静依然车水马龙，诚省会中一时盛举也。是夕南台迎赛圣君会，其热闹亦复相同，闽人士并辔出城者，殊形拥挤。

光绪二十二年七月二十五日(1896 年 9 月 2 日)第二版

三竺[1]钟声

清泰门外有甘王庙焉，为本处土地祠，相传神为东吴甘兴霸。庙之旁殿供奉温元帅神像。交秋以来天时忽冷忽热，民多疾病，土人之无识者以讹传讹，妄谓元帅神为瘟部主宰，爰集资舁像遍游社下，其仪从一切均属简陋无甚可观，要不过取大难逐疫之意耳。二十一日复在庙中演剧，晚间连台开演夜戏，该处人(民)咸搭台观看。城中素禁夜剧，是晚出城往观者颇不乏人，而匪徒亦多溷迹其中。有王某者稍有积储，偷儿知其举家往庙观剧，乃从后壁挖入，窃去衣物现洋约值三十余千。又有陈某以灌园为业，是夜园中瓜果亦被窃去不少。戏场中被人挖包剪绺呼喊之声络绎不绝，皆因天时昏黑无可追寻，惟有徒唤奈何而「巳」[已]。

光绪二十二年七月二十六日(1896 年 9 月 3 日)第二、三版

禾中琐纪

嘉兴访事友人来函云：前报纪南门外曹王庙于初六日迎赛武惠王胜会。当日清晨经在会诸人各赴庙拈香毕，然后整顿会事。先发探马，凡城内

① 三竺：杭州天竺山有上天竺、中天竺、下天竺三座寺院，合称“三天竺”，简称“三竺”。

外会经之处无不周历。排设全副仪仗，旗锣伞扇、衔牌、导锣外，各扮六科、六吏、总曹、总判、阴阳官、玉旨灵官、驱邪逐疫、钩魂摄魄等司、土地、太保，皆各乘骏马，间以拜香、提炉、音乐、万民伞、高跷诸戏，又有香亭两座、敕印轿、顶马、对马等，绵长里外，由庙起马，经米棚下过鱼行桥、丝行街、进南城门，周历城内，出北门，过吊桥、北丽桥，进中街月河，经安乐王庙恭迎款茶，而后出坛弄，走塘湾街，过端平桥、钮家桥，经五路大元帅庙恭迎赴宴，过秀城桥，进北门城内，经城隍庙恭迎款茶，仍出南门回宫。往观者人山人海异常兴闹。会毕，传班演剧敬神。

东栅口镇居民集议募资，定期本月十九日为始设建罗天大醮七日以祈烽烟永熄，各店铺皆搭灯棚悬挂各色彩灯，至期想必又有一番热闹也。

塘汇镇广福庵温元帅经里人议定于十九日迎赛。

光绪二十二年八月初九日（1896 年 9 月 17 日）第二、三版

润州杂志

镇江访事人函云：瓜洲东岳庙向来殿宇崇隆，不知建自何年，迩来为兵燹所毁。今春该镇绅商拟变旧观，集资鸠工庀材云斤月斧亦既有日，现已落成，殿阁岧峣，栋宇金碧，山门以内焕然一新。东岳夙著灵验，为瞻仰者所畏敬，故每日焚香顶礼实繁有徒。兹定于本月初七日举行安位典礼，诸绅耆以下均于是日清晨赴庙拈香。

光绪二十二年八月十九日（1896 年 9 月 27 日）第二版

折桂阁赏月

松江访事人函云：松郡每届中秋令节社中执事人等例舁东门外紫阳宫东岳帝暨双板桥施公及钱明宫杨侯三神像出巡，届计自十三日由庙起节，绕道华阳桥，折入东门，出西关，小驻岳庙及西施庙等处，至望日始回本庙，名曰赏性。会中卤簿均与寻常会景相同，惟东岳帝有马执事诸名目，尤觉热闹可观，助人游兴。是日城内外凡不与迎赛之各庙亦皆悬灯结彩开台演唱，年

轻子弟因此风流自赏，预将新艳曲子集朋辈习唱纯熟至期亦上台各奏其妙，名曰清音，诚媚神之别格也。

光绪二十二年八月二十一日（1896 年 9 月 29 日）第三版

公禀卖地

已革新闸某图地保张润松擅将新闸大王庙基接出苏州河涨滩余地，串人盗卖与有恒洋行某买办，令洋人金世美出名转请道契，经黄幼农观察札饬县委会同领事于日前会勘。兹经大王庙绅董瞿开桐、谢绍梁、黄省三等查悉，此项涨滩系庙基余地外滩，按照子母相生之例应由大王庙接升缴价管业，断不能任令地保盗卖，遂联名十二人具缮公禀投道辕禀请止给道契严饬查办，未识黄观察如何批示也。

光绪二十二年八月二十五日（1896 年 10 月 3 日）第三版

上海官场纪事

浦左陈家行秦氏为上海城隍裕伯秦公之后裔，本月初九日在祠中举行秋祭，经月汀封翁函致上海县黄大令请往拈香，大令委黄浦司巡检陈星伯二尹宝濂代行。

光绪二十二年九月初五日（1896 年 10 月 11 日）第三版

演戏酬神

新闸大王庙自前年重修以来香烟鼎盛，又添塑雷祖像并李总办长生禄位。相传本月十七日为大王诞辰，由该会首集资雇天仙菊部演剧三天以伸诚敬，红男绿女如蚁附膻，颇极一时之盛。

光绪二十二年九月十八日（1896 年 10 月 24 日）第三版

曝书亭访书记

嘉兴采访友人云：郡城北门内大街钟秀坊上「叚」[段]居民募集赀财延杉青闸施王庙道士度地设坛启建罗天大醮，自本月十七日始十九日止。又以野芓荠茶食铺于初八夜遭回禄之灾，乃又劝令续建两日以为之禳。一时笙磬互作，经咒杂施，羽衣黄冠跄跄济济。诵黄山谷“谁呼溆浦青头鸭，来杀松江赤练蛇”之诗，不禁哑然失笑。

光绪二十二年九月二十四日(1896 年 10 月 30 日)第三版

1897 年

八闽琐纪

达明里向例五年一建公醮，十分热闹，闽人士之往观者如山如海，计自上月十七日起迄廿四日止。廿五日五显坛绅董抬奉神像押送放生，如牛羊龟鳖鳝鱼字灰之类计以百数十担，络绎于途，洵好行其德也。

光绪二十三年十二月十二日(1897 年 1 月 14 日)第二版

十洲春色

宁波访事人云：宁郡老城隍庙每年于除日将晚时老幼妇女均到庙坐夜，以为可以焚修来世。去岁除夕庙祝以历届香火之盛，循例于前后大殿及官厅、两廊等处高烧桦烛照耀通明，大殿上唱演南词以娱神听，庙之内外香烛食物水果等摊多于平昔数倍，天明居人之来进香者尤络绎不绝，江湖卖技以及小本营生者莫不趁此良辰以卜一年利市也。

光绪二十三年正月十二日(1897 年 2 月 13 日)第三版

弹压香市

昨日为上元佳节，本邑城内文武各衙门及各处居民铺户咸悬灯结彩庆赏元宵，邑庙豫园自早至暮游人如蚁，茶坊酒肆之中几无虚座。巡防东局王二尹恐有宵小之徒乘间窃取物件，故特派勇丁多人往来弹压，是以城隍庙及星宿殿等处善男信女纷纷入庙拈香者不闻有失物及被啰唣之事，不可谓非巡察之功也。

光绪二十三年正月十六日(1897 年 2 月 17 日)第三版

金山日丽

镇江采访友人云：正月二十四日俗傅为玉皇诞辰，距郡城四五里有一土山，名曰高旻顶，其上旧有玉皇庙，数年前经里人醵资修建，星题月牖，金碧辉煌。是日天气清和，山容如笑，郡人士之进香礼佛者香车宝马络绎如梭，谚谓正月登高可卜一年利市也。

光绪二十三年二月初二日（1897 年 3 月 4 日）第三版

南徐①淑景

二月初五日俗传本邑城隍神懿德夫人华诞。先期，庙祝悬灯结彩，璀璨辉煌，绣地锦天，几令人目迷心醉。至晚明灯齐点恍如不夜城开，蜡矩千枝无异烛龙吐焰。红男绿女结队来观，堕珥遗簪不绝于道，诚不减杨氏诸姨游浣花溪风景也。

光绪二十三年二月初十日（1897 年 3 月 12 日）第二版

鹭屿春云

泉漳风俗以正月初九日为玉皇诞，各街店铺轮值设天宫堂供奉玉皇牌位，俾合街铺户挨次敬神。港仔口街为厦门热闹之处，从前五兴字号推为巨擘，现在五兴相继停闭，本年轮应生益号承值，而生益亦于去秋倒闭，至今天宫堂无人出为经办，亦可见厦门市面之衰江河日下矣。

光绪二十三年二月十六日（1897 年 3 月 18 日）第二版

舁神出会

本城大南门外有老高昌庙，每逢二月令节由各会首选定日期舁神像出游，循俗例也。本年会首择于昨日舁神出庙游行市肆间，除寻常旗锣伞扇

① 南徐：镇江。

外，有冲风湾号等类及扮作荡河船、三十六行，沿途弹唱而行，观者人山人海，颇有万人空巷之势。

光绪二十三年二月十九日（1897 年 3 月 21 日）第三版

香市纪盛

二月十九日释家者流谓为观音大士诞辰，适逢西国星期，是以游人益众，英界大马路保安司徒庙，自晨至暮，凡璇闺丽质、绣闼娇娃来往如梭，咸敬爇心香一瓣，而句阑曲院乳燕雏莺更顶礼慈云，祝有情人长生无极。为之诵昔人诗曰“稽首慈云大士前，莫生西土莫生天。祇求一滴杨枝水，洒作人间并蒂莲”，觉儿女心肠跃然纸上矣。捕头恐人众易于滋事，特添派华捕在庙外梭巡，故游手不逞之徒无有乘机罗唣者。

光绪二十三年二月二十日（1897 年 3 月 22 日）第四版

彤阶日丽

钦命北城察院为禁约事：照得京城地方人烟丛杂，兹值西便门外白云【观】开设庙场，往游之人络绎于途。今闻无知匪徒在彼奔跑车马，招集男女聚观，恐被辄伤人口，为此示仰军民人等不准在西城根地方奔跑车马、招集闲人，如敢故违，准甲捕等拿获送城究办。除牌仰西河汛守备以及司坊练勇局督饬兵勇差役人等在彼弹压外，为此晓谕。毋违，特示。

光绪二十三年二月二十一日（1897 年 3 月 23 日）第二版

神会定期

本城西门外之淡井庙及南门外之陈泾庙，每至清明节或前或后由各会首迎神赛会，习以为常。刻下将近清明，淡井庙会首择于本月二十七日、陈泾庙择于二十九日赛会，想届时天公做美定有一番热闹也。

光绪二十三年二月二十六日（1897 年 3 月 28 日）第三版

禁约重申

明日为清明令节，好事者必舁城隍神及四司偶像出游，美其名曰振济孤魂，实则借以招摇过市耳。上海县黄爱棠大令恐滋生祸患，先期告诫谆谆，大旨谓"除寻常旗锣伞扇外，所有花十景、阴皂隶、女犯、沿途吹弹之类一概禁不准行"，并饬差捕等人随时访察，如敢仍前违抗，即时拘送严惩。

光绪二十三年三月初二日（1897年4月3日）第三版

节会路由

今日系清明令节，本城城隍偕四司出巡之期。昨晚由会首舁神像出堂发牌点卯，发出路由牌悬挂头门。兹特照录如左：出庙，朝西过旧教场、香花桥，朝东过福佑桥，往南天官牌坊，朝东海防署，过益庆桥，朝南由东过西彩衣街，朝北曲尺湾、县东、县西，朝南至虹桥，往东「太」[大]街，过县桥，朝南太卿坊，过陈箍桶桥，至大南门，往东出同仁里，过永兴桥，往北进谈家弄，由道辕往北过篾笠桥，朝东出大东门，过吊桥，往东至大「马」[码]头，朝南过大关，进外毛家弄，往南花衣街，朝西盐公堂，进梅家弄，往东青龙桥，往西东狗玉弄、西狗玉弄①，朝南往西过沙家石桥，往西朝北到坛。坛上起马，往东过吊桥，进西门，往东过庄家桥，往南朝西进北弄，由参府署过杨家桥，出胡家弄守府署，过薛家桥，出西王家弄，朝北过陈箍桶桥、太卿坊，过县桥，一直过县东，往四牌坊，过长生桥，往西回庙。

光绪二十三年三月初三日（1897年4月4日）第三版

会景例志

昨日为清明令节，本邑城隍神偕同四司出城诣坛施食利孤，循旧例也。

---

① "东狗玉弄""西狗玉弄"，别处记载作"东钩玉弄""西钩玉弄"。

午后各班会首衣冠装束齐集邑庙辕门恪恭从事，至午后三点钟时鸣锣升炮归驾出庙。前面除衔牌、清道、执事外，有万民伞、敕命、对马、銮驾及节旄、宫扇、朝服冠带等件，又有马标旗、马鼓吹等。迤逦往西，一路音乐迭奏，洋洋盈耳，绕道、县各署。沿途观者人山人海，争先恐后，不禁途为之塞。既而出大东门，绕至西门厉坛。本县黄大令因公不暇亲诣，特委蔡季卿少尉循例主祭。迨上灯后，由坛起马，进西门，由参府前绕道回庙，时已黄昏，一时火把齐明，辉煌灯烛。城中红男绿女往来如织，故黄大令及总巡钟明府诚恐匪人滋事，特饬差勇沿途弹压。

光绪二十三年三月初四日（1897 年 4 月 5 日）第二、三版

云间霁色

松江访事人云：华亭邑庙毁于发逆，至今尚未复旧规。葛江村明府重莅是邦，兢兢以兴复为念。爰于去岁秋收时候特传南北两乡各庄董令量力劝捐妥为筹办，除明府自行捐廉外，计共集成银二千余两。爰于腊尾春头择吉兴工，月斧云斤朝夕不辍，屈计桃红柳绿时可以告厥成功矣。

光绪二十三年三月初五日（1897 年 4 月 6 日）第三版

吴宫花草

苏州访事友人云：清明日城隍神出巡施食，循旧例也。是日适值天朗气清，惠风和畅，各会首无不兴高采烈，盛服随行。自府城隍以下次第至虎邱厉坛设祭，计有二十余起。一时红男绿女阗塞街衢，河中箫鼓画船亦复络绎不绝，至夕阳西坠时各舟始蚁聚于方基河一带。衣香鬓影，低唱浅斟，洵属升平乐事也。

光绪二十三年三月初八日（1897 年 4 月 9 日）第二版

俞楼经说[①]

杭州武林门外离城三十余里之遥有小和山，山上有真武庙，供奉北方真武大帝，每年香火极盛。俗传三月三日为大帝诞辰，佞佛者均往进香。兵燹之后片瓦无存，仅剩园葵兔麦。而秦亭山上亦供奉大帝偶像，进香者辄于此展拜。迨小和山重新庙貌，秦亭山之香火遂仍移至旧处。僧人以无利可得，忽生一计，在秦亭山下营造山门，金碧辉煌，上镌“老和山”字样，声称大帝当日修炼实在此间，成神后乃迁于小和山。愚民无知信以为实，于是爇一瓣心香顶礼慈云者又复络绎而往。今年又于山顶建一石台，约高二丈余，名为七星台。复在庙后疏浚小池，围以石阑，雕刻精致，名曰剑池，云取此水饮之能却邪魅。乡民来杭进香者闻此异迹，咸欲往观，故香火甚为热闹云。

光绪二十三年三月初十日（1897 年 4 月 11 日）第二版

北固山踏青记

镇江访事人来函云：三月初三日为清明令节，各衙书隶醵赀舁府县城隍神出巡，名曰振济孤魂，流俗相沿，一若新鬼故鬼真有求食之心然也。是日天气融和，纤尘不起，会中人兴高采烈，于清晨八下钟时咸诣庙中拈香行礼，然后排齐仪仗恭请神像向府署前进发，迤逦出西门。会中除旗锣伞扇外，有万民伞二柄、孔雀尾结就灯伞四柄，其余灯棚、「台」[抬]阁等类莫不钩心斗角、踵事增华。他若装扮顶马、对马者亦皆衣履新鲜、扬鞭自得。再次则十余龄童子数辈，扮作小鬼、判官随会游行。乐工吹弹丝竹，余韵悠然。殿以提炉十余对，香烟缕缕，缭绕氤氲。神像舁以八人轿。由大街过银山门至小码头邑厉坛，然后由原路回庙。会过之处，衣香鬓影塞巷填衢，闹市各茶寮座客皆满，可谓举国若狂。会至京几岭，有某甲在酒肆沽饮而出，酒气坌涌，东倒西歪，在人丛中挤轧，偶一偏斜横仆于某女郎身上。女不觉红晕

① 《俞楼经说》在第一、二版。此处摘录其中一部分，在第二版。

桃腮，低声唾骂。甲非但不服，反以恶语相加。行人代抱不平，当将甲围住，敬以老拳。旋经认识者竭力解劝始各释手。醉汉乃蹒跚而去。

南门外福庆宫，又名蟠桃宫，供奉西王母。俗以三月三日为王母诞辰，届期焚香膜拜者络绎如梭，璇闺丽质莫不鞋兜凤小扇掩鸾低、时向柳阴深处姗姗而至。庙后更搭台演戏三日。于是村落之中大有城市之象矣。

光绪二十三年三月初十日（1897 年 4 月 11 日）第二版

金焦翠黛

镇江访事人来函云：江北都天庙于本月初六日有赛会之举，游人麇集，举国若狂。日正午会始游行于市。前导执事五彩飘扬，鼓乐声喧，迎神奏曲。抬阁三架，悉用童男女妆成戏出，人物齐整，彩饰鲜新。后则有马上鼓吹二十余对。更有装作天魔者，面目狰狞，赤身跣足，手中各执长蛇盘旋舞弄。最为无耻者有一种人名不怕羞，扮成一男一女，如花鼓戏状，口唱淫词，作诸般丑态，错杂而行，不下数十对，见者无不粲然，名曰不怕羞，是真能副其实者也，然廉耻道丧，亦伤风败俗之一端。有神五六尊，大抵生前有功德在民而崇奉之者，如妈祖、保生之类是。驾过处，观者叠背摩肩，道为之塞。少年纨袴更随会游行，谑浪笑傲，无所不为。世道之衰于此可见，防微杜渐亦惟有禁绝之而已。

光绪二十三年三月十二日（1897 年 4 月 13 日）第二版

西湖柳色

杭州访事人云：本月初三日为清明令节，各处城隍神有出巡之例，往邑厉坛赈济孤魂。杭垣城隍神相传为前明按察使南海周公，建庙于吴山之南。是日府县差役均于辰刻齐集，恭请神像升座大堂，更换衣服，随排导下山，由城隍牌楼北经清和坊大街，转斜桥，出武林门，至厉坛焚化冥镪，毕，仍由武林门进城，转孩儿巷，经众安桥回庙。观会者人海人山，颇形热闹。

光绪二十三年三月十三日（1897 年 4 月 14 日）第二版

神诞称觞

俗传昨日为岳圣帝诞辰，本城火神庙中悬灯结彩，雇用清音以娱神听，盖以圣帝设于火神庙中也，且本邑城隍夫人亦于是日为千秋华诞，故红男绿女之结队往观者络绎不绝。火神庙巡防局及邑庙巡防局咸派巡勇多名往来弹压以资安谧云。

光绪二十三年三月二十九日(1897 年 4 月 30 日)第三版

循例拈香

昨日上海县黄爱棠大令率同县丞刘二尹、主簿孙少尹命驾赴城隍庙玉清宫拈香致祭。常雩事毕，始分道而回，盖循常例也。

光绪二十三年四月初七日(1897 年 5 月 8 日)第三版

仙诞拈香

四月十四日为吕祖师诞，昨适届期，本城关道宪刘康侯观察、提右营廖楚才参戎、松海防刘乙笙司马、上海县黄爱棠大令、守府程少庵守戎、总巡钟寿百明府以及文武印委各员均命驾赴水仙宫拈香行礼。是日俗谓之神仙日，手业中人咸休息一日，红男绿女结队往水仙宫游玩者自晨至暮络绎于途，殊觉异常热闹也。

光绪二十三年四月十五日(1897 年 5 月 16 日)第二、三版

赛会逢雨

本邑新闸大王庙供奉金龙四大王偶像，向来香火寥寥，惟承运粮米之人每于开行或回埠时竭诚酬谢而已。今岁好事者忽思迎神赛会。上海县黄大令恐人众易于肇祸，传讯地保着即谕禁，而若辈兴高采烈，依然踊跃争先，预向各处

租赁旗锣伞扇、衣袍、骨董之类，定于十六日迎赛。先于十四日之晚效官衙体制升堂点卯，吆喝哗嚣，槐国衣冠大可发噱。捕头预先知照不准经行租界中，若辈无可如何，唯唯应允。昨日清晨，若辈齐集庙内跳舞欢欣，不料天雨淋漓无从举事，遂拟改期十八日补行，但不知黄大令闻之能不加查究否。

光绪二十三年四月十七日（1897 年 5 月 18 日）第二版

大王梗令

前者好事之徒欲舁金龙四大王偶像赛会，上海县黄爱棠大令恐人众易于肇祸，提讯地保着即传谕禁止，不准游行。乃若辈视禁令若弁髦，依旧兴高采烈。十图地保徐子良等遂于前日投县署禀称：“新闸金龙四大王庙出会，小的等曾奉大老爷提讯谕令前往喝阻，并颁发宪谕张贴通衢。不料小的等奉谕至瞿董事等处转谕，瞿董事等竟若罔闻。小的等无可如何，遂向各会首劝理，各会首亦梗顽不理。■彼等又择于十九日迎赛，小的等恐其肇事，不得不来案禀明求大老爷核夺。”大令正欲饬差往禁，而昨日清晨若辈已齐集庙中举偶像出外，由新闸大街向西，经叉袋角折而向南至静安寺畔。前导除旗锣伞扇外，有马执事、阳皂隶、阴皂隶、黄衣会、大肚刽手之类。随以抬阁四座，雇俊童扮就小上坟、三戏白牡丹、荡湖船等戏。继有高跷四对、清客吹弹、逍遥伞十余顶、龙船一艘、托臂香及跪香之人约数十辈、令旗、令箭、六房书吏、提炉数对。招摇过市，意兴飞扬。适逢宿雨初晴，以致观者人山人海，绵长数里内粉白黛绿、香汗蒸淫，锦天绣地中大有万人空巷斗新妆之概。捕头恐闯入租界滋生事端，遂派出巡捕多名在大马路及泥城桥拦阻。不知大令闻之，将援宣圣既往不咎之例一笑置之耶？抑将治以藐官违禁之罪也？

光绪二十三年四月二十日（1897 年 5 月 21 日）第二、三版

七濠会景

镇江采访友人云：江北七濠口每届四月间必由好事者舁天后圣母偶像

出游。今岁醵集巨赀，择吉四月十六日迎赛。会中旗锣伞扇、銮驾、清音，虽极辉煌，无异司空见惯。所最足动人顾盼者，有及笄好女子，红妆骑马，按辔徐行，手抱琵琶，备极袅娜娉婷之致。他若仙童玉女亦皆眉目如画、婴伊可人。更以俊童扮作八仙，道骨仙风，丰神栩栩。殿以「台」[抬]阁三架，以梨园艳质幻成绝妙女郎，傅粉熏香，簪花掠鬓，花间双蛱蝶，几不能辨其雌雄。粤人之膂力方刚者，身穿洋绉衫，臂笼金镯，就船式凉亭内八音并奏盈耳洋洋，彼中人谓之清客班，诚不知何所取义。中间杂以香亭十余座、托臂香者二十人。神舆罩以黄「緞」[缎]，衣上缀五鹤朝天顶。所过之处红男绿女夹道纵观，扇影衣香足令人神摇心醉。真太平之景象也。

光绪二十三年四月二十九日（1897 年 5 月 30 日）第二版

匡庐瀑布

俗传四月十五日为炎帝神诞，居民醵金为寿并召梨园子弟演剧以娱神听，十四日起在南门外火神庙演唱十天，红男绿女之往观者络绎于途，诚所谓举国之人皆若狂也。

光绪二十三年五月初一日（1897 年 5 月 31 日）第三版

之罘观海

四月十五日有诸嘉村、世回尧二处乡民恭舁太山圣母之神来烟进香，仪仗一切未必鲜明，而观之者皆恐后争先，街为之塞，亦可见人民之日众也。

迤西南约四十里之太平顶旧有太山行宫，每当四月十八日诞辰，远近诸山凡有行宫者皆由村民赛会、恭舁神驾登山，名曰诸神相会。今岁届期风势飞狂，凡男妇老少之焚香顶礼者无不遭飞廉之虐，有兴而来败兴而返，佞佛者自取之咎也。

光绪二十三年五月初二日（1897 年 6 月 1 日）第二版

古潞近闻[①]

城北十八里草茨地方关帝庙于四月十八日起至二十一日止大启庙门，特雇名班演剧，并有通州「古」[估]衣、西集农具、马桥各行货物以及医卜星相赶庙之小经纪支棚设摊，密如林立。十九日有少陵、狮子、秧歌、小车、开路等会，又有妇人百余名各执纸元宝一挂名曰元宝会，次第朝顶进香。四乡妇女不远数十里而来，上庙之车不下一千三四百辆，洵热闹场也。

光绪二十三年五月十五日（1897 年 6 月 14 日）第二版

禁会出巡

天津访事友人来函云：河东关帝庙历届五月十二日出巡，会首人等会议照旧于是日举行。经官宪闻知，以现时地方不靖，又值学宪按临七属生童萃集之际，深恐滋生事端，现经府县会衔出示禁止矣。

光绪二十三年五月十七日（1897 年 6 月 16 日）第二版

鸠江会景

芜湖采访友人云：城隍会年例于五月朔日举行，舁偶像于金马门外河干，一月后始回庙，俗传谓之看龙舟，又谓之省外家，谰语不经原不足供方家一噱也。今届天气晴明，会中人踵事增华，仪仗中类皆镂云裁月争妍斗丽，顾绣玻璃各种灯伞及嵌空玲珑之香亭不下七八十起。此外又有帕闸、秋千各一，上坐俊童四人，扮就水漫金山戏剧，英雄儿女婉丽天然。更有花担、茶「厢」[箱]、五猖、十破之类。五猖獠牙花面，手执钢叉，如醉如痴，且行且舞。十破则装成横死之十鬼，有头劈刀斧者，有面砸碗碟者，猩血淋漓，如观吴道

① 本条记北通州（即今北京市通州区）之事。

子地狱变相。是日会由县前铺出花街,绕鱼鳞街,过官沟沿,出南门,循河街以至金马门,一路笙箫迭奏,羽葆缤纷,巷尾街头观者几联袂成帏、挥汗如雨。殿以烧臂香、拜香、男女罪犯盈千累百,络绎于途。更有以幼童扮作水浒传中之武松随诸犯之后。更有垂髫女子身披囚服、傅粉簪花坐五彩囚笼中,媚眼传情,引人入胜。自朝至暮过市招摇,真恶俗也。

光绪二十三年五月二十日(1897 年 6 月 19 日)第二版

神道设教

厦门采访友人云:此间时疫流行日盛一日,城厢之地连日已毙数十人。杨西园尚书怜之,特雇羽士在关帝庙建醮三日。本月初一、初二、初三三日夜好事者舁关帝、城隍诸像出外游行驱逐疫神,实则事同游戏,乃尚书竟步行诣庙敬谨拈香,诚可谓爱民如子者矣,然亦知神道设教不如研求医药为有实功否?

光绪二十三年五月二十二日(1897 年 6 月 21 日)第二版

古润丛谈

镇江采访友人云:五月十三日俗传关帝诞辰,丹徒县王大令豫饬办差人置备牲牢届期随同道府暨八旗官弁衣冠整肃行三跪九叩礼,骏奔执豆穆穆雍雍。广东会馆中供奉关帝偶像,旃檀馥郁,果饵纷陈。夕则结彩悬灯,五光十色;旦则清歌妙舞,翠暖珠香。以故红粉青衫约伴来游如云如水,诚不亚于元夜放灯时也。

光绪二十三年五月二十五日(1897 年 6 月 24 日)第三版

永禁赛会

杭州访事人函云:五月十八日为温元帅诞辰,好事者必舁神像出游,虽经官宪出示查禁,不过虚文粉饰而已。今年杭州府林太守,以(迎)神赛会有干例禁，不特花费多金，作为无益，兼恐良莠麇聚易肇祸端，三月间塘栖打毁丝厂之事亦由水会而起，现在杭地开埠通商西人云集，深■匪徒混迹遇事生风，爰谕令两县派差清查省中共有庙宇若干，传集住持出具切结，不准再有赛会之事，并出简明告条遍贴通衢，移会保甲局饬知各「叚」[段]分巡自十五日起十八日止随带巡勇在庙门外查察。是以本年各社均无出巡之举，地方胥赖以安焉。

光绪二十三年五月二十六日(1897年6月25日)第二版

邗沟题叶

扬州访事人云：每年五月十八日维扬风俗有迎赛都天会之举，东关外凹子街、南门外虾蟆地及城内之宛虹桥府前都天行宫皆有神像。今年轮应府前都天行宫神驾出巡，府尊沈碧香太守访闻会中有人冒充府署书差借会为名在外敛费，不禁勃然大怒，立出谕示遍贴晓谕，略谓："本府访闻郡城近有不法之徒假府前都天行宫赛会之名，冒充府署书差向各街市店铺居民书捐讹索强派会钱，殊属目无法纪，实堪痛恨。除密访拿办外，合亟出示晓谕。为此示仰居民诸色人等知悉，尔等须知迎神赛会已为法所必究，犹敢冒充书役敛费捐钱更属大干禁令。自示之后，如有前项情事，务将冒充之人扭交地保立即拿送来辕以便发县讯明严惩，地保容隐察出并究不贷。"按：邗郡都天会虽不及京口之盛，然亦热闹非常。迩日乡镇居民挈其子女来观盛会者颇不乏人，废时荒业，劳民伤财，静言思之殊为无谓，严惩而禁绝之是所望于有牧民之责者，固不仅敛费捐■之足禁也。

光绪二十三年五月二十八日(1897年6月27日)第二版

蜀江云锦

重庆访事友人来函云：渝城习俗，每于春季集资诵经迎水、火、瘟三神出游，亦乡人傩之遗意也。仪仗之辉煌，鼓乐之喧闹，无美不备，名曰出亭子。前邑宰以重庆华洋杂处，迎神赛会恐肇衅端，屡经示禁。兹因渝城疫症大行，好事者乘机而起，于四月十四日迎赛瘟神。马王庙则订期于二十四日迎赛。士女往观极形热闹。

光绪二十三年五月二十九日(1897 年 6 月 28 日)第二版

醮棚失火

广东采访友人云：第七铺水脚近濠有安勇一营驻扎，对门即关帝庙。本月十三日为关帝诞辰，庙祝敛钱建醮。巳刻，各勇早餐已毕，遂令出巡，嘱火夫看守醮棚以免灾生意外。不料火夫偶遗烟烬致兆焚如，火烈具扬，醮棚悉付一炬，立即救灭，不致蔓延，然各勇所存军械衣粮已尽被焚毁。所幸火药寥寥无几，否则必将一发难收矣。

光绪二十三年五月三十日(1897 年 6 月 29 日)第一版

堇江暖翠[①]

五都神素称灵应，年例每逢四月间出巡一次借以祛疫，嗣以禁止不再举行。不意日来郡中时疫大盛，人心惶惑，商议奉神于五月三十起巡行三日以期阖境平安云。

光绪二十三年六月初一日(1897 年 6 月 30 日)第二版

设坛祈雨

苏州访事友人来函云：苏垣久晴不雨，乡农望泽孔殷。地方官志切民瘼，为民请命，特于本月初二日起在郡城隍庙设擅祈雨，苏州府桐太守日偕长元吴三首县诣坛拈香诚心虔祷。想苍苍者自当鉴兹诚意大沛甘霖也。

光绪二十三年六月初五日(1897 年 7 月 4 日)第二版

---

① 本条记宁波之事。

祈雨两则

镇江访事友人来函云：镇江自四月下旬得雨后，天气晴朗，至今尤亢热非常，不独农家望泽维殷，即树果菜蔬亦因太旱出物不多。据乡老云禾苗已大半枯槁，塘水干涸戽水为难，恐再迟数日必致绣陌芳塍尽成焦土。丹徒县王伯芳大令示期五月二十八日斋戒祈祷。讵迩日炎威更炽，居人皆喘若吴牛翘首长空，略无催诗之意。府尊饶太守、王大令忧心如捣，于初二日起出示禁屠，仍就郡庙设坛昕夕祷告。

又接扬州访事友人来函云：扬城自入夏以来雨泽稀少。四乡禾苗半多黄萎，胼手胝足之流虽昕宵从事桔槔措资灌溉，无如大河水已浅涸非常，竭尽人力终觉汲引为艰，纷纷来城禀诉，其间尤以西北乡山田为最亟。江、甘两邑宰闻此消息，于本月初二日起在郡庙设坛，盥沐斋戒为民请命，每日朝暮两次步诣坛前虔诚祈祷，并会同出示禁屠三日。按：扬、镇一江之隔，天时自不甚相悬，两郡官宰如此竭诚，未知苍苍者能否鉴此悃忱早降甘霖以沛大江南北乎？

光绪二十三年六月初九日（1897 年 7 月 8 日）第二版

杭州会景

杭州采访友人云：每届五月间向有温元帅会，仪从及各社助会之属无不华美非常。今年杭州府林太守先期示禁，于是好事者不敢踵行，仅于庙中演剧数天以相娱乐而已。惟东乡迎赛如故，城中好事者闻之无不跃跃欲试，乃将会中各物逐加修饰运往随行，如龙灯、高跷、莲船、抬阁之类，共五六起。男妇老幼往观者实繁有徒。

光绪二十三年六月十三日（1897 年 7 月 12 日）第三版

上海官场纪事

天时亢旱，田畴龟坼。上海县黄大令念切民艰，设坛邑庙，延请羽士讽经礼忏以冀天心默佑普降甘霖，并出示禁屠三日，昨晨复率同所属诣坛前竭诚叩祷。想苍苍者鉴此忱悃自必甘澍宏施也。

光绪二十三年六月十八日(1897 年 7 月 17 日)第二版

鸠兹[①]双鲤

城隍庙据《春明梦余录》载以太平府所建为最早，本《周礼》天子蜡祭八神中之水庸。注疏家谓“水则隍也，庸则城也”，遂有城隍之名。后世以山林川谷各有神「祇」[祇]，高城深垒何得转无神守，乃遍于府州县设庙祀之以为旱潦疾疫祷告之所并以彰神道设教之本旨。但府县同城，在官职各有分属，固宜各建衙署，若城隍徒■民表而谓亦有府县之别则近于画蛇添足矣。太平府城隍庙向只承流坊一处，建于孙吴赤乌二年。乃今春好事之徒忽妄称某长官梦见冥中新设当涂县城隍神，云须另建城隍庙以主神守。县中绅商愚而无识，一唱百和，集成捐款，度地于旧城隍庙之东鸠工庀材，大兴土木，日内已将落成。计殿阁两重，翼以两廊，涂丹髹垩，金碧辉煌，一俟工竣即当择日安神。或曰为愚民计可增其福善祸淫之感，质诸儒者恐有窃怪其劳民伤财转为不足取矣。

光绪二十三年六月二十日(1897 年 7 月 19 日)第二版

京　话[②]

每年六月初一日右安门外中顶娘娘庙大开香市，广结佛缘。今年各路赛会进香者祗二十余起。是日天气晴霁，游人云集，因庙门近接铁路，咸欲一观火车之飞行也。

光绪二十三年六月二十日(1897 年 7 月 19 日)第三版

---

① 鸠兹：古邑名，在安徽省芜湖市附近。这里指芜湖。
② 《京话》在第二、三版。此处摘录其中一部分，在第三版。

退省庵贺雨词

杭州访事友人来函云：武林亢旱以来已二十余日，禾苗渐槁，农民于望日聚集多人前往府署跪香叩请官宪设坛求雨。太守准如所请，饬县在宗阳宫设坛求雨，并命地保掮牌晓谕民间自十八日起禁止屠宰三天，并率同总捕府孟司马、水利分府陆别驾、邑尊萧明府诣坛叩祷。至午后阴云满布，阿香车御丰隆而至，不移时雨师税驾，遍洒甘霖，势若倾盆，晚间又复细雨廉纤，次早略放晴光，午后阴云重合，入夜雷雨交作宛若银河倒泻。得此优渥之沾，想乡民无不慰如所望也。

光绪二十三年六月二十五日（1897 年 7 月 24 日）第二版

鹿耳涛声

日本报云：新竹城内有城隍庙焉，每年东历七月十五日附近各村好事者麇集于此鸣钲伐鼓谓为禳疫驱灾，习以为常，几如定例。本年先于十四日举行，老幼数百人如狂如醉。中有一童子高立台上用刀自劙头额，鲜血淋漓。警官叩以故，曰示神「祇」[衹]灵验也。有知之者言“台地多疫，其人先制成药剂，奇货是居，欲托为神灵所赐奇方，故特忍痛而为此也”。

光绪二十三年六月二十五日（1897 年 7 月 24 日）第二版

捐廉施医

本埠浦东斗姥阁向经各前任上海县捐廉，每年夏季设立医局派董经理。兹悉该堂董事朱某弃世，今届由黄大令派洋泾镇董事赵君举办局务。前日禀请照旧捐廉，大令俯如所请慨捐鹤俸。该局业择于本月初二开局施医，并延请内外男妇各科医生至局，乡民就诊者络绎于道，无不颂大令之德不已也。

光绪二十三年七月初五日（1897 年 8 月 2 日）第三版

赛会例志

每逢三节，好事之徒舁城隍神出巡赈济孤魂怨魄。本届中元令节在会诸人循例举行。午后钟鸣三下，神像由邑庙起行，除寻常旗锣伞扇外，更有湾号马、鼓吹马、执事马、对马、皇命马等各数十匹。并有俊秀孩童数名，饰以金珠，衣以罗绮，名为小犯人。清音沿途奏技，鸾箫凤管声韵悠扬。惟是下午以后阴云似絮，小雨如酥，以致红男绿女之往观者徒恨天公之不做美也。

光绪二十三年七月十六日(1897 年 8 月 13 日)第三版

神会志盛

前日为中元令节，本邑城隍神率同四司循例出巡。昨日又为南市高昌司出巡之举，仪仗、执事均极鲜明，虽是日浓云泼墨、细雨如丝，而会中人兴不稍衰，舁神像巡行各处，导以细乐悠扬。凡红男绿女之聚而观者，塞巷填街，颇形拥挤也。

光绪二十三年七月十七日(1897 年 8 月 14 日)第三版

修葺厉坛

本邑西门外万生桥西首二里许有邑厉坛，每逢三节城隍神前往赈祭无祀孤魂。前因坛基年久失修，由邑庙住持雇匠估计工价九十余千，当与同仁辅元堂董事曹君寄耘筹议以甲午年修葺邑庙余款一百余千拨为修理费。刻已落成，黝垩丹漆，气象焕然。董事等尤恐匪类冒名敛费，特在邑庙及厉坛门首高悬黄牌以杜混冒。

光绪二十三年七月二十九日(1897 年 8 月 26 日)第三版

恭献神袍

本埠西门外瞿真人庙香火颇盛。昨系真人华诞，沪军营统带龙军门制就大红呢神袍一袭、万民伞一顶，昨晨委帮带刘春华都戎鼓吹鞭炮恭送至庙。都戎拈香毕始率众回营。

光绪二十三年八月初九日（1897 年 9 月 5 日）第三版

牌楼倒塌

四川渝城地方有山名巴山，上建五福宫道庙一座，树木茂美，世界清凉，每当夏日游人避暑者云集。兹因门前牌楼年久失修某日忽然倾坍压毙三人，内有一陈姓妇，云系前往求签问药者。求福得祸，既可怜亦可笑也。

光绪二十三年八月二十三日（1897 年 9 月 19 日）第二版

唪经礼斗

杭州采访友人云：俗传九月初九日为北斗九皇圣母诞辰，好事者例得就各寺院设立斗坛，自初一日起至初九日止唪经礼斗，■■■相上下不下二十余处，而以吴山之宝敬、巩衡两坛为尤盛。宝敬设在太岁殿，装严一切，璀璨光华，吊挂之属俱用黄「緞」[缎]绣成各式花灯，尤■■■■妙。坛中张挂画幅非宋即元，时下俗工不屑搀入也。桌上则商彝周鼎光怪陆离，游人见之如入波斯域里。巩衡坛向在府城隍庙，今则移置■■阁，前门紧对西湖，饮渌餐椵爽人心目，铺陈一切又复簇簇生新。羽士先于八月二十九日熏坛。是日久雨新晴，秋容如绘，骚人墨客尤为裙屐联翩云。

光绪二十三年九月初九日（1897 年 10 月 4 日）第三版

九皇斗忏

温州采访友人云：瓯东佞佛之风自昔而盛，近年更盛行九皇斗忏，愚夫愚妇如醉如痴。时届重阳，三官殿、施水寮、太王洞、地主殿、高殿、先锋殿，羽士僧徒相与设无遮大会，唪经礼斗，昕夕喧呶，檀越檀那竟有不远数百里而来皈依顶■者，真惑之甚矣。

光绪二十三年九月二十七日（1897 年 10 月 22 日）第三版

求充住持

本城邑庙住持羽士向分东西两房轮值。前因羽士曹建华不守清规，经邑绅秦太史请县驱逐，谕令羽士曹蕴仁为住持轮值承管。兹经新任道宪蔡和甫观察访得二羽士亦不守清规例应驱逐，经二羽士再四苦求，称以后当痛改前非，现暂准其承管西房。前逐之曹建华现在禀求承充东房住持，未识能蒙恩准否。

光绪二十三年九月二十七日（1897 年 10 月 22 日）第九版

恭迎神像

新闸地方近建太阳星君殿一所，在城内某店装塑神像，■已竣工。在会诸人定于今日二点钟排齐仪仗恭迎神像，出新北门，绕道法界。因恐届时人数众多难免滋生事端，故先行报知捕房请派探捕到场弹压。

光绪二十三年九月二十九日（1897 年 10 月 24 日）第九版

恭迎神像

新闻迤北井亭地方太阳庵近由素信神佛之某姓装塑关帝及周仓二像，昨午雇就夫役多名导以仪仗、清音恭舁前往，沿途观者热闹非常。

光绪二十三年九月三十日（1897 年 10 月 25 日）第三版

赛会例志

本邑大南门外高昌庙每值三元令节会中人必舁像出游，美其名曰赈济孤魂，实则惟招摇过市而已。昨晚三鼓时仿照官衙之例在庙中发牌点卯，定于翌日迎赛。想届时定有一番热闹也。

光绪二十三年十月初一日（1897年10月26日）第三版

迎神志盛

昨日下元令节，本邑城隍率同四司出巡到坛赈济乏祀孤魂，循向例也。自黎明至午，红男绿女入庙烧香者络绎不绝。午后二点钟时恭舁神像出堂，各会首排班执事。前导有旗锣扇伞，一切托香、拜香、清音、十景牌以及幼孩所扮各种犯人无不穷极工巧、斗胜争奇。黄大令恐无业流氓滋生事端，请派兵备道亲兵往头门弹压，以是沿途观者虽极拥挤尚无攫珥遗簪之患，而且天气和煦、风景宜人，在会诸人尤兴高采烈云。

光绪二十三年十月初二日（1897年10月27日）第三版

迎神赛会

昨日为高昌司庙赛会之期，会中人咸兴高采烈舁偶像迎游街市，谓之赈济孤魂。午前十点钟时，各会首先后齐集。迨午后钟鸣三下，庙前炮声大作，如官署之行排衙礼。俄而将偶像纳诸绣金绿呢彩舆中，导以旗锣伞扇、冲风湾号、马上执事，马上鼓吹、顶马、对马、皇命马，约计二十余匹，由是而黄衣会、青衣会、大肚刽子、提炉、执香、万民伞、花十景牌约共二十余起，其余如判官、夜叉、童男童女、阴皂隶之类尤为名目繁多。所可异者，有等无耻妇女，乘坐无围小轿，披发红衣，颈系铁索，涂脂抹粉，装出妖淫之态，名曰女犯人。虽经上海县黄大令厉禁高悬，而若辈视禁令如具文，依旧明目张胆，不知大令亦有所闻否。

光绪二十三年十月初三日（1897年10月28日）第三版

设局巡夜

前报曾纪本邑南市大东门外龙王庙向由沪军营分设冬防局。近日住持道士施某借口庙中并无余地，浼人缮就禀词倩十六铺地甲裘镇赴十六铺巡防中局投递，请将冬防局另择妥所。裘甲恐撄局员之怒，令施道自行投递，施道遂默尔而息不复有言。兹者江苏抚标沪军营管带龙游戎镇国，以时届冬初设局在迩，且迩者时有匪徒滋事，亟宜整顿防务以安闾阎，遂于前日派哨弁某君调勇数名择龙王庙隙地驻扎，以为巡缉奸宄防堵地方。虽曰循例奉行，然远近居民亦可终宵安枕矣。

光绪二十三年十月初四日（1897 年 10 月 29 日）第三版

三官神诞

离本邑大南门里许有三官堂焉。昨为三官神诞期，庙祝洞启重门，雇得清音登台歌曲。愚夫妇之以媚神为事者咸具心香一瓣敬爇神前膜拜，喃喃默祈福庇。其以手艺糊口者，将各种木器罗列马路之中求贾而沽，颇占利市，此亦他处所无之会景也。

光绪二十三年十月二十八日（1897 年 11 月 22 日）第九版

1898年

准修毁庙

监生孙寿青、张节贤前投上海县控称“宁波人戚正山纠众拆毁浦东陆家渡土地庙，欲图盗卖庙基”。嗣复控之松江府署，恩诗农太守批饬上海县提讯赔修。黄大令奉札饬提后，迄今日久戚正山尚未到案。兹者孙、张二人又投县诉称“戚正山久不到案，生等现愿措资修葺，定于某日兴工，俾得早了此案”，并请出示晓谕，大令准之。

光绪二十四年正月初六日（1898年1月27日）第三版

祭神日期

上海县黄大令于昨日发出春祭单一纸，照录于后：二月初一日祭吴公祠，应公祠。初三日祭文庙，文昌殿，黄婆祠。初四日祭社稷坛，风神庙，海坛，群忠祠，土地祠，神「祗」[祇]坛，吕祖殿，周太仆庙。初八日祭吉、刘、陈、袁四公祠，愍忠祠。初九日祭天后宫。十三日祭文昌殿。十四日祭龙神庙。十五日祭关帝庙。想届时衣冠肃穆、酒醴馨香，必有感格神明之上仪也。

光绪二十四年正月三十日（1898年2月20日）第三版

致祭神祇

昨日为致祭之期。黎明时自关道宪以次文武各员齐往社稷坛致祭，礼毕，复诣吕祖殿拈香。其神祇坛则由上海县黄大令致祭，风神庙则由松海防刘司马致祭，昭忠祠、土地祠、海神庙则由典史蔡季卿少尉致祭，周太仆庙则由吴淞司沈少尹致祭。

光绪二十四年二月初五日（1898年2月25日）第三版

起建神祠

江苏海运总局设于本邑南市。■当海运开办之初，例由粮储道致祭海神，但沪上素无海神祠，不得已假邑庙设位致祭。去冬曾由松海防同知刘乙笙司马、上海县黄爱棠大令与海运绅士筹商再四，拟将局旁旷地画出祠基，然后将余地召卖得银为建祠之费。议既定，据情申详上宪核示施行。刻经上宪批准，大约即须鸠工庀材矣。

光绪二十四年二月十四日(1898 年 3 月 6 日)第三版

赛会宜禁

本邑浦东廿四保十八图社庄庙供奉顺济侯偶像，定例每十年赛会一次。会中有扮演三百六十行者，哄动四乡，易滋事故。今岁土人倡议赛会，是处董事顾某恐肇事端，禀请上海县禁止。黄大令以刻下时事多艰，何得作此无益之事废时失业，遂批准所请，日内当出示谕禁矣。

光绪二十四年二月二十三日(1898 年 3 月 15 日)第三版

设坛祈雨

广东访事人云：粤垣开正以来未获甘霖，不但高田不能耕种，低田被咸潮所浸亦难下种。各宪关心民食，于上月廿二日在城隍庙设坛，广州府及南、番两县尊诣坛求雨。不知能否感格天心也。

光绪二十四年三月初五日(1898 年 3 月 26 日)第二版

赛会先声

今日为清明令节，沪城好事者例迎城隍神出游。前晚会中人兴高采烈齐集邑庙，舁偶像升坐大堂，仿照官场体制排衙点卯示定路由。计：出庙朝东走天官牌坊，往北过福佑桥，沿浜朝西过香花桥，走旧校场，过陈市安桥、昼锦牌楼、三牌楼，过县西、县南、太平街，过虹桥，出西唐家弄，过（塌）水桥、陈箍桶桥，抵大南门，走里城脚，出同仁里，往北过永兴桥，进谈家弄，穿道辕，走瞿家湾、火神庙，进东唐家弄，往北过鱼行桥，走彩衣巷，出大东门，过吊桥，由大码头朝南，过大关、毛家弄、豆市街、花衣街，朝北盐公堂，过小普陀桥，出东钩玉弄，走南仓街、陆家浜，往西朝北过万生桥，到坛。夜会：由坛起马，过吊桥，进西门，过庄家桥出弄，过参府署、杨家桥，出胡家弄，走副府署，出西王家弄，往北陈箍桶（桥）、太卿坊，过县桥，往县东、果子巷、曲尺湾、老学前，朝北过益庆桥，朝西过海防署，一直回辕。特不知历来奉禁之女犯、花十景牌、大肚刽子、阴皂隶、沿途弹唱之类果能一律禁绝不致故态复萌否也。

光绪二十四年三月十五日（1898 年 4 月 5 日）第三版

迎神赛会

昨日午后三点钟，会中人兴高采烈齐集邑庙迎城隍神及冥属四司偶像出游。前导除旗锣伞扇外，更有大锣班、阴皂隶、花十锦牌、马鼓吹、马执事、对马、诰敕马。神像坐绿「緞」[缎]绣金大轿。每起间以沿路吹弹之少年子弟一班，竹脆丝清，洋洋盈耳。更有黄衣会、青衣会。延绵至二里之遥。一时红男绿女如海如潮。黄大令特派差役按「叚」[段]巡查弹压，保甲总巡及巡防各局亦派局勇手执藤鞭照料，典史蔡少尉命驾赴坛致祭。

光绪二十四年三月十六日（1898 年 4 月 6 日）第三版

赛会尾声

清明赛会后例于次日舁大南门外高昌司偶像诣南市邑厉坛赈济无祀孤魂。昨日午后钟鸣三下各会首排齐仪仗伺候。俄而炮声大作，震耳欲聋，神像纳入绿呢绣金彩舆中，以八人舁之。前导有冲风湾号、马执事、马鼓吹，以及看马、对马、诰敕马约二十余骑，万民旗十余面、万民伞十余顶及逍遥伞、臂香会、黄衣会、青衣会、判官、夜叉、大肚刽子、女犯、仙童仙女之类。一路迎赛，观者如潮。

光绪二十四年三月十七日(1898 年 4 月 7 日)第三版

铁瓮[1]琐谈

清明令节好事者舁府县城隍诸偶像齐赴邑厉坛焚帛化楮，美其名曰赈济孤魂。今届天公做美，日暖风和，至三点钟时庙中鸣炮三声，诸偶像以次出外。前导全副銮驾，旗锣伞扇簇簇生新。继以皇命马、执事马、鼓吹看马、对马。更有俊俏孩子或扮解差、或扮犯人，装模作样，缓缓而行。每起间以清音一班。偶像前有黄衣会、青衣会、刽子手、敕印轿。经过之处观者如云。常镇道长观察深恐匪徒乘机滋闹，特谕水陆总巡周锦堂都戎派勇按「叚」[段]弹压。

光绪二十四年三月二十日(1898 年 4 月 10 日)第三版

沪滨拾翠

昨日相传为本邑浦东洋泾镇社壮庙赛会之期，好事者纠约乡众届时齐集庙前舁偶像出巡赈济孤魂。一时红男绿女渡浦而往观者甚众。

光绪二十四年三月二十一日(1898 年 4 月 11 日)第三版

柳浪闻莺

十五日为清明令节，各城隍神例有出巡振孤之典。浙省城隍神俗传为前明按察使南海周以新，庙建于吴山之麓。十四日庙祝人等将神像请至大殿更衣供奉。次日黎明一府两县差役于清晨谒庙，至七点钟时传发三梆恭舁神■出殿，由城隍牌楼下山，经鼓楼大街，出武林门，诣厉坛，先行朝阙之礼，然后将所募冥饷分发各府州县领取给予孤魂，然后复舁神像入城，由孩

① 铁瓮：东汉末孙权在镇江北固山的前峰建铁翁城。这里代指镇江。

儿巷转入大街回殿。前导执事除衔牌之外，香亭一座、清音一班、万民伞十余顶。会中向有扮演无常、摸壁及鬼役等，手执刀叉沿途跳跃，因上年惊坏小孩故此次查禁不准再行也。

光绪二十四年三月二十三日（1898 年 4 月 13 日）第三版

神庙祝厘

昨日相传为龙神诞期，沪南大东门外龙王庙羽士施霖预将殿庭洒扫清洁，柬邀各当道前来祝嘏。上海县黄爱棠大令先于清晨九点钟时率同县丞刘耀廷二尹、主簿孙立干少尹、典史蔡季卿少尉同往庙厅小坐伺候，未几城守汛张缦云千戎、守备程少庵守戎、提右营参将（廖）楚（材）参戎先后命驾而至，少焉松海防同知刘乙笙司马、江海关道蔡和甫观察均排导莅庙。各官以次接见后，旋由礼生赞请行礼，观察偕文武各官导引趋赴丹墀在神前行三跪九叩首礼。礼成退入内厅，略用茶点，然后分道回衙。时已钟鸣十一下矣。十六铺巡防中局委员■泉二尹恐有无赖之徒乘机滋事，特派勇丁沿途弹压。是日庙中循例宣诵龙洞经一天。

今日为天后圣母诞辰，本邑南市商船会馆、浙宁会馆、泉漳会馆、揭普丰会馆等各董事循例征召梨园子弟相继登台演剧，一时袍笏登场歌喉嘹亮，远近红男绿女趋赴观剧者如水如云，几无容足之地。各巡防局委员恐有流氓棍徒届时乘间窜扰，均饬各巡勇分往左右弹压。

光绪二十四年三月二十三日（1898 年 4 月 13 日）第三版

鹭岛春云①

鼓浪屿保生大帝庙庙祝将庙中神袍质钱使用，三月十五日循例迎神，为值年查知，禀官究办。

光绪二十四年三月二十六日（1898 年 4 月 16 日）第三版

---

①《鹭岛春云》在第二、三版。此处摘录其中一部分，在第三版。

设坛祈雨

粤东访事人云：粤垣苦旱已久，各善堂绅董并在城七十二行自本月初十日起至十二日止设坛粤秀山龙王庙祈■雨泽。十二夜五更时稍有微雨，至十三日天又放晴，省中大宪复设坛龙王庙祈祷，藩、粮两宪亲赴白云山龙■庙九龙井恭请圣水回坛。不知苍苍者能感格否也。

光绪二十四年三月二十六日（1898 年 4 月 16 日）第九版

迎神赛会

杭州访事人云：浙省凤山门外江干有潮神庙焉，神为吴大夫伍员，饬封平江王。俗传本月初六日诞辰，是处居民例于先一日恭请神像朝阙并巡行各处。本年由会首知照各班于是日黎明齐集，各排位次，一路由外塘直至螺蛳门为止，然后由里街而回。前导除执事、衔牌外，如香亭、马导、承差、大班、二皂、剑役、禁役，清音四起，万民伞十二顶，扮演海鬼者二十四人，及高跷、龙灯、地戏、文武判官、提炉、香盘等，无不按步就班。江防统领及保甲局员深恐滋事，特派勇丁一路弹压。城厢内外观者如堵墙，亦极一时之盛也。

光绪二十四年三月二十八日（1898 年 4 月 18 日）第九版

白门香市

金陵访事友人云：距聚宝门外五里许双桥门东岳庙，平时香客寥寥，惟三月二十八日俗传为东岳神诞，佞神者始相约赴庙烧香，每年一次，举国若狂，半月之间香火极盛。今年三月望后天朗气清，惠风和畅，一时白叟黄童、红男绿女咸爇名香一瓣膜拜神前，是以庙中香火日夜不绝，不减六桥三竺间也。

光绪二十四年闰三月初一日（1898 年 4 月 21 日）第十版

土偶巡行

本邑新闸大王庙赛会改期已纪前报。兹由庙中住持商同董事择于昨日传齐在会各首领于午后由庙排齐各项仪仗，如旗锣伞扇、臂香、逍遥伞、十景牌、万民伞之类，绕道至静安寺、新闸、泥城外一带游行，沿途观者甚夥，至傍晚回庙。

光绪二十四年闰三月初八日（1898 年 4 月 28 日）第三版

度地建庙

江苏督粮道陆春江观察见上海向无海神庙，每届漕粮竣事即在天后宫、龙王庙等处报赛，殊不足以肃观瞻，因拟在南市薛家浜桥北首江苏海运沪局东择地建造庙宇一所，曾经咨请江海关道蔡和甫观察。观察札委上海县黄爱棠大令派令亭耆前往勘丈明「晰」[晰]，复委现办马路工程局委员朱森庭明府督工。明府奉札后，日前亲往勘明，以此处有居民占盖房屋，爰特传谕二十三铺地甲知照各户限定本月杪一律迁去以便择日破土兴工。

光绪二十四年四月初十日（1898 年 5 月 29 日）第三版

燕市闲谈

京师朝阳门外东岳天齐庙历年三月二十七日举行撣尘、白纸二会。是日游人云集胜于平时开庙之期。今年白纸会供献事毕，然放爆竹，火星落■撣尘会所搭席棚上，风高物燥，余烬引著芦扉，登时烈焰飞腾，浓烟直冒，诸人又以棚耸火高无法泼救。正慌急间，适有棚匠四人结伴而至，立即猱升其■取水泼灭，不至酿成飞灾。

光绪二十四年四月十三日（1898 年 6 月 1 日）第三版

给租迁屋

江苏督粮道陆春江观察拟在南市薛家浜北首江苏海运沪局之东造海神庙一所，由江海关道蔡和甫观察札委朱森庭明府办理。明府遂于前日传齐是处各房客发给三月房租迅即迁让，限月杪为期，如敢玩延定提究办。

光绪二十四年四月十三日（1898 年 6 月 1 日）第三、四版

上海官场纪事

昨为纯阳祖师诞日，关道宪蔡和甫观察、提右营廖楚材参戎各率文武员弁于清晨赴道辕西首水仙宫拈香致祭礼也。

光绪二十四年四月十五日（1898 年 6 月 3 日）第二版

南海晴波

粤垣苦旱，大宪关心农事，在城隍庙及粤秀山龙王庙设坛祈雨，又往白云山九龙庙井求取圣水。上月初一二日已叠沛甘霖，遂于初七日率属亲赴粤秀山龙王庙报赛，随由广州府番禺县将圣水送回九龙庙井内。

光绪二十四年四月十七日（1898 年 6 月 5 日）第二版

粤东患疫

南海波罗庙中铜鼓数千年物也，上年省垣疫症流行曾舁以巡游街市，兹董、裴两明府又饬役诣庙恭请至署供奉，本月初三日随同玄天上帝偶像巡游城内各街驱除疫「厉」[疠]。

光绪二十四年四月十八日（1898 年 6 月 6 日）第二版

准领租价

江苏督粮道陆春江观察拟在沪南江苏海运局东畔建造海神庙一所，咨请江海关道蔡和甫观察，札委朱森庭明府为督办，并饬上海县派令亭耆丈明注册。明府业已传谕廿三铺地甲知照各租户于本月底一律迁去，另给租价三月。兹已届期，各户欲俟领到租价后方肯迁让。昨日明府饬传廿三铺地甲及海运局司事至大「马」[码]头工程局谕令知照各户，若于本月底迁去，所有租价准赴海运局领取，■稍留难。地甲遵谕而退。

光绪二十四年四月二十三日（1898 年 6 月 11 日）第三版

上海巡局琐案

南市十六铺巡防中局向设大东门外小武当殿〔即紫霞殿〕内。前晚局员潘仲泉二尹正在研鞫流氓讹诈案，有一人匿昭天侯偶像之后，庙祝见而盘诘，言语含糊，因即扭交巡勇■请二尹研讯。其人供称："小的姓曹，名阿林，本邑人，在某姓咸货行为伙，偶因酒醉躲避于此，并无别故。"二尹以形迹可疑，命管押候示。

光绪二十四年五月初五日（1898 年 6 月 23 日）第九版

庙工破土

南市江苏海运局旁前经督粮道陆春江观察建造海神庙，咨请江海关道蔡和甫观察，札委朱森庭明府督工。昨日上午上海县黄爱棠大令偕松海防同知刘乙笙司马排导出城，会同朱明府先至荒地上祀神破土，然后开工。

光绪二十四年五月十八日（1898 年 7 月 6 日）第二版

修葺神祠

江西访事人云：刘猛将军相传能为民驱蝗除害，以故封号叠膺、烝尝千古。百花洲左近向有刘猛将军庙，(庙)外有亭，上年被封姨所毁。藩宪翁筱山方伯以神祠剥落不足以昭祀典，特委余明府官浚重加修葺。

光绪二十四年六月初三日(1898 年 7 月 21 日)第九版

设坛祈雨

天时亢旱，农民望泽情殷，本县黄大令于六月朔日起在邑庙设坛求雨。现已三日，仍未见渥沛甘霖，大令甚为焦急，定于初四日起会同本城文武各员到坛祈祷，并传谕禁屠三日以迓祥和。

光绪二十四年六月初四日(1898 年 7 月 22 日)第三版

北通州近闻

南关王恕园五月十三恭庆平天上帝诞辰，由坐粮厅书役举办，招菊部演剧，又有道署少林五虎棍来庙进香，以致观者人山人海，庙外几无驻足之地。是日天气炎热，几有吐气成云、挥汗如雨之势。

光绪二十四年六月初六日(1898 年 7 月 24 日)第三版

致祭雷神

昨日道家者流谓为雷祖诞辰。清晨本邑江海关道蔡和甫观察以下文武各官咸诣城内也是园雷祖殿拈香致祭。循曩例也。

光绪二十四年六月二十五日(1898 年 8 月 12 日)第三版

拨银建庙

江苏督粮道陆春江观察度地沪上海运局之旁建造海神庙，刻已筮吉兴工。上海县黄大令会同松海防同知刘司马禀请浙江督粮道■芝岩观察嵩龄拨出工料银二千两应用。

光绪二十四年六月二十八日（1898 年 8 月 15 日）第三版

请禁窃料

本城邑庙内钱粮厅房屋现由三林塘书院提出公款赎为院中之产。惟是屋年久失修不免倾圮之虑，业已兴工翻造，恐匪徒行窃工程木料，已由董事秦月汀封翁函请上海县出示严禁矣。

光绪二十四年七月初三日（1898 年 8 月 19 日）第三版

吴山香市

杭州访事友人云：上月二十三日为火德星君诞辰，抚宪廖谷帅特委盐运使世振之都转亲诣吴山火神庙致祭。是日黎明都转恪恭前往，先由宁、嘉二分司及首府林太守、仁和萧明府在庙伺候，迨都转驾临迎入小憩，随即升殿行礼。钱塘县陈大令因患疟不克亲临。城中佑圣观及茅廊巷之火神庙亦由各社居民醵资演剧以娱神听。二十四日雷祖诞辰，由府宪林太守亲诣拈香，致诚致悫，备极肃雍。其居民之持雷斋者先一夕上山宿庙，游人拔来报往不绝于途，直所谓一国之人皆若狂也。

光绪二十四年七月初四日（1898 年 8 月 20 日）第二版

中元赛会

中元赛会其路由已纪昨日报章。昨日天公做美，旭日当空，会中人兴高采烈舁偶像游行。午后三下钟时，邑庙前鸣炮三声，城隍神、高昌司、财帛司、长人司、清江司各乘绿「緞」[缎]绣金大轿以次出辕，銮驾整齐，旗帜鲜艳。跟会者衣冠济楚各执炷香，间以清音数班沿途吹奏，其余一切会景皆与往时无异。观者人山人海，塞巷填衢。上海县黄大令、保甲总巡戴明府恐歹人生事，各派差役沿途照料。典史蔡少尉命驾赴西厉坛致祭。

光绪二十四年七月十六日(1898 年 9 月 1 日)第三版

会景续闻

中元赛会已将路由会景各节迭纪报端。昨日又为本邑大南门外高昌庙赛会之期，各会首兴高采烈，于清晨十点钟齐集庙前议定路由。至午后钟鸣三下，鼓炮声■，会中人将神像纳入「緑」[绿]呢绣金彩舆中，舁以十六人，游行街市。前导有逍遥伞、臂香会及童男童女、夜叉、判官、黄衣会、青衣会等。所过之处红男绿女夹道纵观，颇形热闹。

光绪二十四年七月十七日(1898 年 9 月 2 日)第三版

请设学堂

松江访事友人云：自奉旨改八股为策论，各直省书院学社均改为中西学堂，借以讲求实学。松郡迤东马桥镇向隶上海，闻已设有学堂。近日东北乡泗泾镇程、汪、戴、钟各绅士亦均筹集巨款、拟就章程，于廿三日来郡联名禀请府尊张子虞太守，欲就不列祀典之杨侯庙改设中西学堂，除正殿留奉杨侯香火外，其旁拟添造小屋，以便教习起居及诸生弦诵肄业。学生分作头二班，共四十人。中文正教习一人，「修」[脩]二百元。副教习「修」[脩]一百二十元，西文教习两人各三百元。另用监院、司事等。学生津贴「修」[脩]金每年四百元。约共岁需二千元之谱。镇中向有会课田产及各米行米捐，不敷尚巨，拟由镇上绅富募助，并请就郡城育婴、普济各善堂酌提米捐每石数文以襄盛举。未卜能邀贤二千石允准否也。

光绪二十四年七月二十八日(1898 年 9 月 13 日)第二版

赛会路由

下元令节迎赛城隍神会，此曩例也。前晚各会首舁神像升坐大堂，略仿官衙体制，排衙点卯毕，签发路由。是日神驾出庙朝西走旧教场，过北香花桥、福佑桥，朝东天官牌坊，过海防厅署，过益庆桥、老学前，朝西过县署，往南太平街，过县桥、太卿坊、陈箍桶桥、大南门，朝东过同仁里、永兴桥，进谈家弄，过道辕、天灯弄、东唐家弄，过鱼行桥、彩衣街、大东门，过吊桥、如意街、龙德桥、毛家弄、新马路、小东门码头，往北走外洋行街，沿河往南到坛。晚间，由坛起马，进西门，往东过登云桥、猛将堂、西仓桥，过北弄、参府署、杨家桥、胡家弄、副府署、薛家桥、凝河桥、陈箍桶桥、太卿坊，朝南过县桥，往东四牌楼，过长生桥回庙。特不知向来奉禁之花十景牌、阴皂隶、女犯等仍由王大令出示严禁否也。

光绪二十四年九月三十日（1898 年 11 月 13 日）第三版

赛会例志

昨日为下元令节。清晨细雨溟濛，至午后渐露晴曦。钟鸣三下时，好事者舁城隍神偶象排导出辕。除寻常旗锣伞扇外，有马上执事、马上鼓吹以及王命马、对马五十余匹，大锣班、阴皂隶、花十景牌、逍遥伞、臂香、妇女幼童装扮罪犯。每起夹以鼓乐一班，清音缭绕。经行之处，观者人山人海，拥挤异常。上海县王太令、保甲总巡戴明府派差役按「叚」[段]弹压。至傍晚时，典史蔡季清少尉命驾赴邑厉坛致祭，循旧章也。

本邑大南门外高昌司神例于今日出游。前晚三鼓时，会中人举办一切典礼，颁示路由。午后舁神像出辕，朝南过西陆家浜，走草鞋浜，过陆家浜桥，沿浜过马路，至南仓街，过里仓桥，走篾作街，由紫霞殿转东过张华浜小桥，朝北过外郎家桥，朝东走如意街，至洪升码头，朝东经大码头，沿马路朝南进王家码头，过盐公堂、赵家湾、小普陀桥、青龙桥，然后往邑厉坛致祭。

光绪二十四年十月初二日（1898 年 11 月 15 日）第三版

赛会尾声

每岁下元令节，本邑大南门外无艺之徒辄喜迎赛高昌司神会。昨日午后各会首齐集庙前，迨钟鸣三下排齐执事次第巡行。前导有王命马、执事马、对子马、冲风湾号及鼓吹人等，继以童男女扮夜叉判官、黄衣会、青衣会、提炉、执香、万民伞。杂以妇女装扮之囚犯，身衣赭衣，披发带锁，各乘无顶小轿，一若身犯重辟将引颈受戮也者，诚不知其究有何辜也。嘻，异哉？

光绪二十四年十月初三日(1898 年 11 月 16 日)第三版

神庙落成

本埠向无海神庙，每届漕务告竣官宪就天后宫致祭。今春陆春江廉访绾江苏督粮道篆来沪验漕，以海神保卫粮舟祀事允宜郑重，且天后宫远在沪北往返亦殊不便，爰特度地南市江苏海运局东隅创造海神庙一所，行知江海关道及海防同知转饬前任上海县黄爱棠大令勘丈绘图申请核办。嗣经蔡和甫观察札委朱森庭明府总理工程，雇匠营造，云斤月斧已历多时，刻始落成。计大殿三楹，暖阁及戏台各一座，两旁看楼八间，月台一座，头门三楹，金碧辉煌，规模壮阔。将来供奉龙王以便就近致祭。

光绪二十四年十月二十六日(1898 年 12 月 9 日)第三版

待泽孔殷

金陵访事友人云：省垣天气亢旱累月不雨，督宪率同司道府县先后在龙王庙设坛祈雨。初由两司委府检校赴句容宝华山请龙。继由督宪亲往灵谷寺龙池请水，并禁止屠宰猪羊及出售鲜鱼鸡鸭之类，以冀天心感格，更饬营兵制作黑色龙灯迎迓雨师税驾。十八日虽细雨微沾，及至莲漏三商遽尔停止，翌晨仍杲杲日出。督宪以涓滴之润不足以慰三农，因择壬癸方北极阁设坛祈雨，二十一日亲诣坛前拈香，竭诚祷告。彼苍者天应亦鉴此真诚慰兹民望也。

光绪二十四年十月二十九日（1898 年 12 月 12 日）第二版

金陵官报

上海巡检杨保申禀知送龙神龙（印）■句容茅山回■差。

光绪二十四年十一月初九日（1898 年 12 月 21 日）第九版

1899 年

皖江寒浪

日久不雨，田畴龟坼，农民「盼」[盼]泽维殷。抚宪邓小赤中丞关心民瘼，特委员赴江西龟龙山请到神龙，盛以瓷盆，供诸城北龙神祠内。上月二十九日雨师果即税驾夜来，檐溜有声。本月初二日中丞命驾出辕诣龙神祠拈香拜谢，仍委员将神龙送回龟山。

光绪二十五年十二月初八日(1899 年 1 月 19 日)第三版

致祭猛将

昨为致祭刘猛将军之期，上海县王欣甫大令因有要公委典史蔡季清少尉诣邑庙东首猛将堂恭代行礼，肃肃雍雍，恪参将事，猗欤休哉，诚巨典也。

光绪二十五年十二月初八日(1899 年 1 月 19 日)第三版

润州火警

镇江采访友来函云：本月十六日猫睛转午时，德胜门城外某姓家因午炊遗火积薪霎时烈焰飞腾，延烧西首顺记柴篷。时适封家姨飞扬跋扈，以致摧枯拉朽势不可当。各水龙闻警毕集吸水狂喷，道宪长观察、府尊许太守、参将郑参戎、水陆总巡周都戎、丹徒县王大令、保甲局员刘大令先后驰至弹压，直至二鼓时祝融氏始敛威而退。计焚去三茅宫瓦屋十余间、草房三十余家、顺记源泰福记三柴篷，焚去芦柴十余垛，约值三千余金，亦巨灾也。

光绪二十五年十二月二十七日(1899 年 2 月 7 日)第二版

滕阁祥辉

江西访事友人来函云：元旦微雨自东来，洒润嘘枯地脉颇能肥渥。未几旭日东升，瑞霭祥云辉映霄汉，都人士衣冠贺年吉语传来欢腾万户，城内许真君庙拈香者络绎不绝，摅寸心之诚款祝卒岁之平安。人寿年丰当可拭目俟之矣。

光绪二十五年正月二十日（1899 年 3 月 1 日）第二、三版

教案类志

山东冠县与直隶威县连界。闻冠县十八村结会誓与教民为仇，经大名府镇、道各宪派队弹压并调十号炮船以防不测。又冠县教士欲将玉皇庙改为教堂，冠县知县听从改造，工已完竣。忽有冠县人民聚众烧毁，大令即将冠县绅士拿获收禁。冠县人民聚集数千人赶至县署哄闹，大令无法，将绅士释放，始各鸟兽散。〔录《国闻报》〕

光绪二十五年正月二十三日（1899 年 3 月 4 日）第二版

烟海春帆

烟台访事友来函云：距烟三四里有玉皇上帝庙，俗传正月初九日为玉皇诞辰，红男绿女、白叟黄童（莫）不爇一瓣之心香祈终年之福荫，彼来此往络绎于途。今年虽风伯扬威，而焚香顶礼者庙内仍无容足之地，香火之盛可谓至矣。

光绪二十五年正月二十六日（1899 年 3 月 7 日）第二版

五茸迭胜

郡境东北乡刘猛将军庙香烟鼎盛，每届六年由附近数十村庄中人舁神像出

游。本月十二日傍晚，由西门进城，穿提辕，出东门，迤逦向北。前导有拜香者十余人，头戴纬帽，腰束围裙，上挂妇女饰物及绣货手帕等类，五光十色，班驳陆离，口宣经咒，手扬纸扇，一步一却，返身膜拜。继以大旗十余对、万民伞、銮驾、马上执事、茶担。其后殿以小童四名，细乐六起。神驾之后又有刀叉数十对，马十余匹。绕巡各村毫不留顿。今已迎赛两昼夜，行将回庙矣。

光绪二十五年二月十七日（1899 年 3 月 28 日）第二版

赛会先声

两丝风片酿就清明，插柳光阴坠欢如梦。本邑好事者例于本日舁城隍偶像赴坛，名之曰振济孤魂，实则无非过市招摇借相娱乐也。午后出庙往西，过旧校场、北香花桥，朝东福佑桥、天官牌坊、海防厅署、益庆桥、东街、彩衣街、果子巷、县前，往西朝南，过虹桥、唐家弄、（榻）水桥、陈箍桶桥，由大南门、同仁里、永兴桥、谈家弄穿道辕，过篾笠桥，出大东门，过吊桥，走大码头、老马路、大关，往西进萃丰码头，过小桥，走王家嘴角，出王家码头，由老马路、公义「马」[码]头、盐公堂、小普陀、东西钩玉弄、沙家石桥，往西朝北到坛。晚会，由坛起马，进西门，一直大街，过登云桥、西仓桥，进北弄，过参府署、杨家桥、副府署、薛家桥，朝西过王家弄、太卿坊、县桥。往东四牌楼、长生桥，朝西回庙。特不知历来谕禁之花十景、大肚刽子、女犯、阴皂隶、沿途吹弹之类果能恪遵禁令戢影销声否。

光绪二十五年二月二十五日（1899 年 4 月 5 日）第三版

赛会志略

连日风雨连绵、湿云如墨，至昨日清明佳节忽晴光大放、天朗气清，于是沪城选事之徒采烈兴高迎神赛会。午后三点钟许舁城隍及新江司、财帛司、高昌司、长人司诸偶像到处游行。前导除寻常旗锣伞扇外，又有历来奉禁之逍遥伞、花十锦牌、沿街弹唱、女犯、阴皂隶、大锣班、大肚刽子、臂香之类，明目张胆过市招摇，岂聪明正直之神竟尔不知法纪？抑夫亦好事者为之踵事增华耳？至于执事马、对马、王命马、鼓吹马多至六十余骑，锦鞯玉勒无不簇簇生新。一时观者塞途，几至万人空巷。江海关道蔡观察以维持风化为「已」[己]任……因饬县主簿孙立干少尹亲率差役赴庙前查禁，见有犯者立即拘拿。上海县王大令、保甲总巡戴明府亦各派公差沿途照料，典史周少尉则赴邑厉坛致祭漂泊游魂。迨月过花梢赛毕回庙，明灯万盏，益觉富丽辉煌。宜乎一国之人皆若狂，咸以先睹为快也。

光绪二十五年二月二十六日(1899 年 4 月 6 日)第三版

赛会志盛

昨日为高昌司庙赛会之期。上午十一点钟时江南制造总局各工匠排齐各种仪仗在庙前伺候。俄而炮声隆隆，会中人舁神像游行各处。前导除各种旗锣伞扇外，有秋千一架，高跷若干人，采莲船一艘，万民伞、逍遥伞各若干顶，对马、顶马各若干骑。更有就马上扮成戏剧沿途歌舞者，后随渔樵耕读及江湖技艺之流，无不惟妙惟肖。所过之处，红男绿女空巷来观。至午后二点钟时，行经南「马」[码]头。各巡防局员暨各军营弁均派勇丁弹压，以免歹人滋事。

光绪二十五年三月初八日(1899 年 4 月 17 日)第三版

上海巡局纪事

前日本邑浦东钦赐仰殿乡民舁神赛会，渡浦往观者人多于蚁。粤人某甲携其妾某氏而往，及归则头上所带珠花已不翼而飞，因即投是处烂泥渡巡防局禀请查缉，局员允之。

光绪二十五年三月初十日(1899 年 4 月 19 日)第三版

赛会志盛

昨日系新闸金龙四大王赛会之期。天朗气清，惠风和畅，会中人皆兴高彩烈。午前九点钟时排齐全副仪仗绕行新马路、池浜桥、黄家厍、跑马厅、静安寺等处。乃折回，过新闸桥，至太阳庙一带，然后回庙。所过之处，观者人山人海，拥挤异常。会中除寻常执事外，有十逍遥、香亭、清客、丝竹等类。更有白绢扎成之龙灯一条，玲珑剔透，悦目赏心。闻所费颇属不赀。劳民伤财甚无谓也。

光绪二十五年三月二十日(1899 年 4 月 29 日)第三版

重建井亭

本邑大东门外有武当禅院，即俗所谓紫霞殿者。是院之东南隅向有井亭，闻之堪舆家谓借以镇压近处火灾者。迩来张华浜渐形淤塞，居民咸盖造房屋，以致占及亭旁余地。既而亭亦坍塌，片瓦无存，居民就其地堆积污秽，臭气熏蒸。近日附近时有火灾，乃由十六铺绅董会同巡防局委员孙、钟两君募资重建，已于前日破土兴工矣。

光绪二十五年三月二十一日(1899 年 4 月 30 日)第三版

南市琐谭

昨日相传系龙神诞辰。清晨上海县主王欣甫大令偕在沪各员鸣驺至龙王庙拈香致祭，至晌午时始分道回署。

今日为天后圣母诞辰，南市商船会馆、浙宁会馆均由董其事者征召梨园子弟登台演剧以答神庥。巡防局局员深恐流氓乘机滋事，特派勇甲分「叚」[段]弹压。

南市大东门外紫霞殿东南隅间有井亭，年久失修，以致颓废。迩由附近居民邀十六铺绅董募捐重建，钱业董事杨某等愿出资佽助以期速成。

光绪二十五年三月二十三日(1899 年 5 月 2 日)第三版

迎神入庙

南市海神庙自去冬工竣后庙貌一新，规模宏丽。昨由董事王介眉饬人恭迎偶像入庙，松海防同知刘乙笙司马、海运局总办张子虞太守先后命驾而往竭诚致祭礼也。

光绪二十五年三月二十四日(1899 年 5 月 3 日)第三版

厦门杂录

厦门访事人云：俗传上帝宫保生大帝于三月十五日诞生，各庙司祝例于十四五六三日舁偶豫赴大担山外某海岛游行。本届游行既毕，于十五日遄回。行至厦门港内虎头山下，前导执事船高扯风帆飞驶如箭，有五人被帆索扫入海中，祗救起三人，二人竟沉入水底。

光绪二十五年三月二十九日(1899 年 5 月 8 日)第二版

上海县署纪事

本邑小南门外复善堂各司事借超渡淮徐灾毙游魂为名筹得捐款七百余金，于三月十九日起延僧道建水陆道场四十九日。昨日遣人投上海县署禀请派差弹压，县主王欣甫大令不准所请。

光绪二十五年四月初四日(1899 年 5 月 13 日)第三版

缢尸报验

昨有浦东二十四保二十图地保顾秋桥偕钦赐仰殿庙祝沈石泉投县报称"有无名男子在庙内自缢身死，查无尸属，禀请相验核夺"。王大令据报后谕饬往备尸场伺候验尸，旋于二十七日赴乡相验云。

光绪二十五年六月二十七日(1899 年 8 月 3 日)第三版

大令验尸

缢尸报验已纪报端。昨晨，上海县王欣甫大令带同刑仵书差人等，命驾渡浦,地保顾秋桥预在仰殿庙中陈设公案,大令当即升座传讯。庙祝沈石泉供称:“本地人,在此为庙祝已历多年,死者素不认识,不知何时掩入边屋杨侯殿上自缢身死,因告知地保投案报验。”顾保供与相同。大令饬仵检验。报称“死者周身无伤,颈项有绳痕,舌垂吻外,委系生前自缢身死”。大令亲视无误,乃命书吏填明尸格,谕令同仁辅元堂给棺收殓标封发坛,并饬差保查传尸属认领。谕毕言旋,时已卓午矣。

光绪二十五年六月二十八日(1899 年 8 月 4 日)第三版

井亭工竣

本邑大东门外紫霞殿东首向有井亭一座,建于前明,曾载《上海县志》,迄今已阅数百年。相传是亭之建借以镇压火灾。同治初年屋宇欹侧。两旁仅存石柱破瓦颓垣,已无复旧时景象。近年来该处火灾迭告,附近居民倩堪舆家视之,谓宜将是亭重新兴筑,爰商诸十六铺绅士钟、孙二君募资重建,经之营之,现已工竣,惟捐款尚难筹集,未知董其事者能免赔累否。

光绪二十五年七月初一日(1899 年 8 月 6 日)第三版

洪崖访道

江西访事友人云:天时亢旱,农民望泽孔殷,迭经南昌府尊江订吾太守率同南昌、新建两县主设坛祈雨,迄未见效。抚宪松鹤龄中丞心焉忧之,爰于上月二十一日示禁屠宰,诣万寿宫许真君神前竭诚祷祝。二十三日下午雨师税驾,檐溜声淙淙不绝,入夜复大沛甘霖,四郊沾足,人皆谓系中丞一诚所感。理或然欤?

光绪二十五年七月初四日(1899 年 8 月 9 日)第二版

节会路由

今日为中元令节,沪城好事之徒例得舁城隍神及冥属四司游行四境。先于前晚迎神像升大堂,仿照官场体例排衙点卯签发路由。计是日出庙朝东,走天官牌坊,过福佑桥,朝西过北香花桥、旧校场、南香花桥、广福寺、石驳岸,过穿心河桥、登云桥、西仓桥,进北弄、参府署、杨家桥、胡家弄、副府署,朝东过虹桥、县西、县南,朝东果子巷、彩衣街、篾笠桥、瞿家湾,穿道辕、谈家弄、化龙桥、陈箍桶桥、同仁里,出小南门,过吊桥,进佛阁、东西钩玉弄、青龙桥、梅家弄、盐公堂、公义码头,由老马路出新码头,走豆市街,出萃丰弄、大关、大码头、里咸瓜街,朝北过陆家石桥、洋行街,沿城河(到)坛。夜会:由坛起马,进西门,朝东杜家湾、太平街、县桥、育婴堂、梅家弄、中大夫坊,朝东过篾笠桥、益庆桥、海防厅署、长生桥、四牌楼、县东、县西、三牌楼、昼锦牌楼,过陈市安桥,朝东回庙。

光绪二十五年七月十五日(1899 年 8 月 20 日)第三版

京江放棹

镇郡城隍神向于七月十八日出游。神像乘八人大轿,仪仗鼓乐簇簇生新。所最奇者,男妇所扮各犯,或披枷带锁,或手铐脚镣,或身衣赭衣,或项笼铁索,甚有插耳箭者,多以数百计。更有一种臂灯,用绳穿入肤间,下系牛角大灯,血肉模糊,一若不知痛苦也者。所过处观者塞途,几有万人空巷之势。是诚恶俗也,有地方之责者盍亦禁之?

光绪二十五年七月二十四日(1899 年 8 月 29 日)第三版

粤海珠光

广州访事人云:省垣大市街五仙观为羽士清修之所,历年既久,未免丹青剥落,栋宇欹斜。现议筹款重修,日来已鸠工庀材大兴土木矣。

光绪二十五年八月十六日(1899 年 9 月 20 日)第二版

迎神志略

美界北浙江路新建会审公廨落成后,定于昨日舁送福德神像入座,已将路由录登前报。昨晨十点半钟时，署中各执事排齐仪仗迤逦而出。前导除旗锣伞扇外，有冲锋湾号、马执事、马鼓吹、对马，逍遥伞二十余顶，万民伞一顶。继以清客吹弹、花十景牌、清音八拍、敕印、顶马、阴皂隶、黄衣会、臂锣、臂香、香亭、提炉。六房书吏执香恭送。土地偶像端坐绿呢显轿周游各处。及入署，暂置堂上，各执事一一叩首，然后舁入祠中竭诚供奉。

光绪二十五年八月十八日（1899 年 9 月 22 日）第三版

吴山立马

杭州访事友人云：距武林门外十余里有秦亭山焉，俗呼为老和山。山麓真武庙香烟鼎盛，每「届」[届]中（秋）■■■庭下建一高台，装设香斗，共计九层，高入云际。本「届」[届]是日适遇大雨，香客寥寥，因改于次日燃点。是夜皓月升空，浮云尽扫，篆■■■，灯月交辉，居民闻风而来者举国若狂。甚无谓也。

光绪二十五年八月二十日（1899 年 9 月 24 日）第九版

鹤楼秋月

黄陂县属木兰山上有真武庙焉，每届中秋节前后数日进香者趾错于途。府尊余尧衢太守恐人众滋事派员驰往弹压。

光绪二十五年八月二十一日（1899 年 9 月 25 日）第三版

茸城谈屑

松江访事人云：西门外妙严寺后痘神庙中向设会文公社，每届岁科试社中获隽者不下数十人。近因屋宇年久失修日就倾圮，由社中领袖创议四出募捐，并于本月二十日舁神像游历城乡为斯民驱邪降福。仪仗之前另用一木牌，上书“亲临募捐”四字，是亦可谓生面别开者矣。

光绪二十五年八月二十四日（1899 年 9 月 28 日）第二版

武林官场纪事

杭州访事友人云：本月十八日俗传潮神诞期。黎明时杭嘉湖道陈养源观察命驾出凤山门诣江干秋潮宫致祭，翁家埠潮神庙则由抚宪刘景帅札委周庚五观察行礼。是日潮水极大，天气晴和，城中男妇往观者颇为热闹。

光绪二十五年八月二十五日(1899 年 9 月 29 日)第二版

赛会路由

下元令节游手好闲之辈舁本邑城隍神偶象出游，先期拟定路由。出庙朝西，过旧校场，朝北过香花桥，朝东过福佑桥，出天官牌坊，朝东过海防署，往南过益庆桥、东街，往西彩衣街、曲尺湾，过县东、县西，往南过虹桥，进西唐家弄、育婴堂，出东唐家弄，往南天灯弄，由道署出谈家弄，往南过花桥龙①、陈箍桶桥、大南门，进同仁里，出小南门，过吊桥，进佛阁、东西钩玉弄，朝北过小普陀桥，往东过盐公堂、公义码头北老马路、王家码头、王家嘴角，朝北过外郎家桥，过如意街，进里咸瓜街、陆家石桥，过洋行街，沿城河浜一直到坛。晚上由坛起马，过吊桥，进西门大街，往东庄家桥，出北弄，由参府署、杨家桥、胡家弄过守府署，往北过凝和桥、陈箍桶桥、太卿坊，过县桥、县南、县东，往北过四牌坊，过长生桥，往西回辕。特不知向来奉禁之女犯、大肚剑子、花十景、沿路吹弹之类果能销声匿迹不致视禁令若弁髦否？

光绪二十五年十月初一日(1899 年 11 月 3 日)第三版

迎神例志

昨为下元令节，本邑例有迎神赛会之举，适遇风日清朗，会中好事者尤兴高采烈。午后三下钟时，舁城隍神、长人司、财帛司、高昌司、靖江司五偶

① “花桥龙”疑是“化龙桥”之误。

像出庙游行，一切銮驾旗伞均簇簇生新，更有皇命马、冲风湾号马、对马、执事马计共六十余骑，其历来奉禁之花十锦、阴皂隶、大肚刽子手等类依然招摇过市，观者咸啧啧称奇。其妇女之装扮犯人乘无帏小轿者，幸由道宪余晋珊观察札委主簿孙少尹带差在邑庙左近严行禁止，以是尚不多见。县主王欣甫大令、保甲总巡戴子劢明府均饬差役沿途弹压。傍晚典史周少尉命驾赴邑厉坛致祭。入夜迎神回庙，蚖膏万点照耀通衢。经过之处观者塞途。

光绪二十五年十月初二日（1899 年 11 月 4 日）第三版

赛会例志

昨日为本邑大南门外高昌司庙赛会之期，会中人咸以天公做美兴高彩烈、踊跃异常。午后三点钟时，以神像纳舆中，排齐各种仪仗游行南市一带，红男绿女争先快睹，几于塞巷填衢。端木氏所谓举国之人皆若狂者殆指此欤。迨神像回庙则已暮霭横山、万家灯火矣。

光绪二十五年十月初三日（1899 年 11 月 5 日）第三版

浔江衰获

九江都天大帝极其灵感，而庙宇年久失修，剥蚀丹青，观瞻未壮。迩经陈瑞麟善士偕住持僧设法重修，于上月十四日破土兴工，转瞬美奂美轮，香火当益臻繁盛矣。

光绪二十五年十一月初七日（1899 年 12 月 9 日）第三版

1900 年

英界又火

英大马路石路东首建有保安司徒庙，又谓之虹庙，基宇虽不甚广而香烟之盛冠绝一时。昨晚七点余钟大殿中突然失火，顷刻冒穿屋顶火焰飞扬。捕房中警钟乱鸣，救火会各西人闻警驱皮带车风驰而至，竭力施救，得以渐渐告熄。约焚去房屋四五间。

光绪二十六年二月二十六日(1900 年 3 月 26 日)第三版

英界火警余谈

前晚英租界大马路保安司徒庙被火，昨已略记情形。兹悉庙中平日香火颇盛，是晚香炉中余火未熄，庙祝失于检点，延及所悬纸锞以致上炎。诸羽士惊骇非常，争先奔避。迨救火会西人舁水龙至，吸水狂喷，则大殿三楹及后进帐房等处已悉化劫灰，惟山门巍然独存。四围俱有砖墙，是以邻舍未经殃及。嘻！若辈诱人布施辄谓我佛有灵，今者佛坐冷山门任火德星君恣行作践，亦足见佞佛者之非徒无益而又害之矣。奈何尚沉迷不悟哉！

光绪二十六年二月二十七日(1900 年 3 月 27 日)第三版

英美租界公堂琐案

前晚英界大马路保安司徒庙被火后，庙主保安堂司董以此事系庙祝失察所致，因将庙中司阍王子庆送入捕房。昨晨包探赵银河解案请讯，王子庆供：“小的在庙司阍有年，失火时小的在大殿上，不知香炉中如何起火，求察。”襄谳委员张柄枢司马据情商之梅翻译，着暂行管押候过堂研讯。

光绪二十六年二月二十九日(1900 年 3 月 29 日)第九版

研究起火

本邑英界大马路保安司徒庙被火情形前曾两纪于报。兹经保安善堂某董事查悉，庙中司阍人王子庆失于觉察致肇此祸，因即投报捕房。前日捕头令包探赵银河将王拘解会审公廨，谳员翁笠渔直刺讯供之下饬押候晚堂讯办。至晚倩襄谳委员张柄枢司马研讯。王子庆供称："是日之晚，庙中自住持以下诸羽士俱因事外出，适有香客入庙求签焚化纸锞致兆焚如，小的施救不及，实非失于觉察，乞恩鉴宥。"张司马判令荷校十天发捕房门前示儆。

光绪二十六年二月三十日(1900 年 3 月 30 日)第三版

沪南琐纪

今日为南市高昌庙赛会之期，江南制造局各工匠及炮队营各健儿咸兴高采烈斗丽争华。倘能天公做美风日晴明，则车水马龙必有一番热闹也。

光绪二十六年三月初二日(1900 年 4 月 1 日)第三版

沪南杂录

昨日系南市高昌司庙赛会之期，风日晴丽，好事者益采烈兴高，午后舁神像至各处游行。前导有各种抬阁，扮演京班戏剧惟妙惟肖、簇簇生新。更有秋千两架，使五六龄童子斜立强有力者之肩上，翩翻宛转，几如飞燕轻盈。后随木质采莲船数艘，杂以笙箫，悠扬可听。此外又有大头鬼、小头鬼及医卜星相、渔樵耕读之类，无不争妍斗丽务极新奇。是日适逢西人礼拜之期，以是红男绿女、白叟黄童夹道纵观，颇有如水如云之盛。

光绪二十六年三月初三日(1900 年 4 月 2 日)第三版

改造大殿

英大马路保安司徒庙〔即红庙〕廿五夜因香客焚化元宝遗火未熄为风吹起延烧大殿，住持及道友等适有道场出外，一时不及施救，敬将沉香观音菩萨请出，幸蒙救火会西人皮带车前来竭力浇灌，逾时即熄，未始非诸同人救护之功也。大殿湫隘殊甚，屡拟兴造，力有不逮，事不果行。现经堂董公议择日翻建，惟需款若干尚未估价，倘有大善士慷慨解囊捐资相助，敬请送交保安善堂亲掣收条为凭。此外无人在外劝募，恐有无耻之徒托名诱骗，特此登报声明。住持谨白

光绪二十六年三月初一日（1900 年 3 月 31 日）第四版；光绪二十六年三月初二日（1900 年 4 月 1 日）第六版；光绪二十六年三月初三日（1900 年 4 月 2 日）第十版；光绪二十六年三月初四日（1900 年 4 月 3 日）第六版；光绪二十六年三月初五日（1900 年 4 月 4 日）第十一版

赛会路由

本月初六日为本邑城隍神赛会之期，苏松太兵备道余晋珊观察札县严禁随会游行之女犯、臂香、大肚刽子、花十景、沿途弹唱诸恶习，已登昨日报章。兹悉前晚会首掣定路由：出庙朝东天官牌楼、福佑桥，朝西过北香花桥、旧校场、陈市安桥、昼锦牌楼、三牌楼、县西，往南东果子巷、彩衣街、蔓笠桥、瞿家湾，穿道辕、谈家弄、天灯弄、东西唐家弄，转南过虹桥，往西杜家湾、庄家桥，朝南进北弄，由参府署过杨家桥，出胡家弄，过副府署、薛家桥、同仁里、出小南门、吊桥、王家弄、里仓桥、过曹家湾、进梅家弄，朝南过小普陀桥、东钩玉弄、南仓桥、陆家浜桥，朝西一直到邑厉坛。晚走万生桥，进西门，一直朝东过杜家湾、太平街，过果子巷，走彩衣街、东街，过益庆桥，朝西由海防署、天官牌坊过福佑桥，朝西走黑桥浜，过北香花桥、旧校场，朝东回庙。

光绪二十六年三月初六日（1900 年 4 月 5 日）第三版

赛会例志

昨为清明令节，轻阴薄暝，景物清幽，好事者舁城隍神及财帛司、高昌司、长人司、清江司五偶像赴各处游行，以为可以驱瘟逐疫，实则借此以恣游观耳。是日除■常仪仗外，其花十锦牌、阴皂隶、臂香会、解饷会、大肚皮刽子手、黄衣会、青衣会以及妇女小孩装扮罪犯之类，虽经道宪余晋珊观察出示严禁，而若辈争奇斗胜、兴不稍衰，亦足见其视法令若弁髦，非一纸空言所能禁约者矣。此外尚有劣马六十余匹，风驰电掣各显其能。经行之处，观者塞巷填街几难驻足。晚间由邑厉坛回庙，千百灯火照耀通衢。县署及保甲总巡、巡防分局均有差役按「叚」[段]巡查。法租界捕头以邑厉坛新划入租界中，恐各流氓乘间滋事，饬包探带同探伙沿途照料以免疏虞。

光绪二十六年三月初七日(1900 年 4 月 6 日)第三版

沪南杂录

昨日为大南门外高昌司庙赛会之期。午后三点钟时，会中人舁偶像出巡。前导有对马、顶马、皇命马各二十余骑，其黄衣会、青衣会等琅珰链索随之而行，附以清客串、臂香会、大锣班、皂隶、判官、野叉等，炫异矜奇各极其胜。经过之处红男绿女观者塞途。

光绪二十六年三月初八日(1900 年 4 月 7 日)第三版

浦滨赛会

本邑浦东杨家镇向有杨太太庙，不知所祀何神。前日村中好事者舁偶像出游。前导除旗锣伞扇外，有臂香、臂锣，执事马、敕印马、对子马约二十余骑，逍遥伞二十余顶，清客二班，沿途鼓吹声韵悠扬。其俊僮之扮成《荡河船》等剧者，迷离扑朔，莫辨雌雄，玉貌花容尤足令人消魂心醉。所过之处观者塞途，亦一时盛会也。

光绪二十六年三月十六日（1900 年 4 月 15 日）第三版

京口钟声

初六日为清明令节，好事者舁府县城隍偶像赴邑厉坛焚化冥锭，谓为振济孤魂。时适天公做美，日暖风和，倾城士女结伴闲行，相与拾翠东郊、踏青南陌，衣香鬓影掩映于绿杨芳草间。元人[①]《清明上河图》无此风光美满也。

光绪二十六年三月十九日（1900 年 4 月 18 日）第三版

北通近事

清明时节好事者舁城隍偶像诣北台施振孤魂。是日居民纷纷出城扫墓焚化冥镪，亦木本水源之意也。

…………

施种牛痘诚为保赤良方。时际暮春，诸善士多在庙宇黏单施种，分文不取，惠及婴孩实非浅鲜。

光绪二十六年三月二十一日（1900 年 4 月 20 日）第二版

汉水明珠

每岁三月二十八日相传为东岳大帝诞辰，鄂省东岳庙及洪山宝通寺、大东门外长春观等处游人如蚁，往往因此滋生事端。江夏县陈介庵大令有鉴于此，先期饬役传谕庙祝一律闭门，是亦防患未然之道也。

光绪二十六年三月二十八日（1900 年 4 月 27 日）第二版

① “元人”应为“宋人”。《清明上河图》为北宋画家张择端的作品。

五茸芳草

每岁三月二十六日郡中好事者必舁温天君、东岳帝、刘郡王、施相、杨侯、痘神各偶像出游东郭，迨二十八日舁回。是日适天公做美，薄暖轻寒，观赛之人无不兴高彩烈。神舆后有骑马驰骤者争奇斗捷、顾盼自雄，殆端木氏所谓一国之人皆若狂者欤。

光绪二十六年四月初一日（1900 年 4 月 29 日）第三版

云间近事

松江访事友人云：三月二十六日郡中好事之徒迎东岳圣帝、刘忠显王、温天君、施相、杨侯、痘神六偶像诣东门外，二十八日分别迎回。适逢天公做美，日丽风和，士女来观者鬓影衣香往来如织。

光绪二十六年四月初五日（1900 年 5 月 3 日）第二版

北固涛声

镇江南门外都天庙每逢四月必集资迎神赛会，本年定于二十日举行。清晨八点钟时，各会一律排齐。前导除旗锣伞扇不计外，继以香亭、印亭、更衣亭、骨董亭、金铙、法鼓、羽葆、幢幡，并以俊秀童子扮成「台」[抬]阁六架，如水漫金山、八仙过海、四郎探母等剧，无不惟妙惟肖、尽态极妍。殿以锣鼓、灯棚十余起，光驾绣陌，响彻云衢。中杂五色旌旗，令人自不暇赏。末后玻璃伞、明角灯、花茶担、象灯、马灯、鲤鱼灯及凤、鳞、狮、象、鹦哥、鹿、鹤、人物、山水诸灯，幻想天开，无奇不有。洎乎夕阳西下、皓月东升，各灯排列西门双井前，绵亘数里。红男绿女、白叟黄童相率来观，几致满坑满谷。幸道宪长久山观察、水陆总巡周锦堂都戎以及江胜各营官饬弁勇随会稽查，故游人虽多尚不致于肇衅。

光绪二十六年四月二十七日（1900 年 5 月 25 日）第九版

致祭吕祖

本邑大东门外郎家桥南首前由某董集资建造吕祖仙师殿，每逢夏令在内施给医药以惠贫黎，迩已工竣。昨日法租界谳员朱森庭明府暨二十三七铺巡局委员盛雨村二尹咸往拈香致祭。

光绪二十六年五月十六日(1900 年 6 月 12 日)第三版

少天师过沪

袭封六十一代天师年逾花甲，因命少君北上携带道官路过沪江，暂寓棋盘街大亨栈。求治病建醮者无不应验，可见儒释道各有专家。

光绪二十六年六月初一日(1900 年 6 月 27 日)第六版；光绪二十六年六月初二日(1900 年 6 月 28 日)第八版；光绪二十六年六月初三日(1900 年 6 月 29 日)第十二版；光绪二十六年六月初四日(1900 年 6 月 30 日)第七版；光绪二十六年六月初五日(1900 年 7 月 1 日)第十一版

禀请修理

本城也是园内向奉雷祖神像，亭院幽深。现因年久失修，由住持禀明苏松太兵备道余晋珊观察兴工修理。观察准之，已札委杜二尹仁干前往勘估矣。

光绪二十六年六月二十四日(1900 年 7 月 20 日)第三版

赛会路由

今日系中元令节，好事者例得迎赛城隍神及清江司、财帛司、高昌司、长人司各会。上海县主汪瑶庭大令因北方拳匪肇乱风鹤频惊，先谕令不准踵事增华招摇过市，举凡花十景、逍遥伞、女犯、大肚刽子、沿途弹唱之类务须一律革除。前日之晚会中人舁偶像升堂，签发路由，计：出庙朝东过天官牌楼、福佑桥,朝西过北香花桥、旧校场、南香花桥、广福寺,出石驳岸、穿心河桥、杜家湾、登云桥、西仓桥,出北弄,过参府署、杨家桥、胡家弄、守备署、薛家桥、也是园浜,往北过虹桥、三牌楼、上海县署,朝南过县桥、太卿坊、陈箍桶桥、大南门,进同仁里,过永兴桥、谈家弄,穿道辕,往北过簑笠桥,出大东门,过吊桥,走大码头,过大关、萃丰弄、紫霞殿、篾作街、王家嘴角、梅家弄、青龙桥、东西钩玉弄、陆家浜,迤西到坛。夜会:由坛起马,进西门大街、穿心河桥、杜家湾、太平街,过县桥、陈箍【桶】桥、化龙桥,进天灯弄、中大夫坊,过簑笠桥、彩衣街、曲尺湾、县东、县西、三牌桥、昼锦牌楼,过陈市安桥,朝东一直回辕。特不知果能确遵官谕不致阳奉阴违否也?

光绪二十六年七月十五日(1900 年 8 月 9 日)第三版

中元会景

昨为中元令节。午后三点钟时,各会首衣冠整肃齐集庙中,将城隍神及四司偶像置诸绿呢绣金大轿排导出辕。每起均有马执事、銮驾、旗锣伞扇并皇命马、对马、鼓吹马。间以清音一班,沿途奏乐,音韵悠扬。此外逍遥伞、十锦牌、大肚皮刽子、黄衣会、青衣会无不簇簇生新、惟妙惟肖。上海县主汪瑶庭大令、保甲总巡戴子迈明府均饬差弹压,并由典史赵少尉赴西门外邑厉坛致祭。法界捕头以邑厉坛一带已划入新租界,派包探前往照料。迨入夜遄回,已灯彩辉煌、参横斗转矣。

光绪二十六年七月十六日(1900 年 8 月 10 日)第三版

示期秋祭

昨日上海县汪瑶庭大令发出秋祭单,定于八月初一日祭吴公祠、应公祠,初三日祭文昌宫,初四日祭吕祖祠及陈、袁、吉、刘四公祠、愍忠祠,初八日祭文庙及黄婆祠,初九日祭社稷坛、神「祇」[祇]坛、海神坛、风神庙、周太仆庙、群忠祠、土地祠,十四日祭天后宫,十七日祭关帝庙,闰八月初五日祭龙神庙。

光绪二十六年七月十九日(1900 年 8 月 13 日)第三版

北固秋云

中元令节好事者舁府县城隍神像出游。午后三点钟时过府县各署，绕道出西门，至小「马」[码]头五神坛小驻。迨更鱼初跃迤逦由大街进城回庙，一路灯光耀彩、仪仗鲜明，往观者踵趾相接不减日间之拥挤喧哗也。

光绪二十六年七月二十二日(1900 年 8 月 16 日)第二版

赣省望雨

南昌访事友人云：此间自六月中浣迄今未得大雨，田畴龟坼，农民望泽甚殷。赣抚松鹤龄中丞爰于七月十七日委员赴安义县圣水塘恭请龙神，二十日亲诣滕王阁迎入，供奉龙王庙中设坛叩祷，并传僧道诵经礼忏，每日辰申二刻督同文武员弁拈香恳祷。阅三日，不特雨师未经税驾，且长空万里云翳全无，不知屏翳氏何日方能鞭策痴龙宏施甘澍也。

光绪二十六年八月初三日(1900 年 8 月 27 日)第九版

禾中人语

上月二十八日嘉兴县城隍庙住持羽士纠约县署各书差建设道场两永日，名曰铺堂，城乡妇女咸往购取堂单，谓他年寿终持去以为执照。越人信鬼殊可笑也。

光绪二十六年闰八月十二日(1900 年 10 月 5 日)第二版

示禁赛会

钦加同知衔特授松江府上海县正堂汪为出示谕禁事。照得迎神赛会本干例禁，况今者北匪肇祸大局艰危，万不可举行赛会。闻得浦东陆家庵霜降会已遵董事劝免，其射猎庙、鹤坡庙、排马庙尚在观望。独岳王庙霜降会会首最盛，劝阻不从，合行出示谕禁。为此示仰该处会首居民人等一体知悉：尔等须知迎神赛会久干例禁，且当此北方匪扰诸应力从俭约，自示之后各宜经营务农，不准兴起前项赛会。倘敢不遵，许该董保指名禀候提办，不稍宽贷。切切毋违。特示。光绪二十六年闰八月二十四日。

光绪二十六年闰八月二十六日(1900 年 10 月 19 日)第三版

金焦翠黛

秋后天气亢晴，从未见甘霖下沛，麦苗菜甲大半焦枯。道宪长观察关心民瘼，特饬丹徒县主莫屿香明府于本月初二日起就城隍庙供奉龙王神位传集僧道讽经默祷，镇江府向子振太守亦前往拈香。

光绪二十六年九月初八日(1900 年 10 月 30 日)第九版

制军祈雨

金陵访事友人云：省垣自夏徂秋雨泽甚稀，河水枯涸，秋稼告歉，米价飞腾。两江督宪刘岘帅民瘼关心，特派某员赴句容花山龙池迎神龙至省。中途龙忽不见，委员回禀岘帅，深以为忧。既而南捕同知姚通守禀称："淮安龙王庙藏有铁牌，祷雨辄应，前署淮安军捕通判时曾目击灵异。"岘帅爰于月之某日札饬通守驰赴淮安龙王庙恭请铁牌。初四日岘帅亲诣本城龙王庙拈香，为民请命。是日午刻阴云四合、微雨东来，惜未逾时即云收雨歇。次日天刚破晓，居人又见雨师戾止，霢霂沾衣。虽未大沛甘霖，然亦可见岘帅之一诚感格矣。

光绪二十六年九月十二日(1900 年 11 月 3 日)第二版

云间客述

重九佳节风日晴明，松俗向例迎赛罗神、杨侯、施相三神胜会，美其名曰赏菊。本月初七日由各社首事舁偶像出游，至初九日舁之回庙。一时观者颇有如水如云之盛。

光绪二十六年九月十五日(1900 年 11 月 6 日)第二版

羽流火化

姑苏访事友人云：距胥门三十六里太湖之滨有穹窿山焉，纵横数十里，高耸云霄。山顶有一道院，内分三十六房，栋宇千余楹，羽士以百十计，诚一极大坛场也。本月初四日之夜，住持陈某一榻横陈方作烟霞供养，忽为睡魔所扰深入黑甜，误将衣袖扑烟灯，霎时烈焰飞腾不可向迩。迨道众坌集将火救熄，而陈已头焦额烂羽化登仙矣。

光绪二十六年九月十八日(1900 年 11 月 9 日)第二版

沪堧零拾

本城也是园文昌阁等处年久失修，墙垣剥落，前经苏松太兵备道兼江海关监督余晋珊观察拨款兴修，刻已工竣。昨日观察札委江苏候补知县陈大令曾培前往验收。

光绪二十六年九月二十日(1900 年 11 月 11 日)第三版

赛会路由

本届下元令节本邑好事者舁城隍偶象出游。先发牌点卯签定路由。出庙朝西，过陈市安桥、昼锦牌楼、三牌楼，过县桥，朝南过太卿坊、陈箍桶桥，进西王家弄，过薛家桥，由副府署往西，出胡家桥弄，过杨家桥，由叁府署往西，进北弄，过庄家桥，往西出西门到坛。晚上，由坛起马，朝东往南过万生桥，往南朝东过沙家石桥，朝东进西钩玉弄，过小普陀桥，往北朝东盐公堂，朝北往东出公义码头，朝北进王家「马」[码]头、花衣街，至新「马」[码]头，往西至小桥，朝北过外郎家桥、如意街，往北朝西过吊桥，进大东门，过篾笠桥，往西中大夫坊，往南出天灯弄，由道辕出谈家弄，朝南过永兴桥，进同仁里，往西朝北过陈箍桶桥，朝东南梅家弄，往北过鱼行桥，朝东过彩衣街，朝北过东街、益庆桥，朝西过海防署，往天官牌楼、福佑桥，朝西往南过安仁桥，往南朝东出马姚弄，往西回辕。昨日上海县主汪瑶庭大令循照旧章，饬将臂香会、阴皂隶及妇女扮犯各名目举凡矜奇吊诡与夫借事诲淫者一律严加示禁。未知蚩蚩者能不视若弁髦否？

光绪二十六年九月三十日（1900年11月21日）第二版

1901 年

致祭猛将

昨日为刘猛将诞辰，上海县汪瑶庭大令适值赴苏，由典史赵敬臣少尉代诣本城小东门内猛将祠致祭。

光绪二十七年正月十四日（1901 年 3 月 4 日）第三版

致祭文昌

昨日道家者流谓为文昌帝君诞辰。清晨，苏松太兵备道兼江海关监督袁海观观察、提右营参将廖楚材参戎、松海防同知刘乙笙司马、上海县汪瑶庭大令以及在沪印委各员先后至也是园蕊珠宫在文昌偶像前拈香行礼，礼毕退入蕊珠书院小憩片时，然后分道回署。

光绪二十七年二月初四日（1901 年 3 月 23 日）第三版

致祭吕祖

昨为致祭纯阳祖师之期。清晨，苏松太兵备道袁海观观察、提右营参将廖楚材参戎率同文武员弁诣本城水仙宫祖师殿致祭如仪。

光绪二十七年二月初五日（1901 年 3 月 24 日）第二版

坍屋巨灾

姑苏访事人云：省垣葑门内塔寺附近烟脂桥上向有猛将堂，房屋五六楹，刻桷雕甍颇极壮丽。本月初五日住持羽士某甲醵资（会），善男信女咸往拈香。迨上灯时附近居民更争先蚁附，桥上万头攒动、拥挤不堪，忽闻砉然一声，无异山崩地裂，东偏房屋顿尔倾欹颓，一时白叟黄童不及逃避，非压于墙下即堕入河中，计共毙老幼男妇二十六人、身受重伤者十余人。噫，未迓神庥先登鬼箓，世之佞神者其亦将废然自返哉。

光绪二十七年二月十二日（1901 年 3 月 31 日）第二版

赛会路由

今日为清明令节，好事者舁城隍神及四司偶像出游。先于前晚舁至大堂，仿照州县官排衙点卯体制，随发出路由。出庙朝东天官牌楼、福佑桥，朝西北香花桥，转南旧校场，过陈市安桥、昼锦牌楼、三牌楼、县西、县东、彩衣街、果子巷，朝西太平街、登云桥，朝南西仓桥、净土庵浜、唐家弄、中大夫坊、瞿家湾、道辕，出谈家弄，过化龙桥、陈箍桶桥、大南门、同仁里，出小南门，过吊桥，进佛阁、东西钩玉弄、外仓桥、赵家湾、盐公堂、花衣街、豆市街、毛家弄，过大关，朝北十六铺，沿城河一直到坛。夜会：进西门，朝东过庄家桥，进北弄、参府署、杨家桥、胡家弄、守备署、薛家桥、王家弄，朝东过陈箍桶桥，朝北太卿坊、县桥，朝东老学前，过益庆桥，朝西海防厅署，朝西回辕。

光绪二十七年二月十七日（1901 年 4 月 5 日）第九版

循例迎神

昨为清明令节，好事者于午后三点钟时舁城隍神及清江司、长人司、财帛司、高昌司五偶像赴各处巡行。前导除旗锣伞扇外，又有阴皂隶、大锣班、大肚皮刽子手、花十锦牌、臂香、女犯等类，均随会游行。所经之处观者塞途。各神到坛时，上海县汪瑶庭大令委典史赵敬臣少尉赴坛致祭以妥幽魂。

光绪二十七年二月十八日（1901 年 4 月 6 日）第三版

迎神例志

昨日午后三点钟时，本邑大南门外高昌司庙由好事者舁偶像赴各处游行，所过之处观者塞途。各「叚」[段]巡防局员恐肇事端均派勇丁沿途弹压。

光绪二十七年二月十九日(1901 年 4 月 7 日)第三版

移建祠宇

本邑浦左自烂泥渡至杨家渡一带滩地均由洋商永远租赁鸠工兴造栈房，杨家渡畔土地祠适当要冲不无窒碍，各乡董爰另行度地建造，行将择吉兴工矣。

光绪二十七年二月二十五日(1901 年 4 月 13 日)第三版

镇郡喜雨

镇江访事友人云：入春以来旱魃为虐，久未渥沛甘霖。常镇通海道兼镇江关监督长久山观察、镇江府向子振太守特于二月二十七日率同丹徒县莫屿香明府至郡庙设坛祈祷，每日早晚二次步行拈香。迨三十日黎明果见西南方云容如墨，日未临午即雨师税驾，琤琮檐溜，势若倒泻银河，至本月初一日清晨始止，约计得雨三寸有奇。四境农田既沾既足，润州人士欢声若雷，无不颂贤长官之诚可格天焉。

光绪二十七年三月初五日(1901 年 4 月 23 日)第二版

借答神庥

北洋海容兵舰于日前由山东威海卫鼓浪南来。昨日统带曹军门嘉许制就匾额四方舁送城内关帝庙、美界天后宫、三元宫及观音庵敬谨「县」[悬]挂，沿途媵以花亭四座、鼓籥一班。盖以海容自归军门统带以来每岁南北往还类皆海若不惊、涉重洋如平地，故献此以答神庥也。

光绪二十七年三月十六日(1901 年 5 月 4 日)第三版

烟台琐纪

烟台访事友人云：距烟五六里许奇山之巅，土人呼为塔儿顶，山坳有龙母庙，好事者每于三月初二三等日扮演高跷异像遍游街市，远近之赴庙进香者络绎不绝。

…………

潮州会馆天后圣母像供桌上不知因何遗火，幸施救尚早不致成灾。会中人旋于本月初八日雇就菊部演剧三日以酬神贶。

光绪二十七年三月二十日（1901 年 5 月 8 日）第二版

宣南[①]雁帛

东便门内蟠桃宫羽士每届三月初三日举行王母会。今岁恐为联军所禁，因请诸德员开门三日。德员许之，羽士遂预于二月杪在厂门前张贴德员所颁告示。届期有德兵往来弹压。红男绿女扶老携幼而来，繁盛虽不及往年，然亦络绎不绝也。

光绪二十七年三月二十二日（1901 年 5 月 10 日）第二版

鄂渚采风[②]

三月二十八日俗传东岳大帝圣诞，每年庙中举行胜会，红男绿女络绎往来，人海人山，异常热闹。近因谣言纷起，武昌府余尧衢太守深恐匪人乘机溷迹，爰先期出示禁止，并饬江夏县陈介庵大令将庙门封闭，凡远道进香者无不败兴而返。不作无益害有益，太守殆深知此意者哉。

光绪二十七年四月初五日（1901 年 5 月 22 日）第三版

---

① 宣南：北京宣武门以南地区被称为“宣南”。这里代指北京。
② 《鄂渚采风》在第二、三版。此处摘录其中一部分，在第三版。

蒋阜晴云

金陵访事友人云：每届三四月间，城北鸡鸣山及南门外双桥门东岳庙、门西骁骑营都天庙以次赛会，习俗相沿究不知何所取义。本届东岳庙首事拟自三月二十九日起迎赛三日，都天庙首事拟于四月中旬举行。事为大宪所闻，以目下时局艰难，深恐康梁遗孽富有回天诸匪徒乘机窃发，爰饬上元、江宁两县主严行禁止。是亦未雨绸缪之道也。

光绪二十七年四月十二日（1901 年 5 月 29 日）第二、三版

致祭吕祖

昨日相传为纯阳祖师诞辰。清晨，苏松太兵备道袁海观观察、提右营参将廖楚材参戎、松海防同知刘乙笙司马、上海县汪瑶庭大令先后诣道前水仙宫纯阳殿拈香致祭。盖祀典宜然也。

光绪二十七年四月十五日（1901 年 6 月 1 日）第三版

浙省祈晴

杭州访事友人云：端阳节■积雨兼旬，鸠陇鱼塍水深数尺，禾苗俱已漂没，乡民之赴城报荒者踵趾相接。杭州府宗子材太守涓吉五月二十六日亲诣上天竺法喜寺祈晴，至二十九日又赴吴山城隍庙设坛叩祷，藩司以下俱往拈香，并由地方官出示禁屠以昭诚敬。闻之老农老圃谓“日内如晴光速放则田禾尚可补种，不难收之桑榆也”。

光绪二十七年六月初二日（1901 年 7 月 17 日）第二、三版

沪令求晴

迩来大雨倾盆兼旬未止，木棉禾稻皆已损伤。昨晨上海县汪瑶庭大令

率同县丞刘二尹、主簿孙少尹、典史赵少尉虔诣邑庙拈香求放晴光以免农田有碍。神道设教殆亦俯顺民情乎。

光绪二十七年六月初四日(1901 年 7 月 19 日)第三版

禁屠祈晴

昨晨七点钟时,上海县汪瑶庭大令偕县丞刘二尹、主簿孙少尹、典史赵少尉诣邑庙求晴,并饬差传令各铺地甲严谕各屠户自明日起一律禁止屠宰。

光绪二十七年六月初五日(1901 年 7 月 20 日)第三版

沪令求晴

淫雨连绵,棉禾俱坏,乡间董保先后投上海县署报灾。昨日午前县主汪瑶庭大令率同县丞刘二尹、主簿孙少尹、典史赵少尉虔诣邑庙求晴。闻苏松太兵备道兼江海关监督袁海观观察之意,如日内再不晴霁,则当亲诣沈香阁熏沐虔祈矣。

光绪二十七年六月初八日(1901 年 7 月 23 日)第二版

珠海云帆[①]

西城四庙绅耆以近日时疫流行、死亡相继,因于上月二十七日延羽士建醮祈禳,并有舁神像出游借以镇压疫鬼者。粤人好巫其信然欤。

光绪二十七年六月初十日(1901 年 7 月 25 日)第二版

云间夏谚

松江访事友人云:淫雨兼旬,四乡苦潦,日内节交大暑,依旧黑云低压、

---

① 本条记广州之事。

檐溜淙淙，农家者流咸谓禾苗被水所伤，难望发荣滋长。华亭县林霨生大令、娄县屈吉士大令关心民瘼，先后赴邑庙求晴，初四日复偕至郡城隍庙竭诚祷告，冀迓天和。

光绪二十七年六月初十日(1901年7月25日)第三版

恭祀雷神

昨日道家者流谓为雷祖诞辰。清晨苏松太兵备道袁海观观察、提右营参将廖楚材参戎率同文武各官诣也是园雷祖殿拈香展拜。小东门城上雷祖殿香火尤称鼎盛，县主汪瑶庭大令、保甲总巡朱森庭明府恐人众易于滋事，各饬差役协同地甲小心弹压，故得安谧如常。

光绪二十七年六月二十五日(1901年8月9日)第二版

禁赛神会

芜湖访事友来函云：安徽宁国府属各州县迎神演戏之风最盛。繁昌县陈大令恶其劳民伤财特出示禁止曰：“照得时届社会，赛会演戏原属四乡农民借伸春祈秋报之意故为例所不禁，惟现值时事多艰，各处会匪游勇纷纷蠢动，凡有赛会演戏之处必人烟稠密、土客纷纭，更有开场聚赌、打降逞凶，一若以酬神为名肆无忌惮，其中良莠不齐匪徒最易溷迹，贻害闾阎莫此为甚，若不严申禁令何以杜匪类而靖地方。除谕饬各都绅董妥为劝禁外，合亟出示谕禁。为此仰阖邑军民人等知悉：自示之后务各勤理农事，不准赛会演戏致滋事端，倘敢故违，定提为首之人从严究办。其各凛遵，切切特示。”

光绪二十七年七月初八日(1901年8月21日)第二版

声明重修

浦左钦赐仰殿年久失修。兹蒙隐名士集资合力兴修，于上月间业已开工，估计修价款项银两早经由士如数备足，并无在外捐取分文。倘有无耻之徒持捐簿在外捏名写捐者，即系假冒，望诸大善士切勿受其所愚，请即就近扭送地方惩办。恐未周知，特此声明。经理潘伟绩、孙思泮、凌国安同启

光绪二十七年七月初二日（1901 年 8 月 15 日）第七版；光绪二十七年七月初三日（1901 年 8 月 16 日）第八版；光绪二十七年七月初四日（1901 年 8 月 17 日）第十二版；光绪二十七年七月初五日（1901 年 8 月 18 日）第七版；光绪二十七年七月初六日（1901 年 8 月 19 日）第七版；光绪二十七年七月初七日（1901 年 8 月 20 日）第十版；光绪二十七年七月初八日（1901 年 8 月 21 日）第八版

赛会路由

今日为中元令节，邑中好事者循例舁城隍神及高昌司、新江司、长人司、财帛司诸偶象赴「四」[西]门外厉坛，美其名曰振济孤魂，实则借此以恣嬉游敛财物也。兹将所定路由照录于左：出庙朝西过陈市安桥、昼锦牌楼、三牌楼、县西，朝南过果子巷、彩衣街，朝南过蔓笠桥、瞿家湾，穿道署进谈家弄，过永兴桥、同仁里、大南门、陈箍桶桥、凝河桥，朝南过虹桥，向西过穿心河桥、石驳岸、广福寺，朝东过南香花桥，往北旧校场、北香花桥、东福佑桥、天官牌坊、海防厅署，出小东门，过吊桥，进十六铺、老马路、大关、萃丰弄、豆市街、新码头、张河浜、紫霞殿、里篾作街、浙江海运局、王家「马」[码]头、老马路、公义「马」[码]头、盐公堂、赵家湾、外仓桥、西钩玉弄、沙家石桥，到坛。夜会：由坛起马，进西门，朝东杜家湾、登云桥、西仓桥，出北弄，过杨家桥、胡家弄，穿参将署、守府署，过薛家桥、王家弄、陈箍桶桥、梅家弄，朝北过鱼行桥、果子巷，朝西太平街、三牌楼、县西、县东、四牌楼，朝北过长生桥，向西回庙。

光绪二十七年七月十五日（1901 年 8 月 28 日）第三版

中元会景

昨日中元节届，本城向有迎赛城隍会之举，适秋风荐爽、天朗气清，会中

人益复采烈兴高，午后三点钟时齐集邑庙奉城隍神及四司偶象出游。前导除旗锣伞扇外，更有冲风湾号马、执事（马）、旗枪马、王命马、对马、鼓吹马共计八十余骑，以及万民伞、銮驾、提灯、大锣。继以历奉示禁之逍遥伞、花十景牌、阴皂隶、臂香、女犯、沿途吹弹之类。所过之处观者塞途。行经新辟租界中，法界捕头恐流氓滋生事端，派令探捕分投弹压。洎乎晚上由邑厉坛回城，蚖膏万点照耀通衢，诚异常热闹也。然亦思两宫尚未回銮，三辅更遭饥馑，内忧外患相逼而来，我辈臣民正合忧虞儆惕，奈何一逢令节即盘游无度几于举国若狂乎？神若有知当亦惨然不乐已。

光绪二十七年七月十六日（1901 年 8 月 29 日）第三版

羽士被控

本邑城隍庙住持羽士某甲将星宿殿香火抵与袁姓，得受洋银四千元。袁随迁住其中以便收取香金，并将殿前香烛摊一律驱逐。摊主褚阿珠①心不甘服，投上海县署控陈。县主汪瑶庭大令怒谓该羽士胆大妄为一至于此，立饬值日差切实查明禀复，如袁仍住殿内亦即带案讯供。

光绪二十七年七月十六日（1901 年 8 月 29 日）第三版

祀事孔明

昨日苏松太兵备道袁海观观察发出秋祭单，计：八月初一日祭吴公祠、应公祠，初三日祭文昌庙，初四日祭文庙、吕祖殿、黄婆祠，初五日祭社稷坛、海坛、神祇坛、周太仆庙、风神庙、群忠祠、土地祠，初六日祭陈公祠、吉公祠、袁公祠、刘公祠，初十日祭天后宫，十四日祭龙神庙，十七日祭关帝庙。

光绪二十七年七月二十九日（1901 年 9 月 11 日）第三版

① “褚阿珠”，后续报道作“宣阿珠”，另一报道作“宣一亭”。兹照录。

批斥劣道

前有宣一亭者投上海县署控称“小的向在城隍庙星宿殿前设摊售香烛，近由西房住持羽士曹永梅将星宿殿香火向袁小村抵押洋银四千元，袁遂迁居其内，欲将小的之摊驱逐以图独揽利权”等情。县主汪瑶庭大令饬差查复尚未核示，曹忽听从讼棍某某等唆使捏词具禀到县。昨日大令批示曰：“袁小村非僧非道踞住庙中，久经前县查逐有案。尔既为该庙住持，稽查庙务是其专责，此等无赖不知早日遣去，用司出纳之权。既经被控差查，犹敢扭捏情词曲为回护，其平日之朋比为奸、私相倚重不问可知。且称曾有央彼商借洋元情事，则是宣一亭谓尔以星宿殿屋作抵，足见事实情真。邑庙重地，一经棍徒劣道把持渔利太不成事，亟应整顿。候并提严讯，分别究逐，以重公产而清讼源。”

光绪二十七年八月初七日(1901年9月19日)第三版

上海县署琐案

本邑城隍庙西房羽士曹永梅私将星宿殿香火向袁小村抵借洋银四千元，袁遂盘踞其中，将宣阿珠所设香烛摊逐去。宣不服，投县控陈。县主汪瑶庭大令研讯之下谕令静候饬查。前晚提曹、袁细诘。曹供：“小的入庙住持已阅七载，当初谋干一切所费不赀，后又筹款将殿庭修葺。今者债台百级，不得已向袁措借洋银四千元，不敢私抵庙产。惟四月中小的患病在床，曾托袁暂宿星宿殿中代为典守。”大令谓：“尔若无产可抵，焉能借此巨款？今袁明明占住庙内，岂非朋比为奸乎？况尔进身之初出于贿赂已非正道，今者所抵庙产试问日后将何术赎回？”随喝令笞责二百板，褫取道衣道巾储库，交差带往庙中，检齐物产簿呈案，然后驱逐出境。袁金顶煌煌，大令喝将大帽除下储库，问：“尔在庙中是僧乎抑道乎？”供：“小的系商人，素操布业，与曹永梅素识，被伊借去洋银四千元，并无产业抵押，叩求恩宥。”大令谓：“本县访明尔将星宿殿据为「已」[己]有已历年所，今姑从宽免究，被借之款不准理追。”

光绪二十七年八月二十二日(1901 年 10 月 4 日)第九版

上海县署琐案

果育堂董事某君以地贩谈连生串同西门外白云观茅山羽士王理传图占堂中公地，函禀上海县署。县主汪瑶庭大令准即饬差将王提到，前晚升堂研讯。王供：“小的系江北某邑人，向在白云观修炼，观中并无田产，专恃经忏营生，并未占及堂中公地。”大令再三盘诘，坚执如前，因着暂行退去听候查明再核。

光绪二十七年八月二十四日(1901 年 10 月 6 日)第九版

庙产已空

本邑城隍庙羽士曹永梅私将星宿殿向袁小村抵押洋银四千元，被香烛摊主宣阿珠控诸上海县署。县主汪瑶庭大令研讯之余，饬将袁顶帽储库借款免追，一面饬差协同地甲带曹往庙中将庙产簿吊回然后驱逐出境。旋经县差查得庙中毫无恒产，曹亦不肯将底簿交出。一时附近居民闻之，同投县署禀称庙产向来甚富，现已被曹变卖一空。县差随于昨日将曹带回据情禀复。

光绪二十七年八月二十七日(1901 年 10 月 9 日)第三版

北固霜痕

句容镇民人举行关帝会，自本月二十日起至二十四日止先后五日，入夜更大放花灯，在会诸人兴高采烈，一切旗锣伞扇、衔牌、亭阁、音乐之类咸簇簇生新。远近乡村闻风而至，长河十里舸舰迷津，亦盛事也。

光绪二十七年九月二十九日(1901 年 11 月 9 日)第三版

节会例志

十月朔为下元令节，本邑好事者例舁城隍神及四司出巡，名为振济幽魂。昨日由各会首议定于清晨九点钟时迎驾出巡，其路由系出庙朝东走天官牌坊，过福佑桥，朝西穿心街，出老北门到坛。祭毕，由坛起马，进西门，一直朝东过穿心河桥、杜家湾、太平街，朝南走县南、县西、三牌楼、昼锦牌楼，过陈市安桥，朝东一直回辕。

光绪二十七年九月三十日（1901 年 11 月 10 日）第三版

循例护日

昨日申刻为日食之期，文武各衙门循例救护。上海县汪瑶庭大令在大堂上恭设香案，传集僧道诵经，随偕学师邱广文率同县丞刘二尹、主簿孙少尹、典史赵少尉于初亏、食甚、复圆时三次行礼。

光绪二十七年十月初二日（1901 年 11 月 12 日）第三版

赛会志略

昨为下元令节，沪城好事者舁本邑城隍神及新江司、长人司、高昌司、财帛司诸偶像出游。本拟午后三点钟时启行，至晚回辕。适逢日食，谬称各神亦应在庙中救护，故先于清晨九下钟时赛会。旗锣伞扇排列整齐，更有向所奉禁之黄衣会、青衣会、男妇扮犯、大锣班、阴皂隶之类。至一点钟时即回庙。是日上海县汪瑶庭大令委典史赵少尉赴邑厉坛致祭。

光绪二十七年十月初二日（1901 年 11 月 12 日）第三版

派员陪祀

闻之京师友人云：十月初一日孟冬时享太庙，初十日祭太庙后殿及显佑宫、东岳庙、都城隍庙。先期经太常寺奏请钦派王大臣恭代行礼，随行知各部院着派陪祀司员以崇典礼。

光绪二十七年十月初五日(1901年11月15日)第二版

兴修要工

天津《直报》云：神武门外景山相近大高殿工程紧要，本拟俟皇上回銮后再为兴修，嗣因大高殿系皇上亲行祀典之所，经承修大臣公同商酌于十月初三日督饬本厂商人开工修葺。

光绪二十七年十月二十日(1901年11月30日)第二版

火焚袄庙

香港《循环日报》云：广东三水县治西南有玄坛庙焉，乡愚奉祀维虔，谓其神素著灵异。迩因风霜剥蚀，择吉重修，工人搭盖席篷以便兴作。本月十二日之晚篷中忽然失火，以致势若原燎，不特席篷尽化劫灰，即庙屋亦全遭焚毁，诚意外之灾也。

光绪二十七年十月二十八日(1901年12月8日)第二版

毁寺庙为学堂说

自开办学堂之旨下，各省官吏钦奉纶音，咸思即时创办以仰副圣天子培植人才之至意。海内人士方谓不数月而鼓歌弦诵可以遍于寰区，乃不谓时近半年，或甫拟章程而并未兴创，或纷然聚议而仍未施行，虽朝廷降旨迭催，而官与绅依然瞻顾徘徊意存观望。是岂敢故违纶綍哉？诚以学堂之设必须延教习、招生徒、购书籍，核其所费殊属不赀。将使官为筹措乎？际兹出款繁多库储支绌，即属万不得已之款项犹且嗟兴仰屋、罗掘无从，更何从另筹巨金为此非常之举。将使民自捐办乎？则年来闾阎窘迫、户鲜盖藏，富者仅有兢兢自保之心，贫者更怀蹙蹙靡骋之意，欲捐巨款势亦甚难。至欲以从前书院改弦更张，事非不可举行，惟下邑偏州未必皆有讲舍，且书院之储费有限，学堂之出款甚繁，两两相权所缺尚巨。然则为之奈何？曰惟有以各省之寺庙为各省之学堂，事既易行，理尤极顺。……倘能一旦人其人、庐其居，芟夷廓清，不复稍留余孽，为益之处约有数端：盖邪正两途自古不容并立，异端之势盛则圣人之道衰。今释道之流虽只如爝火仅存未必再敢与正学为敌，然根株未绝终恐余焰复燃。若能一律毁除，则宇宙可自兹清晏。此为益之道一也。丛林古刹昔所称为清净道场者，今则或窝留妇女，或广聚赌徒，藏垢纳污无所不至。彼和宕和样之辈，又或因争夺寺产涉讼公庭，作奸犯科肆无忌惮，究之不胜究，惩之不胜惩，惟能扫除而更张乃得清源而正本。此为益之道二也。诱骗人财之术惟僧道为最工，假托鬼神昌言祸福，诡谲百出，狡诈多端，愚民堕其术中，不惜以减衣缩食而来者供若辈滥赌狂嫖之用，民财大耗，言之可伤。诚能遏绝其流亦足为利民之一助。此为益之道三也。有此三益，故即非为学堂计，亦宜将各省所有寺庙悉数为之拆毁。况现在正虑开办学堂之费无从出乎，以彼易此，孰得孰失？必有能辨之者或曰："寺庙之产既悉数充公，试问如许僧道将何从位置？"曰："亦有法在。是宜由地方官将田产逐细稽查，留十分之一，另拨寺庙一二处聚若辈于其中，给与衣食，终其天年，此后永不准再收徒众，违者重治其罪。或有能另谋生计，自愿还俗者听。如是则不及数十年而僧道自绝迹矣。"至列入祀典之寺庙，即不便拆去，亦只须留屋数间，专雇一人司香火，彼崇闳殿宇徒壮观瞻亦何益乎？犹忆戊戌夏钦奉上谕"民间祠庙不在祀典者，着地方官晓谕民间一律改为学堂，以节糜费而隆教育"等因。未几康、梁乱作，此说遂不果行。今者明诏屡颁重申前说。日前本城绅士李兰墅大令将城厢内外庵观寺院逐一查明，禀请上海县汪瑶庭大令酌量改设学堂，借以造就人才。仆伟其所见，爰推论及此。所愿当世君子仿而行之，非特可助建设学堂之资，且于风俗人心亦大有裨益，岂非百世之利哉？若夫不肖绅耆借此举而鱼肉僧尼以肥己橐，则是利未兴而弊先见，惟在当轴者严以杜之耳。

光绪二十七年十一月初八日（1901 年 12 月 18 日）第一版

1902 年

中丞祈雪

苏州地方官在郡城隍庙设坛求雪并禁止民间屠宰前已屡志报章，兹又得本馆访事友来函云：江苏巡抚恩艺棠中丞以日来若不得雪势必农政有妨，爰饬长元吴三县主就沧浪亭恭设醮坛延僧道各十六众讽经礼忏默祷上苍，旋复亲率藩、臬两司及属下文武官员每日拈香祷告，初十日更饬苏州府向子振太守及长元吴三邑令诣光福镇恭请铜观音并赴白龙庙取水。似此竭诚请命或能感格苍穹也。

光绪二十八年十二月十四日(1902 年 1 月 23 日)第二版

请改寺观

南昌访事人云：江西萍乡县安乐乡栗江书院近经郡绅拟将附近荒废寺观悉行隶入，禀请县主顾勮堂明府据情申请各大宪批示立案，明府准之。其申文曰：“……卑职伏查光绪二十四年钦奉上谕改寺观为学堂，嗣因各省奉行间有不善遂致停辍。惟是各寺观情形不同，如果僧道众多无从安插自未便夺其产业致令失所，若本系零落荒废之区则改归书院实为正办，况自古文人学士读书萧寺留传胜迹代有其人，即湖南之岳麓书院因斋舍不敷士子寄居就近寺院肄业由来已久。今栗江书院附近之回龙寺因无僧住持日就颓败，该首事等筹费修葺分处生童以补斋舍之不足而仍不没其古寺之名，办理实属允当。至焦谷寺在南源地方，虽距书院较远，惟同系安乐郡境界，前因寺僧不守清规以致荒废，今境绅公议归入栗江书院兼管，将来即可为分设蒙学堂之用，亦与近日谕旨相符，应如所议办理。用特禀恳察核立案。”并闻明府拟于明年将栗江书院改为小学堂、焦谷寺创设蒙学堂，各聘教习训授中外学业。

光绪二十八年十二月二十一日(1902 年 1 月 30 日)第二版

元旦盛仪

天津《直报》登京师访事人手函云：正月初一日丑初皇上驾诣寅字桌前拈香、团圆桌前拈香，诣明殿神牌前拈香，诣天地前拈香、次拈斗香，诣西佛堂拈香、放爆竹，至东暖阁明〖窓〗窗开笔看时宪书毕，由吉祥门乘轿出琼苑西门，至天一门拈斗香，次诣钦安殿拈香、放爆竹……乘轿出凤彩门，由琼苑西门至千秋亭拈香，诣斗坛拈香、放爆竹……由景和门至坤宁宫诣西案、北案灶君前拈香，次诣东暖阁诣佛前拈香毕，东丹墀放爆竹，乘轿……

光绪二十八年正月十三日（1902 年 2 月 20 日）第一版

示期春祭

昨日道辕牌示春祭日期，计：二月初一日祭吴、应二公祠，初三日祭文昌，初四日祭吕祖仙师及陈、吉、袁、刘诸公祠，初六日祭文庙及黄婆祠，初七日祭社稷坛、海神、风神、周太仆庙、群忠土地等祠，初八日祭武庙，十二日祭天后宫，十三日祭龙神，十五日祭文昌，三月初三日祭先农坛。

光绪二十八年正月十八日（1902 年 2 月 25 日）第三版

照料戏场

日前某宦偶患喉症，曾在本邑城隍神像前许愿，后果霍然，因定于本月十五日雇雅仙茶园诸甬伶在邑庙演戏一日以答神庥。诚恐届时观者拥挤未免滋生事故，先期函请县主汪瑶庭大令及保甲总巡朱森庭明府派出差甲妥为照料。昨日大令已饬差役薛贵多率伙役前往弹压矣。

光绪二十八年二月十二日（1902 年 3 月 21 日）第三版

札县申斥

上海县学生员江某曾在南门内设立中西成材学堂，后以经费不敷，冒李、曹各绅之名禀请两江总督刘岘庄宫太保转饬苏松太兵备道酌拨公款。宫太保批饬上海县查明该学堂是否公举抑系租设、该文生声名如何，等因。旋经县主汪瑶庭大令查得江生素不安分，列名诸绅皆未与闻其事，因即据实禀陈。宫太保遂批斥不准。江生知计不得逞，复欲就沪南海潮寺及茅山殿设学堂，将寺产作为经费，竟于上月上禀督辕。宫太保恶之，札饬大令严加申斥。

光绪二十八年二月二十一日(1902 年 3 月 30 日)第三版

示禁赛会

昨日上海县汪瑶庭大令出示晓谕曰："本县访闻浦东唐桥天竺庵供有河神及杨四将军等偶像，现经会首择于本月二十六日迎神赛会，至三月初六日送神。当此时事多艰，光蛋流氓易生事端，岂可以有用之钱财作此无益之举动。敬神之道惟重虔诚，切勿为此以滋事故。合行严禁。如违，提究不贷。"

光绪二十八年二月二十一日(1902 年 3 月 30 日)第三版

致祭城隍

昨日相传为本邑城隍神诞辰。清晨上海县主汪瑶庭大令率同佐杂各官命驾至邑庙中拈香如礼。按：上海城隍系秦公裕伯，元末有①进士也。浦东有裕伯题桥，为公故迹。

光绪二十八年二月二十二日(1902 年 3 月 31 日)第三版

---

① "有"字原文如此，似有误。

赛会路由

本月念八日为清明令节，居人例舁城隍神偶像出巡。昨由各会首拟定路由，照录于左：出庙朝东往北天官牌坊、福佑桥，往西北香花桥，朝南旧校场、陈市安桥、昼锦牌楼、三牌楼，朝西朝东老学前街，往南东街，朝西彩衣街，往南鱼行桥、东唐家弄、中大夫坊、瞿家湾，由道辕出谈家弄，往南朝西过花龙桥、陈箍桶桥、大南门、同仁里，出小南门，进佛阁，过东西钩玉弄、青龙桥，往北梅家弄、盐公堂、花衣街、豆市街、龙德桥，往西如意街，往北外咸瓜街、陆家石桥，往西沿城河一直到坛。晚间，进老北门、穿心街，往东过福佑桥、天官牌坊、长生桥、四牌楼，朝东朝南县桥、塌水桥、太平坊、陈箍桶桥，进西王家弄，由副府署出胡家弄，过杨家桥，由参府署出北弄，过庄家桥，往东过穿心河桥、杜家湾，过虹桥，往北走三牌楼、昼锦牌楼、陈市安桥，往东一直回辕。

光绪二十八年二月二十七日(1902年4月5日)第三版

禁止赛会

浦东塘桥洋泾等处定于念六日迎神赛会，前经县主汪大令出示严禁。昨日届期大令仍恐各会首阳奉阴违，特饬差役会同保甲总巡局差十余名前往传谕禁止。

光绪二十八年二月二十七日(1902年4月5日)第三版

赛会纪略

昨为清明令节，本邑城隍神赛会路由已登昨报。清晨大雨倾盆，至午后倏放晴曦。会中人遂排齐仪仗出庙游行，旋折往西门外邑厉坛振济孤魂。典史赵敬臣少尉命驾前往致祭。

光绪二十八年二月二十九日(1902年4月7日)第三版

六桥选胜

自去年亢旱迄今罕逢雨泽，迭经官宪设坛祈祷始得叠沛甘霖。浙江抚宪任筱沅大中丞择于二月二十二日辰刻亲诣吴山城隍庙酬谢，藩宪诚方伯、臬宪瑞廉访亦于是日命驾赴玉皇山行礼。

光绪二十八年三月初一日（1902 年 4 月 8 日）第二版

救护月蚀

昨为月食之期，官场例有救护之典。丑刻上海县主汪瑶庭大令会同教谕邱广文、县丞刘二尹、主簿孙少尹、典史赵少尉在大堂上恭设香案，于初亏、食甚、复圆时三次行礼，并召僧道鸣金击鼓。

光绪二十八年三月十七日（1902 年 4 月 24 日）第三版

为民请命

前日上海县汪瑶庭大令虔诣邑庙求晴。未几即红日当空、痴云尽扫，窃以为雨师当从此返旆矣。不料昨晨重又遥天泼墨、淫雨滂滂。大令因复率同县丞刘二尹、主簿孙少尹、典史赵少尉向城隍神前稽首焚香为民请命。

光绪二十八年三月二十二日（1902 年 4 月 29 日）第三版

邑宰禁屠

连日上海县汪瑶庭大令率同所属佐杂各官在邑庙求晴。旋又于昨日出示谕禁屠宰三天，自本月二十三日起至二十五日为止。

光绪二十八年三月二十三日（1902 年 4 月 30 日）第三版

神诞拈香

昨为天后圣母诞辰，苏松太兵备道袁海观观察、上海县主汪瑶庭大令会同提右营参将廖楚材参戎、城汛周鉴之千戎、守备程厚庵守戎诣天后宫拈香行礼。

光绪二十八年三月二十四日（1902 年 5 月 1 日）第三版

酌提庙产

闻之保定友人云：畿辅各州县学堂大率诿诸款项难筹迄今尚未兴办，不知上年已明降谕旨准将庙产为兴学经费。因之高阳县绅士王、韩两姓于近日查出庙地四十余顷，饶阳县某绅查出庙地七十余顷，均拟提七成归学堂、留三成为住持养赡之资。倘他处均仿而行之，何患下邑偏偶不弦歌化普耶。

光绪二十八年四月初二日（1902 年 5 月 9 日）第二版

上海县署琐案

真人府委员骆汉章查悉广东羽士罗紫垣不捐法衔私作法事，因之函请大令提究。罗供："小的向在粤东为羽士，今由友人邀来在虹口各同乡家礼忏，实因人地生疏无从捐纳法衔，叩求鉴宥。"大令着差役押至道会司处照章纳捐。

光绪二十八年四月二十日（1902 年 5 月 27 日）第九版

上海县署琐案

广东羽士罗紫垣不捐道职、私穿法衣，被真人府法官骆汉章查明移县提究，大令谕令公差押往道纪司处照章捐纳，罗抗不遵谕。前晚大令饬带案覆讯。罗供："广帮羽士从无报捐法衔之例。"大令恶其刁狡，喝令笞责，罗始叩首求免，情愿遵谕报捐。大令饬暂交人保出。

光绪二十八年四月二十三日（1902 年 5 月 30 日）第九版

严禁赛会

京师访事友人云：日来好事之徒迎神赛会，采烈兴高，此往彼来，络绎如织，争赴妙峰山朝顶进香，妄冀道经颐和园得邀皇太后慈览。某日顺天府府尹陈玉苍大京兆途遇某会，询悉其故，立饬挥之使去，若辈遂绕道而行。既而大京兆以劳民伤财，此风断不可长，爰会同五城察院刊印告示遍贴内外城严行禁止。其文曰："兼管五城事务顺天府尹堂陈、五城察院为剀切晓谕严禁事。照得左道异端聚众烧香久干例禁，况自拳匪肇祸以后尤应除尽根株。近闻仍有一种无业游民聚众涂面，鸣锣击鼓，烧香赛会，在街市招摇，借乡傩名目为蛊惑民心之计。北城徼家坑地方井旁祷神挂匾，男女混杂，朝以继夕，更属不成事体，亟应严行禁止以靖邪说而杜乱萌。除牌饬各勇局员弁实力驱除拿办外，为此示仰军民人等一体知悉：聚众烧香今昔悬为厉禁，不得仍蹈前愆致罹法网。自示之后，倘有前项不法情事，经勇局员弁严行拿办详解到本尹堂院，定必加等科罪，不特送部监禁已也。该员弁等不得知情故纵致干参革。其各凛遵毋违。特示。"

光绪二十八年四月二十五日（1902 年 6 月 1 日）第二版

迎神驱疫

本邑南市钱业中人以近日疫疠丛兴、死亡相继，爰于昨日为始雇令羽士数名设坛建醮，并舁大南门外高昌司神偶像遍游街市，谓可驱疫逐瘟。愚民之愚诚不值识者一哂也。

光绪二十八年五月十五日（1902 年 6 月 20 日）第三版

建醮祛疫

迩来苏松太兵备道袁海观观察以沪地疫疠盛行、死亡相继，于是急筹驱瘟逐疫之法，就西门外白云观雇茅山道士诵经建醮数日，并札饬上海县汪瑶庭大令传谕城厢内外各肉铺禁止屠宰十天以昭诚敬。

光绪二十八年五月二十五日（1902 年 6 月 30 日）第三版

上海官场纪事

昨日上海县署书差就土地祠建醮禳灾。清晨县主汪瑶庭大令亲诣醮坛拈香行礼。

光绪二十八年五月二十八日（1902 年 7 月 3 日）第三版

迎神逐疫

迩来沪上时疫流行，居民调摄偶疏最易传染。上海县署书差特于昨日由署中土地祠舁永宁侯神像出巡借驱疫鬼，是真愚不可及矣。

光绪二十八年六月初一日（1902 年 7 月 5 日）第三版

苏疫未已

苏州访事友人云：迩者时疫流行、死亡相继，人心惴惴咸有朝不保暮之忧。江苏抚宪恩艺棠大中丞民瘼关心，谕令苏州府及长元吴三县就郡城隍庙设立醮坛，延羽士五十名讽经礼忏。阊门一带铺户及长洲县署胥役、元妙观道流亦皆捐集巨赀，雇匠扎就龙灯四处游行以禳瘟疫。嘻！何一国之人皆若狂耶？其愚诚不可及矣。

光绪二十八年六月初六日（1902 年 7 月 10 日）第三版

〖山东巡抚张人骏奏为派员致祭泰山片〗[①]

再，每年四月十八日致祭泰山，历蒙钦颁香供，由巡抚、藩臬两司内酌量一

---

① 该奏片见于《申报》附张《京报》第七千零六十二号《光绪二十八年五月二十一日京报全录》。

人前往致祭。本年香供经内务府奏派郎中恒裕赍送到东，臣谨派藩司胡廷干于四月十五日恭赍香供前往泰安，如期斋祓登山敬谨陈设致祭，以仰副圣主为民祈福之至意，理合附片奏闻。伏乞圣鉴。谨奏。奉朱批"知道了"。钦此。

光绪二十八年六月初七日(1902年7月11日)第十三版(附张《京报》)

为民请命

苏州访事友人云：迩来雨泽愆期，瘟疫大盛，抚宪恩艺棠大中丞关心民瘼，谕令府县各官就郡城隍庙设立醮坛，延羽士六十余人建醮九昼夜，并示禁屠宰以期感召天和。本月初一日中丞率同藩、臬两司亲诣拈香，复于初二日起分午前八下钟、午后四下钟两次诣武庙求雨。未识苍苍者能鉴兹诚意大沛甘霖否也？

光绪二十八年六月初九日(1902年7月13日)第二版

苏垣望雨

苏州访事友人云：江苏抚宪恩艺棠大中丞前以雨泽稀少、疫疠盛行，特饬府县各官就郡城隍庙建醮祈禳。日来疫鬼虽稍潜踪，雨师仍未税驾，中丞因传谕禁止屠宰，一面饬各官在关帝庙设立醮坛，延僧道各十余人讽经礼忏，每日率同所属亲诣拈香。未知苍苍者天果肯宏施甘澍否？

光绪二十八年六月十一日(1902年7月15日)第二版

中丞逐疫

苏州访事友人云：前者江苏抚宪恩艺棠大中丞以省垣疫疠流行、死亡相继，特饬府县各官就郡城隍庙设坛建醮阅七昼夜，然后雇匠纸糊瘟部诸神沉诸太湖俾免逗留作祟。日来复谕令标下各营每日黎明及午后各放炮三十门，隆隆之声几类天惊石破。嘻！如中丞者亦可谓心乎爱民矣，特不知疫鬼果避君三舍否也？

光绪二十八年六月十三日(1902年7月17日)第三版

不准迎神

本邑南门外江南机器制造局各厂工人，以沪上疫气流行、死亡枕藉，禀诸总办毛实君观察请准停工数日醵资建醮并舁附近高昌司偶像游行。观察以天灾流行岂赛会所能解免，传谕各工头毋得作此无益之事以致耗财误工。各工人闻之不敢或违，此事遂作罢论。

光绪二十八年六月十六日（1902 年 7 月 20 日）第三版

保阳归雁[①]

前报曾纪省城设立蒙养学堂九处，兹悉实系一十三处。所有各堂教习姓名罗列如下：灶君庙二处，教习张德俊、孟照书；南白衣庵二处，教习王型仪、王允德；将军庙教习陈升之；大王庙二处，教习刘崇本、史翊经；大慈阁教习常耀；史家庵教习王桐；功德庵教习梁兆瑞；太山行宫教习刘春堂；城守尉署旗民学堂教习松山；清真寺教习马冠瀛。

光绪二十八年六月十八日（1902 年 7 月 22 日）第二版

上海官场纪事

昨日相传火德星君诞辰。清晨，本城文武各官咸诣火神庙拈香，惟苏松太兵备道宪袁海观观察另有要公并未亲到。

光绪二十八年六月二十四日（1902 年 7 月 28 日）第三版

上海官场纪事

昨日相传雷祖诞辰。清晨，本城道、营、厅、县文武各官咸诣也是园雷祖

① 本条记保定之事。

殿拈香行礼。

光绪二十八年六月二十五日(1902 年 7 月 29 日)第三版

保定耳邮

城内火神庙经大宪改为将弁学堂，不日将添建房屋，借以培植将才。庙中所设武卫右军学堂公所已于本月十六日迁往金线胡同矣。

光绪二十八年六月二十七日(1902 年 7 月 31 日)第二版

金陵官报

初十日……首府朱，两首县戴、卢均禀知本日黎明躬诣南郊「稷祇」[社稷]、神祇坛祷雨。……十一日……江防同知李奉委赴江西安义县请龙神……十三日首府朱，两首县戴、卢均禀知得雨用少牢礼告谢撤坛……十五日……首府朱、上元县戴禀知赴南郊报谢社稷坛、神祇坛，江宁县卢■请令即缴，并均禀知报谢茅山龙印、邯郸铁牌即送三大营，丁、章、李均请令即缴。……检校厅汪荫桐奉府委恭送龙神玉玺赴句容茅山。

光绪二十八年六月二十九日(1902 年 8 月 2 日)第九版

武林禳疫

杭州访事友人云：五月以来疫疠频仍，朝不保暮，人心惴惴，无计可救。羊市街旌德观温元帅会向于五月举行。上年乱起北方，大宪特命地方官永禁。迨疫作，居民均跃跃欲试，浼某绅向抚宪任筱沅大中丞吁求。中丞初则拒之甚严，既因恳请再三俯如所请。各会首遂于上月二十二日雇用羽士诵经书符，并备纸马、纸船、冥镪等物送至钱塘江畔焚之。

光绪二十八年七月初三日(1902 年 8 月 6 日)第二版

赛会路由

今日为中元令节，好事者舁城隍偶像至各处游行，先期拟定路由。出庙往东进马姚弄、天主堂街，朝北过安仁桥，往东福佑桥、天官牌坊、海防厅署，朝南过益庆桥、东街，往西老学前街、县东、县西，往北三牌楼、昼锦牌楼、陈市安桥，往西广福寺、西马桥，朝南金家牌楼、穿心河桥，往东登云桥、西仓桥，由北弄过参府署、杨家桥、胡家弄、副府署，进西王家弄，往南过大南门、同仁里，朝北过永兴桥，进谈家弄，穿道辕，往北过鬘笠桥，出大东门，过南吊桥、新安桥、篾竹街、紫霞殿、王家嘴角，出王家码头、公义码头，往西朝北进新码头，由豆市过龙家桥，往西如意街、外咸瓜街，过陆家石桥、洋行街，往西沿城河到坛。晚间，进西门，过穿心河桥、杜家湾、太平街、县桥，朝南太卿坊、陈顾同桥，进东王家弄，朝北过永兴桥，往西化龙桥，进南梅家弄，过鱼行桥，往东彩衣街、西姚家弄、曲尺湾、县东、县西、三牌楼、昼锦牌楼、陈市安桥。往东回辕。

光绪二十八年七月十五日(1902 年 8 月 18 日)第三版

润州近事

迩来天时不正。疫疠流行，瓜洲七濠一带居民染疫而亡者不可胜计。好事之徒于七月初一、初二两日舁都天庙温天君木偶出游廛市，谓可扫荡病魔。愚夫之愚殊为可笑。

光绪二十八年七月十六日(1902 年 8 月 19 日)第三版

淞水轻帆[①]

七月望日为中元令节，邦人士舁府县三城隍神偶象至北门外厉坛，谓为

① 本条记松江之事。

振济孤魂。旋复舁至西门外塔桥等处以祛疫鬼。真不经之谈也。

光绪二十八年七月二十四日(1902 年 8 月 27 日)第三版

秋祭有期

春秋报赛典礼秩然。兹逢秋祭之期,上海县汪瑶庭大令特于昨日发出谕单饬役遵照预备,计:八月初一日祭吴、应二公祠。初四日祭文昌宫,吕祖庙,陈、吉、袁、刘四公祠,愍忠祠。初十日祭文庙,黄婆祠。十一日祭社稷坛,海神庙,神「祇」[祗]坛,群忠祠,土地祠,风神庙,周太仆庙。十六日祭天后宫。十七日祭龙神庙。二十日祭关帝庙。

光绪二十八年七月二十八日(1902 年 8 月 31 日)第三版

蟹舍秋灯

松江访事人云:时疫流行,死亡枕藉。邦人士定期本月二十二、二十四两日奉文昌帝君偶象出游,谓疫鬼可退避三舍。华亭县林霈生大令、娄县屈吉士大令则先后出示云:“照得瘟疫流行,死亡相继,虽由天时之不正,要亦人事有未尽。如河道为居民汲水所需而便溺亦倾其中,街市为行旅出入之途而垃圾任堆其侧,凡兹污秽之气皆为致病之原,合行出示严禁。为此示仰保甲铺户居民人等一体知悉:自示之后,尔等各自分「叚」[段]将街市及出入道路垃圾污秽之物一律打扫洁净,不准任其堆积,并禁止居民不准在河内倒洗净桶、行人不得在路旁任意小便。如敢抗违,定即提究不贷。其各凛遵毋违,切切。”

光绪二十八年七月二十九日(1902 年 9 月 1 日)第三版

骏奔执豆

昨为秋祭文昌帝君之期。清晨,道、营、厅、县以及佐贰各官咸诣本城也是园蕊珠宫恪恭致祭,礼毕,复往水仙宫致祭纯阳吕祖及陈公、吉公、袁公、刘公、愍忠等祠。

光绪二十八年八月初五日(1902年9月6日)第三版

皖水秋涛

东门内火神庙后殿所贮棺木甚多。本月初六日不知因何起火,霎时烟雾迷漫,庙内羽士不觉大惊,招集四邻帮同灌救,得即扑灭,然已焚毁棺木六七具。死者何辜,忽遭此劫,亦可慨已。

光绪二十八年八月二十三日(1902年9月24日)第三版

泖水莼香

松江访事人云:本年疫疠盛行,死亡枕藉,佞神之徒往往雇羽士缁流以为禳解,以故若辈应接不暇得利颇丰。迩又由某寺僧为首传柬远近:"嗣后施主家延令诵经一坛需价若干,其余零星法事亦一一订定价目,以昭公允。大众如不遵约,故意出入,察出议罚。"是亦可谓异想天开矣。

光绪二十八年八月二十八日(1902年9月29日)第三版

验收庙工

本城西门内关帝庙年久失修,由上海县汪瑶庭大令禀请苏松太兵备道宪袁海观观察拨款修理,刻已工竣。昨日观察委清道局员袁明府前往验收。

光绪二十八年九月初二日(1902年10月3日)第三版

救护日食

十月初一日申刻为日食之期,上海县汪瑶庭大令昨已饬差预传僧道届时到县诵经救护。官样文章遵循弗替,亦足见中国积习之深矣。

光绪二十八年九月二十六日(1902年10月27日)第三版

赛会路由

今日为下元令节，好事者舁城隍偶象出游，美其名曰振济无祀孤魂，实则借以招摇过市也。先期开列路由：由庙朝东进天官牌坊，过福佑桥，朝西过北香花桥、旧校场，过陈市安桥、昼锦牌坊、三牌楼、县西、县南，朝东果子巷、彩衣街，过蔓笠桥，往南瞿家湾，穿道辕，进谈家弄，过永兴桥、同仁里、西王家弄、薛家桥，过守备署，进胡家弄，过杨家桥，穿参将署，出北弄，过庄家桥，出西门，迨左，进西门，由大街朝东，过穿心河桥、杜家湾、太平街、果子巷、曲尺湾、县东、县西、三牌楼、昼锦牌坊，过陈市安桥，朝东回庙。

光绪二十八年十月初一日（1902年10月31日）第三版

救护日蚀

昨为日蚀之期，上海县汪瑶庭大令饬传僧道数名到县诵经。时届申刻，学师邱赞思广文、县丞刘耀庭二尹、主簿孙立干少尹、典史赵敬臣少尉次第到县，由汪大令率领在大堂中行救护礼。

光绪二十八年十月初二日（1902年11月1日）第三版

设营防盗

日前江苏抚标沪军营管带龙游戎派武弁钟千戎率勇两队驻防大「马」［码］头，既而千戎查得是处系马路工程局所辖，因迁至龙王庙设防。讵料庙中羽士施高霖竟阻不容入，千戎乃商请十六铺巡防中局委员黄衡堂二尹立传羽士到局，谕令腾出庙后空屋，俾营勇移驻于此以防寇盗而卫闾阎。

光绪二十八年十月初五日（1902年11月4日）第三版

斩魃奇闻

广州访事人云：兴宁县冯大令因天旱太甚，禁屠三日，祷雨于城隍庙，寂然不应。忽有羽士上言请行斩魃之法。大令爰于本月某日饬役封锁南门，传糊裱匠翦纸为旱魃状，絷以黑索，自城隍庙中牵之使出，置诸县署大堂。随公服坐衙，历数其频年虐民之罪，拍案喝令推出斩之。随由局绅某甲泥首阶前愿为旱魃具限状“如三日不雨则甘以斧锧从事”。大令诺之，将旱魃锁置南门城上。至十二日之晚，雷电交作，雨师税驾，一时愚夫愚妇咸以为斩「魃」[魃]之效如此其神。嘻，惑已！

光绪二十八年十月二十一日（1902 年 11 月 20 日）第二版

江西官报

正一真人张元旭回贵溪籍。

光绪二十八年十月二十九日（1902 年 11 月 28 日）第九版

云间晚眺

松江访事友人云：郡庙城隍羽士某甲向有忏牌四扇，雕镂极工，并有盘谷山房款识。二月某日因有急需携赴东门外天和典质钱十八千文。至上月中旬忽有王姓等人投禀娄县署，称“泗泾戚串沈姓延道诵经，二十日圆满后被贼窃去忏牌四扇，侦悉质在东门外天和典，求移文华亭县吊回”。县主屈大令准之，移咨前署华亭县林霨生大令派差协保随同王姓诸人前往吊出。事为郡庙羽士所知，立即备本向赎而物已乌有，因向天和饶舌。天和伙不得已投华亭县署声诉一切。不知县主将何以判之。

光绪二十八年十一月初九日（1902 年 12 月 8 日）第二版

申報中的道教

下

1903/1949

丁常云 高洪兴 主编

上海辞书出版社

下册目录
1903—1949

1903年

1904年

1905年

1906年

1907 年

1908年

1909年

1910 年

1911 年

1912年

1913年

1914年

1915年

1916 年

1917 年

1918年

1919年

1920 年

1921 年

1922 年

1923 年

1924 年

1925 年

1926 年

1927 年

1928年

1929年

1930年

1931年

1932年

1933年

1934 年

1935 年

1936 年

1941年

1942年

1943年

1944年

1945 年

1946 年

1947 年

1903 年

严查寺院

去秋，钦奉上谕，着各府、州、厅、县将各寺院改作学堂，上海县主汪瑶庭大令遵，即饬差传谕僧会、道会二司将阖邑寺院若干查明禀复。僧会司旋即开呈清单，惟道会司迄未禀到，昨日饬差严谕从速开呈，如再迟延，定干未便。

光绪二十九年二月初五日(1903 年 3 月 3 日)第三版

鸠江兴学

芜湖访事人云：芜地应设学堂，前因经费难筹，将前办筹防一款提出银二千两拨充此款，尚余四千为修路费。无奈兴学造士需款浩繁，芜湖关道刘葆良观察爰饬所属将一切庙宇不入祀典者一律变价，以重学务而济要需。

光绪二十九年三月初二日(1903 年 3 月 30 日)第二版

救护日食

昨日为日食之期，本县教谕邱赞思广文、县丞刘二尹、主簿孙少尹、典史赵少尉齐集县署，先由阴阳学在大堂上恭设香案，僧道排列两旁竭诚诵经，届时县主汪瑶庭大令率同各官行礼三次，并饬乐人伐鼓鸣金，借伸救护。

光绪二十九年三月初二日(1903 年 3 月 30 日)第三版

借会闹教

本月初六日，浦东南汇县境北蔡镇左近九图居民莠民诸小泉纠集同类数百人迎赛土神三老爷会，道出张家楼，绕游天主教堂门外。其间有扮西游记戏剧者，各携刀械，声势汹汹，竟将教堂大门劈毁。堂中司铎、教民人等畏其凶焰，当时不与较量。至昨日始禀知驻沪法总领事，官请照会苏松太兵备道袁海观观察札饬上海县主汪瑶庭大令查办。大令正在饬差往拿，即由浦东保甲总巡谢岳松明府将诸拿获解送至县。大令着差役严加禁押以便讯惩。

光绪二十九年三月初九日(1903 年 4 月 6 日)第三版

赛会路由

今日为清明令节，好事者舁城隍神及春申侯、高昌司、长人司、财帛司、清江司诸偶像出游。由庙朝西走旧校场，过北香花桥，朝东福佑桥、海防厅署，朝南过益庆桥，朝西彩衣街、曲尺湾、县东、县西，往南由虹桥挽转东，过太平街、县桥，朝南太卿坊、陈箍桶桥、大南门、同仁里，过永兴桥，出谈家弄，穿道辕，往北过蔓笠桥，出大东门，过吊桥，走如意街，朝南过龙德桥、豆市街、花衣街、盐公堂，往南梅家弄、青龙桥、东西钩玉弄，过桑园，往西沙家石桥，至邑厉坛。入夜，进西门，过穿心河桥、杜家湾、登云桥，往南西仓桥，出北弄，朝西参府署、杨家桥、胡家弄、守备署、薛家桥、西王家弄，往北陈箍桶桥、化龙桥、蔓笠桥，朝西彩衣街、果子巷、太平街、县西、县东，朝东过四牌楼，朝北长生(桥)，朝西回庙。

光绪二十九年三月初九日(1903 年 4 月 6 日)第三版

赛会志盛

昨为清明令节。午后，好事者迎赛城隍会。除全副仪仗并旗锣伞扇外，尚有历次示禁之阴皂隶、大锣班、逍遥伞、十锦牌、臂香、女犯、大肚刽子、解差诸名目，铺张扬厉，簇簇生新。时值日丽风和，莎平草软，所过之处，衣香扇影交错于途。然闻浦左张家楼方因赛会而滋扰教堂几致酿成巨案，奈何沪滨群不逞仍复藐视禁令，斗丽争奇，我恐仅由县主汪瑶庭大令、保甲总巡朱森庭明府派差照料尚不足以息事宁人也。

光绪二十九年三月初十日(1903 年 4 月 7 日)第三版

亡羊补牢

昨日上海县主汪瑶庭大令发出四言简明告示饬即粘贴署前。其词曰:“迎神赛会,为害最烈。照例禁止,差查严密。倘敢故违,提究不惜。乡保居民,一体知悉。”说者谓事因浦东匪棍诸小全乘赛会闹教,大令设为是言。特节过清明,各处会已赛毕,殆亦如谚所谓亡羊而补牢者乎?

光绪二十九年三月十一日(1903 年 4 月 8 日)第三版

示禁赛会

本邑浦东张家楼天主堂前经匪人诸小全借赛会为由击毁大门,事后保甲总巡谢岳松明府饬差拘获解送上海县署讯究。方谓若辈可稍知敛迹矣,不意近日乡间此风仍不稍替。明府深恐再滋事端,因于昨日缮就四言韵示张贴各乡镇。其文曰:“迎神赛会,原为求福。若滋事端,反生祸患。劳民伤财,何益之有?一律禁止,不准迎赛。”

光绪二十九年三月十七日(1903 年 4 月 14 日)第三版

柳浪闻莺

浙省大吏开办学堂,前因筹款维艰无从推广。兹有某孝廉者投抚辕上条陈,请饬各地方官将通省大小庵庙寺院一律发封,田产香资改充经费。未知护抚诚果泉中丞能准如所请否?

光绪二十九年三月十八日(1903 年 4 月 15 日)第三版

神诞拈香

昨日相传为天后圣母诞辰，上海县主汪瑶庭大令委县丞刘耀廷二尹、典史赵敬臣少尉分赴南市各会馆圣母像前拈香行礼。

光绪二十九年三月二十四日(1903 年 4 月 21 日)第三版

汉皋火警

汉口访事人云：本月十六日之夜更鱼三跃，汉镇后湖东岳庙左近某姓家不戒于火，霎时浓烟烈焰上彻层霄，各铺水龙闻警而来竭力施救，约历数点钟之久火始渐衰。是役也，计毁民屋二百家左右，甲乙二人不及奔避以致葬身火窟中，东岳庙甫庆落成亦付之一炬。

光绪二十九年五月二十四日(1903 年 6 月 19 日)第二版

抽租兴学

绍兴访事人云：浙东各属创办学堂均须就地筹款，其向有书院者尚易改为，而著名瘠苦之区则往往无所借手。宣平县杨大令葆光办理此事煞费踌躇，兹得其详请上宪禀稿照录左方。其言曰"窃奉宪行各县均设小学堂，或就向有之书院改办，等因。……至查学堂向来经费常年只数百千文，现在需用繁多不敷甚巨。卑县商诸绅董，惟有酌抽各寺庙田租一法。现拟各寺庙田在四十亩以上者抽二成，将近百亩者抽三成，化无益为有益。各绅董均以为然。伏思学堂经费原准就地筹款，且如宣邑邻近之松阳、武义等县均已奉办，当经禀蒙本府宪台批委典史督绅抽查在案。除俟查竣后共得若干再行禀报，并将学堂认真兴办外，合将宣邑延聘教习、开办小学堂并抽寺租以充经费缘由开具章程肃泐具禀"等语，诚移缓就急、通达时变者之所为也，特不知将来之收效何如耳。

光绪二十九年闰五月十七日(1903 年 7 月 11 日)第二版

宜昌琐事

宜昌采访友人云：府城大门楼上建有关圣帝君庙，雨淋日炙，损坏殊多。刻由绅耆禀请地方官派令铺户捐钱重加修理，不日当可开工矣。

光绪二十九年闰五月二十五日(1903年7月19日)第九版

调勇驻防

■东南北两帮枭匪时时持械寻仇，以至地方历久不得安靖。苏松太兵备道宪袁海观观察患之，禀请江苏巡抚恩艺棠中丞将驻扎吴淞口之盛字营勇丁酌拨若干名移驻浦东以资防守。刻奉中丞允准，昨已调拨一哨驰往钦赐仰殿安营矣。

光绪二十九年六月初八日(1903年7月31日)第三版

上海官场纪事

吴淞盛字营管带曹游戎瀛西近奉苏抚恩艺棠中丞饬拨勇丁一哨移驻浦东钦赐仰殿，立即遵照办理。旋命驾诣道辕谒见道宪袁海观观察。继至县署，县主汪大令延入花厅茗谈良久而别。

光绪二十九年六月初九日(1903年8月1日)第三版

节会路由

今日为中元令节，好事者舁城隍神及新江司、财帛司、高昌司、长人司偶像出游，先期掣取路由。计：是日出庙朝东，进猛将弄，过安仁桥、福佑桥、天官牌坊，出梧桐弄，过海防厅署、益庆桥、老学前、县署，往南太平街，朝东果子巷、彩衣街，过蔓笠桥，往南谈家弄，穿道辕，过永兴桥，进东王家弄，朝北过陈箍桶桥、太卿坊、塌水桥，进唐家弄，往北过虹桥，往西杜家湾、穿心河桥，往北金家牌楼、南香花桥，朝东过旧校场、北香花桥、穿心街，一直出老北门，过东吊桥，沿护城河朝东过洋行街、陆家石桥、咸瓜街、萃丰弄、豆市街、花衣街、小普陀桥、盐公堂、钩玉弄、陆家浜，朝西到坛。晚上，进西门，由大街朝东过登云桥、西仓桥，出北弄，过守备署、四王家弄、大南门、同仁里，往北中大夫坊，朝西太卿坊，往北过鱼行桥、曲尺湾、县东、县西，往北三牌楼、昼锦牌楼、陈市安桥，朝东回庙。

光绪二十九年七月十五日(1903 年 9 月 6 日)第三版

节会志略

昨日为中元令节。午后三下钟时，好事者舁城隍神及新江司、财帛司、高昌司、长人司五偶像出巡，遍历城厢内外，然后舁往厉坛。会中除旗锣伞扇外，一切会景无不踵事争华，所过之处途为之塞。

光绪二十九年七月十六日(1903 年 9 月 7 日)第三版

邗沟红叶

扬郡前当盐务繁盛时，各庙宇类皆有香火银。近年时事艰难，库款支绌，此银早经裁免。不谓近日某观羽士曹某妄生希冀，持至淮南总局禀请照前给发。旋奉局宪批示，略谓“此等香火钱文前于光绪十一年禀准因局用不敷一概裁停，所禀照章给发碍难准行”。

光绪二十九年八月初七日(1903 年 9 月 27 日)第三版

救护月食

八月十五夜亥刻月食，上海县主汪瑶庭大令率同县丞杨二尹、主簿孙少尹、典史赵少尉在县署大堂伐鼓鸣金行救护之礼，并召缁流、羽士诵经。盖亦一篇官样文章也。

光绪二十九年八月十七日(1903 年 10 月 7 日)第三版

祝厘有所

镇江访事人云：郡城某道院内向供寿岁牌，为官绅祝厘之所。历年既久，院宇倾颓，蔓草荒烟，凄凉满目。常镇通海道兼镇江关监督郭月楼观察慨捐鹤俸鸠工兴修，遴委江苏候补知县鲍纯甫大令前往监工以昭郑重。

光绪二十九年八月二十八日（1903 年 10 月 18 日）第九版

有求必应

谨告者：兹闻罗店镇东岳庙其殿左供奉观音大士者向称神灵，遐迩周知，咸来谒求灵丹者实繁有徒，冀治诸病无不应验，灵丹寿世诚谓佛也。

光绪二十九年九月初四日（1903 年 10 月 23 日）第七版；光绪二十九年九月初五日（1903 年 10 月 24 日）第十二版

庾楼月色

黄鹤楼下武当宫毁于兵燹，承平日久，无力重修。现经学务处委员估看，拟改建西路小学堂，而令住持羽士迁居东岳庙、「土」[玉]皇宫等处。刻已具详督宪，一俟批准即可兴工矣。

光绪二十九年九月初六日（1903 年 10 月 25 日）第九版

住持非易

沪城邑庙西房住持羽士曹咏梅犯案被逐之后，迄今无人接充，一切事情暂由东房羽士曹寄蜗兼管。近有邱金生者投同仁辅元堂称“伊向为火神庙住持，后云游在外，积得洋银二百五十元，今愿如数捐入堂中为义冢经费，求禀请县尊给谕准住持邑庙西房”。堂董允，即禀明县主汪瑶庭大令。大令准之。事为陈家行人秦某所知，函致县署，略谓“邱所捐洋银借自某处，其人品行不端，若充邑庙住持，恐滋事故。乡间有一小庙可否令邱照管”云云。大令抄函答复堂中，令各董公同议明禀请核示。

光绪二十九年九月十六日（1903 年 11 月 4 日）第三版

关门难度

杭州访事人云：自九月初一日至初九日俗传北斗九皇星君诞辰，省城好事者辄于道院中设立坛场礼斗诵经期延寿命，城厢内外计有二十余处，而吴山太岁殿、文昌阁、三官庙等处尤为华丽。黄冠者流又创为度关解厄之说骗取人财，是日妇女之往彼度关者数难胜纪。当三官庙度关时，羽士仗剑当先斩关直入，大众尾随于后，观者云集，致被挤倒十余人，内有四女郎堕珥遗簪尤为狼狈。寄语佞神者盍见此而稍知警戒耶。

光绪二十九年九月十六日（1903 年 11 月 4 日）第九版

羽士轻生

本邑城隍庙西房住持羽士曹咏梅犯初被逐后，由其徒龚某暂行接管。时龚年甫十六，少不更事，由东房住持羽士曹剑华襄理一切。今龚忽闻此席已为他人所得，忿恚莫释，遂于前晚自缢于文昌殿中，迨人察知已返魂无术矣。惨哉。

光绪二十九年九月二十日（1903 年 11 月 8 日）第三版

自经待究

昨报纪本邑城隍庙西房住持羽士龚某自缢一事。兹悉死者名桐生，因受新充住持邱金生压制，情实难堪，恚忿填胅自寻短见。事后其母舅吴桂生向邱问罪，邱欲贿私。不料事为稽查庵观寺院委员朱筱芸明府及李、吴二庙董所知，察得尸有伤痕，据情禀知县主汪瑶庭大令。大令即传尸兄龚琴生、四铺地甲严升及吴、邱到县听候研讯。

光绪二十九年九月二十一日(1903 年 11 月 9 日)第三版

上海县署琐案

本邑城隍庙西房住持羽士龚桐生自缢后,县主汪瑶庭大令饬差提集地甲严升及尸母舅吴桂生、尸兄龚琴生、新充住持邱金生等一干人,前晚升堂研讯。严甲禀称:“小的由邱金生遣人唤至庙中时,龚桐生业已气绝,陈尸榻上。诘问原由,邱称吞服烟灰所致。至究竟缘何自尽,小的不得而知。”吴桂生供:“龚桐生系小的之第二外甥,向与邱同为龙王庙住持,迨后调至城隍庙西房。自前住持曹咏梅奉谕逐出后,庙务均由桐生经管,今忽被邱谋充是席。本月十七日桐生至小的处告知其事,并言邱因所费不赀倩伊转向小的借贷江银一百元。小的疑之,偕伊至邱处质证。邱言并无其事。小的恶伊花言巧语责手心数下,不料伊竟因此含愤自尽。今已棺殓,求免验尸。”邱供:“小的自充住持后,并未与桐生为难,实被伊母勇掌责以致含羞雉经。”龚琴生供词与吴相同。大令着吴与琴生同具求免相验切结,一并斥释。

光绪二十九年九月二十二日(1903 年 11 月 10 日)第九版

赛会路由

下元令节,沪城好事者必舁城隍以及清江、长人、财帛、高昌四司偶象出游,美其名曰振济绝祀孤魂。前晚由会首签定路由,计:出庙朝东,进马姚弄,朝东过福佑桥,出天官牌坊,过海防厅署,朝东往南过益庆桥、东街,朝西过老学前、县东、县西,往南过太平街,往南过县桥、太卿坊、陈箍桶桥、化龙桥,出谈家弄,穿道辕,进天灯弄、唐家弄,往北过鱼行桥,朝东彩衣街,出大东门,过吊桥,走老马路,进萃丰弄,过豆市街、花衣街,朝西盐公堂,出梅家弄、青龙桥、西「匀」[钩]玉弄,过沙家石桥,朝西一直到坛。至晚,进西门,朝东过庄家桥,进北弄,朝西过参府署,朝南过杨家桥、胡家弄、守备署、薛家桥,朝东王家弄,朝北过陈箍桶桥、太卿坊,进西唐家弄,往北过虹桥、三牌楼、昼锦牌楼、陈市安桥，朝东回庙。

光绪二十九年九月三十日(1903 年 11 月 18 日)第九版

迎赛神会

昨为下元令节，好事者舁城隍神及高昌、财帛、长人、清江四司偶像出游。会中除寻常仪仗外，有历届奉禁之逍遥伞、花十锦牌、大锣班、阴皂隶之类，招摇过市，忌惮全无。至于妇女扮犯，赭衣铁索，踉跄就道，一若身膺重罪也者，伤风败俗，恬不知羞，按之刑章尤应惩治。沿途观者，红男绿女如水如云，颇极车水马龙之盛。上海县汪瑶庭大令、保甲总巡朱森庭明府恐滋事，故各派差甲照料，典史赵敬臣少尉更随赴厉坛致祭。当会经西门外时，法界捕头亦派令包探若干名为之弹压。

光绪二十九年十月初二日(1903 年 11 月 20 日)第三版

捐资修庙

本邑西门外瞿真人庙前由湖南官绅集资创建，迄今年久，日渐倾颓。日前住持僧了善具禀苏松太兵备道辕求助修费，道宪袁海观观察允之，慨捐银一千两，发交上海县主汪瑶庭大令派差往传了善具领，以便鸠工庀料赶紧兴修。盖观察籍隶三湘，谊重梓桑，故不惜廉泉特沛也。

光绪二十九年十月十二日(1903 年 11 月 30 日)第三版

洪都客述

南昌访事人云：省城四十八庙每夏迎神糜费数万金，各铺散给乞丐钱文岁亦不少。自今春创设警察兵站立街道禁止迎神赛会，并创设工艺院收养乞丐，气象为之一新。惟工艺局经费甚巨，支拨无资，因劝各铺节省迎神及散丐之钱相助为理。夏间曾收捐一次，嗣是各怀观望，迄今数月尚未再捐。兹由南昌府沈子培太守禀奉署臬司汪颉荀廉访批饬，查照捐簿，按户催收，填给收票，如有新开店铺一律补收，并札发街捐印册交南昌县会同委员接管，九月初一日在关帝庙设局催收，除饬地保传知外，并出示晓谕，略谓："所有捐钱本系迎神并散丐之款，今专作流丐孤贫等项口粮，无非以私为公。各该铺户速将原书捐钱如数赴局呈缴，当将收票给执。其新开未经书捐店铺亦应一律补捐，不得稍有违抗。至地保已给饭食，倘敢需索分文，准予指名禀究。"

光绪二十九年十月十九日（1903 年 12 月 7 日）第三版

镇郡官场纪事

城内东观巷关帝庙年久失修，势将倾圮。今秋常镇通海道兼镇江关监督郭月楼观察慨捐鹤俸，遴委城守营守备王占鳌守戎督工修葺以壮观瞻，至本月十二日告竣，雕梁画栋焕然一新。守戎随于十六日禀请观察亲往验收。

光绪二十九年十月二十一日（1903 年 12 月 9 日）第二版

贤令荣褒

闻之武昌友人云：日前湖北武昌县知县王大令士卫申禀府辕"请禁革演戏聚赌，将长岭镇财神庙改为普及学堂"等情，随由府尊梁集庵太守批示曰："财神是淫祀，久应禁绝，群生昏昏，注心于利，不知羞耻，腼然拜祷，祈之得财。神有如此乎？财神日多，风俗人心日坏。该令毅然去之，拆其庙为学堂，以正祛邪，以义胜利，真有胆识，使人起敬。即以此举通行所属照此办理。想武昌人士亲沾德化、束身名教，贤令之功大矣，欣佩无已。仰候各宪暨学务处批示。檄。"

光绪二十九年十一月十一日（1903 年 12 月 29 日）第二版

1904 年

移赀兴学

松江访事人云：华亭县属北乡莘庄镇有会真观焉，香火甚盛，财产富饶。前住持羽士屈某饱暖思淫，性喜渔色，大不理于众口，常招妇女入庙奸宿，致有纠众捉奸等情。旋复被人投县控告，县主陈仲陶大令提屈研讯，断令将观中事务交其徒任某接管，所有田产，提九十八亩有奇归中学堂、四十九亩有奇归小学堂以备常年经费，尚有一百五十亩及存款五百元之庄折一扣仍为观产。大令此举真得移缓就急之道，若将各处庵观寺院一律照办，何患兴学之无资哉！

光绪二十九年十一月十五日（1904 年 1 月 2 日）第九版

观察敬神

西门外瞿真人庙年久倾颓，经苏松太兵备道袁海观观察捐银一千两兴工修葺，迩者工程已竣，观察因于昨日亲往拈香膜拜，亦足见敬神之诚矣。

光绪二十九年十一月二十七日（1904 年 1 月 14 日）第三版

革命宜防

宁波访事人云：府属奉化县境忠义乡近有贡士庄景仲、刘绍琮宣播异说煽惑人心，附近江、孙、严各绅士从而和之，阳托维新，实则迹近革命。日前擅将彼处关帝、文昌二庙兴工改作会堂，庙中所奉各神概行毁弃，如痴如醉，无理可言。士民中有起而阻之者，竟被庄「禽」[擒]住二人送入县署。县主王大令未悉底蕴，遽命押候讯惩，以致阖乡同抱不平，欲与庄、刘为难。庄、刘闻之，亦率族与之抗拒，以致互相格斗，酿成祸端。既而庄、刘知事不谐，联名饰词控诸府署。府尊喻庶三太守批其牍尾斥之，旋札饬奉令秉公集讯具复。

光绪三十年正月二十四日(1904 年 3 月 10 日)第三版

甬江杂志

宁属奉化县境忠义乡贡生庄景仲等因将关帝、文昌二庙神像毁坏以致激成众怒,各乡人联名赴府控陈。府尊喻庶三太守派员驰往查勘情形以凭核夺。

光绪三十年正月二十四日(1904 年 3 月 10 日)第九版

示期春祭

昨日上海县主汪瑶庭大令将春祭日期牌示署前,计:二月初一日祭吴、应两公祠,初三日祭文昌庙,初四日祭吕祖祠,初八日祭文庙及黄婆祠,初九日祭社稷坛、神「祇」[祇]坛、周太仆祠、群忠祠、土地祠、海坛、风神庙,初十日祭袁、陈、吉、刘四公祠及愍忠祠,十四日祭天后宫,十六日祭关帝庙,十八日祭文昌宫,十九日祭龙神庙,二十六日祭先农坛。

光绪三十年正月二十七日(1904 年 3 月 13 日)第三版

救护日食

昨为日食之期。时交未正,上海县主汪瑶庭大令会同教谕邱广文督率县丞杨二尹、主簿孙少尹、典史赵少尉在县署大堂香案前行礼三次,并由僧道辈虔诵经文、伐鼓鸣金,以申救护。遵古制也。

光绪三十年二月初二日(1904 年 3 月 18 日)第三版

严禁赛会

上海县主汪瑶庭大令查得四乡民人每于清明时节敛财赛会,不但废时失业，且易滋生事端，除出示严禁外，并派差役薛贵多带伙役下乡传谕一律不准举行。

光绪三十年二月十八日（1904 年 4 月 3 日）第三版

赛会路由

本月二十日为清明令节，好事之徒迎赛城隍神会。先期拟定路由。是日神驾出庙，朝西走旧校场，过北香花桥，朝东福佑桥，出天官牌坊，过海防厅署，往南过益庆桥、东街、彩衣街，朝西县南、县西，往南虹桥，往西杜家湾、穿心河桥、庄家桥，往南过参府，往南过杨家桥，进胡家弄，朝东过守备署、薛家桥、王家弄，往北过陈箍桶桥，沿浜朝东过化龙桥，往北进谈家弄，过道辕，往北过蔓笠桥，出大东门，过吊桥，往南走里马路、公义码头，朝西过盐公堂、梅家弄，往南过青龙桥，朝东走小普陀桥，朝四进东钩玉弄，往南陆家浜，沿马路一直到坛。晚上，进西门，朝东过杜家湾，穿心河桥，往北走石驳岸，过东马桥，朝东过南香花桥、陈市安桥，往南昼锦牌楼、三牌楼，往南过太平街，朝东果子巷、彩衣街，往北老学前、四牌楼、长生桥，往西回庙。

光绪三十年二月二十日（1904 年 4 月 5 日）第九版

示禁赛会

本邑浦东保甲总巡谢岳松明府访悉乡间好事者流，每遇清明必有迎神赛会之举，非特废事失时，且恐流氓匪棍乘机滋生事端，饬查案，出示谕禁，发交各图地保分投张贴，俾众周知，如敢抗违，一体拘办。

光绪三十年二月二十一日（1904 年 4 月 6 日）第三版

洪都杂俎

赣省农工商务局初设于宝昌局中，矿务局初设于刘猛将军庙中，皆官办也。上年因官办并无效验，添绅会办，将工商、矿局移至派办处，然亦成效全无。今又将农工商、矿局归入宝昌局中，官绅合办，已于三朋朔日经始。惟去秋拟设农学堂、聘洋人为教习并遴选聪颖朴实子弟出洋学习，今皆未办，殊可惜耳。

光绪三十年三月二十六日（1904 年 5 月 11 日）第三版

江西重修西山玉隆万寿宫劝捐启

盖闻茅君桂父仿佛神灵，玉局金门依稀宫观，靡不云桥启宇景曜开扉，而况铁柱巍峨靖波涛于亿载，金丹秘密配天地而长存，毒扫支祁功侔神禹者哉。我省西山玉隆万寿宫崇祀晋旌阳令许真君，自南唐以迄于今千数百年，仑焉奂焉，是蒸是享，虽祈年立秦、望仙表汉蔑以加矣。夫万寿宫之建于异地者，遍中国十八行省几于无地无之，而我省人士独于逍遥山以为此道行之所成立也，仙灵之所凭依也，彩帷竹杖黄堂投受之年，玉简金龙白日飞升之地，截黄牛而平恶浪剑气犹存，化白鹤而返故乡丹房依旧，所由琼轩密构，桂柱骈罗，户接云根，庭留柏荫，非惟绳金镂玉，盖亦崇德报功而已。然而祀事虽虔，天灾不免。乾隆三十四年玉皇阁、真君关帝二殿毁于火，道人许来悟等募建，当时裘文达有记。嘉庆二年再毁于火，道人邓合溱等募建，巡抚秦承恩有记。咸丰十一年发逆由安义窦入逍遥山，庙宇既焚，神像尽毁，同治六年巡抚刘忠诚公邀集绅士题缘倡首，未逾年集款十余万，由是规模宏阔，庙貌重新，栋宇辉煌，工料坚实，瑶宫碧涧，绚采垂文。所冀栖道接神长兹呵护、春兰秋菊永荐馨香也。突于本年正月初六日，静夜无人，道场已毕，祝融税驾，遽兆焚如，真君、关帝二殿片瓦不完，尽成焦土，三千功德难回回禄之车，十二仙真莫噀栾巴之酒。火焰既烈，施救无方，是即烂额焦头何补于既往，安得烧丹点石新复于将来。现蒙南、新两邑尊详奉层宪批饬，邀集合省绅士妥筹劝办，借复旧规，估计两殿工程大约在四万金以外。夫大厦之材岂徒一邱之木，一裘之成必借群狐之腋，自非群策群力奚以复旧制而妥神灵。素稔各直省及海外各埠同乡诸大君子道力日■、神庥永赖，当亦念伐蛟捍患蜃气全消，必能解橐输将，鹤台重建。所望舍俸入之钱宏其栋寓，置真君之像肖其仪容。凡乐助者从速交局，并乞代为劝募，俾得及早兴工。现由南、新两邑尊邀集在籍各绅，择于省城内逍遥别馆以为收捐办公之所。局中刊有三连票，凡缴捐者各给票一纸以为凭据。所有监造募捐诸君均由公举，以冀实事求是涓滴归公，务使日晖石瓦设云幄于两楹，月映琳房分玉座而环列，庶几龙虎左右以敬以肃，苹藻斯荐而神降之福也。光绪二十九年冬月江西合省在籍绅士公启。

光绪三十年四月初七日（1904 年 5 月 21 日）第四版；光绪三十年四月初八日（1904 年 5 月 22 日）第五版；光绪三十年四月初九日（1904 年 5 月 23 日）第十一版；光绪三十年四月初十日（1904 年 5 月 24 日）第五版；光绪三十年四月十一日（1904 年 5 月 25 日）第六版；光绪三十年四月十三日（1904 年 5 月 27 日）第六版；光绪三十年四月十四日（1904 年 5 月 28 日）第十版；光绪三十年四月十五日（1904 年 5 月 29 日）第六版；光绪三十年四月十六日（1904 年 5 月 30 日）第十版

上海官场纪事

前日袭封六十二代天师张真人晓初因事由江西来沪，以城内火神庙为行辕，昨晨乘舆诣道、县各署投刺拜会。

光绪三十年五月初二日（1904 年 6 月 15 日）第三版

南昌杂志

贵溪县六十二代真人张元旭于日前来省晋谒，抚宪夏菽轩中丞及藩、臬以下各员各当道以礼款之，次日咸答拜如礼。

光绪三十年五月初四日（1904 年 6 月 17 日）第三版

京江祈雨

镇江访事人云：入夏以来久晴不雨，四乡田父望泽甚殷。常镇通海兵备道兼镇江关监督郭月楼观察惄焉忧之，特饬丹徒县知县杨襟山大令出示自五月二十八日为始禁止屠宰，复委守备王守戎占鳌赴距城南百余里之大茅山请龙来镇供奉金山龙王阁，每日早晚两次躬率属员前往拈香。至六月初二日午后，微雨东来，沾衣欲湿，惟乡间仍田如龟坼。深望苍苍者大霈甘霖也。

光绪三十年六月初八日(1904年7月20日)第三版

拈香例志

前昨两晚，大东门大街以及蔓笠桥两傍各店铺均悬灯结彩庆祝火神、雷祖诞辰，道宪袁观察命驾拈香。佞神之风贵贱一致，亦可谓不惮烦矣。

光绪三十年六月二十五日(1904年8月6日)第三版

権及土偶

广州访事人云：粤东省城神庙林立，其香火最盛者首推城隍庙。庙祝三年一换，由商人出巨资承充，每岁约纳洋银二万元，历任府尊辄视为应得之利。迨前任龚太守心湛议开中学堂，将此款移充经费，并劝加五千元，共合二万五千元后，沈太守传义到任，欲于二万五千元之外加抽学费二千元，商人未允，遂不复置议。迩者府尊陈太守以前数犹不能敷，再三劝谕，闻商人已允再加三千元，惟系拨入学务处不归中学堂云。

光绪三十年七月初一日(1904年8月11日)第二版

北固新秋

镇江访事人云：常镇通海兵备道郭月楼观察，前因天时亢旱，委员至大茅山白龙庙请龙来镇，供奉金山拈香祈祷，旋果神灵感格迭沛甘霖，爰于六月二十四日率同各官行香叩谢，并派王守戎将龙送回。

光绪三十年七月初三日(1904年8月13日)第三版

钟阜[1]晴云

金陵访事人云：此间累月不雨旱象已成，两江总督兼南洋通商大臣魏午帅为民请命，逐日亲诣龙王庙拈香祈祷，继又委员前赴茅山迎请龙神。自六月十八日后日得微雨。至二十、二十一日大雨倾盆，连得两次，然仅逾刻即止。幸二十二日自辰至午雨势滂沱不啻银河倒泻，田禾得此莫不浡然而兴，于是米价不复加昂，人心为之一定。

光绪三十年七月初八日(1904 年 8 月 18 日)第九版

金陵官报

二十七日……督辕牌示：七月初一日拈香之期，文庙督宪亲诣，武庙委巡道，文昌庙委藩台。……知县舒霈禀知送龙神赴句容回。

光绪三十年七月十一日(1904 年 8 月 21 日)第十版

迎神赛会

今日俗传为中元令节，本邑好事者舁城隍偶象至西门外邑厉坛，名为振济无祀孤魂，实则借此招摇过市以遂其敛取赀财之奢愿。甚无谓也。

光绪三十年七月十五日(1904 年 8 月 25 日)第三版

吴郡琐谭

苏州府许子元太守以迎神赛会最为无益有害，因札饬长元吴三县出示禁止，略谓“迎神赛会本干例禁，苏垣近更踵事增华，杂以高跷，并有演扮淫戏等事，伤风败俗莫此为甚，自应一律禁止。惟上中下三元令节府县城隍姑准仍前迎赛，

---

① 钟阜：今南京紫金山。

亦只用清道，不准任意奢靡。如敢故违，定当提究不贷”。是以本月十五日中元节会仅舁一府三县城隍神偶「象」[像]至阊门外虎邱厉坛焚化冥镪，旋即回城。

光绪三十年七月二十一日(1904 年 8 月 31 日)第三版

秋祭定期

昨日苏松太兵备道袁海观观察发出本年秋祭单，计：八月初一日祭文庙及吴、应二公祠；初二日祭社稷坛、神祇坛、风神庙、海神坛、周太仆祠、群忠祠、土地祠；初四日祭文昌宫、吕祖祠；初五日祭吉、陈、袁、刘四公祠，愍忠祠；初七日祭天后宫；初十日祭龙神祠；十二日祭关帝庙。

光绪三十年七月二十四日(1904 年 9 月 3 日)第三版

苏省官报

七月十一日天师张真人到苏。

光绪三十年七月二十四日(1904 年 9 月 3 日)第十版

白门杂志

金陵访事人云：城中除官立学堂外，尚有思益、养正、幼幼三蒙学，城外及江宁县属各乡则仅有团练绅士周祝三孝廉瀚所设南城冈蒙学堂、花神庙职董李云孙守戎有锦所设安德蒙学堂，类皆苦于经费无多，教授未尽合度。迩者江苏巡抚端午桥中丞通饬所属赶紧多设学堂，江宁县主梁咏甫大令因于本月十八、十九、二十等日分班延见二十二镇董谕令各就地方财力创兴蒙养学堂。

光绪三十年七月三十日(1904 年 9 月 9 日)第三版

金山玩月

镇江『江』访事人云：每至秋间各处均启建盂兰盆会，镇民称曰烧天香，金钱浪掷何止万千。近日水面各洋商趸船及驳船、义渡船莫不接踵而兴，每晚悬挂明灯，争奇斗艳，并延僧道施放焰口。惜乎以有用之资财付之无用，终不免见讥于大雅耳。

光绪三十年八月初七日(1904 年 9 月 16 日)第三版

越东杂志

绍兴访事人云：越中每届中元令节各庙社首必舁偶像出游，杂以「台」[抬]阁、高跷，劳民伤财殊属无谓。今岁府县先期谕禁，只准舁城隍神赴厉坛巡行一周，于风俗不无裨益也。

光绪三十年八月初十日(1904 年 9 月 19 日)第二版

南昌客述

江西重修西山万寿宫，需款四万余金，由绅士禀请南昌府出示劝捐，复由绅士分投劝办，迄今年余，殚尽心力，始得盐业、当铺及大店商捐集款项若干。闻有某绅拟在其中提出二成为中学堂经费，不知各捐户能应允否。

光绪三十年八月十四日(1904 年 9 月 23 日)第二、三版

普天同庆

窃惟万年巩基端赖一人有庆，而天子圣哲胥恃懿训周详。今者十月初十日恭逢皇太后七旬万寿，以时艰日甚、内讧与外患交乘，圣母年高图治犹厉精不怠，仗璇镜之常明，奠金瓯于永固。兹首董与商选择道功笃实者六十人就白云本观敬设斗坛，虔诵斗姥心经、北斗妙经、长生妙经诸圣宝诰，顶礼全真大梵玉斗金科一藏，于九月初一日起■四十九日功德，愿吁苍穹之灵佑，共颂升恒；长延嵩岳之遐龄，咸跻仁寿。两宫介祉，四海蒙庥，是则区区芹忱，但愿海内四百兆人以及释道人人同心团结，发奋自强，一秉虔诚祷祝者也。

光绪三十年八月二十三日(1904 年 10 月 2 日)第四版

万寿无疆

本报前纪十月初十日恭逢皇太后七旬万寿，经绅商兴办敦延上海白云观羽士选择道功笃实者六十人设坛虔诵先天斗姥延寿真经、元灵北斗本命真经、太上老君长生真经，顶礼大梵延生玉斗金科全藏，于九月朔起至十月二十日告成。原期借道藏之功德尽祝嘏之至诚，兹者访悉各处绅民寺观虔诚祝祷、咸伸庆祝，从此两宫集福，四海蒙庥，足征朝廷深仁厚泽沦浃人心，故不约而同如此，岂非普天率土同具尊亲之意乎？

光绪三十年九月十五日(1904 年 10 月 23 日)第四版

西溪芦雪

江西正乙真人张元旭由沪而苏，由苏而浙，现寄居吴山道院。乘绿呢舆，导以“诸神免参”“直入天门”等牌，至各宪辕投刺，并售各种符箓，为人擒妖。惑世诬民莫此为甚，屏而远之亦正本清源之道也。

光绪三十年九月二十一日(1904 年 10 月 29 日)第九版

赛会路由

今日为下元令节，好事者舁城隍神出巡。先期由会中人掣定路由。是日神驾出庙朝西过陈市安桥，往南过昼锦牌楼、三牌楼，走县西、县南，往西过太平街、杜家湾，过穿心河桥，往北过石驳岸，走东马桥，朝东过紫金桥，往东朝北过侯家浜，朝东过中香花桥、沉香阁，朝北过北香花桥，往东过福佑桥，出天官牌坊，往东过海防署，往南过益庆桥，走东街，往西过彩衣街，朝南过鱼行桥，往南朝东出东唐家弄，朝南走天灯弄，进谈家弄，走道辕，朝北过蔓笠桥，往东出大东门，过吊桥，往东至老马路，往南一直至万裕码头，往「四」[西]朝南过盐公堂，进梅家弄，往东过青龙桥，朝西过东钩玉弄，往西朝南走沙家石桥，朝西往北到坛。夜会：由坛朝东过吊桥，进西门，过庄家桥，往南朝西出北弄，过参府署，走杨家桥，出胡家弄，由守府署过薛家桥，朝西进王家弄，往北过陈箍桶桥，走太庆坊，过县桥，往西过太平街，往北县西、县东，过四牌楼，走长在桥，往西一直回辕。

光绪三十年十月初一日（1904 年 11 月 7 日）第三版

万寿圣节

十月初十日恭逢慈禧端佑康颐昭豫庄诚寿恭钦献崇熙皇太后七旬万寿圣节，寓沪绅商择于白云观公设经坛虔诚庆祝，凡我绅商士庶务于初十日寅刻衣冠齐集白云观排班庆祝。事关大典，幸勿有误。此启。寓沪绅商谨。

光绪三十年十月初二日（1904 年 11 月 8 日）第四版

学费难筹

广州访事人云：城北三元宫道士梁佩经等具禀督辕，自愿承缴学费五千金，请免常年捐款。旋奉两广总督岑云帅批示云："粤秀山三元宫为羽流著名道观，香火既旺，常业亦丰，仅缴报效学费五千金而无常年捐助实不足以餍多士之望。仰两广学务处转谕核实认缴，毋任违抗。"既而巡警局勇丁忽蜂拥而往，械击二道士欲带回局中。道士不服，争辩良久，卒被拘去。不知其中有何变幻情形也。又城西天后庙产业岁入三四千金，为是处绅商利薮，近经士子具禀学务处请酌提学费，当委孙大令士鼎会同南海县委员刘大令思濂带领书差人等驰往欲将庙产查封。彼处经理人以此系街坊公产，恳求豁免。委员不允。众论纷纭，必欲筹一抵制之法。亦可见学费之难筹矣。

光绪三十年十月初五日（1904 年 11 月 11 日）第二版

万寿圣节

十月初十日，恭逢慈禧端佑康颐昭豫庄诚寿恭钦献崇熙皇太后七旬万寿圣节，寓沪绅商择西门外白云观于九月初一日起至十月二十日圆满敬设经坛四十九天。兹已悬灯结彩，恭设宝座，虔诚庆祝，凡我官绅士商请于初十日寅刻及巳刻十点钟蟒袍冠带齐集分次排班行礼。事关盛典，务乞早临为幸。寓沪绅商公(启)。

光绪三十年十月初九日(1904年11月15日)第四版；光绪三十年十月初十日(1904年11月16日)第四版

饬迁庙宇

电政大臣吴仲怿侍郎札饬道宪袁观察，略谓“电报局向租民房为办公之所，嗣因房屋不敷拟即迁移，曾在二十七保南十二图觅得一地，因彼处迎禧庙近在咫尺，殊多不便，烦即转饬上海县传令地保速着该庙迁移，庙址并卖与局亦可”。大令接奉之下已照办理矣。

光绪三十年十月二十七日(1904年12月3日)第三版

上海县署琐案

严友兰前在浦东赁日泽庙内余屋轧花。稽查庵观寺院委员朱筱芸二尹误听土棍姚福棠之言将庙封闭，严遂投控道、县两署。昨日大令已派差前往启封矣。

光绪三十年十一月初三日(1904年12月9日)第九版

委员庖代

稽查沪上庵观寺院委员朱筱云二尹近忽串同混名白头讼师之姚福生向浦东十泽庙借端肇事，经苏松太兵备道袁海观观察撤去差使，另委候补县丞夏二尹寿恭接办。昨日夏二尹已谢委到差矣。

光绪三十年十一月初九日(1904年12月15日)第三版

1905年

抽捐兴学〈苏州〉

苏乡陈墓镇前拟开办学堂，业经学务处批准。经事者以经费竭蹶，拟将本镇城隍庙每年所入捐款洋三百余元拨充外，再拟向各茶肆每茶一碗抽捐钱一文及各肉庄每猪一头抽捐钱五十文以充学堂经费。讵各茶肆及肉庄均不肯遵办，经事者现拟禀请元和县主郭南云大令出示劝谕务期遵照抽捐。

光绪三十一年正月十五日（1905年2月18日）第四版

侍御条陈禁止庙会

闻有某御史现拟条陈政府，其奏云“京师近年以来遇有庙会，无论大小官员眷属妇女均以烧香佞佛为名，男女杂沓，任情拥挤，实属不成事体。即如正月厂甸人烟稠密，男妇来往不绝，并闻白云观燕九会神仙之说竟有宦家男女于正月十八日夜住宿观内敬待接神种种谣传，尤为诲淫之渐。请旨饬下各该衙门转饬地方官严行禁止以端风化而正人心”云云。

光绪三十一年正月十九日（1905年2月22日）第四版

创设盲哑学校〈济南〉

山东师范学堂教习时君樾生在省城创一盲哑学校，暂借府城隍庙为开办之所，每日自上午九点钟起，十一点钟止，用新字母自行教演，已于客腊初十日开学，一切经费皆由时君自行筹措。

光绪三十一年正月二十二日（1905年2月25日）第四版

辕门坍毁

本城邑庙前西栅辕门于前日午后雷雨时忽然坍下，致将行人甲乙两人压倒于地，幸未受重伤。

光绪三十一年二月初九日（1905年3月14日）第十七版

禁止赛会

日来浦东洋泾镇、塘桥及吴家厅等处有好事者「斜」[纠]集各会首择于清明节前后迎神赛会，为本县汪大令访悉，恐酿事端，先期谕知各该会首禁止举行，如违提究。

光绪三十一年二月十八日（1905年3月23日）第十版

重修辕门

城隍庙前西栅口辕门日前因雨塌下，现经该庙住持旨知董事，昨日已饬匠兴工建造矣。

光绪三十一年二月二十日（1905年3月25日）第十八版

示禁赛会

浦东保甲总巡谢岳松明府，以该处乡民每于清明前后舁神赛会，恐有滋事，爰先期出示曰："为严禁事。照得迎神赛会大干例禁，访闻浦东各乡好事之徒每以赛会为名敛钱惑众，妆扮高跷、抬阁及女犯、臂香诸名目，争奇斗胜，不惟耗费钱财，而且引诱男女结队争观，败俗伤风莫此为甚，合亟出示严禁。如敢故违，提究不贷。"

光绪三十一年二月二十七日（1905年4月1日）第十版

赛会路由

明日为清明令节,本邑城隍神例须出巡。兹将路由录下:出庙朝西,过广福寺,朝北进马弄,往东过穿心街,走福佑桥,往南走天官牌坊,至长生桥,往东海防署,过益庆桥、东街,朝西彩衣巷,朝北曲尺湾,往西县东、县西,朝南过太平街,走县桥,朝南过太钦坊,至陈箍桶桥,走桥家浜,经梅家弄,过竹书堂,出天灯弄,过辕,朝北过蔓笠桥,往东出大东门,过吊桥,走大马头,由老马路过公义「马」[码]头,朝南过盐公堂,进梅家弄,过小普陀桥,沿浜过东狗玉弄,往南过仓前街,至陆家浜,往西一直到坛。坛上起马,沿城河过东吊桥,进老北门,往南走穿心街,过北香花桥,走沉香阁,经侯家浜、东马桥,过穿心河桥、庄家桥,出北弄,由参府署过杨家桥,出胡家弄,由副府署过薛家浜,走王家弄,过陈箍桶桥,走太钦坊,经县桥,往北过彩衣街,过东街、老学前,走四牌坊,过长生桥,朝西一直回辕。

光绪三十一年二月三十日(1905 年 4 月 4 日)第十版

半日学堂开学〈吴淞〉

宝邑城隍庙所设之半日学堂系专授穷家子弟文字、算学等课,系由本邑绅士集款创办,不收学费,前日开学教授,暂收十二岁上二十岁下额生二十名。

光绪三十一年三月初一日(1905 年 4 月 5 日)第四版

苏　州

苏乡横径镇财神庙曾于一百八年前赛会一次。今年镇人士忽意兴勃勃,筹集巨资举行是会,定期二月十九、二十等日舁神像出赛,先期向省中各庙告借会中所需贵重物件。苏垣男妇之到乡观会者异常拥挤,河中舟楫为之一空。

苏垣自入春以来大气严寒，阴雨不止，长元吴三首县民瘼关心，特于二月十七日起在郡城隍庙设坛求晴。

光绪三十一年三月初一日(1905 年 4 月 5 日)第十一版

谕禁赛会

浦东洋泾镇附近有社庄庙，近经各会首定于三月初十日迎神赛会。上海县汪大令闻之，即饬差前往谕(禁)以免生事。

光绪三十一年三月初一日(1905 年 4 月 5 日)第十八版

法界捕房事

西门外乡间淡井庙定于昨日赛会，由各会首禀准捕房给予照会准在新租界游行。昨日法捕房特派包探数名前往新租界一带严行弹压。

光绪三十一年三月初三日(1905 年 4 月 7 日)第十九版

木渎设学

苏州木渎镇居人稠密，离城甚近，故文化素称极盛。现经招商局总办顾「辑」[缉]庭观察提议设立小学堂一所，延定中西教习二人先行开课，所需常年经费系从穹窿山、茅山等庙打醮项下抽捐。吴俗央道士唪经敬绅谓之打醮，价极不资，现定每醮一坛酌捐一二元或半元，「己」[已]敷学堂之用。闻该庙道士并无难色，故已招生开课矣。

光绪三十一年三月初七日(1905 年 4 月 11 日)第九版

乡愚难化

前因浦东会首舁神赛会经过张家楼教堂争执滋事，经董一再调停，酌赔修费，免酿巨祸。讵日来社庄庙仍定初十日行赛，为关道袁观察查知，谕饬县局一体查禁免再滋事。

光绪三十一年三月初七日(1905 年 4 月 11 日)第十九版

违禁赛会

浦东洋泾镇社庄庙由各会首定于月之初十日舁神赛会。浦东保甲总巡谢岳松明府访悉各会首将用三百六十行行头附入会中。哄■远近人民,深恐滋肇祸端,先行出示禁止,并禀上海道袁观察加札上海县查禁在案。岂知各会首阳奉阴违依然聚集迎赛,真所谓目无法纪矣。

光绪三十一年三月初十日(1905 年 4 月 14 日)第十版

违禁赛会续闻

昨日浦东社庄庙赛会,沪地诸人咸渡浦往观。义渡局员吴明府传谕各渡船宜照章载客,不许贪利多载。保甲总巡谢岳松明府亦饬差捕在途照料,以免肇祸。上海县汪瑶庭大令亦派差前往弹压。

光绪三十一年三月十一日(1905 年 4 月 15 日)第十八版

赛会类志

新闸路金龙四大王庙年例由会首举行赛会,今届闻已由捕房所准,择于十九日举赛。其静安寺左近之刘公祠亦于前日奉神出巡,仪仗颇盛,沿途观者环若堵墙。

光绪三十一年三月十六日(1905 年 4 月 20 日)第九版

续志谕禁提取庙产之原因〈京师〉

谕禁提取庙产之原因已纪十八日本报。兹悉某方丈即白云观住「寺」[持]僧也。该僧与李太监素有密切之关系,官场之欲通李监者必求媒于僧。

现因浙江、广东诸省将寺产改作学堂经费，而袁宫保又有将白云观产拨作学费之意，不日入奏，故遂告知李监，为此疾雷不及掩耳之举。京师谑者咸称此次谓太监之上谕。

光绪三十一年三月十九日(1905年4月23日)第四版

公共租界公廨纪事

蔡庆记前控虹庙住持道士张德根欠洋图赖，求提究追，经谳员屠司马饬差查办。前日蔡复递词称"该道士现开怀园烟间，有意图赖，藐抗不理"，司马着候批饬提案讯责。

光绪三十一年三月二十日(1905年4月24日)第十版

官设小学〈扬州〉

两淮运司恩都转近于武当行宫内创设初等小学堂，不取脩金，学龄自十二岁至十六岁，先以二十名为额。现因经费不足，所有堂中应用书籍以及食宿均暂由各生自备。但刻下教员尚未延定，由校长程君兼理。

光绪三十一年三月二十二日(1905年4月26日)第九版

神诞例志

昨日为龙神诞期，本邑文武各官均诣大东门外龙王庙拈香致祭。

今日为天后圣母诞辰，南市各会馆供奉圣母神像者咸雇梨园子弟登台演剧以答神庥。

光绪三十一年三月二十三日(1905年4月27日)第十八版

请广设官小学堂〈扬州〉

前纪运司恩(都)转设立初等小学等情。嗣悉此举系廪贡生李培霖等以义学裁后贫苦子弟就学无由联名禀请设立，除武当行宫外，尚有寄园、董公祠、猛将军庙、财神庙、西方寺等处均改立学堂，其学费即以向日义学经费拨抵，其教员由本郡士林中人选充，其学科程度照初等小学章程，已陆续开学矣。

光绪三十一年三月二十七日（1905 年 5 月 1 日）第九版

公共租界早堂案

公共租界凝禧庵羽士朱年亭为庙基纠葛，被吴宦函致上海县汪大令移文到廨请将朱移提归案，工部局不允将朱送县，各情叠登前报。昨日捕房复将朱解案，由高易律师投案为朱申诉，并谓原告既不到案，请将朱开释。孙明府谓“前次已有照会致英总领事，允将朱解县讯办，且华人控告华人之案不得律师干预”。德副领事谓并未奉有总领事谕言。于是明府与德君一再申辩，德君坚执不允。明府遂判仍交原保，如逢传讯立即交案。

光绪三十一年四月初六日（1905 年 5 月 9 日）第十九版

汉口兴学汇志

夏口厅胡彝圃司马于兴学一事颇能认真，查悉东岳庙及鲁班公所两处均可开办学堂，而经理之绅董坚不允从。现东岳庙尚在商酌，或可望挽回。至利济巷之圣化堂则诸董自愿借作学堂。闻司马之意，所有蒙学概租民房开办，免致阻碍。

光绪三十一年四月初八日（1905 年 5 月 11 日）第十版

堕民学堂将次开办〈宁波〉

甬绅卢洪旭（前）筹集巨款设立堕民农工小学堂，兹已议妥章程，拟于西门、江■二处各设学堂一所，现已将西门雷祖殿改为学堂，住持僧由卢绅给以洋银五百五十元立据迁让，大约不日可先开办矣。

光绪三十一年四月十四日（1905 年 5 月 17 日）第九版

徇情开禁〈南京〉

江宁县叶大令前因东岳赛会致酿命案即行出示禁止。乃东岳会中有天保一会，系藩署书役为首，书吏中有与大令相识者赴县关说。大令恐拂其意，因将禁止公事吊销，任该会自初七日起照旧迎赛三日。

光绪三十一年四月十八日(1905 年 5 月 21 日)第十七版

谕禁敛钱

前日上海县汪瑶庭大令查悉本邑城厢内外各道院有设立过关名目，令妇女、幼孩入庙烧香敛钱肥己，因即出示谕禁，并札道会司一体查禁。南市高昌庙、茅山殿、安澜道院均不遵禁令，被值日差往阻。

光绪三十一年四月二十日(1905 年 5 月 23 日)第九版

示查伪造职篆〈苏州〉

有曾彩文者，自称炼有职篆，在苏杭一带诓骗钱财，为张真人查知，移请长元吴三县严密查拿。元和县孙大令已先行出示查究矣。

光绪三十一年五月二十三日(1905 年 6 月 25 日)第九版

张旭初到粤〈广州〉

近日有张旭初者，由江西来粤，年约三十余，二品冠服，出入乘绿呢四轿，舆夫均穿长衣，兼有绣虎补子，壮丁号衣则书“大真人府”，其名刺则书“正一真人”。张元旭往拜省中各当道，均拒而不见。

光绪三十一年六月初一日(1905 年 7 月 3 日)第九版

严禁学生附和神会〈长沙〉

湘垣各学堂学生每有于赛会时厕身其内者，去岁学务处曾出示禁止，近因此风仍未尽绝，因特重申禁令云："照得湘省赛会迎神已成风气，此在愚民无识自不免附和若狂。至于官立、民立各学堂学生于此等有损无益之事应如何避之若浼以表明国民教育之精神，乃风闻近有不肖学生成群结党厕身其间，且夸为会场特色，殊可痛憾。虽其中不无痞棍游民冒充学生溷迹会内，然该学生等之不自爱惜自去年已有所闻。诚恐官立、民立各学堂学生未知禁令、故智复萌，当此赛会之时良莠杂沓非严加防范易滋事端，合再出示晓谕。自示之后如有以上情事，除立饬警务局严拿惩办外，一面即当革退学籍归案办理。此外会场人等如有冒穿学生操衣立即拿究以肃观瞻而严区别。其各懔遵毋违。"

光绪三十一年六月初三日(1905 年 7 月 5 日)第三版

江督超度溺鬼〈江宁〉

端阳日，省垣居民因在文德款争观竞渡，致桥塌坍，溺毙多人。事后署督周玉帅亲莅查勘，并发桥启建皇坛七日，自二十日起，每日在桥堍陈公祠广集羽士多人拜诵皇忏超度溺鬼，委派姚倅在坛照料。设坛第一日，玉帅特派道员恭代拈香。是日省垣文武各官除藩司黄花农方伯适在假内未能莅坛，余均齐集坛前随同拈香，省人往观者相属于道。有心人窃为之慨叹不置云。

〔记者按：玉帅前因金陵城垣坍塌，特召缁流诵经七日超度幽魂，今又因桥栏倾覆大启皇坛七日超度溺毙诸鬼。玉帅之加惠于鬼也诚可谓无微不至矣。〕

光绪三十一年六月初三日(1905 年 7 月 5 日)第三版

〖天师行文查伪造职篆〗①

苏省道纪司陈某得张天师行文，略谓“查有匪徒曾彩文，伪造职篆，惯在苏杭等处讹诈道流、诓骗良民，饬即移请各县严密查拿务获究办”云云，陈遵即移请长元吴三首县饬差查访并出示严禁。

光绪三十一年六月初十日（1905 年 7 月 12 日）第十版

上海县批准重修无益之举

马桥镇董张益谦、耿光勤等投县禀称“马桥镇城隍庙内戏台年久失修。查该镇同和典每年本有戏捐钱二十千文，嗣因钮董创办蚕桑蒙准将此款移作经费，现在蚕桑会经费充裕，环求谕饬该典将戏捐拨归修台之用，并请出示晓谕”等情。奉汪大令批示云：“庙宇演戏本属无益之举，前经该镇蚕桑公会将同和典当每年戏捐钱二千文借拨■用，化无益为有益，事甚妥洽。该公会种植桑树既已成林，获有余利，无需此款，而城隍庙原有戏台年久失修坍毁可虞，请将戏捐拨回作为修理经费，自无不可，候谕饬该典商查照办理，并先出示禁止该庙戏台未经修整以前不准演戏，以免坍■伤人。”

光绪三十一年六月二十二日（1905 年 7 月 24 日）第十版

敛财宜惩

昨为雷祖神诞之期，本邑西门外白云观羽士在观内私设香■，男妇之前往烧香者每人须费洋银数角或一二元不等。羽士借端敛财固（属）可恶，彼愚民之情殷输纳者其愚尤不可解矣。

光绪三十一年六月二十五日（1905 年 7 月 27 日）第十版

---

① 原题《苏州》。

节会路由

今日为本邑城隍庙神循例举行中元赈济幽魂之期，兹将所过路由录下：出庙往东天官牌坊，朝北福佑桥，朝西北香花桥，往南沉香阁、侯家浜，朝西广福寺，往南石驳岸、穿心河桥，过登云桥，往南西仓桥，过南西仓桥，往南出北弄，由参府署过杨家桥、胡家弄，由守府署过薛浜桥，往北小石桥、虹桥，往东太平街、县南、县东，过老学前、东街，朝西彩衣街、鱼行桥、东唐家弄，进梅家弄，过化龙桥，往北谭家弄，由道辕过蔓笠桥，出大东门，过吊桥，由大码头、老马路至十六铺桥，往东新码头，朝南大关，进萃丰弄、豆市街，过柴震殿、里仓桥，往东赵家湾，进杨家弄，往南青龙桥，朝西东钩玉弄，至陆案浜，往南由马路到坛。夜会：坛上起马，朝东过吊桥，进西门，朝东穿心湖桥、杜家湾、虹桥，往南西唐家弄，往东往北，由道辕至东街，过益庆桥，往西海防署、长生桥、四牌坊、县东、县西、三牌坊、昼锦牌坊，过陈市安桥，往东回辕。

光绪三十一年七月十五日(1905 年 8 月 15 日)第九版

示期秋祭

上海县汪瑶庭大令昨日发出秋祭单一道，录下：八月初一日祭吴、应、余三公祠；初三日祭文「冒」[昌]庙；初四日祭吕祖殿、龙神庙；初七日祭文庙、黄婆祠；初八日祭社稷坛，神「祇」[祇]坛，风神，海坛，周大仆庙，群忠、土地祠；十二日祭陈、吉、袁刘四公祠，愍忠祠；十三日祭关帝庙、天后宫。

光绪三十一年七月二十二日(1905 年 8 月 22 日)第九版

会审公廨晚堂案

木作李达卿控虹庙小道士张裕堂〔即张德根〕不付造屋银两等情亦奉司马研讯。李供："去年承造张之大马路房屋一所，计银九千余两，除收尚该银五百两，屡索不付，求恩追给。"张裕堂道："抱叶义亨投称所欠找银五百两，因照帐尚有天棚未做、工部房照会未出之故。”司马判李认洋二百元，将已做各料车回，除找若干，限十天缴楚了案。

光绪三十一年八月初九日（1905 年 9 月 7 日）第十版

会审公廨判牍

新闻大王庙住持王（阿）虎庙后有隙地二分零，本系公产，王之祖骸茔葬于此已百年矣，近被蔡金荣觅得是地旧单，串通妻母赵氏于前月杪将骸骨掘迁他处为售地计。事经阿虎■悉，报探李星福将蔡拘究，略志前报。昨日复讯，王投诉前情，又有祥兴作铺主投称是夜蔡确来店购取骨箱六只。蔡延陆舌儒律师■案声辩。襄谳孙耳三明府商诸英德副领事，以蔡虽无盗卖实据，惟不应私掘他人祖骸，本应按律严办，姑念乡患从宽，判押捕房两月以儆。

光绪三十一年八月十四日（1905 年 9 月 12 日）第十八版

修建钦赐仰殿

本邑浦东钦赐仰殿房屋本已毁坏，月初风潮之后更觉坍塌不堪。兹经各乡董会同各会首捐集巨资，有于日内破土兴修之说。

光绪三十一年八月三十日（1905 年 9 月 28 日）第十版

节会路由

今日为下元赛会之期，兹将经过路由录下：出庙朝西过南香花桥，朝北中香花桥、沉香阁、北香花桥，往东福佑桥，朝南天官牌楼、长生桥、四牌楼、县东、县西，朝南至虹桥，朝东太平街、果子巷，过鱼行桥，出东唐家弄，进天灯弄，至谈家弄，过道辕，朝北簺笠桥，朝东出城，过吊桥，至老马路，朝南走老白渡，过龙德桥、豆市街，会花衣街，朝西盐公堂，出梅家弄，朝东朝南，过青龙桥、东钩玉弄，朝南陆家浜，朝西到坛。夜会：由坛起马，过吊桥，进西门，一直大街，至穿心河桥、杜家湾，过虹桥，走南张家弄，朝北朝西，至西仓桥，朝南过南西仓桥，朝西出北弄，由参府署过杨家桥，由守府署过薛家桥，出西王家弄，朝北陈顾同桥，一直县桥，朝东果子巷、彩衣街，朝北东街、益庆桥，由海防署朝西回辕。

光绪三十一年十月初一日（1905 年 10 月 28 日）第十七版

上海县案

湘人某姓等环禀沪南瞿真人庙住持了然私将灯彩帏帐等物质当，拘讯不认，责押在案。昨提复讯，仍不吐实。大令判“速自■湖南原籍，不准到庙”完案。

光绪三十一年十二月初四日（1905 年 12 月 29 日）第九版

茸城学务汇志

松江府中学堂学生组织一半日学堂，不收学费，其教员即由学生轮流担任义务，借广明桥弄内火神庙余屋为校舍，已于前日开学，学生共三十余人。

光绪三十一年十二月初五日（1905 年 12 月 30 日）第九版

1906 年

派员勘修文昌殿

本埠大南门内也是园内之文昌殿近因损坏，经道宪袁观察札委总巡朱明府估勘禀复。闻明府勘得约需修费洋九百余元，于昨日复请观察核示。

光绪三十二年十二月初七日（1906 年 1 月 1 日）第十版

学校大兴〈松江〉

华境另设高等小学堂业经决议，娄境亦拟踵而行之。至半日学堂，除火神庙，府南外亦拟另辟一处。女学校则除开明、景贤外，又经夏君昕渠于小仓桥弄本宅另立清华女学校，已聘定女教习招生开办。东门内迩日又有学界中人借白云观创设蒙学堂，闻开办、常年两项经费已均筹定矣。

光绪三十二年正月初五日（1906 年 1 月 29 日）第十版

松郡学务

荷池弄文昌阁向设崇真蒙学堂，现拟改设华高等小学堂。原有之崇真蒙学堂初议迁至娄城隍庙，嗣因该庙由娄绅另开学堂，遂拟暂附崇文，俟开学后再择善地。至文昌阁修理未竣，而高等小学急于开设，遂拟暂借贡院开办。至城中振德小学校现议另设蒙班，专收十岁以内之学生入校肄业。

光绪三十二年正月十三日（1906 年 2 月 6 日）第九版

酌收邑庙货摊捐

本城邑庙内各货摊向不收捐，兹经各绅董查得各摊日盛一日，故拟给照酌抽捐费借充地方要需。

光绪三十二年正月十五日(1906 年 2 月 8 日)第十版

武当宫改为西路高等小学〈武昌〉

武当宫庙宇前拟改建图书馆,旋因地太静僻作罢。兹已议定就该庙基址扩充改办西路高等小学堂。

光绪三十二年正月二十六日(1906 年 2 月 19 日)第九版

松郡学务

松郡学堂日盛一日,城内火神庙、景贤书院两处开设半日学堂外,城外岳庙中又有夏君筹设农工商学堂,额定四十名,凡农工商子弟均可往学,每人每月学费两角,教习为顾姓、夏姓。又叶榭公立学堂已聘定松郡龚茂才为教习。

光绪三十二年正月二十八日(1906 年 2 月 21 日)第九版

运宪裁并小学堂〈扬州〉

赵都转改设八区小学堂将次开办,惟虑经费不足,因将前任所设之武当行宫、三元宫、赞化宫、地藏寺、万寿寺等处学堂及民立发给官款之少怀学堂一律裁并以归划一。惟少怀学堂系吴幼云所禀设者,闻学界公议必须设法保全云。

光绪三十二年正月二十九日(1906 年 2 月 22 日)第九版

事祀孔明

升道袁大京兆发出牌示一道:初一日亲诣文、武庙拈香,土地祠委英美廨谳员关司马往代,天后宫委上海县汪大令往代,龙王庙委海防厅秦司马往代。又上海县昨奉袁升道饬知发出春祭单一道，录后：初一日祭吴、应、余三公祠。初三日文昌祠。初四日吕祖祠。初十日文庙、黄婆祠。十一日社稷坛、周太仆庙、神祇坛、风神庙、海坛、土地祠、群忠祠。十六日关帝庙，天后宫，陈、吉、袁、刘四公祠，愍忠祠。十八日文昌庙。十九日龙神庙。

光绪三十二年二月初一日（1906 年 2 月 23 日）第十版

长洲县发封不法僧寺

长洲县陈大令据齐门外绅董禀请，发封齐门外三茅观一所，盖因观中僧人有不法情事故也。大令据情访得实情，因于初六日亲带差勇出城标封，并将住持僧带回县署押候讯究。

光绪三十二年二月初十日（1906 年 3 月 4 日）第九版

纪学堂争产械斗事〈湖南〉

湘省常德府城后乡静阳村地「力」[方]有顾姓、梅姓两族，均以从前有酌提庙产兴办学堂之说，于是各就该处寺观公产分别提拨，旋以分拨不匀互相争论，俱各具禀武陵县请予立案，被陈理卿大令驳斥不准。该两族仍各不相下，彼此纠集多人持械互斗，两造各有夷伤，闻现在又将复到县矣。

光绪三十二年二月十二日（1906 年 3 月 6 日）第九版

设立五路蒙学〈镇江〉

新署常镇道陶观察现在筹集经费，分东西南北中五路就各庙宇设立初等蒙学堂五所，每堂收学生三十名，功课分读经、国文、历史、算术、体操五科，刻已出示招考，年在七岁以上十三岁以下为合格。

光绪三十二年二月十九日（1906 年 3 月 13 日）第九版

书吏兴办学堂〈苏州〉

元和县署书吏薛允敏、顾福昌等具禀元和县署，略谓“本邑城隍庙内书院厅堂原系书等集资建造，堪以设学一所，名为鸿城公立初等小学堂，西侧空地作为体操场，恪遵奏定章程，延聘国文、算学、体操三教员，设额学生四十名，开办经费由书允敏独力捐助，并酌收学费，择日开办”等情。现经元和县孙花楼明府通详各宪立案矣。

光绪三十二年二月二十四日（1906年3月18日）第九版

镇道札属清查寺产〈镇江〉

新署常镇道陶榘林观察刻因款项难筹不得不清查庙产，闻已札行各属清查禀复，注明是否列入祀典、产业若干，以凭核夺。

光绪三十二年二月二十八日（1906年3月22日）第九版

订期丈查基地

沪南总工程局总董接上海县汪大令照会：清查邑庙豫园及各业公所基地，准定三月初一日午后一点钟在萃秀堂集议后会同丈勘，请为转知本城学界各绅董及各业公所经管等人届期齐集会议毋误。

光绪三十二年二月三十日（1906年3月24日）第九版

谕局查禁赛会

上海县汪大令以前者浦东迎赛神会绕行张家楼教堂几酿衅端，嗣即设法议了，今闻浦东各庙仍有举行赛会情事，故谕浦东巡局就近随时查禁。

光绪三十二年三月初五日（1906年3月29日）第十七版

清查租户

沪城邑庙基地共有三十六亩零，近因秦绅所设之三林学校与本县粮柜书争夺钱粮厅基地龃龉，刊发传单互相指摘弊端。奉县遵汪大令照请总工程局总董邀董议丈核办在案。前日经本城各董谕着地甲将庙中各户租金暨租顶挖费等项一律清查，以便届时会议呈请县主察核。

光绪三十二年三月初五日（1906 年 3 月 29 日）第十八版

房租拟充学堂经费

昨报纪本城段董谕甲清查邑庙房屋租费一则，兹悉各董等查明之后有拟禀请县尊汪大令将此项房租费移充上海学堂经费之说。

光绪三十二年三月初六日（1906 年 3 月 30 日）第十七版

道宪谕禁赛会

沪南高昌庙本定本月初八日赛会，道宪瑞观察饬县及巡防局严行禁止以免匪徒乘间滋事。

光绪三十二年三月初六日（1906 年 3 月 30 日）第十七版

拟请拆屋让道

沪城各绅董以邑庙公地近为各业造屋，侵占出租渔利甚至争夺涉讼，故拟禀请县尊汪大令将所造各屋之碍路者略为拆让以利行人，至嗣后各业余地造屋应责令该铺地甲报候，前往察核方可兴工云。

光绪三十二年三月初七日（1906 年 3 月 31 日）第十七版

循例示禁

清明将届，本邑城隍神例须出巡。县尊汪大令恐各会有违用阴皂「地」[隶]、大锣会、花十景、清客串等名目，故于前日援例出示禁止，如违拿办。

光绪三十二年三月初九日（1906 年 4 月 2 日）第十八版

节会路由

十三日清明令节，本邑城隍神循例出巡。前晚各会首编定路由，照录于下：出庙朝西走旧校场，过沉香阁、中香花桥，往南朝西广福寺，走紫金桥，进马弄，往北，由穿心街往东福佑桥，出天官牌楼，往东海防署，过益庆桥、东街、彩衣街，至鱼行桥，过曲尺湾、县东、县西，朝南至虹桥，往东太平街，过县桥，进东唐家弄，由瞿家湾过道辕，出谈家弄，往南永兴桥，出小南门，过吊桥，进佛阁，往东西钩玉弄、东钩玉弄，过青龙桥，朝北进梅家弄、盐公堂，往北花衣街、豆市街，过龙德桥，由如意街朝北外咸瓜街、六家石桥，由洋行街向西，沿城河往南至方浜桥，往西，一直到坛。夜会：坛上起马，往东过吊桥，进西门，过穿心「湖」[河]桥、杜家湾，过登云桥，往南过南西仓桥，出北弄，由参府署过杨家桥，出胡家弄，由副府署过薛家桥，转出王家弄，往北过陈箍桶桥，向东过化龙桥，往东朝北过篾笠桥，往西彩衣街、果子巷、县南、县东。转北四牌楼。过长生桥。往西回辕。

光绪三十二年三月十一日（1906 年 4 月 4 日）第十七版

新闻大王庙定期赛会

新闸路金龙四大王庙，年例每于三月间赛会一次。今届庙中首事定于本月十九日举行，由庙董禀请捕房核准给照。是岂不可以已乎？

光绪三十二年三月十二日（1906 年 4 月 5 日）第十七版

定期特开大会

三林学校与粮柜书争夺邑庙公地造屋出租在县涉讼。县尊汪大令照请总工程局总董，邀集各学堂绅董暨各业经理人，于初二、初八两次订期会议，均因各董未曾齐集尚未议妥。兹经沪绅等议，将庙内空地上所造房屋如有粮串等契执业者准其兴造出租，如无应即一律充公。至要道碍路之屋应即一体拆让。惟事关公众未便就议，故拟订期念二日邀集学界暨各业司董在明伦堂开特别大会，从长妥议再行商禀道县核示云。

光绪三十二年三月十三日（1906 年 4 月 6 日）第十七版

查明邑庙余地租金

沪城邑庙前后园公地余基经三林养正学堂造屋出租收充学费，由县照请绅董集议，各情屡详本报。兹悉此案现经绅董饬甲查得先后添造新屋出租，每岁可收八千余金之巨，各绅董以现值地方在在需款之际，应将此款充入借以支持，业已造册以便禀请道、县核示云。

光绪三十二年三月十九日（1906 年 4 月 12 日）第十七版

松府示禁赛会

松郡旧例每届三月二十六日必由各社领袖舁东岳圣帝、刘郡王、杨侯、施相、温天君、痘神各神像出巡东郊，至二十八日舁归，倾城士女观赛若狂。本年府尊戚升淮太守预饬房吏查卷，一面出示禁止。

光绪三十二年三月二十四日（1906 年 4 月 17 日）第十版

会议邑庙公地事董事意见各歧

沪城邑庙公地造屋出租经商界、学界各董事定期二十二日在明伦堂开特别大会迭详本报。兹悉此事每届会议各董事均未齐到，且商董意见欲将侵占空地一律充公，而学界董及「叚」[段]董则欲以上海公产拨充上海学堂之用，是以聚讼纷纷，迄未议妥云。

光绪三十二年三月二十四日(1906年4月17日)第十七版

神会未能禁止

沪北宝山县属江湾镇向于三月二十八日举行东岳神会。道宪瑞观察以其易滋事端，特函饬宝山县王大令差提东岳庙住持到案谕令停止。住持以会事系附近乡人所主持，难以禁阻。王大令又请该镇董事严某至县商请阻止，仍无成说。故昨日仍行举赛。是官法亦有时不能行也。

光绪三十二年三月三十日(1906年4月23日)第十七版

吴县访拿巨赌〈苏州〉

著名赌棍车海、金寿及县差周大、金某等专在各处设局诱赌，受其害者不可胜计。近更以醮会为名邀集多人暗约牌九司务至穹窿山道院摆设迷龙阵，得资甚巨。刻经吴县张蓬仙大令访悉，饬差查拿务获究办。

光绪三十二年四月初一日(1906年4月24日)第九版

札饬严禁迎神赛会

上海县汪大令奉松江府宪札饬禁止迎神赛会，除清明、中元、下元三节城隍循例赈孤之外，责成各图董保其余各会一律查禁，会中如有公款照章禀请充入学堂经费，倘敢故违立提罚办，董保徇隐不报一并痛惩不贷，书役包庇加等严究，等因。大令接奉之下，已于昨日抄札出示晓谕矣。

光绪三十二年四月初七日(1906年4月30日)第十七版

〖苏州穹窿山道院被劫〗①

苏乡穹窿山道院共有三十六房，前夜有枭盗多名将某房劫掠一空，闻已投吴县署请缉。

光绪三十二年四月十八日（1906 年 5 月 11 日）第十七版

纪川省商业赛会

今岁二月中旬省城青羊宫举办内地赛会以期振兴工艺，现已事竣。川督锡清帅以梁山县之竹帘等物为首屈一指，巴县之杂色缎子、绫子、椅子亦颇具特色，其余制造之货虽属萌芽，然已大有进步，工艺之兴可拭目以待矣。

光绪三十二年四月十九日（1906 年 5 月 12 日）第十版

广结善缘

太仓州浏河镇玉皇殿（建）于康熙初，捍灾御患夙著威灵，咸丰间毁于发匪，至今未复。有周门王氏倾家所有造成山门，偕氏于光绪廿五年到沪背负木鱼沿街念经，廿八年王氏坐关绝粒以殉。八月董事周南生、陈兼亭禀蒙道宪赏盖关防创捐集资重（建），但工料一切所缺犹多，务求十方善姓、显达绅商概助囊金，重新庙貌，神灵默佑，获报无涯，倘荷赐捐，求交上海南市荷花池清净庵掣收奉复，是为启。经募人金门顾氏合十敬求。

光绪三十二年四月二十日（1906 年 5 月 13 日）第五版；光绪三十二年四月二十一日（1906 年 5 月 14 日）第六版；光绪三十二年四月二十二日（1906 年 5 月 15 日）第十九版；光绪三十二年四月二十三日（1906 年 5 月 16 日）第十四版；光绪三十二年四月二十四日（1906 年 5 月 17 日）第十一版

---

① 原题《苏州》。

拟提庙产兴学

镇江府承太守近以扩张学务筹款维艰，爰于日昨通饬各县密查不在祀典之庙产，开列清单详报以便提半归公充作学堂经费。

光绪三十二年闰四月初五日（1906 年 5 月 27 日）第九版

给示修建岳武穆庙

西乡龙华董事胡熙培等日前环禀县署谓“该处向有岳武穆庙，半已倾圮，现拟集资修理，恐有土棍阻挠，请为给示晓谕”等情。经汪大令准予给示。

光绪三十二年闰四月十八日（1906 年 6 月 9 日）第十七版

请拨公产兴学禀批〈扬州〉

新兴场文生徐海珍至运辕具禀请以该场寺产兴学，当奉批云：“该生拟以龙王庙旧址兴建学堂，并将寺滩月收花厘拨作常年经费。以地方公产作为地方公益之举尚无不合，惟所指寺产是否即前黄春楼案内所禀地亩，仰泰分司转饬新兴场详查禀复核办。”

光绪三十二年五月初二日（1906 年 6 月 23 日）第九版

总工程局纪案

南汇陆灶镇城隍庙僧逸泉私取庙内神袍两件及装严等来沪，被该处庙董马骏德追踪捕获，遣丁马升扭局禀控。供因马子帆欠有庙租不还故将神袍等携带来申质洋作抵。明府判戒责一百下、押两礼拜，饬探至小天台起出所寄箱内储洋十元并当票等给该董领去。

光绪三十二年五月初二日（1906 年 6 月 23 日）第十八版

宁波工党之无理

镇江玄坛宫旧址本地方公产，乃侨居之浙人擅逐道士而以其地为全浙会馆。学会中人以浙人为无理，拟主收回，遂诣场拔去全浙牌楼与其界石。乃浙人因宁波工党极众，非为铁路工匠即佣工于各公司局厂，爰竭力运动，并于前月二十九日邀至宁波会馆聚议，意欲停工罢市与学界抵抗。幸某董深恐肇祸力为解释始各星散。

光绪三十二年五月初五日（1906 年 6 月 26 日）第十七版

寺产给价

南市电灯公司，前经局董拟迁至紫霞殿〔即小武当〕造屋设厂，已纪本报。兹悉住持僧奇圆一再求董另行择地，各董不允，并查得庙基计共四亩，照例给予价银二千两，令奇圆择地迁往。

光绪三十二年五月初六日（1906 年 6 月 27 日）第十八版

上海县案

江北道士徐福增、陆长春借建太平醮敛费并敢带须束裙装神惑众，由西门外巡局解县判荷双连枷示众在案，刻已三天期满解案，请示大令判疏枷斥释。

光绪三十二年五月初九日（1906 年 6 月 30 日）第十八版

总工程局纪案

十六铺紫霞殿驻防所，近因局董议造电灯公司，不日即须兴工，所有驻防各巡士议迁至小九华内，旋以屋小难容，议将比邻张桂馨、林老二两家房屋三间让出，前日传该房客到局，由孙明府谕限初十日一律迁去。

光绪三十二年五月初十日（1906 年 7 月 1 日）第十一版

会衔示禁赛会〈扬州〉

扬俗每年五月十八迎赛都天胜会、六月中旬迎赛观音会，非唯劳民损财，且亦易于生事。巡警局袁总办、江都县陈大令、甘泉县宋大令，有鉴于端阳竞渡之祸，公议会同出示预为严禁，诚思患预防之道也。

光绪三十二年五月十六日（1906 年 7 月 7 日）第十七版

羽士造谣宜惩〈江西〉

广信府贵溪县有张天师其人者，前、旧两年云游各省，到处引诱愚民建设醮场，大获财利。本年闰月又来省城授意党羽布造谣言，谓跃龙桥下有鳝鱼精藏伏，不日即当出现；既又称桥下有蛟，不日大雨即当发动，非建道场斋醮不足祓除。居民虽多被煽惑，惟因米价昂贵、人无余赀，尚不能遂其敛钱之目的。然似此妖言惑众，有地方之责者，不可不严加惩治以防患未然也。

光绪三十二年五月十八日（1906 年 7 月 9 日）第十版

江甘两县仍准赛会〈扬州〉

日前，江、甘两县会同巡警局，示禁迎赛都天等会，以免肇生事端，「拒」[讵]两县昨又弛禁，亦不知照巡局，由是该会首领兴高采烈、无所忌惮。巡警总办袁分转不胜诧异。有知其事者，谓系扬府瀛眷欲观其盛，故陈、宋两邑宰特假此以迎合之。理或然与。

光绪三十二年五月二十二日（1906 年 7 月 13 日）第十版

禁止赛会〈安庆〉

皖中每届五月下旬，辄借城隍出巡敛资赛会，现大宪以近来民力日艰，谆嘱首府县速为禁止。日前，龚太守与李大令均出示严禁，不准以有用之财作无谓之举动云。

光绪三十二年五月二十四日（1906 年 7 月 15 日）第十版

严斥两县令弛禁赛会〈扬州〉

江、甘两邑宰，日前会同巡警局示禁迎赛都天等会，以免肇祸，嗣以扬府荣太守宪眷欲观盛典，复由两县令弛禁准于十八日迎赛，出尔反尔，为运宪查知，特严行申饬，并有滋生事端惟该二县是问等谕。于是宋、陈两大令又出示禁止。

光绪三十二年五月二十四日（1906 年 7 月 15 日）第十版

议创商船学堂

商船会馆董事议假安澜道院房屋创立商船学堂，以便船业子弟入学肄业，定期本月初六日邀集本帮、宁帮各商号会议举办。

光绪三十二年六月初四日（1906 年 7 月 24 日）第十七版

道宪示禁建醮

【上】海道瑞观察，因沪地各业每届秋令，有雇用僧道建醮迎赛盂兰胜会情事，以有用之钱作无益之举，故于昨日出示谕禁。

光绪三十二年六月初六日（1906 年 7 月 26 日）第十七版

道院聚赌发封〈杭州〉

台州道士孙礼周等，在吴山南麓之玄妙观抽头聚赌，左近有道姑名德修者，赴钱塘县禀控，程辅堂大令即提孙到案，讯供不认，惟已搜出赌具，因将该观发封。闻须充公，以便开设半日学堂之用。

光绪三十二年六月初十日（1906 年 7 月 30 日）第十版

集款修葺邑庙

本埠城隍庙二堂及玉清宫各处屋脊均遭风雨坍毁，经东、西两房住持羽士禀请同仁辅元堂董事拨款兴修。堂董以邑庙载在祀典未便不加修葺，因饬工匠估勘修费，约需洋一千数百元之巨，奈堂中无款可筹，爰饬该住持邀请各业公所及各会首集款修理，毋任坍毁。

光绪三十二年六月十二日（1906 年 8 月 1 日）第十七版

县示禁止僧道建醮〈镇江〉

月之十四日，金坛县胡大令，据职员王汶禀称"金坛地方僧道建醮，以夏秋之交为盛，中元盂兰盆会糜费尤巨。现当举办学堂筹款维艰之际，自应节省无益之钱，移作学堂之用。现值为期将近，拟请出示谕禁，并照会绅董、商务分会分别设法劝导，各有裨益"等情，刻已出有示谕，一律严行禁止。

光绪三十二年六月十八日（1906 年 8 月 7 日）第十七版

扬州恭志祀典

启者：例以五月十三日恭祝关圣帝君诞辰由来久矣。考查《圣帝世系谱》载明，圣帝长子讳平，生汉灵帝光和元年戊子岁五月十三日，圣帝生汉桓帝延「禧」[熹]三年庚子岁六月廿四日，真正诞辰，乃世人鲜有知者。现因考查确实，公同商酌，自本年丙午为始，凡忠臣孝子两届诞辰一例虔诚敬祝。转瞬届期，除通告扬郡同人竭诚致祭外，因思圣帝护国庇民灵应昭著，虔诚崇祀谅有同心，惟各省官绅士庶首先提倡举行以补前阙，庶几中外咸知。至五月十三日圣帝长子诞辰仍应照旧举行，核与礼部所颁祀典亦并行不悖矣。谨启。小东门武庙首事人陈瀚章、朱明卿、严谦益、张宾来等公启。

光绪三十二年六月十五日（1906 年 8 月 4 日）第一版；光绪三十二年六月十七日（1906 年 8 月 6 日）第一版；光绪三十二年六月十九日（1906 年 8

月 8 日）第一版

苏垣添设半日学堂

苏垣长元吴学务公所绅董王同愈等，公议在苏州城内添设半日学堂四处，一在石塔头恤孤局，一在天妃宫桥天后宫，一在贡院前双塔寺，一在学士街财帛司庙内，专收各业学徒、贫苦子弟年在七岁以上十六岁以下者，额定五十人一班，计分上下半日为两班，共收学生一百名为定额，每人月缴学费洋一角，课程分修身、国文、习字、联句、珠算、体操等项，四年毕业，现已延聘教习，示谕报名，俟足额后定于出月初即当开学。

光绪三十二年六月二十日（1906 年 8 月 9 日）第三版

示禁赛会滋事〈绍兴〉

越郡乡民，每喜迎神赛会，动辄滋事。月前马鞍村胡团董禀县查禁，致被顽民纠众毁屋，已奉山阴县瞿雪斋大令严行提究。奈民间拘于习俗，仍多迷信，故又颁出六言韵示遍贴城乡云。

光绪三十二年六月二十日（1906 年 8 月 9 日）第九版

饬禁建醮

沪道瑞观察饬知西门外白云观等处，借起建雷祖醮为名，哄动无知男女混杂不清，因谕上海县汪大令一体拿禁以绝颓风。

光绪三十二年六月二十四日（1906 年 8 月 13 日）第十版

〖上海道为蕊珠宫住持道士康浩增禀批〗①

沪道瑞观察昨日发批示两道照录如下：

---

① 原题《道批二则》，此处摘录其中一则。

蕊珠宫住持道士康浩增禀批：该道士向充蕊珠宫住持，经理有年。现在该书院改为学堂，并于也是园添设官塾。学生驯良定知自爱，教习督率亦必有方，惟出入游人较多，平日应如何整顿以免作践之处，仰上海县转致学堂官塾董事酌议饬遵具复。

光绪三十二年六月二十八日（1906 年 8 月 17 日）第十七版

严禁芦枷扮犯恶习

每届本邑城隍神三节出巡之期，所有违禁之大锣会、清客串、花十景等名目历经地方官示禁有案。今届七月十五中元令节，经县主汪大令除将前项情事示禁外，并访闻每届有无业之徒，先期在邑庙制有芦枷备愚民购扮犯人之用，若辈借此骗钱，实为恶习，因于昨日出示永远禁止，违则提办。

光绪三十二年六月二十八日（1906 年 8 月 17 日）第十八版

违禁建醮宜惩

本埠各铺户居民，每届夏秋之交集资建醮，动费巨金，诚为无益之举。道宪瑞观察、本县汪大令均经先后出示禁止，并移请商务总会设法劝导各业勿为此无益之举。无如迷信神鬼者仍置之不理，白云观又敢藐视禁令大开选佛之场，男女混淆，昼夜不息，苟非严行惩办恐不足儆此恶习也。

光绪三十二年六月二十八日（1906 年 8 月 17 日）第十八版

饬甲实行谕禁

今届中元令节城隍出巡之期，所有一■违禁仪仗并芦头枷女犯等，悉数禁止，犹恐居民仍行抗违，由新任上海县王大令谕四铺地甲随时谕禁，如违准即禀候提办。

光绪三十二年七月初四日（1906 年 8 月 23 日）第十版

青浦县设立全节堂

青浦县田大令拟在城内设立全节堂一所，即就本城不入祀典三元宫房屋改建，专收寡妇，分内恤、外恤二项。内恤在堂膳宿，外恤按月给钱若干。统计开办经费约需钱一千余串，常年经费约需钱二千余串，已由大令捐廉助洋二百元，又■忙漕项下提捐钱一百千作为当年经费，其余由本城各善堂拨济。此外另立捐簿劝捐。并于堂内设立女工厂，俾寡妇按时工作，除收回成本外，所得余利三成归公，七成作零用，已督董择日兴办通禀各宪核示矣。

光绪三十二年七月十二日（1906 年 8 月 31 日）第十七版

赛会何益〈福州〉

闽中每当夏秋之交，有出海之俗，其神曰五帝，瘟疫之政归其专主，城内外奉祠立庙者，不下十余处。每年迎会时踵事增华，异常热闹，迎神一次动需千金。以有用之财为无益之用，洵可惜也。

光绪三十二年七月十三日（1906 年 9 月 1 日）第十七版

中元节城隍会路由

出庙朝西，过南香花桥，过广福寺桥，朝南石驳岸，过穿心河桥，朝西过庄家桥，朝南出北弄，由参府署过杨家桥、胡家弄，由副府署朝北过银河桥，朝东过化龙桥，朝北进谈家弄，由道辕进天灯弄，朝北往西过东唐家弄，朝北过鱼行桥，朝西果子巷、太平街，朝北县西、县东、老学前，往东出大东门，过吊桥，朝东往南过里郎家桥，朝南紫霞殿，往东过小桥，朝南王家嘴角，往东朝南盐公堂，进梅家弄，往东朝南过青龙桥，往西出裘家弄，往南至陆南浜，朝西到坛。坛上起马，往北朝东过吊桥，进老北门、穿心街。过北香花桥、旧校场。过陈市安桥、昼锦牌坊、三牌坊，过虹桥，进西唐家弄，往南太卿坊，至陈箍桶桥，朝东进南梅家弄，往北过鱼行桥，朝东彩衣街，往北东街，过益庆桥，由海防署一直朝西回庙。

光绪三十二年七月十五日(1906 年 9 月 3 日)第十七、十八版

巡警局示禁谣言惑众〈扬州〉

扬城各街巷，近有人遍贴广告，谓某电局来信，张真人由京南下，言本年七月望起至八、九月人民有时疫等劫云云。谰语无稽，荒谬已极。巡警东局委员知之，特出示剀切谕禁。并暗中察访，知此项广告，为左卫街集云斋刻字店所刊刷。当将店主提至，究出此项底稿，系石①卫街九如斋茶叶店伙季某交来，刻已将季拘到，听候从严讯惩。

光绪三十二年七月十六日(1906 年 9 月 4 日)第十七版

崇明县电告毁学事已经平静

崇明县魏大令禀抚宪电略谓：“两次毁学均电禀苏学务处，当转呈垂鉴。现滋事人众已早解散，地方安静，刻正严拿首要、遍示严禁并会营竭力保护，乞释廑怀。查启衅实由因二条竖河学生沈书楚等，借天后庙为研究会，将神像迁弃，致激公愤，牵涉打毁沈宅什物并私校校具，会勘后正在查拿。初七日，桥镇学堂二所，又因迁徙神像，至该镇居民群起冲毁校具，立昨驰往解散，时已将沈宅一案，详禀专递，即日当邀慈察。桥镇毁学一案，容即详禀。”

光绪三十二年七月二十二日(1906 年 9 月 10 日)第三版

定期秋祭

沪道瑞观察，昨日发出秋祭牌示：八月初三日祭圣庙、文昌，初四日祭社稷、神「祇」[祗]坛，初十日祭昭忠祠，十六日祭龙神，十七日祭关帝。

光绪三十二年七月二十四日(1906 年 9 月 12 日)第十七版

① “石”疑为“右”。

商借庙屋设学未果

苏垣学务公所绅董王同愈等，以城内增设半日学堂四所均已开办，惟第四半日学堂校舍未甚合宜，拟以纠察使庙内斗母阁房屋作为学堂，函请署臬陆申甫廉访饬令该庙持住赶紧迁让以便即日迁移。经陆廉访函复，以该庙早经臬署各科稿生禀准设立初等小学，业已筹拨经费，延聘教员，即日开办。是以半日学堂未能借用云。

光绪三十二年八月二十五日（1906 年 10 月 12 日）第九版

放工赛会

昨为西门外瞿真人赛会之期，制造局张总办特准放工一天，各工匠均随同营兵，排齐各种仪仗并装扮高跷、「檯」[抬]阁等类迎赛街衢，观者塞巷。

光绪三十二年八月二十八日（1906 年 10 月 15 日）第十版

赛会路由

今日为城隍神赛会之期，所有路由录左：出庙朝西过南香花桥、广福寺、东马桥，往南石驳岸，过穿心河桥，朝西庄家桥，出北弄，由参府署、杨家桥、副府署进西东王家弄、北永兴桥，由道辕、天灯弄往西，东西唐家弄，朝北虹桥、三牌楼、县西、县南、果子巷、彩衣街，朝北东街、益庆桥、海防署、天官牌坊、福佑桥，往西穿心街，出老北门，沿城河到坛。晚间：由坛往东，过沙家石桥、陆家浜桥，进东钩「至」[玉]弄，往北盐公堂、花衣街，往西新码头、里街，至小桥，朝北过外郎家桥、如意街，往西进大东门、彩衣街、果子巷、太平街、三牌坊、县西、县东。往北四牌楼，过长生桥，往西回辕。

光绪三十二年十月初一日（1906 年 11 月 16 日）第十版

1907 年

怀新学堂拟拓校址〈松江〉

怀新高等小学，校址狭窄。兹由校长禀请松府，拟借毗连之府城隍庙余地开拓校舍，戚太守已于二十三日亲莅勘视矣。

光绪三十三年十一月二十六日(1907 年 1 月 10 日)第九版

学校涉讼停课〈江西〉

章江小学校，为燕孝廉善达创办，将逾一年，颇著成效。现因仓神庙学校地址与曾绅秉钰涉讼，以致停课云。

光绪三十三年十一月二十七日(1907 年 1 月 11 日)第九版

劝拨习艺所经费

甬郡佑圣观前由顾清廉禀准浙抚改作习艺所，嗣因郡绅某某等意见不合未及开办。现经当道出为商劝，拟将佑圣观仍归道士供奉神像，拨出田产三百亩充作习艺所经费云。

光绪三十二年十二月十五日(1907 年 1 月 28 日)第九版

沪南学务

商船业于去年拟就公局内设立学堂，兹已议定章程，于前日出示招考学生。安澜道院内所设之沪学会义务小学，现已迁至盐公堂对面。

光绪三十三年正月初八日(1907 年 2 月 20 日)第十七版

侵占学堂基地被罚

芜湖关帝庙基地，现归襄垣学堂执管，该堂董事周佐臣前日查知，此项基地被驳船头柏祖鑫侵占，盖屋出租多年。因即嘱令拆让，并将历年租金缴还学堂。柏置之不理。业已禀由县主沈大令断令罚洋一千元了案矣。

光绪三十三年正月十七日(1907年3月1日)第九版

春祭单

昨日，沪道瑞观察发出本年春祭单，照录于下：二月初一日祭吴、应、余三公祠；初三日祭文昌；初四日祭吕祖；初六日祭文庙、黄婆祠；初七日祭社稷坛，神祇坛，海神坛，风神坛，周太仆祠，群忠、土地祠；初八日祭陈、吉、袁、刘四公祠；十二日祭天后；十三日祭关帝；十六日祭文昌；十九日祭龙神。

光绪三十三年正月二十八日(1907年3月12日)第十七版

乡民捣毁学堂〈宁波〉

甬江东冰业公立明新小学堂前，由各柱首捐集款项禀准当道设立，暂借朱桑都神殿为校舍。现因该处乡民欲举行朱桑都神会，将学堂器具搬运他处，堂董不允，致激动公愤，有乡民多人拥进殿内将学堂器具捣毁。现由堂董面禀鄞县高子勋大令，请为核示矣。

光绪三十三年二月初五日(1907年3月18日)第九版

委县代祭

今日为本邑城隍神诞辰，道宪瑞观察特委本县李大令到庙行礼。

光绪三十三年二月二十一日(1907年4月3日)第十九版

赛会路由

今日为上元令节，本邑城隍神遵例出巡。爰将路由录后：出庙往东天官牌坊、福佑桥，往西北香花桥，朝南沉香阁、中香花桥，往南南香花桥，往东陈市安桥、昼锦牌楼、北三牌楼、县西、县南，往西太平街、杜家湾、穿心河桥，过庄家桥，往东西仓桥，朝南净土庵桥、西唐家弄，往南天灯弄、谈家弄，由道辕往北过蔓笠桥、彩衣街、曲尺湾、四牌楼、长生桥，过海防厅衙门，出小东门，走十六铺桥、老马路，往南至大码头，往东过新马路，朝南进万裕码头，往南盐公堂、梅家弄，过小普陀桥、东钩玉弄、南仓街，至陈家浜，一直到坛。晚间：进西门，过庄家桥，出北弄，由参府署过杨家桥、胡家弄，由守府署、西王家弄往北陈箍桶桥，一直过县、果子巷、曲尺湾、县东、县西、三牌楼、昼锦牌楼、陈市安桥，往东回辕。

光绪三十三年二月二十四日（1907 年 4 月 6 日）第二十版

机业设立公所〈苏州〉

日前苏垣各机匠以缎庄机户克扣洋价相率罢工等情曾纪前报。兹悉该业公推屠锡荣为首领，拟在卫道观前修真观内设立公所，每机捐钱五十文充作经费，以便遇有要事可以集众商议。现已禀请三首县示谕各机匠切勿暴动，候公所中议定洋价及一切改良事宜再行斟酌。

光绪三十三年二月二十七日（1907 年 4 月 9 日）第十二版

演剧肇祸

重庆城内雷祖庙日前因修理告竣开台演戏，观者甚为拥挤。内有书楼一座不胜压力忽然坍塌，折足断手者十余人，有二人受伤尤重，恐有性命之虞云。

光绪三十三年三月初五日（1907 年 4 月 17 日）第十二版

北固学堂停办

镇江城隍庙内北固学堂系县署书吏所发起，兹因经济困难，规模欠缺，各学生均不就学，遂议停办，现已禀请各署将案注销矣。

光绪三十三年三月十三日(1907年4月25日)第十二版

商董限制赛会物件

前纪镇郡乡民要求商董举行都天赛会等情。兹悉该庙住持昨闻镇江府承太守之许可，嘱各业会堂定期二十二日用旗锣伞扇导神出巡，惟不得踵事增华致縻巨款。讵北货业遂欲借此大张旗鼓炫惑观听，当经商会董事遍发传单限制赛物不得过十件以外，如违送县究办。

光绪三十三年三月十九日(1907年5月1日)第十二版

王观察以巨金慨捐庙宇

浦东高行镇北有萧王庙一所，其偏殿自经焚毁后迄未建造。兹由该庙住持僧及庙董某甲力求富翁王松云观察捐资建造以壮观瞻，观察当即慨允独助数千金，从此巍巍轮奂，其功或与捐助淮徐海水灾者相埒乎。

光绪三十三年三月十九日(1907年5月1日)第十八版

上海县案

浦东塘桥三官堂住持僧昆三控张汀涛欠赖地租，奉李大令提审。昆三供："张租本庙基地造房，自开茶馆，每年应付地租钱十千文，至今已积欠五十千，张恃无折据逞蛮图赖。"张供按年付清不欠分文。大令以事无凭证，判饬差保查理。

光绪三十三年三月十九日(1907年5月1日)第二十版

上海县禁止赛会示谕

本县李紫璈大令鉴于金龙大王会肇祸之事，于昨日发出示谕分贴城厢内外。文曰："三月十九日新闸迎赛大王神会，叙集至数千人。该会行经新闸桥半途折回，将行人驱逐。前者退后，人多拥挤，致桥栏中断，纷纷落水者百余人之多。除捞获死尸四十余具外，尚有随潮漂没无从捞获尚在多数。如此巨劫，见者伤神，闻之酸鼻。肇此奇祸，实由会首张顺卿、住持李瑞山聚众敛钱所致。除将会首、住持饬差提案严惩外，诚恐无知愚民再有迎神赛会等事。查聚众敛钱迎神赛会例载杖一百、罪坐为首之人，律有明条，本县不及先事防维致肇巨劫，引疚深自不安，岂可再行懈弛。转瞬四月浦东迎赛杨公会、新闸刘公会等，为此出示晓谕，仰尔军民诸色人等一体知悉：自示之后，若再有众神赛会，定即立提会首重办不贷。一面详请大宪立案，并将庙宇发封改造学堂。凛之。切切特示。"

光绪三十三年四月初一日（1907 年 5 月 12 日）第十九版

江督批饬谕禁赛会〈南京〉

旅宁镇江绅士候选道陶骏保等十人联名禀请江督饬提都天会会款以图公益，并严禁各乡赛会敛财，奉端午帅批示云："据禀，该府都天会绮靡奢华为江苏赛会之冠，总其所费约二万元，均由各业会董按货抽厘积成的款以为每年经费。此外大港东乡又有东岳、观音各会，勒索摊派，乡民受害，拟请将赛会之款拨为徐海地方赈捐，赈务停止提为学堂经费，并严禁乡间赛会敛财，等情。所陈甚为有见。查迎神赛会本为无益之举动，现在江北奇灾嗷嗷待哺，节省此种浪费提拨助赈，造福无穷。至赈务停止拨为学费，以各业分捐之钱仍培养各业子弟，尤为实受其益。仰常镇道出示剀切晓谕，破其迷信，责以大义，体察情形，妥为办理，并移行该绅等知照。"

光绪三十三年四月初二日（1907 年 5 月 13 日）第十二版

乡民请行都天赛会

镇郡都天赛会由陶骏保观察禀准江督将此项无益之费充作学堂公用并请饬县永远禁止等情已志前报。兹闻该处乡民群以此会向极灵验，凡遇停会之年每有歉收时疫之患，因于日前力请绅董至道署要求，相约不再铺张，仅用旗罗伞扇，俾都天圣驾出巡一次期以消灾降福。现郡人对于此事正在踌躇不决。

光绪三十三年四月十二日（1907 年 5 月 23 日）第十二版

太王会批准永禁

上海县李大令，因前月十九日新闸大王庙赛会溺毙多命，禀请立案永禁，奉沪道批示云："查迎神赛会本属有干例禁，此次租界举行大王会拥挤失事溺毙人命至于数十名口之多，实属惨不忍闻，自应亟行严禁以为惩前毖后之计。除照会租界领袖比总领事转饬永远一体禁止外，应由该县出示重申禁令以免再蹈危机。仰即遵照办理。缴。"

光绪三十三年四月二十四日（1907 年 6 月 4 日）第十九版

苏臬批准永禁赛会

上海县李大令，禀报大王庙因赛会溺毙多命，请永禁迎神赛会等情，奉苏臬朱竹石廉访批示云："所禀甚是。赛会迎神本干例禁，而相沿积习，不肖之徒标新立异，惑众敛钱，蚩蚩之氓争先快睹，不顾履险蹈危，酿成巨祸，时有所闻。上年江都戏耍龙舟，观者溺毙四十余名，此次该县租界又复以观会溺毙多人，据称捞获男女尸身三十四名口，恐尚不止此数，不禁惨恻。前车之鉴自应将倡首者惩办一二，严申禁令庶足以儆将来而破愚惑。事在租界，各领事当同具恻隐之心，谅无疑义。所请立案永禁之处应准照行以垂久远。仰松江府转饬该县仍查明有无未获各尸，务期悉数捞获验报，一面立提会首张顺卿等到案讯究详办勿延。”

光绪三十三年五月初一日(1907 年 6 月 11 日)第四版

再禁赛行龙舟

沪北大王庙赛会溺毙多命,曾经上海县李大令详奉臬宪批饬,缉拿会首人等惩办在案。现届端阳龙舟竞渡之期,诚恐再滋祸端,兹奉苏抚陈中丞特行札府转县查禁,一面移会工程局再行示谕该处浦江船户人等遵照,如违,提究会首以示惩儆。

光绪三十三年五月初四日(1907 年 6 月 14 日)第十九版

官场迎接铁牌〈保定〉

直隶藩司增方伯,因自五月十八日起祈雨无验,特查照旧例有派理问厅张廷霖。于念九日由省乘火车赴邯郸县,恭诣龙王庙拈香行礼。毕,遣人捞取灵验铁牌一枚,于初一日由邯郸恭赍此牌登早车开行,是日下午四时回至保定。阖城司、道、府、县及首领各官均先期赴车站候接,用黄亭抬进城内城隍庙安设坛所。藩司随赴该庙谕令府县设坛祈祷,谓如此可以早降甘霖云。

光绪三十三年六月十三日(1907 年 7 月 22 日)第十二版

准借庙宇兴办学堂〈镇江〉

辛丰镇关帝庙向无住持僧管理,日前附生吴君等禀请教育会,拟借该庙兴办学堂,当经教育会绅士查悉,该庙实系无主,准予照办。

光绪三十三年六月十四日(1907 年 7 月 23 日)第十一版

饬议大王庙房屋改设学堂

上海大王庙赛会肇祸溺毙多命曾详前报。兹经本地绅士会议,拟将该庙房屋入官，改设官立大学堂，禀经道县转禀督抚核示。十三日苏抚陈中丞接江督端午帅电咨，略谓"此事于地方情形有无窒碍，究竟能否照准，请即妥议详复"等因，中丞遂饬学、臬二司会同上海道详细查明禀复核夺。

光绪三十三年六月十七日(1907 年 7 月 26 日)第五版

镇董拘送窃贼

浦东高桥镇城隍庙内于三月间失窃台桌衣服等物，兹由该镇懋仁堂董获送窃贼杨和尚、刘翠郎并原赃方台两只到县，奉饬押候讯究。

光绪三十三年六月二十日(1907 年 7 月 29 日)第十九版

申义初等小学堂

光绪二十八年间，由王绅修植、朱绅佩珍及中立等，劝令在沪殷实绅商王绍勋等十余人，共捐洋六千余元，在吕厅主耀弼任内禀请立案。朱绅寓沪不暇照顾，王绅北上辞退，与中学堂同时归中立独任，其地基房屋系就厅署东首关帝庙修改建设，学额八十名。捐入之款，除开办经费用去洋一千余元，实存洋五千元，发当生息，按年一分算，计息洋五百元。历任各厅主年捐廉洋二百二十元，两项共计洋七百廿元作为该堂常年经费。原名申义蒙学堂，杨厅主志濂劝办各庄初等小学时始改今名。初议不收学费，去年二月起，以经费不足每学生每学期收学费洋一元〔均经册报，定海厅有案可查〕。该堂与中学堂一切经费并未向乡民劝捐分文。

光绪三十三年六月三十日(1907 年 8 月 8 日)第十二版

赛会除去附属品

本月十五日系中元令节，城内例有行赛城隍神会之举。县宰李大令以迎神贵在敬礼，只须清道，不尚增华，所有逍遥伞、花十景、阴皂、大肚剑、清客串、女犯人等一概不许随行。除循例出示严谕外，并移知各区巡局届时一体查禁。

光绪三十三年七月十四日(1907年8月22日)第十九版

上海县颁发秋祭单

县宰李大令昨日发出秋祭单,照录于下:八月初一日祭吴、应、余三公祠,初三日祭文昌庙,初四日祭吕祖殿,初六日祭陈、吉、袁、刘四公及愍忠祠,初八日祭文庙、黄婆祠,初九日祭社稷坛、神祇坛、风神庙、海坛、群忠祠、土地祠、周太仆庙,十四日祭天后宫,十五日祭关帝庙,二十一日祭龙神庙。

光绪三十三年七月二十五日(1907年9月2日)第十八版

上海县示禁赛会

邑宰李大令昨日发出示谕一道,略谓:"照得迎神赛会本干例禁。本年大王庙出会观看拥挤致毙人命不少,业经禀请大宪通饬一律禁止在案。兹本县访闻北新泾地方有乡民陆小园、秦建生为首鸣锣集众,定期二十三四日举赛刘公会,无非借此敛钱肥己,殊属胆玩。当此米珠薪桂物力维艰,更不应出此无益举动。除饬差飞提为首之陆小园、秦建生并三图地保金琴台三名解究外,为再出示严禁,仰阖邑诸色人等一体懔遵。特示。"

光绪三十三年七月二十五日(1907年9月2日)第十八、十九版

饬提迎神闲款兴学〈南京〉

江督端午帅批高安县留日学生熊垓等、两江师范学生祝书田等禀请饬禁神风提款兴学由:"该生来禀谓未有不阐明科学、普及教育而能启发社会文明者,洵为确切之论。至请封禁坛社,将所有款项改办学堂,所见甚是。按:前准学部咨送教育会章程有破除迷信字样,劝学所章程有考查迎神赛会之条。又前据上海县禀报迎神溺毙多命,请饬查禁案内曾批饬江苏藩、学

两司通饬各属将所有地方迎神无益各款一律提出兴办本村小学在案，亟应查照办理。仰候札饬西学司转饬高安县确切查明，如果该县三四都地方实有劣绅假神惑众设坛敛款情事，即行将坛社封禁，所敛各款全行追出，以便兴办本村小学。务期教育普及、社会改良，是为至要。”

光绪三十三年七月三十日(1907 年 9 月 7 日)第十一、十二版

禀陈开办劝业场情形

赣省商务总会日前禀准农工商部开办劝业场一所曾纪本报。现已将办理情形禀陈抚宪，略谓“工艺为商家之本，利用乃实业之征，觇国势者莫不以此为文明之进步。近今以来京师有工艺局，沪江有陈列所，他如金陵之商园、惠州之实业，要皆取材宏富渐见扩充。近查办理得法当以两湖劝业场为最，久思仿办，苦于创始之难，兼以筹款为虑。兹经同人集议，惟有就地方公共之业为地方公益之谋，款项不致难筹，兴办较易为力。查江西省城内旧有万寿宫，崇奉许仙真人。生斯土者以其功德在民，香烟称盛。前经会查，此宫所有附近房屋不下百余间，皆系庙产，出入一门，适合劝业场之用。公拟归会经管，加以修葺，即可招集众商陈列百货。事经提倡，群情自应，将来所列之货并令标明出产，划一价值，照码出售。至于东西洋货一概不准入场，以期工业渐精，相观而善，祝前途之商务，收外溢之利权。仰体宪台保商振商之意，一切章程仿照两湖劝业场办法酌量时地而损益之，以期实业发达”云云。

光绪三十三年八月初一日(1907 年 9 月 8 日)第十二版

拟设医学以占庙产

湘潭县药王宫所有庙产向归丁医生经理。去岁由邑绅将庙屋赁作警察学堂，今年毕业后该县劝学所拟即接租为初等小学校地。乃丁医生恐为劝学所占踞，遂将庙额改题为先医庙，又托言「己」[已]为某尼赁定押租银六百两。嗣因劝学所亦愿如数备银，丁医又声称自设医学堂借图抵制。现虽极

力组织，无如经费难筹，又无医学教习，故报名者颇见寥落云。

光绪三十三年八月初十日（1907 年 9 月 17 日）第十一、十二版

大令委员改祭风神

上海县李大令，昨日委县丞、主簿，随同守备、城汛等武员，恭诣大东门外老白渡风神殿致祭。礼毕，各员遂分别拜会。

光绪三十三年八月初十日（1907 年 9 月 17 日）第十九版

元和县革除恶习之禁令

苏州元和县魏令纯坞近出禁止恶习告示四条：一赌博，二开台基，三抢孀逼醮，四师巫邪术。略谓以上四条，最为苏城恶习，更有赛会、醮会等种种敛钱名目，除按条严密访拿务获惩治外，遇有流氓地痞勒索讹诈情事，随准即时拿案严惩。

光绪三十三年八月十三日（1907 年 9 月 20 日）第十一版

乡民不愿就学

松郡东北乡十字庄富户朱姓等，拟将讼事余款就十字庙开一蒙小学堂，乃附近居民竟无一人就学。前日朱君协同地保至各图中逐户劝谕，而乡民皆谓田家子弟，耕织自安，不愿读书识字。此可见教育之难谋普及也。

光绪三十三年八月十五日（1907 年 9 月 22 日）第十二版

委员致祭天后

昨日系致祭天后之期，沪道瑞观察特札委公共公廨会审委员关太守代为致祭。

光绪三十三年八月十五日（1907 年 9 月 22 日）第十九版

太平厅热心兴学〈镇江〉

新任太平厅同知李吉坞司马，日前会商绅董拟就三茅宫内设立初等小学堂一所，俟办有成效再将校士馆房屋改为高等小学堂，所需经费均以校士馆旧有之款拨充。当将所议章程通禀各大宪核办。

宣统元年八月十一日(1907 年 9 月 24 日)第十二版

总工程局纪事

僧人宽如控大王庙住持春荣吞庄严及经资一案，由孙明府提讯，判春荣押候，着小普陀僧永清明白补词复讯。

光绪三十三年十月初四日(1907 年 11 月 9 日)第二十版

上海县案

刘徐氏氏控高桥镇城隍庙庙董黄予香，听扬和尚刁唆，诬子翠郎偷窃庙内方「卓」[桌]，私刑吊打。当经大令验明提讯，判杨押究，黄交差罚洋三十元给刘翠郎养伤，刘即交伊母领去。

光绪三十三年十月十六日(1907 年 11 月 21 日)第十九版(第三张第三版)

总工程局纪事

僧人宽如，控大王庙住持春荣吞没经资，并骗小普陀僧人永清洋一千元一案，前日复讯。永清供称“所骗之洋现经佛教公会调停，惟请追缴被吞庄严。质之春荣，一味狡赖”，并请送县公断。孙明府判戒责五十下，押候澈究。

光绪三十三年十月十六日(1907 年 11 月 21 日)第十九版(第三张第三版)

禀准庙产试办种植

镇郡西乡高资镇附近庙产公地向为民间占踞，其中荒废者亦复不少。现由成绅等禀请府县，拟就该地试办种植兼设农务学堂以兴实业，当奉各当道批准照办矣。

光绪三十三年十月二十四日(1907 年 11 月 29 日)第十二版(第二张第四版)

请款兴修湖州圣庙

湖州府城内文武二圣庙年久失修，现经学绅徐巽言君等集商官绅，估计修费约需款五千五百八十余元，为数过巨，地(方)无款可筹，特联名具禀本府，请在丝捐善后款内照数拨给，以便即日开工，等情。现杨太守已据情转禀省台，可否准予？所请俾资修葺而崇祀典云。

光绪三十三年十一月初七日(1907 年 12 月 11 日)第十二版(第二张第四版)

严惩捕役串窃

鄞县新城隍庙，前夜被贼窃去大五事一付，该庙董事侦知后派人追查，适该贼正持窃物在某当铺典质，当即拿获，函送鄞县黄大令研讯。该贼供系捕役曹福生、陈奎等逼令去窃。大令当传曹、陈二捕役质讯，各笞责一万板，并荷枷示众。

光绪三十三年十一月初八日(1907 年 12 月 12 日)第十二版(第二张第四版)

武阳小学扩充之计划〈常州〉

武阳公立小学除本校外计有分校六所。现议决明岁本校扩充学额二百人，于十一、十二两月每星期日招考。分校则东横街、忠义祠两处均添设学额，西庙、关帝庙两处则改为贫民职业学堂，营田庙、荷花池两处则拟裁撤云。

光绪三十三年十一月二十一日(1907 年 12 月 25 日)第十一版(第二张第三版)

1908年

武阳小学实行分校办法〈常州〉

武阳公立小学筹议推广已志前报。现闻决议于营田庙设立东区职业学堂，西庙设立西区职业学堂，每校额设四十名，学科分修身、国文、算术、地理、历史、理科、体操、手工、图画、唱歌九①门，除将原有免费生拨入肄业外，并添招新生数十名，一律免费。又于双桂坊忠义祠设立南区初等小学，东横街设立北区初等小学，学科与本校初等生同，各招学生四十名，并补招插班生，酌收学费以资津贴。

光绪三十三年十二月初二日(1908年1月5日)第十二版(第二张第四版)

英领请究羽士行凶〈镇江〉

财神庙道士，因争分香火余资，戳伤同类三人，扭入租界，血流满地。英领事慈必佑君恐酿大祸，特函送洋务局李令请加究治。

光绪三十四年正月初十日(1908年2月11日)第十一版(第二张第三版)

春　祭

道署昨日发出春祭单，照录如下：二月初一日祭先师孔圣庙，黄婆祠，吴、应、余三公祠；初二日祭神「祇」[衹]坛、社稷坛、风神庙、周太仆祠、海坛、群忠祠、土地祠；初三日祭文昌庙；初四日祭吕祖庙；初七日祭天后宫；初九日祭陈、吉、袁、刘公祠，愍忠祠；十二日祭龙神庙；十三日祭关帝庙。

光绪三十四年正月二十日(1908年2月21日)第十九版(第三张第三版)

---

① "九"应为"十"。

组织初等小学〈安庆〉

来安县官绅现拟于城内组织东南北三区初等小学堂各一所，以庙寺为校舍，额设三十名，延聘教员分门课授。此外再设一半日学堂，以便贫寒子弟就学，每人酌贴学费洋两元，业已禀请皖抚核示矣。

光绪三十四年三月初六日(1908 年 4 月 6 日)第十二版(第二张第四版)

禁赛大王会

新闸大王庙金龙四大王去年迎赛肇事后，由地方官勒碑永禁有案，兹仍有好事之徒希图举行，昨为公廨宝谳员得悉，当即照会英总巡十罗斯君，请为禁阻免再肇祸。

光绪三十四年三月十八日(1908 年 4 月 18 日)第十九版(第三张第三版)

工部局对于禁出大王会之意见

工部局上星期会议报告云："前接会审公廨来函，请工部局撤销准许举赛大王会之命，此书与前上海道致领袖领事之函同一用意，惟工部局曾磋商此事，以为禁止迎神赛会恐致无故激成众怒，故此次虽尚未准其举行，将来或可允准在租界内照常举行"云。〔译《字林报》〕

光绪三十四年四月初二日(1908 年 5 月 1 日)第十八、十九版(第三张第二版、第三张第三版)

武圣行宫羽士诸兆麟声明

启者：本庙向在英租界上林里，原系本邑西城大境分院，上年因庙基租期届满，故迁至六马路老仁寿里，赁屋照旧供奉圣像，以便北市绅商就近进香。羽士自幼驻庙，素守正规，不涉他事，新旧邻居成素深悉。忽今月初二日，由捕房派中西侦探来庙云，有庙邻姚尚贤等，在道辕禀控羽士窝赌藏奸等，词致奉饬廨严查，羽士答以本庙并无此事，尽听查察可也。迨初五日包探又来，以遍访四周近邻并无姚尚贤等人，所控各款亦无影响，揆度情形必有挟仇之人从中捏诬，嘱麟实告以便禀复核办。麟云："此事容或有之，但禀内列名之人既系捏造，何从悬指。然千虚终归于实，今既蒙捕房查明，事已水落石出，公廨自必据实申详而除暴安良，实究虚坐出自官长权衡"。惟经各报抄登，恐阅者未悉底蕴，若以假作真，实攸关本庙名誉，故特登报声明，尚希公鉴。

光绪三十四年四月十三日(1908 年 5 月 12 日)第六版(第一张第六版)；光绪三十四年四月十四日(1908 年 5 月 13 日)第二十二版(第三张第六版)

江督札饬严禁赛会

江督端午帅于十五日札行镇道，略谓"镇江向于四五月间迎赛都天神会，远近居民闻风毕集。本年又届赛会之期，惟此间为通商口岸，华洋杂处，水陆交冲，近日轮船、火车往来络绎，一经迎赛，不特耗费资财虚糜无益，更恐匪徒混迹滋生事端。应由该道严行禁止以靖地方"等因。观察奉札后已饬县出示严禁矣。

光绪三十四年四月十九日(1908 年 5 月 18 日)第十二版(第二张第四版)

工匠干涉庙产

南市老君庙，由县发封迄「巳」[已]多日，近忽有制造局工匠多人具禀该局称，庙由匠等捐资兴建请为启封。张总办以事前并不禀明显系勾串，批饬不准。兹又禀请将该庙启封改设医院。昨张总办已饬提调查核禀复，再行移请沪道札县办理。

光绪三十四年五月初六日(1908 年 6 月 4 日)第十九版(第三张第三版)

老君庙准改医院

南市老君庙由县发封后，经制造局各区人具禀总办张观察请改医院，以便二区有病就医等情已纪前报。现悉观察批饬提调处查核后业已核准，即行移商沪道饬县查案启封，改设医院，并由局中缴呈价洋一千四百元到县，请予拨充学费。

光绪三十四年五月初十日（1908 年 6 月 8 日）第十九版（第三张第三版）

庙产变价充公

南市老君庙因案发封后，经制造局各工匠禀请张总办改设医院等情已纪前报。兹由上海县启封后，局中即缴送价洋一千四百元，由县禀道批饬酌提七百元，拨充总工程局警察经费，尚有七百元拨充龙门书院经费。昨李大令已将该款分别拨给矣。

光绪三十四年五月二十八日（1908 年 6 月 26 日）第十九版（第三张第三版）

沪道派员守提公款

沪道蔡观察，以上海县李令应解南市电灯公司所缴紫霞殿庙产地价银三千余两，迄未解道，迭次札催抗不遵解，爰特札委候补知县沈文蔚到县守提以便拨用。

光绪三十四年六月十五日（1908 年 7 月 13 日）第十九版（第三张第三版）

广东风灾

物件损害：省城十五甫逢源一带海水激入深至尺许，省垣屋宇被塌者数十家，各衙署大树多半拔起，以抚署、将军署为甚，而将军衙门旗杆拔去一枝，府署二门坍塌，城隍庙后楼倾圮压毙司祝一名，玄妙观附近之牌坊折下一石，大约城内受害之重以小北一带为最，城墙上之电杆多已倒压，其余城厢内外之电话、电灯电线亦断去大半。据粤省老人言，同治元年七月初一日风灾损害甚巨。今年风灾亦起于七月初一日，是可异矣。

光绪三十四年七月初九日（1908 年 8 月 5 日）第十版（第二张第二版）

吕荡庙被封

松郡东门外华阳桥左近吕荡庙僧人进贤，专以妖巫邪术惑众敛钱，屡经访控有案。其子名骆炳章，姘占某茶馆妇女，亦恃庙中香火资以供挥霍。近由吴某列款具控华署，张令以该僧父子劣迹久著，立提究判令驱逐出境，吕荡庙及所有庙产一例封锢充公。

光绪三十四年七月十一日（1908 年 8 月 7 日）第十二版（第二张第四版）

西人回避城隍神

中元节城隍神出巡，沪道恐有沿途滋闹情事，先期照会法领饬捕照料在案。兹道宪以西门外马路直达徐家汇，为西人马车往来要道，而是日各会首舁神至坛必在该处齐集，恐有碰撞之虞，爰又照会租界领袖传谕各西人，届时暂勿经过该处，以免疏虞。

光绪三十四年七月十三日（1908 年 8 月 9 日）第十八版（第三张第二版）

城隍祠坛

今日为中元令节，本邑城隍神例至厉坛，祭享无祀孤魂。前晚先由各会首到庙（请）神出堂行发牌点卯诸礼，闻今日会中各仪仗亦极整齐云。

光绪三十四年七月十五日（1908 年 8 月 11 日）第十九版（第三张第三版）

忠魂被锢启封

沪南高昌庙附近之天福庵，前因住持不守清规，经上海县发封在案。兹因该庵内有崇祀已故沪军营各弁勇牌位在内，刻届中元令节，该营各弁兵须循例入内致祭，故由沪军营管带吴子仁千戎请沪道蔡观察饬县暂时启封，准各弁勇人内祭奠。

光绪三十四年七月十八日（1908 年 8 月 14 日）第十九版（第三张第三版）

地价缴案

沪道蔡观察，前以上海县李大令不解内地电灯公司所缴紫霞殿地价银三千余两，曾派委沈明府赴县守提在案。兹悉李紫璈大令已将前项地价如数筹足，解呈道辕拨作学费等用，故沈明府昨特禀请销差。

光绪三十四年七月十九日（1908 年 8 月 15 日）第十八版（第三张第二版）

禁止盂兰盆会

一路一区巡警分局昨出牌示，略云："本路三区巡警查有秦阿七，于本月十七日起假托盂兰盆会，冒称城内水仙宫僧人雇令募化银锭，另雇许阿大、王阿生、鲍家泰等三人，日持铜锣一面、脚牌一块，上书'水仙宫盂兰胜会催缴冥锭'等字样，沿街谎骗财物，将各人拘解前来。查僧道诡骗财物已属恶习，乃竟有并非僧道而亦假托神会骗取■财，更难宽宥。除将为首之秦阿七从重责押，许阿大等分别究办外，合再牌示，仰各区巡警一体知悉，以后凡有诡托神道骗取人财者，均着一律拿办，以惩恶俗。"

光绪三十四年七月二十七日（1908 年 8 月 23 日）第十九版（第三张第三版）

庙宇改造炮厂

制造局总办张观察，因现须添造炮厂，基地不敷，拟将「己」[已]封之高昌庙收回改造厂屋，业已函商上海县转禀沪道核办。

光绪三十四年八月初二日(1908年8月28日)第十九版(第三张第三版)

赣省劝业场开办

江西万寿宫地址宽阔，经商务总会呈由部准开办劝业场，以为陈列百货之所，现已于初一日开办。

光绪三十四年八月初五日(1908年8月31日)第十二版(第二张第四版)

吕荡庙改为蒙学〈松江〉

郡城东门外华阳庄吕荡庙住持僧进贤经人控发，由华亭张令讯责封禁在案。现经附近绅董捐资，就该庙改立文进蒙学校。

光绪三十四年八月十二日(1908年9月7日)第十一版(第二张第三版)

清查庙基

制造局张总办，拟将由县发封之新高昌庙收回，改建炮厂曾志前报。兹本邑各绅董查悉，该庙系由制造局租地建造，并非局中买绝之产，业已禀由李大令详请沪道移知张总办查明实情，再行商办。

光绪三十四年八月十六日(1908年9月11日)第二十版(第三张第四版)

盗卖庵产

淡井庙僧人慧德控程丁氏盗卖田地，前晚由县复讯得主郁鋆培，供："去岁十二月买程丁氏坟地一亩五分，立有卖地迁坟据呈电，当时议定价洋一千元，只付过二百元。”程丁氏供：“该地并无单串，收到迁费后即将棺木两具迁往江湾安葬，求鉴。”慧德供：“本庵有地十八亩，丁氏所售之一亩五分亦在其内，户名宏恺。僧葬有巨川师棺木，不知今被■抛何处。”大令阅据判候传到盖戳之地保人等复讯察办。

光绪三十四年九月初六日（1908 年 9 月 30 日）第十九版（第三张第三版）

乡民集众毁学案已了〈湖州〉

日前，乌程轧村两等小学与某庙宇住持龃龉，当被学生焚毁阴册，以致十九处村民聚众报复，拆毁学堂，焚烧器皿、书籍，各情已志前报。兹悉此事肇祸之原实，因该学校房室即设在该庙宇内，近来各学生因嫌校舍狭窄，渐渐占据旁殿，并将殿内神像搬弃，且将两廊所塑之泥马系之以索，各生跃跃欲试，据鞍自雄，日以为戏，致该庙住持与各生口角，遂为各生焚去阴册，由僧诉诸乡董，顷刻激动各庄区斋主蜂拥入校，成此巨案。幸苏大令于初一日前往查究情由，以该校规则不严以致扰事，乃当场传齐各庄董事竭力善言开导，且允将庙宇神像泥马由县修葺，一面将小学堂另行设法赁屋，以熄后患。

光绪三十四年九月初八日（1908 年 10 月 2 日）第十一版（第二张第三版）

董事赖债

陈赵氏控瞿公庙董事杨梓琴欠该氏并秦张氏、周马氏等洋六百元，前晚由县提讯。赵氏供：“杨以修庙为由借洋暂垫，讵至收到各姓捐洋后竟吞赖不还，求追讯之。”杨狡赖不认。李明府以杨出有借票五张，无可抵赖，判杨邀同各董清理。

光绪三十四年九月十五日（1908 年 10 月 9 日）第二十版（第三张第四版）

道院发封

平桥路二号门牌福仙道院积欠房租三月，昨由房主禀请公廨饬差协探将屋发封。

光绪三十四年九月二十六日（1908年10月20日）第十九版（第三张第三版）

弹压赛会

昨为下元令节，本邑城隍神像循例出巡。捕房麦总巡以游人拥挤恐滋事端，饬派中西探捕前往西门外新租界等处妥为弹压，以免肇衅。

光绪三十四年十月初二日（1908年10月26日）第二十版（第三张第四版）

国恤汇纪六①

上海商务总会布告商界，于十一月初二日起至初四日止，在西门外白云观举哀行礼，穿白布袍、白布腰带、摘缨呢边大帽、元青缎靴。

光绪三十四年十月二十九日（1908年11月22日）第六版（第一张第六版）

道士义务

邑庙住持以两宫升遐普天哀痛，商由道会司延请本城各羽士，于二十一日起至二十九日止，在玉清宫恭设皇坛九昼夜，以伸诚敬。

光绪三十四年十一月二十日（1908年12月13日）第十九版（第三张第三版）

---

①《国恤汇纪六》在第五、六版。此处摘录其中一部分，在第六版。

1909年

邳州兴学汇志〈苏州〉

邳州文生聂之佑等，以聂家阁旧有关帝庙一所，庙田七十亩，无僧住持，庙已颓坏。现就该庙略加修理，组织一初等小学，名曰育英初等小学堂，酌拨庙田四十亩为常年经费，不敷之款由同人捐助及各学生学费以为补助，酌议章程，延聘教员，招生开校，开具表册，呈请州尊通详立案。邳州属北乡第二区劝学员职员董景篪等议定，在岔河圩就董氏家祠，设立会粹高等小学堂一所，其常年经费，即以该圩及蒲汪村废庙公田五十余亩并抽收牛斗布匹等厘为的款，不敷再由该员等补助，业经延聘教员招集各生开校。

光绪三十四年十二月十六日(1909年1月7日)第十一、十二版(第二张第三版、第二张第四版)

春祭日期

昨日，道署发出春祭单，照录如下：二月初一日祭吴、应、余三公祠；初三日祭文昌；初四日祭吕祖；初六日祭龙神；初七日祭文庙、黄婆祠；初八日祭社稷坛、神祇坛、风神庙、海坛、群忠祠、土地祠、周太仆祠；十二日祭陈、吉、袁三公祠，刘公祠，愍忠祠；十三日祭天后；十四日祭关帝；十七日祭文昌。

宣统元年正月二十六日(1909年2月16日)第十八、十九版(第三张第二版、第三张第三版)

铜山创办女子小学堂〈苏州〉

铜山县蓝令光策日前禀各宪云：据举人韩志正禀"前年游学东洋并挈长女中英在女学校习师范卒业归来，现由教育会公同酌定东岳庙地址办一女子小学，名曰坤成女子初等小学堂，前已领请开办费二百千文，加以同人捐助，业敷经营，其常年费蒙于学田加租项下，岁拨常款二百千文，请转禀立案"等情，大令即与该举人切实磋商，谆谆诰诫其宗旨在养成贤妇贤母，一切离经畔道、支离诞妄，不合中国古先圣贤讲求女教者皆所不取。防闲既周，弊端亦可泯灭。业已通禀各宪立案。

宣统元年闰二月十三日(1909 年 4 月 3 日)第十一版(第二张第三版)

示禁迎神赛会〈宁波〉

定海厅史司马，访闻西乡七庄于闰月十五日有赛会之举，彼迎此接，举国若狂，杂踏喧哗，易滋事端，分饬各庄地保传谕禁阻，一面知会各柱首等"迎神赛会有干例禁，如为祈报起见则虔诚致祭亦足以仰答神庥，何必异样迎行始为恭敬。自示之后倘敢故违，定提会首柱保人等从严究惩，决不宽贷"。

宣统元年闰二月十四日(1909 年 4 月 4 日)第十二版(第二张第四版)

清明赛会之路由

今日系上元令节，本邑城隍神例应率同高昌、长人、新江、财帛四司至西门外邑厉坛致祭无祀孤魂。所经路由录下：出大东门，进大南门，出庙朝西旧教场、沉香阁、穿心街、福佑桥、天官牌楼、长生桥、四牌楼、县东、县南、太平街、杜家湾、穿心「何」[河]桥、庄家桥、西仓桥、净土庵浜、凝和桥、乔家栅，朝东过乔家浜、化龙桥、谈家弄、道辕、中大夫坊、鱼行桥、彩衣街，朝东出城，过吊桥，朝东，一直朝南外马路、万裕码头、花衣街、盐公堂、梅家弄、青龙桥、裘家弄、陆家浜桥，到坛。夜会：坛上起马，朝南，由王家圈过新桥，沿外城脚进城，朝南进西王弄、薛家桥、副府署、周家弄，过桥，参府署、北弄、西仓桥、登云桥、太平街、果子巷、彩衣街、东街、益庆桥、海防署，朝西回庙。

宣统元年闰二月十五日(1909 年 4 月 5 日)第二十版(第三张第四版)

查禁迎神赛会

吴淞地方现有乡民舁神赛会，事为沪道蔡观察访闻，以迎神赛会最易扰祸，因特札行宝山县胡大令迅即会同淞沪巡防队官严行禁阻，免肇事端。

宣统元年闰二月十八日（1909 年 4 月 8 日）第十九版（第三张第三版）

沪道严禁赛会

宝山城内及四乡各镇，月初以来出灯赛会甚为热闹。兹为沪道蔡观察访悉，特于日昨严饬宝山县胡令迅速禁阻并提首事惩办。吴淞镇警务长亦于昨日预为劝谕停举三月廿八日解饷会之陋俗，以杜事端。

宣统元年闰二月二十四日（1909 年 4 月 14 日）第十八、十九版（第三张第二版、第三张第三版）

预备修理邑庙

本邑城隍庙大殿、寝宫等房屋年久失修，门外「棋」[旗]杆亦已朽坏。兹由该庙住持曹剑华等商准绅董姚文枬刊刻捐册分投劝募，一面雇匠估计各项工料约需洋五千余元。惟本埠五方杂处，恐有诈伪之徒冒捐敛钱，因由姚董禀请本县李司马出示晓谕，以防冒混。

宣统元年三月十二日（1909 年 5 月 1 日）第十九版（第三张第三版）

谨登独造寺观庙三所缘由

盖闻自古神道设教由来已久，稽之历代勅建寺观庙宇所以尊祀典焉。崧家世代业儒，素不信佛及神仙之道。前于光绪丙申年孟夏忽蒙玉皇大天尊显示丈六金身于云端，诸佛神仙咸集如朝贺之状。仰见之下曷敢不敬，于是倾其所有独造寺观庙三所，以求风调雨顺，国泰民安，并于松江东岳庙内重塑金装十殿神像，劝人为善。上年正月间奉总督宪端饬派三十五六各标征兵防守枫泾，驻扎海慧寺、玉虚观两处，适为安军之所，出敌枭匪巨魁尽获。各征兵信有神助，捐立暖阁一座，崧亦预有荣焉。仰及圣朝郊社之祀所以敬天地，文武官员朔望拈香所以礼神明，即日月星辰、雷雨风云、山川阴阳各有祀典。《记》云有“功德于民者则祀之”，今将所闻所见独造寺观庙三所缘由登之报章，以昭崇信云。时维宣统元年三月吉日，江苏省松江府娄县枫泾镇信人沈崧号骏生谨启。

宣统元年三月二十四日(1909年5月13日)第六版(第一张第六版)；宣统元年三月二十五日(1909年5月14日)第六版(第一张第六版)；宣统元年三月二十六日(1909年5月15日)第七版(第一张第七版)

殃及邻居

昨日午后二时，北海路第一百零八号门牌成衣店起火，延及比邻一百零七零六两号住宅，又一百零五号一心园小茶馆、一百零四号云仙道院，共毁屋四间。

宣统元年三月二十八日(1909年5月17日)第二十版(第三张第四版)

茧捐兴学之复词〈无锡〉

前金匮县绅士华秉钧等禀请茧行庙捐移充学堂经费一节已志前报。兹由恒善堂、商会、劝学所集议会复以“绅等派人赴乡调查，据云此项庙捐各行并不一律，大致均系本地乡耆庙董之类在本行或分庄充当照料顺便向乡民收捐，茧行并不过问，其所收之捐亦仅半数，不能逐户实收。至各庙如何开支，一时难以细查。因思此项捐款，若由各扇自行派人在向有庙捐，地方仿照庙捐收法移作学费以资补助，事亦可行”等语备文呈复，闻业已照准并出示晓谕矣。

宣统元年四月二十六日(1909年6月13日)第十一版(第二张第三版)

请以庙产兴学

镇江云台山财神庙某道士，去冬曾将该庙房屋基地捐送劝学所，以为兴学之用。现有刘仰虞等具禀当道拟集款项，就该庙房屋设立蒙学一所，专收贫寒子弟入学肄习，学费一概不取，名曰贫儿院。当经王大令会商劝学所绅董允准，刻已雇工修理一切，不日即行开学。

宣统元年五月初二日（1909 年 6 月 19 日）第十一版（第二张第三版）

究办招摇撞骗之假官

闸北警察局巡缉队官周都戎，日前拿获假冒三品衔道员之韩瑞林一名，搜出奏办吉林矿务金厂伪印一颗、又致白云观道院告借道冠拂尘之信函一封，当由总办汪观察电询吉抚，复称"并无办理金矿之韩瑞林其人，请即从严澈究"，是以饬将韩瑞林送至公廨饬令讯办。兹宝谳员以假冒职官，罪有应得，已于前日送至道署饬发上海县照例究办。

宣统元年五月初九日（1909 年 6 月 26 日）第十九版（第三张第三版）

倡办社学之先声

镇江劝学所自奉樊提学颁发社学简章，即经总董杨、赵二君等邀集学界中人会议，拟就东南西北四处各设一所，俾贫寒子弟得以就近入学肄习。现因筹款为难，未能一律举行，先假万寿宫创办一处，学额暂定六十名，刻已张贴广告招收生徒矣。

宣统元年五月十九日（1909 年 7 月 6 日）第十一版（第二张第三版）

鄂省水灾情形续闻

湖北阴雨匝月，城垣崩塌，已纪本报。现悉该城之上即黄鹤楼旧址，旁有茶楼一座及照相馆，是日均崩塌，覆压城下之济贫所，以致压毙所中孤老贫民十余人，业经江夏县勘验棺殓掩埋。城塌之处，因大雨难修，已派城守营兵日夜驻守。武汉三埠街道多被积水淹断。巡警道冯观察连日督率清道股员，身着雨衣带同沟(工)冒雨清挖。「鄂」[鄂]督署、藩署、臬署、江汉关道署、夏口厅署均水深两三尺。夏口厅并因淹水暂停理讼。民房被水淹倒塌者累累，后湖蓬户万余家无不被淹。陈小帅饬武汉地方官于十七日起设坛祈晴，汉口设坛于四官殿，武昌设坛于龙神庙，小帅又饬长春观道士讽诵皇经并冒雨亲往行礼。

宣统元年五月二十三日(1909年7月10日)第四版(第一张第四版)

劝捐修庙之示谕

上海县田大令出示云：据职董姚文柟、叶佳棠、李钟珏、吴文涛、郁怀智、姚天来、王宗骏、刘汝曾、陆文麓、瞿庆善、莫锡纶、蔡正蒙、朱日宣、叶永孚、郭廷鉁、梅豫枨等呈称"本邑城隍庙为众姓香火所萃，四时报享，庙貌宜崇。光绪十九年集捐修理头二门等处，曾由前升道宪黄出示谕捐在案。其时经费不敷，未及一律修缮。今时隔十余年，大殿屋脊全圮，寝宫更形破坏，「棋」[旗]杆污烂，廊壁欹斜，若不急为修葺实觉危险可虑，且恐为日愈久收拾愈难。迭据该庙住持道士曹剑华、施炳生、胡松龄、邱金生等禀商前来。董等公同履勘，果属实情，已饬匠估见约需修费洋五千元，议立捐册，互相劝募，并议查照旧章所有集捐、督工等事统由同仁辅元堂一手经理，事竣刊刻征信录以资稽考。惟本邑五方杂处，恐有作伪冒捐等情，为特检同《光绪十九年修理邑庙征信录》一册援案呈请出示晓谕，以便集捐"等情，到县，据此，除批示外，合行出示晓谕。为此示仰阖境绅民商富保甲人等知悉，尔等须知城隍为一邑保障，庙貌宜崇，现在大殿、寝宫均已破坏，自应筹款修整以壮观瞻而昭诚敬。自示之后务各量力捐助，俾济要工。惟此项捐款系由同仁辅元堂一手经办，事竣刊刻征信以资稽考，倘有无耻之徒托名冒收以及借端滋扰情事，一经访闻，定即提案究办。

宣统元年五月二十九日(1909年7月16日)第十九版(第三张第三版)

募修邑庙工程广告

本邑城隍庙大殿寝宫岁久坍毁，现由同人请县宪出示劝募量加修葺，所有捐款工程概归同仁辅元堂经理。如荷绅士商富输捐，请径交该堂或邑庙住持曹剑华、施炳生经收，当即掣奉收条，随时将捐户细数标示殿前。倘有虚冒撞骗情事，立即查明禀究。恐未周知，特此广告。

宣统元年六月初一日（1909 年 7 月 17 日）第九版（第二张第一版）；宣统元年六月初二日（1909 年 7 月 18 日）第十七版（第三张第一版）；宣统元年六月初三日（1909 年 7 月 19 日）第十七版（第三张第一版）

化为有用

沪道蔡观察批袁容禀云：该职办理精勤小学校，因所赁民房地位狭小，另建又乏经费，请借海神庙作为校舍。既称该庙并无僧道，仰海防厅查明借给具报。

宣统元年六月初三日（1909 年 7 月 19 日）第十九版（第三张第三版）

江震城厢自治公所成立

吴江、震泽二县李、张二大令，会督各绅筹议设立自治公所，已择定城内城隍庙内为办事处。先行设立江震城厢第一区地方自治公所，业于前日成立，推举绅士费揽泽、沈荣勋、钱其蔚、张鼎荣、王家荧、何其敬为办事员。再由所遴选明干调查员筹办调查户口事宜，所需经费由（二）县先行筹借济用。昨由县将办理情形通详各宪矣。

宣统元年六月十一日（1909 年 7 月 27 日）第十一版（第二张第三版）

〖上海道为白云观事宜禀批〗[1]

席秉文等禀批：白云观三茅殿向来有无董事经理，何以忽有席秉文等选举充当。禀内列名各人有无捏冒，所称赌徒滋扰是否属实，来禀情节支难，难保非别有缘故。仰上海县查明具复察夺。

宣统元年六月十一日（1909 年 7 月 27 日）第十九版（第三张第三版）

日人擅毁东沙物产之谈判〈广东〉

东沙岛交涉一案，派魏京卿等会勘，各情已纪本报。现悉京卿已将勘议大致情形电禀并派王委赶回请示一切。闻因该商所索珠玳、磷质矿产、森林、建置各款过奢，而所毁渔船、杉板及存储大王庙各物件又委卸不认。现闻大宪拟即派熟悉矿产、森林之员驰往确核明晰，只可按照实数酌予补偿，万不能任其索取。至所毁杉板、存物、庙宇亦应核值偿抵，且当日被毁各物有四和等鱼户见证，应即查明知照该领事以昭核实。

宣统元年六月十二日（1909 年 7 月 28 日）第十一版（第二张第三版）

沪道捐银修理邑庙

本邑城隍庙年久失修，大殿、寝宫均将坍毁，由辅元堂董禀请县令出示募捐，曾志前报。惟需款甚巨，若只商民捐助恐难成事，因由该堂董事禀请道县酌捐以为提倡。兹闻沪道蔡观察查得光绪十九年分亦因修理邑庙曾由聂前升道捐银有案，既据禀请，应照成案捐银一百两，饬发该董具领支用。

宣统元年六月十五日（1909 年 7 月 31 日）第十八版（第三张第二版）

① 本文为《城内》栏目之下《道批五则》中的一则。

禀请派差照料邑庙工程

本城邑庙年久失修，曾经同仁辅元堂董事禀由道、县倡捐并示谕绅商劝募在案。兹闻该堂董事业已雇定工匠，择于本月初六日卯时破土兴工，因恐工作之际或有匪徒借端滋扰以及偷窃物料情事，爰又具禀道宪请即饬县派差妥为照料并即出示谕禁。

宣统元年七月初六日（1909 年 8 月 21 日）第十九版（第三张第三版）

示禁阻挠地方公益〈昆山〉

安亭镇居昆山、青浦、嘉定三县之冲，近因开办地方自治，由该处经董顾振岳、新选议员蔡璜等邀集地方士绅公议在城隍庙内设立地方自治公所。乃有某某等以开设蒙学为名意欲阻挠，现经顾董等禀由昆山县出示禁止，略云："据东乡经董顾振岳函禀'奉饬筹办地方自治，于前月二十五日会集士绅议决在安亭北市府庙内设立地方自治公所，已于七月初一开办'等因，为此示仰该处居民人等知悉，该庙现已设立地方自治公所，会议地方公益事宜，倘有无知愚民借端阻挠，准由该所长指名禀县以凭提究。"

宣统元年七月十一日（1909 年 8 月 26 日）第十一版（第二张第三版）

赛会路由

今日为中元令节，本县城隍及四司出会路由照录如下：出庙往东天官牌楼、福佑路、北香花桥、沉香阁、「候」[侯]家路、广福寺，出石驳岸，过穿心河桥、庄字桥，出北弄，由参府署、杨字桥、胡家弄、守府署过薛家桥、西王家弄、陈顾同桥、乔家浜，往北谭家弄，由道辕、中大夫坊、东唐家弄过县桥、太平街、三牌楼、县西、县东、曲尺湾、彩衣街，出大东门，过吊桥、外咸瓜街，出集水码头，由新马路、新舞台往南进毛家弄、码头，入萃丰弄、豆市街、新码头，往西至小桥、王家嘴角，往东万裕码头，进公义码头、盐公堂、梅家弄、青龙桥、东西钩玉弄，过迎春庙、沙家石桥，往西斜桥、吕班路，往北到坛。晚上：由坛起马，进吕班路，出肇周路，过吊桥，进西门，过穿心河桥、杜家湾、太平街、果子巷、彩衣街、东街、益庆桥，由海防署、长生桥、四牌楼、县东、县西、三牌楼、陈市安桥往东回庙。

宣统元年七月十五日（1909 年 8 月 30 日）第十九版（第三张第三版）

赛会纪略

昨日为中元令节，本县城隍及四司循例至厉坛致祭。一时好事之徒踵事争华，毫无顾忌，如应禁之臂香、阴皂、花十景、清客班仍各随行。马会尤兴高采烈，每至各署门首加鞭疾驰，幸未肇祸。本县田大令派委捕厅前往代祭，并悬牌示给假一天。

宣统元年七月十六日（1909 年 8 月 31 日）第十九版（第三张第三版）

定期致祭

本县秋祭单昨已（择）定，照录如下：八月初一日祭文庙，黄婆祠，应、吴、余公祠；初二日祭社稷坛、海坛、神祇、风神、周太仆祠、「郡」[群]忠祠、土地祠；初三日祭文昌；初四日祭吕祖、龙神；初六日祭陈、吉、袁、刘及愍忠祠；初七日祭天后；十六日祭关帝。

宣统元年七月二十三日（1909 年 9 月 7 日）第十九版（第三张第三版）

日报纪东沙岛交涉事

据日本《泰晤士报》载称，东沙岛交涉现仍由广州日本总领事与中国委员魏瀚在广东磋商，大约本月月杪尚难议结。日本虽已放弃要求，而中国要求日本赔偿损失一节并未就绪。盖中国不特不承认日本之意见，且向日本要求赔偿焚毁该岛圣庙及掘采磷石之损失，为数甚巨。此案悬久不结，全因中国官场固执之故。闻该岛现尚存有矿质物约值日洋二万元上下。

宣统元年七月二十六日(1909 年 9 月 10 日)第十版(第二张第二版)

添设宪政宣讲所

苏垣地方自治会前在王仁孝祠内创设宣讲所,按期宣讲地方自治各理由,听者甚形发达。现为开通风气计,量加推广,爰在皮市街天妃宫内添设宣讲所一区,业经推定方君雅南主任讲务,并已请讲员定九月初二日起开讲,每逢二、七日期上午九时起至十一时止。

宣统元年八月二十日(1909 年 10 月 3 日)第十一版(第二张第三版)

东沙岛赔偿之确数〈广东〉

东沙岛一案,日人原索日银六十万元取赎,今减至港银十六万元,于此数内扣三万元为赔偿拆庙及财产之用,实取十三万元,约于此一礼拜内将画押云。

宣统元年八月三十日(1909 年 10 月 13 日)第十一版(第二张第三版)

京师近事

正阳门关帝庙,都中人盛称其灵异。自崇尚新学后香烟渐少。近因法部录事叶君失去要案一宗,遍觅无着,堂官屡催,无辞以对,几欲吞烟自尽。后于关帝庙求签,详其隐语,随即寻得。叶君遂将此事遍发传单,于是日内到庙乞灵者又复络绎不绝。可见迷信之不易破除云。

宣统元年九月初四日(1909 年 10 月 17 日)第六版(第一张第六版)

东沙岛交涉议结

《捷报》载东京消息云,东沙岛问题已由粤督与广东日领事于前星期一日议结，其款如下：一、中国应以粤秤银十六万两购回西泽氏之营业。二、西泽氏应付中国粤秤银三万两以赔毁坏神庙、渔船之损失。三、中国应于西泽氏交付在该岛所获磷质物产后半月之内将应付之款送交广东日本领事署。西泽氏定章本月二十五号〔即华历九月十二日〕将各物产交出。

宣统元年九月初七日（1909 年 10 月 20 日）第十一版（第二张第三版）

添设宣讲所批准立案

苏垣地方自治会前在天后宫内添设宣讲所一区于初二日起开讲，各情已纪本报。兹悉该所已呈请筹办处立案。当奉批示云：贵绅就北街天后宫推广宣讲所一区，具见热心自治。至饬该路巡官每期派巡警二名站立门口并谕该区地保等来所照顾，业已由处移请巡警总局查照矣。

宣统元年九月初九日（1909 年 10 月 22 日）第十一版（第二张第三版）

请款重修庙宇之迷信〈安庆〉

省垣集贤关龙王庙现因年久失修，倾倒不堪，未足以壮观瞻。顷由怀宁县绅邵孔亮等具禀抚台查照成案拨款重修，未知能批准否。

宣统元年九月十一日（1909 年 10 月 24 日）第十二版（第二张第四版）

神通广大

城内火神庙年久失修，佛金剥落，经各会首集资将像装潢，焕然一新，择于二十四日开光，敦请道、县届期到庙拈香。

宣统元年九月十四日（1909 年 10 月 27 日）第十八版（第三张第二版）

医院开幕

沪军营旁天福庵前奉宪谕充公，现经沪军营管带禀准沪道蔡观察在内改设广福医院一所，专为军界诸人医疗疾病。昨为开幕之日，由各绅董及官员人等均赴该院行礼。惟该庵向有之偶像概未撤除，甚有为关帝神像开光，一时新界中闻之多以为未解云。

宣统元年九月十五日（1909 年 10 月 28 日）第十九版（第三张第三版）

粤督电陈购回东沙岛情形

粤督致外务部电称，东沙岛交涉一事，由魏道自前月初旬至今与日人磋议三次，现将收购该岛事项议妥三事，拟照所订议结，一面由善后局筹资拨给交付，并另委妥员前往会同接收。兹将定议事项大略电陈钧鉴：一、东沙岛务照原议由粤省收回管辖，自行兴辟。一、东沙岛物业由粤省收购，自订议交价后，该岛原雇台、日工人一律离去，该岛另由粤省自派专员督率工师、工人接办。一、指定收购之楼房、场厂、运道、工程、物件等，由粤省备价十六万元向日商购回，订期一次交清。其在该岛「折」[拆]毁庙宇及渔民散失产业，除订明现存房舍照数给还不再索修费，其余散失无着之产业，应照给赔偿公共产业费二万元、私家产业费一万元，该费即在购价内扣除。

宣统元年九月十八日（1909 年 10 月 31 日）第十版（第二张第二版）

电陈购回东沙岛办法〈北京〉

外部昨接粤督电，略云东沙岛交涉一事已由魏道自前月初旬至今共与日人磋议三次，业将收购岛务物业事项议妥三事，现拟照所订议结，一面由善后局筹此项购资撰给交付，并另委妥员前往会同接收。兹将定议事项大略电陈钧鉴：一、东沙岛务照原议由粤省收回管辖，自行兴辟。一、东沙岛由粤省收购物业，自定订议交价后，该岛原雇台、日工人一律离去，该岛另由粤省自派专员督饬工师、工人接归营办各业。一、指定收购之楼房、场厂、运道、工程、物件等，酌由粤省备价向日商购回，于定议后订期一次交清该应购之价，俟两面议妥实数即行订约照办。〔原日公估该物业价值约六、七万者一项，万余元者一项，数万元者一项，共十二三万元。现仍须照原估价目定议。〕其在该岛拆毁庙宇及渔民散失产业，除订明现存房舍照数给还不再索修费，其余散失无着之产业应照给赔偿公共产业费二万元、私家产业费一万元，该费即在购价内扣除。

宣统元年十月初五日（1909 年 11 月 17 日）第三版（第一张第三版）

和尚行窃

僧人峯岩窃取大境关帝庙铜香炉，在途行走，被北区巡士查获，拘至一路巡局请究，判责二百板、拘留一月。

宣统元年十月十五日（1909 年 11 月 27 日）第十九版（第三张第三版）

学界随驾出巡之荒唐

本月初一日为济南省城城隍神出巡之期。是日，县、府、督三城隍神像同时出巡，神驾所至士女云屯，而东关大悲庵尤为善男信女猬集之所，目成眉笑，趾错肩摩，信可乐也。不意随驾之人竟有某某学堂之学生数名、某某学堂之教习数名，亦皆本其至诚以期感格而邀神佑。嘻，良足异矣！

宣统元年十月二十日（1909 年 12 月 2 日）第十二版（第二张第四版）

东三省近事

延吉厅东境，有三官庙一座，向来香火稀少，无僧住持，以致殿宇荒凉、佛门长掩。现边务巡警总局探知，有某国人时常夜间在该庙开会集议，该局恐其扰乱治安、惹起交涉，已将一切闲杂人等驱逐出庙，并常川派警守护庙门。

宣统元年十一月初六日（1909 年 12 月 18 日）第十版（第一张后幅第二版）

1910 年

劝谕东沙岛旧日渔商条陈办法〈广东〉

香港兴利号梁应元等具禀劝业道请将东沙岛赔款给领奉批："据呈已悉。查日商西泽在东沙岛地方开采磷矿等物，迭经督宪与日本领事磋商，始将该岛交还。当经商定条款，凡西泽在该岛建置房屋、铁路、船只并挖出未运磷质等物及存岛所有器具共定广东毫银十六万元，内除扣西泽应交渔船损失、被毁庙宇及漏充税项共银三万元，实由中国给银十三万元，即将各物业悉数交出，业已派委干员乘轮前往该岛接收，并将银两交付，各在案。是此项名为扣回实则少给三万元而已，并无现银，且内有应完税项，亦不仅属渔船损失。公家不惜以巨资将岛收回，实为重领土而保海权起见。现经委员查明该岛现存磷质约有二千吨之谱，一经开采则遍岛皆是。此外龟螺壳、鸟毛、渔利亦复不少，正拟招商办法章程详请督宪核定出示晓谕。该商等既系出海捕「渔」[鱼]为业，则是该岛情形以及风涛沙线必较熟习，应准条陈妥善办法禀候核夺以兴实业而浚利源。所请给领赔偿损失之处应毋庸议。"

宣统元年十二月初八日(1910 年 1 月 18 日)第十一版(第一张后幅第三版)

华娄自治局特别会议〈松江〉

初八日，城厢自治公所邀集官绅会议调查公款公产事宜，议决明春董事会成立后，投票选举五人从事调查，由华、娄两县筹垫调查费三百元，他日筹还。并另议城厢设立简字学堂五处，城中在景贤书院，东外紫阳宫，南外三官堂，西外大仓桥关庙，北外瘟神庙。

宣统元年十二月十一日(1910 年 1 月 21 日)第十一版(第一张后幅第三版)

租折声明作废

浦东三官堂住僧坤山不守清规已由地方斥逐，另请开智僧接管经理，募化重修前殿。惟有出租贾姓地基租折一扣被坤山私匿，已向前途说明作废。倘有在外抵押等情与该庙无涉。浦东塘桥绅董告白。

宣统元年十二月十二日（1910 年 1 月 22 日）第八版（第一张第八版）；宣统元年十二月十三日（1910 年 1 月 23 日）第十七版（第二张第一版）

奉化乡民滋闹原因

奉化属萧王庙向有灯祭，糜费甚巨，由孙君玉仙等邀同各堡干事议定撙节戏资拨充学堂经费，业经禀县在案。时届元宵，突有乡民二三百人到庙滋扰，佥云停止演戏何人倡首，各干事等以其人众口杂不与计较，乡民竟尔暴动，即将庙内玻灯各物纷纷敲击，神房器皿亦多被损，且声称欲至孙君家捣毁，迨夜半时始各散去。次日孙君函请魏大令弹压，旋即派差前往，未悉能否无事也。

宣统二年正月二十三日（1910 年 3 月 4 日）第十二版（第一张后幅第四版）

分期致祭

本县田大令昨日发出春祭单一纸，照录如下：二月初一日祭吴、应、余三公祠；初三日文庙、文昌、黄婆祠；初四日社稷坛，神祇坛，海坛，风神，吕祖，群忠、土地祠，周太仆祠；初六日龙神；初八日陈、吉、袁、刘四公祠，愍忠祠；初九日天后；十三日文昌；十五日关帝；三月初七先农坛。

宣统二年正月二十六日（1910 年 3 月 7 日）第十九版（第二张第三版）

迎赛龙灯之祸端〈湖州〉

旅湖金华人大半借工艺为生，工艺中尤以锯匠为多，性情蛮悍，并无董事监督约束。兹于上月二十六夜迎赛龙灯，先至玉皇宫焚香，原议共迎三天，并在地方官署具结断不吵闹肇祸。不意由玉皇宫焚香毕，继至郡庙，沿途看客拥挤，跟龙入庙不下千余人之多，以致撞倒老妪幼孺践踏几死。其时站岗警察并未顾问。当晚各金华人又同室操戈。巡警总局左右为难，爰于翌日移请地方官设法。当经王、吴二大令会衔示禁，就此停止。讵本地一般地痞反出而迎赛九接布龙，并妆扮地戏，旋经总局闻悉，立即派兵十余名拦路守候勒止，始得遣散。

宣统二年二月初五日(1910 年 3 月 15 日)第十二版(第一张后幅第四版)

保存庙产之迷信〈杭州〉

处州青田县木捐，迭经商学两界互争分拨缠讼经年，屡次委查，并经常太守会县调停和平分给，业于前月通详销案。日前忽有耆民叶声振等贸然具呈抚院仍请保全庙产为言，当奉增帅严词申斥，谓："此案早经府县禀准有案，断难中止。并据青田县禀，以商学两界互争此款，请拨归学堂并捐廉百元作为商会经费，其余拟再开会公议另筹。今据该耆绅禀称，此项捐款商学两界均不愿拨归，请速拨还三庙，只为传袭香火起见，于地方公益漠不关心，其迷信殊属可嗤。着不准。特斥。"

宣统二年二月十三日(1910 年 3 月 23 日)第十二版(第一张后幅第四版)

城隍诞辰

本邑城煌神秦裕伯公昨日诞辰，沪道委上海县田大令代往拈香。

宣统二年二月二十二日(1910 年 4 月 1 日)第十九版(第二张第三版)

赛会路由

今日为上元令节，本邑城隍神循例率同四司到西门外厉坛致祭。所定路由照录如下：出庙朝东，进天官牌楼，过福佑路，往西过北香花桥，住南朝西过沉香阁、中香花桥，往南朝东过陈市安桥、昼锦牌坊、县西、县南、太平街，朝西一直过庄家桥，朝东过西仓桥，朝东净土庵，进西唐家弄，出东唐家弄、天灯弄，进谭家弄，由道辕往北过篾笠桥，朝东出城，过吊桥，往东朝南如意街，朝东过龙德桥、豆市街，朝东新马路、老马路，往南王家码头，一直往西，至王家嘴角，朝南过外仓桥，朝南至陆家浜桥，朝西过斜桥，往北由肇周路往西到坛。坛上起马，往东过吊桥，进城，过庄家桥，朝南出北弄，往东参府署、杨家桥、胡家弄、守府署，朝东往北凝和路，往北一直过虹桥，朝东太平街，往北县南、县东，往北东■，过益庆桥，往西海防署，一直回辕。

宣统二年二月二十七日（1910 年 4 月 6 日）第十九版（第二张第三版）

赣省教育总会之危机

江西教育总会，开办以来经费困难，初由万寿宫公款项下岁拨钱六百串文以资津贴，尚不敷用，嗣经南浔铁路公司拨津贴银一百两，勉强敷衍。而教育总会会长、职员近年反对赣路办理不善，议论纷纭，并有注销会员曹中书九畴秘密组织特别团体，籍会长喻兆蕃现未在省，发难多端，以图报复，致去冬南浔公司续开股东会有人发议停止每月津贴银一百两（尚未定议）外，现又由南昌府教育分会援案邀求万寿宫津贴并移文商会，暂行停发万寿宫拨给总会津贴钱文。惟江省教育总会，除津贴银钱别无巨款动用，以故不能实行推广教育之任，全体颇形恐慌，议发特别大会传单，于上月廿四日会议抵制之方。是日演说之词颇形激烈，若不设法融洽，诚恐风潮日盛一日也。

宣统二年三月初四日（1910 年 4 月 13 日）第十一、十二版（第一张后幅第三版、第一张后幅第四版）

酌提庙款办学不准

安陆县南区士绅，现拟将该区庙产酌提五分之四办理两等小学。鄂学以庙产为数无多，似此提拨恐不妥洽，且开办两等只此少数经费势必因陋就简，应即征集区内各旗会另筹妥善办法禀请核夺立案。

宣统二年三月十二日(1910 年 4 月 21 日)第十一版(第一张后幅第三版)

振兴东沙岛之计划〈广东〉

东沙岛所产磷质业经运省销售，惟其间各出产品。现经渔业公司推举书记员辛同桢挈同惠州渔师罗仁初等会同委员蔡守前往该岛，查得地处热度鱼类繁多，岛内磷质极富，遍地皆是，掘土一二尺即见，其质厚三尺至六尺不等，十余年当采取不尽。此外玳瑁、龟螺壳、海草、鸟毛等均须用素善水性之人采之。其采取玳瑁、鸟毛以春夏之时为宜，螺壳、海草则秋间亦可采取，至冬间则从事采取磷质。昨特具禀劝业道立案。兹奉批云："该岛旧日惠州渔人每年至岛捕鱼，愿请通饬出示晓谕沿海渔船赴海捕鱼以兴水利，等情，自可照准。至所请建复庙宇之处并听民便。惟该岛系经官厅备价收回，现正拟禀开办，如果渔船出海捕鱼，或因避风，或有事故到岛，自应饬令员司妥为招待，倘须在岛居住及建筑等事必须禀经官厅许可方能准行，以示限制而防流弊。仰即遵照。"

宣统二年四月初八日(1910 年 5 月 16 日)第十二版(第一张后幅第四版)

寺产之纷争可解决矣

绍属嵊县民风好讼，近因籍名办学搜括寺产酿成纠讼者几乎书不胜书。日前又有邑民王邦灿等联名多人投词抚院，以"邑绅托名兴学，强占乃祖施舍庵产，县令受托[偏][偏]断，要求查办伸理"等情，当经抚宪严谕申斥，以"各处寺观田产无一非由民间施舍，凡物既经施舍者即不得再为私有，此尽人而知者也。以故各属寺产往往提归办学，原欲以公济公，亦属名正言顺之事，况先朝谕旨不列祀典之庙产均可提办学堂，业经明白通告。此项寺田前据该县来详尚为两姓酌留祭田若干，其所以不尽数充公者，不过使尔等均沾实惠以免再生异议。乃犹不知足，再三渎控，首列多名，迹近要挟。且所谓和甚不和、平甚不平者，试问必如何而后和、如何而后平也。案非实有冤抑，不得妄图翻异。此批。之后倘敢再来逞刁，定即押发原县重惩不贷。至所称学堂废而不办一节，仰提学司转饬该县迅速查明禀报。俾免借口”。

宣统二年四月十一日(1910 年 5 月 19 日)第十二版(第一张后幅第四版)

修理天后宫之预备

沪北天后宫，年久失修，住持羽士蔡润霖拟欲修理，被工部局出为干预，爰即具禀沪道蔡观察，准词委派英文翻译陈世光，带同匠头到庙勘估拨款兴修，一面照会领事转饬英工部局妥为照料勿再干预。

宣统二年四月二十五日(1910 年 6 月 2 日)第二十版(第二张第四版)

难民徙居

西门内关帝庙，近有湖北难民多人在彼住宿，本县田大令以明日系致祭关帝之期，文武各官均须到庙拈香，昨特派差饬将该难民驱至小东门外息影公所暂住，听候资遣回里。

宣统二年五月十三日(1910 年 6 月 19 日)第十九版(第二张第三版)

西部蒙古游历谈〔廿五〕

乌里雅苏台，虽为蒙古政治上中心，然宗教甚盛。华人均供关帝庙，规模阔壮，丹碧陆离，庙貌庄严，不禁令人起(敬)。由三音诺颜汗、车臣汗、唐努乌梁海等一律捐资，以祈界内福利。蒙人俗习均此类也。

宣统二年五月十五日(1910 年 6 月 21 日)第十二版(第一张后幅第四版)

关帝庙洗刷一清

关帝庙内各难民业由巡警协同县署差甲悉数驱逐，该庙住持僧静然，昨特嘱令工人借用救火皮带取水浇洗，该处街道为之一清。讵当大雨之时又有难民一百余人进庙借宿，该僧得悉后立即唤同站岗巡士前来拦阻，不令入庙，一面婉告各难民云“此系圣庙，理直洁净，请往别处可也”，各难民遂扶老携幼出城他往。

宣统二年五月二十七日（1910 年 7 月 3 日）第十九版（第二张第三版）

出会路由

今日为中元令节，所有城隍与财帛、高昌、清江、长人四司赛会路由照录如下：出庙往东天官牌楼、福佑桥，过北香花桥、沉香阁、侯家路，过广福寺桥，进石皮弄，至穿心河桥，过登云桥，至西仓桥浜、净土庵浜、西唐家弄，过县桥、太平街、三牌楼、县西、县东、老学前、东街、彩衣街，过鱼行桥，出梅家弄、乔家浜，进谈家弄，由道署过蔓笠桥，出大东门，过外咸瓜街，至集水街，由老马路过关■，进萃丰弄，由豆市街至新码头，往西至电灯公司，往南过里仓桥，进梅家弄、萝席街，过青龙桥，至小普陀桥，出东钩玉弄，往南陆家浜，朝西到坛。晚上：进西门，过庄家桥，由北弄、参府署出胡家弄、守府署、凝河路，往北过虹桥、太平街、果子巷、彩衣街、老学前、县东、县西、三牌楼，过陈市安桥，往东回庙。

宣统二年七月十五日（1910 年 8 月 19 日）第十九版（第二张第三版）

万寿宫公产将作自治经费

赣省万寿宫，为通城最大之公产，其中店摊栈房等不下一百余家，每年租金可收七千余串，现归商务总会经理。除修庙宇、香烛、斋工等费五百余串外，其余尚巨。现经自治议员吴盛麟、梁际升等提出建议书报告公所，以期决议提作自治经费。

宣统二年八月初一日(1910 年 9 月 4 日)第十一版(第一张后幅第三版)

官衙大举兰盆胜会

松郡七月三十日地藏王诞日,府署两廊例由吏役延僧道诵经超荐一天。本年华署前亦经邻居铺户设坛延羽士施放焰口,创格也。

宣统二年八月初二日(1910 年 9 月 5 日)第十二版(第一张后幅第四版)

瞿真人庙演戏

西门外瞿真人庙,自昨日起演戏三天,到庙拈香观剧者络绎不绝。西区警局恐肇祸端,特派巡士多名前往弹压。

宣统二年八月初九日(1910 年 9 月 12 日)第十九版(第二张第三版)

风潮预防

日前,天文学家报告,本月十八日太阴过卑点时距地甚■,吸潮力大,是晚必起■巨潮汐。但恐沿海人物有席卷一空之厄,须早思防,等情。连日见白云观、海潮寺、寿圣庵、静安寺等处,各僧道数十人诵经礼忏、虔诚祈祷天恩弭消灾劫,据云皆自发愿不取分文,足见吾国人,各有诚心不可限量耳。

宣统二年八月十八日(1910 年 9 月 21 日)第七版(第一张第七版)

县令亦提倡迷信耶

湖属归安县,俗例以中秋日为城隍神诞生之期。向届会期,一般书吏纠集愚民赛会演戏,综计糜耗为数不赀。前县朱大令鉴章以时艰民困、米珠物贵饬令禁止以省糜费,遂于光绪三十二年停止,迄今每届惟准进香而已。讵今岁该县吴令不知何故,竟雇名班于中秋节演剧酬神,以致赛会重兴,较往岁更为闹热，四乡男妇来者数千百人，途为之塞，人多嘈杂，几肇事端，而驻庙程安自治事务所及研究所、农务分会等亦因此旷停二礼拜之久。稍有智识者莫不浩叹云。

宣统二年八月二十三日(1910 年 9 月 26 日)第十二版(第一张后幅第四版)

太守焚劈妖祠

青浦县属金泽镇陈三姑为最著名之妖祠，远近愚夫妇奉若神圣，每年三、九月香市极盛。进香人不用香烛，均纳香资，少则二三百文，多则数千文不等，迹近科敛。戚太守久有封禁之意，二十一日乘轮率同盐捕中营张帮带等在江浙交界处会哨，归过金泽，即在里许外停泊，便服步至东岳庙，入瞻陈三姑寝宫，规模焕然。时北乡人进香正盛，太守遂传严汛弁询明一切，随饬带庙董董望舟、男巫许球生，略诘姓氏，宣述妖妄惑众之罪，饬所部弁勇拖陈三姑偶像至广庭中斧劈其头颅及木体，聚薪焚之，中有银制脏腑等物撩弃河心，随将该庙发封。太守又以妖妄半由巫觋煽惑，即带许球生回松细讯，供出该镇有最著名之四香台及名跑话者一人，现拟一一提办以绝根株。最奇者，陈三姑之旁装有蓝顶花翎偶像一具，人咸谓三姑之舟子。现董望舟亦已饬差往提矣。

宣统二年八月二十四日(1910 年 9 月 27 日)第十二版(第一张后幅第四版)

女巫庙主之纷纷获戾

松府戚太守，于二十一日巡哨过金泽镇焚劈淫祀陈三姑后，即拘较有名之各女巫惩办，以为众戒。其松城跨塘桥金巫、华阳桥蒋巫亦奉提案，略讯数语发押华公所，二十四日各荷芦席枷令差役押游四城各街示众。午后又获南门董徐氏一名，亦令一例负校游行。风声所布，方谓迷信一关可以打破，不料有自金泽镇来者〔即太保许某之父〕述及陈三姑香火仍盛，虽土木偶已毁，尚多有望空膜拜者。至向以该妖祀为窟穴之郁某系已革之征兵，每年可猎千金，现已闻拿遁去矣。

宣统二年八月二十六日（1910 年 9 月 29 日）第十二版（第一张后幅第四版）

阳灵观田租拨充自治经费〈江西〉

新建县西乡阳灵观，积有田租二百余亩，前经该乡绅民呈请该县拨充自治经费，并据道士徐忠庆等先后具呈，当经韩令核情批饬在案。讵贡生张启先以未经呈准之事遽行率众盘踞，唆使各佃抗租不交。刻该乡民戴廷栋等将张启先所为各节赴县具控，当经韩令批示，以“所控各节如果属实，张启先殊属非理，着即传谕赶紧出观，不得再事占踞，致干察究。至该观田租既系戴、黄二姓公捐，则是地方公款，非同私业。现当文明进化，自应化无用为有用，仰候照会城自治会确切查明妥议酌提以充公用”。

宣统二年八月二十七日（1910 年 9 月 30 日）第十版（第一张后幅第二版）

太守与淫祀

松府戚太守焚劈淫祀陈三姑后，以旁塑蓝顶花翎之木偶二具愚民呼为四老爷者〔俗称三姑舟子〕尚未锄除，根株不靖，日昨遂札委柘林厅兼帮带盐捕中营张别驾再往捣毁该塑像，并会同青浦县刘谦三大令提在逃革兵郁琴香、庙董董望舟、阴阳学王清仁、开香台之妖巫王寄妈、吴阿宝、周树堂之妻、张培卿之妻一并讯惩以儆浇风。

宣统二年八月二十九日（1910 年 10 月 2 日）第十二版（第一张后幅第四版）

绅董请拨庙产〈安庆〉

无为州绅士丁云骧等，以筹办地方自治经费无着，公同议定请拨庙产作为举办自治经费。刻已具禀上台矣。

宣统二年九月十六日(1910 年 10 月 18 日)第十一版(第一张后幅第三版)

提议庙产举办自治〈镇江〉

镇属太平厅地瘠民贫,地方自治经费难筹,势难举办。兹经该厅绅董周立三等提议,以该境无僧庙产甚多,拟悉数提归举办自治经费。刻已具禀省吏请示。

宣统二年九月十九日(1910 年 10 月 21 日)第十二版(第一张后幅第四版)

出会路由

本届下元令节城隍神出巡路由,已于前晚由各会首议定如下:出庙朝西侯家路、沉香阁、旧校场、福佑路、天官牌楼、海防厅署、益庆桥、东街、老学前、县东、县南、太平街、虹桥,朝南进西唐家弄、塌水桥、太卿坊、东乔家浜,进梅家弄,朝北火神庙、瞿家湾,由道辕出谈家弄、永兴桥,出小南门,过吊桥,由盐公堂朝北花衣街、豆市街、龙德桥、如意街、外咸瓜街,过陆家石桥、洋行街,沿城河浜往西一直到坛。晚间:坛上起马,过吊桥,进西门、穿心河桥、杜家湾,过登云桥,朝南梭子弄,过西仓桥,出北弄,由参府署过杨家桥、胡家弄,由守府署朝北银河路、乔家栅、太卿坊、塌水桥、县南、县东、四牌楼、长生桥,朝西回辕。

宣统二年九月三十日(1910 年 11 月 1 日)第十九版(第二张第三版)

1911 年

春 祭 单

沪道刘观察昨将春祭单牌示头门，照录如下：二月初一日祭吴、应、余三公祠；初三日祭文昌；初八日祭文庙、黄婆祠；初十日祭天地坛；十二日祭陈、吉、袁、刘四公祠；十四日祭天后宫；十五日祭关帝；廿二日祭龙神。

宣统三年正月十八日（1911 年 2 月 16 日）第十九版（第二张第三版）

游方僧偷窃神袍

游方僧真惠前日手持神袍一袭售于陈殿卿旧货摊上，被探查见，诘知系在浦东龙王庙内窃来，因即一并送捕解廨请办，判陈罚洋一元允公，真惠饬送浦东警局讯明发落。

宣统三年正月三十日（1911 年 2 月 28 日）第二十版（第二张第四版）

道士只能听命

城自治公所中区事务所董事毛子坚以邑庙西房住持羽士邱金生不守清规、举动乖谬，着将该羽士所管豫园内怀回楼公产基地拨归中区收租，移充经费，刻已移请自治公所路政处绘图打样，拟将旧有房屋改造【为】三层楼租开茶肆，并自星宿殿前起迤逦向北至该楼止，翻筑马路，不日即将兴工。

宣统三年二月十六日（1911 年 3 月 16 日）第十九、二十版（第二张第三版、第二张第四版）

海上闲谈

俗传二月十九为观音诞日，记者昨过大马路，见虹庙门首妇女烧香者络绎而来,因亦入庙一览。其中香烟缭绕如堕五里雾中,而膜拜者、求签者、作喃喃语者颇有可观。一二娇艳动人、花枝招展携二八雏「环」[鬟]而拜倒于诸佛脚下者,如轻燕之随风飘转,又足以惹人之注目。故一般驻足而观者亦颇不少。诵昔人"观音无别福,受尽美人头"句,不觉真有此情境。吾友某君易二语云"虹庙观音无别福,朝朝受尽野鸡头",具有深意,足令良家妇女入庙烧香者猛省。

宣统三年二月二十日(1911 年 3 月 20 日)第二十版(第二张第四版)

禁止迎神赛会

浦东杨家渡、陆家渡等处乡民,每届三月初三日迎神赛会,糜费不赀。该处绅商以现值川沙、南汇叠次闹事之时,若不设法禁止恐酿祸患,爰特密禀各大宪谕饬浦东总巡游别驾预先示禁免贻后患。

宣统三年二月二十九日(1911 年 3 月 29 日)第十九版(第二张第三版)

何怪纳妓为妾者之多也

上海县田令访悉邑庙东房住持道士邱金生,近以洋一千五百元纳清和坊某妓为妾,在庙榻住宿,实属不守清规,特签差提办;一面照请该「叚」[段]董将邱金生斥退,另招住持。

宣统三年三月初四日(1911 年 4 月 2 日)第十九版(第二张第三版)

方禁城隍出巡

每届清明节日,城隍神必率同新江司、长人司、高昌司、财帛司循例出巡,以为「帐」[赈]济乏祀孤魂。有一般迷信之下流社会,必扮演种种怪现象,如阴皂隶、大肚皮、解粮车、臂香、大锣班、花十景、十逍遥、大万民伞等,历经各县严禁在案,又经城议事会议决禁止,由董事会呈请上海县移行警局分别出示谕禁。盖若辈虽借敬神为名,实则在途引诱妇女,扮作清客串、荡河船种种以为勾引之地，更有军乐队跟随在内，故上海县田大令昨复谕饬房科速缮禁止告示，并饬差捕查禁矣。

宣统三年三月初四日(1911 年 4 月 2 日)第十九版(第二张第三版)

又见城隍出巡

昨日，西门外斜桥西淡井庙由各会首舁该庙城隍神出巡。午后适遇天雨，起马时各会首预备旗锣伞扇并阴皂隶、大肚皮等随行，各班会首亦附从在内。后因天雨过大，均各扫兴而归。何以自治西区不闻不见也。

宣统三年三月初四日(1911 年 4 月 2 日)第十九、二十版(第二张第三版、第二张第四版)

告朔饩羊之具文何益

今日为清明佳节，城隍神照例出庙巡游。兹将是日所过各地撮录如下：城隍神出庙，往东进天官牌坊，过福佑路，朝西至旧校场、沉香阁、侯家路，往南过陈市安桥、昼锦牌楼、三牌楼、县西、太平街、杜家湾、穿心河桥，朝南过庄家桥，往东过西仓桥、净土路、银河路，进乔家栅、东乔家浜，往北进谈家弄，由道署街往北瞿家湾，过蔓笠桥，出大东门，过如意街、外郎家桥，一直至王家嘴角，朝东万裕码头，往南盐公堂街，过梅家弄、小普陀桥，进东钩玉弄，至陆家浜桥，朝西过斜桥、肇周路，到坛。晚间：进西门，过庄家桥，朝南出北弄，由参府署过杨家桥，出胡家弄，由守府署、西王家弄往北过陈箍桶桥、太卿坊、县桥、县南、县东、老学前、东街，过益庆桥，由海防署、天官牌楼过福佑桥，朝西福佑路、北香花桥、旧校场，往东回庙。

宣统三年三月初八日(1911 年 4 月 6 日)第二十版(第二张第四版)

迎神赛会

烧香拜佛，最为迷信之恶习、败坏风俗之媒介，当局者宜出以去恶务尽之手段而绝其根株。即如城隍出巡最易闹事，乃地方官反以赈济孤魂为大典，而仅禁其扮演种种恶现象，则此后出巡如故，留此一线萌芽而枝叶仍将发生矣。刘太太、杨太太、猛将、五圣等淫祀宜一律拆毁者也，乃仅禁其迎赛，而此后妇女入庙烧香如故，则他日之所谓无赖者必将故智复萌矣。

记者于是叹戚太守拆毁陈三太太庙之功不置。

宣统三年三月初八日(1911年4月6日)第二十一版(第二张第五版)

嘉绅禀请电禁迎神赛会

浙属各州县禁止迎神赛会，免酿事端，迭奉抚院通饬严禁。现有嘉属嘉善县县书违抗宪禁，胆敢鸣锣知照各村定期出赛，实属藐玩法令，业经地方协赞会电禀各宪及咨议局。电云："嘉善库书王大来等㖃令鸣锣违禁出会，期迫，恐酿事，乞请抚院飞电严禁。嘉善协赞分会公叩。"

宣统三年四月初一日(1911年4月29日)第十一版(第一张后幅第三版)

纪白云观高道士事

白云观高道士今已羽化供职上清矣，稽其生平功行箓，实以神仙中人兼政法中人者也。观奉长春真人。正月十九日真人诞辰，都中达官贵人、命妇闺媛皆趋之，礼真人者必拜高道士，故言酬应者遂以是日为道士生辰。拜时，道士或答或否。答者必其交疏或名位未至者也。若直受之而不报，则顶礼者以为荣。仆少读《石头记》，心异张道士事，谓以史太君之贵、王熙凤之骄、贾宝玉之卑视一切，何至与一老道周旋若是？客有为述京师高道士事者，乃知黄冠中真有此大人物也。

客曰："往者吾游白云观，就高道士谈。旋有某客来，与道士最稔者。道士语之曰：'昨有某君嘱予道地，欲得海关道。吾语之曰，且慢，今朝廷方征捐于官，海关缺肥，监司秩贵，属望奢，恐所得不足以应上求，你可犯不着也。'某曰：'仆有友某君以知县分发山东，闻道士与中丞有旧，欲得一八行书为之地道，可乎？'道士欣然曰：'此易耳，中丞新有书来，疏懒未及复，复时附数语足矣。’”

一日遇道士于南城酒肆，谈次，道士语客曰：“其侍郎之女公子明日出阁，予几忘之。适前日侍郎夫人来观谈起，方记及。匆匆不及备奁物，乃以箧中所■某总管贻我缎二端。缎乃大内物，总管所受上赐者。又媵以某总管赠我物二事，亦珍赏物，备礼而已。”

南城■肆者，即杨梅竹斜街万福居是也。道士入城，每以是为居停。其肆东偏一院，境颇幽寂，凝神炼气或无妨焉，故客欲以杯酒结道士欢，及道士饮人以酒，悉于是肆。肆善治鸡丁一品，其割烹术为道士秘授。肆人名之曰高鸡丁云。呜呼是亦近三十年来政治史中之小言也。

宣统三年四月初八日（1911 年 5 月 6 日）第十二版（第一张后幅第四版）

京师近事

贻谷自奉旨充边后留驻白云观甚久，现在虽经起解，而该管白云观地方之参游、都阃各员无不以是获谴。左营都阃府宁国宸摘顶记参一次。参戎赵春林、曾崇荫，都司龙嘉骥，守府于清，均记参一次。并闻乌大金吾通行五营两翼将官，嗣后凡有划归各该营领解起解各官犯，均须当日起行，不得稍涉贻误，并由该管长官呈具甘结以杜流弊。

宣统三年四月十九日（1911 年 5 月 17 日）第六版（第一张第六版）

朱家阁开印戏之活动

松江府戚太守曾于春间通饬各属禁止演剧，而青浦县属之朱家阁镇商民，因该镇城隍庙向有开印戏，今被禁止，咸归咎于绅董之附和官长，不肯争论，遂在镇上遍布匿名揭帖，指摘痛詈，语多激烈，并有将于某日捣毁自治局及学校与经办者之房屋等语。该镇商会总理以愚民无知，恐被摇惑，且演剧之费向于米业庙捐内拨助，与领钱演戏者不同。况一年之中只此数日，合镇商家可望利市十倍，今并此而无之，似与商业前途亦有关碍。爰于二十五日亲诣县署，拟将以上情形一一陈说，仍请通融准演，免肇事端。适是日蒋大令因公离署，未获面晤，究不知将来能准如所请取销前示否？惟闻蒋大令素主和平，想必允该绅董之请而泯患于无形也。

宣统三年四月二十八日（1911 年 5 月 26 日）第十二版（第一张后幅第四版）

羽士亦思创设教育会

松郡近有道士数人发议创设道教育会，盖见僧教育会能保全寺基寺产也。惟以经费浩大，非三五羽流所能集事，遂作罢论。

宣统三年闰六月初十日（1911 年 8 月 4 日）第十二版（第一张后幅第四版）

羽士组织道教育会

松江羽流由问俗亭永根发起组织道教育会，曾志前报，嗣因经济因难迄未举行。现复于二十日假座东岳太虚亭，预发传单，邀集大众互商进止，并请杨绅了公演说一切。

宣统三年闰六月二十二日（1911 年 8 月 16 日）第十一版（第一张后幅第三版）

寺田拨归善堂

扬州小茅山三茅宫田产，前被住持僧松林听信僧差唆使致被盗典，嗣经僧教育会出头争论，受典人乃将该田五十九亩悉数送入育婴堂充作义举，后如取赎田价亦悉归堂，禀请嵩府立案。昨奉嵩太守批云："查三茅宫田亩前据江苏僧立教育会以'故僧朗露遗与幼徒海道为世守香火之资，住持松林信僧差自修愚弄，将田变价瓜分，另置荒田抵数，已牒请甘邑提办呈请饬县严惩追还原产'等情，即经札饬甘泉县将讯办情形录复。现在戴琦典受此田，愿拨充育婴堂经费，自应准予立案。惟此田既经僧界涉讼在先，应饬甘泉县查明前案详复再行核夺。”

宣统三年七月初七日(1911 年 8 月 30 日)第十二版(第一张后幅第四版)

城隍会路由

今日城隍会定辰刻起马,所有路由摘录于下:出庙朝西,由旧校场往西沉香阁,朝南侯家桥,朝西过广福寺桥,朝南进石皮弄,往西北石驳岸,至穿心河桥,朝东杜家湾,一直太平街,朝北县南、县东,往南曲尺湾,出西姚家弄、东街,朝南往西彩衣街,过鱼行桥,往南东唐家弄、中大夫坊,朝东往南瞿家湾,由道辕出谈家弄,往南过永兴桥,往南出城,过吊桥,出佛阁,进西钩玉弄,出东钩玉弄,过小普陀桥,出梅家弄,朝东盐公堂,往北花衣街、豆市街,过龙德桥,往东老白渡,由里马路过十六浦桥,朝西进洋行街,过潮州会馆,沿城河浜至方浜桥,朝西往南,由肇周路过西区,一直到坛。坛上起马,过吊桥,进城,朝东过庄家桥,往南出北弄,由参府署过杨家桥,出胡家弄,由副府署往东,一直出西王家弄,往北过县桥、县南、县东、四牌坊,过长生桥,往西一直回辕。

宣统三年七月十五日(1911 年 9 月 7 日)第十八版(第二张第二版)

巡长拆毁神像之风潮

厦门巡警四局分区(巡)长徐雨人驻扎凤仪宫内。该宫向多神像,徐巡长卧房后神龛上塑泥神尤为厦人所敬,称为祖师王爷。徐巡长乃将该神像打为粉碎,又将神龛拆作柴烧,拟将其地辟作客厅。庙邻各店户以徐巡长毁灭神像,不法已极,当发■单,一时各店一律罢市,聚集千数百人拥至庙内,定欲得徐巡长而甘心。幸徐早避。后经总局科长、警长闻风赶至,劝谕再三,众仍不散。及允严办徐巡长,乃始散去。黄警长回局后,一面牌示将徐撤差交一局巡官看管,众绅董仍复禀请道厅加重处置。未知加何了结也。

宣统三年七月二十四日(1911 年 9 月 16 日)第十二版(第一张后幅第四版)

赣抚痛责抽捐苛扰之自治

赣省兴国县因城自治议事会呈请提拨庙产租税充当自治经费呈院核示一案，奉冯中丞批云："查核县城议事会前请抽收茶馆、包席馆、酒馆、煤油等捐业经批饬该令体察情形分别准驳禀候核夺，当时谆谆以不扰民为戒，竟未禀复只字，玩忽已极。兹据来申，该令于前项议抽各捐外，复以提拨治平观花生落地税及卖物摊庄税、火神庙糯谷薯豆等项落地税、仙娘宫地租为请。该令未经禀准先行出示抽收，搜索苛细，几于无微不入。该令但知迫于少数议董、职员之请，以为人民代表公同议决，亦知大多数人民心理不以为然，必将积忿而生事耶？且所以停止迎神赛会系为禁止淫戏起见，并无沙汰庙宇宫岩之明文。今该会甚至将戏台下之摊庄观音岩每年四元之地租亦一网打尽，究竟该会自治成立以来有益于地方者何事？人民已否信用？负担能否均平？若仅执定附捐、特捐条文，不办事而先抽捐，不于先朝上谕惠爱闾阎、官民共济之意大相违背耶？所有该城议、董两会每年经常用费共需若干，未据列表具报。数请抽捐，核与定章第三节预算决算办法显有不符。查阅该会宣统二年收支细数内载开局酒席、差役茶点、年节赏犒、馈送礼物种种滥支，曾经筹办处批饬不准作正开销逐一删除在案，足见该会不恤民艰、诸多滥费，因有滥费遂思苛捐，是有自治机关，人民更增一层烦苦。兴国地瘠民贫，该议董等岂有不知？留有余不尽于地方未始非和平之幸福。本抚院批牍至此，为之愤然，仰即查照前令批指各节通盘筹画，量入为出，详细列表，呈候核办。所有苛抽捐款一概取消，并转饬该令遵照毋违。"

宣统三年八月十八日（1911 年 10 月 9 日）第十、十一版（第一张后幅第二版、第一张后幅第三版）

住持卖庙产

沪南安澜道院兼茅山殿住持羽士俞霭堂，近被附设茅山殿内之某官塾教员赴道辕上控"该羽士私将庙产出抵，得资挥霍，不守清规，请为查办"，当奉沪道刘观察批示并即照会城自治公所“查明所控各节是否确实,或有另情牵制,希即据实禀复核办”等因。昨日所董饬探传到该住持诘问。此案真相容探登。

宣统三年八月二十五日(1911 年 10 月 16 日)第十八版(第二张第二版)

请拨庙产办学〈扬州〉

庙湾场详增都转略称:“据增生郭祝书等公禀‘窃生等前于光绪三十年间禀拨场境大王庙遗产兴学,蒙恩转详两江学务处暨各宪批准。嗣因许前任内添设统计处,以此产作为经费,生等之举遂从缓议。惟查各场境均有学堂,独本场未经创设,风气不开,实于自治前途大有损碍。现拟遵照自治章程先行兴立小学,开通民智,并请将该庙产拨助若干以充经费,各门科学生等愿尽义务’等情。除由大使等拨钱二百二十千文作为开办经费并饬常年经费外,理合具文详请批示立案。”

宣统三年八月二十八日(1911 年 10 月 19 日)第十二版(第一张后幅第四版)

庙僧逮案

商学补习会设立事务所于大王庙,以便会友驻宿严防,因该庙住持僧春荣推托不允,故特禀由商团公会会长,函请民政总长饬知裁判所派探将该僧逮案,讯供并非违抗,判着赶紧布置,如违重办。

宣统三年九月二十二日(1911 年 11 月 12 日)第二十一版(第二张第五版)

民政长吴晓谕禁止迎神赛会

照得神道设教本属愚民政策,迎神赛会尤为肇事之由。当此百度维新、事归实际,万不容拘牵旧习、常此因循。况值军事旁午之际,地方初有秩序,尤不容稍涉纷扰，致碍治安。所有迎神赛会等迷信无益之事，自即日起着即一律停止。若夫崇德报功之典，则建像刊碑立祠纪念自有正当之办法在，绝非崇尚虚无事同儿戏者所得借口。为此示仰地方居民吏役人等一体知悉，毋得阳奉阴违致干咎戾。

宣统三年九月二十八日（1911 年 11 月 18 日）第十九版（第二张第三版）

台匪大扰新昌县〈浙江〉

新昌于本月廿一夜突来台匪多人在清凉寺饭餐，次晨蜂拥入城，冒称民军，先至县署抢劫，并将头门鼓楼焚去，牢内犯人一律释出，新邑防营内物件亦被捣毁殆尽。又至警局椿毁。捕厅董人俊前往弹压，被匪枪毙，县幕亦被击伤，县学堂内之书籍、仪器拆毁无遗。该匪椿抢后，即退据城外之东岳庙，硬向地保索食索钱。地保不得已向米铺科米数石并令厨子备菜以饷该匪。十点钟时，该县廖哨弁带领营勇上城开炮抵御，将城门紧闭，又令民团助战，台匪亦开枪对敌，自十句钟至下午四句钟相持不下。嗣由城中士绅令民团来攻，台匪稍败，仍退据东岳庙。廖哨弁令团兵将该庙山门纵火焚烧，该匪遂一齐逃出。廖哨弁率兵及民团奋力追赶，遂毙匪数十人，获住五六人。当该匪窜逃时，有悍匪数名开枪轰击，李什长及民团长王凤均被枪毙，团勇受伤者亦多。是役也，城内外枪声不绝，居民抱头奔窜，其声势之凶猛实为向所未见云。

宣统三年九月三十日（1911 年 11 月 20 日）第十二版（第一张后幅第四版）

司法裁判案

又乔张氏控殷实才、杨云卿不理欠款等情，传集原、被讯据。殷实才以“乔姓之款原因承造浦东龙王庙，由杨云卿经手，完工后不付造价所致，求鉴”。杨云卿供“确曾经手，惟一切捐进之款由罗砚甫收管，且所抵出入尚有盈余，奈屡催措匿不付”。问官判殷、杨二人均交■保，候传罗到案再行复讯。

宣统三年十一月初一日（1911 年 12 月 20 日）第十九版（第二张第三版）

镇江新纪事

金山开会募饷：镇军混成协统领张伟斋及标统龚毓湘、刘云圃等于前日邀请各■■■及地方绅董在金山寺开特别会议。到会者，绅界为陈君善余、马君佐卿等，僧界除焦山方丈因要务未到外，其余如竹林、鹤林、甘露三寺各方丈以及都天庙住持均到会。首由统领报告开会宗旨。略谓“练军北伐，需饷孔多，拟请各丛林捐助巨款以资军实”云云。次由马佐卿演说军人与国民之关系，并极言商界困难情形，勖勉各方丈量力捐助。陈君善余亦极力赞成。后由马队阎管带演说“北伐万不容缓，练军即不容迟”，并历陈筹饷及于众僧实出万不得已云云。各方丈当允会商设法容日再议云。

宣统三年十一月十一日（1911 年 12 月 30 日）第十一版（第一张后幅第三版）

1912年

拆除城垣之防备

上海城垣于阴历十二月初一日起实行拆除已纪昨报。兹悉自旧道署迤南至仓基场一段决计先行动工，惟恐有反对党怂恿愚民出而抗阻，故由商团公会司令部选派会员并由救火联合会会友联队出防梭巡弹压，一面由市政厅庶务科饬派工人伺候工作。惟福佑门、新北门、西门等处城上之丹凤楼、振武台、大境等庙宇应候议妥饬迁再行按段兴拆。

1912年1月20日第七版

〖公家房物古迹庙宇一律保存〗①

内务部谕巡警总监、民政厅，凡公家房物、古迹庙宇一律保存，破坏者拿办。

1912年1月25日第二版

路政处限期拆屋

本埠自实行拆城以来，已将旧道署迤东至仓前一「叚」〔段〕城垣先行拆卸。刻经市政厅工程部路政处查得城内沿城脚一带平房类皆倚城而造，应即传令业主赶速拆去以便从工，爰饬十铺地甲传谕统限三天内将小东门内之平房一律拆除，所有造在城上之庙宇如振武台等仍拟设法保存。

1912年2月1日第七版

---

① 本文为《专电》中的一则。

常州大打城隍

旧历除夕，常州赵军政分府猝派多兵赴府县城隍庙将所有城隍夫妇、公子及十八阎罗、刀山剑树、刳肠剔骨，种种迷信时代之怪象一律仆击殆尽，旁及龙王殿、三茅宫等。此举本为元旦日进香迷信男女而发，先期去之亦一节省靡费之善政，然本地士绅等颇不为然，谓赵分府系受民政长屠敬山之指使。屠自任民政后，专以结党树援、纳贿垄断为事，此次屠欲封庙产为局所，先期声言，天宁寺、清凉寺及都城隍庙均以纳贿未累，府县城隍因未纳贿遂受民政长之指使尽力毁之。毁像时，至对于城隍夫人加以调笑而裂其足、扪其乳，继遂攫各像中金心玉胆以去。军人因争此金心玉胆至相斗殴。旧历初三又至东岳庙将各像毁去，并至关帝庙将关帝像开放排枪，像身颇受重伤。〔录南京《中华报》〕

1912 年 2 月 25 日第六版

武汉近事一束

崇圣：阳历三月二十三号为上丁之期，旧例各省督抚及地方官均于是日恭诣文武圣庙致祭，典礼极为隆重。黎副总统以宣圣道贯古今，部议仍旧奉祀，是以先日传谕亲往致祭，着武昌府知事石藩查照旧章备办祭品，并饬各司长随同前往分祭两庑四哲。所有与祭及纠仪各员均令先期斋戒三日，其一切仪注概仍旧贯，惟免去跪并行三鞠躬礼以昭崇敬。

1912 年 3 月 27 日第六版

审判厅批示〈上海城内〉

龚源本等呈批：状悉。该董等翻造龙王庙，欲附设公立小学校，当日与罗彦夫等公同签允禀经南汇县给示募捐建造，亦属该董等急公好义。但此项一万余金之工程，仅凭几本捐簿在外募捐，毫无的实抵款，居然与作头订立合同开工起造，实属谬妄之至。据称以庙侧市房十间变抵造价，事本可行，查为数无多，恐难济事。前据杨云卿诉称已做工程及堆积水木等料约已有万元左右，着该董等先将已做工程若干与应财和估结清楚，并已收未收捐款若干、庙侧市房十间值价若干一概备抵外，不敷若干、不敷之款将来如何归结，赶■议明具复以凭核办。今该董等尚未认定办法，所请保出罗彦夫一同清理未便照准。

1912 年 3 月 27 日第七版

重申迎神赛会之禁令

上海县民政长吴君出示云："为重申谕禁事：照得迎神赛会旧习相沿，在无知者借口逐疫驱瘟而铺张扬厉，甚无谓也。当此民国新建，军事初平，四民元气尚未恢复，转瞬清明节届，农事正殷，务农者亟应努力春耕，其他各业亦当精勤乃业谋裕民生，岂可以有限之金钱再投于虚无之地。至疾疫之来由于公众卫生之不讲，与鬼神无尤。本民政长莅任之始业已谕禁在案。兹值节近上元，诚恐好事之徒再有此举，为特重申禁令，所有迎神赛会等无益之事着即一律停止。自示之后，仰地方居民人等一体知悉，毋得阳奉阴违致干咎戾。"

1912 年 3 月 28 日第七版

不忧庙

客有自粤省来者，述该地有不忧庙一座，画栋雕梁，局面宏「厂」[敞]，庙租富裕。相传昔时有下等社会中人某甲者欠债数十元，债主催逼，甲将觅死。适有某乙亦因欠债觅死，款多于甲。二人乃同诣该庙圣母前参拜告死。少焉甲之债主追及，乙问所欠几何，曰数十元。而乙身藏数百金，但以债巨杯水难济车薪是以求死。闻甲言，遂出藏金付甲措理债务，劝其勿死。甲喜而受，拜为恩主。奈自已得庆生全，而乙终难免死，于心奚忍。乃约乙姑缓觅死，在庙以待。甲携余款赴赌场，倾囊以作孤注，果大胜，不一日间获利数千，遂奔告于乙。乙喜债有可还，又感甲之侠义，遂订为姻好。不数年合资得巨富，乃就圣母处重建其庙，并题其额曰不忧庙。现该庙之租款数十万，由甲乙两家后裔管理。此次民军光复，该裔以其庙租献充公款，闻者伟之。

1912 年 4 月 10 日第十一版(第三张第三版)

民政长批示〈上海城内〉

羽士康友梅等禀批：查道教本有一定之服制，相沿已久，原所以区别于其他宗教者。迨后教派已多，真诠渐失，转以恃教为谋生之具，登场则束发更易道装，平居则垂辫仍衣常服。民国成立，剪辫令行，该羽士等鉴于生计日蹙，禀请备案容(留)发髻盘旋于顶，俾各安旧业。揆之信教自由同在民国保护范围之内，自应设法矜全。惟道装服制非一邑之事，嗣后应否严定服制，无论宣教平居，皆须一律衣着道装冠服，仍准盘髻于顶以示区别之处，静候据情呈请江苏都督通令遵行。仰即知照。

1912 年 4 月 30 日第七版

都督府批示〈上海城内〉

羽士康友梅等禀批：来禀阅悉。宗教之存自有至理，断非赖发髻衣冠表异人群始足为保存之券。该教末流以诵经礼斗谋食人间已非玄门正法，社会进化道教虽不可废，而恃此以为生计，恐将在天然淘汰之中。至世俗延聘羽士决非视发髻之有无以为去取，所请殊属顾虑。历代道家均恃政府为宗门之护法，自不得不遵定制致遗化外之讥。剪发一端事关体制，本在内务部行政范围之内，当有定章颁布，仰即静候部示颁发后确遵办理可也。此批。

1912 年 5 月 1 日第七版

苏州道教公会章程

第一条 名称

本会由道界全体公同组织，名曰苏州道教公会。

第二条 旨宗

本会以昌明道德，开通智识，维持道众秩序，提倡普及教育为宗旨。

第三条 会所

本会暂以苏城玄妙观财神殿内为总机关，俟成立后于各处推广分会联络进行。

第四条 布教

本会公选深明道法、阐扬道德之士为演讲员，派往各处宣鬯宗风、演讲经典，以期扩充道界智识，为宗教极端之计划。

第五条 兴学

本会应以教育普及为先，拟先设立初等小学校一处，俟经费充裕再设高等及中学各级学校，以期推广教育，为振兴道教之基础。

第六条 会员资格

本会会员资格不以宗派为界限，但以道界行履端正者为合格。凡具志愿书及本会会员二人以上之介绍者皆得为本会会员，并有选举及被选举之权。

第七条 名誉会员

如道界以外有学识高远、能爱护本教或补助本会经费者，得推为名誉赞成员并有选举本会职员之权。

第八条 调查

本会当调查道界各观庙院之财产，酌剂盈绌，公共保守及■察道众之品行，逐一调查分列表册，随时报告。

第九条 权利

本会会员除各尽职务外，不分阶级，务当相勉相爱，不得稍存私见。有被人侵害者，全体会员当公同保护之。

第十条 经费

本会组织成立应需经费，分特别、经常两项如左：

甲、道界各观庙院入会会员月任经常费〔其数目以■则定之〕。

乙、道众如有热心公益于常费外量力担任者为特别费。

第十一条 职任及员额

本会定正会长一人、副会长二人，均以二年为任期。有主■■会一切之权。应选职员均以一年为任期，连■连任。■■■■方法另订之。并定员额如左：

一、评议员二十人，有议决会务之责。

二、干事员六人，有执行议决各事之责。

三、调查员十人，有调查公共财产及道众行履之责。

四、宣讲员十人，有演讲法典之责。

五、监察员二人，有监察会内一切之责。

六、编辑员二人，有纂辑经籍教科之责。

七、经济员二人，专司本会财政出纳事宜。

八、招待员二人，专司招待来宾。

九、名誉员，无定额。

以上各员均于会员内公同互选，概不支薪，对于本会各项责任不得侵越及放弃。如有特别事宜，得支相当之公费。

十、文牍员一人，专司本会文牍信函事务。

十一、书记员一人，专司缮写及开会一切记载事务。

十二、会计员一人，专司收支报销。

十三、庶务员一人，专司会中一切庶务。

以上各员不拘道俗公共推定，均须常驻职守，应支薪水由评议员议决定之。

第十二条 出会

本会会员如有卑劣行为及破坏名誉，由监察员「斜」[纠]举属实者，应即宣布除名。

第十三条 附则

本会章程如有未尽事宜，由各职员提议随时修改。

1912 年 5 月 4 日第七版

道士保全发髻

上海县民政长吴君出示云：据羽士康友梅、金旭汀、曹也笙、宋云卿、马金生、杨士元、顾仲甫、戴海山、杨福生、张鹤琴暨众道友等禀称“窃玄教始于周之李聃，迨至炎汉，张道陵出，道法广传，自成一教，历代受封，致有儒释道三教之称，习俗相沿，迄今已久。缘身等学成此教，均有室家，衣食是谋，不干非分，但束发顶冠盘旋似髻与汉装无异，而满清之制本不相同。现当民国成立，重视人道主义，虽有剪发之令，尚无强迫之势。如使身等发髻一例剪除，则不僧不道，难免贻笑于旁观，将见生业日（戚）绝无过问之人。因之而改图别业，皆非所能。不求备案保全，恐天地虽宽，谋生乏术，性命攸关。为敢沥情环求，伏乞迅赐金批恩准立案，矜全生路，网开三面，容留发髻盘旋顶上，俾得各安旧业，毋致向隅，以重人道而畅生机”等情。据此。查道教本有一定之服制，相沿已久，原所以区别于其他宗教者。迨后教派既多，真诠渐失，专以恃教为谋生之具，登场则束发更易道装，平居则垂辫仍衣常服。民国成立，剪发令行，该羽士等鉴于生计日（戚），禀请备案容留发髻盘旋于顶俾得各安旧业。揆之信教自由同在民国保护范围之内，自应设法矜全。惟道装服制非一邑之事，嗣后应否严定限制，无论宣教平居皆须一律衣着道装冠服，仍准盘髻于顶以示区别之处，除批示外，当经据情呈请江苏都督察核通令遵行在案。兹奉江苏都督程第二千八百三十九号指令内开“呈悉。所请准予该道士等留发盘髻俾安旧业，无论宣教平居皆须一律衣道装冠服以示区别之处，应暂照准，候冠服通制颁行再行遵办。此令”，等因。奉此，合亟出示晓谕。为此示仰阖邑道士等一体知悉：须知现在冠服通制尚未颁行以前，该道士等自应遵照指令，无论宣教平居皆须一律衣著道装冠服，倘平居不能常服道装者不得援以为例以示限制。务各遵照。

1912 年 5 月 10 日第七版

上海世界宗教会各团体电

云南蔡都督鉴：信教自由，万国所同。今日〔二十三日〕报载贵省拆毁各属释道庙宇等语，远近震骇，关系大局，请大力主持电复。世界宗教会陈介石、佛教会李正纲、中华佛教总会释敬安等同叩。个。

1912 年 5 月 25 日第二版

张天师愿入宗教会

世界宗教会去电

龙虎山张真人鉴：信教自由，万国所同，民国约法所许，目为迷信误矣。本会持大同主义，联合儒、释、道、耶、回各教为一大团，在沪成立总会，维持法律，灌输道德。如公愿入会，请复电。世界宗教会

张天师复电

世界宗教会鉴：来电敬悉。愿入会，一切乞示遵。龙虎正乙道教张电复。效。

1912 年 6 月 25 日第七版

军队占用庙宇之反动力

十二铺保安团致沪军都督函云：穿心街延真观〔即春申侯庙〕向为敝铺集议地方公事之所。该观房屋本极逼窄，去秋上海光复后又附设保安团在内，办理各事尚觉不敷展布。乃近日忽有陆军辎重第五营第二连前来设所驻扎，殊有地小不足回旋之概。为此专函恳求饬令该营另行度地移驻，庶于敝铺办公不致侵碍，实纫公谊。临颖不胜迫切待命之至。

1912 年 6 月 27 日第七版

道士盗卖关帝庙

本邑西门城上大境庙内向有关帝殿一所，估地十余亩，前因住持羽士蒋庆荣有私行盗卖之说，当被同仁辅元堂查知，函商市政厅长着令交出方单验明发还并令具保不许私卖在案。兹蒋又乘拆城填壕、地价增涨之际潜行盗卖，事为市长访悉，特即知照裁判所迅提该羽士到案究办以重公产。

1912 年 6 月 28 日第七版

道士盗卖庙基续志

拱宸门城上大境庙住持羽士蒋庆荣盗卖关帝庙基地，被市政厅访提已纪前报。昨由侦探将蒋及其徒李金生传案，由陈裁判研讯。蒋供愿将单据交案请验，奉判暂留。旋派侦探带李出外责令检交方单候验。

1912 年 6 月 30 日第七版

汉中已复旧观

汉中府城隍庙，每年于阴历四月二十八日有辅德王盛会。相传系西汉纪信殉难后封为郡城隍。届期商贾云集，士女杂沓，为汉中第一盛会。去岁汉中反正后音乐久寂，今值大局已定，届期仍照常演戏，各界纷集，百货陈列。此虽迷信旧俗，然亦足瞻太平之景象矣。

1912 年 7 月 23 日第六版

雷祖搬场〈上海城内〉

新北门内丹凤楼之雷祖殿〔即小穹窿〕，每届六月雷祖诞期香烟极盛，现因该铺绅董设立东明小学校，将雷祖及三十六天将神像迁往沉香阁禅院。该院僧人业已雇匠装金赶于雷祖诞期举行开相，一般迷信者届时必趋之若骛也。

1912 年 7 月 29 日第七版

白云观布告

本观系清静丛林，向守道祖之旨，并无额外之求。近闻，有不肖之徒冒刻本观之名兼印有收锭之票，在途分送以期敛钱，■与本观名誉有关，而地方上更难容有此败类。且本观诸会首皆已谢绝，即雷祖圣诞数年来亦未分送会帖，只由信奉者随便烧香而已。合并声明。窃恐有用之钱财供不肖之私囊，故特登诸报端以免人受其愚。凡与白云观有素者并祈通告贵亲友，则敝观之感荷自非浅鲜矣。上海西门外白云观主拜登。

1912年7月30日第一版；1912年7月31日第一版；1912年8月1日第一版

世界宗教会职员部声明

启者：本会发生于辛亥年十月，成立于本年正月，择定会所在西门内关帝庙图书馆，投票选定职员七人，会章同时刊布，海内外早表同情。讵近见各报登有广告，用本会名义，称于五月间成立并有取消原章重新组织等语，经会中审查实非由本会发生，■未经职员部提议。但一地何得有两会之同名，诚恐淆乱众听，有损本会名誉及信用，不得不为声明。又职员等于净土庵、留云寺分设报名处以便同志就近报名，不料有一二职员自怀异见，所报之名至今尚未送到会中，并用本会旧名另立新会，倘其在外有单独之行动，系出个人意思，本部职员例不公认。为此通告远近各支会暨会内外同志，如有函件仍请寄交西门内关帝庙世界宗教会总机关部确收。又世界宗教范围广大，断无一教一人可当本会会长，故所订章程，用世界眼光只选任干事长而不用会长方符世界两字名义。合并声明。此布。

1912年8月6日第八版；1912年8月7日第四版；1912年8月8日第四版；1912年8月9日第十版；1912年8月10日第五版；1912年8月11日第五版；1912年8月12日第五版；1912年8月13日第五版；1912年8月14日第五版；1912年8月15日第五版；1912年8月16日第五版；1912年8月17日第五版；1912年8月18日第五版

取缔天后宫货摊

上海县民政长吴君复陈交涉使函云：前奉台函以“天后宫内摆设违警各卖品函请取缔以免外人侵占”等因，奉函之下，当即饬传天后宫住持吕彤来署谕令“以后凡有摆设各摊，务必整齐，并责成嗣后如遇有售卖违警物品，应即严行禁阻，以免外人干涉，随时再由敝署派人前往调查。倘再有违犯前项情事，定惟该住持是问”，该住持当即遵谕而去。知关注念，合肃奉复。

1912 年 8 月 29 日第七版

弥罗宝阁被灾

元妙观为苏城名胜之区，殿院嵯峨，引人入胜，而尤以弥罗宝阁上矗云霄为该观之杰构。洪杨兵燹后，由浙富商胡雪岩捐资重建，高计三层，阔有十二楹，洵壮观也。讵于阴历七月十六日晚八时突遭回禄，一时烟焰弥满，火光烛天，迨经水龙驰救，则已付诸一炬，可怜焦土矣。

另一访员云：本月念八号黄昏时陡闻警钟乱鸣，火光烛天。旋探悉系元妙观弥罗宝阁失慎。火从最高第三层烧起，自七时烧至十时始熄。一时城厢内外水龙到者不下四五十驾，乃以风狂火猛无从施救，惟环绕四周不使火焰蔓延而已。故三清殿及后面方丈、两旁各殿宇得庆无恙者，皆水龙联合会保护之力也。观内各茶棚及察院场、大成坊巷附近街道之搭盖席棚者均各拆除殆尽。古迹名胜一旦化为灰烬，亦一浩劫也。

1912 年 8 月 30 日第六版

弥罗宝阁劫灰录

苏州元妙观内弥罗宝阁，于阴历七月十六日晚间被毁已记昨报。十七日城内外士女纷纷往观者络绎不绝，但见颓垣危壁焦土一堆，诸天尊者暨六十花甲星宿神像毁灭无遗。其后面犹存峭壁一角上矗云霄、飘摇欲坠，观内住持、道众恐其坍倒伤及行人，特将牛角浜后门、真人殿前街道两面堵塞谢绝行人。东南一角寿星殿前有树一「颗」[棵]亦被火焚。闻当火炽时，各水龙浇灌之力远不及该阁之高，是以不能救熄。观前街暨大成坊巷一带店肆栉比，一见火鸦四射，均将凉棚赶速拆去，幸未殃及。军警两界闻信均列队梭巡到场弹压，各商团消防队亦戎服驰护。方丈内二部商团事务所存有枪弹子药，若经炸裂危险不堪设想，幸团员冒险往护，赶将前项子弹从后门雇船装运，始得脱险。至其起火原因，众说纷纭，莫能指实。惟闻近有某檀越以楼梯朽断，布施捐修，甫经工竣，木花遗薪堆积梯旁，是日风势甚猛，或将香火余烬卷入木屑堆中以致肇此巨灾。虽系臆度之词，尚属近情。其余巷语街谈半系无稽附会，只得姑妄听之。惟是阁自胡雪岩捐资修建后迄今垂三十年，当时建筑工程共费三十万金，今尽付之一炬，是亦可谓三吴之浩劫已。

另一访员云：本月二十八晚七时，元妙观内弥罗宝阁陡兆焚如，计共焚去房屋八十一间、神像三百余尊。二十九日下午尚有余烬未熄。当火盛时，由军政司卢鹿萍及民政长宗能述率都督府卫队亲临火场指挥弹压，巡警总局局长石人俊亦派全队巡士在观前一带保护，各商团亦帮同梭巡，甚为严密周到。然其起火原因深滋疑窦，因弥罗宝阁除元宵前后任人游玩外，常年封锁，每月惟朔望两日放人进香，一至下午即由方丈派人将上下层巡视一周然后下键，并无盘香、琉璃灯等点燃在内。以是道众咸疑为挟仇种火借报私愤。现正从事调查云。

1912 年 8 月 31 日第六版

宝阁劫灰〈苏州〉

元妙观弥罗宝阁失火后，道途喧传莫衷一是，有谓天火者，有谓人火者，然其如何起火情形究未得其真相。经检察厅长陈福民君派司法巡警侦探，并将方丈倪某及看守弥罗宝阁之香工再三盘诘，始悉实系私自容留卫生团中人在内以致遗火焚烧。陈君以弥罗宝阁为苏城古迹，与寻常失火不同，因将倪方丈及香工先行拘禁再行核办。九月一号市公所开会，本城绅商齐集方丈汇议集资重建以复旧观。后有某绅建议谓“现今民国成立，僧院道观本在淘汰之列，与其费巨款重建此阁，莫如就原址改建高大之报警楼使全城在望较为有益”，当经多数赞成矣。

1912 年 9 月 4 日第六版

检厅批辞〈苏州〉

元妙观弥罗宝阁失慎，各情已详前报。兹悉地方检察厅饬传该观方丈住持讯究查办，该羽士倪仰云等情急延请律师张慰祖诉辩声明被灾缘由。日昨发出批词云："弥罗宝阁被毁一案，业经本厅分别拘传该方丈倪仰云来厅研讯，均系供认八月二十八日早晨〔即阴历七月十六日〕在二层楼礼斗遗火致兆焚如。本厅询诸当时救火人员，证诸目睹情形，二层起火「己」[已]成铁案。前阅来状声称自三层起火，不胜诧异，且礼斗遗火等情亦未提及只字。该方丈平日借礼斗为名以宝阁为俱乐之部，事变后又复(更)换事实希图卸罪，抑何昏愦乃尔。须知弥罗宝阁为宗教上及历史上之贵重建筑物，过失遗火律有明条。本厅为代表公益机关，不得不从严澈究，一俟侦查终结即行提起公诉，断不能任该方丈等游移其词稍从末减也。此批。"

1912 年 9 月 6 日第六版

神像价值〈苏州〉

玄妙观弥罗宝阁焚毁后，城外十房庄淘沙户「斜」[纠]股向方丈倪仰云包铲火场垃圾，愿出洋一万元。因金身神像三百八十余尊，尽系全身金像，统扯一百元一尊，为数「巳」[已]近四万，打三折淘取亦有一万之数，故能出此巨款。方丈因未经彭山主及各护法允准不敢擅专回却。刻闻该业中人倩虎邱某董向彭氏运动，情愿加价二千元，一切杂项开支均不在内，统由包户零出。不知彭氏能否允准。或云须俟开令后方有把握云。又闻观前闾门之市民公社及商团第二支部联合工党并国民公会等团体，为保存古迹起见，责令该阁道士倪垂佑先于原址搭盖平屋五间，令其坐守蒲团苦修数载，俟时和年丰再图恢复旧观。倪道士迫于公议，已遵照所拟择于九月二十一号兴工建筑矣。

1912 年 9 月 12 日第六版

世界宗教会欢迎张天师

本月十三号，本城关帝庙世界宗教会职员部全体欢迎龙虎山嗣汉天师六十二代张晓初君，到会者为尚贤堂美国博士李佳白、英国博士梅殿华与中华佛教总会会长敬安和尚并会员，来宾甚众，公同研究世界宗教至理，并拟择日开办道教大会。席间李博士问及江西情形，张君答以龙虎山道教财产「己」[已]于前月奉袁大总统命令谓“信教自由载在约法本无疑义，已饬江西李都督行文保护矣”。方问答间，一时闻风来瞻张天师丰采者，途为之塞云。

1912年9月14日第七版

天师讲道〈上海法租界〉

宝昌路石牌楼尚贤堂，原定本星期九月十五号请姚子梁、姚菊坡二君演讲“孔子为中华四千年文明之代表”，现闻嗣汉天师张晓初君到沪即将返赣，故本星期请其主讲“道教之真理”，而姚君之演说展期至下星期。凡欲与斯会者毋须入场券均可往听。

1912年9月14日第七版

张天师溯述源流

尚贤堂于九月十五号下午五时开中外教务联合会，由嗣汉天师张晓初君演说，历述“道家始于黄老，以修心炼性为宗旨，且溯其始祖子房，从赤松子游，得吐纳真诠而仙而道，陵公为道教之宗，以印剑丹诀传于子孙，世守勿失，起于汉，盛于唐，昌明于宋，悉归纯正，非旁门左道比，元明清历朝故奉为正一法门”云云。次由李提摩太、伍廷芳两君相继演说各教，皆抱劝人为善宗旨，继由李佳白君致谢来宾雅意，拍掌而散。

1912年9月17日第七版

张天师道教大会记事

昨日下午，张天师开道教大会于城内之关帝庙，各界到者约有千人，美国李佳白君、英国梅殿华君、日本仲田喜治君均与会。于下午二时摇铃开会。首由世界宗教会干事长姚志梁君报告开会宗旨，次由张天师宣布道教总会简章。次由李佳白君演说，略谓“世界宗教极宜联络，耶「苏」[稣]、天主两教前因派别太多曾经提议联络，事遂中止。中■释道两教派别亦不少。联络一气是乃正办。现■时世无论何教均宜联络为是，即如中国政府■亦有联络美国之说。今日鄙人乃一外国来宾，■以躬逢张天师开道教总会之盛，极为赞成”云云。次由英国梅殿华君演说“立教为立国之本。印度佛教因各立门户，以致每年如水之就下，惟锡■一岛佛教联络，学堂林立，该岛独强，此其明证也。中国果能实事求是联络世界宗教，鄙人有厚望焉”。次由伍廷芳君演说，略谓“世界宗教其源发■东方之亚西亚，而后流传于西方各国。今各国之兴实由宗教之盛也。宗教之名虽异而劝人为善则同，无论何教均是引人为善之阶梯”，众皆「鼓」[鼓]掌。次由白云观道士赵秋永君演说道家玄妙，意极精微。次由五族少年保国会会长顾维淮君演说，谓“儒释道三教派别源同，因愚民误会以致此疆彼界声气不通。现当大同之世，不但本国之宗教急应联络维持，即如外国各教亦当一视同仁，以符世界大同之义”，语甚沉着，众皆鼓掌。次由蜀人张吾军君演说中国三教源流，有条不紊，另备石印分送会场。次由苏冶生君演说，谓“民国成立首废孔祀，以致蒙藏有所借口，盖恐儒教一废彼佛教亦不能保存故也。今张天师来沪开道教总会，必须联络各界先行保存儒教，则释道两教不保而自保”。末由来宾陈某演说，其意与苏君略同。时已钟鸣五下，遂摇铃散会。

1912 年 9 月 20 日第七版

道士欢迎张天师

城内各道院住持羽士曹剑华、朱寿山、邱淡安、张仁照、康孟然、胡墨卿、沈颂笙、郑雅荪等，定于阴历八月十二日假邑庙萃秀堂开会欢迎张晓初天师，其原因盖以天师昨在关帝庙世界宗教会会场宣布道教总会简章，各羽士拟即讨论办法担任组织上海道教总机关部以维宗教。

1912年9月21日第七版

道教公会之发轫

阴历八月十二日道教中人在邑庙萃秀堂开会欢迎张天师已志前报，兹悉当时有邑庙西房住持羽士邱金生及潘仁、乔增等提议组织道教公会，缮具说帖面呈天师请为鉴定。闻昨已由代表曾吉人君传知邱羽士等速邀各道士议订章程呈候核定，并饬无分教派须一体联络以资进行。

1912年9月25日第七版

盗劫未成〈苏州〉

胥门外穹窿山为吴中香火最盛之地。山顶共有道房三十六房，莫不利市三倍，如龙王殿、金粟居等诸房头颇称饶富，久为盗匪所垂涎。自上年被枭匪叶阿祥「斜」[纠]众抢劫后，所有银钱贵重物件均不敢安置山上，相率寄存城中施主家。本月廿三号午后有香客四人至山烧香，继往各道房游玩。羽士等察其形状凶恶，必非善类，暗嘱香工于山上下察看。甫至半山，见有十余人坐于半山亭内，细察四周果有枪械藏匿草中，始知确系图劫无疑，当即飞奔下山，鸣锣召集村人至山围捕。该盗匪始惶惧，向后山小路越岭逃去。山上香客四人亦乘间遁去，不知踪迹矣。

1912年9月28日第六版

道教公会事务所成立

张晓初天师来沪分布道教会简章，拟在上海组织公会及总机关部，由邑庙西房住持羽士邱生等陈述意见，已志前报。兹又经邱羽士会同各道众议决设事务所于城内火神庙，已于阴历二十日开筹备会，选举会长、职员，筹画进行事宜。至举办机关部一节不日亦将筹备。

1912 年 10 月 1 日第七版

欢迎张天师

阴历八月念一日，旅沪苏锡道教公会，欢迎教主六十二代天师张晓初君于通源菜馆。来宾除西儒李提摩太、李佳白、梅殿华暨伍秩庸、张衮龙、陈润夫、邵琴涛、姚东木、朱筱韵诸君外，绅商学界到者甚众，在会之黄冠者流亦济济一堂。由朱筱韵君宣读颂词，张衮龙君代读答词，并讨论道教进行方法。主宾欢洽而散。

1912 年 10 月 3 日第七版

尚贤堂第六期宣讲预志

法界石牌楼宝昌路尚贤堂，规定星期日递讲各宗教(旨趣)，本届星期日〔即阳历十月六日〕为宣讲第六期，由美国博士李佳白君演说万国各宗教通行之真理，特请道教嗣汉天师张晓初君主席，更邀同儒教、佛教、回教、天主教、耶「苏」[稣]教各巨子莅会共相研究。届时必有高尚之理想、新颖之学识交换灌输。任人往听，毋须入场券，凡关心宗教欲明了其旨趣者，不可不预斯盛会也。

1912 年 10 月 5 日第七版

舞台开幕

南昌省城隍庙为此间极大之公庙，经商人运动管庙首士禀准都督立案，在该庙内建筑开智舞台，演唱旧戏，并于戏资向抽出三成半报効国民捐，由李督谕令警厅严加取缔，准其开演在案。该园当于本月四号夜间开幕，尚未卖票，观者极形拥挤，以致园内桌凳概被踏坏，不得已唱至天水关一出即行闭幕。惟戏台背后适向城隍两廊，当拥挤时竟将十八重地狱木板挤破，幸经巡警弹压得力未酿祸端。次晚续演，人仍拥挤不堪。故三义祠文明进化戏园大受该戏园影响，坐客异常寥落云。

1912 年 10 月 14 日第六版

苏市公所秋季会纪事

苏城市公所，于九月初四日开秋季常会，其应议各案照录如下……〔一〕董事会交议发起人徐家振等、赞成人恽炳孙等公启重建弥罗宝阁案。原启略谓"责令该道士先于原址搭盖平屋几间，俟后再图恢复旧观，为保存古迹起见，具报备案"云云。查以上三案于苏城社会生计、保全名胜均有极大关系。余为收管周急局案、整理男普济堂案、维持儒券会案、归并中西医院案，亦均于是日排定议事表内次第公议。

又县议事会亦定于阴历九月初六日行开会礼，并于是日下午开临时会议，业已通知各议员召集开会并知照参事员到会列席陈述意见。惟该会通告书并未指明会场地点，想系仍借元妙观方丈。或谓已由议长勘定前清皇宫，即在皇宫内开会，未知确否。

1912 年 10 月 15 日第六版

规定拨用庙产之界限

上海县民政长吴君出示晓谕云：奉江苏都督府颁发第五十三期《江苏省公报》登载通令"民政司案呈本届期教育行政会议议决学校拨用庙产办法照章报请采择施行等情，本都督查各地学款庙产易滋纠葛，往往未明界限，争执多端，或假公益以蹦私权，或恃宗教而蔑义务。实则权各有界，无公无私悉受法律所规定，岂容以己意互相侵越，彼此纷争甚为无谓，亟应明定界限以资遵守。嗣后各地方庙产除先经立案确定为学务用者，应归该县市乡行政机关管理，其先经立案之庙捐应继续照缴，向归学校用者仍充该地方教育经费外，各不得非法相凌，庶几公益私权两无妨害。合行通令各县民政长知照即行出示晓谕所属人民一体遵照。此令”等因。奉此，合行出示晓谕，为此示仰诸色人等一体遵照。

1912 年 10 月 18 日第七版

张天师参观道教公会

张晓初天师昨赴城内火神庙九皇会拈香毕，即至道教公会事务所参观一切，除由■庙住持羽士二十余人专诚招待外，另有陈润夫君陪同茶点，并讨论总机关部进行事宜。

1912 年 10 月 19 日第七版

上海正一道教公会兼办中华民国道教总会江西本部驻沪总机关部广告

敬告者：同人等奉教主训谕组织道教公会并筹备总机关部，蒙发开办经费洋五十元借示提倡，同人等自应凛遵赶办以无负教主毅力维持之德意。现设公会事务所并总机关部筹备处于大东门内火神庙。惟公会为一方之团体，机关部乃全国所统系，事理虽同，权根各异，为特登报广告：凡散处上海城厢乡镇诸道友及法师等，除由本会派友调查外，恐有遗漏，请即开具姓氏、年岁、籍贯、住址及在何处肄业、出身，克日送会，以便入册。其在外埠外省各道院道友欲发起组织公会者，亦望赶速通信至筹备处，俾可寄送章程仿照办理。此为维持宗教起见，幸勿观望为盼。此启。上海道教公会事务所、道教会总机关部筹备处同人公启。

1912 年 10 月 17 日第五版；1912 年 10 月 18 日第五版；1912 年 10 月 19 日第五版；1912 年 10 月 21 日第五版

先建宝阁

苏州市公所于本月十三号开会。是日下午四时开会，照议事日表先举审查员，即由庶务散给选举票于各议员，当举定徐浩然为审查长，程镳等十七人为审查员。讵开票时议员已纷纷请假，至开票毕已不足法定人数，不能提议他案，只得摇铃散会。至十四号又因人数不齐未能继续开议，乃改于十七号集议。探闻弥罗宝阁案已经议定就原址改建三层楼，拟将下层为县议会地点，中层为图书馆，最上层则为警钟阁。大约此事可以通过矣。

1912 年 10 月 21 日第六版

道教公会机关部将次成立

张天师来沪组织道教公会总机关部已屡志前报。兹悉此事业已由李佳白、李提摩太、梅殿华、麦士尼、伍廷芳、陈润夫诸君协力赞助，组织完备，定于阴历九月二十日假也是园开成立大会，想届时必有一番热闹也。

1912 年 10 月 22 日第七版

道家又将集议

本月二十三日〔即礼拜三〕下午三句钟，闻有苏州道教中人暨本埠道教公会诸会友，拟假法界宝昌路石牌楼尚贤堂演说道教之原理，并筹议进行手续。民国成立，群教争鸣，正有心宗教者搜集闻见之时也。

1912 年 10 月 22 日第七版

分缴罚款〈苏州〉

元妙观弥罗宝阁被焚后，即经检察厅将方丈倪仰云提案讯问，科以失察之罪。倪请律师张慰祖辩护无效，已于昨日判决，按律判罚洋一千五百元，倪与香工郑福保各半认罚，予限勒缴。惟倪系道教公会会长，倪既犯刑事法律，(理)应将会长取消另举。经该会赞成员朱、梅二君开会集议，致函倪仰云令其即日自请解职以全面子，否则当宣布除名另行选举。

1912 年 11 月 2 日第六版

皖垣毁灭东岳神像之风潮

皖垣城厢内外之庙宇庵堂所有土木偶像，近日已一律毁灭，惟东岳庙尚岿然独存。前月三十一日，祁厅长又令巡士前赴东岳庙，将愚夫妇所崇拜之东岳大帝泥塑模「形」[型]敲成粉碎，一时间哄动。无知愚民数百人群起与巡士为难，巡士见势不妙，纷纷由岳庙后门逸出。愚民等以为巡士畏避，各执棍棒乘势觅殴岗巡。该巡士等均暂在区内蜷伏，莫敢出而与敌，比即飞报警厅立派消防队携带子弹出队弹压。于是各市铺大起惊慌，一律闭门暂避。愚民见兵警干涉，遂各如鸟兽散。该巡士遂逮捕数人回区，并指拿东门绅士朱某惩办。遂致商界大哗，日来正在开会集议对待方法云。

1912年11月4日第六版

创设福冥银行之异想

世界宗教会会员陈孝慈等，近欲创设一福冥银行，发行冥用钞票，拟具章程呈请张晓初天师立案。张君以其事涉不经，且越出宗教范围以外，颇不赞成，业已批答拒却矣。所有呈文草章及张天师批词容俟明日录入《自由谈》以博阅者一粲。

1912年11月6日第七版

人立鬼银行

世界宗教会会员陈孝慈、汪无党、张筱蘧、陈尽康、黄通邃等昨呈张晓初天师文云：创制冥行钞币呈请核明立案事。窃思民国开始应天顺人，释道两教总会相继成立，信教自由载在约章。是以会员等仰体上帝一视同仁之德无间阴阳，即在下民亿众向道之诚何分贫富，境虽有异，理则相同，人间既可通商，众下岂无互市。兹特查照共和各国公司章程创设福冥银行，法制金银钞币，以通孝思而资冥福。为敢抄粘章程呈请天师鉴核通饬道教各分会查照施行。

计抄章程

一、开设福冥银行，自造金币、银元、钞票三种，以金为本位，一金币抵银元十元，钞票分十元、五十元、百元为止。

一、在上海设立总行，各省府州县设立分行，所有金币、银元、钞票各省通行，概由总行分发，不扣汇费汇水，各分行不得私造。

一、本银行自造金币、银元、钞票，一面用地藏王像围以唵、嘛、呢、叭、（祢）、吽六字，一面用孚佑帝君像围以呵、呼、呬、吁、唏、吹六字，俾昭信守。

一、本银行钞票焚之阴府，照数可兑。如阳间须取本银行自造金币、银元焚化，亦可随时照兑。

一、每七日星期为佛道礼拜日，延请戒行精进僧道在各清洁幽「厂」［敞］庙宇诵经礼忏，预期布告，善男善女届期到庙列名上表同施功德。

一、每年七月中元开兰盆大会，由敬安老和尚及张天师派高僧、法官莅会大施功德，并预请善男善女同莅盛会。

一、凡善男善女每次凭入场券到庙，由庙供应点心素饭。如有愿超荐亡人及还寿生水陆道场，预先知照，酌加经费，较平时专延僧道价廉而尤功德无量也。

一、第一期先焚银行自造金币五万元，抵银元五十万，仗僧道经忏功德存库作为资「木」［本］以便冥间随时兑换。

一、每月所出钞票，按数以三成银元焚积，庶免虚空而昭冥信。

一、钞票、金币均由本银行每星期延请僧道诵经礼忏过牒，并每次经善男善女躬亲到庙参拜者方为有效。

一、人生在世常言生不带来死不带去，极言空也，然生于富贵之家皆前世带来之验，死有冥钱之得此逝者带去之征，实非空也。凡人生前积有若干之资留遗子孙，其子孙应购本银行钞票、金币若干焚化以尽孝思，俾其亲冥用不匮，即可留积后世，岂非带来带去之有确据耶？至于以此「赒」［馈］赠亲友较送无用锡箔纸衣更为实惠。

一、本银行系呈明佛教总会长敬安老和尚、道教总会长张天师，拜表上达昊天上帝，下及地藏冥王，以诚敬无欺。如有仿造私售者，概作无效，必遭冥谴。

1912 年 11 月 7 日第十版

天师答复

来牍拟创办福冥银行制造冥用钞币分发通行各节，虽为改良习俗起见，而事关工商生业，断非道教团体所能主持。究竟是否可行，希即径呈南北商务总会核办，本天师未便赞成也。此复。章程存。

1912 年 11 月 7 日第十版

方丈没趣〈苏州〉

元妙观方丈倪仰云，因弥罗宝阁被焚事经检察厅拘押罚■，道教公会各会员以倪名誉已失令倪自行辞退会长，另行推选，倪已大失面子。现经市公所呈准民政长将倪驱逐、取消方丈。倪得信之后，惊惶失措，竭力运动，特于前日专备盛筵数十席遍请城中各绅士、诸大护法，哀哀苦求，设法保护，并恩恳将其徒颜载福号觉沧继充该庙住持，以遂其影射伎俩。当时诸人因碍于情面有多数允为设法担保者。倪遂于次日至市董事方炳勋处哀告，经方君当面斥训始怏怏而退。

1912 年 11 月 11 日第六版

道教立会

道教门徒以张天师在沪创办道教公会，遂由东岳庙主持洪镜清、郡庙住持沈传赓等议立松江分部。本月六号即由洪君等在岳东房召集道众开成立会，对众报告，以维持本教不干外务为职。随推选会中各职员担任办事。

1912 年 11 月 11 日第六版

豫园改为公园之请议案

议员曹骧递县议事会清理豫园公产书云：豫园本为地方公产。邑志云豫园共三十六亩九厘一毫，归住持执业而由各业分管。如内园钱业管，东园〔即萃秀堂园〕豆业管，均系豁粮云云。是则豫园之为地方公产可谓明晰已极。同治七年因住持向各业索取年规，遂由各业禀县吊销田单另给印谕，朱前令竟贸然给之，邑之士绅未尽知也。方今民国共和，正宜焕发公心，化除私见。该园既为公产，各业并非出资购买，自应辟作公园，与人同乐，不应视作私产。青浦城隍庙园现已作为公园可为明证。试问住持执业与各业分管何异？合例之田单与官所滥给之印谕孰重？此可不辩而自明。议员以为地方之公产不宜废弃，公民之权利不宜放失，似应将豫园公产一律派员清查，其有可以赎回者则筹公款以赎回之，一面请民政长函请钱豆业业董事先将内园及点春、萃秀两园于星期日一律(开)启任人游览以示大公，■我与人同乐之意，庶城内居民亦有游览之园，不让租界以独美而兴市之道即(寓)乎此。倘各该园欲酌取游资以包偿修理之费亦无不可。如此则与公产之名义不背矣。昔文王之囿刍荛雉兔之民均可以往，北魏王澄表请减公园之地以苏无业，此二事者何其量之宏而心之公，岂共和时代而反不能如此耶？请公议。

1912 年 11 月 21 日第七版

消弭宗教之门户

世界宗教会会长李提摩太君，以百年前世界各国未曾交通，各国宗教家但知己长漠视他教，故彼此不能融洽。近五十来泰西道学博士广采各国教旨，译成西书，始知各教精义大致相同。明达之士颇拟联合各教融而为一，俾得协力救世，大展宗教之精神，永弭门户之争执。今沪上一隅除世界宗教会外，复有孔教、道教、佛教等会先后设立，均有发扬本教之旨，命意极善，但虑彼此峙立，各分门户，不能收联合之效，爰于昨日致书道教会驻沪总机关部张晓初天师陈述意见，设法联络。

1912 年 11 月 22 日第七版

道教中人之爱国

俄蒙构祸风云日亟，热心爱国者纷纷组织征蒙军队，奔走呼号，通国响应。兹闻上海道教公会以行军首重筹饷，前次张晓初天师在沪时于昌明道德之外复以图谋国利民福相勖勉，故拟发起筹助征蒙军饷，在同道中首先劝集，得有成数，即行呈请江西道教会本部张部长电缴政府拨用以资提倡。

1912 年 11 月 24 日第七版

毁像风潮

莱阳县凤山乡凤山顶有老母庙一座，庙田四百余亩，前经学界公议以该庙田产创办高等小学校一处，业已呈县立案。十月五日，该乡民纷纷进香，学界诸人以为开通民智首当破除迷信，遂有盖龙骧等当众演说、推倒泥像，乡民亦无异言。讵事隔十余日，县知事出示保护泥像，谓“已毁者不究，未毁者不准再毁”等语，于是遇事生风者流借端煽动乡民，因此误会，竟于十一月十八日「糾」[纠]合众人将在庙监工修造之学董盖龙骧等四人凶殴，幸县令闻警驰往弹压始各解散。尚不知如何了结云。

1912 年 12 月 8 日第六版

〖市议员张承绶提保守大境庙产议案〗①

查大境庙宇载入志乘，为本邑名胜之一，其基地性质既审定为私法人之公产，公家应负监督保管之责。兹因修葺关庙、填筑花草浜，无款可筹，拟援例外通融变卖地一亩四分八厘以公济公，议决在案。其余公地若不妥为收

① 原题《保守大境庙产》，为《市议员张承绶提议案二则》中的一则。

管，终为觊觎之渐。拟请将全地十亩九分三毫内，除出卖之一亩四分八厘连同关庙基及出路应占若干外，尚余实地若干，请董事会饬丈明确，绘图公布，实行收管，以之出租造屋。如已由羽士租出在先者亦应向市政厅换立契约，继续有效。其未出租者应由市政厅主张。似此办理，既收保管之效又杜觊觎之渐。

右案经众议决，由董事会归入清查公产案办理。

1912 年 12 月 9 日第六版

保存丹凤楼产业之函牍

救火联合会致市政厅函云：顷据北三铺东城永济救火会函称“敝铺丹凤楼庙外有公地一方，前因该庙羽士私押于顾诚信处，经姚君子让、叶君棣华、顾君益之及已故蔡君山泉等公同设法赎回保存。现闻有地贩水果来喜串同王某私卖与前清某省交涉使为业，得价洋一千二百五十元，因此项基地系为公产，以致图甲不敢盖戳，尚未成交。惟此项公产前经市议会议决，均以保全为主，何得私相卖买？为此函请转呈核示”等情，前来。查僧道公产前读一百八十八号《政府公报》载明“各庙僧道不得以个人名义将公产擅自移转及影射抵押，如有已经抵卖者，所立契约概作无效，仍勒令该僧道自行备价赎回”等情。惟此项基地闻系丹凤楼户名，究竟属公属私敝会未便指实。兹据前因，除函请县知事饬查外，合行函请贵厅查明办理，并候见复为荷。

1912 年 12 月 24 日第七版

1913 年

湘人反对拆毁城隍庙

湘都督顷从黄克强之议，拟毁长沙、善化两城隍庙，俾便开办贫民工艺厂。惟■湘人故老留传，善化城隍神系定湘王，最著灵验，有捍卫城池之功，商民信之最深，特于日前遍发传单，齐集省城二百五十团团总七百余人于火官殿议决保护之策，多以为信教自由环球所公认，且五岳四渎山川社稷之神载在经典，城隍亦此类也。西人之有教堂亦犹中国之有庙宇，愿我等联合团体禀请都督竭力维持此庄严庙宇，保护此灵验之神圣。一时佥表同情者甚多云。

1913 年 1 月 5 日第六版

违犯烟禁〈上海城内〉

邑庙东房住持羽士胡松林〔即胡墨卿〕，被禁烟局调查员查出大小烟具，拘至该局解送地方检察厅请办。又庄子恩亦因私吃洋烟被巡士抄出烟枪、烟灯等物，解由警局函「遂」[送]到厅。前日下午经危检察官提讯，胡近已领有戒烟执照，此项烟具系是旧物。讯之庄，俯首求恩。判胡交保，庄收押，均候起诉审判厅讯明判决。

1913 年 1 月 10 日第七版

公产改组

武进县城区公共产业自清理后，由县市各会分别管辖，但以原有规模多不合用，兹经议会提议拟一一改建以资应用。现在已经可决者，如武邑城隍庙改作劝业场，武进旧监基改作小菜场，近被火毁之谯楼则建造洋楼，名曰时季亭。刻正鸠工估款，一俟确定数目即当呈县核办云。

1913 年 1 月 12 日第六版

查究谎骗运动费

邑庙东房住持羽士胡松林〔即胡墨卿〕，前因私藏烟具为禁烟局调查员查获，拘局函送地方检察厅交保候示在案。兹悉自此案发生之后，即有人以运动检察厅为由向胡骗洋五百元，当经胡之友人出为介绍，言定酬洋二百元将案消灭。胡即如数交付。不料昨午检察厅长陈松生又饬巡警将胡提案预审，判令收押，着缴保证金一百元，再行交保，候起诉同级审判厅讯明判决。胡之家属闻之，当即措齐证金呈厅求保。陈君谕交陈某等保去。胡出外后，即向运动者理说。旋为陈君访悉，立即派员前往调查，限次日禀复以凭澈究。

1913年1月12日第七版

高昌庙将设小学堂

高昌庙地方市面日盛，住户增多，而贫民子弟之失于教育者甚众。前由该处商董呈请市长指拨经费在高昌庙地方设立市立小学堂一所以资教授，业已核准，定于阴历正月实行。惟校舍尚未择定，大约附设于老君庙内。至教员等则已聘定矣。

1913年1月12日第七版

道士私藏烟具之波折

邑廨东房住持羽士胡松林〔即胡墨卿〕，前因私藏烟具，由地方检察厅谕存保证金洋一百元交保释放在案。兹经该厅陈厅长访悉，外间对于此案啧有烦言，爰于前日饬传保人郑某、柳某到案研讯，判将郑、柳二人交奚顺卿、杨英林、陆子英、顾瑞生四人保出。昨日午后陈厅长又派法警往传郑、柳二人及奚等四人到案问话。不知将若何处治也。

1913年1月16日第七版

皖省又闹毁像风潮

皖省城隍庙，前经警察厅祁眣寰将两廊偶像捣毁改为市场，当时（阖）城绅（商）已大不服。嗣大总统有保护庙产、维持宗教命令，故日前迎江寺开佛教维持会，所有诸佛菩提一律归位，并议恢复城隍庙。阖城绅商颇多赞成，拟于旧历腊月十一日迎城隍神像归位。讵为一区区长报告警厅，当由祁警厅亲率巡士数十人荷枪前往，仍将城隍神像捣毁，复将该庙前后门派兵围住，所有到会绅商四十余人一一用绳捆缚，如捕大盗。一时旁观大哗。祁即令开枪，连伤数人，商民始畏惧而散。被捆绅商沿途大呼曰“警厅无故辱我商民，我商民将无噍类矣”。祁复令巡士以手批其颊，血流满面。种种暴虐令人惨不忍观。沿途施放枪弹以壮声威。随由商民公派代表七人至都督府质问，以祁无故虐我商民，开枪威吓，殊违民国约法，应请撤差归案究办。而柏都督又置之不问。故商民连夜开会，联名电禀大总统，一面筹■对待方法，一面于十八日起一律闭市，沿铺门首均贴有“祁贼眣寰虐我绅商，擅率警队任意开枪，激成闭市以避虎狼”等语。闻绅商各界均以此次交涉一日不了，即一日不准开市。究不知此案将来如何了结也。

1913 年 1 月 21 日第六版

皖省毁像风潮续闻

安庆警察厅长祁眣寰于本月十七日因捣毁城隍神像激成罢市风潮已纪前报。兹悉此事原因实由于商民人等拟于十八日迎府城隍庙神像复位，祁警厅即归咎庙祝不先报告，密饬第一区区长谌硕查办。讵谌不善处置，竟率领巡士多人立将庙内神像捣毁。事后庙祝邀请绅商在该庙公议调停办法，谌闻信后又赴警厅报告，故该庙正在开议间，祁警厅突率警队百余人荷枪前来，将庙门前后围闭，捆绑绅商数十人押赴该厅，沿途鸣枪示威，以致全城居民大为震恐。被拘诸绅商中有马君弘弼，年已六十余岁，当被拘过市时大声狂呼曰“警察厅长祁眣寰放枪拘捕善良，我辈以民脂民膏豢养这般强盗，天理何存，人心尽死”，语尚未终，即被警兵前批其颊，血流被面。道傍观者尤为愤恨。都督柏文蔚闻变，传祁入署。祁以一面之词耸听，柏几为所蒙蔽，拟派军队出市为祁助威。后由商会公派代表七人赴都督府声明祁警厅扰乱治安情形，柏意稍解，即派第一旅旅长胡万泰代表赴商会演说，意欲为祁辩护。商民更愤，是晚遂集议于中路商团决议罢市。十八日晨全城商店一律闭门，一面派代表何君雯、赵君椿木赴都督府质问。柏都督接见后询问来意，何君答言“昔曹参贤相也，曰慎毋扰狱市。黄霸循吏也，曰治道去泰甚。警长祁昳寰有保护市面治安之责，今为人民迷信神权之细故，擅放枪弹，拘捆绅商，激成闭市，摇惑人心。万一有暴徒乘间蠢动，大局何堪设想？此案宜请都督一面出示劝谕商店开门，一面将祁昳寰撤任归案讯办”等语。柏都督知众怒难犯，是晚即在府内开行政裁判，五司暨高等审、检厅长均到，由商会为原告，祁为被告。乃祁独抗违不到，柏亦无如之何。此次裁判遂成儿戏。柏不得已乃将祁撤任，另委警务科长赵善如署理厅长，一面出示劝谕商店开门，一面饬怀宁县知事李世璜用四人轿与鞭爆披红送马君回宅。鞭爆之声自警厅门外起首直至马宅为止，沿途经过三四牌热闹街市，人心为之一快。十九日晨商店遂照常开市交易矣。现闻商会对于此案决计与祁提起诉讼，柏督亦面允马君赴诉。祁见势不佳，已将行囊派亲信人解送出城，倘检察厅准诉传人，即作兔脱之计。天下本无事，庸人自扰之。如祁者可谓庸妄之尤者矣。

1913 年 1 月 23 日第六版

巡警殴辱县议员之威风

本邑东北乡虹镇地方有猛将庙一所，向为闸北警务公所所用，派警驻防庙中。迩来该处乡董会议拟将该庙收回，而警区不允，前日下午该警因此与县议会议员王际亨口角行凶，将王痛殴，身上衣服亦遭污及。王因投诉该警务所，讵该所置之不理。昨午因投地方检察厅告诉请求验伤究办，并呈污衣二件。陈厅长谕候带案讯究。

1913 年 1 月 28 日第七版

救火会请究私焚大批冥器

上海救火联合会昨日函致商埠巡警厅长穆杼斋君云：上年冬间敝会援照租界章程，凡居家铺户焚化大批纸库锭帛等件应先具报该管警区转告敝会，免致望警之人登高远眺，深夜误会，以及警报全体，等情。曾经函请市政厅出示公布并请贵厅查照办理在案。昨晚六时，三区、七区界内先后火光荧荧上冲霄汉，望警者知系失慎，照章鸣钟，分别报警，各社救火会纷纷驰集，并无火患。敝会当即派员分道切实调查，始知一在西门外白云观，一在西门内关帝庙，均系焚化大批纸房库帛，以致人心恐慌。敝会全体虽尽天职，实非意料所及。查该僧道焚化纸房二十余间之多，延烧三十分钟之久，事前并未赴区报告，实属明知故犯，藐视公文，已可概见，若不从严究办，何以重火政而保公安？为此函乞贵厅长饬传该僧道到案，惩以妨碍治安之罪，庶儆将来，否则孰伪孰真，在望警及驰救者疑信参半，仓猝殊难辨别，贻误事机亦非浅鲜，且何以对各会员热血侠肠之举也。

1913 年 1 月 31 日第七版

陈润生欺诈取财案尚未判决

邑庙东房住持羽士胡墨卿，前因私藏烟具一案，牵涉混名牙齿阿六〔即陈润生〕、刘廷基等多人，由地方检察厅预审明确起诉，审判厅讯供未结，各情已志前报。昨日午后又届续开辩论之期，经赵推事、危检察官会同研讯。陈润生所延之谢健律师上堂辩护。问官谓："今日贵律师不必到堂。"谢律师答云："当事人请敝律师，极应上堂辩护，否则要律师何用？"据陈供："胡被押之后，旧历十二月初一日晚胡之香火周老五前来嘱托，初二将胡保出，初三因将洋送来放在我处。后闻胡又遭收押到厅调查，即代缴呈保证金洋一百元。然据检察厅中人言须缴保证金二百元。"问官谓："堂上并无保证金洋二百元之语。"陈称是法警曹钰山。官命传曹诘问，据供是日为厅长命令。谢律师又言："今日并非预审，又非判决，皆因二百元一案发生之故。查香火周老五所供各节诸多支离，二百元之数或有或无，本律师按照二百七十三条辩论亦不便不为辩论。况现在堂上所言皆前堂已有之语，不必多此周折。目下阴历年关将届，此案应当从速判决。”问官曰：“陈润生已犯欺诈取财罪，理当研究。”谢律师曰：“陈为朋友交情出而帮忙办事，是其热心，未便以欺诈取财四字拟办。”问官云：“陈既取胡洋元，极应代其早请律师，何以迟至初五日始付钱祖勤律师做状费洋五元？”谢律师曰：“初三取洋初五请钱律师，此等办事亦不算晚。若照堂上办事，差一秒钟即是有意侵吞？”问官得供，判将陈等仍交原保，俟二月三日两行辩论判决。

1913 年 2 月 1 日第七版

羽士私藏烟具之结局

邑庙东房住持羽士胡墨卿，前因私藏烟具案发后，有陈润生〔即绰号牙齿阿六〕等以运动为由骗去洋二百元，迭经地方审、检各厅开庭辩论，定于阳历二月三日宣布判决在案。是日午后，仍由赵、危两推检特开刑庭，命传胡、陈二人至案，谓曰：“此案内容迭次研究，堂上早经洞悉，然胡墨卿之私藏烟具、陈润生之欺诈取财前经分别证明罪已成立，援照三百八十三条刑律拟办应各得五等有期徒刑，判胡、陈各押五个月，照章罚金赎罪。如果胡、陈不服，准一星期内上诉。”

1913 年 2 月 9 日第十版

董事会预备议案

沪南市政厅，定于今日起开春季议事会，是以各董事先于前晚开董事会，集议交议案件。当众公决三案如下：一、救火联合会会员黄海林于阳历二月二号在旧校场何协和神马店救火跌毙，有功社会，应论功抚恤。二、东南两区清洁，沈昌记承包期满，应再招人投标承办。三、拱宸门内大境庙产公地应召变归公。

1913 年 2 月 13 日第七版

公产无人顾问

拱宸门内大境庙产公地业已归入市政范围以内，归公召变以助公费，经市政厅议事会议决执行在案。昨为任人投标承买之期，自晨至暮竟无一人顾问，未知何故。

1913年2月21日第七版

道士吸烟被诈之判决书

邑庙住持羽士胡松林因违犯烟禁被陈润生欺诈取财详情屡纪前报。兹悉此案业已结束。照录审判厅判决书如下：

上海地方审判厅，准同级检察厅起诉胡松林私吸鸦片、陈润生诈欺取财一案业经刑庭判决

主文：胡松林吸食鸦片烟罪，处五等有期徒刑，刑期五个月。陈润生意图为自己所有，以欺罔恐喝使人将财物交付于己罪，处五等有期徒刑，刑期五个月。烟具没收销毁。

起诉之事实及证明原由：缘胡松林向为邑城隍庙住持，素有烟瘾。本年一月七号〔即阴历十二月初一〕经巡警四区在该被告胡松林房内搜出烟斗等器具八件，即日解送巡警局管押。胡松林当令香火周老五觅人挽救。适有向在庙内开设镶牙店之陈润生愿为料理。次晨陈润生至巡警局探问，已经移送同级检察厅。旋至厅内探问，尚未预审。即向周老五声称一切用费须二百元方可取保。适是日检察厅不及预审，谕令取保，陈润生遂即到厅具状保释。此一月八日晚间事也。初九日周老五适有要事，转托赵木泉先将洋一百元交陈润生手收。初十日检察厅票传预审胡松林，因寻陈润生未获，亦未到厅。至十一日上午十时胡松林一面到厅听审，一面催陈润生妥为料理。适检厅将松林讯明吸烟属实照章羁押，陈润生遂请律师钱祖勤代拟辩状，于下午四时呈递，并由陈润生等十一家联名作保。因检厅谕令交保证金，陈润生又向周老五取洋一百元，即用陈润生、刘廷基代缴名义呈缴检厅，将胡松

林释放，收条亦由陈润生收执。胡松林于出所后又着周老五找寻陈润生到庙商议讼事，陈润生声称"只此二百元，多不付还，少亦不向尔取"。嗣因检察厅风闻陈润生等有诈欺取财行为，传齐两造及人证，讯得以上情形，决定起诉过厅。经本厅公开法庭讯问，并由律师到厅反复辩论，本厅因得就以上事实，认明被告等之犯罪事实无误。

援据法律及判决理由：查构成吃食鸦片烟之犯罪，本以烟具、烟膏为客观『的』之要素。此次警局在胡松林房内但搜出烟具并未搜出烟膏，以致胡松林辩护人狄梁孙谓为犯罪不成立。殊不知吃食鸦片之犯罪为继续行为，与其他杀人、强盗等之一个行为者不同，既不能以一次吃烟为一个犯罪，即不能以烟膏缺乏之时谓为犯罪不成立。况犯罪之成立与否，以主观『的』之意思行为必要条件，果有犯罪之决意，即使客观『的』之要素稍有欠缺亦可达犯罪之目的。故苟有吸食鸦片之决意，则有烟膏而无烟具既可达其吸食之目的〔烟具可假〕，即有烟具而无烟膏亦可达其吸食之目的〔烟膏立刻可买〕。法律上只要求其意思、行为之两种要素完备即认为犯罪成立。至达其行为目的之方法则为刑法上所不甚注意。该被告既自白素有烟瘾，则主观『的』之意思行为俱备，客观『的』之烟具又在，尤不能以现无烟膏遂以非现行犯罪误认为非犯罪也。再该被告胡松林自认于去年十二月二十六日曾领购药执照，于本年一月一日起即未吸烟。姑无论其一月一日以后果否断绝，本厅断不能以去年三月大总统命令及四月司法部命令未曾删除之刑律二十一章认为自本年一月以后始发生效力。此判决被告胡松林之理由也。至被告陈润生之诈欺行为，检察厅认为三百八十三条之犯罪窃以为未当，盖三百八十三条律文之解释以义务之违背与否为前提，以财产之损害与否为究竟，即草案之案语补笺细绎之，必先有信义之承诺而违背之方能构成本案之犯罪。陈润生本于自己之意思为胡松林处理诉讼事件，谓为不尽保释之义务，而陈润生已于十一日为两欠保人谓为不尽诉讼行为之义务，则预审终结尚未起诉、请律师等一切行为尚无濡滞之可责，谓为损害财产则五元之状费亦非不正之行为，即保证金收条之不交付亦因案尚未结均有解脱之余地。惟其乘胡松林由警局移送检察厅之时心神惶恐之际、预审尚未开始，凡保证金、罚金及其他一切费用之事实尚未发生，而该被告陈润生即有费用二百元方可保出之言，其为虚构事实，使胡松林陷于误信之地位，毫无疑义。即让一步言之，谓该被告陈润生逆料开始预审必有保证金等项事实之发生，则胡松林已于初八日保释，何又有初九日百元之接受？即令再为解脱，谓百元收受原为一切诉讼行为之预备，及至十一日在庙内“多不付还”一语，是明有包办意思。其八、九两日行为之宗旨不啻明白表示矣。此本厅所以判决该被告陈润生为以欺罔手「叚」[段]取得他人财物图利自己也。合依刑律二百七十一条及三百八十三条第一项并四十八条第三项分别判决如主文。

1913年2月27日第七版

道教会之责任

去岁张天师来沪，外间盛传其能以符医病。近日又盛传瞿真人能医病，而趋之若狂，且有降书诗文等事。今道教会既以阐发宗教、辟除迷谬为已责，则此等迷信之习宜首先劝除之。

1913年2月28日第八版

白云观声明交还黄仙祠

径启者：兹有虹口虬江桥黄仙祠，自前年五月初一日经张明芝君送与敝观管理二年有余，敝观因事繁无暇兼顾，于今年旧历正月十五日将黄仙祠文契、钱项、家具一并交还张明芝、张球琳二君当面点交明白，另行招人管理。自交以后，黄仙祠无论何事一概与敝观无涉。恐未周知，特启。

1913年3月3日第四版；1913年3月5日第四版

捣毁偶像之风潮〈镇江〉

南门外东岳庙，前日有耶稣教友某甲，乘醉将塑像捣毁一空，该处乡人闻之群向教堂诘问，当经该堂西人出谓乡人曰“崇拜偶像虽系迷信，惟信教自由，教友自不应胡闹”，允将该教友处置等语。然当时因有人反对，嘱乡人赴法庭起诉矣。

1913 年 3 月 6 日第六版

禁阻迎神赛会

浦东杨思桥东首排塔泾庙内之猛将，每届清明例由乡民舁出游行。兹又有好事之徒谎称近年田禾丰收系是神灵默佑，遂邀集各会首定于阴历二月十一、十二两日迎神赛会，并由年轻子弟扮演三百六十行及荡湖船等怪剧，业已兴高采烈分投预备。事为三林塘区长王崇善访闻，以赛会一事最伤风化，且盗窃等案必因之而起，不得不从严禁止，业于前日呈报商埠巡警厅出示严禁矣。

1913 年 3 月 18 日第七版

土地祠改为看守所

本邑四乡巡警改为地方警察，归上海县知事接办，城厢内外巡警仍为商埠警察归穆警长办理，已纪前报。兹悉吴知事以地方警察已定于四月一日实行接办，此后各乡警局所解案犯尚无拘留看守之所，是以一再筹商勘定将本署头门内原有之土地祠略加修葺改为看守所，祠内所供福德正神送往果子巷财神殿安置。

1913 年 3 月 23 日第十版

黄大仙祠庙董张明芝、邓志阳等公启

本埠虹口虬江桥黄大仙祠董事张明芝、邓志阳同众商议聘请广东罗浮山道士何崇龄经理庙务，照管香火，永为主持。特此声明。

1913 年 3 月 20 日第四版；1913 年 3 月 21 日第三版；1913 年 3 月 22 日第十四版；1913 年 3 月 23 日第五版；1913 年 3 月 24 日第八版；1913 年 3 月 25 日第七版；1913 年 3 月 26 日第八版

禁阻迎神赛会

上海县知事昨令催征吏倪少峰云：案照浦东廿四保十八图地方访闻有社庄庙于清明前后迎神赛会，并有用三百六十行之举，究竟是否属实，仰催征吏即日前往该处传该庙道士俞和尚克日来署听候问话，毋得延误。

1913 年 4 月 3 日第七版

乡愚胆大妄为之可嗤

浦东社庄庙所供偶像，人皆以三太太呼之。此次各会首贿通该庙住持羽士，择定旧历三月初八日迎神赛会，事为吴知事访闻，饬吏前往传「输」[谕]禁止。兹悉该催征吏前往传知该会，讵各会首非但不遵，反觉兴高采烈，踵事增华，且会中装出三百六十行并「檯」[台]「搁」[阁]等名目。各会首又在外扬言，届时无论上海、南汇两县行政、司法各官，如果前来干涉，则我等即以强硬手「叚」[段]为之对待云。

1913 年 4 月 6 日第十版

变售大境地亩公产之手续

上海市政厅总董陆崧侯君呈请上海县吴知事文云：窃上年十月临时议会公议援旧议案处置公产例外办法变售大境地亩公产以充填浜经费案一件，议决"私法人公产公家应负监督保管之责。惟大境关庙拆城后必须修葺，花草浜关系交通必须填筑，公家既无款可筹，只得以公济公，且现拟变售者只大境全地二十分之三，其余仍由本市政厅监督保存，与原议案并不触背，应请照办"等语，移交董事会执行前来。查大境地坐二十五保四图改字圩，共占地十亩九分三毫，均系市区域公产，其田单计有七纸。今遵照议决案，划出大境前面公地一亩九分四厘九毫变售收价以充地方公用，当有周志成、吴礼门二户情愿承买此地，愿缴地亩银八千两，业经议明，双方允洽。此系变售公地，无须另立官契。除缴地价外，并无丝毫费用。惟该地系周、吴两姓合资承买，据送图样划分地亩多少有差，计周姓管地一亩三分二厘三毫，吴姓管地六分二厘六毫，应请钧署分别给发印谕以凭执守。兹将大境公地十亩九分三毫田单七纸一并送呈，请为察阅，即饬丈绘生查单划地，勘明所售一亩九分四厘九毫之公地应在第几号单内划出，即于原单上批销，余(单)地亩仍发还本厅收管。一面请饬分缮印谕两纸，周志诚户名计地一亩三分二厘三毫，吴礼门户名计地六分二厘六毫，发交本厅分别转给。附送地图二纸，并祈查核。合将变大境公地清查单注销分给印谕缘由备文呈请，为此呈祈察核施行。

1913 年 4 月 14 日第七版

再禁赛会

浦东社庄庙所供之太太神像，各会首定于阴历三月初八日举行三百六十行大会，由本县知事饬催征吏下乡传谕禁止等情，已纪前报。兹悉各会首奉谕后竟视禁令如弁髦，昨日届期依然举赛。嗣因上午适天下雨遂即改期举行。吴知事闻悉，以若辈公然抗违，不法已极，且该会一经举行难免别生事端。除再饬吏于昨复往谕禁外，一面函知商埠警察厅长穆君请为转饬该处第九、第十并十一等区各警局一律谕饬禁阻。如再不遵，立拿拘案讯究。

1913 年 4 月 15 日第十版

社庄庙依然赛会

浦东社庄庙赛会，原定于旧历三月初八日出赛，届期为雨所阻，因此改期。昨日天公放晴，各会首分发知单即日迎赛。县知事吴君与警察长穆君所派警吏、地保人等见此情形不敢顾问。上午各会首即命起马，会中如「檯」[台]「擱」[阁]、高跷、西游记、荡湖船、臂香会并三百六十行等诸名目周行各乡各处，红男绿女前往观看者人山人海。各区巡警不便禁阻，惟有帮同分「投」[头]弹压而已。

1913 年 4 月 16 日第十版

迎神赛会之扫兴

江湾镇东王庙本拟昨日迎神赛会，讵该庙道士前日接得「捏」〔匿〕名信一封，内称“明日我等弟兄前来观会，乘便向尔借洋二千五百元，望早预备”云云。该道士见之大恐，将信呈送七区警署，即由徐区长谕禁赛会，一面呈报穆厅长派巡逻马队各长警前往弹压以防肇事。

1913 年 5 月 5 日第七版

〖上海县知事为上海正乙道教公会正会长邱金生等呈批〗①

据呈已悉。民国肇新，破除迷信洵为先务，一般迎神赛会及太保、男女巫师等相沿积习迭经本知事通告各市乡剀切晓谕禁止在案，此系行政范围以内应行之职权，私立社团不得借词干涉致滋流弊。所请应毋庸议。至该公会系何时呈准官厅立案刊给图记，仰即呈明察夺。

1913 年 5 月 25 日第十版

各县道教会注意

阅二十日《申报》载，常熟道教会有上海本部兜售证书一节，业经查明确有其事，在租界、四乡已发出多数。此事系道士宋海林及朱、俞二人所为，本理事等并未知悉。彼等私造印信敛钱惑众，除禀教主外分别澈究，如各县道友受其愚者，请将伪证书寄至老北门内延真观在家道教团事务所，以便对付偿失可也。天师府道教会总机关部上海正理事曹剑华、副理事沈颂笙、监察长朱寿山启。

1913 年 6 月 9 日第一版；1913 年 6 月 10 日第一版

① 本文为《城内》栏目之下《县知事批》中的一则。

美博士讲论中国道教

美国梅殿华君以道学著名，曾将老子《道德经》一书译成英文，风行一时，见者咸称道不置。兹闻跑马厅帕克路口寰球中国学生会定于星期五晚八时，请梅君演说“西人之道教观”。以西人而论中国之道教，实为得未曾有，世之研究此学者曷往听诸。闻毋须入座券云。

1913 年 6 月 13 日第十版

小道士接管庙产

本邑城隍庙出息甚优，故住持道士无不挥霍如意。从前西房曹韵梅亏空巨款甚将星宿殿押出，涉讼责革后改归邱金生管理。邱将庙产一部分捐入救火会，位始稳固。其东房住持系由曹剑华出名嘱托其徒胡墨卿经管，兹曹已于上月病故，庙园中人以胡墨卿嗜好甚深，不守规则，另举火神庙道童罗克裕接管东房，业已由湖心亭主人毛子坚等函致县知事给谕承充，前日已奉核准将谕单发交转给矣。

1913 年 7 月 4 日第十版

布告寺院管理暂行规则

上海县知事昨奉省行政公署六月三十日通令云：内务司案呈查第四百三号《政府公报》载内务部制定《寺院管理暂行规则》，合行训令各该知事布告所属一体遵照。

第一条 本规则所称寺院，以供奉神像见于各宗教之经典者为限。寺院神像设置多数时，以正殿主位之神像为断。

第二条 寺院财产管理由其住持主之。

第三条 住持之继承各暂依其习惯行之。

第四条 寺院住持及其他关系人不得将寺院财产变卖抵押或赠与于人，

但因特别事故得呈请该省行政长官经其许可者不在此限。行政长官为前项许可后须呈报内务总长。

第五条 不论何人不得强取寺院财产,依法应归国有者须由该省行政长官呈报内务总长并呈请财政总长交国库接收管理。前项应归国有之财产因办理地方公益事业时,得由该省行政长官呈请内务总长、财政总长许可拨用。

第六条 一家或一姓独立建立之寺院,其管理及财产处分权依其习惯行之。

第七条 本令自公布尔日施行。

1913 年 7 月 5 日第十版

淞沪停战后之城内访函[1]

西门外某庙曾被南军占据,该庙各道士逃避无踪,现尚无人经管。兹经淞沪警察厅穆厅长查悉,饬探前往,查知庙中储有炸药甚夥,穆君即商之某西医前去察看,深恐一经移动难免炸烈,拟用药水消灭。惟该西医以近来天气炎热,亦难如法消灭,尚须另筹善法云。

1913 年 8 月 22 日第十版

军警勒拆戏台

上海镇守使,日前访闻徐家汇乡间三泾庙、红场庙等处有搭台演戏情事,立派军队会同淞沪警察驰往禁止。三泾庙遵即拆台辍演。而红场庙自军警去后仍又开演,并重搭新台,较前更大,当由淞沪警厅报告镇守使密派军队,由石灰港至徐家汇会同警员驰往查察,正在兴高采烈之时,当即勒令拆台停演,并拘住为首之许金发、陆阿囡二名带回讯究。

1913 年 12 月 14 日第十版

① 本文为《淞沪停战后种种》之下《城内访函》中的一则。

1914 年

统一道教机关部骤难立案

上海县知事批中华统一道教总机关部领袖张元旭、理事长曹骧呈云：呈悉。查该会于上年一月间组立中华道教会驻沪总机关部，虽经前吴知事批准立案，现查《政府公报》■年二月九日及三月二十日两期内载奉内务部批“该领袖以分驻之机关部名义呈部请予立案，曾由本部据情批驳，并函致国务院查照各在案”等语，是该总机关部尚未奉部核准。今忽又加入统一字样，虽据声明系同一团体而性质实已变更，所请立案之处应仍俟该会呈奉内务部核准令行后再行核办。希即知照。

1914 年 1 月 21 日第十版

张天师之说法

江西龙虎山张晓初君，即前之嗣汉天师也，兹闻来沪，订于明日〔星期日〕下午四时在法租界宝昌路石牌楼尚贤堂演说各宗教希望之大原。盖道之大原出于天，以天师而说天道，可使吾人得有异闻乎？星期有暇曷往聆之。

1914 年 2 月 28 日第十版

真人宴请中西官绅

江西龙虎山天师张晓云（初）真人，因公抵申已纪前报。昨午张君假城内火神庙设席，特请上海县洪知事及前市政厅总董陆崧侯、辅元堂董郭聘之、商会董陈润夫以及段董凌伯华，又西国官绅李佳白、李提慕太等饮宴。一时觥筹交错，宾主均各尽欢云。

1914 年 3 月 6 日第十版

巡士之铁面无情

上海县洪知事，昨午应张天师之请，即乘马车赴火神庙宴饮。洪君入席后，其马车停于该庙大门之外。旋由岗巡到来，诘问捐照何在。马夫以洪知事之车即无捐照亦属无妨，言词之间难免有恃无恐。该巡警以无捐照无论何人均是违章，即将马夫连车拘解一区三署请为罚办。嗣经署员袁慕雨询知确为洪君之车，乃不深究，将马夫与车一并开释。

1914 年 3 月 6 日第十版

张天师途中之没趣

昨日午前三时，本城某医士柬邀张天师至某处赴饮，派马夫将自备马车往接。天师登车后，该马夫戚阿毛加鞭疾驰，行经南市久大码头，误将对面之人力车撞倒，致坐客饭店主张子山与车夫俞长桂跌仆于地，略受微伤，遂由十一号守望警察沈寿生将车夫扣住。张天师自知不妥，遂另雇人力车而去。该警即将受伤人等与马夫一并解至一区警署转送第一初级检察厅预审。

1914 年 3 月 12 日第十版

镇守使不许赛会

郑镇守使访悉浦东塘桥一带近有好事之徒，定于阴历三月初旬舁施相公偶像赛会，诚恐匪徒混迹其间易于滋事，且该处与制造局祇隔一浦，尤应预为查禁，业已令知上海县洪知事出示谕禁，并训令沪南警察分厅长饬知该处第五区警署署长随时禁阻，如违拘究。

1914 年 3 月 18 日第十版

镇守使禁止迎神赛会

上海郑镇守使访悉浦东陆家行地方现有痞棍假名酬神，定于阴历三月初十日迎神赛会，实则从中敛钱。兹当各处裁散游勇勾结枭匪劫掠思逞之际，如果届时赛会定滋事端，是以函致巡警萨督办饬浦东各警查禁外，并已令行驻浦第一营廖营长督兵驰往陆家行地方严禁出赛。倘敢抗违即行拿办。

1914 年 4 月 2 日第十版

严禁迎神赛会之文告

上海县知事公署，昨日发出布告云：案奉上海镇守使郑令开，据驻防浦东苏军步兵第一营廖营长守忠呈称，前奉指令内开，浦东乡民迷信甚重，向有酬神赛会等事。现值大局粗安，人心浮动，自宜悬为厉禁，由该营长随时查禁以保治安等因，奉此，当经转饬各连长督兵严查在案。兹据驻防浦滩高庙二连连长汪占林报告，三月三十号上午九时该处赛会，经与会首再三开导，理阻不从，即饬司务长曹子莹带兵十六名沿途弹压保护出境。嗣闻行抵洋泾，为该处巡警阻止无效，致起冲突，损失宝物值价颇巨。其余赛会地点虽多，尚幸安静。报请鉴核等情。据此。查迎神赛会正在盛行之际，若不严行禁阻，殊属有碍治安，理合据情报转，可否令行地方官传谕地保严申禁令，实为公便'等情前来。该营长所陈各节颇属切要，各乡民等以有用之金钱作无谓之举动已属愚妄，况人多势必良莠不齐，难保不滋生事端，酿成巨祸。倘乱党从中煽惑，其弊尤不可胜言。令即速派干吏驰往各乡剀切劝导，并传谕地保责成禁阻，违者究惩等因。奉此。查迎神赛会每易滋生事端，迭经前知事通令饬禁。前奉镇守使函以浦东塘桥乡杨公、刘公、赵王、三官等会及三里桥靖江王神庙等处迎神赛会奉饬禁止，又经本知事令行该乡经董谕饬地保剀切劝导，并发布告严禁在案。兹奉前因，除函致淞沪警察督办暨令行警察事务所转饬各区一律严禁，并通令各市乡经董责成地保切实开导严行禁阻。倘再有发生此项事端,惟该地保是问外,合再剀切布告,仰各人民一体遵照。自此次通谕之后,倘敢阳奉阴违举行迎神赛会之事,一经查实,定干提究严办,决不宽贷。不谓言之不预也。切切。特此布告。

1914 年 4 月 7 日第十版

警务长遏止香汛

浦东三林塘圣堂庙,每届旧历三月望日向有香汛,附近居民趋之若狂。现在香汛将届,该庙主已在预备。事经地方警察事务所长景毓华君访闻,以该处与制造局仅隔一江,且浦东一带素多枭贩,诚恐乘间肇事,昨特派调查员俞君带同侦探张莱生等二名前往三林塘,会同淞沪警备第一队向该庙住持禁阻,以免生事。

1914 年 4 月 9 日第十版

禁止酬神赛会

前日,闸北徐警厅长奉萨督办训令"禁止酬神赛会以保治安,着转饬各区一体查禁"等因。厅长奉令后,除通令各区署遵办外,昨又颁布通告严申禁令:以后如再有酬神赛会情事,定将为首人拘案究惩,决不宽贷。

1914 年 4 月 13 日第十版

佛教总会分部开会纪

中华佛教总会上海分部,昨日午后二时在九亩地西福田庵开会,欢迎绅士姚子让、陈润夫、狄梁孙、狄楚清诸君为名誉会长。该绅等先后到会。并有张晓初天师、李佳白博士及绅、僧两界会员男女来宾共二百余人。首由会长报告开会宗旨,嗣由张、李、姚、狄诸君相继演说各教道德,继由留云寺新方丈禅定、灵山寺住持筱月、邓心安居士讲论佛教原理。末由会长讨论进行方法及提议改修县志,务望各山抄送来会以便汇送修志筹备处,列入宗■教云云。散会时已钟鸣六下矣。

1914 年 5 月 5 日第十版

乡民迎赛神会

镇江东乡丹徒镇乡民于阴历三月十四日奉东岳庙神像出巡，会场内容仍用行牌、顶马、夜色、銮驾、「台」[抬]阁、戏名，扎成五彩，其余旗锣伞扇、乐工鼓号、执事人等、骑从马匹以及香烟祭品，各会争赛者备极新鲜繁盛，故该镇街市凡售卖食品各店莫不利市三倍云。

1914 年 5 月 11 日第七版

上海县知事公署展期拍卖公产布告

案查本邑二十五保十六图南市马家厂地方，有江苏海运局及海神庙各一所。丈见海运局实地七亩八分七厘五毫，上建房屋九十五间。又海神庙丈见地六分八厘二毫，殿台两廊屋宇完全。局旁余地丈见六亩六分八毫，并有海运局另建房屋十间，共计地十五亩一分六厘五毫，房屋一百零五间。业奉省令规定地价每亩以规银三千二百五十两为最低价格之标准，所有局旁房屋价值以规银四千二百两为最低价格，用竞买法定期在本公署花厅招人投标。乃至开票日期，此项基地房屋无人投标，当将开标情形呈报省公署在案。兹奉省公署指令展期两旬再行投标等因，自应遵照办理。兹定于六月四日起至六月二十四日止〔即旧历五月十一日起至闰五月初二日止〕为展限投标日期，每日上午十时起至下午四时止，如有愿得此项基地房屋者，准于展限期内逐日到本署花厅内投标箱照规定上开价格分别投标，并定六月二十五日〔即旧历闰五月初三日〕下午二时当众开标。届时投标合格者应先备定银六千两缴署定买，俟屋地交清如数缴讫，由本公署给予印谕管业，别无丝毫浮费纠葛。倘欲阅看图样及海运局房屋者，得于六月四日起至六月十四日止每日下午一时到本公署接洽领看。特此布告。

1914 年 6 月 8 日第二版

大王庙之变色龙〈扬州〉

清江自光复后，迎神赛会久已禁止。近日东门外大王庙住持某僧忽生奇想，觅一蜥「蝎」[蜴]类之动物名变色龙者〔此物考诸动物学，时能变色，与守宫相似〕置诸庙中，谓为将军，报告当道，进香演剧。一般居民拥挤往观，途为之塞。凡观者须纳铜元一枚方准入内云。

1914 年 6 月 15 日第七版

迎神祈雨之盛况

镇郡自三号起，文武各官禁止屠宰，虔求雨泽，并每日赴邑庙拈香拜祷，仍未大沛甘霖，农田待雨孔亟。群谓南门外都天庙神系镇城福主，旧时祈雨甚有灵应，乃于五号群赴该庙焚香叩祷，恭舁都天大帝神像由南门进城，过五条街、堰头街，出西门，至大街、小码头，绕道至新河街，假降福会堂为驻神像行辕。官民晨夕祈祷，颇为诚恳。至城厢内外群儿编柳覆额、击鼓声声、舁土龙以行街市者，亦日有多起云。

1914 年 7 月 8 日第七版

巡警干涉迎神求雨之风潮

近来本埠四乡苦旱已久，至三号傍晚始获甘霖。闻未雨之前，四乡农人多有发起舁神求雨之事。本邑西南乡塘湾一带各农民于阳历本月一号起纠集各村农夫约四五百人「札」[扎]成五色布龙共十一条，并舁偶像王灵官及大工等每日游行各村市以为虔诚求雨。本月四号各农民迎神，经过地方警察第一派出所〔该所为曹行镇第三区分派〕界内时，为该所第二岗巡警吴似兰、第三岗巡警胡海春等在途巡见，以该农民等不应作此迷信举动上前干涉。各农民以某都督、某知事均有求雨之事，况我农民，且谓本月一号王灵官神像遭巡警扯去胡须，今日应当赔偿。于是一倡百和，各农民即将所抬神像并布龙等悉数抬入该派出所内。该所巡长适因事请假不在，所中其余各警见来势「凶」[汹]涌，咸从后户逃逸，惟吴、胡两警已被各农民扭住，轮流凶殴，遍体受伤。所中物件亦被毁不少。闹至午后四时，经附近之某商人陈某出为和解，允许赔偿神须洋二元八角，并在神前点香烛、放「边」[鞭]炮，各农民始纷纷散去。事后吴、胡两警因被殴受伤，心不甘服，除禀明该区区员外，又投警察事务所报告景警察长。景君候至昨日未见该区员禀报，因以该警等所陈各节乃系一面之词未便深信，故派科员带同各侦探下乡调查肇衅实情再行核办。

1914 年 8 月 7 日第十版

再志巡警干涉迎神求雨之风潮

本邑西乡塘湾一带各农民舁神求雨，与地方巡警第三区第一派出所第二、第三两岗巡警吴似兰、胡海春冲突，将两警殴伤，并捣毁该所，经吴、胡两警禀求警察长景毓华君澈究，各情已纪昨报。兹悉景君得禀后，派稽查员姚明超下乡查办。兹据姚委员查得，所中一切物件大半被毁，该警服装亦被扯破。其起衅原因，实系巡警干涉舁神求雨，致各农民聚集，與吴似兰、胡海春两警为难，将吴、胡殴伤，吴伤甚微，胡则时吐鲜血，势颇危险。姚委员查明之后，昨日午后与第三区区员陈麟同到事务所禀复景君。陈君又将损失各物及被毁警装开明失单呈请核夺。景君以三岗巡警胡海春既受重伤，着送上海医院医治，二岗巡警吴似兰伤势既微，着回去自行医治，一面饬探侦查为首滋事之人到案究惩，并将一切详情禀详上海县洪知事核示。

1914 年 8 月 8 日第十版

三志警干涉迎神求雨之风潮

塘湾乡民因聚众舁神祈雨，致与地方第三警区第一派出所冲突，将该所捣毁，并殴伤巡警吴似兰、胡海春，经该区员陈麟并吴、胡两警先后禀经景警务长派员查明听候澈究，各情两纪本报。兹悉景君以该派出所原为保护乡间治安而设，断不能一日无之，因谕饬该区陈区员将该所迅速雇匠修竣，并添办应用物件，于前日起仍照常派警站岗。所有被毁警服由景君添办派探送往应用。至于为首肇衅之人业经各侦探查悉，禀明景警务长核示施行矣。

1914 年 8 月 9 日第十版

又有为张真人请复道号者

长江巡阅使张勋，以信教自由载在约法，爰呈请总统请复真人张元旭位号，以正道宗。其呈文内容略谓"共和以后，信教自由载诸约法，而民信益昭。惟孔子起自衰周，释氏来从西域，■道教则滥觞于崆峒、探源于黄老，实我国最古之教，所当特与保存者也。但其为教派别甚繁，左道旁门多违正轨，尤非严加崇黜不足以葆其真而端民趣。查今世之谈道教者莫不以正一为正宗，而正一则始于汉张道陵，史称道陵，生于建武十年，幼通《道德经》，地理、河洛、图纬之书皆极其奥，旋得道于鹤鸣山，有神君授以正一秘箓、三清众经及剑印衣冠诸法器。飞升之日以其秘箓剑印授其长子衡，并诫之曰'领此文驱邪诛妖，佐国安民，世世一子绍吾之位'。后其子孙世袭真人位号，居于江西贵溪县之龙虎山，阅二千年，至今真人张元旭盖已六十有二代矣。按其教旨虽与涡水之言未能吻合无间，不足推为道教初祖，而与洙泗儒宗相提并论。然相沿已久，为一部分人民之所信仰，捍灾御患未尝不稍著灵奇，阅世数十尚无失德，堪以称为玄门正鹄，而非三茅别派所能同日而语者也。且其家法相承，世存道号，历朝递兴，莫不因而封之如法师、天师诸名位，清室则以列诸三品实官与侪朝请，并刊给铜印一颗以资信守，几与曲阜孔门同其隆重而为海内阀阅世家之第二。不谓民国肇兴未久，前江西都督李烈钧竟行呈请撤销并其前清所赐香租岁额千余金一概停给。嗣者李逆叛迹已昭，经该属士绅屡请规复，均以格于前案未以上闻，而人民信仰日坠，道教一流几于并此而失其宗。伏思信教自由虽载诸约法，然未明定范围，近日异教庞兴，如黄天、白莲之类时有所闻，莫不独标一帜，自附道流，使非明定标准示以皈依，何以正人心而维古教。加以尊孔已奉明文，藏佛仍存旧制，姑无论三教夙号同源，道教未能偏废，即以山川古迹而言亦应在保存之列。况真人本属法徽，非同爵秩，揆其性质迨与私谥无殊，并不糜费国家俸给，似无妨仍准复其旧称。至香租既经归公，可否给还，则■下诸所司另行核议。勋本赣人，居近道山，深知其蕴，悯道教之凌夷，惧世风之邪恣，用敢援据约法代为之请。伏乞大总统钧鉴训示施行”等语。已于九月一日奉批交内务部核议具复矣。

1914 年 9 月 8 日第六版

救火会又受焚化纸库之虚惊

上海救火联合会，前因关帝庙、白云观焚化大批纸库，并不照章赴警区报告，以致火光冲天，警钟楼鸣钟报警，事后方知误会，当即函致前穆警厅长传案判令各罚洋三十元在案。嗣因日久玩生，寺庙、居民仍有并不报告任意焚化等事。乃于本年七月间由会详请徐厅长查照前案出示公布，一面通饬各警区一体遵照办理。讵前晚十二时南门内王家弄火光熊熊，经警钟楼望见，疑系失慎，即鸣钟一下报警，各救火会纷纷到场，始知居民化库，并非失火。当经派员前往查明，系西王家弄蒋姓焚化纸库有二十四具之多，烧至三十分钟之久，事前并不照章赴警区报告。业由警厅传案科罚矣。

1914 年 9 月 10 日第十版

张天师趣闻种种

定武上将军张动请复张真人徽号一节，总统「巳」[已]批令准如所拟办理。自此事批准后，外间相传关于此事将有种种之提议，确否未可必，然颇饶趣味，姑笔之如下：㊀ 制定张天师之服色。㊀ 铸造张天师之印信。㊀ 审定张天师之妖剑。㊀ 发还张天师之产业。㊀ 其他关于张天师一切荣典事宜。

1914 年 9 月 22 日第七版

内务部核议张真人封号之原呈

昨日本报所登张天师趣闻一则，本疑其不尽事实。兹阅内务部对于张真人封号议复之呈文，益信。兹录如下：

为遵令核议张元旭真人封号及香租田亩等项分别拟议(呈)请钧鉴事：九月一日准政事堂抄交长江巡阅使张勋呈请复真人张元旭位号以正道宗而符约法文一件，奉大总统批令“交内务部核议呈复，此批”等因，到部。核阅原呈内称“信教自由载诸约法，道教为我国最古之教，所当特予保存。真人本属法徽，非同爵秩，似无妨仍准复其旧称”，又称“前清所赐香租岁额千余金一概停给，可否给还，应下诸所司另行核议”各等语。查自来道家记源黄老，窃维黄老之学简约精纯，虽与儒家分途而其要同归于致用，故汉承秦敝颇以无为为治，司马迁叙六家要旨则曰“道家使人精神专一，动合无形，赡足万物”，又曰“与时迁移，应物变化，立俗施事，无所不宜，旨约而易操，事少而功多”，其为当世所重有如此者。自后燕齐之士好谈神仙，一变而为服炼食养，再变而为符箓科教，习其术者古人以为方士，此道家之末流，殆不可与黄老同科也。正一之教始于张道陵，实符箓所自起，世世子孙传其剑印，盖唯玄风不畅而后教宗乃立，上溯崆峒，转违其本。至于天师真人诸名号本为教中信徒特立之称，如元魏寇谦之、唐叶法善、宋林灵素、元邱处机、祁志诚等，皆有此号，譬彼释氏则云尊者、禅师，(譬诸)耶教亦有牧师、神甫。信教自由载在约法，人民愿沿旧称，在所不禁，断无由国家颁给封号印信之理。即前国务院所取销者，专指前朝所颁印信品秩而言，并已据张元旭呈自愿遵照命令取销废撤，可无庸议。若张氏原有财产，自应按照法律保护，叠经本部一再咨行前江西都督饬属遵奉在案。香租一项，查前张元旭呈称“清雍正间发帑修葺上清宫，复以修造余资置香租田于贵弋两县，嗣虑亏欠国库，将香租田请县饬书收租易银，除纳丁漕外，余银三百六十两，按[李][季]发给。自咸同间兵燹，观院(颓)败，田亩遗失甚多，惟香租在官，仍由书经收抵纳丁漕”等语，此项租田所获果于国赋无逋，余银自应作为张氏私产循例发给。惟原呈内所[redacted]田亩遭兵遗失是否统指此项香租田在内，又称每年余银三百六十两，与该巡阅使呈称岁额千余金亦属不符，拟由部咨行江西巡按使饬贵、弋两县查明办理，庶于宗教信仰之自由、人民财产之保护两无违背。所有遵令核议呈复情形是否有当，谨乞大总统钧鉴训示施行。谨呈。九月十五日。

奉批令：准如所拟办理。至张氏原有财产自应依照法律一体保护，即由该部转行江西巡按使查明办理，并行知长江巡阅使查照。此批。

1914 年 9 月 23 日第七版

张天师明日演说

法租界宝昌路尚贤堂教务联合会，定于明日星期下午五时开常会，请张晓初天师暨朱筱韵君演说道教之理如何有益于和平。道教本以清静无为为主义，不尚竞争，不言权利，一切皆以和平了结为归宿。当此杀机大炽，有此玄音亦狂热病之大凉剂也。

1914 年 9 月 26 日第十版

学堂购买田地之审慎

浦东杨家渡斗姥堂内所设之高等学校，近因推广校舍(向)邻人陆桂金购买田一亩三分余。惟此项单契据陆称“曾居龙华镇，已于去夏避难遗失”。该校长恐有不实，禀呈上海县洪知事请为调查。前日洪君已谕饬该处二十四保二十二图地保并册书等查察矣。

1914 年 10 月 9 日第十版

庙董另选住持〈松江〉

岳庙西房〔前误为东房〕羽士李姓，因有烟癖为调查员闯获，鸣警拘解县署，判罚洋三百五十元后，庙董姚荫松君等遂另选道士杨、金二人接管，严为约束，不准烟赌，即该道眷属等亦不准入庙云。

1914 年 10 月 16 日第七版

青浦熊祖诒等来函

青邑城隍神明季敕封西津沈公恩永镇。公籍隶上海，墓在西门外二十五保一区四图改字圩七百四十一号，户名青浦城隍大神墓，计地六分六厘。前清光绪二十九年沈氏族人盗卖，蒙上海道照会法领事白援照英租界内应姓坟墓保存之例许为保护，历由青庙公款提缴租税，工部局发给收照。现值上海县志局成立，刊入志内，乞为宣布，以杜沈氏族人盗卖。青浦县邑庙经理熊祖诒、潘诚志公启。

1914 年 11 月 19 日第十一版

1915 年

尚贤堂之星期教务会

法租界宝昌路尚贤堂教务联合会，每于星期下午四时开会，终岁无间。明日会期闻演说“道教之理其所以炼人品性者若何”，其预订之演说人则为江西龙虎山嗣汉天师张晓初，而以元和觉梦道人朱■■君为之助演云。

1915 年 1 月 9 日第十版

内务部征求岳王画像

内务部通告访求岳武穆王画像，其文略谓：硕辅宣劳作一朝之心膂，宗臣遗像肃万古之羽毛，名迹留遗，馨香勿替，有若岳武穆王者，精忠涅臂，久矢丹诚，背嵬成军，同坚白水，誓将中原揞定、敌垒荡平。蒙莫须有之诬，凌烟独遗其壮烈。挽不可为之局，绣丝宜遍于当时。然而阅世沧桑，巍功汗竹，妇孺咸钦其忠义，庙貌久失于传摹。兹者恭逢大总统明令，涣号崇祠贲饰，虽春秋俎豆已格神明，而褒鄂弓刀未瞻毛发，毋乃贻钦崇之遗憾而亏肹蠁之隆仪欤。兹承军府征求，将以传诸摹泐。窃虑俗流向壁莫由图龙翔之冠裳，坊本传讹或尽失欧公之型韵。是用广为搜访，刊列报端，倘或金陀遗裔、石墨名家具有收藏不吝传写，庶几金丝鲁壁或来献于河间，将如刻尽梁祠获瞻型于异代。伫盼嗣音曷胜翘企云云。

1915 年 1 月 13 日第六版

岳武穆真像应征〈广东〉

崇祀岳武穆一节已见命令。昨京师模范军成立，即在岳武穆庙发誓，并广求岳武穆之遗像，均见前报。闻昨有蜀人岳世杰者特将其远祖岳飞真像以■摄影携至粤省送交财政厅长请转呈中央，严厅长已代其存下。该像高可八寸，身穿儒冠儒服，脸上无须，手持兵书一卷，端坐椅上，飘飘然有儒雅风度，似系三十许时之像。现严厅长拟即将其邮寄总统矣。

1915 年 1 月 26 日第六版

张天师带印回山

道教六十二代天师张元旭号晓初，前以清国敕封之大真人府铜质印信一颗，于辛亥改革后奉前南京临时政府派员到赣饬缴，是以龙虎山仅有汉代遗下之玉玺一方〔文曰阳平祠都功印〕。此玺只在符箓表文上盖印，其余不能作信。现既恢复道教，则天师府之大真人府印信应请发还，业已亲赴北京呈奉袁总统饬将原印检发俾便启用。张天师领印之后，曾于上月间由京莅沪考察教务，兹已公毕，于前日亲赴行政各官厅辞行，旋即乘轮赴赣仍回龙虎山真人府袭职。

1915 年 2 月 4 日第十版

黄大仙祠告白〔谨防假冒〕

启者：本祠自工程造成以来，内供黄大仙师，虔心祈祷，有求必应，至今香火茂盛，并无有人在外募化。近闻有无耻之徒指名募捐修庙并假募诵经等情，祈诸善信切勿误捐为要，慎之慎之。今特登报声明。倘有信士愿助功德者，请送本庙是幸。上海虹口虬江桥本祠董与住持同启。

1915 年 2 月 2 日第四版；1915 年 2 月 3 日第四版；1915 年 2 月 4 日第九版；1915 年 2 月 5 日第十一版

旧历新年之京门一瞥

旧例京城商家除熟食及杂货日用店外，其余多至十五日以后始行开张贸易。刻因新年已过，旧店亦多开始营业，惟琉璃厂店及香厂等处买古董字画者甚多，男女游行亦甚众，火神庙陈设尤夥，然多废物，可观者极少。十五以后西便门外之白云观又举行所谓醮九节者，是日黄冠数百人迎接来宾，善男信女亦多有舍施香钱者。诸少年或驰马巷中，夹道观者甚众，但全为无意识之游戏，非有西人赛马之勇气也。

1915 年 2 月 22 日第六版

函请移建牌坊

上海救火联合会致工巡捐总局函云：顷据第一区救火会函称"窃于本月十八日清晨九亩地大境路西首失慎，敝会闻警，即驱救火引擎皮带车等星驰赴救。将近火场，而该路中间有大境废牌坊一座，坊额甚低，坊柱窄狭，不独救火车辆有所阻碍，而寻常军马颇碍交通。但驱车救火以迅速为主义，设或中途阻滞贻误甚多，况九亩地一带毗连租界，现为开辟市场，新建戏园，商肆林立，防维火患更宜加意，且为人烟稠密之处，留此不急之障碍物，与火政、交通两有妨碍。但该废牌坊向为大境庙之庙额，现在该庙之前本有空地，不妨将碍路之坊柱移建于该庙前之空地上以符名实而利交通。为此函乞转请迁移"等情，到会，据此。查该处现在建设戏园，商市正盛，关于火政亟应加意注重，而此项废坊低而又狭，且在干路要道，车马往来实多未便。该会函乞转请移建之处系为便利交通起见，相应函请贵局长俯念关系路政，迅赐察核转知工程处，即日将废坊移建于该庙前空地上，以维火政而保公安，实为德便。

1915 年 2 月 26 日第十版

火焚雷祖殿〈松江〉

西门外岳庙西房雷祖殿道房，于本月十日晨八钟不戒于火，烟焰四达。该处为全市菁华所在，警锣召救，洋水龙毕集争相灌救，而雷祖殿、三官殿、斗姆阁均付一炬。毗邻同芳茶寮颇受波累，余亦大受虚惊。闻该道房所储雕琢忏牌、经堂等件值价极巨，已悉被焚毁。至其起火原因，或谓香炉余烬，或谓柴房遗火，究未知孰是也。

1915 年 3 月 12 日第七版

募捐重建高昌庙

沪南高昌庙旧基，原在制造局大门内「练」[炼]钢厂地方，前清该局冯总办因须推广军厂将该庙迁建于西栅外老君庙之后，迄今四十余载。前年夏间二次革命时被炮火焚毁大殿等处而神像未遭损坏，当在兵灾案内呈奉政府赔给修费洋三百二十元，嗣因造费不敷致未修建。现由该住持尼成贤恳请该处绅董钱裕坤等募捐重建正殿五间、头门大殿二间，饬匠估计工料价银约需洋二千余元，业经驻扎制造局之军官等量力捐输，集有成数即将开工建造，一面已具禀县知事请为立案给示保护矣。

1915 年 3 月 15 日第十版

保定军界致祭关岳纪

本月十八日，驻保第八师李师长发起，联合保定军界各机关致祭关岳二圣。祭坛设在军官学校西偏大操场演武厅厅门外，搭盖彩花牌楼一座，厅门内设关壮缪、岳忠武神牌，陈设祭品。午前八时，第八师师长率全师官佐目兵整装集厅前；次驻保淮军整队至，居于第八师之右；又次驻保执法处处长率全处官佐目兵至，与淮军为同列；又次军官学校校长率全校员生至，居于第八师之左；又次马二团、混成团、巡防营、卫戍营、北洋军械局、陆军部军械局、兽医学校相继至，分立于原定之地点。九时奏乐致祭，官长、教员行撇刀礼，目兵等行举枪礼。礼毕，由军官学校曲校长同丰宣讲关岳二公历史，各官长目兵皆肃静无哗。十一时宣讲毕，撤祭散队，各以军乐引队而归。计是日到者约二万余人，皆仪容肃穆纪律严整，及宣讲关岳二公立功报国情形又无不精神「唤」[焕]发气象轩昂，有追随古人之概。而天气清朗，风日绮丽，亦颇足助与祭者之余兴。

1915 年 3 月 25 日第六版

〖合祀关岳之大总统令〗①

三月二十五日，大总统告令：本月二十八日为合祀关岳之期，派陆军总长段祺瑞恭代行礼。此令。

1915年3月27日第二版

关岳祀典之筹备

自去岁规定武庙祀典，政府本拟先建筑武庙，只以勘测地点、筹备款项一时未能兴工。然我国旧日又无关岳合祀之庙足为致祭地点，遂先由内务部择定清醇亲王祠改为关岳庙。闻自本月十七日起该部特派专员带同工匠前往修缮，月之二十八日武庙春祭即在该处举行。日来「巳」[已]预备一切典礼。

关岳合祀祭礼案已由礼制馆修订。闻关岳庙制，系正位左奉关壮缪、右奉岳忠武，均南向。两序奉历代忠武将士，自蜀汉迄前清得三十人，如张飞、赵云、王浚、谢玄、韩擒虎、贺若弼、李靖、尉迟敬德、苏定方、李光弼、郭子仪、王彦章、曹彬、狄青、韩世忠、刘琦、旭烈「元」[兀]、郭侃、徐达、常遇春、冯胜、蓝玉、戚继光、周遇吉、岳钟琪、兆惠、阿桂、杨遇春、僧格林沁、聂士成等，其他别有庙祀者、文官死事守土就义者、人所诟病史有恶声者、迹备裨野事轶村坊者、事费数典人待论定者、位秉钧衡名居裨贰者均为列外屏而不录。关岳合祀典礼此次系第一次举行，本应慎重将事以示来兹，故日来内务部特派专员筹备一切祭礼，各军事机关现亦正在预备派员陪祭。

1915年3月27日第六版

举行关岳合祀之典礼

昨日为致祭武庙之期，郑镇守使带同参谋长及所属臧旅长以下团营各

---

① 本文为原题《命令》中的一则。

长官，沪海道杨道尹亦与淞沪警察厅徐厅长、地方审判厅袁厅长、上海县沈知事等共三十余员，一律身穿制服于黎明先后莅止西门内关岳庙，稍事休憩遂即行礼，由郑镇守使为主祭官，应用牲牢由县置备，乐舞各生因未筹备，暂雇吹鼓手奏乐云。

1915 年 3 月 29 日第十版

〖举行关岳合祀之北京电〗①

二十八日，祭关岳两武圣，海陆参三部及各师长均派员随祭，顺天府尹亦派员与祭，其祭服即用祭孔服式。

1915 年 3 月 30 日第二版

致祭关岳〈松江〉

关岳并祀经总统申令遵照在案。日前松镇守使接宣武上将军指令后即于二十八号上午就城南世英堂关庙特设关壮穆侯、岳忠武王两神位，旁列张桓侯等古今二十四名将牌位〔报载京师附祭者有三十位之多，今则清将中如岳钟琪、阿桂、兆惠、杨遇春、聂士成等皆不在其列，仅僧格林沁一人附入，不知何故〕，由杨镇守使主祭，何旅长、周知事陪祭，行两拜两献礼，佐以军乐，亭午始散。

1915 年 3 月 30 日第七版

礼制馆拟订关岳合祀礼乐

上年陆海军部，以时方多难宜右武以崇忠，呈请以关岳合祀作为武庙。旋于十一月二十日总统申令着礼制馆妥议关岳合祀典礼，并稽考唐宋武成庙祀遗规，将历代武功彪炳之名臣、名将及民国开国忠烈将士酌予从祀各在案。兹闻礼制馆已遵拟关岳合祀典礼乐谱呈请核示，本月二十五日已奉批令准如所

---

① 本文为《专电》中的一则。

拟办理矣。原呈略谓“京师汉寿亭侯庙建于隋代,其前虽无可考,而自隋迄今一千三百余年祀事修明,至明清而益盛,自京师以逮各行省庙貌巍峨,典礼之隆拟之阙里。岳庙始建于鄂,在宋孝宗干道五年,距其殁也未及三十载,历致褒崇,从祀历代帝王庙,其庙之在于河南、浙江、江苏、湖北等处者并由地方官吏春秋致祭。论勋业则河山并寿同期恢复中原,论行谊则忠孝兼全不仅颉颃国士,后先一揆足立懦而廉顽称道,至今直家尸而户祝。今遵明令,考祃祭之经,修合祀之典,英灵昭鬃馨香通以神明,将士趋跄报飨道其忠义。所有坛埠之辟、旍纛之陈,登降何以肃其文,笙箫何以緦其奏,出师旋师之特告,春戊秋戊之常仪,典秩所在,武义之宗,自应博考旁稽,审慎拟议。而庙宜标姓并跻孔氏之尊称,位宜题谥不袭道家之谬号,则又因时之制不可不折衷至当者也。至于从祀之人,气节为上,武略次之,义贵谨严,宁遗毋滥。前清将帅、民国先烈有待论定,暂就阙如。谨拟自蜀汉张飞至明周遇吉都凡二十四人,列位两序以配肸蠁。经世昌等督饬馆员悉心考订,成《京师及各地方关岳庙祭礼》一卷,附具说明书,并饬拟订乐谱,均经评议员议决,复由世昌等详细复核,凡所纂拟尚臻周妥。从此丹青毛发御云车风马以偕来,袍泽讴歌激古谊忠肝而兴起,信于今而为烈,实异世而同昭也”云云。

1915 年 3 月 31 日第六版

军警祭祀关岳二圣

镇郡军警各机关前接到省电,饬于本月二十八号清晨,率同所属各长官齐赴武庙,遵照部订章程致祭关岳武圣神位。是日镇守使、知事以下各官遂相率赴南门武庙致祭如仪。

1915 年 3 月 31 日第七版

武庙合祀之典礼〈安庆〉

关岳合祀典礼,经内务部议定通电各省云“本月二十八日致祭关岳。正位两案各用笾豆十、登一、铏一、簠二、簋二,统用太牢一俎。东序从祀张飞、王浚、韩擒虎、李靖、苏定方、郭子仪、曹彬、韩世忠、旭烈兀、徐达、冯胜、戚继光，西序从祀赵云、谢玄、贺若弼、尉迟敬德、李光弼、王彦章、狄青、刘（琦）、郭侃、常遇春、蓝玉、周遇吉。东西各三案，每案各笾豆四、铏一、簠一、簋一，统用少牢各一俎。迎神，再拜，初献，读祝，亚、终献，由司爵奠爵不亲献，受祚迎神均再拜送。瘞礼成，主祭以道尹同城，知事不另祭”等因，韩省长准此，已转行三道尹、两警厅一体遵照办理矣。

1915 年 4 月 1 日第七版

致祭关岳之典礼〈江西〉

李昌武将军奉电致祭关岳，特饬南、新两县转知礼乐局教习闵达泉等于二十七日赶备祭品，在棉花市关帝庙内特设关岳两公牌位，两旁添设各朝忠将配享，于三月二十八日上午十时李将军身穿陆军礼服莅庙三跪九叩首致祭，以师长马继增、参谋长方恩培为正献官，警察厅长阎恩荣、水巡厅长李照岱为分献官，政务厅长陈嘉善、高等审检厅长朱献文、张荩臣为配祭官，礼乐局各生为典礼执事。闻各员临祭均诚敬如仪恪恭乃事云。

1915 年 4 月 3 日第七版

恢复迎神赛会之旧例

本邑城隍三节会，自光复后停止，至今已届三载。兹三节会首又具禀镇守使署及警察厅核准仍循曩例迎神出巡。明日为阴历清明，已于昨晚将神像搬运出堂，由三班皂役点卯发牌，定于今日发布路由，准明日午刻由城隍率同四司照旧出巡。

1915 年 4 月 5 日第十版

迎神赛会之扫兴

本邑城隍塑像，每逢三节例由各会首醵资迎赛，自辛亥年光复以后此举即行停止。本届清明节各会首预先议决准于昨日迎赛。事为上海县沈知事访悉，立派催征吏于先一日前往知照禁止迎赛。各会首奉谕后无不扫兴云。

附录上海县知事告示：照得迎神赛会最为地方风俗之害，节经前知事出示严禁在案。乃昨日各日报忽载有某会首发起，先在邑庙玉清宫内开会筹议迎赛，并捏称已奉官厅允「淮」[准]等语，闻之不胜诧异。查本邑城隍神节会早经禁赛，岂容再有此等无谓之举动。除咨请淞沪警察厅并饬吏谕禁外，合再重申禁令。为此示仰地方人民一体遵照毋违，特示。

又淞沪警察厅告示：照得城隍神三巡会自光复后久已停止举赛，近日风闻该会旧有会首复拟迎赛。查迎神赛会本属迷信无谓之举，况以今日时势岂容作此无益，徒耗金钱，更滋纷扰。本厅长有维持安宁、缔正风俗之责，除饬该管警署实行禁止外，为此示仰地方人民知悉，不准再有迎赛。如敢故违，定行拘案不贷。

1915 年 4 月 7 日第十版

吉林之紫霞宫案

吉垣四关紫霞宫，素为邪教聚集之处，名为善地，其实乃一迷信之薮也。前日〔三十一号〕晚间，有陆军多名奉令前往该庙指拿王某。讵当时庙中仅有李云峰暨医生王庆瑞两人，而正犯王、胡、陈等均已他往，遂将王、李逮去。将及庙外，适有王庭孝由街归来，一并逮至左将军公署严讯，于本月二号将一干人犯移送高等厅询问。闻王庭孝系榆树县粮户，年逾七十，此次来吉，因友介绍暂居该庙，说者谓其被逮当有错误。至王庆瑞、李云峰二人久住该庙，而李为副院长。此事发生后，西石砬子女医学塾各女生惊惶异常，均各罢课，匿不敢声，陈、胡等亦觉心神不定。据人言此案之关系颇为重大也。

1915 年 4 月 8 日第六版

批驳再设道教公会

上海县知事批上海道教公会会董曹骧等禀云：据禀并折阅悉。查火神庙及邑庙东西房并大境、龙王庙、天后宫等处，前据中华道教会禀请设立总分部，当经吴前知事批示有案，该会董等不应于同一之地点再设公会。沪上驻庙在家赴应道士人数既多，提取会费必须得各道士多数之同意，庶能发生效力。若以片面之规约强制执行，势必多方掣肘。至罚例一项尤为法律所不许。所请立案给示之处应毋庸议。仰即知照。

1915 年 4 月 8 日第十版

禁止迎神赛会

浦东一带乡民，每逢春间必有迎神赛会之举，此次又由社庄庙等各会首发起将次举行，当为上海县知事访悉，业已谕饬催征吏协同二十四保各图地保先期谕禁。如敢故违，定即按名提究云。

1915 年 4 月 10 日第十版

创立马王庙

今承众马房公举鄙人车取马粪时已二载，业经马业同人劝募解囊相助。余想工程有限，愿将自己所置之地坐落里虹口嘉兴路或西门外瞿真人庙隔壁之地建造马王庙，限六月念三日完工开光。是日务请各行主早降拈香。预备素席酒茶一切均由鄙人承当。惟恐不及周知，特登申新二报。特此布闻。马福骐启。

1915 年 5 月 7 日第四版；1915 年 5 月 8 日第七版

又有外人窥测要地

本邑钦赐仰殿为浦东重要之区，驻有陆军在彼巡防。乃前日忽有某国人数名，偕同华人，各带猎枪在该处一带托名游猎测绘路径，侦查军队，一一笔之日记。事为驻军窥见，上前干涉。某国人即行他往。郑镇守使据该营长官详报后，业已谕饬巡缉处长夏鸣皋前往各驻军处所，随时侦查禁遏矣。

1915 年 5 月 10 日第十版

乡镇风尚赛会

迎神赛会不但耗费金钱，亦且易滋事端，前清末季即悬为例禁，民国执行尤为认真。乃不意人口繁胜、警察完全之邵伯、宜陵两镇竟于前昨两日先后迎赛都天神会，热闹非常，城人往视者殊为众多，该两镇客寓饭馆莫不利市三倍，而县公署亦置之不问云。

1915 年 5 月 19 日第七版

县长禁止迎神赛会

苏乡迎神赛会之事仍不能免。前日有黄埭乡董事杨则林、朱少兰具禀吴县请求禁止。昨经吴县知事通饬二十七市乡董事及各区警员随时禁阻，倘有不服情事即拘拿究办。

1915 年 5 月 28 日第七版

救国储金汇志

苏垣马路青楼中发起，假马路大观戏园清唱三天，莅观者颇形拥挤，闻共约收一千余元。又武陵女塾开十周纪念会，售出绣品提二成充储金，计共售见七十余元，提出十六元送交银行存储。又道教中天后宫羽士秦琴鹤，于旧历十五日至二十一日，设祈祷国泰民安醮七天，所得醮金香金悉充储金。苏垣城市乡典当有数十家之多，现由裕源、源大等各当发起伙友存储法，拟联合各当进行。

1915 年 5 月 29 日第七版

神庙改作教室

镇郡对江新洲地方乡立第二初等小学校教授、管理均能合法，学生日形发达，原有教室容积不敷应用，欲添造教室又限于经费，不得已将西邻财神庙房屋划出数间为校内之用，业「已」[已]修葺工竣，光线空气均极充足，业经该乡学务委员详报县知事核准照办矣。

1915 年 6 月 5 日第七版

越境出示之奇闻

日昨镇郡南马路京畿岭左近忽发现斗方告示一道，上署句容县知事之衔，示尾填明发贴镇江字样，探其内容系属发还茅山印信禁止假冒之事。越境出示，一时见者咸诧为奇闻，但不知是否误贴。

1915 年 6 月 30 日第七版

道士出租地产之纠葛

粤人梁怀葆至上海地方审判厅，具控小东门丹凤楼住持羽士徐嘉平〔即徐少江〕串出姚子雨等为中证，哄骗银洋等情。昨日午后，经该厅陈推事官提到一干人证■庭研讯。梁诉称："在沪为药业。去冬有丹凤楼住持羽士徐少江央出姚子雨、黄丽生等为中证，将治下二十五保六图能字圩九十号丹凤楼户名〔即丹凤楼后面基地〕一亩二分租于商人为业，言明每年租地洋三百元，以三十年为限，于去年旧历十一月二十六日成交，先付一年租金三百元，并顶首洋三百元，共付洋六百元。立契时由三铺地甲黄邦达在场盖戳，并约定今年阳历二月中交地。不料至十二月初五日徐少江又与姚子雨等前来，声称该地现有纠葛，必须邀请律师方可办理，当被取去律师公费洋二百五十元，取有收条为证，又用去酒席费洋十二元，共被取去洋八百六十二元。迨至届期索地，一再延宕，继则声称此地已被官产丈放局充公，始知串党被骗。又商人于作头处已耗去银六百两。为此■据来案呈控，请求照据严追。"供毕，即将各据呈阅。质之徐少江、姚子雨、黄丽生等，均互相推诿。问官以徐少江因地纠葛迭次被人来案控告，此次又敢串证骗洋，实属不合，判将徐少江、姚子雨、黄丽生分别收押听候复讯究追。

1915 年 7 月 6 日第十版

保全邑庙附属品之请求

小东门内起至东马桥止，共分七段，规定退屋筑路以兴市面，业已次第兴工，惟第三段中有城隍神之旗杆并吹鼓亭等亦在退建之列。兹经邑庙二班会首杨顺记、杨云记等联名投上海县公署具禀请求保全。沈知事以此项路政关系重要，应否保全，着邀同公众赴工巡捐局具禀请示。

1915 年 7 月 13 日第十版

清道人书画之名贵

江西李梅庵先生，别号清道人，前清曾任江宁提学司兼署藩司。光复后谢绝名利，侨寓沪上，黄冠道服，鬻书为活。先生书名冠海内，又善画山水花卉，海内人士视先生书画珍同拱璧，四方来索者踵趾相接，东瀛人士尤不惜巨金觅之。现交夏令，每日书团、折扇应接不暇。闻拟重订润格，将书团、折扇润例删除，因是近日索书团、折扇者更夥，大有纸贵洛阳之概云。

1915 年 8 月 9 日第十一版

〖关于寺庙财产之大总统令〗[①]

又令。据内务部呈称“各省寺庙财产争讼纠纷，请明令保护以维宗教而资信守”等语。民国肇建，于法律范围以内均有信教及财产之自由。惟改革之初，土豪莠民往往借端侵占，控诉之案纷纭不决，关系于僧侣庙产者尤多。嗣经该部规定《寺院管理暂行规则》借示限制，而诉讼旧案往往缠抗不休。此等庙产，或由于教徒之募集，或由于人民之布施，其所有权未经让与以前当然属诸寺庙，应由该部通饬地方官吏对于寺庙财产责成该管官切实保护，除僧侣热心公益自愿捐输，仍准禀明立案外，均应严禁侵占，违者依法治罪。

① 本文为原题《命令》中的一则。

关于庙产构讼事件秉公清结，毋任宕延。其在该部寺庙管理规则公布以前，事实业经解决，权利早已移转，自当不溯既往，所请旧案仍查明当时■让之教徒，由该部量予褒扬，并准于施捐，地方勒石表彰，以昭平允。总之，保护民间财产为地方官应有之责权，国家一视同仁，断不容营私罔利之徒横加蹂躏。将此通令知之。此令。

1915 年 8 月 12 日第二版

城隍庙归入公产

本邑公款公产经理处，昨详上海县沈知事文云：奉钧署第四九四号饬并附抄件饬为查照并将邑庙两庑等处应否归公收管查明具复等因，奉此，遵查《上海县志》"城隍庙为明时潘恩宅基改建，基地十二亩六分，于清乾隆元年恩诏免科。嘉庆三年道会葛文英复新大殿两庑。道光十六年两庑及戏楼毁，众商重修"各等语等，是庙宇的系地方公民所建，庙基亦系地方公众所捐，其为地方公产已无疑义，自应由处收管。至于免科一层，系清廷敬重神明之意，非因事入官者可比，惟今时势递迁，有司朔望拈香之举久「巳」[已]不行，则邑庙免科之文亦应废止，所有此项公产自应归本处收管，拟请按照民田例一律入册承粮完赋以昭公允而符政体。兹奉前因，合将查明邑庙屋宇基址沿革情形依据志乘参加管见具详声复，是否有当，敬乞县长俯赐鉴核批示「祇」[祗]遵。

1915 年 8 月 13 日第十版

出租庙产之辩论

粤人梁怀宝控小东门内丹凤楼主持羽士徐嘉平〔即徐少江〕等，以出租该庙余地为由勾串骗洋等情，前经地方审判厅将徐等传案讯供听候，追究在案。前日下午又由该厅陈推事官提案复审。原告梁怀宝诉称："去年徐少江央黄礼生、姚子裕等多人为中将丹凤楼后面余地一亩二分租于商人，言明三十年为限，当立契约时先被取去定洋等费共洋八百七十二元。

现在徐等忽然反悔，因此商人损失颇巨，请为追究。”徐供称此项余地已由工巡捐局划作马路，因此不能履行。问官得供，遂认为辩论终结，听候送达判词。

1915 年 8 月 19 日第十版

〖工巡捐局为大境庙住持蒋庆云禀批〗①

据禀已悉。该住持所存庙产变价一款应候本局款储稍裕再行发还，仰即知照。

1915 年 8 月 31 日第十一版

提取天后宫存款

上海内地自来水厂现经财政部决定仍归商办一切情形已迭志前报。兹悉本邑公款公产经理处因该自来水厂，现闻已由商人投资购买不日改归商办，所有前存公私各款，有连本利一并算还存户之说，该经理处查有天后宫存厂生息银三千两，前于■回官办时继续承认在案，昨特将息折一扣函送该厂总理陶兰泉查照，请将前项存款本息一并算清交下以清公款。

1915 年 9 月 17 日第十版

〖工巡捐局为大境庙住持蒋庆云禀请还款由批〗②

据禀已悉。仍即遵照前批，俟本局款储稍裕分别发还，毋庸多渎。此批。

1915 年 9 月 18 日第十一版

---

① 原题《大境庙住持蒋庆云禀批》，为《工巡捐局批示二则》中的一则。另外“蒋庆云”在 1912 年 6 月 28 日、1912 年 6 月 30 日、1915 年 11 月 28 日的报道中作“蒋庆荣”。

② 原题《大境庙住持蒋庆云禀请还款由批》，为《工巡捐局批示二则》中的一则。

〖袁总统亲祭关岳之北京电〗[1]

〔北京电〕袁总统定十月四日亲祭关岳，由内务、商二总长助之。

1915年9月26日第二版

声请强制执行之不准

济和祥药房主粤商梁怀宝，前控丹凤楼住持羽士徐少江央出中保以租地为由，骗去洋八百数十元一案，前经地方审判厅开庭辩论，判令照约履行在案。兹悉此案延宕至今尚未■结，日昨原告投案具禀声请强制执行，袁厅长据禀后以该原告前经一再具呈曾经明晰批示所请应毋庸议。

1915年10月10日第十、十一版

军人宣暂〈安庆〉

日昨倪将军由京回皖，召集各局所长官及军署属员，于十月八号清晨莅北门城内大拐角头关岳二圣之庙举行宣誓典礼，倪将军亲诣二圣神位前拈香致敬行三鞠躬礼后，向众宣布誓词，其大旨谓：军人不外以服从命令、尽心爱国为原则，他如恪守军纪、严饬营规，犹其余事。宣毕而散。

1915年10月15日第七版

道教会勒令取销[2]

江陵县人李道元，素以神道惑人，结党拜会，附从者极众。兹竟潜来省垣号召迷信神权之徒秘密组合道教总会，私刊钤记，擅印布告、传单、章程、徽章以及谕帖、封条等件。前日经警厅侦探查悉，以其有意招摇，据情报告

① 本文为《译电》栏目之下二十五日《北京电》中的一则。

② 本文为《湖北要闻汇纪》中的一则。

崔厅长派队将李捕获，抄出钤记各件，再三研讯，悉其意在骗钱，当予拘押录供详报巡署段使，当饬将道教总会名义取销，即由厅派警将李道元连同起获各件一并解送江陆县知事讯办，盖李曾供该知事曾允其立案也。

1915 年 10 月 25 日第六版

道士致电请愿之趣闻

广东有道士叶至芬等致电北京云："参政院钧鉴：天下不可一日无君，袁大总统应天顺人，衲思古人坠驴庆太年之谊，请早正大位，谨礼斗七天，祝新朝国祚绵长。道纳叶至芬等稽首。"

1915 年 11 月 1 日第七版

募捐修庙之文告

上海县知事公署前日发出示谕云：据上海县公款公产经理处经理员丁熙咸、张信详称"窃据邑庙东房住持罗克裕、西房住持邱金生函称'本邑城隍庙自前清宣统二年间以寝宫年久失修、四处窳漏，经前住持曹剑华、施霖等商请同仁辅元堂姚董文枬等呈请前上海县田给示募捐重行修葺。惟当时因经费不足，内外未能一律重新。现在历时已久，如二门以内戏台、二廊、大殿、寝宫等处日见潮朽，本年七月飓风为灾损坏更甚，若不亟筹修葺，则日窳日朽，倾［圯］［圮］堪虞，为敢奉函贵处仍乞援案详请县长发给示谕'等情前来，当经熙咸等前往履勘，果属实情。查邑庙为前清讲乡约、祈祷晴雨之地，中外观瞻所系，自不得不酌量修理。爰饬匠估计约需修费三千余元，即由本处刊立捐册，加盖图记编号，发交该住持罗克裕、邱金生等公投劝募，并查照前同仁辅元堂历次经理募修成案将来工程告竣刊印征信以资稽考。惟本邑五方杂处，恐有作伪冒捐等情，为此检同捐册一本援案详请县长察核备案并迅予出示晓谕以便劝募而观厥成"等情到署，据此，除批示外，合行出示晓谕，仰地方绅商一体知悉。

1915 年 11 月 1 日第十版

提取天后宫存款

本邑公款公产经理处致上海内地水公司函云：本处有天后宫公款银三千两向存贵前公司，言明活期存款随时可提。迨改归部办，本处因念库款支绌未便强为提取。兹闻本埠各日报载有贵公司广告声明“四项存款均照本年春间部定办法由本公司继续承认”等语，该款亦在其内，具见贵公司资本充裕、信实经商，钦佩无量。惟近来地方公款亏空甚巨，点金乏术，弥补为难，特将贵前厂填给天后宫款继续承认存折一扣备函送请贵公司察核，并希将结存本息如数算还以应急需而清公款。

1915 年 11 月 4 日第十版

提倡修庙捐款之请求

本邑公款公产经理处昨致上海县沈知事函云：窃上海城隍庙为合邑香火所萃、人民观感之地，前据该住持等以大殿、寝宫等处自经风灾后势将倾圮函请援案募捐修理，当经本处刊立捐册详奉钧署批准备案并蒙谕捐在案，仰见县长本圣人神道设教之至意，无任钦佩。顷又据该住持声称“前清光绪十九年份修理邑庙前升县黄倡捐洋一百元，宣统二年份重修前升县田倡捐洋五十元，一时捐款踊跃，故能早日成功，此次拟仍恳县知事提倡，俾易集事，请为转求”前来，理合检同捐册一本肃函奉达，敬乞县长俯赐察核、恩准捐助，实深公感。

1915 年 11 月 7 日第十版

〚工巡捐司为大境庙住持蒋庆荣禀请还款由批〛[①]

禀悉。此案甫据该住持禀奉道尹批行到局，当以现在局款支绌，仍拟随

① 原题《大境庙住持蒋庆荣禀请还款由批》，为《工巡捐司之批示》中的一则。

时设法，如有宽裕即行提前拔还■抒财力，详奉批示在案。至该庙修理费已有地租可支，此款断非急需，仍候随时筹还，毋庸哓渎。再，前应分配庙产变价一案系在陆总董任期之内所禀，殊属误会，并饬知照。此批。

1915 年 11 月 28 日第十一版

纪张天师莅皖

江西张天师元旭，系贵溪龙虎山汉张道陵六十二代孙也，日昨来皖，寓安武右军马统领统部中，并往巡按署及各厅署拜谒留名。皖省道教会生徒拟开会欢迎。闻此次天师之来，系因军界某长官之女公子患有魔病，特请其来皖用符咒驱治云。

1915 年 12 月 5 日第七版

道教欢迎张天师〈安庆〉

江西龙虎山张元旭天师，日前来皖为某统领之女公子驱病已志前报。兹闻该统领之女公子病将痊可。九号皖城道教教育会联合各道界假东门外东岳庙开欢迎大会，并请官绅学界参观。闻天师莅会并演讲道教玄妙之理。

1915 年 12 月 13 日第七版

1916 年

雇工修葺万寿宫

北京大典筹备处，致电各省将原有之万寿宫实时修葺，以备登极时官僚庆贺，皖省李巡按接电后即饬怀宁县将原有之万寿宫从速修葺。惟皖省万寿宫已改为烈士祠，宫前之御碑亭「巳」[已]改建劝业场，现朱知事拟将各烈士牌位迁移他处，再于宫前砌筑照墙以隔商场，刻「巳」[已]派员雇工修葺矣。

1916 年 1 月 7 日第七版

工巡捐局批示

大境关帝庙住持蒋庆荣禀请领款批：禀悉。本局经费奇绌，实系无款可拨，既据迭次请求，姑准先行归还五百元以示体恤，着即备具领状来局请领可也。

1916 年 1 月 16 日第十一版

复估修理万寿宫工费〈南京〉

齐巡按前奉中央咨请修理各县万寿宫，业经转饬各知事遵照在案。兹江宁吴知事特将勘估修费缮具清折，计共需洋一千五百八十九圆六角，详请拨款。齐使饬财政胡厅长赶即派员复估，并将此项经费应于何项内动支查明转(饬)遵照并具报查核。

1916 年 1 月 18 日第七版

腊底春初之沪滨警务

英大马路保安司徒庙〔即虹庙〕，每届旧历新年一般迷信之人争烧头香，甚为拥挤。今老闸捕房捕头，因鉴于去年踏毙老妇之事，预派探捕至该庙内外妥为照料，且将大门首之木棚拆除，故虽仍拥挤，未闻肇事。

…………

一区二分驻所、二区一分驻所王、杜两警佐，因本城邑庙于旧历除夕及元旦二天男女烧香者极为拥挤，并以民国路一带除夕日夜商民来往不绝，而本所警察不敷差遣，故特先期禀请徐厅长加派巡警分投防护。徐君准派保安、游巡、骑巡、侦缉各队士持械梭巡。松沪护军使杨君与徐厅长以是日各队士异常勤劳，每名赏洋半元以示奖励。

1916 年 2 月 6 日第十版

宝玺玉印回山广告

启者：大茅山元符宫，本有前明颁赐九老仙都玉玺一颗、玉印一颗、灵官钤记一颗，以供来山敬香诸大善士瞻仰，被前清巡抚部院谭饬句容县袁将此玉印、钤记收没存库数十余年。今蒙各绅士禀请将本山玉印、钤记亦立发还，合山道等共感鸿慈名垂不朽，故此奉达十方诸大护法来山观瞻以示尊隆，获福无量。大茅山元符宫衲萧引凤、道衲吕朋岩谨白。

1916 年 2 月 6 日第十二版；1916 年 2 月 7 日第八版；1916 年 2 月 9 日第五版；1916 年 2 月 10 日第十六版

刘王庙香会中之巡逻

嘉兴王江泾镇比联之连四荡地方有刘王庙者，一般船帮中人最为崇信。每届阴历正月二十日为该庙开印之期，各帮船户纷纷咸集多至千有余艘，人声嘈杂，良莠不齐，每至匪类乘机混迹其中。以现在时局多故，此项香会尤易滋生事端，昨特加派警察严密巡逻以维秩序。

1916 年 2 月 24 日第七版

改组清理官产办事处

清理江苏官产驻沪办事处，昨日发出布告云：照得上、宝两县官产向由本处派员设立事务所驻沪办理，现因郑驻办员病故，一时既乏相当人才，尤未便骤易生手，业经电准财政部并详明巡按使将上宝官产事务所撤销，一应清理事宜由本处直接办理。兹于本月一日为始，即在本邑大境关帝庙内设立驻沪办事处，由本处长莅沪开办督率清理。诚恐机关改组各界人民未及周知，为此出示布告，仰即一体知照。

1916 年 3 月 6 日第十版

猛将会来城〈松江〉

东北乡猛将庙，每十年迎赛神像一次，远近跟香之人以数千计，周游各图，非数日不能回庙。昨日从北外卖花桥一带来城，行经东门，城厢士女几于空巷出观，那警佐亦先期派员率警驰往弹压。时已傍晚，神即驻驾于东外宋姓家，明日往新桥广化庵等处，然后回庙。

1916 年 3 月 19 日第七版

禁止迎神赛会

上海县沈知事，访闻西乡漕河泾及浦东龙王庙等处，近有好事之徒定期集众迎神赛会，当此时事多艰未便以有用之财为无益之举，业已饬吏分投知照各图地保传谕禁止，如敢故违，定将为首之人按名提究云。

1916 年 3 月 24 日第十版

协查南汇城隍庙之失赃

淞沪警察厅■昨接南汇县叶知事移称，城隍庙内大堂上所供之点锡三事件〔即香炉烛台〕共重三百余斤于上月三十号被贼窃去,侦悉赃物售于上海锡铺,亟应查缉,特派法警陶锡元等持文来沪,应请贵厅派探协缉云云。

1916 年 4 月 8 日第十版

西山迎赛天后会〈苏州〉

洞庭西山天后宫庙,在前清时每年春间俗有迎神赛会之举,耗费颇巨。光复后以破除迷信业已停赛。日前有西山人邹伟仁〔现充浙江水警分署长,驻防西山西面江浙交界处〕发起复行赛会,当先助洋二百元为倡,于是合山绅商相率解囊慨助,顿成巨款。正在筹备一切,讵邹伟仁因率同师船梭巡,至夹浦地方被枭匪攻击,夺去枪船二号,当以责任所在焦急异常,无暇顾及赛会之事,遂宣布停赛。乃不数日,邹所蓄之爱马忽然病毙。邹以为此马之毙或因赛会停顿致遭神谴,故又重申前议,决计迎赛,择定阴历三月十二起至十六日止赛会五天。目下正在筹备各事,并「巳」[已]商之警区派警弹压以免滋事。

1916 年 4 月 12 日第七版

城隍庙兴工修葺

本邑城隍庙,自头门至大殿以及两廊房屋,前因年久失修,由各会首与该庙住持羽士禀准上海县沈知事大加修葺,所需经费由各会首分别担任。日来该庙工程正在进行,所有头门至大殿等处已断绝交通矣。

1916 年 4 月 12 日第十版

拟卖文昌阁基地之饬查

本邑法华绅董王丰镐、陈作霖前清光绪年间在虹口文监师路文昌阁内设立飞虹义务小学,近拟将该阁基地售卖,将小学迁至法华,禀请县署将存案方单发给以便出售。沈知事以文昌阁飞虹义务小学系在闸北范围之内,此项校址究竟性质若何、是否可以售卖，至方单一层因何事故于何时留存县署未据叙明，除饬知该乡市经董会同学务委员查复外，昨特函致王、陈两董查明声复以凭核办。

1916 年 6 月 27 日第十一版

关公送入玉清宫

沪城小东门猛将堂内，向有关公塑像一尊，前年被人搬至南门外野三官堂安置。兹由各会首集议妥洽并得公款公产经理处丁赓尧之允许，故定于旧历七月初一日将神像由野三官堂舁入邑庙玉清宫内供奉。

1916 年 7 月 29 日第十一版

筹拟兴复古迹〈南昌〉

赣垣万寿宫为赣省古迹，前被焚毁，刻拟重建。八月一日绅商等在总商会开筹备进行大会，到者陈冰懋、饶士端、邹安孟、龚梅生、章润斋、卢馥窗等百余人。十二句钟开会，首由龙梅生报告开会宗旨，次由饶士端演说“万寿宫为赣省名胜之区，许真君又为全省人民所崇拜，此次焚毁仅留一片焦土，虽去年草创临时殿宇，不独表面殊欠雅观，即全省崇拜真君人士亦恐朝夕不安。前经总商会电达张少轩君提议重建，比蒙电复赞同并慨认巨款。鄙人在徐时亦曾与张君谈及此事，慨允资助。惟事繁款巨，非一人所能告成，故特柬请诸君到会筹商俾便进行”云云，众皆鼓掌，遂推罗伯农将拟定各问题征求同意，并推定经理及各办事员而散。

1916 年 8 月 7 日第七版

〖浦东北蔡镇龙王庙锡质銮驾失窃〗[①]

又浦东上海、南汇二县交界之龙王庙内储有锡质銮驾八十余件，兹因被贼

① 本文为《浦东北蔡镇之骚扰》中的一则。

窃去十二件，查系徐阿桃等串窃，当由地保蔡姓将徐拿获。徐即诬攀卫金生唆使往窃，该地保遂勒令卫金生认赔巨款。卫不承认，向蔡理论，竟于昨日午前在沪各邀三百余人，从董家渡过渡，约在北蔡镇齐集械斗，当为淞沪警察三区第三分驻所警佐得悉，立派长警数十名荷枪驰往弹压，并查拿为首之人务获究办。

1916 年 8 月 12 日第十版

清理官产沙田办公处暂行迁移

清理官产沙田驻沪办事处九亩地办公处房屋，本向大境关帝庙住持道士所借。今该住持以屋宇朽旧亟须修葺促令另行迁移，该主任翁寅丞因办事处本在法租界孟纳拉路第一百八十七号门牌租有寄宿舍，定于今日迁往彼处暂行办公，俟大境修葺告竣再行移回。

1916 年 9 月 1 日第十一版

中秋佳节之糜费

昨日为中秋佳节，沪城各处桥梁庙宇向例焚烧木壳大斗香，今岁以邑庙月台之斗香为冠。昨日下午男女游人之前往观看者颇众，且有尚■门内凝河路众姓集资建醮游行街市，其中杂以各色灯彩■、清客串、锣鼓等类，凡所经过之处颇为热闹云。

1916 年 9 月 13 日第十一版

〖张天师至芜湖〗[①]

江西龙虎山天师张元旭，前日由某处来芜，寓江西会馆。张遣丁持片夹有灵符向各机关各商号打秋风，每符一张索洋一元。

1916 年 12 月 22 日第七版

① 本文为《芜湖快信》中的一则。

1917 年

洞庭东山赛会之恶俗

昨有友人来自洞庭山，述及：洞庭东山每年阴历正月初九日各村庄农人咸称是日为天诞日，必赛猛将会，颇为热闹，惟赛会时争殴肇祸必不能免，盖各会首上山至糖子岭及至下山时互相争竞，以在先者为今年蚕花丰收之朕兆，虽屡经地方官出示禁赛，若辈终置若罔闻。今(届)各会首举行斯会更兴高采烈。有养田村会首周增堂与杨家桥村会首陆鼎发兄弟等因迎赛猛将争先挟仇，于事后各持铁器在途攒殴，致将陆鼎发会中之人三四名击伤，命垂呼吸。现闻此事为吴县知事访悉，已派警察某区员前往调查，并严拿各会首到案惩儆，以期永远禁绝云云。

1917 年 2 月 6 日第十一版

警佐禁止迎神赛会

浦东洋泾镇南首华漕汰河旁，近有女巫多人分往各处募捐兴修庙宇一所，名曰三壮庙，内塑猛将像，由该女巫等定于阴历本月十五日出巡赛会。事为三区二分驻所马警佐得悉，以迎神赛会本干例禁，深恐人众肇事，故特于昨日饬警传谕该庙主等着即停止，违干未便。

1917 年 3 月 27 日第十一版

〖钦赐仰殿进香〗[①]

浦东钦赐仰殿庙宇，俗称冥府阎罗殿，每逢二三月间香火最盛，沪上士女亦纷纷渡浦进香。

1917 年 4 月 20 日第十一版

① 原题《小车夫殴打岗警》，此处摘录其中一部分。

集议保全古庙〈松江〉

西门外润街财神庙，年久失修，日形颓废，已无僧道住持。现有庙邻唐姓向官产局缴价承买，已有成议，旋为附近姜某、吴某等得悉，以该庙虽仅余颓垣败瓦，然邑志所载亦在松江古迹之列，缘于今日〔三月初二〕集合庙邻，在姜氏尊亲学校筹商阻止方法，以便保全该庙。

1917 年 4 月 24 日第七版

道尹设坛求雨〈苏州〉

本年入春以来，天久不雨，河水干涸，喉痧时症日盛一日。苏常道尹王可耕特督同吴县孙知事，于昨日起在城隍庙内设坛祈祷早降雨泽。王道尹此举系踵行前清成例乎抑真以祈祷为有效耶？

1917 年 4 月 29 日第七版

两邑知事会禁赛会

浦东高行乡上、川两邑交界之萧王庙内，供奉照天候神像，每逢三月一日乡人必迎神赛会巡行上、川两邑边境，须二三日方始竣事。兹又届期，上海县沈知事因恐人众肇事，除饬第六区汤区员就近查禁外，复公函川沙县景代知事派警一体查禁，以保安宁。

1917 年 5 月 5 日第十一版

署员禁止迎神赛会

江湾东岳庙，每年三月二十八日举行解饷会，会中人舁偶像出巡，远道来观者极形拥挤，淞沪火车必开加班列车载客已成惯例。现因驻防闸北之陆军三十七团派有兵士一连驻扎该镇，借用该庙房屋，六区一分所署员钱镕昌为破除迷信及预防滋事起见，业「巳」[已]先期知照镇董传谕■会首禁止举行。

1917 年 5 月 19 日第十一版

〖三杜庙失窃案〗①

浦东洋泾镇■首三杜庙工头陈姜林家，前晚被人挖洞入室窃去金镯两副、金戒五只及绸皮衣服等物，约值一千余金，携赃逃逸。同时三杜庙内玉府神偶像亦被剥去红缎绣花神袍一件及金项圈、金锁等物。翌日由事主陈姜林偕同庙祝开单投报三区二分驻所请求饬缉，当经马警佐饬警前往勘明谕饬踩缉赃贼务获解究。

1917 年 5 月 25 日第十一版

乡民抬神祈雨〈扬州〉

四乡农民因天气仍亢旱不雨，禾笛将尽枯萎，昨特将龙王庙神像抬入城中巡行以示祈祷。

1917 年 5 月 29 日第七版

〖设坛求雨〗②

皖省日来望雨甚殷，官厅设坛求雨，禁止五荤，并派员带同羽士前赴万山祈水。各善堂亦设太昊伏羲、护国龙王、行雨先师神位，每日行香三次，虔诚祈祷。闻皖南各县望雨尤切，恐今年将成旱象。

1917 年 5 月 30 日第六版

---

① 原题《两窃案同时发生》。
② 本文为《皖垣近事》中的一则。

求雨祷铜观音

苏垣入春以来天时亢旱，河井干涸，时症盛行，苏常王道尹前曾率同孙知事在城隍庙设坛建醮祈求雨泽，未见大效。目下小满节「巳」[已]过，四乡农民正在插秧之时，若再无雨必致无可播种，秋收即难有望。王道尹、孙知事查悉曩例求雨求晴皆求之于光福之铜观音，遂于五月二十八号饬派侦缉队长潘秀清乘坐汽油船前往光福镇恭请观音神像，一俟到苏再行设坛行礼，并「巳」[已]由县出示谕知城厢内外各肉铺，自五月二十八日起禁止屠宰三日，以冀穹苍早降甘霖。

1917年5月30日第七版

知事设坛求雨〈扬州〉

本邑自春徂夏天气干亢，雨泽稀少，小麦受伤，子秧枯槁，旱象已成，四乡农民纷纷进城祈祷。江都周知事，遂定于五月三十日，在旧城城隍庙设坛拈香并禁屠宰三日。

1917年5月31日第七版

庚申会之敛钱

镇郡城隍庙，每年四五月间向有庚申会，一般道姑道婆各携香资联翩莅会，其中流品颇不一致。兹本年阴历四月十二日该庙某羽士循例举行大会，是日善男信女来者不下数百人。正在拈香膜拜之际，讵有道婆某氏忽然佯狂，口中喃喃大声疾呼，言"现在娘娘没有小褂裤，特为附着我的身上，命我告知你们，叫你们各出愿心"等语，说毕复手舞足蹈故作惊人之态。在场各女子咸闻而色变，或解簪珥，或助洋蚨，或捐铜币，一霎时间醵资达二百余元。此一迷信敛钱之一斑也。

1917年6月4日第七版

倪知事禁屠祈雨

镇郡一带已六月无雨，田间苦旱，农民望泽情殷。丹徒县倪和甫知事沿用俗例，择于四号起示禁屠宰，并斋戒沐浴，就城隍庙、金山龙王殿、江口风神庙设坛祈雨，每日分早中晚三次，率同军政警各机关人员步行至各庙拈香祈祷，以期早霈甘霖。

1917 年 6 月 6 日第七版

徐州快信

天气久旱不雨，张勋昨出示禁止屠宰，并亲赴南关外云龙山及泰山娘娘庙等处祈求雨泽。

1917 年 6 月 8 日第三版

迎神赛会亟应禁止〈苏州〉

浒关镇及四乡城隍、猛将、土地等庙甚多，各该处乡民每年于四月间狃于迷信异神赛会以为驱瘟逐疫保境佑民之举。日前本镇猛将庙举行赛会后，昨日又为城隍司赛会之期，各处来关观看者拥挤异常。会中仪仗颇多，马八十匹，骡子四十头，下午一时排导游行本镇，然后周行各乡，至傍晚始行回庙。回忆上年该处赛会至下津桥地方因看客拥挤曾肇事端，此次该镇警察所仅派警照料，并不详县请禁，虽未肇事，实非正当办法也。

1917 年 6 月 8 日第七版

农民喜雨〈镇江〉

徒邑苦旱，二麦枯萎，秧禾将槁。丹徒县倪知事关心民瘼，设坛祈雨并示禁屠宰，均志前报。兹于十一号晚间阴云四合、雷雨交加，至今早放晴，约获甘霖二寸，四乡农民已转忧为喜矣。

1917年6月14日第七版

戒严期中禁止宿山〈杭州〉

阴历六月二十三四等日，俗传为火神、雷祖圣诞，届时一般迷信男女，咸往该二庙焚香宿山以求幸福，而尤以吴山火德庙雷祖殿为最热闹。兹闻一区二分署警佐周汝杰以此种举动既无益于社会又耗有用金钱，当此戒严期内尤应设法禁止以保治安，昨特谕令驻吴山巡长陈光林查照戒严条例办理，以夜间十二时为限，并不准各庙有宿山之事，违则照章拘究。

1917年8月11日第七版

中元节之迎神赛会

扬州风景繁华，向为江北诸邑之冠，而迎神赛会等种种迷信举动亦较他邑为多。民国以来干戈遍地，生计萧条，此风为之稍息。讵意本年绅商各户又复兴高采烈，阴历六月观音香会较往年尤为热闹，几于无日无之。今日〔一日〕为旧历中元节城隍出巡，除仪仗执事外，计有抬阁三架、玉器担三副并花担等类，又用幼童乔装种种剧戏及阴曹鬼卒等，入夜则灯火照耀如同白昼。一时观者如堵，皆谓为近年以来所未有。闻此举前经绅商某某等运动县署允许照例举行，周知事因瞻顾情面并未禁阻，且有捐助会资之事。当此戒严时期，忽然有此举动，不独销耗民财，尤恐酿成变故，何扬州官绅迷信之深耶？

1917年9月4日第七版

〖工巡捐局为大境庙住持蔡庆荣禀批〗①

大境庙住持蔡庆荣禀移助捐款由批：据禀已悉。本局目前公款奇绌，

① 原题《工巡捐局批示照录》。

无可腾挪，该庙捐助救火会经费应由该住持自行筹措。此批。

1917 年 9 月 14 日第十一版

〖延雇羽士建坛设祭〗①

甬人徐豫发等邀集同乡，在法租界八仙桥芝兰里寓所设坛三日，施济辛亥以来被难军官暨阵亡诸先烈，定于昨日起至明日止延雇羽士建坛设祭。闻该帮中迷信之徒捐助锭箔者颇不乏人云。

1917 年 9 月 14 日第十一版

〖串卖三泾庙公产之查复〗②

本邑西乡二十八保八九图中有三泾庙公产，近被该处图董秦志堂父子串通该处「捆」[图]保王瑞卿盗卖于兆丰公司。事为该处绅士查悉，具禀上海县署，经沈知事将王提案收押，一面谕令法华乡经董杨洪钧等查复在案。兹经该经董查明具复县署略称"三泾庙庙基实为公产，此次被秦、王等串通盗卖，共计价洋一千九百四十元，当时经秦等收过定洋三百四十元，尚余一千六百元亦经秦等收讫。兹已责令秦等将已收之洋缴出一千六百元呈缴到署请示办理"等语。昨经沈知事谕候提齐人证到案，并提同在押之王瑞卿研讯澈究。

1917 年 9 月 27 日第十一版

斥革两个地保

西乡二十八保八九图地保王瑞卿，因盗卖三泾庙公地与洋商兆丰公司，得价一千九百五十元，经法华乡经董杨洪钧查明禀经上海县知事将王提案收押候究在案。兹悉此案经沈知事查明，王瑞卿劣迹多端，今又敢盗

① 原题《建坛设祭之迷信》。

② 原题《串卖公产之查复》。

卖公产，私立白契，不法已极，遂于昨日出示将王斥革永远不准化名复充。又邑庙前四铺地甲周庆生〔即周福〕，沈知事以其办公不力，迭次舞弊，亦于昨日出示将周斥革不准复充，所遗之役仰熟悉铺中公务者觅保来案投充。

1917 年 9 月 30 日第十一版

〖关于三泾庙公产串卖秦志堂来函〗①

顷阅九月二十七日报载董保串同盗卖公产一则，与事实不符。查敝图三泾庙公产曾由前地保高振发意图变卖，由鄙人函告法华乡经董详县批示有案。兹又被地保王瑞卿擅卖与兆丰为业，当为鄙人查悉，函请乡经董呈县密传王瑞卿讯押候办并奉县令将王瑞卿斥革在案，其地价除由王瑞卿立据收去洋三百三十四元六角外，余洋一千六百元暂存兆丰处，立有存洋据。所有王瑞卿擅卖之定田据及存银据节经呈送县署。事后鄙人既未收地价，事前亦未与闻。名誉攸关，伏乞登入来函更正为祷。秦志堂谨上。

1917 年 9 月 30 日第十一版

革保又被控告

本邑西乡二十八保八九图地保王瑞卿，前因串通图董之子盗卖三泾庙公产，为该图经董、公民等禀准上海县沈知事将王斥革押办在案。兹有孙益珍者，亦因该保盗卖良田投县控诉，昨奉沈知事批示云："孙益珍呈为恶贯满盈既经因案在押请求并办由批：已革地保王瑞卿擅卖三泾庙公产讯办未结，据称王瑞卿将已故张子寿抵与该民之地串同赵姓盗卖，自应分别讯办。惟系民事诉讼，应赴地方审判厅起诉。着即知照。此批。"

1917 年 10 月 26 日第十一版

---

① 原题《秦志堂来函》。

禁止迎赛钦知县

旧历十月十五日，为川沙筑造钦公塘之钦知县迎赛日期，该处乡民每届是日必舁像出巡，颇为热闹。现为驻防该处之水陆各军警王分署长等所闻，深恐赛会之时或有流氓土匪借端滋扰，昨特令饬所属严行禁阻以维治安。

1917 年 11 月 27 日第十版

三官殿亦开成立会

道人洪清、善清、妙清三人，近在英租界爱多亚路、西藏路口，创建三官殿一所。昨为该殿成立之日，由洪清等备具素席邀请各界于晚间开成立会，绅商到者如陈润夫、姚子梁、童有时、徐志范、曹芝文、卫芝山、郭襄士、张旭初、林稚周、童可与等，上海佛教公会会长常贵老和尚亦到会，一时颇为热闹。席间经陈、姚等提议将来拟在该殿兴办一切慈善事业，众皆赞成，愿为辅助。散会时已钟鸣九下矣。

1917 年 12 月 13 日第十版

县署批示照录

上海县公署批丹凤楼、碧梧道院庙董陈作霖等呈为撤换道院主持请立案给谕由：呈悉。准予给谕，着该主持陆庆和来署具领。仰即知照。此批。

1917 年 12 月 21 日第十一版

1918 年

邑庙新年之热闹

旧历元旦以来，天气晴和，沪城邑庙豫园中游人如蚁，各茶坊与点心店、耍货摊及小本贸易者无不利市三倍，迷信男女入庙拈香者亦颇拥挤。一般流氓窃贼遂混入其中摸窃财物时有所闻，虽经一区二分驻所王警佐拨派长警照料，终虑顾此失彼。王警佐乃禀由徐厅长于昨日始谕饬游巡第二队拨派队士二十四名由巡长督率前赴邑庙内外分投弹压。

1918 年 2 月 15 日第十一版

香会中之巡逻

镇郡对江二道桥地方有刘王庙者，一般船帮中人最为崇信。每届阴历正月二十日为该庙开印之期，各帮船户纷纷咸集，多至千有余艘。该处警察分所王区长以现在时局多故，此项香会尤易滋生事端，昨特加派警察严密巡逻以维秩序。

1918 年 3 月 5 日第七版

迎赛施相公偶像之热闹

老西门内虹桥堍之施相公庙，平日香火极盛，此次因肇家浜退屋让路，该庙亦在其列。现在新屋落成，由庙祝等订定阴历正月二十八日为神像开光，并于是日迎神出游。昨日届期，午刻各会首齐集庙中，排齐全副仪仗舁像出游，前导除寻常执事外，有逍遥伞、阴皂隶、对马、顶马、军乐队、马执事等，由庙出发，出西门，进东门，绕行邑庙等处，然后回庙。经过之处观者甚众，巡警并不干涉云。

1918 年 3 月 11 日第十版

议复迎神赛会之陋习

本邑城隍于前清时代，每逢清明日及七月十五日、十月初一日，例由各会首迎像出巡，及至光复以后，即经前上海县民政长吴怀疚出示永禁以除迷信而免滋事，迄今已历六七年，种种糜费节省不少。乃又有名为绅董者数人，连日邀同邑庙各会首一再集议，拟具禀行政官厅以本届清明为始，仍照前例按节迎赛，不知其据何理由也。

1918 年 3 月 13 日第十一版

再志议复迎神赛会之陋习

本邑城隍神秦伯府，每逢上中下三元令节如清明、七月望、十月朔率同四司出巡莅坛施赈，宣统三年〔即辛亥年〕沪上光复以后[①]，即由前上海县民政长吴怀疚出示永禁，不准出赛，以免劳民伤财，迄今六七年遵守无异。兹该庙各会首一再集议，决定本届清明仍迎城隍与四司出巡，闻已由某董函致警察厅请为届时保护，未识徐厅长能允许否。

1918 年 3 月 22 日第十版

恢复节会之批斥

邑庙住持罗克裕等为举行节会呈请核示，昨经上海县公署批斥云："呈悉。查迎神赛会迭经本公署禁止，历有多年，断无弛禁之理。兹据前情，除咨请淞沪警厅饬属一体照案禁阻外，仰即知照。此批。"

1918 年 4 月 3 日第十版

---

① "以后"原作"后以"，错简。

迎神赛会之扫兴

本邑城隍庙三节会，自辛亥光复以后，即经前上海县民政长吴怀疚君出示永远禁止，迄已多年，无或敢违。乃近来各会首以各处时疫频闻，惟沪幸免，谓系全赖神佑，邀集各会首集议之下即怂恿邑庙住持羽士罗克裕具呈县公署请求弛禁，业经沈知事批斥不准。惟各会首心犹未死，仍拟举行。昨日〔清明日〕下午竟齐集邑庙以观动静。时适二区一分驻所王金山警佐奉到徐厅长训令，谓“方今时事多艰，又值戒严期内，该管区域内如有迎神赛会情事，该警正佐等应先禁止，如违，惟该会首并庙中住持是问”等因，王警佐立时谕知该庙罗羽士转谕各会首一体遵照，于是咸扫兴而返。

1918 年 4 月 6 日第十版

清虚观广告

我国时局之纷扰至此已极，西汉黄老之治颇适于此时。道人姚善清、姚妙清、严洪清等游历天下，经验颇多，有志为山，苦心可尚。近于上海英租界爱多亚路西藏路口设有三官殿道观一所，一时祈祷平和者颇饶影响。去岁神像开光之日及今岁神诞崇拜之辰，道士蒴蔬设席延请诸大名流临莅，承陈润夫、姚子梁、童有时、朱葆三、谢强公、曹芝文、郁肖珊、杨季诜、张竹溪、夏寅指、林稚周、钮荫芝、汪蕉生、吴战称、鲍云卿、曹墨卿、朱子畬、张旭初、徐志范、郭襄士、张感虞、杨思勲、顾竹卿、王锡旗、裘理绪、朱庆祥、范荣亭、陈秀堂、虞舜裔、蒋乃昌、何悦明、陆鸿卿、瞿翰卿、李成林、周云卿、姚笑波[①]、杨仲甫、强尚义、张兴周、杨荣生、戎承立诸君等俱曾光降并赞成其事，善清等俱甚感激。今拟扩充从事推广，添建三清太乙弥罗岱尊经等处，定名清虚观，将请当代之大玄宗、大炼师、白佛、岩道人、榖溪居士等来观演讲“冲虚”“道德”“南华”“洞灵”“通玄”唐定之五经及道藏中文义较纯之诸什。现当草创，如有四方善士乐人成美

---

① “姚笑波”原作“笑姚波”，疑是错简。

之君子量予赞助俾速进步，岂非至愿，是固同人所馨香祷祝者尔。刘欲仁、骆越凡、陈元璋、杨顺卿、蔡树春、成纯贤公启。

1918 年 4 月 13 日第一版；1918 年 4 月 14 日第四版；1918 年 4 月 15 日第十五版；1918 年 4 月 16 日第十二版；1918 年 4 月 17 日第九版

〖弹压东岳赛会〈武昌〉〗①

阴历三月二十八日俗称东岳神圣诞，迷信家前往东岳庙媚神者相习成风，不可遏抑，加以社会游手好闲之辈乘兴往游，一遇妇女则结队成群，尾随其后，评头话足，最易滋生事端，而军民冲突尤恐不免。王督军特派宪兵稽查队捧大令前往弹压以杜隐患。

1918 年 5 月 12 日第七版

知事设坛祈雨

天久不雨，四乡禾苗枯槁，旱象将成。丹徒县倪知事乃于十一「月」[日]起在邑庙设坛祈雨，既而西南各乡村农夫亦纠众扎成草龙到处游行求雨并放鞭爆，颇为热闹。

1918 年 8 月 13 日第七版

〖乡民恭迎猛将神出游求雨〗②

本埠久旱不雨，四乡农民望泽孔殷，一般迷信之流连日扎成草龙到处游行求雨，已纪本报。前日浦东高家行迤东川沙、宝山等县交界之处亦由农民恭迎猛将神出游各乡村，当因彼此争迎神像起衅，互相冲突，双方受伤者甚夥。嗣为各该县公署访悉，立派长警驰往查拿为首行凶之人到案讯究。

1918 年 8 月 13 日第十版

---

① 原题《弹压赛会》。
② 原题《乡民求雨之衅端》。

〖邑庙设坛祈雨〗①

天久不雨，迄今已有月余，四乡农田望泽孔殷，丹徒县倪知事业于十一日起在邑庙设坛祈雨已纪昨报。兹悉西南等乡山田稻苗已枯，各农夫昨至县署呈报旱荒。此外丁角、宝埝、大树岗各乡区农民亦均扎成草龙游行求雨，而东乡孩溪、姚家桥等处近日则有蝗蝻过境，「满」[漫]天飞舞，天王寺亦有螟虫发现。城中米价因山田望雨来源迟滞，上色米每石由五元九角涨至六元四角，中等米每石亦涨四五角不等，小麦价亦由三元六角涨至四元二角。日内若得大雨，秋收可望，否则既遭蝗患又遇旱灾，前途殊为可虑。

1918 年 8 月 14 日第七版

西乡农民求雨

西乡梅家弄、朱家行、曹家桥等处农民因今夏久旱无雨，深恐禾稻收成减色，爰特邀集各农民扎成龙灯六十四架游行求雨，一面延请羽士设坛祈祷，冀霈甘霖云。

1918 年 8 月 15 日第十一版

香市依旧热闹〈松江〉

松地每至古历七月十四、十五两日府城隍庙之香市极盛。本岁期前由警所出示禁阻，讵届时依然热闹异常，虽连日大雨，而各处赶市商贩仍接踵而来。警所恐人多肇祸，特于城内外加添岗位荷枪实弹彻夜轮守，两日内代地保收取地场费及摆设香烛(摊)者无不利市三倍。

1918 年 8 月 22 日第七版

① 原题《旱象可虞》。

张天师到杭卖符

江西龙虎山张真人，俗称张天师，现虽真人之名号亦无明文，而流俗犹以天师称之。兹有天师张元旭者〔字晓初〕，来杭寓居吴山，连日派人持其名片并所谓镇宅驱邪之灵符，分向各机关拜谒。各机关以天师情面，均将所谓灵符者领受，一面犒来使以二元一元不等云。

1918 年 9 月 28 日第七版

大境敬义堂启事

启者：本社择于九月初九日，在大境圣庙举行秋祭，凡吾社员届时务希早降拈香为荷。恐未周知，特此布告。

1918 年 10 月 8 日第五版

入庙烧香之防护

昨日为下元令节，一般迷信男女咸诣邑庙烧香，虽值天雨，仍极热闹。一区二分所警佐恐有匪徒乘间攫取妇女首饰或施其摸窃手「叚」[段]，故特加派长警临时至大殿四周巡察。闻于午后拘获窃犯二名解局讯究云。

1918 年 11 月 5 日第十一版

〖举行庆祝战胜纪〗①

昨日（二十八）为吾政府所定庆祝欧战胜利之期，兹将本埠各界庆祝情形分志于下：……另有关帝庙、大王庙等各自设坛共有十余处之多。又道教公会亦接市经董此项通函，当由会员通告各寺观在东街火神庙设立共同

① 原题《昨日举行庆祝战胜纪》。

祈祷坛，下午县知事代表熊烈及林稚周与各道友、绅商学各界先后到坛行共同祈祷礼外，并由各庙住持会集步行至玉清宫行香祈祷。此外龙王庙及城隍庙东西两房等寺院，各延僧道讽诵玉皇忏，以祷世界永享和平。

1918 年 11 月 29 日第十版

1919 年

除夕之防范

老闸捕房捕头开立根，以每届旧历除夕岁旦，一般居户及妓院中人咸至南京路保安司徒庙〔即虹庙〕拈香祈祷，人必拥挤，深恐匪徒混入攫窃，特谕派中西探捕前往弹压照料。

1919 年 2 月 4 日第十版

邑庙元宵之热闹

前日旧历元宵，适天气融和，故城内邑庙、豫园、劝业场及各茶肆酒楼无不游客如云，而星宿殿大殿前后行人摩肩毂背，拥挤不堪，途为之塞。宵小乘此时机大肆摸窃手段，被摸失物者竟以百计，是亦不免扫兴也。

1919 年 2 月 17 日第十版

谕禁迎神赛会

浦东社庄庙所供偶像，附近乡民称谓三太太，平时香火极盛。去年浦东各乡秋收颇丰，故该庙住持今届发起择期迎神赛会。事为上海县沈知事查悉，以迎神赛会无非劳民伤财，而且难免别生事端，乃商准南汇县知事，各饬该处附近警区着先期前往传谕禁阻，如敢故违，惟将该会首究办。

1919 年 3 月 1 日第十一版

〖白龙王庙灯祭〗①

鄞县西成乡白龙王庙，每年于二月二日由十堡轮流值办灯祭。本届轮

① 原题《迷信之糜费》。

值何葆龄承办，踵事增华，由庙门起直至何家均用五色幔天帐，贯赁灯彩百数十堂，庙外两旁空田搭戏台六十座，庙门首及何宅前高架彩牌楼，日间绸彩飞扬，炫人眼目，夜间则燃汽油灯数百盏，加以灯烛，熠耀如同白昼。庙内外雇定大连升、大四喜、老凤台各班，并由沪聘到文明戏、影戏班及留声机器、八音琴，又在上海新世界租到虎、豹、孔雀、麋鹿各种禽兽，由庙首直排至何宅〔约一里余路〕，自二日起至四日止，并包定厨司四班逐日筵宴云。

1919 年 3 月 2 日第七版

官厅严禁迎神赛会

迎神赛会之举，光复后此风稍敛。客岁因秋收较丰，故浦东各乡庙宇纷纷预备赛会，如社庄庙〔素称三百六十行〕、三庄庙、东戚家庙、俞家庙、问心庵、大堂庙等不下十余处，如果实行，浪费金钱当在四十万以上。事为上海县知事沈宝昌所闻，以迎神赛会劳民伤财攸干例禁，且于地方治安有关，故特会同淞沪警察厅长徐国梁各饬所属严行禁止。深恐愚民无知，届时或有顽抗情事，特详请松沪卢护军使抽调陆军步兵协同巡警弹压禁「正」[止]以除陋习。

1919 年 3 月 6 日第十一版

重建万寿宫之进行〈南昌〉

重建万寿宫事务所，于今日召集全体干事并柬请各商业会董，开会讨论进行事宜，将前次推定各劝捐员重行分定班次，十九日宴请各业会长，二十一日起由推定各员分途按日前往各会接洽请各业按家认捐，其无公会之行商则俟最后派人实行上街劝募，一面公函北京张绍轩略云：吾省重建万寿宫，承先生尊重前徽慨捐巨款，合赣士民共深感激。本应早日兴工，借副尊意。无如工大费巨，完全恢复核实估计约需洋十余万元，现有着之款不过五六万元，所差尚巨，迟迟不能兴工。除由令弟芝珊面陈一切外，务求鼎力维持。

1919 年 3 月 24 日第七版

徐警厅长严禁迎神赛会

浦东社庄庙所供三太太神像，由各会首发起，择期迎神举行三百六十行赛会，前经上海县沈知事、淞沪警厅徐厅长访悉，恐肇祸端，谕令禁止在案。不料该会首等迷信极重，以去年浦东各乡秋收颇丰全赖神圣之助，所以此次迎神举赛以谢神灵，如果官厅禁止，情愿自首受罪，已饬人分赴各乡鸣锣通知。连日各会首整备仪仗并各式旗伞灯彩，莫不兴高采烈。事为徐厅长查悉，特于昨日严令第三区警署重申禁令，不准举行，如敢故违，提究不贷。

1919 年 3 月 24 日第十一版

浦东乡民之迎神赛会潮

洋泾镇南首之三壮庙，前日〔六日〕自晨至午渐集乡民数百人，要求庙主舁像出游，该庙主陈姜林以早经具结警署再三求免，众人不允，强将偶像舁出。其时该管三区二分驻所王简文警佐亦率警到来，向众善言开导，各会首渐渐散去，始得拦回。闻昨日龙王庙、今日老白渡之俞家庙均有赛会云。

1919 年 4 月 8 日第十一版

浦东大举迎神赛会之难禁

浦东社庄庙各会首，定期本月十一日迎三太太偶像，举行三百六十行赛会，虽经淞沪警察厅长徐国梁、上海县沈知事等出示谕禁，而该处四周乡民迷信难除，仍在积极进行。该庙坐落南汇县境杨家镇之西北，此次赛会乡民名曰解饷，谓系解送上海县界杨泾镇迤西钦赐仰殿，所过各村镇由各会首集资设茶宴。近数日来会中又扎成纱纸饷船数只，下有车辆，遇大路以轮行之，小路则以人舁之，连日分诣上、南两邑界内各村镇，谓之催饷。该饷船每艘扎成须费洋百余元。沪上各会首届时亦拟入会附和。偶像所坐者为显轿,轿之前后左右与轿杠上扎成电灯数百盏。该处各绅董亦无法禁止,据情禀明徐厅长请示,并要求准其出赛。昨日徐厅长如集三区警署与各分所警正佐等到厅讨论社庄庙赛会事宜。

…………

上海县知事公署昨训令所属分所警佐文云:为训令事:本年四月七日奉松沪护军使署训令内开:"据淞沪警察厅厅长徐国梁呈称'窃厅长前据厅属第三区警察署长曾永奎呈称"浦东一带每届清明前后各庙社有迎神赛会情事,历经禁止在案。兹届春令,闻仍有出会之举,复经查得境内吴家厅之刘公庙、三区一分所境内之余家庙、三区二分所境内之定水庵、护海公、三庄庙、刘公祠、观音堂、社庄庙、东戚王庙等处均定期出会。各庙尤以社庄庙一会声名最大,俗称三百六十行,系上、南、川、宝等县会首组织,定于三月十一日出巡。该会一出,实于地方治安有碍,均请出示严禁,等情。据此。当以地方多事之时,此种举动最足滋生事端,即经出示严禁,并一面函请上、宝两县协同禁止在案。乃顷据各属报告,浦东周太爷庙等处日前预备赛会业经出示禁止并传知董保开导均已无形解散,讵料近因厅属辖境以外各庙宇仍有迎神赛会之举,此风一开,必致辖境各庙有所借口纷纷举办。现闻各处已有预备迎神出会之比较以社庄庙三百六十行一会为最大,若能预将此会禁止,其他各庙均可相望不出。但警力单薄实难禁阻,特将为难情形报请鉴核"等情,前来。厅长查迎神赛会最为地方恶俗,不独劳民伤财,且易滋生事故,况当此遣送敌侨之际、南北议和之时,地方重要尤与平时不同,岂容无知乡民沿迷信陋习为此出会之举致滋纷扰。且此风一开将来各处效尤即无从禁遏,况此会为时最久,出会最多,殊于地方治安有碍,若不预行严禁,临时阻止,难保不滋生事端。该署所称警力单薄难以禁阻亦属实情。除仍饬该署所认真禁阻外,为此开列各会庙宇名称、地点清单随文附呈,拟请钧署迅派拨附近军队前往各该庙宇择要驻扎,借资镇压,一面请发示禁张贴各处,俾各乡民知所儆畏,或可中止。倘有抗违不遵者,即将为首之人拘案从重惩办以昭儆戒。一面请通令上、宝、川、南各县一体从严查禁,期归一致。厅长系为维持地方治安起见,是否有当,理合呈请仰祈鉴核施行,并乞指令「祇」[祗]遵,实为公便'等情并附清单一纸到署,据此。查迎神赛会久干例禁,现值时局未靖，尤应严禁举行。除由署布告禁止暨指令该厅长督饬所属一体查禁外，合行抄单训令上海防守司令暨上海、宝山、川沙、南汇等县知事仰即遵照一体严查禁止。此令。”等因，附抄单到署，奉此。查此案叠经通令并布告严禁在案，兹奉前因，除分行外，合行训令该警佐仰即遵照会商市乡经董妥为严禁，毋稍松懈。切切。此令。

附录抄单：周太爷庙，四月三日出会，在厅属三区三分驻所辖境严家桥南。施公庙，四月四日出会，庙在厅属三区三分驻所辖境三里桥。三庄庙，四月初六日出会，庙在厅属三区二分驻所境内金家巷北。东齐家庙，四月初七日出会，庙在厅属三区二分驻所境内。余家庙，四月初八日出会，庙在厅属三区一分驻所境内。社庄庙，四月十一日出会，即俗名三百六十行大会，庙在厅属三区二分驻所境内。刘公庙，四月十三日出会，庙在厅属三区警署境内。定水庙，四月十八日出会，庙在厅属三区三分驻所境内洋泾镇。以上各会以社庄庙为最大，集会至数万人之多，每隔六年出会一次，系上、宝、川、南等县会首组成。其余各会则均不如此之繁盛。合并声明。

1919 年 4 月 9 日第十、十一版

〖社庄庙迎神赛会〗①

浦东社庄庙各会首，定于本月十一日举行三百六十行迎神赛会，刻将届期。事前虽经各官厅出示禁止，该乡民仍积极进行，所有会中连日布置情形已纪昨报。兹悉淞沪警察厅徐厅长对于此事「巳」[已]令饬该处第三区警署曾永奎警正并一二三等三分所警佐及游巡、保安两队加派长警届时分投照料。昨晨松沪卢护军使亦派上海防守司令王如见转派兵士四百数十名持械实弹由队长押带渡(怖)[浦]前往浦东，先至洋泾镇市公所与市经董接洽，稍憩片刻，整队往社庄庙附近驻扎。据乡间传述，该兵士等来乡系奉上官命令用武力禁止出会，或谓该会出赛时该兵等随会保护以免滋事，未知孰是。

京畿宪兵营张营长以明日〔十一号〕为浦东洋泾社庄庙迎神赛会之期，

① 原题《军警注意社庄庙之出会》。

届时恐有匪徒滋扰，昨特令第一连调拨宪兵十名渡浦前往洋泾等处帮同照料。

1919 年 4 月 10 日第十一版

社庄庙迎神赛会期已届

浦东社庄庙定于今日迎赛神会由护军使派兵前往弹压等情迭志本报。兹悉前日派往之兵系向驻其昌栈之三十七团第二营二排，昨日本拟续派一连，嗣因当地绅董恳请慎重办理，故昨日并未增加，惟三区警正曾永奎率领游巡队四十名驰往驻守，因态度尚「本」[末]表明，故人皆猜疑，或言用武力强迫禁止，或曰随会弹压，言人人殊。惟该庙一带人已麇集，大半从南、川等处远道而来，庙拗四围热闹异常，当地士绅深忧兵民冲突，现正与曾警正、王警佐等筹商妥善方法。昨日起各处来观会之人逐渐增多，各渡船生意骤增，而小车尤昂其值。有人从烂泥渡雇小车赴社庄庙，车资已涨至一元数角，闻今日将增至二元云。

又函云：浦东南汇县境〔上海县洋泾镇东南〕社庄庙所供三太太偶像，由各会首定期旧历本月十一日举行三百六十行赛会，舁像周行各处，先期由会首布置一切。兹因会期已届，所有会中抬阁并扮各种戏剧连日在沪向各花草店、纸扎铺等制造。并有一般好勇斗狠之流扮成托香会，以极大极重之锡香炉〔最重者有六七十斤〕用铜钩数十只摘在右手臂皮肤之上，如是者共有数十人。前昨等日各会首已备齐全猪全羊并香烛、冥宝等同诣庙中敬神，名为酌献。想今日必更热闹，惟望其勿生事端耳。

1919 年 4 月 11 日第十一版

社庄庙出会之热闹

昨为浦东社庄庙三百六十行迎三太太偶像赛会之期，庙场四围人山人海，大有万人空巷之概。本埠南北市各工厂工人辍工前往观会者为数颇众，浦东一带香烟厂、纸厂、纱厂等女工停工者几过半数，各渡船渡客拥挤异常。

小车车资由二元涨至三元五六角不等，各小车夫咸利市数倍，而肩挑负贩之流亦莫不获利倍蓰。赛会经过之各乡镇尤拥挤不堪。各码头渡夫违章揽载渡客贪装多至三四十人，每渡客勒索渡资铜元二枚或三四枚不等，当为水巡船查见，分投拘获违章贪装之渡夫数名，押送水巡队议罚。

1919 年 4 月 12 日第十版

社庄庙迎神赛会纪

浦东社庄庙三百六十行赛会迭志前报。兹将前日赛会经过状况志下：

撤回兵队：自九日派兵临庙似将用武力强迫禁阻，以是人心皇皇，讹言四起。洋泾市经董刘、潘二君见此情状，深虑酿成祸变，故力请三区曾警正、王警佐呈明上峰，遂于十日饬令该兵撤回原防地点，人心始定。

赛会状况：十一日上午六时会即起马出发，历经川、南边境而抵洋泾，至钦赐仰殿，然后折回。是会若辈名解粮会，沿途所舁巨大金银纸元宝锭帛等为数甚多。会中除旗锣伞扇外，有数十人手持刀棍沿途舞弄，名曰西游记。后有田家乐一队，举凡农具模型、棉稻豆麦等标样均选取鲜活之佳种。随后见衔牌二方，上书“创始飞艇”“独具匠心”等字样，花团锦簇，均为土木工人所组成者，一切建筑雕镂等颇见工巧。更有种花园者，扎成各色花篮亭阁之属，多至百余种。商贾小贩，各种多有。其他为「檯」[抬]阁、托香、猎户等，皆为好勇斗狠之流所扮。清客串弹丝竹声韵悠扬，多至二十余起。各种戏剧，如“铁公鸡”“黑籍冤魂”等，尤不胜枚举。此外尚有荡河船、唱莲花等各种下流杂耍，最为风俗之害。

市面情形：是日赛会，经过各乡镇，红男绿女热闹异常，商店小贩莫不利市数倍，其间茶寮、酒肆、食物店三项生涯最旺。洋泾镇之王合盛点心店仅馒头一项售去五千余枚，其他当可推想而知。惟收买机织布之布庄市面完全停止，盖无论贫富之家，妇女大都招待亲戚之观会者，中馈忙碌，遂投梭辍织，而各工厂所受影响亦巨。幸此会数年一举，否则将不胜其劳矣。

几肇火灾：是日赛会游行各地，打架冲突发见尚鲜。惟会至钦赐仰殿时，因焚化纸锭，火势甚烈，致该殿门楗楼板着火。该处淞沪骑巡队骑警喝令众人施救，因言语不通，致误会冲突，其时声势汹涌势将用武，当由该队长李静斋到来向众开导，饬令将火扑灭，未成灾殃。

覆船险剧：入晚得可怖消息，谓洋泾港浦江中倾覆渡船溺毙数十人。嗣详加调查，始悉傍晚时因赛会已过，观者纷纷渡浦而归。舟抵杨树浦油车码头，众人急于登岸，致将渡船踏翻。幸在浦滩，故虽遍身淋漓，尚无生命之虞。

1919 年 4 月 13 日第十版

警士照料社庄庙出会事竣

淞沪警察厅拨派保安、游巡、骑巡、侦缉各队队士，前往浦东照料社庄庙赛会，兹因会事已毕，昨日各队士先后到厅禀报消差，并声明会中并无肇事情形云。

1919 年 4 月 14 日第十一版

定水庵之迎神赛会

浦东洋泾镇之定水庵〔淞沪三区二分驻所内〕杨爷神，本届定于前日〔十八〕为赛会之期〔俗称收假会〕，该所王简文警佐深恐民、警误会冲突，故先期会商洋泾市经董，劝导谕令将偶像舁出盖搭芦席棚，俾众乡民烧香酌献，至前日赛会游行各处，入晚即舁入庙内照常供奉，尚无事故发生。

1919 年 4 月 20 日第十一版

弹压江湾镇赛会

淞沪警察第六区区官钱绍庵，因宝山江湾镇于二十八日东王庙刘爷神像出巡赛会，恐届时游人众多，匪徒混迹肇事，特于昨日禀陈淞沪警察厅徐国梁核准是日加派警察四十名分途弹压，免致肇祸。宝山县张知事亦允准派县警二十名分驻庙内照料一切。

1919 年 4 月 27 日第十一版

〖川沙城隍庙戏台之惨剧〗①

川沙县城隍庙，近日到有江湖班戏子在该庙戏台演剧，市人往观者颇为拥挤。惟是台年久失修，柱脚朽坏。前日午后台上正演武剧，观者兴高采烈之际，台忽倾「圮」[圯]，压伤台下看客十余人，闻有三人压伤要害登时身死，其余伤势轻重不一，戏子亦跌伤数人，洵惨剧也。

1919 年 5 月 1 日第十版

续志川沙演戏坍台之惨剧

川沙县城内演剧坍台，压伤人命一节，略志昨报。兹悉肇祸缘由，系阴历上月二十八日俗称东岳圣诞，城内外各庙会首舁偶像满载冥镪迎赛入城，纷集东岳庙解饷，而城中则搭台演剧以助热闹，一般痴男女入城进香者异常拥挤，剧场中高搭看台，观者均坐台上。剧于午后一时开幕，适值天雨，观者多挤轧避雨，致将看台轧坍。是役也，登时压毙者幼童二名，受重伤者妇女四人、男女幼童五名，有某姓妇足骨粉碎，其他压伤、踏伤、折足断臂者多至数十人。闻压毙之二幼童脑浆迸裂，状极凄惨。

1919 年 5 月 2 日第十版

张天师整顿教规

现任张天师名元旭，字晓初，近居沪上，闻悉有人在外埠假名招摇撞骗，爰特出谕约束所属徒众以整教规。兹将谕文照录如下：

三等嘉禾章嗣汉天师府正一六十二代真人张为晓谕事：慨自民国肇兴已经八载，本真人忝领玄纲，功微德薄，睹兹世态炎凉极深劫虑，况复道规沦落有使教衰，爰订数章愿众法师恪守，即为我宗教光也。章列于后：

① 原题《川沙坍戏台之惨剧》。

㊀ 本真人此来以整顿教规为主旨,从前供应等项概行蠲免。㊀ 普救众生为本教之天职,乃有不讲求道德者流徒知金钱主义,于醮事经忏几同形式,此等颓风万勿再见。嗣后众等凡遇经忏醮事应各激发天良,虔诚『诚』修礼,克尽厥职,是为将来教务振兴基础。㊀ 本真人并未多带随员,如有在外招摇,尽可指交就地警察惩办,决毋徇纵。㊀ 门号房并未随来,凡因公请见,一切陋规早经革除,勿受其愚弄。以上四则于宗教关系非浅,尔众等咸宜仰体此心,互相砥砺,毋负我实事求是殷殷诚勉之至意。将此通谕知之。特示。中华民国八年六月初一日。

1919 年 6 月 30 日第十一版

〖冒名天后宫道士骗钱〗[1]

昨晨有羽士张振祥,伪冒天后宫建醮,在十六铺各商行募化钱洋,适被天后宫内羽士吕东生在彼募捐察破,以其假名敛费立即扭控一区警署,由赵署长诘。据张供,在北市诚济会当羽士,不认冒名。旋在身上检出印刷品天后宫斋戒单,显系假名骗诈,饬送警厅司法科讯究。

1919 年 7 月 25 日第十一版

时疫流行中之迎神赛会

本邑南北市、浦东等处疫气蔓延,其势颇盛,好事者不能破除迷信,佥以现值七月半中元节,前清时向有城隍神率同所属四司出巡赈济孤魂之举,今拟仿照办理借以驱除疫疠,业已呈请上海县知事、淞沪警察厅详请护军使核准照办,以故各会首均已预备各种仪仗,俾于七月十五日舁神出巡。并闻昨日南市鸡鸭同业在三泰码头建醮三天外,复于午后三时舁照天侯神像出巡,排齐执事游行各处,所过之处观者塞途。

1919 年 7 月 29 日第十一版

① 原题《道士假名骗钱》。

张天师不认传单

近来社会上发现荒谬传单，谓“今年天降灾难，人死一半”等语，该单附有药方符箓，均托名张天师传说。昨据道教同人云：此次天师来沪系应某姓之聘，同人等将传单呈阅，真人大为诧异，谓必系奸徒乘疫敛财，且该药方有麻黄等猛烈之品，深恐误人性命。现已设法声明免滋误会云。

1919年7月30日第十一版

道界代表张真人声明

近来社会上发现种种传单，有“今年天降灾难，人死一半”等语，该单或附药方或附符箓，均托名天师传说。查敝教主张晓初真人此次适应管府之聘来沪建醮，同人等将前项传单呈阅，真人大为诧异，谓必奸徒乘时疫流行，人心恐慌之际危言耸听，借端敛财，且以该药方有麻黄等猛烈之品，深恐误人性命，特嘱登报声明，祈各界注意，勿为所惑。沪上道教同人公启。

1919年7月30日第一版；1919年8月1日第二版

嗣汉六十二代真人张晓初声明

近有无耻之徒冒窃鄙人名义散发传单，并妄拟药方医治时疫，深恐庸愚误服反致戕生。且鄙人此来海上专为儿辈就医，诸凡社会服务概不预闻。特此声明。

1919年7月31日第一版；1919年8月1日第二版；1919年8月2日第一版

〖中元令节邑庙三巡会〗[1]

今日为旧历中元令节，邑庙各班会首又兴高采烈重行舁城隍神出三巡

① 原题《三巡会复活》。

会，所有从前一切仪仗保留存在者业已整理妥贴，即散失各件亦分别配修完备，并由各卯首于昨商定路由单发给众会首备阅，定于今日午后二时由辕向东出发，绕游城内外一周，出西门，经王家阙路到坛，入晚八时由坛起马回辕。按：沪上自民国元年以来三巡会早已革除，本届各会首托名驱疫遂乘机复活云。

1919 年 8 月 10 日第十一版

中元节出会肇祸

本邑城隍于前清时，每年三节本有出会之举，入民国后此风已不多见。本年因疫症盛行，一般迷信之愚民佥谓此举足以驱疫。昨日适逢旧历中元节，故各会首又复兴高采烈，于午后二时许先后齐集庙内，迎城隍并财帛司、高昌司、长人司、新江司等四司像排齐全副仪仗起行出庙游巡。前导除旗锣伞扇外，有令旗、令箭、敕印等，并马执事、对马，马上有乔扮之阴皂隶数班。又有刽子手「坦」[袒]胸露腹，清客串笙箫迭奏，红衣二班，快手三班，快手为数最多。此外尚有野叉、判官、红班中之班牌签筒等，并有头戴西式凉帽、身穿青纱长衫、手执长香在会步行者约三四十人。会中之人一律穿黑布鞋，故昨晨各小鞋店售卖一空。神像以八人舁之，经过城中各官厅，绕行南市一带后，诣沪杭火车站附近邑坛焚化锭帛。晚间，由各会首再迎神像，进尚文门，绕行各处，然后回庙。九亩地某米店因容留看会人众，楼上下几无空隙。迨会经该处，各看客均拥至前面洋台观看。讵该洋台年久失修，不胜压力，致轰然一声向下倒坍，楼下看客大半被压在内，楼上之人亦均随落。闻受重伤者四人，轻伤亦有多人云。

1919 年 8 月 11 日第十一版

中元节之香市神会〈松江〉

松地习惯，四乡农民每于中元节先一日晚间人城赴城隍庙进香，一切小贩均于此时至庙内外设摊互市，谓之香市。今岁因庙内驻扎军队，所有地摊均设庙外，且因警局先数日曾出示禁阻，故比较旧岁似为减色，惟乡民进香仍极拥挤，而城隍社社员复以现在时疫为厉于十五日午后将神像舁行入市，故庙内仍极热闹云。

1919 年 8 月 12 日第七版

龙华镇迎神赛会记

日来本埠疫气稍杀，惟渐次蔓延于西门外日晖港、小木桥、龙华镇、漕河泾、长桥、华泾一带。龙华镇愚民狃于驱疫之旧说，遂发起邀齐各会首集资恭迎昭天侯神像出巡，于旧历本月十七日始至十九日止绕行三昼夜，北至高昌庙、日晖港，南至华泾、长桥，西至梅家弄、漕河泾等处。经过之处观者塞途。

1919 年 8 月 16 日第十一版

乡民因疫迎神会

镇郡西南句容马庄、丁角等处疫疠流行，死亡相继，传染迅速，甚有一家一二小时死三四人者，乡民不知救疫新法，徒知乞灵鬼神。现马庄各乡民于旧历本月二十一二两日将吉祥庵之杨四将军神像舁出巡行各处一周，谓可驱瘟逐疫，亦可笑矣。

1919 年 8 月 20 日第七版

文昌出巡遇雨〈松江〉

松人士之迷信者，以前清光绪二十八年份大疫因文昌出巡而止，本年疫势蔓延更甚，方张援例迎赛借驱疫疠，发起者多学界中人，不数日间募到出巡费数百元，业于三十号舁像巡行西南城一带，三十一号尚须续巡东北城各街。是日仪仗舆马盛极一时，风声所播他县亦有买舟来观者。讵行至祭江亭附近，忽遇大雨，不得已将神像抬入刘姓家暂避。傍晚回城，又于半途遇雨，各式仪仗因大半借自他处，故一入城内，或乘便自归，或觅地避雨，往来奔驰，极形凌乱。比神舆回庙，傔从散失殆尽，意兴极为阑珊。

1919 年 9 月 2 日第七版

〖迎赛东岳会驱瘟遂疫〗①

时疫已由余姚延至百官、曹娥等处，半月来死亡不可胜计，甚至寿器店存货一空，民间只得伐木为棺俾速装殓。现由该处绅商陈、谷等姓定于旧历本月二十六七八三日迎赛东岳会，云可驱瘟逐疫，所有迎会经费均由住居铺户乐输，旬日间已筹集二千余元。

1919 年 9 月 5 日第七版

枫镇迎赛施王会〈松江〉

今岁因疫疠流行之故，城乡各处相继迎神，入夏以来续续不绝。现闻西乡枫泾镇又举行迎赛施王会，期以三日，期内并附灯市三夜，业于二十四号开始，各处闻风往观者甚众。

1919 年 9 月 26 日第七版

〖拟稿具禀张天师以重教规〗②

南市水神阁西首星士潘瞎子及南仓街瞎子张正明，均系为人推算流年命运为业，串同念宣卷之高少花与人详星解厄获取金钱。前晚九点余时，高少花正在潘家诵经解星之际，适为道士沈某经过，见高身穿道教法袍、头戴道巾、手执令牌，以为有坏教规，当将令牌、道巾、法袍一并携出，鸣交站岗巡警，并将高少花扭解淞沪警察一区三分驻所请究，奉判高少花嗣后不准再用令牌及道教巾服代人解星等情，违干究办，一面着将巾袍存案，一并释出完

① 原题《百官曹娥之疫氛》。
② 原题《请禁念宣卷者混用道服法器》。

案。兹由该道士昨日邀集道教全体开会，提议以念宣卷者近日身穿道服并用令牌等各法器为人详星解厄明系混乱太乙教规亟应取缔，议决立即拟稿具禀六十二代真人张天师，请为分函上海县及淞沪警厅迅即示禁以重教规。

1919 年 10 月 1 日第十一版

上海正一道教公会来函声明

瑞祥先生大鉴：本会前日接得来函，所问道教公会开会一事，本会尚未知悉，并无会长出场外扬。借名捏造坏吾会规，与贵业宣卷毫无关系，特此查明。敬请。上海正一道教公会缄。

1919 年 10 月 6 日第一版

〖下海浦天后宫庙两旁火灾〗①

下海浦天后宫庙两旁，均为江北人搭盖草篷居住。昨日上午九点余钟，忽有某姓草棚因煮晨炊遗火积薪延烧草屋，该处相近浦滩，风势甚大，且救火力薄，以致火势猖狂，遂延烧天后宫庙院全部，至十一点半始获救熄，计焚毁草屋三四十间。

1919 年 10 月 15 日第十一版

〖改建关岳祠〈杭州〉〗②

遂安农会会长余德馨，电请以本邑武庙援照民国四年前按署通饬改建关岳祠以崇祀典，已令该县查明地点是否合宜，通年经费何着，克速详复核办。

1919 年 10 月 23 日第七版

---

① 本文为《汇纪前晚昨日之火警》中的一部分。
② 本文为《杭州快信》中的一则。

〖下元节城隍庙赛会之路由〗①

今日为旧历十月初一日，向称下元节，本邑城隍庙各会首循例舁城隍及四司神像出巡，业已拟定出巡路由如下：出庙朝东往南过长生桥，走四牌楼，往西县东县西，往北三牌楼，往西昼锦坊，往北过陈市安桥，往西过广福寺，朝西走梨园路，往北走万竹路，往西大境路，出拱宸路，朝南进老西门，一直出大东门，往北走里咸瓜街，往东走集水街，朝南走老马路，一直往东，出大码头，往南过工巡捐局，往西进新「马」[码]头，往北走老马路，往西进老白渡，往南过龙德桥，走豆市街，过花衣街，往西出王家嘴角，往南过外仓桥，走南仓街，往西走教场街，往北出佛阁，往西过吊桥，往北过救火联合会，往西进东乔家路，朝北过塔水桥，往西进西唐家弄，往南转西，走蓬莱路，过新县署，出安澜路，一直往南，走黄家阙路，一直过利涉桥，一直过审检厅，往西，一直到坛。回庙：出坛转北过利济桥，往东过清心书院，往北过大南门，往北走中华路，进尚文门，往东劝学所，出西王家弄，经北陈箍桶桥，过县桥，走老县西，往北过三牌桥，往西昼锦坊，往北陈市安桥，往西转北「候」[侯]家路，往西穿心街，出老北门，往东民国路，进福佑门，一直往南，旧教场，往东，回庙。

1919 年 11 月 22 日第十一版

〖城隍庙迎神赛会纪〗②

昨日为下元节，本邑城隍庙各会首舁城隍神率同四司出巡。午后二时，各会首齐集邑庙，排齐一切仪仗起马出巡，照预定路由游行城厢内外后莅邑坛焚化锭帛。晚间仍由各会首迎神起行，绕行大南门入城，迤逦回庙。此次一切执事服装大半系新制者。劳民伤财作此迷信举动，殊为可叹。惟沿途观者虽多，经各警所各派长警照料，尚无肇衅情事。

1919 年 11 月 23 日第十一版

① 原题《下元节赛会之路由》。
② 原题《昨日迎神赛会纪》。

虞山名胜志①

…………

常熟之名胜，虞山为巨擘。虞山枕县治西北，横亘十有八里，翠壁丹崖，断谷笼青，径幽声寂，石横林疏。读吴讷诗“山名自虞仲，邑城据其东。根盘二十里，夭矫如游龙。南峰瞰重湖，湖影摇空濛。北岭气盘薄，深窈多奇踪。何当脱尘羁，灭景居山中”，不觉山色可餐矣。從青权坊而上，浅草蒙茸，苔痕郁然，遥睹红墙半角古柏干霄，则先贤言子墓在焉。夫吴楚东南折，本蛮夷之邦，幸获先贤道启，文化之盛至今弗衰，景仰遗风，有不肃然起敬者乎？其上曰仲雍墓，残碑数段，黄土一抔，白杨箫箫，场草青青，满目凄凉，怆然凭吊。由仲雍墓西，径颇崎岖，旁有涧名石梅，相传仙人插梅石间成树，故名，然谈涉无稽，不足信也。旧有石梅书屋，今废。其下为致道观，榜曰“虞山福地”，天师张道裕之藏丹井在焉。有坛七，象七星，故名七星坛。坛各树桧一株，悉「箫」[萧]梁旧植，虽皮肤剥落而枝干挺立，犹存生气。施显咏七桧诗云“琳宫桧森森，樛枝郁苍翠。植时应斗宿，列数三之四。节操历冰霜，大材难小试。匠石偶来见，错愕相惊视”，盖纪实焉。观东为梁太子「箫」[萧]统读书处，名读书台。下为故邑侯苍野王公祠。邑本无城，时岛夷入寇，公筑城以捍之，三月而成，后竟战死。以死勤事，法当祀焉。之辛峰亭。亭踞山巅，纵目四瞩，则黛色连天、清光映水，近塔〔城东方塔，凡九层，高与亭埒〕摇红，远山浮翠，大好风光，迎人欲笑。亭基方五六仞，内壁树碑一，勒许真君像，南向。前有井，相传井之下潜蛟七，以许真君镇之，故岁届霪雨邑人必鸠工增葺，虽匠人「偏」[遍]体淋漓弗顾，■虽无识，颇堪借慰芸者。亭故有户，以经其内者频，已筑墙实之……

1919 年 12 月 12 日第十四版

① 本文作者署名“顾鼎元”。

海上白云观启事

敬启者：敝观原名雷祖殿，创建已历四十余年。自光绪十二年恭请《道藏》始题今额。缘该处为茅山殿旧址，故俗又称为茅山殿。向在上海西门外，并无在他处分设下院，亦无派人在外募捐情事。近闻有人冒充敝观下院到处招摇，深恐诸檀樾未加深察，为其朦混，有损敝观清规，特此登报声明，惟希鉴察。海上白云观执事谨启。

1919 年 12 月 17 日第一版；1919 年 12 月 19 日第二版

1920 年

北京道德学社启事

本社乐教纲领：以实行道德、缔造大同、保身修养为宗旨。（一）研究太上之抱一、至圣之一贯、佛祖之一性。（二）研究老子之守中四中、尧舜之其中厥中、孔子之时中乐中。（三）研究道教之三清、儒教之三人、释教之三宝。综上研究，期得万教之至善及当今时要，以保全国家人民生命财产，无种族，无竞争，天下同归一道，共享道德之幸福。

1920 年 1 月 9 日第四版；1920 年 1 月 10 日第四版；1920 年 1 月 11 日第四版

大士院古鼎可宝

江西豫章道尹后墙大士院内，向为道教香火之地，嗣因年久失修，屋宇倾「圮」[圮]，该住持既不能恢复内观，又无出息可图，故亦不加闻问，弃而之他，以致前后房屋皆被附近居民逐渐占为己有。惟该寺院中尚有三足铁鼎一座，重量约数千斤，中间镌有文字已模糊不可辨别，俗语相传为三国时东吴孙权所制，至今千有余载，实古物也。凡有知此者，无不前往摩擦，或拍以小影，传为美观。兹有某赏鉴家，以此院宇为私家所有，拟耸动该院住持出名，先行主卖基地，再行设法图谋古鼎，闻日前已有人往观数次。事为该院多数住户所知，特将近日情形据实呈请官厅预为防备，以保古迹而安居民云。

1920 年 1 月 16 日第十四版

旧历岁尾年头之租界情形

旧历除夕夜半，一般迷信男女及妓院中人，咸至南京路保安司徒庙〔即虹庙〕争烧头香，内外拥塞，前年竟至轧毙妇女两口。兹届老闸捕房捕头有鉴于斯，且恐一般游手好闲之辈混入其间，或调戏妇女、或乘间攫窃，故于大除夕午后选派中西探捕分往该庙内外照料。每届旧历新年，本埠士女，大都「艶」[艳]妆华服，乘坐汽车，绕游各马路，过热闹处所，有等游手好闲与玩童抛掷着地作声之金钱花炮以取乐。新老两捕房捕头以此种恶作剧最易肇事，各加派中西印各捕分往南京路、福州路等处查禁，违干拘究。

1920 年 2 月 23 日第十一版

窦家庄关帝赛会之热闹[①]

泰县窦家庄，定例于元月十六日举行关帝赛会。会中灯彩以龙灯为最，共有百十余条之多。元宵晚，各龙灯先至关帝庙参庙，皆在殿前盘旋往复，继以绕柱跳舞，竭尽所长，观者皆目眩眼花，采声雷动。舞毕遂返。至次日午后，各龙皆随神轿游行，观者极为拥挤。

1920 年 3 月 11 日第十四版

八角井发现黑鱼精[②]

松江城内黑鱼弄，相传在前清乾隆时，有黑鱼精作祟，居民不堪其患，特请龙虎山张天师亲自前来镇押在弄底之下。前日该弄左近钱姓家，正在夜膳时，忽闻后户八角井中井水腾激，声响绝巨，家人闻声往窥，见井中有一黑鱼正在踊跃，鱼身与井圈相「埒」[埒]，其大无伦，阖家惊异。邻人咸来观异，群谓此鱼即系从前之黑鱼精，须赶紧将井填拆，方可无碍。嗣经众中有力者赞成，竭力将井拆去，顷刻挑泥者、运石者咸尽力填拆，再用大石压上，以免后患。闻钱姓家犹惊恐未息云。

1920 年 3 月 30 日第十四版

---

① 本文末尾署有“天恨生”，可能是作者。
② 本文末尾署有“周刘”，可能是作者。

迎神赛会之一再申禁

淞沪警厅徐厅长访闻浦东上海、南汇交界之三林塘现定本月十五日迎神赛会，龙王庙则定于十八，南汇县境之北蔡镇定于十六、十七两日，期已确定，事在必行。惟迎神赛会久干例禁，且时届春季，正值麦青之际，赛会经过必致践踏，自应严予查禁。除令饬三区警署长派警查禁外，并于昨日分移上、南两县一体查禁矣。

1920 年 3 月 31 日第十一版

清明节迎神赛会之种种

城隍出巡之路由：迎神赛会久干例禁，去年中下两元节本邑城隍庙会首舁神像出巡，本埠各当道并未查案禁阻，致今届清明节又复举行，各会首无不兴高采烈。前晚八时许，各会首先后齐集邑庙行点卯礼发牌，拟定今日出巡路由如下：出庙朝西过广福寺，走梨园路，往北过露香园路，往东过高墩路，一直走穿心街，过福佑路，往南天官牌楼，过长生桥、四牌楼，往东走学前，往南出东街，过西彩衣街，一直过太平街、杜家湾，往南过庄家桥，走梦花楼，朝西进北弄，过县署，走蓬莱路，朝北过小桥，进西唐家弄，过东唐家弄、竹素堂，出天灯弄，往南转东出乔家浜路，过中华路，往东进佛阁，走校场路，往北南仓街，过外仓桥，往东走王家嘴角，往北花衣街、豆市街，过龙德桥，出老白渡，过里关桥，往东进毛家弄，往北过工巡捐局，一直往西进大码头，往北过外咸瓜街，朝西走集水街，往北走民国路，一直过老西门、中华路，朝西走安澜路，往南走黄家阙路，过利涉桥到坛。回时，由坛转北，过利涉桥，走陆家浜，往东过清心书院，往北过大南门，往北走中华路，进尚文门，一直进西王家弄，往北过陈箍桶桥，过县桥，往东走彩衣街，一直肇浜路，往北进里咸瓜街，往西进宝带路，过长生桥，走县东、县西，往北走三牌楼，往西过昼锦牌坊，过陈市安桥，朝北走旧教场，往东走福佑路，往南走天官牌楼，往西方浜路，一直到庙。

浦东张家楼之冲突：浦东钦赐仰殿内供照天侯神像，乡民纠集会众定于昨日〔阴历十六〕迎赛，将偶像舁赴塘桥地方供奉，俾就近信徒焚香礼拜，至二十一日迎赛回庙。在迎赛之前一日，例由各会首持旗执仗，鸣锣开道，入庙焚香祷告，名曰酌献，通宵达旦往来不绝。前晚〔即十五〕夜半时，有塘桥地方皂班会各乡民兴高采烈赴庙焚香，道经张家楼教堂附近。该处于前清时因赛会乡民与教民冲突，由主教请准上海县知事勒石禁止赛会经过在案，迄今十余载，历年各届赛会皆避道而过，是以相安无事。是晚各乡民中有年轻好事之徒率领众人必欲在禁止之路经过，教民上前拦截，双方致起冲突，势将用武。该镇原有商团每晚出巡以防窃盗，见此情形，恐肇巨祸，上前劝导，不服，遂将为首之朱阿发、汪顺荣、陆小狗、贾金生、严阿四、马张团、朱林海、纪金生、陆文林、陆阿松等十名连同旗仗铜锣等一并拘送洋泾三区二分驻所，经王警佐略诘之下，以案关聚众滋事，判于昨晨并解警厅讯办。昨日天雨，各会众仍于上午十时齐集庙中。该庙内驻扎之骑巡队见人数众多不敢拦阻，听其将偶像舁出，一路迎赛前往塘桥云。

会首敛钱之起诉：南市大南门外迎春高昌庙例于次一日出巡。该庙红班会首领袖龚某，曾四出敛捐，托称购备会中一切仪仗。嗣各会友以龚于去秋已向各部会友募集经费，共有七百余元，至今并无清单声明，亦未添备物具，群向诘难。龚自知理屈，向众缓颊。无如众情愤激，非向法庭起诉不止，故已纷向各部分检齐龚所出收据，并稽核总数若干，提起向地检厅起诉诈欺取财之罪云。

1920 年 4 月 5 日第十一版

〖江湾镇东岳庙出巡会〗[①]

宝山路江湾镇东岳庙道士，每年三月二十八循例舁偶像出巡，会中人兴高采烈，除旗锣执事之外，扮演抬阁、高跷、荡湖船之类，怪状百出，一般无知男女远道来观者拥挤异常〔名曰轧江湾〕。昨逢天气晴明，且系星期，本埠居

① 原题《赛会与出灯之怪闻》。

民前往观会者争先恐后，淞沪火车特开加班列车载送游客，自晨至暮往来不绝，站中售票处办公人员忙乱不堪。

1920年5月17日第十一版

〖东岳神会〗①

镇郡都天会，定于夏历四月初十日举行，城内外各业公所先期布置会堂，颇形忙碌，会器亦均齐备，各会堂大开正门，任人游览。余若东乡之丹徒、谏壁，南乡之天王寺、石桥等处，亦于本月二十二三四等日举赛东岳神会，旗锣牌伞踵事增华，一般男女买舟来观争先恐后，亦可见社会程度之一斑矣。

1920年5月26日第十版

〖新任县知事赴府城隍庙拈香〈松江〉〗②

新任县知事郭曾基，于二十四日抵松后，径赴县署，摆设香案，对印绶行三鞠躬礼，旋又赴府城隍庙拈香。回署后，重复出署，察看监狱，并向监犯演说。出监狱后，更赴警察总所接见各区巡官。闻此次郭知事来松随带五十余人，故县署警所旧人无不惴惴自危云。

1920年5月27日第七版

〖道署为崇明县民徐金熊等呈批〗③

崇明县民徐金熊等呈，为所保非人请派委查明劣迹令县选补由。据呈，该县城隍庙住持徐波印种种劣迹是否属实，仰崇明县知事澈查核办。

1920年6月11日第十一版

---

① 原题《城乡赛会之狂热》。
② 原题《郭知事接任记》。
③ 本文为《道署批示三则》中的一则。

〖关帝庙设立中西医院〗①

浦东老白渡镇口关帝庙，由医学研究所设立中西医院，以济贫病而防时疫，现「巳」[已]请定中西各科医生，准备一切器具药水，择于旧历六月初一日开诊，俾抱病者得即医治，不致传染。

1920年7月11日第十一版

上海联云社启建祈祷和平普济幽魂醮典大会

慨自天灾人祸洊至频来，火热水深，怵心惨目。本社鉴孑遗之待挽、希世界之和平，爰本为民请命之忱作修德禳灾之举。谨择夏历六月朔起至初七日止特启醮会虔伸祷祈，借大众之精诚，冀天和之感召，倘蒙海内高行硕德善士仁人乐与赞助，或将经典功课锭箔冥资助入本会，以成此希有功德，无任欢迎。会所设在沪宁车站旱桥北联义善会内。总事务怕所在天津路乾记弄口翁寅记号内。

1920年7月11日第三版；1920年7月13日第二版；1920年7月15日第二版；1920年7月18日第三版；1920年7月19日第三版；1920年7月21日第二版；1920年7月23日第一版

上海联云社鸣谢

敬启者：敝社同人因鉴天灾人祸相迫而起，怵心惨目，挽救无能，特建醮典大会祈祷和平，矢消灾弭劫之诚，作修德禳灾之举。辱荷各坛观道友、各寺院高僧、各界乐善信士虔诚赞助，不辞暑雨远道偕来，成此无量功德，曷胜感佩之至。惟会址湫隘，招待诸多不周，深为歉仄。兹当大典告圆，特此登报伸谢。伏乞公鉴。上海联义善会敬启。

1920年7月26日第八版；1920年7月27日第十四版

① 原题《浦东中西医院定期开诊》。

〖火神庙轶事〗[①]

南京聚宝门外有一火神庙，年久失修，墙垣倒塌，神像手足俱无。日昨该庙左近居民陶某，梦一白发老翁，身穿大红缎袍，手执龙头拐杖，自■系火神菩萨，谓因本庙倒「圯」[圮]不堪，无处容身，乞诸大善士捐款修葺，本神保其阖境平安，不然将降火患云云。翌晨遍告邻里，纷纷出款，三日间募有二百余元，闻不日即雇工人大兴土木云。

1920年8月24日第十四版

明日迎神赛会之路由

明日为中元节，本邑城隍庙各会首仍循例舁城隍像等出巡。淞沪警察厅长徐国梁并不禁止，惟以今届适值戒严之际，昨日谕令各会首，略谓“本月十五日即中元节，该会舁迎神像出巡，务于是日清晨八时起，下午三时回辕，不准延长时刻，着即遵照”等因。各会首召集全体分别传谕知照，并定明日路由如下：

出巡路由：出庙，朝东往南，过长生桥，走四牌楼，往西过县东、县西，往南三牌楼，往东太平街、果子巷，过彩衣街，进东街，过益庆桥，往西小东门大街，走天官牌坊，往西过福佑路，进「候」[侯]家路，过沉香阁路，走旧教场，往西过广福寺，走梨园路，进露香园路，往西拱宸路，出民国路，走中华路，进蓬莱路，过新县署，往北过南小桥，往东进西唐家弄，走东唐家弄，走中大夫牌坊，往北过蔓笠桥，朝东大东门大街，一直出大码头，过外关桥，进毛家弄，往南走老马路，往西进新码头，往南走花衣街，往西过董家渡，一直朝南走中华路，过大南门，一直茶食公所，朝西往北过利涉桥到坛。

回庙路由：出坛往北过利涉桥，走大新街，往西进尚文门，走西王家弄，往北大南门大街，往东乔家浜，往南中华路，走过救火联合会，往南进佛阁

---

① 原题《火神托梦敲竹杠》。文末尾署“隐厂”，可能是作者。

街，往东过校场路，往南过南仓街，走外仓桥，过小桥，往东进新码头，往南豆市街，过龙德桥，出老白渡，走老马路，进大码头大街，往北进外咸瓜街，出集水街，往北走民国路，进福佑门，往南走旧校场，往西走庙西街，一直回庙。

1920 年 8 月 27 日第十一版

宪兵预备照料赛会

京师宪兵第九连那连长，以今日为中元节，上海城隍神循例率同四司出巡，届时观看赛会者人必众多，诚恐匪徒乘间劫掠途人财物，或有骚扰治安情事，昨特调派宪兵十六名，令于今日分段游巡，以资弹压。

1920 年 8 月 28 日第十一版

中元节出会纪

昨日为中元节，本邑城隍庙会首循例舁城隍及四司像出巡。惟向来系下午出巡，晚间回庙，本届因淞沪警察厅徐厅长以在戒严期内，谕饬各会首于上午八时迎神出巡，须于下午三时回庙，经各会首预先分发传单，知照全班，故昨日清晨八时许，各会首先后到庙排堂，即舁邑神及四司升舆，排齐全副仪仗，游行城厢内外。本届会中多出一种妇孺，身穿红衣红裤，铁索银锁，扮作罪犯模样，随会步行。该会绕行南市，由沪军营、陆家浜往西到坛，后由坛进尚文门，周行肇浜路，进新北门，由旧校场迤逦回庙，时已三下钟矣。

1920 年 8 月 29 日第十一版

〖上虞重建东岳庙〗①

钱君鑫甫令郎弥月，蒙诸亲友宠赐隆仪，本拟敬备汤饼以答谢忱。兹钱君奉慈命，即将筵资洋一百元移助重建东岳庙需款，必赖神佑，为诸亲友等

① 原题《上虞重建东岳庙敬谢钱君鑫甫大善士喜助筵资洋一百元》。

造福。除掣奉收据外，特登申、新两报以扬仁风。经董陈芝卿谨启。

1920 年 9 月 17 日第二版；1920 年 9 月 18 日第三版

大世界九皇大会

——宏丽之法台，璀焕之装严，精雅之陈设，悠杨之音乐，九月初一起开坛，游券照旧不加分文

九皇会盛于浙西，崇信者叩拜维虔。考九皇为人皇之母，以是万世尊祀也。上海各斗坛每届九月亦各举行，各梨园于初一共建醮坛礼醮。九日本俱乐部有乾坤大剧场、髦儿剧场并城内之小世界小京班剧场，共凡三处，以是今岁在共和厅特建九皇大会，向杭州紫云坛聘到高功大法师四位及引磬待香诸仙宫并各坛弟子等，运到斗坛一切璀璨庄严、精致陈设、瑰严玄都、悠扬仙乐，于夏历九月初一起开坛顶礼西天大梵斗姥法忏，九日达表保安并施放水火祭炼法食全堂，初十日谢将撤坛。敬告崇道之男女各来宾，开坛以后，如虔心祈福进香，本坛备有香、蜡。每早九时起至午后三时请进内坛参拜。三时后人多拥挤，拈香请在外坛，如必欲入内坛者，须购参拜券，鱼贯而入以昭肃静。并遵杭州斗坛向例，为儿童消灾降福祈祷关煞开通，凡小核欲过关者，先一日至本坛司书处通告，缮具疏词，次日晚间准十点钟过关，由大法师给予文牒关旗开聪益智。来宾如虔诚斋戒，素斋中备有净素筵宴面点，西餐馆亦有素肴，便客进餐。胜会难逢，瑶坛共莅，绅商士女曷兴乎来。

附录：斗坛灵应

杭州涌金门内夏氏子，七岁患癫，家人拟送老东岳救治。适九皇会紫云坛开坛，就坛祈祷，由大法师施以敕勒、镇以符篆而瘥。此六年前事也。今夏氏子已十三岁，商业高小学校毕业矣。

艮山门外丁氏子，三岁久病，星者言病符犯命白虎坐宫。时适九月，家人因就坛禳解，竟获霍然。

清波门外王氏女，十一岁，大病伤原，状类失魂，巫言有冤魄缠绕。家人于重九日偕女至坛叩祷，大法师给以印牒，归后神识渐清，越五年适富阳马氏。

诸如此类不可缕计。

又启者：共和大舞台主黄金荣君因舞台改建房屋尚未开幕，今岁九皇会不及设坛，特助洋一百元附入本坛设醮。敬告男女各艺员早降拈香。其他各舞台艺员有欲叩坛进香者，亦请惠临可也。大世界俱乐部附启。

1920年10月9日第九版；1920年10月10日第九版；1920年10月11日第五版

城隍神会路由

今日下元节，本邑城隍庙例舁城隍神像及四司出巡，莅邑厉坛，谓为施振孤魂。兹将路由录后：出庙，往西朝北旧校场，往西穿心街，朝南侯家路，往西广福寺，朝北福田庵路、露香园路、民国路，往南方板桥，至西门，往东肇浜路，朝南曹家桥，出新北弄，往东蓬莱路，至杨家桥，朝北西仓路，往东猛将堂，往北梭子弄，过登云桥、肇浜路，往南过虹桥，朝东西唐家弄、中唐家弄，往南梅家弄、天灯弄、水仙宫，往南朝西乔家浜，过陈箍桶桥，朝南出大南门，往西中华路，过茶食公所，往南朝西陆家浜，过利涉桥，一直到坛。坛上起马，过利涉桥，朝北大兴街，进尚文门，往北凝河路，朝南乔家浜，过救火联合会，进佛阁，朝南校场街，往北南仓街、圣贤桥，往北花衣街、豆市街，过龙德桥，朝西如意街，往北外咸瓜街、集水街、中华路，进小东门，过长生桥、四牌楼，往东老学前，朝南东街，往西彩衣街、太平街、三牌楼、昼锦牌楼，朝北旧校场，往东福佑路，朝南天官牌楼，往西方板桥，一直回庙。

1920年11月10日第十一版

城隍神会之热闹

昨日下元节，为城隍神像出巡之期，天气虽阴，并不下雨，各会首无不兴高采烈。海崇侯、春申侯两司会中并新添有马执事、阴皂隶。会首所着衣服皆用绣金花缎，招摇过市，惹人注目。午刻各会首先后齐集邑庙，迎神像游行城区等处，直至厉坛暂驻。旋即由坛起马，入小西门，周行南市一带，进小东门，迤逦回辕。沿途经过之处观者途为之塞，各区署饬派长警分段照料，尚无肇衅情事云。

1920 年 11 月 11 日第十一版

募修高昌乡关庙处启

兹承叶安香君捐洋八十元，又承代募胡哲生一百二十元、纪仲仁一百元、叶森源五十五元、兴泰厂五十三元、纪存贻五十元、张聚宝十元、陈松茂五元、徐铁臣五元、顾锦记五元、张志勤二元、张本华二元、张士德二元、邹树屏一元、王宗敏一元、金嘉福一元、府伈一元、朱士林一元、唐步周志林一元、无名氏一元、徐炳生一元、孙承基一元、王关熙一元、中华眼镜公司一元，共计洋五百元正。除填给收条并刊入征信录外，特再登报申谢。同人公具。

1920 年 12 月 31 日第一版

1921 年

〖茅山道院道士无疾而逝〗[1]

开封路永和坊隔壁，某茅山道院之老道士，童颜鹤发大有仙气，前日忽谓其徒云“今夜当脱离红尘，如明日有人送信来，可对以吾师仙去”云云。其徒不信，告知四邻。是夜果无疾而逝，次晨果有人送来一信。一时哄动遐迩，一般愚夫愚妇目之为神。其徒乃联合流氓大施敛钱之计，将尸体趺坐石缸中，向香客募捐，竟得三千余元之巨。昨日为其师出殡，一切仪仗应有尽有，亦雇印捕二人骑马开路，旗伞亭锣、僧道尼众绵亘数里之长，三十二夫役共舁石缸以代灵柩，送殡者汽车、马车络绎不绝(云)。

1921 年 1 月 6 日第十四版

城北慈善会救济贫民

城北慈善会系陈文甫、金雪塍、谢莲卿、石运乾、沈桐叔等发起，会同姚子让、陆崧侯、王慕诘、陈骆青等创办，设办事机关于小北门大境庙，数月以来举办施衣、给米、施棺、医药等项善举，需款甚繁，俱由发起人与诸善士分任慨助力事进行，加惠贫民诚非浅「尠」[鲜]也。

1921 年 1 月 23 日第十一版

杭州快信

今日省城赴玉皇山进香男妇不下万余人，车水马龙不绝于道，劳动界人利市三倍。官厅禁止宿山，派队澈夜巡逻。

1921 年 2 月 16 日第七版

---

① 原题《道士大出殡》。文末署名“警世人”，可能是作者。

清明迎赛神会之防范

旧历本月二十七日清明节，城隍庙各会首仍拟舁城隍神像出巡。京师宪兵第三营长深恐是日游人过多，或有意外情事，昨已令饬第九连那连长届期派令宪兵分赴邑庙及坛基等处妥为保护云。

1921年4月3日第十一版

上海灵应坛启建祈祷和平普济幽冥醮典大会

敬启者：苍茫四海，国事未宁，荏苒十年，民生久瘁。既①干戈之俶扰，寝馈难安，复水旱之洊臻，神灵莫格。本会力崇慈善，景企文明，求世界之和平，叩上苍而祈祷，恐幽冥之未妥，愿普济以相安。谨于夏历二月二十日为始特建三教大道场九日，宣扬宝忏，唪诵玄经，理无间于中西，情可通夫上下。所愿仁人善士共发慈悲、咸相赞助。如有经典锭箔，均祈慷慨乐输，庶几同享安宁，成此莫大功德。谨陈微悃，惟冀垂鉴。本坛在上海西门内新县署东净土路。

1921年3月23日第三版；1921年3月25日第二版；1921年3月27日第二版；1921年3月30日第三版；1921年3月31日第三版；1921年4月2日第二版；1921年4月4日第三版

城隍神会路由

今日清明节，邑庙会首昨在庙议决，辰刻舁城隍神像及四司等出巡，酉刻回庙。兹将出巡路由录后：出庙朝东往旧县前，一直往东彩衣街，往北东街，朝西老学前，往北四牌楼，一直天官牌楼，朝西一直福佑路，往南「候」[侯]家路，朝西广福寺，过梨园路，往北露香园路，往西出拱宸门，往南民国路，走中华路，进蓬莱路，往北过西唐家弄，一直出天灯弄，往南走乔家浜路，朝南往东小

① 3月23日、3月25日该文无“既”字。

南门大街，往北过里仓桥，朝东王家嘴角，往北过小桥，走朗家桥，往东朝南过龙德桥，一直走豆市街，过花衣街，往西走盐公堂，一直朝西水神阁，往南过南仓街，往西过校场路，一直桑园路，往南陆家浜，过利涉桥，往南一直到坛。由坛回辕：出坛，过利涉桥，走六家浜，过清心书院，走中华路，进尚文门，一直进王家弄，往北过太卿坊，走县桥，往东一直出大东门，走外咸瓜街，过集水街，进小东门，过长生桥、四牌桥、县东、县西，往北三牌桥、昼锦牌楼，过陈市安桥，往东回辕。

1921 年 4 月 5 日第十一版

城隍神会之热闹

昨日清明，迎赛城隍会颇为热闹。上午十时，各会首齐集邑庙后，排道出发，杂有马执事、阴皂隶、大锣班、清客串等，殿以城隍偶像，周游城内外，观者塞途。至下午四时许始抵车站路邑「励」[厉]坛，焚毁锭帛，然后由坛起马，过利涉桥、陆家浜、清心书院、南中华路，进尚文路、王家弄、太卿坊、县桥，出大东门、外咸瓜街、集水街，迤逦回庙，各散。当出发时，沿途由各该警区派警照料，尚无肇衅情事。

1921 年 4 月 6 日第十一版

上海崇文会灵应坛敬谢

本坛自二月二十日起至二十八日止，建设祈祷万国和平普济水陆幽魂醮典九昼夜，业已次第告圆。承蒙各省各界诸大善士及各轩坛及各寺观庵院诸同仁，或助资财，或助经忏、或惠临赞助，同襄善举，特此鸣谢，伏希公鉴。中国崇文会灵应坛公启。

1921 年 4 月 9 日第二版

潭子湾今日迎赛城隍神会

闸北潭子湾乡民，每年三月例须舁城隍偶像巡行各村落，谓能驱除疫疠、田谷丰收，无知愚民奉行惟谨。今日系赛会之期，各乡民已备办酒肴邀约亲友下乡观会，如天晴必有一番热闹也。

1921 年 4 月 10 日第十一版

龙王庙预备退建之会议

沪南肇嘉浜浜基，自经沪南工巡捐局拨匠动工填塞后，将是处居户房屋退建于已填之浜基以内，现方积极进行，各情已纪前报。兹闻是处龙王庙及毗连之风神殿均在退建之列，曾经姚局长致函该庙住持羽士预备后，经豆米业中人查得，龙王庙自遭粤寇毁坏重建后，于前清同治年间将庙基推放，其建筑经费系由该业于经办海运项下筹拨的款，迄今垂五十余年。刻因海运取销，而此次退建工程已估计价在二万金左右，是以由该业仁谷公所萃秀堂业董会同司年司月，前日在该庙内厅大开会议，磋商筹款，并预备退建手续，应如何进行之处。闻是日到者人数未足，候再订期续议而散。

1921 年 4 月 28 日第十一版

《道藏续编》出版

是书原本为金盖山人龙门第十一代闵一得所编订，道光甲午年镌。其内容皆道家精要之秘籍、天仙不传之心法。余不敢自秘，亟以上等连史纸精印百部，除预定外，所存无几。倘有同志欲得此书者，请从速购预约，照仍例每部实洋三元，外埠函购加邮费一角三分。备有样本，函索即寄。函内须附邮票一分以作回件之用。代发行所：上海英大马路泥城桥西首静安寺路龙飞隔壁西三十九号洋房医学书局。守一子谨启。

1921年5月15日第五版;1921年5月17日第九版;1921年5月19日第五版

城隍神会路由

今日为旧历七月十五日中元节,邑庙会首例舁城隍及四司神像出巡。昨晨已舁神像升堂点卯发牌,并拟定今日出巡路由如下:限于辰刻起马,未刻回庙。出庙朝西,过南香花桥、广福寺、黎园公所,往北露香园路、高墩路,朝东穿心街、福佑路,往南天官牌楼、四牌楼、老学前、东街,朝西彩衣街、果子巷、太平街、杜家湾、穿心河桥,过庄家桥,过南梦花楼、刘公祠,出北弄,往东蓬莱路,至小桥,朝北西唐家弄,往南出天灯弄,过东乔家浜,至中华路,由救火联合会至小南门,往东进佛阁,过校场街,朝北南仓街,过水神阁,朝东盐公堂,往北花衣街、豆市街,过龙德桥,出老白渡,由老马路往南,一直过董家渡、沪军营,由煤屑路迤逦到坛。未几由坛起马,往北过利涉桥,往东清心书院,朝北大南门,由中华路往西至小西门,往东尚文路,过西王家弄,朝北陈箍桶桥、太卿坊、县桥,往西太平街,朝北三牌楼、昼锦牌楼,过陈市安桥,往西至南香花桥,朝北侯家路,往西穿心街,出老北门,往东民国路,进新北门,由福佑路朝南天官牌楼、四牌楼,往西县东街,朝北老县前街,往西回辕。

1921年8月18日第十五版

城隍神会之热闹

昨为中元节,邑庙会首上午十时许齐集庙内,排齐全副执事,舁城隍及四司神像出庙,游行城厢内外,由南市绕行至邑厉坛,复由坛起马,进小西门,周行各处回庙。是日适逢天晴,会器极为鲜明,马执事竟多至八起,所需服装俱用锦绣绸缎,光彩夺目。观者塞途。各区警署均加派长警分投照料,尚无扰乱秩序情事。

1921年8月19日第十五版

中秋节各界状况

昨日中秋，适当久雨初晴，上海社会仍循曩例过节，各机关停止办公……大马路之保安司徒庙〔即红庙〕，迷信家多往进香，女界尤多，下午更为拥挤。庙中大铁香炉中火光熊熊，入庙者无不汗流浃背。各烟纸店并备有多数大小香斗，自晨至午已购买一空。晚间则灯烛辉煌、香烟缭绕，盖皆焚斗敬月矣。

1921 年 9 月 17 日第十五版

函催龙王庙拆卸退建

南市十六铺肇嘉浜河道，由沪南工巡捐局雇匠填塞后，现在外滩加钉木椿①一排，俟外关桥拆卸后先行筑路，以便交通。所有里面之已填浜基必待龙王庙、风神殿共同退建后方可进行，迭经姚局长催促，该庙羽士以经费难以筹集延搁已有数月。现因此项工程赶速进行，不能再有拖延，故又由姚局长去函催询。该羽士乃商恳米业董事邀集该业司事会议先行筹垫款项方法，一面招工估价，以便冬令兴工拆卸退建。

1921 年 10 月 12 日第十五版

城隍出巡讯

今日为旧历十月初一日，即下元令节，本埠邑庙城隍神循例带同四司出巡赈济一切无祀孤魂。兹将出巡路由录后：出庙朝西，过旧校场，走穿心街，朝西，往南，过侯家路，朝西，进露香园路，朝西，出拱辰门，沿民国路，进老北门，走杜家湾，过登云桥，朝南西仓桥，往西新北弄，走蓬莱路，走小桥，进西唐家弄，过县桥、■北、县东，走四牌楼，过长生桥，往东出小东门、集水

① “木椿”疑为“木桩”。

街，走外咸瓜街，出大码头，走老马路，一直出南码头，往北，进薛家浜，一直出三角街，朝南，走沪军营，走煤屑路，一直到坛。回庙路由：坛上起马，过利涉桥，往东陆家浜，进清心书院，走中华路，进尚文门，一直进王家弄，往北陈箍桶桥，朝东乔家浜，走救火联合会，朝东，往南，进佛阁，走教场路，出南仓街，过圣贤桥，往北，走花衣街、豆市街，出老白渡，走老马路，一直走集水街，进小东门，过长生桥，走四牌楼，朝东县南、太平街，朝北三牌楼、昼锦牌楼，过陈市安桥，走侯家浜，往东福佑路，进天官牌楼，往西一直大街，回庙。

驻沪京师宪兵第三营汪营长，以今日下元令节为本邑城隍神循例出巡之日，舁神赛会时观者必众，难保不有匪徒流氓抢劫途人妇女饰物扰事之虞，自当派令宪兵前往城隍庙及赛会经过之处妥为防范以资保护，昨特令行第九连调拨宪兵八名分投出巡，以昭妥慎而免滋事云。

1921年10月31日第十六版

城隍出巡再记

昨为下元令节，本邑城隍神率同四司出巡施赈。午前由各会首齐集邑庙，排齐全副执事，恭迎神像出庙游行城内外一带，然后莅邑厉施赈。未几，由坛起马，进小西门，周行南市，复进小东门，回庙。是日也天气晴和，各会首咸争奇斗胜，采烈兴高，因此沿途观者颇为拥挤。各区署各派长警分投照料，尚觉严肃。

1921年11月1日第十五版

1922年

元宵日虹庙几肇焚如

——炉火燃及梁木，香客大吃一惊

南京路之保安司徒庙〔即俗称虹庙者〕，当旧历元宵日，一般迷信神权之男妇咸往烧香。该庙正殿中央所置之焚化锭帛铁炉，投锭帛入内而焚者络绎不绝，故炉中熊熊之火光亦不间断。惟该殿有一梁适居炉顶，多年旧木，经此炎炎之火，由清晨烘至将午，遂亦燃烧。男妇香客瞥见大惊，纷纷奔出。幸该庙自置有皮带龙头，当由人汲水浇熄得未燎原，可谓徼幸。然烧香者之心理愿为求福而往，乃反饱受虚惊而归，当非若辈始料所及也。

1922年2月13日第十五版

清节迎神赛会之路由

今日为夏历清明节，本城邑庙人等循旧例舁城隍神像及四司出巡，谓为振济无祀孤魂。今将路由录后：出庙，朝东过天官牌楼，朝西福佑路、穿心街，朝南侯家路，朝西梨园路，往北露香园路，出拱宸门，朝南过民国路，进老西门，往南过曹家桥，走新北弄，朝东过新县署、蓬莱路，朝北过小桥，往东走唐家弄，往北过县桥，朝东彩衣街，往北东街，往西老学前，往北四牌楼，过长生桥，往东出小东门，走集水街，往南外咸瓜街，往东大码头，往南里马路，往西进老白渡，往南过豆市街、花衣街，出盐公堂，走南仓街，进校场路，出佛阁，往南走中华路、茶食公所面前新开马路，朝南过利涉桥，到坛。坛上起马，过利涉桥，一直大兴街，往南走中华路，过联合会，往西走东乔家浜，往北进天灯弄，出梅家弄，过陈箍桶桥，往南进西王家弄，往北凝和路，一直过虹桥，往东太平街，往北县南、县东，往北走四牌楼，过长生桥，朝东出小东门，走民国路，进福佑门，过福佑路，朝南旧校场，朝西沉香阁，朝南侯家路，朝东回庙。

又函云：今日为植树节，即旧称清明节，本埠各机关均循例停止办公休息一天。淞沪警察厅徐厅长昨特通传城内外各区署所警正佐一体遵照，以本日清明节例有本邑城隍神率同四司出巡振济厉坛之举，所过之处均着加派长警沿途照料云。

1922 年 4 月 5 日第十五版

清节迎神赛会之热闹

昨为清明节，本城邑庙各会首循例舁城隍及四司神像出巡。午前辰刻，由各会首齐集庙中，排齐全副执事，迎邑神及四司出巡。会中如马执事、阴皂隶、花十景、大锣班等，争奇斗胜，颇有可观。出庙绕行城中南市，迤逦到坛施赈，然后由尚文路等周行各处回庙。沿途经过之处观者颇多。各区所均派长警分途照料，故无肇衅情事。

1922 年 4 月 6 日第十五版

杭州玉皇山声明假冒募化

本山修造功德皆由各善士面交，并无道士在外募化。迩来有道刘崇名在沪杭各处冒名募化肥己，有写未交者望祈寄送来山，免落虚空是幸。如能将此人拿获送捕或送山，不胜感激。住持李理山申告。

1922 年 4 月 19 日第一版；1922 年 4 月 20 日第一版；1922 年 4 月 21 日第二版

迎神狂热〈松江〉

松俗旧历三月二十六、二十八之迎神赛会，自前清松府戚升淮禁止后久不举行，直至前年始假驱瘟逐疫之名复行迎赛。起初不过温神、杨侯两尊，本年则由各庙社首相继踵行，如刘郡王、施相公等亦出巡与赛，且会中执事又各踵事增华，较诸前清未禁前尤为热闹也。

1922 年 4 月 23 日第十版

南京快信

昨东岳神出会，各种灯彩美术「台」[抬]阁异常华丽，上路者万余人，途为之塞。行至旧江宁府，有某外国人用快镜拍五老图照，会中人不许，大起冲突。军警赶至弹压，恐酿事端，当即将会迫令解散，始获无事。

1922 年 4 月 27 日第十一版

药业演戏酬药王

本埠城内外药业饮片同行，循例于前昨等日在沪城药局弄药王庙演戏酬神，自晨至暮观者异常拥挤。一区三分所马署员饬派长警莅庙弹压，故无肇衅情事。

1922 年 5 月 22 日第十六版

官民祈雨热

镇江雨泽失时，东南乡农民特于十八日群至都天庙将神像舁至景福会堂安座祈雨。此外城乡各处居民亦纷揭求雨黄旗。张知事连日分诣郡庙、金山龙王殿拈香祈雨。当此科学昌明时代而迷信神权若此，其愚洵不可及矣。

1922 年 6 月 21 日第十一版

南京快信

王省长昨〔二十日〕禁屠宰求雨，并亲至城隍庙烧香祈祷。下午四时暴雨五分钟即止。

1922 年 6 月 22 日第十一版

龙王庙改建缘由

南市龙王庙及风神殿等，因与肇嘉浜填浜退屋关系，前经沪南工巡捐局姚局长迭次函知该庙住持羽士限令将庙基房屋退建，乃因乏款，延搁多时。兹闻近始由米业中代为筹款补助，业已招工承揽退建，订于阴本月十六日实行动工云。

1922 年 8 月 7 日第十六版

筹备修葺天后宫

沪北天后宫庙宇，系前清时奉敕专建，昔由关库项下拨款兴修，光复后归公款公产处管理。今因该庙殿宇戏楼年久朽坏，由公产处禀奉县知事核准兴修。惟经费无着，由公产处印发捐册，请各绅董各任募化，需费一万余金。其督修主任拟推举卫芝山担任，已函请县公署委任矣。

1922 年 8 月 8 日第十六版

〚修葺天后宫〛[1]

沪北天后宫年久失修，且设满货摊，蹧蹋不堪，业经上海县公署令饬将前项货摊一律驱逐，以便兴修。昨闻上海县知事沈宝昌特在一枝香设宴邀请本埠巨绅及商会正副会长、会董等筹议修葺计划，有某绅主张改建宫屋缩小，闻因经费关系，尚须从长讨论云。

1922 年 8 月 14 日第十六版

① 原题《修葺天后宫近讯》。

新世界雷祖诞特设福善坛礼聘天师府汪法官大建醮坛启

——七永日之公醮，龙虎山法官主坛①

径启者：时当三伏，疠疫日多。本月二十四日恭逢雷祖圣诞，同人等特假新世界北部三楼虔聘江西龙虎山汪鉴湖法官建醮七永日，禳灾祈福，以保阖境平安，并用小南门小云巢沈颂笙大法师全副金绣庄严，每日由道行高超之黄冠羽士拜诵玉皇宝忏、合弹孔雀经等，并由汪法官步罡踏斗、发符召将、朝觐饯瘟、斋天进表、五方炼度等诸大法事，上答天恩，下除疫气。另设事务所于新世界北部太平门侧。倘有善男信女如欲列名公醮榜上者，请至公醮事务所接洽，惟须预将台衔录下以便汇登。其附醮费共分三等，纳资三元者赠最优等菜券一张，纳资二元者赠特等券一张，纳资一元者赠普通券一张，均有美味素菜可餐。倘欲全席精美素餐者，位置无多，尚希早定，以免向隅。一举两得，获益非浅。务请绅商各界早临拈香，附名祈福，以答神庥而保安康。无任欢迎。谨启。福善坛公醮事务所同人谨启。

1922年8月12日第一版；1922年8月13日第一版；1922年8月14日第三版；1922年8月15日第三版

义记新世界福善坛大建公醮

念三日起至念九日止，特请天师府汪法官主坛建醮七永日，如欲列名榜上者，请将台衔交与本坛公醮事务所登记，并备精美素斋，免票。各界善男信女祈各早临为盼。②

1922年8月17日第九版；1922年8月18日第九版；1922年8月19日第五版；1922年8月20日第九版；1922年8月21日第九版

---

① 14日、15日所载，副标题加上"自廿三日起建"六字，作"自廿三日起建七永日之公醮，龙虎山法官主坛"，正文中于"建醮七永日"前加"自廿三日起"五字，作"虔聘江西龙虎山汪鉴湖法官自廿三日起建醮七永日"。另外，12日、13日所载，"醮"字作"蘸"字，至14日、15日所载已有多处改作"醮"字。

② 17日所载，正文只有"念三日起至念九日止特请天师府汪法官主坛建醮七永日"。

新世界福善坛公醮启

——七永日之公醮，龙虎山法官主坛①

启者：本世界鉴于夏末秋初之疠疫盛行，特聘天师府汪法官主坛建公醮七永日于北部三层楼，择于念三日起至念九日止，袪除疫气以保合境平安。诚心祈福者，盍请早临拈香。特设公醮事务所于北部太平门侧，以便接洽一切。如欲列名榜上者，计分三等，悉听尊便可也。福善坛同人启。

1922年8月17日第一版；1922年8月18日第十三版；1922年8月19日第十三版；1922年8月20日第十三版；1922年8月21日第十三版

中元节城隍出巡之路由

今日为旧历中元节，本邑城隍神循例率同四司施赈乏祀孤魂。兹将今日出巡路由录后：出庙朝西，过广福寺、梨园路，往北露香园路，朝北高墩路、穿心街、福佑路，往南黑桥、天官牌坊、长生桥、四牌楼、曲尺湾，朝西果子巷、太平街、杜家湾、穿心河桥，一直肇浜路，出西门，往南中华路，朝东蓬莱路，由上海县公署至小桥，往北朝东唐家弄，过塌水桥，往南太卿坊，至陈箍桶桥，朝东乔家浜，往北巡道街，由水仙宫朝西天灯弄、竹素堂，朝东中大夫坊，往北火神庙，过蔓笠桥，出大东门，朝东大街，至大码头，往南里马路，进老白渡，过龙德桥，朝东豆市街、花衣街，朝西盐公堂，过圣贤桥，往南南仓街，进校场街，往北出佛阁，至小南门，朝西中华路，至茶食公所，往南迎勋路，朝西过利涉桥，一直到坛施赈。回庙时，由坛起马，过利涉桥、大兴街，进尚文门、尚文路，进西王家弄、东王家弄，出小南门，往北救火联合会，朝东小九华，至王家嘴角，往北过外郎家桥、如意街、外咸瓜街，一直朝西集水街，进小东门大街，往南长生桥、四牌楼，朝西县东、县南，朝西太平街，往北三牌桥、昼锦牌楼、陈市安桥、旧校场，朝东福佑路，往南黑桥、天官牌楼，朝西方

① 17日所载无副标题。

浜，回庙。

1922 年 9 月 6 日第十四版

中元节之香市纪〈松江〉

本月六日适值旧历中元节，城内府城隍庙例有香市。县警所曾于事前出示禁阻，但届期香客进香仍极拥挤，各处赶节之竹木器等各小商仍沿向例在知事署至城隍庙一带设摊售卖。向年城隍庙各社手例于是日午后舁神舆绕行庙左一周，谓之游廊，今岁则将神像迎出城外，直至晚间始复迎入。此次香市，军警荷枪梭巡，极为严密，故尚无事端发生云。

1922 年 9 月 7 日第十一版

中元节迎神赛会记

昨为旧历中元节，本邑城隍神率同四司出巡莅坛施赈。适值天气晴和，会中各会首均兴高采烈，午刻齐集邑庙，排齐全副仪仗舁神出巡。所有旗锣扇伞及各会首之服装鲜艳夺目、争奇斗胜，并有苏州赁来之茶箱一只，其中皆古董玩器，据云价值甚巨，两旁照料者多至数十人。经过之处，观者塞途，沿途由各区署巡警分投照料，故尚无肇衅情事。

1922 年 9 月 7 日第十五版

今日城隍神出巡之路由

今日为旧历〔十月朔〕为下元节，本邑城隍循例率同四司出巡，施赈无祀孤魂。前晚由各会首恭请神像升堂举行点卯，并拟定今日出巡路由录后：出庙朝东，进阜民路、太平街，过虹桥，进西唐家弄、梅家弄、竹素堂、天灯弄、乔家路、凝河路、蓬莱路，进新北弄，过曹家桥，出老西门，往北民国路，进拱宸门、梨园路、「候」[侯]家路、穿心街、福佑路、天官牌楼、四牌楼、曲尺湾，朝东彩衣街，出大东门、如意街、龙德桥、豆市街、花衣街，过盐公堂、南仓街、三(角)街，出丰记码头，往南外马头,进煤屑路,朝西一直到坛。回辕路由:过利涉桥、大新街,进尚文门、西王家弄、东王家弄,出小南门,过联合会,走大东门外大街、外咸瓜街、集水街,进小东门,过长生桥、四牌楼、县东、县西北、三牌楼、昼锦牌楼、陈市安桥,回辕。

1922 年 11 月 19 日第十六版

南市董家渡之学校消息

南市董家渡蔡阳弄茅山殿旧址,现由留日回国之王伦伯君设立日语专修夜校,每晚自七时至九时教授日语日文云。

1922 年 11 月 19 日第十八版

下元节迎神出巡记

昨为下元节,本邑城隍像率同四司出巡,莅坛施赈。午前十时,各会首齐集邑庙,迎各神像,排齐全副仪仗,出庙游行城厢、南市各处,然后到坛。未几,由坛起行,复绕行各处迤逦回庙。适值天气晴和,沿途观者拥挤异常。各会首之服装全新,争奇斗胜,大有可观。淞沪警察各区所长警均在各要道照料。

1922 年 11 月 20 日第十五版

上海南市位中善堂觉云坛启建酬天普利醮会启事

敬启者:本坛于六、七月间禳解风灾以后,迭奉鸾谕饬办普利醮典。兹遵自阴历十月初四日起假西门白云观恭设醮坛举行普利大会,启建无上黄箓大醮七昼夜,遵除戊禁,至十一日告圆,初七日午刻祀天。凡我同玄及善信男女,务望于普利期内莅会拈香,襄兹盛举。惟兹事体大,经费固虞不足,经箔需用尤多,聚米为山,随缘乐助。如欲追荐先远宗亲者,乞将称谓等详晰开示,以便设位附荐,俾资冥福。恐难周知,特再登报通告。谨启。

1922 年 11 月 17 日第四版;1922 年 11 月 20 日第四版;1922 年 11 月 23 日第四版

火烧城隍庙

沪城城隍庙大殿左廊所开东楼茶馆内进，为城隍会中内皂会首所居，昨午后五时许不知为何失慎，登时冒穿屋顶。时适北风大作，火势颇为猛烈。该处第一区火会与一区二分所警署近在比邻，闻警首先莅场施救。火钟楼鸣钟告警，各区火会亦先后前往施救。讵火势向内延烧，波及伯府官会公廨及对门邑庙住持羽士所居玉清宫等房屋，并香烛店、刻字铺等。邑庙大殿幸得保全。至五时三刻火即熄灭。毁屋若干及因何起火，容再续录。

1922 年 11 月 27 日第十五版

火烧城隍庙续志

昨报纪邑庙大殿旁内皂班房失火，延烧左右房屋一则。此次之火，实起于内皂班房。缘该内皂向雇六十五岁之老者平湖人陆全福看管，前日午后陆因事出外，不料班房中所点「腊」[蜡]烛延烧所悬锭帛元宝等，以致火势燎原，冒穿屋顶。迨■邻知觉，已不可收拾。时适北风紧急，火即向外延烧东楼茶馆，复转入延烧一区二分所警署后面房屋二间。其时各区火会会员咸驱救火器具莅场，分投施救，火即转北，延烧伯府公廨，穿过玉寝宫，毁去大殿三间、厢房四间。各火会因邑庙大殿可危，遂竭力灌救，得将大殿保护。无如火势猛烈，又延烧玉清宫，贴后即钱业公所，所有内园中之湾云楼房屋毁去四间。是役也，总共毁去楼平房上下三四十间。邑庙大殿虽云保存，然屋顶已损坏不堪。各会员见火熄之后陆续散归。不料当夜十一点三十分钟，火势复炽，一时红光烛天，复经就近各火会急驱皮带车到场接水灌熄。一区二分署杨署员饬警将火首陆全福拘案，略诘一过，昨午备文申送警察厅，发交司法科讯明核办。

1922 年 11 月 28 日第十五版

声　明

敬启者：本月初八日下午五时，邑庙大殿东首内班房失火，延烧大殿左角及玉清宫楼面，计毁屋十数幢，所有修理已经呈报公款公产处转呈县公署核办，将来筹募修整必然另有示谕、印发捐册，刻下并无个人在外募捐情事。诚恐冒名诓骗，为此登报布告各界幸勿受愚是祷。邑庙东西房住持罗克裕、朱伦贤谨白。

1922 年 12 月 14 日第一版；1922 年 12 月 15 日第二版；1922 年 12 月 16 日第三版

催缴募修天后宫捐款

沪北天后宫，因年久失修庙屋损毁，前经上海县沈知事，据该庙住持羽士呈请拨款兴修，当奉核准，旋因公款支绌款无可筹，遂函商沪上各绅士会议之下，刊发捐册，分致各团体及各业代表等，请为设法劝募捐款在案。兹闻此项工程现已告竣，核计共需工料费一万三千七百余元，而由各该团体经手募集送到者只有洋三千余元、银一百数十两，尚少一万元左右。昨经沈知事查得是项捐册未经送回本署者为数亦多，爰特分别函催，如有应募捐款，请即连同捐册一并检送来署，以便汇总拨归该工程处实行支配云。

1922 年 12 月 19 日第十五版

上海武圣行宫老关帝庙普陀文昌阁下院特别启事

敬启者：本庙向在英租界六马路仁寿里中弄，兹因拆造房屋，迁移山东路打狗桥堍新造洋房源泰里口三百八十四五号门牌，谨择于本月初二日上午九时由坟山路国恩寺恭迎关圣帝君进庙，初八日开光，至十七日圆满。届时务请诸大护法暨各弟子早降拈香是幸。主持化珣和南。

1922 年 12 月 18 日第一版；1922 年 12 月 20 日第二版

天后宫内设小学之教厅指令

上海县知事前为遵照厅令设立小学，将筹备情形并附简章、预算、校图呈请教厅核示。昨接教育厅长指令云：呈及附件均悉。该县就天后宫余屋筹设县立第三小学校，拟于十二年春季开学，先招三班，并将经费筹定，自应准予设立。惟查新颁之学校系统改革令，小学校得分初、高两级，简章中所称“前期”“后期”字样一律改称“初级”“高级”，仰即转饬修正。简章准先备查。仍候转呈省长核示饬遵。此令。

1922 年 12 月 21 日第十四版

1923年

鄂垣两次祈雨〈武昌〉

萧兼省长以数月来天干不雨，灾荒将成，自上月三十日禁屠一日期满，复于二日至四日止陆续禁屠三天。二日上午七时，萧氏亲率各文武官员赴长春观再度拈香祈祷，九时始行返署，一面并已通传各县知事会合绅董设坛，一致祷求早降雨泽云。

1923年1月8日第十版

官厅拈香祈雨〈苏州〉

县、警两官署定十日起禁屠祈雨三日。是日上午八时，郭知事、李厅长分乘肩舆，前导僧道黄亭，亭中供设空瓷盂一个，径至葑门外五龙堂龙王庙拈香盛水，旋回郡庙，将水盂取出，供奉神前，厅县两官随即行礼。祈祷毕，分道而返。

1923年1月12日第十版

知事禁屠求雨

入冬以来，未见雨雪，干燥异常，田作物大都枯槁，农民望泽甚殷。丹徒县张知事定于十一日起禁止屠宰，并往郡庙、都天、龙王等庙拈香求雨云。

1923年1月13日第十版

杭州快信

杭州道院，因天久不雨，旱灾将成，院监、王局长、於议员等定明日起邀请玉皇山福星观羽士设坛祈祷，各当道均拟莅院拈香。闻以七日为期。

1923年1月15日第七版

鄂省旱荒之救济
——省议会议决举办全省平粜

鄂省入秋以来天久不雨，秋禾既颗粒无收，春苗复不能播种，全省六十九县几无一未报灾荒者。武汉初以萧督禁令停止五荤三素，嗣后于长春观唪念皇经四十九日，萧督且率江汉道尹及武、阳、夏三知事虔诚拈香，祈求雨泽。……据闻此次长春观念经费用为两万串，由六十九县按等摊认，大县三百六十串，中县二百四十串，小县二百串。未见求雨之利益，反先认无谓之负担，以一省行政最高长官不谋救灾之正当方法而耗费如许金钱，为此无意识之举，是常识且缺乏，政治安有清明之望……

1923 年 1 月 30 日第十版

天后宫禁止设摊

天后宫庙产，向归中国官厅管理，嗣因该庙年久失修，经由款产处估工修理完竣。惟当修理时，由官厅将各摊户驱逐，现由摊户领袖商锦堂等联名具呈上海县知事公署，请求恢复从前设摊原状以维生计等语。经沈知事阅禀后，当即函致款产处总董议复去后，现由该处秦处长复称“查该庙曾在前清光绪二十五年间禁止设摊在案。现在庙貌维新，小贩聚集，既易秽污地方，尤恐发生赌博，因此未便照准”，函复县署，请为出示永远禁止设摊云。

1923 年 2 月 3 日第十六版

上海知事整理天后宫之经过

北河南路之天后宫，其地址在租界之中，其管辖权则归上海县知事，租界当局无干涉之权。自本年上海县知事主张整理天后宫后，该宫殿前之各种小贩已驱逐净尽，殿后五幢楼屋则改建上海县立第三高小学校校舍，其原居后殿之香火及神龛等则一律并及前殿，故前殿之布置较前尤为繁密，不但摊肆无地摆设，即香客众多时亦觉拥挤。因此上海县知事于昨特出布告云：为布告事。案据上海地方款产经理处总董秦锡侯、副董沈周呈称“案奉十号训令内开‘案据商民符永年等呈为庙宇修竣环求俯准照常设摊营业以全生计等情。查此案前据高锦堂等具呈，业经令据警察所核复，俟天后宫修理完竣，前方隙地仍准该民等设摊售物，并据款产函称“该摊户等如果安分营生，绝无不正当之行为，应俟理修工竣另订取缔方法呈候示遵”等情，是该民等如无不正当之行为方准照常营生。究应如何分别严定取缔方法，候分令主任、警佐、款产处会议呈候核定再行布告周知，仰即遵照，毋渎。此批。粘单附揭示并分外，合行令仰该处即便会同主任、警佐分别核议取缔方法，呈候核定布告，令原呈及粘单均抄发’等因。查天后宫地址在租界之内，瓯脱一隅，本易藏奸窟恶。前清光绪二十五年十月，前华洋理事同知翁示称‘天后宫门前无业游民曾经屠前分府禁逐，乃日久玩生，掷骰赌钱、面摊食担、江湖卖艺之徒、游手好闲之辈，麇集于斯，屡生事端，现又酿成人命，实属不成事体。为此示仰该处人等，限三日内，无论吃食卖艺赌摊一律迁去，不得再在该处设摊卖买’在案。宣统元年正月，前巡警道汪又派警弹压，重申前禁。然巡士势力孤弱，大率规避不到，以致摊担愈多愈杂，赌徒毫无顾忌，报纸屡肆讥弹，西捕几来干涉。本处惩前毖后，曾于上年八月五日密函钧署，有‘小贩设摊营生固无禁止之理，但一经开放，赌徒即杂处其中，日久懈生，依然故态，转乖县长整理之初心。此对于摊户之请求，所谓杜渐防微，未敢轻于允许’等语。况后进楼房五幢已设学校，则道士香火之寝处、道具庄数之储藏不得不迁至大殿以外，戏楼上下，已无余屋。该摊户等来占■之职业名单多至五十余家，即皆安分营业，已无地可容。本处再四筹商，惟有请求县长令知各摊户另行择地谋生，天后宫内永远禁止摆摊，以肃庙貌而弭事端。是否有当，敬求鉴核施行”等情。据此，除指令呈及另函均悉，查此案前据高锦堂等具呈，即经令据主任、警佐会同该处先后会议，嗣后据符永年等具呈，又经明白批示，并分令在案，■陈嗣后天后宫永禁设摊，并设主任警佐呈同前情，自应照准。除指令主任、警佐明白开导各摊户另行择地营业并布告外，仰即一体知照云。

1923 年 2 月 6 日第十四版

县立第三小学之创办
——在天后宫

上海县劝学所，为推广租界教育起见，于寒假后添设县立第三小学校于天后宫，校舍业已修理完竣，定于二月二十六日〔即阴历正月十一日〕开学。日来报名者甚形拥挤。闻沈知事为扶助该校发达计，已聘定黄任之、袁观澜、沈信卿、聂云台、李平书、宋汉章、穆藕初、姚子让、秦砚畦、贾季英、莫子经、方椒伯君等为校董。租界上又多一公立学校，诚为可喜云。

1923 年 2 月 8 日第十七版

修复邑庙募捐之县署布告

上海县知事公署，昨发第二十九号布告，文云：为布告事。案据上海县款产经理处函称"城隍庙失慎，延烧庙宇，蹂躏殿屋，完全修复约需银三四万元，前经函(报)在案。兹据水木作扬云山开来工账，修理正殿屋面实需银一万四千余元，其他屋宇尚未估计，并称该屋高大异常，瓦木等料必须预行定造，是工作虽待明春，而购料之费应先筹措。本处因即排印捐册一百五十本，编号存根，并于每页夹缝处加盖本处图记，分请各团体、各机关及就近各图各业户多方募捐，敬求县长缮发布告多张，分贴南北市热闹地方，劝谕地方居户各发热心，量力捐助，本处收到捐款，逐月登报，并揭示庙前，以昭核实。日后工竣，仍当造册呈报钧署备案"等情，据此，除此令外，合行布告，仰诸色人等一体知照。特此布告。

1923 年 2 月 9 日第十五版

重修杭州西湖岳王庙举行落成典礼

湖山胜地古迹常存，岳庙崇规久垂祀典。民国七年前怀宁杨克威将军督浙之岁，慨庙貌之倾颓，发重修之宏愿，提纲挈领，煞费经营，飞牍腾书，竭诚劝募，不谓壮志未酬而遽告不禄。济阳卢公继领是邦，仍赓原议，极萧规曹随之德范，得同袍僚友之勖勷，集腋聚沙，大工克竟落成，告庙报礼宜隆。兹谨詹于民国十二年四月二日〔即夏正二月十七日〕备具牲醴，由卢督办率领僚属敬谨致祭。凡各省区长官大吏有欲遣派代表来杭观礼者，务请于期前莅浙，届时庶可同参盛典。省区辽阔，函达难周，谨登报章，诸维公鉴。筹备杭州西湖岳王庙落成典礼事务所启。

1923 年 3 月 24 日第一版；1923 年 3 月 26 日第四版；1923 年 4 月 1 日第三版

今日城隍会之路由

今日为清明节，循例须出城隍会。今将路由录后：出庙往东，朝南县基路，往西太平街、三牌楼、昼锦牌楼、陈市安桥，往西广福寺、黎园路、万竹路，出拱宸门，朝南民国路，进西门，过曹家桥、静修路，出北弄，朝南新县署，往东朝北，进西唐家弄，朝南至陈古桶桥①，朝东乔家浜，朝北过天灯弄、竹素堂，朝东中大夫坊，过蔓笠桥、东街，朝西老学前，往北四牌楼，朝东出小东门，进集水街，往南外咸瓜街、如意街，过龙德桥、豆市街、花衣街、王家嘴角，往西水神阁、南仓街、煤屑路，到坛。后由坛起马，过利涉桥，往东陆家浜，至清心书院，往北至大南门、中华路，进尚文门，进东王家弄，出小南门，朝北进乔家路、凝河路，朝西蓬莱路，朝北西仓路，朝东肇浜路，进曲尺湾、四牌楼、天官牌楼，出福佑门，走民国路，进老北门、穿心街，往南侯家路、南香花桥，往东回庙。

1923 年 4 月 6 日第十五版

昨日城隍会纪

昨为清明节，本邑城隍率同四司出巡，施振乏祀孤魂。亭午时，各会首齐集邑庙，排齐全副仪仗，舁像游行城区内外各处，而后莅坛施振。未几，复舁神像绕行一过，旋即返庙。是日适值天气晴和，故沿途看会者拥挤不堪，

① “陈古桶桥”，别处记载作“陈箍桶桥”。

各会首亦兴高采烈，一切仪仗莫不争奇斗胜，大有可观。各区所警署派长警分投沿途照料云。

1923 年 4 月 7 日第十五版

浦东大举赛会之筹备

浦东塘桥镇三官堂偶像，在清季时赛会，与张家楼教民冲突之后，迄未举行。本年经各会首纷纷集合，定于今日舁像出巡。上海城隍会各会班多有加入者，五花八门，极为热闹。闻太保会有看马一只，扎彩华丽，上缀金镯一百副及玉如意、贵重古玩等不计其数。一般迷信之徒莫不兴高采烈云。

1923 年 4 月 13 日第十六版

浦东大举赛会纪

浦东塘桥镇三官堂筹备赛会等情，已志昨报。昨日塘桥至严家桥一带，人山人海，热闹异常。下午四时后，渡浦而归者拥集董家渡码头，由水巡队及三区三分驻所各派水陆警在码头弹压，每一渡船只许载客二十人。闻今日为洋泾镇定水庵赛会，其会众之多不逊于昨日之会也。

1923 年 4 月 14 日第十五版

青浦城隍墓地出租之讼案

青浦城隍庙董事朱光华，昨投法公堂控称："城隍沈老爷坟墓向在治下新租界恺自迩路地方，于上年间民人等到坟扫墓，瞥见坟地上被祥鑫柴号堆积物件甚夥，实属蹂躏不堪，故此投案，请求堂上勒令限迁"等语。诘之祥鑫号主沈茂文，称"该处坟地实系沈姓子孙沈寄耘租与商人，立有租折，限五年满期，今有沈寄耘在案可证"。质之沈寄耘，供称"坟地实由商人租与祥鑫号，今租期将满"等词。陈谳员商之法副领事葛君，判退去听候复讯再核。

1923 年 4 月 19 日第十五版

吴淞东岳帝诞日之热闹

前日〔阴历三月二十八〕为东岳帝诞日，吴淞、江湾〔俗称轧江湾〕各乡镇均同时行会，解送冥饷等，仪杖极盛。各地前往观会之人数计有三四万人，淞沪专车售票七八万张，至晚间十时始行停班。炮台湾东岳左近人尤拥挤。各乡庙会计有十三起之多，仪「杖」[仗]中有纸扎之十三层大元宝颇足发噱。西人之摄影者为数颇众云云。

1923 年 5 月 15 日第十五版

款产处请验收天后宫工程函

上海县地方款产经理处昨致沪海道尹公署、交涉公署、上海县公署等公函云"敬启者：上年八月，本处奉县公署训令，募修天后宫。除大殿后进楼房改作县立第三小学，由劝学所自行修理外，大殿、戏楼、两廊、大门等处实用银一万三千一百十二元零四分六厘，先后募得捐银七千一百七十六元二角六分，尚不敷银五千九百三十五元七角八分六厘。兹工程一律完竣，除收支清册另行造报外，订于六月十日下午二时敬请台从莅临上次验收工程，以资结束而便核销"云云。

1923 年 6 月 5 日第十五版

药业演戏酬神

南北市药店饮片同业，于前日起雇宁波戏班在药局弄药王庙演戏酬神。一区三分署饬派长警莅庙弹压，观者自晨至暮拥挤不堪。今届该业中演戏酬神有一星期之久。

1923 年 6 月 8 日第十六版

请保护城隍神墓之军署两批

松沪护军使署，近据青浦城隍庙经董朱光华呈控“沈茂文蹂躏城隍之法界恺自迩路神墓，请求转饬押迁，并呈恳保护庙产及神墓，请立案饬遵”等情，昨奉何使批示二则如下：一、呈及抄件、墓图均悉，候据情训令法公廨聂委员传讯勒迁，以保神墓。仰即知照。此批。二、呈及抄粘均悉，候据情分令青浦、上海两县遵照立案保护。仰即知照。此批。

1923 年 7 月 15 日第十五版

今日城隍会路由

今日为中元令节，城隍庙各班会首预备于晨刻齐集庙前舁神像出巡。淞沪警察厅恐人多滋生事端，谕令加派双岗，并饬游巡队长认真弹压。兹将路由录下：

高昌司路由：出庙朝东糖坊弄，至中华路，往西迎动路，朝东江阴街，往南沿浜过东陆家浜桥，朝东大王庙街，至老马路，往北薛家浜桥，朝西进石街、南仓街，往北水神阁，朝西进小南门、东黄家弄，往北过陈箍桶桥，进乔家栅，至小桥，朝西过县公署，进北弄、文庙路、康家弄，往东朝南，过虹桥，进西中唐家弄，出梅家弄，至乔家浜，往东一直至王家嘴角，朝北小桥，往西电灯公司，往北朝西坝基桥，往东油车街、悦来街，出大码头、老马路，朝南进老白渡、豆市街、花衣街、万裕街，出万裕码头，由老马路往南，出丰记码头、外马路，朝南，进南码头，往南沪军营、车站路，朝西到坛。坛上起马，朝北，过利涉桥、大吉路，由中华路进老西门，过穿心河桥，往北广福寺、侯家路，朝北穿心街，过北香花桥、旧校场，往东穿邑庙，出小东门、集水街、老马路，朝南进大码头、如意街，过外郎家桥、小桥，往东豆市街，出老白渡、老马路，朝南进竹行弄，朝南花衣街，往西王家嘴角，往南赵家湾，进梅家弄、青龙桥，朝东上新街、新桥街，往东老马路，进三角街，南仓街，朝北进瑞记弄、佛阁街，往北朝西，中华路、大南门，回辕。

城隍会路由：出庙朝东，走县基路，往东果子巷，进曲尺湾、四牌楼，过长生桥，朝东往南，过益庆桥东街，过蔓笠桥，往南朝西大夫坊，进竹素堂、天灯弄，朝南往西乔家路、凝和路，往西过县公署，朝西进废皇宫弄，朝东走西仓路，朝东肇家路，走三牌楼、陈市安桥，朝西梨园路，出拱宸门，走民国路，朝西黄家阙路，往南一直到坛。坛上起马，过利涉桥，往东进清心书院，走中华路，进尚文门，进西王家弄、东王家弄，出小南门，进佛阁，朝南陆家浜，进南仓街，过圣贤桥，往东进花衣街、豆市街，过龙德桥，往西如意街，进外咸瓜街，朝西集水街，往南中华路，进大东门彩衣街，进曲尺湾、四牌楼、天官牌楼，出福佑门、民国路，往西进露香园路，往东大统路、日华路、紫金路，往东朝北侯家路、穿心街，往东朝南旧校场，朝东回辕大吉。

1923 年 8 月 26 日第十五版

昨日之城隍神会

昨为中元节，城隍神像出巡。上午九时许，各会首齐集邑庙，排齐仪仗，出发游行城厢内外，迤逦至坛，施赈毕，由坛上起马，过利涉桥、陆家「滨」[浜]、中华路，进尚文门，出小南门，折至北半城各处，游行一周，然后回庙。沿途由各该警署派警分投照料，故尚无肇衅情事云。

1923 年 8 月 27 日第十五版

昨日三官诞辰之热闹

昨日为三官诞辰。大南门外野三官堂香火素盛，自火毁后，刻「巳」[已]重建一新，故善男信女络绎于途。是处陆家浜一带陈列各种器具、物件、鞋帽等摊，莫不利市三倍云。

1923 年 9 月 8 日第十五版

各教提倡和平大会记

——何东主席

各教联合祈祷和平大会，于昨日〔十四日〕午后二时在尚贤堂开会。到者有各教领袖及来宾王芝祥等一百余人。何东爵士主席，李佳白博士致词，次由沙士利讲「娑」[婆]罗门教，释仰西讲佛教，白巨西讲波「斤」[斯]教，白云观方丈讲道教，林海讲印度西克教，马树周讲回教，俞宗周讲耶教，杨践形讲孔教，咸本各教主义，提倡和平进行云。

1923 年 10 月 15 日第十三版

杭州西湖南玉皇山福星观紧要声明

启者：本观及慈云岭两处，近年以来建筑工程，均承诸大善士来山面洽慨助，并无遣派道友出外募化。近闻有不法之徒以本观名义沿门求化情事，不胜骇异。为此登报请各界注意，切勿受愚为幸。住持李理山谨启。

1923 年 10 月 24 日第一版

道教所称张天师来沪

——昨日之酬酢

道教所称江西龙虎山真人府天师张元旭，自光复以来久不下山，此次因考察各省道教，率同汪、骆、曾三法官买棹抵沪，假寓闸北管际安宅第。本埠道教同人闻信后均往晋谒。昨日午刻，本邑南北市各山道友请天师至大东门城内火神庙内商议整顿道教公会规章、提倡道教宗风等事，张法师欣然允从，准时莅临。各山道友之到会者数十人，当在庙内设宴款待，并请邑人姚子梁、姚子让、莫子经、陆崧侯、毛子坚、曹匡甫、王省三、王一亭等作陪，席间畅谈道法，宾主尽欢。午后席散，王一亭等邀请张法师同至东乔家浜梓园内畅游一周，并出各种名人书画等赏鉴良久，始兴辞而别。

1923 年 10 月 30 日第十四版

今日城隍会之路由

今日为旧历下元节，本邑城隍神例有率同四司出巡、莅坛赈济孤魂之举。兹将出巡路由录后：出庙朝西，进侯家路，往西过高墩路，往西出拱宸门，由中华路朝南，进老西门，过曹家桥，走静修路，进新北岸，往南朝东，参县公署亭桥路，朝西出西仓路、肇嘉路，进县基路，往东走方浜路，进四牌楼，出曲尺湾，过蔓笠桥，走中大夫坊，出天灯弄，朝南永兴桥，往东小南门，进佛阁街，走陆家浜，往东朝南，马路桥，朝西三角街，朝西煤屑路，到坛。坛上起马，过利涉桥，朝东江阴街，往北中华路，进尚文门，走西东王家弄，出小南门，走中华路，至大东门，往东进如意街、豆市街，走毛家弄，朝北老马路，进集水街，进小东门，朝西往南，四牌楼，往西朝北，三牌楼，走旧教场，往东过天官牌坊，往西回庙。

1923 年 11 月 8 日第十五版

昨日城隍会之热闹

昨为下元节，邑庙各会首舁城隍神像及四司出巡。午刻，各会首齐集邑庙，排齐全副仪仗，舁像出庙，游行城内外一带，然后到坛施赈锭帛。而后入城绕行南市各处，旋进小南门迤逦回庙。天气晴和，各会首莫不兴高采烈，争奇斗胜，服装鲜明。晚会中多用电灯，故照耀如同白昼。沿途经过之处观者异常拥挤。各区署长警分投照料，尚无肇衅情事云。

1923 年 11 月 9 日第十五版

上海城隍庙募捐启

本庙后园房屋各行分管，大殿两廊房租悉充上海医院经费，园内各摊皆归工巡局收捐，本庙并无他项收入，历届修理皆出临时劝募。去冬本庙被炎，损坏甚巨，除玉清宫由皖商程氏独修外，雇工修理大殿一万四千余圆，大门等处一千余圆，现在已收捐款八千二百余圆，尚不敷八千余圆。请乐善绅商慷慨捐助，其款交也是园内地方款产经理处，随给收条，并揭示殿上，以昭大信，诸希亮鉴。

1923 年 11 月 2 日第二版；1923 年 11 月 3 日第三版；1923 年 11 月 6 日第二版；1923 年 11 月 8 日第三版；1923 年 11 月 10 日第二版；1923 年 11 月 12 日第二版；1923 年 11 月 14 日第二版

浦东钦公庙赛会之热闹

浦东川沙北门外钦公庙内塑像钦琏，即前清该县知县，因筑塘御海潮，有益地方，乡民立庙祀之，香火甚盛，并于每年旧历十月望日举行赛会。昨又届赛会之期，乡民兴高采烈，会中如西游记、高跷、荡湖船、黑籍冤魂、唱莲花等诸恶剧及衔牌、执事、旗炉星伞等，长有四里之遥，观者人山人海，而一般小贩车辆及茶■杂货等店莫不利市三倍。

1923 年 11 月 23 日第十五版

1924年

杭州快信

玉皇山住持李理山，前月被匪拦劫，幸该住持精通拳术，身畔携带现钞甚多，未被劫去。九日两湖理安寺僧蕴石又由沪运回银币千余，夜间被盗搜劫一空。杭地检厅今日派检察官谢鸿恩驰往履勘。

1924年1月12日第七版

句容大茅山元符宫重建三清大殿择吉上梁启事

忠仁发愿重建此殿，经营三载，幸承各属善信捐助，已有规模。兹择定阴历本月十七日上梁，敬请各大善士到山观礼，不胜荣幸。再，辛壬癸三年内发出捐簿甚多，所收捐款除五十元以上各芳名已于癸亥十月十五日登录《新闻报》致谢外，其一元以上者均陆续刊碑，尚望领有捐簿诸君于朝山时将簿款交付。自癸亥十月后未经续发捐簿募捐。碑刊芳名如有漏遗，即乞捐款善士详示捐付情形以便查问补刊。谨登《申》《新》两报奉闻，统希鉴察。经理董忠仁谨启。

1924年3月14日第一版；1924年3月16日第十版；1924年3月18日第六版；1924年3月20日第九版

明日城隍会之路由

明日为清明节，本邑城隍循例出巡，今将路由录后：出庙朝西，走梨园路，往北万竹路、大境路、紫华路、侯家路，往西穿心街，出老北门，一直进福佑门，走天官坊、四牌楼、旧县东，一直出老西门，进蓬莱路，参新县署，进中唐家弄，出天灯弄，走东乔家浜，出中华路，进佛阁，走狗玉弄，过盐公堂，进花衣街、豆市街，进如意街，走大码头、大街、里马路，往南走沪军营、煤屑路，到坛。坛上起马，过利涉桥、江阴街，至大南门、中华路，进尚文门，走西乔家浜，过陈古桶桥，进东王家弄，出小南门，由中华路往北油车街，走老马路，出毛家弄，进大码头，走外咸瓜街、集水街，进小东门，走四牌楼、老学前街、东街、太平街、三牌楼，过陈市安桥，出新北门，进福佑门、天官牌楼，到庙。

1924 年 4 月 4 日第十五版

纪昨日之城隍会

昨日为清明节，本邑城隍循例出巡。午刻，各会首齐集邑庙，排齐各式仪仗，迎神像出庙，游行城内外一带，后由煤悄路莅坛。未几，由坛起马，进小西门绕行一周，然「进」[后]进福佑门回庙。各处观会者异常拥挤。各区署加派长警分投照料，故未肇事云。

1924 年 4 月 6 日第十五版

邑庙「棋」[旗]杆改换水门汀质

沪城邑庙头门外向有棋杆两根，前因年久损坏被风吹断其一。■该庙各会首聚议更换新杆，但市上并无极长坚固相当之木杆，乃换作水门汀质「棋」[旗]杆两枝，业已雇工建筑矣。

1924 年 4 月 16 日第十五版

江湾东岳会之热闹

昨日〔一日〕江湾东岳庙出会，沪人■■往看（会）者二万余人，淞沪支路特开专车、往返十次，所有三等客车已不敷分载，故以装货车代之，其热闹可想矣。

1924 年 5 月 2 日第十五版

张天师又来沪

江西龙虎山六十二代天师张晓初，于日前由江西来沪，寓居虹口（黄）陆路六十号管绅宅中。昨由医生顾文俊等假座三马路悦宾楼设筵为之洗尘云。

1924 年 5 月 12 日第二十版（本埠增刊第二版）

〖高昌司神像明日出巡之路由〗①

本月十五日〔即明日〕为中元令节，本邑城隍神像循例率同四司出巡，赈济孤魂，驱除疫疠。沪南迎春庙高昌司神像办定于十六日出巡赈济，昨由各会首签定路由如左：出庙朝东复善堂街、南仓街，往南，沿浜过西陆家浜桥，朝南沪军营、老马路，往北进万裕码头、万裕街，朝南往西，进小南门，朝北阜民路，进乔家栅、也是园浜，往北过虹桥，朝东太平街、阜民路，朝西穿邑庙旧教场、穿心街，朝南侯家路、和尚浜、九亩地、东马桥，朝南穿心河桥，往西庄家桥，出北弄，过县公署、杨家桥、胡家弄，朝西迎勋路，沿浜过利涉桥，到坛。回辕：坛上起马，车站路、沪军营，往西南京街，朝东大王庙街，出南码头、外马路，进丰记码头、马家厂、会馆街、芦席街，过青龙桥，往西出裘家弄、南仓街，朝北外仓桥街，出王家码头、老马路，进竹行弄、花衣街，出新码头、里马路，一直往北，进席水街、外咸瓜街，朝南如意街、龙德桥、豆市街，往西紫霞路，朝北霸基桥，进大东门、鱼行桥，往南梅家弄、东乔家浜，过永兴桥、中华路，朝西迎勋路，往东江阴街，回辕。

1924 年 8 月 14 日第十五版

今日城隍会之路由

今日中元令节，本邑城隍神循例率同四司出巡，莅坛施赈。昨日上午十

① 原题《城隍神像明日出巡之路由》，但据文中所述，应该是高昌司神像的出巡路由。且在 15 日《今日城隍会之路由》一文最后有“明日高昌司路由已纪昨报”之语。

时，由各会首在大殿舁请神像升坐点卯，并拟定今日路由。兹录于后：出庙朝东，走县基路、太平街、三牌楼，过陈市安桥，朝西，进侯家路、旦华路，出紫金路，朝西方浜路，进露香园路、大镜路，走民国路、肇家路，过庄家桥、梦花楼，穿新北弄，朝东，过县公署，走凝和路、东乔家浜，朝北过水仙宫，进天灯弄，出中大夫坊，过蔓笠桥，进曲尺湾，出小东门，一直往南，进江阴街，过利涉桥，到坛。坛上起马，过利涉桥、黄家阙，进蓬莱路，过新县署，朝南凝和路，进西王家弄，朝北太卿坊，进西唐家弄、虹桥大街，过太平街，出县基路，朝东过长生桥，走曲尺湾，出大东门，进坝基路，过龙德桥、豆市街、花衣街，出新码头，进老马路，走集水街，进小东门，过天官牌坊，出丹凤路，走民国路，进新北门，走旧教场，回辕。〔明日高昌司路由已纪昨报。〕

1924 年 8 月 15 日第十五版

昨日邑庙之大火

——大殿内宅完全被焚，城隍像因出巡无恙

昨日为旧历中元节，本邑城隍神循例率同四司出巡。上午十时许，各会首先后齐集邑庙，恭请神像升座点卯，排齐全副仪仗，出庙游行城内外各处，然后莅坛施赈。不料十一时神像出庙，只有三十分钟光景，忽报庙中大殿上起火，月来天气亢旱，故火光四射，到处皆火。顷刻间，大殿中红光烛天，不可向迩。殿之两廊各商店、殿之门前露天设摊各贩户纷纷■门弃摊逃逸。此时一区二分署近在咫尺，立派全班长警临场救护。救火联合会亦鸣钟告警，各区火会皆驱车到场分投汲水施救。奈时适近午，正自来水各处用户需要时间，致救火之水力不足，火势甚烈，竟致延烧大殿背后内宅〔即两旁陈列皂隶之处〕。其内宅以北〔俗称为私宅，即城隍像所居之地〕，各救火会员恐私宅波及，会集各龙皮带竭力保护，直烧至下午一时许始得救熄。是役也，大殿、内宅完全被焚，东至玉清宫内园后门止，西至财神殿一半止，北至私宅门口，其左一半财神殿，亦遭波及。大殿中央所供金山神主像及两旁判官等木偶悉数焚毁。迨火熄后，庙中各会首立请警局加派长警，从邑庙头门口及玉清宫、星宿殿等处均派警把守，不准行人来往，故头门内各商店咸停止交

易。然各会首迎神在外者仍照常出巡。至午后七时许始迎神回庙。闻失火原由，实因昨日香火极盛，除香烛两项外，尚有锭、帛、元宝。此等元宝，除当场焚化外，多者悉堆大殿之旁，竟如山积，不知如何于神像起驾之后火星堕落于元宝之内，致成燎原。午后该警署杨署员饬派长警往查，其时为何项会首值殿及香夫为谁，以便传案讯究。

又讯：昨日为旧历中元节，城隍神像例有出巡之举，故是日城内邑庙善男信女香火特甚，香烛纸锭堆积甚多，而于此遂酿成不测之祸。午前十一时许，邑庙会首即舁城隍像出巡。出庙不多时，至十一时三刻，该庙中殿忽告火警，人声杂噪，庙前各摆摊多数收市。幸北区救火会近在咫尺，即首先往救，由北区二分所巡警及警厅之■巡队、保安队莅场弹压。奈天久不雨，屋宇木柱等干燥异常，以致霎时烟焰迷漫，冒穿屋顶。未几前殿后殿均延及。此时东区、南区、西区等各救火会闻警亦到场帮同施救，火势遂稍杀，而庙中各像焦黑难辨，即西首之振玉记铜铁号及东首之东楼茶室楼上与财神殿楼面亦稍殃及。是役也，自午前十一时起火至下午四时止火始尽熄，共焚去十五六间，损失约数万元。城隍像出巡至七时回庙，因大殿焚去，暂居玉清宫内。又闻大殿修理未久，此次被焚损失颇巨云。

又讯：当时城隍夫人等泥像，幸由庙祝从火中负出，暂假乐圃阆茶馆安置。某段救火汽车驰至陈市安桥时，观会之人肩摩击毂，并有满载砖瓦之小车一辆被众挤倒路中，不克前进。后经■机人加足速率超越砖瓦堆而过，车未倒翻，亦云幸矣。

1924 年 8 月 16 日第十三版

邑庙大火续志

——损失七八万金，各方集议善后办法

城内城隍庙前日不戒于火焚毁殿宇等情已志昨报。是日火起于大殿西偏大鼓架下。该处设有焚烧锭帛之地窟，其时城隍神像已出堂，香火人等入内午膳，致失检察，加之烧香人众，地窟内锭帛元宝焚化过多，火势熊熊，焚及堆置西隅之冥锭等物，致成燎原。大殿完全被毁，殿内金山神像〔即霍光将军，俗呼坐殿城隍〕暨两旁判官、小鬼等泥像，及内衙内木偶，计差吏八尊、门房内内皂内班各十余尊、中军四尊、三班二班〔即黄泥会首〕二三十尊、马快十余尊等七八十尊偶像、阴阳古镜一面悉数被焚。惟殿前阴皂隶像八尊，因系石身，仅遭熏坏，间有跌倒者。殿之东首财神殿被火烧去西首殿角，西首许真君殿及对面打唱台均烧去楼面。大殿屋顶本未燃及，经救火会员奋力拆除，以防蔓延。查城隍庙创建于明朝嘉靖年间。至乾隆年曾遇火灾，后殿寝宫均被焚毁。迨至前清咸丰时，粤匪作乱，所有戏台及高昌司、财帛司等殿宇遭匪放火毁去，旋即捐资修建。同治七年份举行大修，时阅三载始行竣工。前年〔壬戌〕十月初八日，大殿东首内班房被焚，集资改建水门汀房屋，甫于前月完工，共计建筑费三万余金。是役也，共计焚去房屋十三四间，寝宫幸未殃及，是以城隍夫人及老太爷、老太太〔即城隍父母〕等三尊神像，经庙祝及香火等于火炽时背负而出，暂假乐圃阆安置，至傍晚时仍由庙祝等将神像三尊由后门迁回内寝。惟城隍神像出巡回庙，因内寝前门被瓦砾堆满，未便由后门入内，故暂假玉清宫东岳大殿驻节。是日系东房道士主任〔即当家〕罗克裕值班，昨日〔十六〕始行期满，移交西房道士朱伦贤承值〔该庙分东西两房，各值半月〕。事后罗即督率香火人等彻夜防护火场，讵至夜半二时余瓦砾堆中余烬复燃，经罗与香火等用皮带接水灌救，移时始熄。昨晨该管一区二分署署员杨小庭派警往传香火周老八至署，详询起火原因及主任道士姓名等项，旋即释回。而淞沪陆警厅长以该庙此次失火原因言人人殊，业已委派督察长前往实地调查是日何人值殿，究由何处起火，主任道士曾否在场灌救、平日声名如何，以便澈究。公款公产处主任秦锡田、沈周及庙董毛子坚、姚子让、姚慕莲等于昨日午后三时特开临时会议，闻会议结果大致约分两项：一、建筑，拟定改建水门汀大殿，以资坚固。二、募捐，决定组织委员会分队劝募云。估计此次损失约共七八万金。至城隍神像，一俟瓦砾除清，即当由前门迁入内寝原处云。

又函云：本邑城隍庙大殿，于旧历七月十五日午刻，城隍神出巡在外，忽然起火，以致全殿被焚，各情已纪昨报。兹查前年冬间，该大殿东首皂班房起火，当时曾将大殿波及少许，嗣经各会首集议募捐，方始修复，所费约数万金。今者大殿悉数焚毁，且毁及中央所供之金山神主等偶像，其灾情比前年冬间过数倍，恢复原状恐非易事。大殿■面两廊各商店及戏场上设摊之各小贩昨晨已照常交易，但较平日已大为减色，游客到此，每亟参观火场，无心购买物件故耳。但大殿石柱上，昨日上午贴有黄纸字条，上书“大殿遭焚，如有进香者，请驾临玉清宫拈香可也”。查邑庙大殿香烛、锭帛、元宝等所余之款，本为该庙东房、西房两房住持羽士轮班承值，若逢上、中、下元三节正日再有各会首加入分润。此历届经办之情形。自前日火焚后，一区二分署杨署员饬警往传东西二房住持羽士到署讯质，讵该住持等彼此推诿，直至昨晨尚未遵传到署。杨署员于午刻派警■大殿上香夫头目周老五传案研讯之下，即命备文申送警察厅饬发司■科员讯供，判押候查明真相再予办理。昨日午后，该庙各会首有数会假内园旁某茶肆集议救济办法云。

1924 年 8 月 17 日第十三版

火毁城隍庙后之小零碎①

火烧城隍庙已志各报，而上海城隍神之历史知之甚鲜。闻故老言，谓：城隍姓秦，名景蓉，号裕伯，北直隶人，元末进士。为扬州刺使，有政声，民都爱戴。继朱明定天下，裕伯隐于上海浦东陈家桥。明太祖闻其贤，屡征之，秦终不出。嗣秦谢世，扬人念其忠贤，集会悼之。事闻于太祖，因即封为江都城隍。时沪上无城隍，闻其事，亦以裕伯为城隍。半月治江都，半月治上海。故庙中有巨舟悬梁上，盖为裕伯往来扬沪之用。及清中叶，有粮船海中遇怪，忽有一船驰至除怪而去。粮船中人视其旗帜，则上海都城隍也。归奏朝廷，因加封护海公。初不过明封灵佑伯耳。然除怪之事，度为风影之谈，以彰其善耳。火毁大殿之城隍，非用泥塑，乃古白果树，先有树而后造殿，殿成乃刻树成菩提，故高齐梁屋，脐肿无度。今全毁于火，不留半星。神其有灵耶？其无灵耶？

当火炽时，庙祝某奔入寝殿■城隍夫人之缚〔缚者，以牛筋绑菩萨于椅，俾不歪斜倒仆〕负之从后户而出，无数妇女追随其后喃喃念佛号，并言今与

① 本文作者署名“纾庵”。

夫人一同逃难，夫人鞋落则拾代着之，钗坠则拾代插之，恭敬爱护不可言状。

乾隆三十五年庙曾全毁于火，至今百余年又毁于火。客岁修大殿及并重筑为火所毁之财神殿，计费万金。今如再造火毁之屋，约需十万金。以动辄数万金之建筑品，偶一不慎付之一炬，不能不归咎于庙祝，盖庙祝除应得之香金外，尚有意外纸锭烛炬可获，故中元所得纸锭堆积如山，因而一星之火飞著其上即时燎原矣。

殿内有明之雕漆屏风一座，约值四五千金，同时焚化，嗜古者无不痛惜之。

1924 年 8 月 18 日第八版

南京快信

韩省长因天气亢旱，秋禾行将枯萎，于二十三日起在文昌宫设坛求雨。

1924 年 8 月 25 日第十版

南京快信

昨日阴雨连天，韩省长率僚属赴文昌宫叩祷，明日将开屠。

1924 年 8 月 27 日第十一版

明日城隍会停止举行

明日〔即旧历十月初一日〕为下元节，向例本邑城隍神率同四司出巡，莅坛施赈乏祀孤魂。此次本埠因江浙战事结束，地方又发生种种关系，故该会各会首于昨午齐集邑庙玉清宫开会讨论，议决今届下元节迎神出巡皆不举行。是日各会首助下锭帛悉送邑厉坛焚化，并雇羽士前往该坛诵经，超度孤魂。

1924 年 10 月 27 日第十一版

1925 年

浦东乌泥泾庙之香市

浦东乌泥泾庙，因古历二月十九为观音大士圣诞香汛之期，该庙自前年由善士王振翔捐资重建以来，每逢香汛甚为热闹，近日各种器具、食物、耍货均往赶市云。

1925 年 3 月 13 日第十五版

今日城隍神像停止出巡

今日为清明上元节，本邑城隍神循例出巡，施赈孤魂。兹因地方多故，且戒严期内，前日由各会首召集会员在玉清宫开会，议决仍照去年下元节办法停止出巡，所有各会员捐助及募下锭帛，届时各送邑励坛焚化施赈云。

1925 年 4 月 5 日第十五版

清明节邑庙之拥挤

昨为清「相」[明]令节，天气晴和，城隍神虽停止出巡，而邑庙香客与游人仍拥挤异常，一区二分署所派长警协同游巡队警察前往分投照料。

1925 年 4 月 6 日第十五版

江湾昨日迎神赛会之热闹

昨〔三月二十八日〕为江湾东岳庙，循例出会之日，沪上男女乘火车往观者拥挤异常。淞沪路沪站因人众特添挂车轮，然犹有自窗口出入，一如江浙战时避难状况。下午四时，会仗由东岳庙出发，鸣锣开道，甚形热闹，过大街至西大街，两旁观者人山人海。五区四分所警士及保卫团沿途照料，秩序尚佳。会仗中有闸北王家宅加入之大力士，真刀真枪，比赛武艺。次如扮演之烟徒乞丐，涕泗交流。再次为劝农队，有数十人扮演农夫，手持耒锄，作劳工状。肉香队中某甲臂悬一重约七十余斤之铁磬，令观者色变。其余尚有同乐会音乐队等。会仗长约三里许，所迎神像为镇海公、护海公、忠显王、忠定王、靖海侯、利济侯。至近七时，会仗渐散。闻今日仍有出会云。

又函云：昨日为江湾赛会之期〔俗名轧江湾〕，往观者拥挤不。淞沪支路除规定客车照常行驶外，自上午九点五十分起，每隔半小时开往来江湾专车一次，每次挂车十九辆，至夜间十时为止，计开专车十次，共售出三等客票八千五百余张。并闻观客某甲，年四十五岁，由江湾来沪时，甫经上车，即挤出车外，倒在月台上，被人踏伤甚重，后由该站站长知悉，急即救起，由七十六次车送回上海北站医务处疗治云。

1925 年 4 月 21 日第十四版

正一玄门弟子启建祈祷和平大会

世界多灾，疫疠流行，饥馑洊道，水旱频闻。虽曰天灾，实由人召。欲求回天，惟有祈祷。爰占于夏历四月初三日至初七日止，邀集全体假英租界平桥路惠然轩设坛启建和平道场五昼夜，并请新任嗣汉正一六十三代天师莅坛拈香。倘蒙诸大护法临坛同伸祈祷并热心捐助经忏冥镪，不胜欢迎。所有一切开支均由正一弟子担任，并不在外劝募。特此附闻。正一道众谨启。

1925 年 4 月 25 日第一版

〖嗣汉天师张晓初讣告〗①

正一六十二代嗣汉天师张晓初教主，于本年正月二十三日寅时大终沪寓。今择于四月初八日出殡，所有仪仗开支等项慨由正一全体道众分任。

① 原题《讣告》。

敬此奉闻。

1925 年 4 月 25 日第二版

张天师出殡之派警保护

南市一区警察署米署长，昨接警厅行政科张科长来函，内开："径启者：顷接王绅一亭函称'张天师于夏历四月初八日出殡，由租界道经新北门外吉祥街至南市大码头登轮回籍，请求是日下午一时派警察途中照料为感'等由，奉厅长批'照办勿误'等因，奉此，相应函达，即希查照办理为荷。"

1925 年 4 月 29 日第十四版

中华民国道教总会驻沪支部通告

本支部办事处设在上海南市火神庙内，请四方道侣莅临参加指教，无任欢迎。

1925 年 4 月 29 日第一版；1925 年 4 月 30 日第二版；1925 年 5 月 1 日第二版

张天师昨日出殡

江西龙虎山六十二代天师张元旭，来沪游览，因病逝世。昨日为出殡之期。上午十时，灵柩由寓所出发，各宇观道院之羽士亲至执绋者计三千余人，仪仗约长二里许，所有嗣汉六十二代天师大真人府各种衔牌均插入其间，其他穿法衣各执绸旗之羽士装成"风雷火电""金木水火土""子丑寅卯辰巳午未申酉戌亥"暨各符号旗帜外，又有玉印、剑剌、令箭、灵牌等各种黄色彩亭，并有马执事、銮「架」[驾]、马吹手、军乐、音乐等种种名目。沿途观者颇众。至下午三时许，灵柩抵南市大码头登轮，定于即晚开驶出口，运回江西原籍安葬云。

又函云：南市一区警察署米署长，因昨日午后一点余钟时，已故张天师之灵柩由租界进老西门，出大东门，往南中华路、肇浜路，直达外滩，至大码头，用船运至招商局金利源码头，换登长江班轮船，盘回故里，所过之处观者塞途，爰特遵奉常警「廳」[厅]长令知，当派长警多名，由巡官督同在码头畔加意弹压。浦江水巡队沙队长亦派巡官督带队士在浦滨照料。

1925 年 5 月 1 日第十四版

江西道教总会驻沪机关部启事

奉天师府批令开办道教会，宏扬道法，共阐宗风。凡吾四方各地同道，无论各埠远近，敬此奉邀，务希拨冗惠临，策画进行，匡襄一切，曷胜欢迎企盼之至。上海大东门内火神庙驻沪机关部谨启。

1925 年 5 月 29 日第一版；1925 年 5 月 30 日第二版；1925 年 5 月 31 日第二版

沪官场昨在龙王庙祈雨

迩来天时久旱不雨，上海县李知事除出示断屠三日外，并定于二十九日起会同各官场求雨。昨日上午，沪海道尹张寿镛、淞警厅长常之英、上海县知事李祖夔、上海县警所长熊烈等齐诣大东门外龙王庙〔昨报误为火神庙〕设坛祈求龙神速沛甘霖。各官场祈毕，即分道而返，并于昨日起均素食三日以示虔诚。迨至晚六时许，即彤云四布，大雨如注云。

1925 年 6 月 30 日第十五版

打狗桥关帝庙迁移声明

谨启者：本庙向在英租界打狗桥设立香火有年，兹因房屋不数应用，而房屋又是沿街门面，以致善男信女进香均不相宜。今租得英租界珊家园白克路、西藏路口第六号门牌五上五下石库门全幢，择于阴历五月十九日上午九时恭迎关圣帝君并诸神等进殿安坐。本届诸护法及各继名弟子届期伏惟临本庙送圣帝进殿,则功德无量矣。若逢朔望烧香求签,而香烛银锭等本庙均有出售,请临拈香是荷。倘欲定租阳阴寿诞堂或定做经忏佛事并丧事开吊包办素斋等,均一应俱备。如蒙赐顾,请临本庙账房接洽,无任欢迎之至。上海老关帝庙兼南海普陀山文昌阁下院住持通告。

1925 年 7 月 7 日第一版;1925 年 7 月 8 日第三版

今日高昌司神会路由

本邑城隍偶像,每届三元节,由各会首循例舁之出巡。昨日为中元节,先期经各会首集议,公决暂停举行,以俟下节再行定夺。惟今日高昌司仍照常出巡。今将该会路由录后:出辕朝西,大南门大街,往西江阴街,朝北迎勋路、中华路,往东进大南门,往北进乔家栅,由县公署北弄庄家桥朝东穿心河桥,往南虹桥、西唐家弄,往东中唐家弄、梅家弄,出乔家浜,一直出王家嘴角,朝北花衣街、豆市街、如意街、外咸瓜街、集水街、十六铺老马路,一直沪军营、南车站路,到坛。坛上起马,过利涉桥,沿浜南门大街,由中华路至小南门,朝东过外仓桥、王家嘴角,朝东往南万裕街,往西小普渡桥,进东钩玉弄、南仓街,往南草鞋湾,出南码头,沿外马路,进沪军营,朝西往北,过西陆家浜桥,朝西桑园街,回辕。

1925 年 9 月 3 日第十五版

昨日举行高昌司神会

昨日高昌司出巡,于上午十时许起行,周行南市一带,至邑厉坛施振毕,仍由南城等处巡行返庙。沿途均有军警弹压保护,未有肇衅情事。

1925 年 9 月 4 日第十六版

大霖山清虚观蕲吁和平醮坛

本观在浙江慈溪县金川乡三七市廿四都二图大霖山,成立已近十年,由宁绍台道及慈溪县知事等出示保护，历年以来有祈必应，各处乩坛鸾笔亦屡言本山之灵应昭著。兹因我国战祸迭兴，民生憔悴，本观念切平和，因择夏历九月十三日起拜礼大朝天法忏四十九天日，竭诚蕲吁，以冀感格天心，挽回劫运。四方善士如欲光降拈香、同邀幸福者，请至上海爱多亚路清虚观订定可也。大霖山清虚观住持姚善清、严洪清同启。

1925 年 10 月 31 日第一版；1925 年 11 月 2 日第二版；1925 年 11 月 4 日第二版

邑庙修造荷花池将工竣

城内邑庙荷花池，自经豫园委员会发起修造以来，已经多日。所有池水一律车干，再掘下三尺。九曲桥亦撤除叠造，现改用水门汀，系十六曲，东自得意楼茶馆起，西至粹华刻字社止，桥面及桩子现皆造就。据工匠云再须二星期即可告竣。

1925 年 12 月 18 日第十五版

1926 年

邑庙大火见闻

城内邑庙于十日午后，忽兆焚如，延烧二十余家，热闹市场可怜焦土。兹将闻见所得记之于下：

桂花厅后有大树一株，数百年物也。未火之三日，中夜常见该树顶发见火光熊熊如球，小世界中之茶房见之尤属真切，正相惊以奇而祝融忽枉驾，诚不可思议也。

幸灾乐祸世多其人。当火势燎原时，小世界第二层平台上，凭栏而观者人山人海，即因观火而购券者亦拥挤异常。该场执事恐肇祸端，立召巡警至平台上驱逐观客。无如地狭人稠，不耐冲突，平台边之铁栏忽焉断折。某甲不及避，直坠而下，适跌于保卫团员之头上，幸未陨命，亦云险矣。

游人麇集之际忽告火警，争先恐后皆欲夺关而出，妇孺哭声，老弱呼救，窄狭之途为之立时填塞。星宿殿中有数老媪阻不得返，蜷缩佛脚旁战栗不已，后为救火员护之出，然已行不成步、面无人色矣。

1926 年 1 月 17 日第十七版

议建邑庙乞丐收容所之知照

本邑城隍庙，自上年中元节被焚后，迄今年余，因时局未靖，尚未重建。前有张啸林、黄金荣、范回春、杜悦生等四人拟发起建造，曾于本月初二日借萃秀堂公请南北绅商集议办法。当时上海市总董李平书主张就重建邑庙时创设乞丐教养所，俾庙前庙后数百乞丐得有栖身之所，且可教养并施。当经到会绅商一致赞同重建邑庙大殿与乞丐教养所同时进行。现定今日下午二时在北区救火会继续开「关」[会]讨论一切，昨已通告南北各绅商知照矣。

1926 年 1 月 25 日第十五版

重建邑庙会议

——约估经费十五万元

本邑南北两市各绅商，为重建邑庙大殿并创办上海市乞丐教养所，于昨日下午二时，借北区救火会开会集议办法。到会者为李平书、莫子经、王一亭、姚紫若、叶惠钧、王彬彦、张效良、范回春、黄金荣、张啸林、杜月生等四十余人，公推李平书主席。议决重建邑庙大殿、二殿、中厅、东首财神殿、西首许真君殿等，定于阴历二月初一日开工，限年底工竣。请久记张效良担任工程，其材料用钢骨水泥以避火患。大殿地位按照原址放阔两间，并辟东西太平弄两处。至乞丐教养所地址，拟用翠微庵前公地。即日绘图同时进行。以上两事，约估经费银十五万元。公推李平书为筹备主任，顾馨一、姚慕莲两人为会计主任。所有捐款请华大银行代收。当场由范回春、黄金荣、张啸林、杜月生四人首先创捐银二万元。业由李平书拟稿，备具捐册分送各绅商劝募。一面于阴历元旦在邑庙大殿设柜，派员劝令进香者酌量捐助，以充建庙之费。散会时已钟鸣五下矣。

1926 年 1 月 27 日第十三版

江西道教总会驻沪机关部启事

径启者：本总会因去夏暂停，兹由正理事具呈仍遵会长前令禀承王绅省三、一亭两君函请上海县立案继续进行，已于一月五日奉到县署布告，于昨念九日在大东门内火神庙本会开茶话会，一致通过办法，为仍照原章进行，催各支分部赶紧成立，准定夏历丙寅年二月内重开大会，届时通告。特为公布。此启。

1926 年 2 月 1 日第一版；1926 年 2 月 2 日第五版

盗卖古物发觉

元妙观地处苏城中心，名闻中外。住持者为道士，道房共有十三，每房各管一殿，而火神殿内之祖师殿则为各道房所公有。祖师殿之神像，均于晋唐时铜铸者。尚有一大鼎，名武当山，系镕合金银铜铁锡五质而铸成，亦为晋代之物。年来该殿神像已为道士盗卖多尊，最近又经人介绍欲将该鼎盗卖于五人，已议定价洋六万元，将鼎身拆散。当因被一公正者反对，致未能运出。事为该处市民公社社长庞复庭闻悉，特函请警厅饬区将此古鼎切实监视保护，而地方人士亦以该鼎为镇城宝物，故对于此事颇为注意。

1926 年 2 月 19 日第十版

城隍高昌二神会之路由

城隍神：本邑城隍会自前年〔甲子年〕中元节出巡后，江浙即发生战争，因此停止。本届清明，各会首开会议决举行清香会，对于仪仗严加剔除，不事铺张。兹将今日出巡路由录后：出庙朝西，过广福寺，往西朝北，万竹路，朝东大境路，走旦华路，走侯家路，朝北往东沉香阁街，由旧校场走福佑路，朝南天官坊，过四牌楼、曲尺湾，走肇嘉路，朝西至庄家桥，朝南梦花楼，穿新北弄，朝东县公署，走凝和路，往东乔家路，朝北巡道街，由警厅路出中华路，至小东门大街，进佛阁街，朝西往南，桑园街，往东朝南，海潮寺南街，朝西煤屑路，一直到坛。坛上起，过利涉桥，走江阴街，朝东往北，走中华路，进尚文路，过黄家弄，出小南门，朝北中华路，过东肇嘉路，朝东往南，过龙德桥、豆市街、花衣街，出新「马」[码]头，走毛家弄，进大码头，朝北外咸瓜街，朝西集水街，进小东门、益庆街，过东街，往西彩衣街，过县基路，一直朝西回庙。

高昌神：南市迎春高昌庙亦定于二十四日〔明日〕迎神出巡，昨由各会首拟定路由，照录如左：出境往东佛阁街，往东水神阁、南仓街、万宁桥，出大王庙街、老马路、沪军营，往西往北，西陆家浜桥，沿浜一直往西，利涉桥，进大兴街、迎勋路、中华路，进同仁里，出东王家弄，往北进乔家栅，往北蓬莱路、县公署，出北弄、文庙弄、庄家弄、穿心河桥，往北紫金路、侯家路、穿心街，进旧校场，穿邑庙老县前、太平街、虹桥、西唐家弄、中唐家弄、梅家弄、乔家浜，出商会胡同、南篾竹街、紫霞路，往北外郎家桥、老白渡街、龙德桥、豆市街、花衣街，出竹行弄、里老马路，朝南过薛家浜桥，出南码头、沪军营车站路，到坛。坛上起马，过利涉桥、黄家阙路、中华路，进尚文门、凝和路、西乔家浜，往北太卿坊、县桥，出大东门外咸瓜街、集水街、十六铺，一直进大码头洪升码头、里街，出老白渡，进新码头小桥，往南出王家嘴角、万裕街，往西往南，小普渡桥，进石街、南仓街、水神阁、小南门，往西中华路、迎勋路，往东江阴街，往东回辕大吉。

1926 年 4 月 5 日第十五版

改建西门关帝庙将兴工

淞沪戒严司令严春阳司令，查得西门内关帝庙为关岳行宫，本届春祭时严司令亲诣行礼，察得该庙地位狭小，祭祀仪器亦不完全，若不将庙宇翻建、制备乐器，不足以崇礼制而昭诚敬，故已决定改建、制备乐器等件，共需洋三四万元，业已集得洋一万数千元，不敷之款拟即分投劝募。已委定张效良为建筑主任，从事绘图规画，日内即须兴工，限秋祭前完工，以备秋祭时在新殿行礼。

1926 年 4 月 27 日第十五版

修建城隍庙之县署布告

——大堂前各货摊一律撤除

本邑城隍庙，现将兴工修建，昨由上海县知事公署发出布告两道，照录如下：一、为布告事。案据上海地方款产经理处总董秦锡田、副董沈周函称“本邑城隍庙大堂被毁年余，迭遭兵乱，民力艰难，未遑修复。兹有黄金荣、范回春、杜月生、张啸林等倡捐巨款，商由久记营造厂承接建筑工程。该厂定于五月三日开工，先行卸除旧料，输运沙石，恐有无知愚民肆意作践，借端骚扰，以致妨碍工程，理合请求县长布告该庙左近居民、来往游客共同保护，如有作践骚扰等事，准该营造厂就近扭交警区依法惩办，以利进行而免迟误，至纫公谊”等情，据此。查本邑城隍威灵素著，前遭回禄，未始非预示人民以兵燹之征。兹庀材鸠工，重新堂宇，邦人君子咸乐观成。据函前情，除函知警所随时保护外，合行谕尔居民游客人等一体知悉，如有无知愚民肆意作践，借端滋扰，准其就近扭送警所究办，毋稍徇隐，切切此布。二、为布告事。案据上海县地方款产经理处总董秦锡田、副董沈周函称"城隍庙大堂前摆设货摊，向由敝处给发执照，按月收捐，拨充公立上海医院经费。现在大堂开工建筑，各货摊自应一律撤除。敝处定于本年阳历五月一日始停止收捐，所有前发执照概作无效，并求县长布告各摊户一体遵照，至为公便"等情，据此，除函警所保护外，合行布告，仰该摊户人等一体遵照毋违，切切此布。

1926 年 5 月 2 日第十四版

昨日天后诞辰之热闹

工部局因昨日〔星期日〕系天后生日，北河南路之天后宫拥挤不堪，故特加派巡捕前往照料。记者于中午前往，见旅沪粤人备具香烛烧猪以及糕团、水果等物，入庙供奉者络绎不绝。庙内概由警厅所派之警察维持，故人虽多秩序尚不乱。

1926 年 5 月 5 日第十六版

张天师将到汉口①

武汉年来「早」[旱]涝迭至，灾异频见，故前曾请蒙古白普仁喇嘛来鄂诵经礼忏，而各界又以为未足，近更有延请江西龙虎山六十三代张恩溥天师来汉祈禳之说。现张已于三月初六日由江西启程，日内即可抵汉。吴大帅闻之，令军警、各机关团体、善堂筹备欢迎，并饬大化善堂首士杨凤五、程荣卿两氏将该堂洒扫洁净，暂为法驾行辕，求其醮禳，为人民祈幸福。想到时定有一番盛况也。

1926 年 5 月 5 日第十七版

① 本文作者署名"傲僧"。

张天师莅汉之盛况[①]

吴佩孚将建水陆道场，设罗天大醮，追荐年来死亡将士，特由葛中将荫湘至江西广信府龙虎山虔忱奉请，张天师当允下山，即于本月初六日由广信府起节，乘民船舟行七日，十三日始达南昌。经赣省军政当道挽留数日，至十七日始由南昌乘小轮启行，十八日抵九江。在浔并未勾留，各界来宾，一律挡驾，盖恐耽延来汉之行期也。即晚乘招商局江安轮，于昨日〔一日〕上午十时抵汉。联部先期接葛某浔来电报，特派书记长孙某代表欢迎，陈嘉谟亦派周副官莅轮欢迎，汉黄镇守使、警察厅亦均派有代表，尚有各界欢迎代表，俱制有黄绫徽章，上写“欢迎真人”四字。计欢迎代表陈荣卿，商会代表周星棠、郑燮卿、王义甫、郑慧吾，各团联合会周韵宣、任汉臣，武昌商会吴干臣、周小泉，汉阳商会周文轩、万雨香，业主会万扚伯、周少垣，省议会屈竟存、刘锡侯，暨各界代表共一百余人，并由联部派军乐连全队及护卫队、大刀队各一大队，镇署亦派武装兵士一大排，警厅亦派遣保安队、手枪队，保护照料，迎至药王庙后堤街大化乐善堂驻节。

张天师之略历：天师为道教鼻祖张道陵六十三代孙，去岁始承袭斯职，派名恩溥，字瑞龄，现年二十三岁。面如冠玉，戴五岳朝天冠，身穿品蓝花缎八卦衣，廉幕被面，态度雍容。沿途警跸森严，颇难瞻仰庐山真面目。

军警保护之严密：先由招待处备置八人抬绿呢大轿一乘，顶为五岳朝天，外旁有符箓二道，上书“龙王免朝”“诸神免参”字样，前有香案执事引导，沿途警卫森严，各界来宾概行免见。

随来护从之人数：张天师随来有道行高超之法师四人，暨天师之教读陈某、书记曾某。又护法童子一名，携有天师符箓、玉玺及一切重要文件，坐一包车随后。尚有厨丁、杂役共二十三人。

本坊道教恭迎之礼节：本坊陶家巷管道士为道教之巨擘，兹因掌教天师莅汉，为千载难逢之盛典，特在陶家巷口，当街摆设香案，恭迎法驾，俯伏称

① 本文作者署名“某”。

臣。天师驻节微启珠帘，点颔受礼。管道士方睹圣颜，惊喜若狂，称为异数。

乐善堂车水马龙之盛况：今日天师至大化乐善驻节后，当由总部派有荷枪军队八人为门卫。因天师风尘劳顿，暂为休息，所有各界来宾概未接见，定于明日〔二十〕午后一时至三时接见来宾。然各界善男信女尚徘徊观望，在门首瞻望红绿电灯，流连不忍去。

水陆道场之筹备：据闻天师聪颖异于常人，九岁时即能画符治病。此次来汉设坛祈祷，只随从来汉之法师已足敷用。如建四十九日之罗天大醮，须另请本地道士若干人帮助作法方能完此善果。惟天师为正一法，略如僧侣之“禅门”，所用法器系笙箫笛管，仙乐合奏，鸾凤齐鸣。如汉上道士为灵宝天法师，略如僧侣之“应付”，大锣大鼓，铙钹喧天。将来能否合作，尚一问题云。

1926 年 5 月 6 日第十七版

水神阁新屋落成

小南门外水神阁，系属公产，前经该主任顾翕周函报上海市公所，于改建房屋时将水神阁退建于已填之仓桥浜基址，并改造三楼。嗣因该处一带房屋■须照■公所规定办法一律退建，故由水神阁首先退建以资提倡。现在工程告竣，原有水神已异回供奉。上海县第一区第二分区户籍办事处仍附设于三楼，下层则为偏龙所。前日行落成礼，由市总董李平书与该主任董事顾翕周柬邀本埠官绅商学各界莅场共同举行，自上午十时起至午后止。淞沪警察厅长代表严述斋、上海县知事代表姚欣之、教育局局长袁颂唐、县商会会长顾馨一等，于十一时举行升旗礼，摄影、茶点而散。

1926 年 5 月 11 日第十五版

张天师抵汉后之琐闻[①]

六十三代张恩溥天师自江西龙虎山抵汉后，很有琐闻几则，略志之以实《自由谈》。

① 本文作者署名“史水如”。

天师抵汉后，早由吴佩孚命大化善堂洒扫一清，以为法驾之行辕。

天师出入，坐八人大轿，轿门用黄色绫子，身着杏黄八卦道袍，头戴五岳朝冠，前有高脚灯、回避牌，故每一进出，则必前后拥挤，途为之塞。

天师抵汉后，武汉人士轰动一时，酒后茶余尽以此为谈助，而一般善男信女拈香问卜者不计其数。堂堂之孚威将军亦以和平二字相垂询。

天师生有济世之念，故无论何人，得访求天师书符，谓此符有无限之神奇，故一吃此符，得百病消散。说者谓，张天师一经武汉，武汉人士将永『永』无患疾病矣。

1926 年 5 月 14 日第十七版

重建邑庙之所见

城内邑庙自去冬失慎后，即由地方士绅发起重建。自今春开工以来为日已久，现将大殿墙壁及屋顶均已拆除，神像移置中殿，自二门以至大殿四周均已围打木笆，禁止交通。小贩一部「份」[分]已迁地营业，大门出入口之小贩摊现亦另筑木架。大殿中最大之柱，其大如抱，价颇不资，现亦安置地上。日来工作正忙，游人较前为少。据闻今秋即可全部工竣。

1926 年 5 月 16 日第十五版

礼明阿乐满大律师受任江西道教总会驻沪机关部上海道教公会常年法律顾问通告

本律师受任江西道教总会驻沪机关部、上海道教公会为常年法律顾问，嗣后如有侵害会务、违章等情，本律师当依法负保障之责。特此通告。

1926 年 6 月 18 日第一版；1926 年 6 月 20 日第二版

回复城隍争执将解决〈常州〉

武邑士绅冯晓青等，呈请恢复城隍庙，已经督、省两长批准。虽由各公团起而反对，而冯绅等仍依旧进行。以前本拟将老域隍庙大殿原址建筑大殿三间，后以建筑大殿，县会房屋虽不须动用，而大门出入终有感不便，况县会在该处房屋亦不适合。故现拟将建筑大殿经费一万余元，另觅地点，代县会建筑洋式高大房屋一所。今日〔二十七〕消息，已觅定县学旁公基，仅须县参两会同意，争执即可解决矣。

1926 年 6 月 28 日第十版

张天师在汉捉妖纪①

捉妖擒鬼，事本无稽。然所谓白喇嘛、张天师者，除为此荒唐之事而外，即无以号召群众。兹纪为汉皋归客周君寒蝉所述，爰走笔录之如次，实诸《自由谈》，借饷阅者。

先是有缪某者，京师人，以贩牲为业，贸迁津沽，生涯颇不恶。缪挈妾程氏赁居天津。其妻朱氏，汉皋籍，性至高超，而自幼即喜诵经礼佛，每以静修为职志。自其夫纳程后，即要求实行其夙愿。缪怜其情，慨然诺之，且资以千金，遂归母家，而筑别墅于汉上，晨钟暮鼓，怡然自得。惟未薙发，与尼稍别耳。朱有婢，名明月，侍朱别墅，与共斋戒，甚相得也。朱自静修后，志神益清明，容颜益姣好，似服还童术者。知其事者多羡之。乃自上年【中】秋节后，忽转衰惫，积日既久，势益不支，而鸡皮驼背俨若老妪矣。但其中原因，外间初无知者，其后始闻诸明月。则自上年【中】秋节始，每夜必有一男子来。其人面目姣好，衣服丽都，望之若贵胄公子然。来之时，灯光乍暗，阴风飒然，须臾，门乃大启，男子缓步而入。是时主婢俱瑟缩弗能作声，一任彼之所欲为。朱既遭此意外，中心乃大怨恨。顾彼男子之行「蹤」[踪]，与世人迥异，且彼常以极多情之语言相逗引，而待以种种神秘之手段。设稍抗拒，或举以语人，则必受种种精神上之苦痛矣。朱固慧人，知系为妖异所祟，难与敌抗，则惟有「眼」[服]从而已。及张天师仙驾莅汉，风声所播，举市若狂，凡迷信者流莫不大请其符箓及咒语等，

① 本文作者署名“陶清涓”。

借以禳祟，其中人以上之家亦有倩天师建醮设坛者。朱至是喜出望外，亟以巨资奉天师，请渠莅墅祛妖。天师亦首肯，即于上月某晚，率助手一人，携法宝如干，驾车而往。至则设坛于中室，而以符箓遍黏各出入道口。其家人等则暨好奇者，咸麇集壁隅，一觇其异。予〔寒蝉君自称〕时固亦在座也。已而天师披发掌剑，念动咒语，至所谓亟如律令者，则见灯光乍暗，呈惨绿色，阴风飒然作声，令人毛骨悚然。不一时，忽见一男子现于墀中，神色极仓皇，若欲遁而弗得者。又移时，男子忽杳，则见一物伏诸坛下，凝视之，固四蹄紧曲，两耳直竖，乃一小犊耳，然泪涔涔然夺眶而出，似乞怜于天师者。顾天师，则闭目唤咒如前。顷之但见彼犊愈化愈小，终则小乃如蛙。天师于是命其助手盛之以胆瓶，而以符箓黏其口，携之以去。朱至是喜不自禁，谢礼有加，知曩之所为祟者即此物耳。又闻天师拟携瓶返龙虎山，加以镇压，今犹藏诸行笥中，不轻示人云。

1926 年 7 月 3 日第十七版

江西道教总会驻沪机关部通告全体大会期

本总会会务，自上年积极进行，迭蒙上海县公署查案保护，颁发布告，又承上海租界会审廨挂号一体维护，自应遵照层宪布告办理。兹择定于夏历六月十六日〔即阳历七月念五号〕下午三时在上海大东门内火神庙本总会开全体大会，恭请全埠官绅莅临观礼。凡各省分支会及各地暨本埠各会员，除已专函延请届时莅会外，深恐遗漏尚多，为再登报延请，届时务望一体莅临。各省各地分支会如派代表到沪，请先函示，以便迎迓。其未成立之各地，亦请赶为提倡成立，速赐通知。如要会章，函索即寄。敬先通告。奉邀务望惠临，曷胜企祷。

1926 年 7 月 3 日第一版；1926 年 7 月 4 日第二版

大茅山道士到沪募捐

江苏句容大茅山，为东南第一名山，风景极佳。该山有白云道院，遭洪杨之乱，即经毁废，迄今未能修造。经院大法士夏玉峰，现发宏愿，于日前率法徒曹润德到沪，分谒沪上各名流各善士，劝募捐款，预备重建云

1926 年 7 月 23 日第十六版

张真人玉印[①]

张真人世传玉印，篆文六字，曰“阳平治都功印”。印二：一，三寸强；一，二寸许。相传以为汉制。刘翰怡京卿说，前真人字晓初，与翰怡交旧也。按桓驎撰《西王母传》引《尚书》帝验期曰“王母之国，在西荒也”。昔茅盈字叔申，王褒字子登，张道陵字辅汉，洎九圣七真，凡得道授书者皆朝王母于昆陵之阙焉。时叔申、道陵，侍太上道君，乘九盖之车，控飞虬之轨，越积石之峰，济弱流之津，浮白水，凌黑波，顾盼倏忽，诣王母于阙下，甄清河之轶闻，其斯为最古矣。又《松荫庵漫录》〔同治十三年十月十八日《申报》〕“甲戌小春，六十一代天师张仁晸法驾驻于汉皋，某日诣万寿宫〔即江西会馆〕拈香，并悬挂‘道参今古’四字扁额。真人三品顶戴，缎褂，仙鹤补服，蜜蜡朝珠，蟒袍，缎韡，三稽首，三兴。礼毕，赣人客鄂中者公宴真人于内花厅，梨园侑觞，备极欢洽”。据《漫录》云百余年来未闻张真人入鄂之举。今丙寅距甲戌仅五十三年，而真人汉上之行与前事遥遥相映，云签雅故，亟为连缀书之。翰怡云：“曩见江西，所有琳宫绀宇，真人时复瞻谒，率常服如吾辈〔事在辛亥以后〕，无所为星冠霞帔也。”

1926 年 8 月 1 日第十七版

白云观不允借组病院

红十字会沪城分会夏、殷两会长，以原有病院不敷容纳，函请县警察熊所长代借白云观租设临时病院。熊所长当派陈巡官前往，与该观住持孟子钧相商，讵遭拒绝。嗣闻由淞沪二区二分署萧署员向城内关帝庙商借。该

① 本文为《天春楼脞语》中的一则，作者署名“夔笙”。

庙本不甚适用，知客清月和尚于庙后觅租民房三楼，以事属善举，租金由该庙担负。

1926 年 8 月 3 日第十六版

龙王庙今日设坛求雨

上海县知事危道丰，因天旱未雨，农产物几被枯死，日前曾派廖副官数次赴大东门外龙王庙祈雨，均未如愿。嗣后危知事亲赴该庙祈求，并禁屠三日，仍未得甘霖。现危知事定自今日起，饬令龙王庙僧道在庙内设坛诵经再求。闻危氏亦于每晨亲自前往叩求，冀得苍天早降甘霖。昨日下午面谕廖副官饬令警察前往该庙打扫清洁，并令僧道赶速设坛云。

1926 年 8 月 5 日第十四版

雷尊诞夜游白云观记①

今岁雷尊诞〔荷月二十四日〕之夜，偕友往游西门白云观，见绿女红男拥挤不堪。中国以神权设教，无怪香火之鼎盛也。兹将目见所及泚笔记之。

余等甫至寺门，即有江北腔之丐妇蜂拥而至，似代寺主作招待者，见高宾之莅止，作剧烈之欢迎。余友初给铜币一二枚，不料即被群丐包围，高声行乞，臭气汗酸扑臭而来，如斯缠扰不已。余探囊得铜币十余枚向远处一掷，群丐争先恐后往拾铜币，始得解此重围。友谓善门难开，余曰大善士受此汗酸臭后可免注射咸水针矣，一笑。

该观头门内设香烛肆甚夥，中有半老徐娘挈一少女亦设一肆，生涯较他肆为盛。无怪乎饮冰室中之宜用女明星充招待也。

观之后殿走廊中，上题"咫尺蓬莱"四字。其旁一壁，中嵌碑字曰石坐具铭，有"今张山人，假此石坐。坐此穴具，方有妙处。既有妙处，自知妙处"等语。下具"卧云题"。乃为一书呆子所见，摇头晃脑，一读再读三读不已，觉

---

① 本文作者署名"秋田"。

其滋味无穷，复高声朗诵。时有女学生一队经过廊下，即驻足静听，只闻书呆子之“妙处”“妙处”声声不已，既而似有所感，忽掩面疾驰而过。间有骂其无耻者，书呆闻声回顾，与女生打一照面时，且有难以形容之妙处焉。

是晚比丘尼到者亦不［匙］［鲜］。中有幼尼一组，姗姗莅止，操吴兴音，软脆可听，短发覆额，面目姣好，衣亮纱衫裙，颇有翩翩欲仙之概，于是引起万目眈眈，争睹玉容之为快。某茅山老道云：“这几个人，与拍影戏的女子差不多。”某尼闻之，怒之以目。该道士亦自知失言，乃顾左右而言他。

1926 年 8 月 5 日第十七版

龙王庙昨日继续设坛祈雨

上海县署于前日着催征吏传知十六铺地甲，在龙王庙搭坛，给道士诵经三天，虔祈雨泽，已志前报。兹悉昨日危县长派廖副官前往该庙拈香，并由道士八人登坛讽诵皇经。危县长并未亲往，亦无僧尼往该庙念经云。

1926 年 8 月 6 日第十三版

知事设坛祈雨〈松江〉

天时亢旱不雨者已逾三旬，田成龟拆，禾稻枯死，如再不雨，秋收无望，农人望雨甚殷。松江县陈知事已于本月九日禁屠三天，并在城隍庙祈祷三日，未能上格穹苍，毫无雨意。故于十二日起延羽士在城隍庙设坛诵经，并禁屠猪羊鸡鸭三日，感召天和，立沛甘霖，以泽农田。

1926 年 8 月 12 日第九、十版

小北门大境关帝庙灵医送诊时疫

本学社现奉辅道左元放仙师坛谕，谓“本埠疫气甚盛，理应大施灵化以救济之，方不失立道本旨”，嘱由同人损资开办临时送诊时疫诊所，普救各种时疫。兹已筹备就绪，择定小北门大境关帝庙为诊所，订于七月初一日开

诊。医法专用医生静修灵力，兼以神颁符水，不用药，不打针，无论症状轻重，可保随治随愈，当面见功，神效无比。凡我善男信女有染患疫疾者，速来求治，准能立复安全。其有为他种中西医法不能挽回者，本医法亦可尽力救治，断不可因其不用药物置之迷信之列，以自误其生命也。送诊时间：每日自下午二点起至四点止，星期不停。富人每人每次取号金二角，借以补助诊所内一切杂用，贫家分文不取，各界务请注意。本诊所并有防疫妙法，使体弱者受治一度依法自养即得不受疫气之传染，此当尤为各界所乐得者也。上海遂生灵道学社同人公启。

1926 年 8 月 9 日第四版；1926 年 8 月 11 日第四版；1926 年 8 月 13 日第二版

邑庙文昌殿翻造三层楼

邑庙内文昌殿、星宿殿一带房屋，因年久失修，且道路狭窄，交通不便，故款产处拟将该处房屋一律翻造。闻星宿殿将改建三层楼，开辟商场而兴市面，日内即将动工。

1926 年 8 月 17 日第十六版

两神会出巡路由

城隍神今日出巡：今日为中元节，本邑城隍神例须率同四司偶像莅邑属坛施赈乏祀孤魂，由各会首舁之巡行南市城厢各处。兹将路由录后：出庙朝东，进天官坊，朝西福佑路，进旧校场，朝西进万竹路，出拱宸门，朝南民国路，进老西门，过曹家桥，出新北弄，过新县署，朝南乔家浜，往北水仙宫，往东过警察厅，朝南进佛阁，朝西桑园街，过高昌庙，一直走江阴街，过利涉桥到坛。夜会：出坛朝北，过利涉桥，朝东陆家浜，朝北进少年路，进小南门，走东西王家弄，朝北凝河路，往西蓬莱路，往北走中华路，进老西门，出大东门，走外肇嘉路，朝南过龙德桥、豆市街、花衣街，出王家码头，走老马路，出毛家弄，进大码头，走外咸瓜街、集水街，进小东门，过长生桥、四牌坊，往西过老县前，朝北过昼锦牌坊、陈市安桥，朝东回庙。

高昌神明日出巡：本届中元节，南市高昌庙各会首定于明日迎神出巡，其路由如下：出庙朝东，桑园街，朝西沿浜、迎勋路，往北小南门，朝东，水神阁各会街，往西沿浜，过西陆家浜桥、沪军营、老马路，一直往北，进竹行弄、花衣街，朝北，出新「马」[码]头老马路，进老白渡，过龙德桥、豆市街、紫霞路，往北朝西，坝基桥、中华路，往南警察厅，朝南桥家浜，往西朝北，杨家弄、中西唐家弄，过虹桥、杜家湾、曹家桥，出北弄、县公署、桥家栅，出大南「长」[门]、中华路、迎勋路、江阴街、大兴街，过利涉桥到坛。坛上起马，车站路、沪军营、南京街，往东，出南码头外马路，过薛家浜、求新桥南会馆街、芦席街、小普陀桥，往北朝东，万裕街，往西王家子角，朝北外郎家桥、如意街，出大「马」[码]头老马路、集水街，进小东门、天官牌楼、福佑路、旧校场，往东，穿邑庙，朝南，阜民路，出大南门，回辕大吉。

1926 年 8 月 22 日第十五版

昨日三巡会之盛况

昨日本邑三巡会。上午十时，由各会员将城隍神及四司由庙舁出，游巡南市城厢内外，至下午三时，莅地方厅前邑厉坛施赈乏嗣孤魂，而庙内进香人民自晨至晚拥挤异常。一区二分署蓝署员深恐不逞之徒乘机扰乱治安，是以加派长警，在庙前后左右日夜梭巡弹压，而二区警署亦以厉坛游人众多，特派警士数名到场维护秩序。惟偶像巡行经过各处，观者人山人海，途几为塞，幸各该处岗警维护得力，尚未发生事故。

1926 年 8 月 23 日第十六版

五省和平祈祷会之发起

五省和平祈祷会，于昨日下午三时在白克路商界联合会开发起人会，到者，赣省吕静斋、许君彦、谢喜祥、万湘波，闽省廖朗墀、顾瑞卿，浙省项松茂、王显华，苏省黄瑞生、张秉鑫，皖省吕宋庭、余节高等。议决分电五省督理请勿轻开战衅，各自保境安民，一面并延请龙虎山张天师真人禳醮消灾，以期福国利民、忏悔罪过而迓天和云。

1926 年 8 月 29 日第十四版

昨日三官会临时市场之盛况

本埠小南门内永兴桥三官殿，例于旧历正、七、十等月二十七日为集会之期。往年市场只售农具，赴场赶会者不远百里而来。近年除农具外，所有一切动用家俱无不悉备，从三日前起已满布市场。昨为会期末一日，更形热闹，沿中华路，从县商会门首起，西直至民立中学门首，无不摩肩击毂云。

1926 年 9 月 4 日第十六版

五省和平祈祷会[①]

五省和平祈祷会昨电张天师云："江西贵溪龙虎山张真人道鉴：方今纪纲颓废，机诈百出，天灾频仍，慾尤莫赎，刀兵水旱，流行瘟疫，警惕忏悔，罔自知觉，妖氛日兴，哲人叹逝，五千历史，无此惨酷，上下交征，神怒鬼哭，干戈无已，生灵浩劫，感格穹苍，弭灾消厄，祈祷和平，五省蒙福。谨电奉迓法驾莅沪，设坛酿醮，顶礼敬祝，翘首云台，伫盼示复。五省和平祈祷会叩。支。"

1926 年 9 月 5 日第十三版

七宝警所长发起重修关帝庙

七宝镇关帝庙跨横沥建设，庙貌宏壮，下通舟楫，俗称无底关爷庙，自明季建造以来时圮时修，为七宝名胜之一。自警所迁入后，警卫森严，因

① 本文为《各公团呼吁和平》中的一则。

之香火稍鲜而不加修理矣。兹闻该所长侍联奎素崇关圣，且喜保留古迹，是以独自发起重加修砌，现正向各方劝募，并向青浦县署请求修理费，以资补助。

1926 年 9 月 12 日第十六版

江西会馆特别会纪

江西会馆二十三日开特别董事会，到十余人，公推储湘泉主席。略谓“阅九月十八《申》《新》各报，有五省和平祈祷会，请张天师来申，假本会馆为行辕。案查本会馆前经董事会议决，无论何人不能借寓，应请讨论”云云。当经公决，仍根据前案，任凭何人不得借寓。一、慈善部之账，向以江西会馆慈善部名称，吴南浦拟取名怀仁堂，以资办理，所有慈善部以前账项余下之款均移人怀仁堂，旋即通过，一致赞成。二、浮梁茶叶公会，对于会馆及公益事件向具热忱。此次函推汪云溟、郑国渠两君为本会馆特别董事，应函复浮梁公会表示欢迎，并直接函聘职。三、万寿宫匾额，现因地方有限，匾亦不少，以后助匾必须有劳绩于会馆者，并须董事会通过，否则拒绝。四、电车碾毙程世樵一案，业经代表前往接洽。闻哈华托律师日间尚有复函，容后再议。余案逐件通过。议毕五时散会。

1926 年 9 月 25 日第十五版

电请敦促张真人来沪祈祷和平

五省和平祈祷会筹备处昨电赣当局云：“南昌邓和璞督理、李文星省长钧鉴：前电计达签阁。和平祈祷，群众企盼，特电吁恳饬令贵溪县知事迅赴龙虎山敦促张天师速驾来沪，并祈饬知赣省军警沿途逾格保护，庶几一诚上达，和平实现，灾厄消除，五省妇孺共沐天庥。谨电渎请，伫候示复。上海五省和平祈祷会筹备处徐乾麟、吕静斋、廖朗墀、吕宋庭、张秉鑫等叩。径。”

1926 年 9 月 26 日第十五版

和平祈祷会致五省军民长官电

五省和平祈筹会致电江浙闽皖赣五省军民长官云:“〔衔略〕慨自民国肇兴十五年来,天灾人祸迄无宁晷,水旱刀兵循环递嬗,几于无岁蔑有,莽莽神州殆无一片干净土,地方元气已伤,人民之劫运未复。〔中略〕我五省绅耆,不避斧钺,从事奔走呼号,竭力为和平运动。文电固属无灵,涕淚不值一顾。瞻念前途,不寒而栗,第不解五省生灵果何辜而难逃兹浩劫也。静斋等悯世有怀,回天矢愿,与其为无效之声嘶莫动当局垂怜,曷若竭知悔之血诚冀邀天心之转移。是以组织五省和平祈祷会于上海,建设修明坛场,延请道教正宗,上请正一真人张天师,率全体法官临坛启建罗天大醮,讽经四十九天,虔诚祀祷,庶几一诚上达,感格穹苍,使无罪则戾气潜消,而劫运不复再作。此五省人民无智愚、无长幼妇孺一致共同所抱之志愿也。此议发起以来,五省寓沪之耆彦名流,咸闻风兴起,一致加入,表示尊崇,业经再度会议,设处筹备,克日启建坛场。一面公推代表,赍文恭迓天师即日率属来沪主持坛务,为五省人民消灾解厄。五省高级长官自应名列天表,以膺天庥。我督理、省长为民造福,应天顺人,台衔首列,万福攸同,并恳咨照各省上级长官一体赞同,协助进行,祀天期届,先禁屠宰以示庄严而昭慎重。上海五省和平祈祷会吕静斋等叩。”

1926 年 10 月 7 日第十五版

全国道教会填给证书之会议

本埠全国道教总会驻沪总机关部,兹因统一道教填发证书事,于昨日午后一时在城内火神庙本部开临时职员会。到者全体职员暨上海分会正副会长李瑞珊、丁锄云等四十余人,由正理事长罗访梅主席宣布开会宗旨,略谓“本机关系奉总会长六十二代天师张令饬就近禀承翊赞部董事王绅省三、王绅一亭等组织,业经召集成立大会,拟具简章,呈奉内务部批准立案,淞沪警察厅、上海县公署出示保护,并呈奉会审公廨一体备案。兹因同人等散处四方，填给证书必须先行调查，应请讨论调查办法”云云。公决：甲、本埠，当场推定朱星垣等调查员十五人，携带表册，分段负责调查，务尽夏历本月底汇报本部，定十月初一日起发给证书，派员分送各道友执凭。乙、外埠，由部将调查表册寄交各省县分支会派员就近调查，限十月初十日前汇报本部，照填证书，仍寄各该会分别发给，以凭各道友在各该区域内执行法师、羽士职务。一面由部会同王绅等呈报华、租两界暨各省县官厅，此后各道友一律执有本部证书为凭，以资统属。至各省县尚未组织分「交」[支]会者，由部呈请各该省省长通令各县出示限期成立，并将办理情形会同王绅等呈报总会长鉴核。议毕旋散。

1926 年 10 月 18 日第十一版

道教总会昨开职员会议

全国道教总会驻沪机关部，于前日午后三时开职员常会，到乔文达等十余人，由罗正理事主席宣布开会宗旨，略谓：本部迭奉总会长令饬就近禀承王绅省三、王绅一亭将全国道规积极整顿，业经鄙人禀奉王绅等召集全体职员议定整顿办法。此后每届常会，各职员应于午后一时至二时齐集丹凤楼常会室参与会议，有事亦须推派代表。次议调查期限案，公决本埠于本月二十一日起二十天为限，务请各调查员依期查竣；外埠一月为限，将调查表册寄交各分支会，依限查明汇报本部云云。次议填发道友证书案，公决本埠自十月十一起发送，外埠十月二十一日填就寄交各分支会分别给领，以便各道友在各该区域内执行法师、羽士职务，一面将证书式样录呈外埠各官厅声明，此后各道友一律执有本埠证书为凭，以资统属而便稽考云。末议推派司月案，公决俟下届常会职员到齐后拈阄行之。议毕旋散。

1926 年 10 月 27 日第十五版

江西道教总会驻沪机关部通告

本部迭奉总会长张令饬，就近禀承王董省三、王董一亭将全国道教积极整饬，业经禀奉王董等召集职员会议决履行，填发证书，俾全国道友执凭。查道友人数众多，必须先行调查。当场推定调查员十余人，即日（携）带表册分段调查，尽■历十月初十前查竣报部，十一日起填发证书；外埠将表册寄请各省县分支会派员调查，尽十日二十前汇报本部，即将证书填寄各该会分别给领以凭各道友执行法师、羽士职务。至尚未成立分支会之各省县，应由各该区道友迅予筹备、定期召集成立大会、选举会长等，呈报本部填给委任、领用图记，依法进行。一面由部分呈各该省县官厅出示保护，并将证书式样录呈各官厅，声明此后各道友均执有本埠证书为凭，并请布告饬遵。务望各道友俟调查员至前调查时，即将姓名等项详细报填，依期遵章领证，万勿观望自■，以资统属而便官厅之查考。除据情呈报总会长外，合行登报奉闻。至各道友前已领过证书者，请至期持赴本部调换为荷。

1926 年 10 月 30 日第一版

郑俊彦赞助和平祈祷会

五省和平祈祷会昨接南昌郑俊彦来电云：■电诵悉。鼎革以还，中原多故，天灾人祸接踵而来。此次江汉战■弥漫，南方五省人士呼吁和平，函电交驰，热诚共见。贵会求苍穹之默佑，挽劫运于将来，恺悌慈祥，用心尤苦，行见神明感格，备致庥和，功果圆成，潜消呐难。凡有血气，能不乐从，托祈醮于天师，设坛场于沪，上建罗天之大醮，讽赵月之经文，煞费筹量，弥堪敬佩。届期自应一致顶礼，并出示禁屠，以伸肃悃。专此奉复，顺颂公祺。江西总司令郑俊彦电。东。

1926 年 11 月 4 日第十版

今日下元节停赛城隍神会

今日为下元节，向例本邑城隍神率同四司出巡，莅坛赈祭乏祀孤魂。此届适值军事戒严期内，集会结社均在禁止之例，故■■警厅长■饬邑庙住持转知各会首停止赛会云。

1926年11月5日第十五版

和平祈祷会开会纪

五省和平祈祷会昨开紧急会议，到二十余人，公推吕静斋主席，报告"本会筹备已经三月，文电往还，费尽心思，经费自垫，积极进行，始得五省军民长官次第电复赞成。兹据天师府回电，接到总司令公文咨照速驾，俟贵县知事备齐执事夫役，即行动身，起程日先电通知。但沿途不靖，应电请当局饬知军警沿途保护，昭示诚敬"，通过。张松谷谓"天师来沪伊迩，行辕曾否预备"。主席报告前拟假江西会馆为行辕。徐乾麟君反对，因其在南市路远，每日天师汽车出入糜费太巨，不若在租界租屋反为便利。谭莱生报告"法租界尚贤堂有空房数椽，高大极阔，堪租为天师行辕"。傅念慈谓"主席报告各节，筹画精详，洞澈一般趋炎附势者之心理，钦佩曷已。惟天师拔箓拜忏各种重要法事，若有人加入超「渡」[度]、拔箓禳灾顶礼者，不得照发起人一律待遇"。龚步三谓"届时须大众讨论，再为定夺可也"云云。旋即散会。

1926年11月9日第十三版

七宝重修关庙已动工

七宝镇关帝庙，自经青浦县警佐警察第四分所长侍联奎君发起募捐重修，闻解囊捐助者不少，刻已集得数百金，雇工估计，业于昨日动工矣。

1926年11月10日第十六版

大茅山顶宫白云道院上海下院启事

窃我茅山自汉代以来灵异显著，海内知名，香火之盛为全国寺院冠。上海为五方善士集众之区，寺院林立，而茅山下院独付缺如。是以润德承大慈善家张兰坪先生等介绍，特在沪分设下院。各界如有追荐超度请醮寿庆功德等之需要，或来院，或出坛，均听便。如有朝山进香，道末更当竭忱招待。际兹末劫，世运多乖，道末爰特邀集名山羽侣于阴历本月廿一日起启建皇经大会，谨为各界祈福消灾，届时务乞诸大善士早降拈香，参与圣典。下院地点在上海英租界贵州路一百卅一号。茅山住持曹润德谨启。介绍人：张兰坪、程祝荪、朱步青、李传耀、方伯琴、吴伯华、徐子贤、孙霁青、盛植丞。

1926 年 11 月 24 日第一版

大茅山白云道院新立下院启建皇经胜会

窃以民国肇造以来，灾劫流行，干戈不靖，水深火热，民不聊生，为此特建皇经胜会，敬邀天庥，借经功之宏力转大地之阳光，消灾弭劫，家国咸宁。谨择于十月二十一日开坛启事，如有祈福善信，伏希早降签名，共襄善举，具报不周，特此布闻。细章来坛取阅。坛设贵州路牛庄路口。道衲曹润德谨启。

1926 年 11 月 27 日第一版；1926 年 11 月 29 日第三版

款产处组织翻建邑庙董事会

——下月五日开成立会

■城邑庙翻建款项，现已向各界设法劝募，惟募集之款须待大工告竣始各缴纳。现上海县款产处对于邑庙建筑事宜已组织董事会，订于十二月五日〔阴历十一月初一日〕上午十时假萃秀堂开成立大会，会商进行手续。已预函沪上各团体请于是日准时莅会与议。

1926 年 11 月 30 日第十一版

邑庙董事会成立会纪事

上海县地方款产管理处，于前日假邑庙萃秀堂开邑庙董事会成立会。到会者为李平书、叶惠钧、陆锦麟、胡访鹤、杨东山、方友琴、秦砚畦、凌伯华、陆子文、王子纲、秦景之、秦槐新等十余人，公推秦研畦主席，讨论邑庙董事会简章，逐条通过，并公推秦砚畦为邑庙董事会会长，叶惠钧为副会长，陆锦麟、陆子文、秦槐新为干事。议毕散会。兹将通过之邑庙「绅」[董]事会简章照录如下：

邑庙董事会简章。一、宗旨。本会之宗旨如左：保持庙宇之庄严，扶助商业之发达，裒集公益之收入。二、组织法。本会以左列各■组织之：上海市总董及董事一人，整理邑庙豫园委员会会长副会长，上海慈善团经理员、副经理员，上海医院事务长，捐资重建大殿者公推二人，上海县地方款产管理处处长、副处长。三、职员。本会公推会长一人，副会长一人，干事员四人，会计员一人，书记一人。四、会期。本会于每年春夏秋冬每季各开常会一次，遇必要时得开临时会，皆由会长召集之。五、职员会。本会职员每月开会一次，亦由会长召集之。六、附则。本会议事细则、办事细则，皆另订之。

1926 年 12 月 7 日第十四版

张天师业已取消

江西省党部执行委员会，日前函请政务委员会，取消贵溪张天师，经该委员会通过，现已令派专员会同贵溪县长办理。兹觅录复省党部函如下：径启者，案准贵党部函开“查张天师袭专制时代君主之封爵，假借道术，邪说惑众，阻碍民智，影响社会进行甚巨。当此国民革命时代，岂能任此妖孽存在。兹经本党部六十九次执行委员会议议决，应即取消其名义，并没收其财产，拨归农民协会。为此相关，应请贵会查照办理为盼”等因，准此，除派专员会同贵溪县办理外，理应函复，请烦查照，并希饬行贵溪县党部协助为荷。

1926 年 12 月 21 日第七版

1927 年

张天师业已北行

六十三代天师张真人恩溥，因江西省政府派员查抄财产逃避来沪一节，节已志前报。兹悉张真人此次由赣来沪，行踪甚为秘密，闻只留沪一日，向友人借就川资，翌晚即行，乘轮北上。本埠江西道教总会驻沪机关部一再派员慰问，因地址不明，无从查访，致未晤面。

1927 年 1 月 9 日第十四版

道教总会驻沪机关部开会纪

江西道教总会驻沪机关部，于前日午后二时在丹凤楼开职员常会，到者罗访梅、李瑞珊、丁锄云、乔文达、张百福、陈柏生等三十余人，由罗正理事主席宣布开会宗旨，略谓“本部前经大会议决，发给全国道友证书，以资统属而便稽考，业经上海县公署请求备案，并请布告饬遵。兹奉商埠丁总办第四七七号批令，准予备案，则本埠各道友之证书亟应定期填发”，公决定于本月初九日午后二时邀集各调查员开会讨论分发手续。次议各道友函询欢迎总会长案，公决“报载天师来沪，本部一再派员寻访，杳无踪迹，是否来沪无从悬揣，欢迎一节应毋庸议。至江西省政府查抄天师财产一事，兹闻赣当道仅提议取销天师袭封职衔，并未派员查抄财产。况信教自由载在约法，中外各教均有教主，今江西总会既未查封，本部未更有所表示”。末议督促各省县道教同人组织分支会报领证书案，公决“由部通告各省县道属速行组织分（支）会，以资团结，并饬全国道友速函本机关报名、请发证书，以凭执行职务”云。议毕散会。时已六时余矣。

1927 年 1 月 10 日第十一版

为取消张天师封号之呼吁

江西旅沪工商联合会为张天师封号致赣省政务委员会电云：阅十一月二十五日报载，南军入赣，即议决取消张天师之封号，查抄其财产，拨归农民协会，斥为邪说惑众、阻碍民智、影响社会云云，读之骇异。夫中国三教，历数千百年相沿，张天师为道教正宗，每遇改革，灾遭「旡」[无]妄，皆能颠扑不破，足征其道弘法广、群黎钦崇。民国二年曾有同样之劫运，系铃解铃，不数月自行发还，恢复旧制。张天师世袭天爵已六十三代，于国有功，于民无过，况且信教自由载在约法，政府有保护之责。祈将此项议案克日撤消，以符信教自由而重约法专条，并乞咨照张天师迅速来沪，为全团建设罗天大醮，虔诚祈天，迅赐普天幸福。诸公首邀天眷获膺纯嘏，此则不仅道教之幸，即国家前途实利赖之。临电不胜翘企之至。江西旅沪工商联合会叩。泰。

1927 年 1 月 13 日第十五版

邑庙兴建各殿明春竣工

上海县款产管理处处长秦砚畦氏，因鉴于邑庙内商市日新，而文昌殿、星宿殿等处一带房屋年久失修，又加道路狭窄，每日下午游人拥挤，摩肩擦背，往来不便，故于今夏将该处房屋一律翻造，且将道路开阔，以利交通。昨日上午东南社记者至款产处访秦处长，据云“文昌殿、星宿殿等工程本限年底完工，刻下建筑已将完竣，惟二层楼、三层楼尚未装修竣事，大约明春二月间可全部完成。至将来设置，二层楼仍为原■之镌业学校校舍，三层楼或为邑庙保卫团之事务所，下层仍为文昌偶像。惟从前校舍内之各偶像，或将移置他所，以便镌业学校扩充校务而兴教育，以惠贫寒子弟。至于大殿因内部工程颇大，须在明年初夏可以竣工。闻各殿房屋均系水门汀，建筑巩固，规范壮观。大殿之造价计银五万两”云。

1927 年 1 月 16 日第十四版

各公团将合组邑庙董事会

城内邑庙建筑开年即将竣工，各公团鉴于往年邑庙之腐败，香火虽盛而管理乏人，以致灰尘狼籍，闻由地方款产经理处、上海市公所、南市慈善团、整理邑庙豫园委员会、乞丐教养院等五团体共同组织邑庙董事会，管理邑庙各殿。所有原住道士改为雇用性质，香火收入补助上海医院及乞丐教养院经费云。

1927 年 1 月 21 日第十一版

邑庙推定董事之呈报

上海邑庙，前因火毁，业已重建，现在将届告竣，由地方款产处等六公团拟定简章，组织邑庙董事会，派员管理，切实整顿，已志前报。兹悉该会会长秦锡田、副会长叶增铭等呈报上海县徐知事云"为呈报事。窃查上海邑庙，从前向由县款产管理处管理，庙宇则保充羽士驻庙看守。讵近年羽士懒惰异常，常不在庙，不能称职，以致三年之中两遭巨灾，毁去全庙十分之六，损失实属不赀。推原其故，实因看守不力，致罹巨祸。查县款产处距离较远，确有鞭长莫及之势。若不另组机关推员驻庙管理，恐有仍蹈覆辙之虞。是以召集地方自治及慈善团体组织邑庙董事会，推定董事李钟珏等十一人，并互推锡田为会长、增铭为副、秦锡燧为驻办员、陆子文等四人为干事，即日实行负责管理，切实整顿。为此备文并附简章及董事会职员名单各一纸一并呈请县长鉴核，俯赐准予备案，实为公便"云。

1927 年 1 月 22 日第十版

邑庙董事会成立开始办公

上海邑庙董事会昨致函上海县款产管理处云"敬启者：窃查邑庙前因羽士看守不力，迭遭巨灾，是以召集地方自治、慈善各团体组织邑庙董事会，以期切实整理，业将组织情形备文呈报上海县公署备案在案。查简章第七章第十八条经费收入之种类项下甲乙丙三款收「人」[入]向由贵处管理，敝会业已成立开始办公，应请贵处迅赐将上开各项租契租折摊捐底册等一并移交敝会，俾便接管，实深至荷”云云。闻该会定于今日将邑庙各殿接收，已饬住庙道士迅造清册，将所有邑庙神袍、陈设、法器等一并移交董事会，候登记后再行发还道士，责成保管。并闻前后殿年内可以竣工。而两廊、班房、戏台、头门均经年久失修，董事会现拟一律翻造以壮观瞻，昨已丈量完毕，由工程师计划图样，一俟核定，即于开年阴历月半后开工云。

1927 年 1 月 23 日第十四版

邑庙董事会呈请备案之核准

上海南市六团体组织邑庙董事会，呈请上海县县署备案等情已志前报。兹奉上海县徐知事批复云“来牍并附名单、简章均悉。执事等组织邑庙董事会，切实整理，具佩热忱。除照准备案外，特■函复”云云。

1927 年 1 月 28 日第十四版

旧历新年之概况

禁止燃放高升金钱炮：……

又上海防守司令李宝章，前曾会同淞沪警察厅刘厅长颁发布告，以民间于阴历岁尾年头例有敬神燃放鞭炮之习惯，值此戒严期内，本在禁止之列，姑予通融，限至本月十三日为止，仍当一律严禁在案。兹闻此举自奉准暂予弛禁后，燃放鞭炮爆竹者连声不绝，易起惊恐，且与火烛亦有关系，不得不予提前禁止。爰经刘警厅长通饬所属各区署所一体遵照，着自三日起，对于前项事宜仍当悬为厉禁，迅传各处岗警注意查阻。

保安司徒庙香客拥挤：南京路保安司徒庙，每届旧历元旦香火极盛。去年因香客拥挤，曾发生踏伤多人之事。但崇信神权者并不因而觉悟，故今年元旦仍自大除夕夜半起至下午五时后，白发老妪、红颜少妇进庙烧香者踵趾相接，虽烟火熏蒸亦不稍退却。该管老闸捕房派有中西印捕多名，自晨至暮分驻庙之内外纠察,以免流氓混入滋事。

…………

保卫团维持邑庙秩序：上海县保卫团第二团第四队队长袁葆初,鉴于岁聿云暮,商号员司收取账款络绎于途,诚恐匪徒乘间劫夺,是以出防时间特别提早,改为下午二时至十一时。除原有团员分班梭巡外,加派自由车队二队,携带手枪、警笛,巡逻大小街巷,以重防务。并准邑庙董事会函谓"大除夕晚,邑庙向有进头香之积习,届时人数众多,异常嘈杂,请酌派团员莅庙,维持秩序"等情,该队已派团员四十名前往弹压,维持秩序。该队军纪严肃,直至元日晨始行散队。

1927 年 2 月 5 日第十三版

上海邑庙大加整顿详情

上海市公所等团体,因上海邑庙羽士看守不力,以致三年之中两遭巨灾,损失甚巨,该庙原系款产管理处管理,但该处距离较远,确有鞭长莫及之势,乃发起组织邑庙董事会负责管理,大加整顿,该董事会曾呈请上海县公署备案。兹悉县署业已批准。兹将各项情形分录如下：

董事会呈县公署文：为呈报事。窃查上海邑庙,从前向由县款产管理处管理,庙宇则保充羽士驻庙看守。不料近年羽士懒惰异常,常不在庙,不能称职,以致三年之中两遭巨灾,毁去全庙十分之六,损失实属不赀。推原其故,实因看守不力,致罹巨祸。查县款产处距离较远。确有鞭长莫及之势。若不另组机关推员驻庙管理,恐有仍蹈覆辙之虞。是以召集地方自治及慈善团体组织邑庙董事会,推定董事十一人,并互推锡田为会长、增铭为副会长、泰锡燧为驻办员、陆、麦等四人为干事,即日实行负责管理,切实整顿。为此备文,并附简章及董事会职员名单各一纸,一并呈请县长鉴核,俯赐准予备案,实为公便。谨呈上海县知事徐。上海邑庙董事会会长秦锡田、副会长叶增铭。

邑庙董事会简章：第一章　名称。第一条　本会由上海县款产管理处、上海市公所、上海慈善团、整理邑庙豫园委员会、上海医院、上海乞丐教养院等同意组织而成,定名为上海邑庙董事会。第二章　宗旨。第二条　本会以保持庙宇之庄严、扶助商业之发达、整理进香之规则、裒集公益之收入为宗旨。第三章　会所。第三条　本会会所设邑庙星宿殿东首许真君殿原址。第四章　区域。第四条　本会以邑庙东至猛将弄，南至头门，西至古驿，北至怀迴楼邑庙庙基为范围。第五章　董事会。第五条　本会董事额定十一人，上海县款产管理处处长、副处长二人，上海市公所总董、董事二人，上海慈善团经理、副经理二人，捐资重建大殿者推二人，整理邑庙豫园委员会委员长一人，上海医院事务长一人，上海乞丐教养院董事会会长一人。第六条　本会董事会设会长一人，副会长一人。第七条　会长、副会长由董事中分别互推之。第八条　会长、副会长任期三年，连推得连任。第九条　会长主持会务，副会长随时襄理之。第十条　会长有事故时，副会长代理之。第十一条　董事会每三个月开会一次，以三、六、九、十二各月为期。遇必要时，得开临时会，由会长召集之。第十二条　遇开会时，会长主席。会长有事故，副会长代理之。副会长亦有事故，由董事中推年长者代理之。第六章　职员。第十三条　本会职员暂定七人，驻办员一人，干事员四人，由董事会推举，任期二年。名誉职、驻办员因办事上关系，得酌给夫马，书记一人、会计一人，由会长委任之。第十四条　驻办员常川驻会，管全庙事务，执行董事会议决之一切事件。第十五条　干事员规划全庙应兴应革及协助驻办员整理一切事件。第十六条　书记掌管文书、收发公文、保管案卷、开会纪录一切事件。第十七条　会计管理财政及收支各款，编造预算决算，并按月造报事件。第七章　经费。第十八条　经费收入之总类：甲、星宿殿房租。乙、头门及两廊房租。丙、邑庙摊捐。丁、各殿进香收入。戊、特别捐。第十九条　经费支出之总类：甲、上海医院补助费。乙、上海乞丐教养院补助费。丙、修理庙屋，添置物件。丁、本会经费。第八章　各殿。第二十条　各处殿宇，如鹤轩、大殿、中厅、寝宫、后宫、财神殿、玉清宫、文昌殿、星宿殿、阎王殿等，由董事会委派管理员各一人，遵照董事会规定之管理规则办理。其管理规则另订之。第二十一条　各殿管理员，应将每日所人香烛香金等费，按月汇缴会计处核收。但为办事上之便利起见，管理员得请求每年认缴若干，由董事会核准之。第二十二条　邑庙原有东西两房主持二人，应由董事会雇用，每月酌给工食银若干元，保管庄严、经卷、服装、法器及一切公有物。第九章　附则。第二十三条　本简章如有未尽事宜，得随时修改之。

职员名单：会长秦锡田，副会长叶增铭，董事李钟珏、顾履桂、姚福同、杨逸、凌纪椿、沈周、方彦臣。尚有捐资重建大殿者二人未曾推定。驻办员秦锡燧，干事员陆子文、陆志清、王子纲、陆洪义。

县署准予备案："径复者，接展来牍，并附名单、简章均悉。执事等组织邑庙董事会，切实整顿，具佩热忱。除准照备案外，特此函复，即希查照。此致，上海邑庙董事会正会长秦、副会长叶。上海县公署启。"

1927年2月8日第十四版

邑庙董事会订定各殿管理规则

邑庙董事会，以前羽士看守不力，迭遭失慎，各殿复不清洁，灰尘狼籍，庙内庙祝则向香客额外需索，刻由董事会接管，特订管理规则八条以资整理：一、各殿管理员经董事会之委派，并须遵守规定之管理规则，受驻办暨干事之监督指挥。二、各殿管理员，督率其他雇员，每日须将各殿打扫清洁，不得任意作践及损坏公家物件。三、各[店][殿]管理员雇用之雇员，须一律穿着蓝布长制服，编列号码，并应将某人某号看管何殿开明报告董事会，以备查考。四、各殿管理员雇员，遇有香客进香，须殷勤接待，代点香烛，不得推诿。香金听凭香客自由入筒，不得任意需索。五、各殿管理员摆设之香烛摊，每殿至多不得过二处。售卖香烛锭帛，须照市价公平交易，不得任意抬价。六、大殿后宫所设签筒内之罚油签，每筒只准一根。签卷大者每张售铜元六枚，小者两枚，不得多索。七、凡香客铺堂、借寿、保福、还愿、待神、借令等，殿规一例两元，领喜酌献四角，不得额外需索，仍照向章与住持分派。八、本规则如有未尽事宜，得随时修改增订。

1927年2月9日第十四版

邑庙董事会准予备案之县复

上海县公署，昨函复上海邑庙董事会云"径复者：接展来牍，借悉贵会已于一月二十二日开始办公，并镌刻图记一方，于二月一日启用，请予备案等因，自应准予备案。相应函复，即希查照为荷”云云。

1927年2月11日第十四版

邑庙董事会通告摊户登记

上海邑庙董事会昨发通告云：照得邑庙摊租，前因重建大殿暂停设摊以利工作，曾由上海县地方款产管理处呈准上海县公署出示布告停征摊租在案。兹工程将届告竣，所有摊基亟须重行规画，厘订规则，切实整顿，为特通告各摊户，限自二月二十日起至二十五日止，下午七时至九时，各持上年四月份原有执照向本会办事处登记注册，以便通盘支配，过期即予取消。仰各摊户一体知悉，切勿自误。此布。

1927年2月16日第十四版

昨日元宵节概况

昨日为阴历新正月十五日〔即灯节日〕，城内邑庙豫园、南市各会馆，昨有商界雇备清音敬神。而公共租界南京路保安司徒庙〔俗称红庙〕亦自晨至暮进香男女颇形拥挤，庙中竟无立足地，香烛元宝堆积如山，且有音乐打唱，以致游人如蚁。淞沪警察厅及该管警署暨捕房等，诚恐人多挤轧滋生事端，除警厅加派游巡队士在邑庙游巡外，而虹庙内亦有捕房派探捕维持秩序云。

1927年2月17日第十三版

邑庙各殿将继续兴工

前日上海邑庙董事会召集董干事会议，关于重建中厅、财神殿、许真君殿及两廊房屋一案，决定趁大殿施工之时，赶速翻造，俾可同时竣工。当推定陆锡麟君先与久记营造厂接洽办法，迨下届会议时再行继续讨论一切云。

1927年2月28日第十一版

邑庙翻造二廊争执解决

东南通信社云：邑庙大殿及文昌殿、星宿殿等，因年久失修，故由上海县款产处处长秦砚畦氏于去年全部翻造。刻下各殿行将竣工。缘邑庙各殿屡次失慎皆由羽士管理不慎，故特组织董事会主持一切。而董事会因各殿均皆建筑，对于大殿前两廊房屋同时亦拟翻造以壮观瞻，以致两廊各商店群起恐慌，纷纷向董事会请愿暂缓以维商业。而董事会因事已实行，碍难照准。昨据该处各商店云：董事会甚能体恤商艰，允许于最短期内完全竣事，并仍许各商店无条件迁回原处营业，故各商铺对此甚表满意云。

1927 年 3 月 1 日第十版

邑庙董事会翻造廊房之函件

上海县邑庙董事会自组织成立后，关于建设事宜积极进行。刻经董干事会议决，并与承造工厂订定合同，将大殿两旁廊房同时翻造。兹觅得关于此项函件通告如后：一、致警察厅公函。“敬启者：邑庙各殿，前因羽士看守不力两遭火灾，损毁殆尽。当经地方绅商集款将大殿等处先行重建，并由地方公团共同组织邑庙董事会推员驻庙负责管理，切实整顿，曾经拟具简章，呈奉上海县公署核准备案。兹因大殿工程不久可望工竣，所有大殿东西两廊房屋，年深日久，破坏不堪，势将倾圮，议决趁此大殿工程未竣以前动工翻造，俾与大殿工程同时完竣，使将来前后焕然一新，以为一劳永逸之计。现定即日开始工作。惟查东廊楼上，贵厅所属一区二分署借用，住有警察多名，为特具函奉陈，敬祈令饬该区署员迅将邑庙东廊楼上现住长警即日迁移，以便施工，实纫公谊”云云。一、通告两廊商铺。“径启者：邑庙各殿，前因两遭火灾损毁殆尽，当经地方绅商集款将大殿等处先行重建，其余次第进行。兹因大殿工程不久可望告竣，所有东西两廊之房屋，年深日久，破坏不堪，势将倾圮，现经本会议决，趁大殿工程未竣以前，即将两廊动工翻建，俾与大殿工程同时完竣，将来前后焕然一新，以为一劳永逸之计。现定二月初十日动工，并与承造之久记营造厂订，定自动工日起，三个半月完工，约五月底能使各商铺一律开张营业。为此通告东西两廊各商铺一体周知，务望于二月初十日以前迁移清楚，俾资赶紧施工，幸勿延宕自误，致届时工程限期不克完竣也。特此通告。”

1927 年 3 月 3 日第十版

邑庙董事会整顿邑庙摊基通告

邑庙董事会通告云：照得邑庙头门至大殿前后各摊，兹因大殿工程将届告竣，所有摊基亟须重行规画，以免再蹈从前各摊纷横梗阻妨碍交通之覆辙，曾经定期登记注册以凭通盘支配，原订规则切实整理，于上月十五日通告在案。现在登记手续业已蒇事，于本月二日开第一次董事会，公同议决办法八条，对于摊户生计、路政交通双方兼顾，合亟抄录于后，希各摊户人等一体周知。特此通告。计开：一、邑庙摊基分为三组：头门至二门为第一组，二门至照胆台为第二组，古驿路北口至怀向楼①为第三组。二、第一组从三月份起收租给照，第二组俟大殿及两廊完工后开办，第三组查明摊基若干用抽签法留出摊户八处迁移于大殿西墙。三、租借本会房屋全间开设店铺者，如有摊基，应即取消；如不愿取消，收回房屋，以昭公允。四、摊户每人只准一摊，一人如有二三摊基而出租与人从中收费者，应即取消，以示平均。五、摊户从前某记某姓，应一律改为设摊本人姓名。以后如遇改业或死亡，不得继续。嗣后只准取消，不得再添，以减至八十号为度。六、摊租援照豫园委员会成案分为三等，即三元、二元四角、二元。七、摊户只准本人设摊，不得顶替。如有查实顶替者，应即取消。八、吃食摊，如糟田螺、鸡鸭血、油鱼、排骨、麻蛤子、煎面、糖粥等，一律取消，以示洁净。照胆台不得设摊。每月五号至十号下午六时至九时至本会缴租领照，过期取消。

又讯：大殿工竣有日，从前摊照由董事饬人丈量。新勘之地位长不及三尺宽不及二尺，较旧摊基以一分四，一般摊户闻之莫不大起恐慌，咫尺之地

① “怀向楼”，1927 年 2 月 8 日《上海邑庙大加整顿详情》等文作“怀迴楼”。

安能营业。闻各摊户联名要求董事会宽放地位。不知如何处置也。

1927 年 3 月 4 日第十版

邑庙各殿均已翻造

邑庙为中外观瞻之区。自整理邑庙豫园委员会成立后,对于路道均铺方砖,九曲桥亦已建筑完竣。去岁款产处又将年久失修之文昌殿、星宿殿及大殿等一律翻造,业将次第竣工。刻下邑庙董事会将两廊及财神殿、岳王殿、中厅等一律翻造,已由董事会通告各商铺于阴历本月初十前迁移。据陆子文董事云:董事会因邑庙观瞻及一劳永逸计,故继续将各殿翻造,将两廊翻造三层楼,原有商店将来仍无条件迁回原处,二层、三层两楼另作公共事业。对于从前商店之眷属居住,因多不便,故商店以后只可居下层,以资整静。岳王殿则翻为四层楼,其上层则为淞沪警察一区二分署警察之宿舍。计全部造价银三万五千两。本月望边动工,限三个半月完工云。

1927 年 3 月 5 日第十六版

邑庙董事会整理摊基之呈报

上海邑庙董事会昨呈上海县公署文云:呈为邑庙摊基妨碍交通,规定办法,分别去留,仰祈鉴核备案事。窃查邑庙自头门起至大殿止,向有各种货摊,分横梗阻,妨碍交通。此次邑庙大殿重建之后,自应切实整顿,以期便利行人。惟从前货摊执照有一百六十号之多,现在通盘筹划、分别支配只有一百处可设,但必须取消百分之四十又恐摊户生计攸关,不得不双方兼顾。是以本月二日第一期董事常会公同议决办法九条,除通告各摊户遵照外,理合将整理邑庙摊基缘由并抄呈办法九条备文呈报,仰祈县长电鉴,俯赐察核,准予备案,实为公便。谨呈。〔整理邑庙摊基办法已志前报。〕

1927 年 3 月 7 日第十版

邑庙董事会对于摊基之筹划

邑庙董事会，以邑庙大段工程将届告竣，所有头门至大殿前后各摊基经董事会议决办法九条呈请县公署立案，并通告各摊户遵照。而摊户方面对于规定之摊基嫌太狭窄，曾公同商议具函董事会请将丈尺通融放宽以便营业，迭志前报。兹闻董事会据摊户呈请前来，留待下期开董事会时提出讨论。但规定办法九条，关于路政交通暨摊户生计已一再思维，即核减摊户号数亦至公允，奈为基地面积所限，规定尺数不得不稍稍减缩。闻俟下期开会再予通盘筹划云。

1927 年 3 月 8 日第十一版

邑庙中之摊基商铺讯

董事会规定摊基尺寸通告：邑庙董事会，前因重建大殿将届完工，所有头门至大殿一带原有各种货摊租地执照一百六十余处，纷横梗阻，妨碍交通，现在全部规划之后只有一百处可设，势必取消百分之四十，恐摊户生计攸关，故由该会驻办秦槐新将摊基重行规划，略予收小，以期摊户普及，不致向隅。嗣各摊户具呈董会，请求援照民六款产处丁前经理定案以六尺三寸为标准，俾资不妨营业。当经董事会第一期常会提出讨论，议决办法九条，以昭公允。除呈报上海县公署备案外，一面通告各摊户知照。闻此项摊基现暂定六尺四尺，较从前为宽云云。

各商铺请暂缓翻造两廊：邑庙大殿前两廊房屋，自邑庙董事会议决翻造，并通告该处各商铺限阴历本月初十日内迁出等语，群起恐慌。各商铺以事前皆未知悉，而临时以最短时间限期迁出，一时无从招觅房屋。再邑庙自大殿等翻造，迄今一载，以致交通阻断，各商铺已受损失不资。今工程方竣，交通恢复，商铺希望营业稍展，借资补救，故各商店现已具名盖章，拟请董事会体恤商艰，再缓三个月翻造，借可稍营商业，一方并可从容觅租房屋。并闻各商铺拟组织联合会，以便从事进行云。

1927 年 3 月 10 日第十一版

邑庙董事会催缴摊租

邑庙董事会昨发有通告云：为通告事。照得邑庙摊基分为三组，头门至二门为第一组，二门至照胆台为第二组，古驿路北口至怀迴楼为第三组。所有第一组从本月份起收租给照。第二组俟大殿及两廊完工后开办。第三组查明摊基若干，用抽签法留出摊户八处，迁移于大殿西墙。并规定每月五日至十日为缴租领照之期，过期取消。业于本月四日通告周知在案。查十日之期现已届满，头门至二门各摊并不照章缴租领照，殊属藐视定章。须「加」[知]邑庙全部基地为本会所有，缴租设摊系属租借性质，与豫园征收摊捐情形不同，本应即予照章取消。姑念各摊户生计攸关，准再展期三日，以本月十三日为止。如再观望不来缴租，应即照章一律取消，合亟通告，希第一组设摊租户一体知照。此布。

1927 年 3 月 12 日第十版

筹集翻造邑庙廊房经费之会议

邑庙董事会，因翻造中厅、廊房等处曾发出通告，召集三巡会会首于十三日午后开会。计到会首一百余人。董事会所提议、谓建两廊■■四■■，■各会首每人认筑一间，计银五百两，于是邑庙可焕然一新。当由各会首互议，以会首有六七十人，值此时局不靖，经济恐慌，恐难认此巨款，容俟互相商酌，或分摊或募捐，总可有一办法，以期一气呵成云。又董事会以头门至二门各摊户延不缴租，当由该会发出通告，宽限三天，以本月十三日为止，如再观望不来缴租，即予照章取消摊基地位。兹悉各摊户以董事会正欲将摊基减去百分之四十，设再观望，不免取消，乃于昨晚一律照章缴租领照云。

1927 年 3 月 15 日第十一版

天后宫住持被传后迄无下落

沪北天后宫住持羽士沈颂笙，于阴历二月初旬，被军法处拨派侦探前往，声称奉令饬传到处讯问等由，沈即随同该侦探前往，未见回来。后由沈之侄子欣诉报该庙董事，恳为设法探询事实，以便营救。既而上海县商会接悉前情，致函军法处恳予释回。旋闻该会业已接得第九师司令部函复：“本处并无饬传天后宫住持沈颂笙之事，希烦查照转知。”

1927 年 3 月 21 日第十一版

中华民国道教联合会筹备委员会第一号通告

启者：本埠道教同人前本设立上海道教公会，隶属于江西道教总会。兹幸我革命军北伐胜利，民国重光，前项隶属式之公会理宜消灭，同人等亟应随现时之潮流重新组织，以期固结团体，业于前日假大境关帝庙开筹备会，本埠道友到者达三分之二以上，议决设立中华民国道教联合会，公推瑞珊等十一人为筹备委员，设筹备处于城内火神庙，即日拟具简章，定期召集全体大会，选举职员，共策进行。凡我道教同人速至筹备处报名加入，共谋同业之福利。事关我道教团结之巩固，万勿观望自误，特此通告。筹备委员：李瑞珊、罗克裕、沈颂笙、乔文达、丁克昌、张维新、李锡庚、宋海林、王裕生、俞霭堂、康少梅同启。

1927 年 4 月 2 日第二版

中华民国道德联合会定期开成立大会通告

本会筹备就绪，草章已付印，定于阳历本月三十日〔即旧历本月念九日〕午后一时在沪城大东门火神庙开成立大会，选举职员。届期当呈请上海最高政治机关暨淞沪警察厅等派员莅会指示进行并监视投票，以昭郑重。查我道教同人散居各地，人数众多，帮派不一。现除上海龙门派已派员加入筹备，苏州、川沙、南汇、嘉定等县亦均推举代表至会接洽赞助外，本埠道友连日报名入会者虽甚踊跃，惟筹备时间短促，各道友尚未加入者为数亦众。自此次通告后，凡我道属同人，务望不分帮派，无论法师、道众，平日执行道教职务者迅至本会筹备处〔火神庙〕或后开各筹备员处，就近填具志愿书，领取入场券、选举票，至期准时莅会，参与成立大会，当众投票选举委员等职员。

事关我道属巩固团结同谋福利之进行，万弗观望自误。谨此通告。筹备员：李瑞珊、罗克裕、沈颂笙、乔文达、丁克昌、张维新、李锡庚、严承祖、严洪清、俞霭堂、王裕生、康少梅、朱星垣、张百福、张树生、张桐生、鲍杏泉、朱寿山、周剑候、沈照魁、王梅祥、朱镜清、江兆周、王鸿声、丁步青、华振亭、俞善祥、潘辉熊、张星楼、金旭汀、王殿臣、吴福庭、卫吟章。

1927 年 4 月 24 日第三版；1927 年 4 月 26 日第二版

邑庙董事会昨日开会

邑庙董事会昨假北区救火会二楼开董干联席会议，议决各件如下：一、议摊租问题应如何解决案。议决现在暂停收租，俟全部工程告竣后再议办法。二、议进行建筑中厅及两廊房屋案。议决两廊房屋，容纳租户要求，暂缓兴筑。中厅、财神殿、许真君殿，仍照前议募捐重建。三、议整理邑庙豫园委员会函请分认公债案。议决照数担认。

1927 年 5 月 29 日第十五版

邑庙董事会昨开董事会

邑庙董事会昨在北区救火会开董干联席会，到张效良、方友琴、凌伯华、杨东山、秦砚畦、陆子文、王子纲等九人，由秦砚畦主席。议决：一、建筑中厅、财神殿、许真君殿等工程，决议募捐重建。二、重订各殿管理员契约有效时间，自本年八月初一日起，至明年七月三十日止。三、星宿殿一带房租仍照七折征收，延长三个月，至九月底止，而以后不再减租。至散会已五时许。

1927 年 7 月 30 日第十五版

苏州的印象[①]

玄妙观大殿上有高大的三个金身，头上都束着道士的结，一个金身手奉

---

① 本文作者署名“楼金声”。

如意。这是别种佛教的道教圣地。道教有如此大的庙宇,有如此大的金身,在我还是第一次看见。造这样大庙与金身是很不容易的,但是这终究显出是前代人的努力。沿庙有吃食「滩」[摊]、小便处、茶馆,乱烘烘地摆着,使我感觉苏州从前是一个极兴盛、极有为的地方,现在是极荒凉、极败落的境象了。所以苏州人是蒙着一层不肯努力的耻辱。

1927 年 8 月 22 日第十六版

重建星宿殿落成

上海城隍庙,自民国十年火毁以后,即由邑庙董事会独资重建,将告竣工。而复鉴于星宿殿之房屋太旧,非但危险孔多,亦且有损观瞻,故亦毅然翻造,当由慈善家张效良君鸠工建筑,未及三月已告落成,庙貌巍然,极形壮观,所有星宿六十尊完全迁在楼上,重行添相,豫计香火之盛当不亚于杭州灵隐也。

1927 年 8 月 27 日第十四版

女会首为东岳太太祝寿

大东门内火神庙内附设之东岳神像,每逢旧历八月初一日起,为东岳太太圣诞之日。有自称女会首之徐翠娥女士,定于八月初一日起发起东岳大会,善男信女到庙焚香者每名须纳费一元六角,并加道士通疏头费三角、存库单费两角、太山青府封条二分、画押费等种种各目,预发请帖,故连日之到庙焚香求拜者络绎不绝云。

1927 年 8 月 29 日第十五版

邑庙两廊将动工修建

上海邑庙大殿毁于祝融,前由黄金荣、杜月笙、张啸林等合资协同董事会重建以后,现已工竣。而殿前两廊房屋,因年久失修有碍观瞻,迭经董事会倡议重建，只因该两廊商家，万一营业停顿，有关生活，要求董事会缓建，以维现状。诸董事体察实情，故迄未动工。兹由该两廊租户艺香居、三瑞堂等十五家自动出资，鸠工修葺，各将门面油漆，圆柱换方，屋之内部亦一并修理。现正要求董事会核准，以便即日动工而壮园景云。

1927年9月10日第十五版

上海桐柏宫启事

本宫创设有年，蒙各界护法信用，所以往来道友络绎不绝。现又购有林家花园相近地亩一方，行将建立茅庵。窃恐有不良「份」[分]子假借敝宫名义在外招「謡」[摇]募化并种种不守道规行为，有坏敝宫名誉。倘蒙各界护法善念乐助，请到敝宫接洽，当有盖章收据为证，以昭善功而免虚掷。用特声明，望各界善信注意是幸。法租界望志路西马浪路住持道衲艾信慧叩启。

1927年9月13日第五版

重建杭州西湖中天竺关帝庙筹募捐款声明

敬启者：缘杭州西湖中天竺关帝庙年久失修，致庄严胜迹蛛网尘封。大善士严君九龄、黄君金荣、张君啸林、杜君月笙、范君回春等有鉴于斯，爰特发起募捐重建，使庄严威仪之圣像巍然独存，以副万方信仰■■君之崇拜。幸赖诸大善士之踊跃输将，仁囊慨解，集腋成裘，同襄义举，业经募集捐款共洋一万三千二百八十四元，当即购料雇工从事建筑，工程蒇事，共计支出建筑费共洋一万四千五百四十六元，收支相抵不敷洋二百七十二元，仍由发起诸善士捐助。除将收支各款另行刊发征信录外，兹将经募诸大善士芳名暨捐款数目分列报章以昭大信。计开：严九龄君助洋陆百元，郭海山君、丁玉书君各助洋二百元，吴开泰君、鲍基岳君、余炳文君、陆竹坪君、董鸿逵君各助洋一百元〔共洋一千五百元，以上系严九龄君经募〕。张啸林君、杜月笙君、范回春君各助洋五百元〔共洋一千五百元〕。陈钧宝君助洋五百元〔代募在内〕。祝继林君、江小弟君各助洋三百元〔共洋陆百元〕。范开泰君、顾子才君、周荫堂君、陈效期君、楼炳章君、陈璋圭君、沈杏山君各助洋二百五十元〔共洋一千七百五十元〕。黄金荣君、黄廷荪君、俞叶封君、邱润初君、吴安甫君各助洋二百元〔共洋一千元〕。孙少轩君、张尉如君、张荣堂君、单远香君、宋焕文君、鲁觉侯君、陈宝仁君、汪琇甫君、孔颂馨君、[redacted]衢君、叶[redacted]苏君、王本滋君、徐仲康君、陈生标君、裘良圭君、严修甫君、王景章君、傅克昌君、董知葵君、钱锡森君、王澄澜君、王仲良君、王桐龄君、韩虔君、蒋浩文君等各助洋二百元〔共洋陆千元〕。张咸生君助洋一百元。吴裕生君助洋八十元。福记公司、永进公司各助洋三十元〔共洋六十元〕。张如山君、蔡鸿生君、荣炳根君、朱文山君、钱子良各助洋二十元〔共洋一百元〕。唐嘉鹏君、朱京方君、陈阿荣君、马殿魁君、许锦春君、杨钧龄君、黄筱孚君、朱文炜君各助洋十元〔共洋八十元〕。包银海君、周家保君各助洋五元〔共洋十元〕。瞿海泉君、刘和尚君各助洋二元〔共洋四元〕。以上统共募捐洋一万三千二百八十四元正。

1927年9月14日第二版

邑庙董事会开会记

邑庙董事会，昨假北区救火会二楼开董干联席会。兹将议决案录下：一件，中厅、财神殿、许真君殿及寝宫、两庑等殿宇进行建筑案。议决：请久记重行规画，另行开账核办。一件，大殿两廊房屋各租户请求自行筹款修葺，究应如何办理案。议决：两廊房屋，由租户捐款缴会，由会雇工修葺。一件，星宿殿各房客请求继续减租案。议决：体恤商艰起见，房租减让展至本年十二月底为止，由陆子文、陆志清两干事员负责办理。一件，大殿天井石条被整理邑庙豫园委员会拆去填筑石驳，应否函请修正案。议决：函致委员会从速修正。一件，大殿工程将近告竣，各摊基应如何整理案。议决：由驻办员先行规画，从事整理。

1927年9月27日第十一版

黄乃穆、朱绍文律师受任大境关帝殿住持李锡庚君为常年法律顾问通告

自受任之后，如有侵害大境关帝殿及李君信用名誉及一切法益者，本律师等当依法尽保障之责。特此通告。事务所：泗泾路六二号。电话：中六九六一。

1927 年 10 月 19 日第二版；1927 年 10 月 20 日第二版

邑庙大殿昨日开放

小东门城隍庙，在甲子年秋曾遭回禄，以致宫殿焚如，遂有城南热心公益者，鉴于商业之骤落，殊非佳象，因特组织豫园委员会及邑庙董事会，筹款重建。自兴工以来将及年余，幸赖久记营造厂王梅林工程师加意督造，除星宿殿、文昌殿暨各市街已次第竣工外，所有大殿亦画栋雕梁、精美夺目。业因十月香汛，进香者之目的大概集中于大殿，故经董事会之允许，爰于昨日起暂停建筑，告一段落，洞开殿门，务使进香者不再抱向隅之感。而昨日香客之多、游观之众为自来未有，若（辈）目击巍峨庙貌焕然一新，莫不争叹久记营造厂之工程伟大云。

1927 年 10 月 25 日第十版

城隍庙定期举行落成典礼

上海城隍庙大殿、中厅等，自乙丑年中元节遭火后，由黄金荣、杜月笙、张啸林、范回春等慨助巨金，请久记营造厂建造铜①骨水泥大殿，不日即得竣「功」[工]。闻已定于阴历十一月二十五日举行殿宇落成及城隍神开光典礼。兹探得住持分致各界信士参加盛典之通告云“敬启者：城隍大

① “铜”疑为“钢”字之误。

殿自前年中秋节不戒于火，嗣承黄君金荣暨诸大善士捐金重建全部工程，以铜①铁为骨干，而附以水泥，施以丹「添」[漆]，又饰以全部三国之彩画，金碧辉煌，光辉夺目，盖仿欧西之法式而仍复中国之美观，历时十有七月，糜银七万余元，洵为我国第一瑰玮之建筑。殿中神像亦经新塑，庄严璀璨，气象一新。兹择吉于十一月二十五日起至二十七日止，恭行殿宇落成并城隍大神开光典礼，届时务请各界善男信女早降拈香，借先瞻仰，会见四境平安，身家康泰，定沐神庥于无穷也。又本庙并不在外募捐，如诸大善士自捐助后殿建筑金者，请直接送至邑庙董事会，掣取正式收条。务祈各界特别注意"云。

1927 年 11 月 25 日第十五版

大茅山玉印降临上海桐柏宫道院广告

伏以河洛泄苞符之秘，经重玉函；蓍龟通人鬼之交，篇崇玉检。矧夫骈罗大道，掌玉阙之丝纶；管领天台，膺玉皇之简命。若吾九天司命三茅帝君之永宝玉印，固较历代之人主相传玉玺尤足珍贵者乎。溯自大司命君莅任赤城玉洞，往来吴越，岁以为常，灵宝斋事之作千数百年于兹矣。兹者各处神坛密奉玉旨，广传玉音。玉书云现，伴真诰二十卷以出巡；玉垒烟销，历长江上下游而救劫。欣维今岁仲冬朔有九日万缘大醮告圆之辰，而此印先一日宠临沪滨，光被道院，密巡善恶，彰显灵威，名崇九老仙都，信是万家生佛。凡我岁周花甲，际兹吉日良辰，允宜亲迓神庥，更荷平格天寿。特登广告以代宣传。至上海一应善士仁人暨各地士庶男女有意禳灾祈福者，务望共移玉趾来酌玉浆，虔焚玉鼎之香，再泥玉墀之首。吉士则同心向化，睹金玉其相之休。凡夫亦悔过自新，解玉石俱焚之厄。上海法租界马浪路桐柏宫住持艾信慧谨启。电话：西四二八六。

1927 年 12 月 2 日第六版

---

① "铜"疑为"钢"字之误。

邑庙定期落成开光

上海县城隍庙大殿，自乙丑年遭回禄后，由黄金荣、杜月笙、张啸林等十大善士慨解巨金兴工建筑，施工以来，已有十七月之久。兹闻不日工竣，定于本月二十五日上午九时由邑庙董事会分函邀请本邑士绅及黄君等届时到庙举行大殿落成及城隍尊神开光典礼。兹录函稿于后“敬启者：月之二十五、二十六、二十七日，为邑庙大殿工竣，举行落成典礼，同时并恭行城隍尊神开光典礼。届时除由敝会敬谨致祭外，敬请台端早隆拈香，共襄盛举，不胜企盼”云。

1927 年 12 月 11 日第十五版

上海城隍庙大殿工竣同时举行城隍大神暨金山尊神开光启事①

敬启者：旧历十一月二十五、二十六、二十七日为邑庙大殿工竣举行落成典礼，同时并恭行金山尊神开光典礼。除由敝会敬谨致祭外，敬请各界善男信女早降拈香，共襄盛举，不胜盼企。伏维公鉴。邑庙董事会谨启。

1927 年 12 月 16 日第一版；1927 年 12 月 17 日第一版；1927 年 12 月 18 日第四版

城隍庙昨行落成礼

南市城隍庙，昨日为新殿落成，举行金山神主开光典礼，进香男女络绎不绝，直至晚间九时犹见香烟缭绕、红烛高烧。清晨七时，由邑庙董事会会长秦锡田暨董事叶增铭、顾履桂、姚福同、凌纪椿、杨逸、沈周、方彦臣、张效良、黄金荣、张啸林、杜月笙、陆全镛、王国裕、陆洪义等到庙拈香，并于下午

① 12 月 16 日所载文字稍有不同，题名为《上海邑庙城隍大殿工竣暨金山尊神开光启事》，正文“旧历十一月”作“月之”，“邑庙大殿工竣”作“城隍大神大殿工竣”。

四时开始祭祀。其仪节如下：一、行庆祝礼。二、主祭者就位。三、陪祭者就位。四、执事者各司其事，凝神，奏乐。主祭者上香、献爵、进馔、献花。读祝者宣读祝文毕，乃行送神礼。司香者捧香，司爵者捧爵，司烛者赍烛，恭诣燎所焚香、焚烛、灌酒、望燎、复位。礼成各退云。

1927 年 12 月 19 日第十四版

1928 年

道教总会呈请备案之县批

中国道教总会成立已有数月。委员主任沈颂笙，近以宗教属于民政范围，特将简章等呈请上海县公署，依法备案，并求布告保护。兹奉江县长批令，略谓“呈悉。所拟简章尚无不合。应准备案。并候布告保护。惟该委员等应严守道规，时加整饬，毋稍踰越范围，是为至要。切切。此批”云。

1928 年 1 月 17 日第十四版

城隍庙中厅即日翻造

上海城隍庙大殿，将大星宿殿、文昌殿、许真君殿先后施工，均于上年次第工竣。大殿工程完全水门汀，式样仿古，与前者木质丝毫无异。惟中厅因捐款无着，不能同时翻造。兹邑庙董事会会长泰君锡田谓“中厅曾波及于火，若不一劳永逸，募款翻造，殊不足以壮觐瞻”，「巳」[已]与久记营造厂主张君效良订定合同，由久记垫款承建，一面由秦会长募款付还。闻已绘成图样，函请工务局慎发建筑执照，以便动工，并定月内拆卸。

1928 年 2 月 5 日第十四版

中国道教总会启事

启者：本总会改组成立以来已经多日，兹因遵奉省令调查道众，并经呈奉上海县政府核准备案。节经遵令调查本邑全体道众造册具报。驻沪各帮亦已着手调查。所有从前道教公会之会证早已取消无效，自应颁给新会证，以资核实而便稽考。兹定于二月十四号〔即旧历正月念三日〕起至二十八号止发给新证，凡吾道友已报名者，务希于期内新至小北门大镜关帝殿本总会照章领取。诚恐地广人稠，调查或有遗漏，如有未报名者，无论本帮、客邦，均希即日来会报名领证,以便册报呈核。事关遵令,碍难延缓,特亟通告,幸勿观望自误为要。办公时间:上午十时至十二时,下午二时至五时。

1928 年 2 月 13 日第三版

邑庙重建中厅

上海邑庙董会,前因邑庙大殿遭火毁后「已」[已]由黄金荣等十大善士捐资重建,而中厅、财神殿等亦已被火,势非重建不可,业经开会议决募捐重建。兹悉是项工程仍委托久记营造厂承办,「已」[已]函请工务局发给执照,即日开工重建。但闻是项建筑费约两万余金,尚无把握,深望各界信士踊跃输将,俾观厥成云。

1928 年 2 月 24 日第十四版

邑庙董事会春季会议纪

上海邑庙董事会于昨日下午三时假北区救火会二楼开春季常会,到董事叶惠钧、王子纲、方友琴、陆志清、沈步瀛、秦槐新,会长秦砚畦。由秦会长主席,张子帆纪录。甲、报告。一、驻办员秦槐新报告丁卯年收支账目。二、报告规划摊基情形。三、报告与星宿殿下各租户接洽租金情形。乙、议案。一、议整理摊基定期收租案。议决:照所绘大殿、天井、摊基图样,即日委托久记营「业」[造]厂铺砌摊基范围以志区别,并订于本年四月份起实行征收摊租。二、议星宿殿下收取房租案。议决:星宿殿下房租姑念商业不振,暂照八折收租,以示体恤,将来市面恢复,即照额定收租。议毕散会。

1928 年 2 月 24 日第十四版

吴迈律师受任江西龙虎山张天师常年法律顾问

顷准江西龙虎山张天师函开“径启者:恩溥素仰贵律师法学湛深,经验宏富,既崇道德,复爱和平,甚为鄙人所钦佩。兹特函聘台端为常年顾问,以后关于一切法律事件尚希随赐指示，并予保障为荷。嗣汉六十三代天师张恩溥印"等因，准此。本律师除接受聘任以备咨询外，倘有对于聘任人加以不法侵犯者，当依法尽维护之责。再天师现在上海，各处有事晤商请向本事务所接洽可也。此布。事务所：英租界同孚路中里四三六号，电话：西六二五六号。

1928 年 2 月 25 日第二版；1928 年 2 月 27 日第四版；1928 年 2 月 29 日第五版

吴淞财神庙公产管理处开会纪

吴淞中市财神庙公产管理处于前日午后二时邀集全市民开会，报告庙产历年收支及经过情形，到者甚众。其开会原因，系该庙住持僧湛华投上海特别市政府控告管理人霸占庙产等语，当经市政府一面派委吴参谋莅淞确实调查，一面训令宝山县政府转令吴淞乡经董查复等情。当开会时，由朱水澄君报告该庙自民国四、七两年被焚后，由已故孙冠卿君自助并垫资建造等各项证据，其庙外市房均系各租户垫款自造，以房租上扣还，并印有收支细数。当场散发。惟众意以为民国四年以前经手人尚无收支报告，此层不无可疑。经众讨论之下，先行审查收支出入款项，当场推举刘奎六、王峙峰、杨元康、范仲连、陆葆恩、蒋如松等为审查员，限一星期审查终结，再行核办。迨议毕散会已六时余矣。

1928 年 3 月 7 日第十五版

上海桐柏宫道院启事

启者：本宫今购置房地一所，坐落重庆路孟纳拉路西三百五十五号，刻已迁进，照常应事。兹择吉闰月初五日午时重启诸真开光，务祈诸大善士福女早降拈香受福是幸。再者，本宫修斋建醮以及一切功德等事格外虔诚，请驾速临接洽，是所至祷。此布。住持道衲艾信慧。电话：西四二八六号。

1928 年 3 月 24 日第五版；1928 年 3 月 25 日第五版

朝茅山进香者注意

茅山为吾国名山之一，历年香汛颇盛。救苦观音神佛庄严，威录显赫。鄙人亦香客之一，每届必斋戒熏沐虔诚朝山进香。今届因微闻谣言，沿途或有小偷为害行旅之说，因之曾有犹豫。继思心愿所在，毅然而往，昨已安然而回，一路平安，往来沿途毫无盗劫小偷之事，且沿途经过以及到山均有自卫团、当地警察等缜密之保护。偶思香客中或亦间有迟疑者，有关心愿，故特于回沪后将平安真相揭之报端，以公同道而释狐疑也。进茅山香客一份子公布。

1928 年 4 月 3 日第五版

劝募浙江吴山东岳庙及太岁庙启

吾浙吴山东岳庙及太岁庙建自季唐，治革于兹，以成千百载之古刹，灵感昭著，名垂海内。迩因风霜剥蚀，宇内胜迹如五祖殿、太子殿等日渐「顷」[倾]圮，若不早加修整，势将湮灭无已。爰邀同志数人发起募捐之议。惟念估工需料经费浩繁，所赖各界善士慨解仁囊，用襄仁举。如蒙乐助，咸沐神庥。惠款时均祈随取收条以昭信义。第近来人心不古，百弊流行，苟遇经募来前，务须审慎支付，以免假冒。将来捐款收齐，修理完竣，当将收付数目逐行公布。除登报声明外，并诸善士之芳名捐额勒庙前，以扬仁风而垂不朽矣。是为启。收款处：上海北京路庆顺里隆泰钱庄，杭州中国银行，杭州保余里惠迪银行，杭州大井巷开泰钱庄。发起同人公具。

1928 年 4 月 1 日第十八版；1928 年 4 月 2 日第十二版；1928 年 4 月 3 日第十一版

上海城隍神真像明日悬挂

本邑城隍庙神为秦裕伯之遗像，向藏浦东秦家，历今四百余年，神采奕奕如生，绘法精妙，系出名手。惟沪地人士无从得见。兹闻邑庙住持与秦氏相识，因请借出，于明日起十八日止在该庙玉清宫内悬挂三日，俾人人得以瞻仰而广眼福云。

1928 年 6 月 2 日第十五版

邑庙董事会夏季常会

邑庙董事会，于昨日召集各会董，假北区救火会二楼，开夏季常会，秦砚畦主席。兹录议案如下：一、「义」[议]月台基上摊户请求维持原有摊基案。议决：请驻办员酌量办理。二、议二门天井摊基搭盖凉棚，该项费用，各摊户请求本会暂垫，逐月在缴纳摊「组」[租]时分期拔还案。议决：着摊户先缴半数，余款准予暂垫，分期拔还。三、上海医院函请加拨补助费每年一千二百元案。议决：本会负债尚有二万余元之巨。查星宿殿建筑原案，应俟建筑费「请」[清]偿后加拨。惟医院需款支绌，应自十七年度起照拨。议毕散会。

1928 年 6 月 16 日第十六版

道教联合会今日开筹备会

爱多亚路西藏路口清虚观住持严洪清，鉴于道教衰微，非联合不足以图存，因集本埠正一、龙门、茅山各道家发起道教联合会，业于日前开发(起)人会议，到有丹凤楼、火神庙、大境关帝庙、白云观、桐柏宫、青云观、(玄)妙观、清虚观各庙住持，并请有童有时、许长卿、姚天民、翁寅初、谢强公、王一亭、龙积之、陈叔任、张午樵、谢又强、汤子章诸护法为之指导，决定今日五时开第一次筹备会。兹录其通告如下："敬启者：吾教派别甚多，素乏联合。今值国民革命成功，吾侪日处于青天白日旗下，为皈膺三民主义之国民，岂容自外而不思有以振拔。援拟集合同道，发起道教联合会，不分派别，不分省界，一以护持道教为依归，并推行教育、慈善诸事业，以尽国民一份子之天职。昨经发起人开会决定，先立总联合会于上海，然后次第推行于各省区，并以是日到会各代表为筹备员，并请诸护法为指导，暂以清虚观为总联合会筹备处。至于是日未到会之各庙同道，应由筹备处函促加入。其道外热心护法，亦须分别函请赞助。兹定五月二十三日下午五时在西藏路口清虚观开第一次筹备会，为此函达，务请贵住持、护法拨冗列席，加以指导，共策进行。事关道教兴废，乞勿漠视为祷。”〔下略〕

1928 年 7 月 10 日第十七版

道教联合会之进行

爱多亚路西藏路口清虚观住持严洪清发起道教联合会以来，加入发起者，本埠有丹凤楼、火神庙、大境关帝庙、龙王庙、白云观、桐柏宫、青云观、玄妙观，外埠有苏州玄妙观、天妃宫、伍相庙、穹窿山、玉皇山道院、松江火神庙等十余处。余如浦东、南汇、常州、扬州、杭州、茅山、南京、浙江、海门、宁波等处，亦在接洽中，进行颇为锐利。其筹备处即在清虚观。已推定关帝庙、白云观李、刘两住持为筹备主任，其文牍、经济、调查、庶务各股由各观道友分任，并请黄涵之、王一亭、谢强公、姚天民、龙积之、陈叔任诸君为赞助员，以资督促而利进行云云。

1928 年 7 月 21 日第十四版

邑庙中厅将告竣工

邑庙董事会，对于邑庙改革事宜，莫不惟力所及，以求深造。现在进行建筑中之中厅，屋瓦连云，亦将竣工云。

1928 年 7 月 23 日第十五版

上海白云观征集万人缘修建罗天大醮

专为追悼「陈」[阵]亡将士、无辜平民，四十九日每日礼忏，四坛，阴历六月十二日开坛。如有善信祈福或荐先灵，早降签名。细章来坛取阅。倘蒙助以挽联文词者，寄本观为荷。发起人：王震、葛恩元、黄庆澜、吴志青、谢强公、姚天民、吴纯白、龙积之、陈叔任、董忠仁、李柱臣、吴密禅、吴锡龄、张午樵。

1928年7月27日第五版；1928年7月28日第三版；1928年7月29日第三版；1928年7月30日第五版；1928年7月31日第三版

募修金山卫方炳灵公城隍庙

本庙失修已久，兹特择要先将大殿葺修，业已开工。惟工巨款绌，尚乞四方信善于中元节边解囊捐助，俾得如期蒇事。不胜公感之至。经修委员会汪剑眉、张佩萸谨启。

1928年7月30日第六版；1928年8月1日第七版

道教联合会第三次筹备会

中华道教联合会筹备以来极形忙碌。上星期开第三次筹备会，松江、安徽等处道观均有代表列席。由主席提出修正草章及宣言书，经众通过，并决定于白云观内先设第一义务小学校。调查股报告，镇江、江西、扬州等处道观均有来函赞成，请文书股复函接洽。白云观报告，有某公学李志宏君商假校舍，以本观正需自办学校，不能应命答之。昨又来函责问，词极牵强，应如何处置。公决：由白云观自行据直答复，免致误会。继请童老博士演讲道教源流及改良方法，以求吻合于三民主义，听者咸为动容。讲毕，复经众议，以后每逢开会应请名人演讲三民主义，以启发道众智识云。

1928年8月2日第十五版

昨日雷祖会之热闹

昨〔夏历六月二十四〕日系雷祖诞辰，本埠一般吃雷齐素之善男信女均往大东门内火神庙雷祖殿及城隍庙等处上烧香礼拜，各该庙道士遂借此大做雷祖会，每人各出份洋一元，收入甚丰。附近各香烛店亦莫不利市三倍。惟往岁此日各庙左右男女乞丐匍匐道左，沿途求乞，今则不见一丐云。

1928 年 8 月 10 日第十五版

白云观道院追悼阵亡将士

本埠西门外白云观道院，以国家已庆统一，特定于本月十五号〔即夏历七月初一日〕起就该观启建度亡醮坛二十一天，专为追悼阵亡将士，并于东厅安设中山先生遗像神位，布置极为庄严。每日有羽士数十众虔诵经忏，晚间并有施食莲度。开坛之日，该观董士王一亭、谢强公均往拈香致祭。连日各界士女之参观预祭者络绎不绝，而尤以闽粤人士居多数云。

1928 年 8 月 19 日第十八版

邑庙中厅将近竣工

上海城隍庙，自大殿落成后，美轮美「焕」[奂]，气象庄严，其第二进中厅亦经久记营造厂兴工建筑等情已志前报。悉闻该厅建筑于今已五阅月，日来大部工程均已告竣，尚有少数工程，中秋节前后当可完全竣工。

1928 年 9 月 10 日第十六版

中华道教会昨日成立记

中华道教联合会筹备年余，于昨日（四日）下午五时在西门白云观开成立大会，报到代表十二省计三百余县，公推严洪清主席、陶建华记录、谢强公报告筹备经过。应进行者当经议决：一、设贫民医院。二、设平民学校。三、各省各县设分会。四、各院观道友须兼治生产。五、会址设爱多亚路清虚观。六、宣扬道教，扶正人心，永存不没。其余关于宣传教义等办法另行发表云。

1928 年 11 月 5 日第十六版

中华道教会宣言书

吾中华道教何为需联合也，为服膺先总理之革命精神，奉行三民主义，而■有以需联合以尽国民之天职也。吾先总理以四十年革命精神，倡立民国，惟吾道教最表同情。盖中国革命，汤武最先，故《易经》云“汤武革命，顺天应人”。汤武革命实籍伊尹、太公之力，而伊尹、太公皆是道家，《汉书》所载，「斑斑」[班班]可考，此所以道教最具革命性而最表同情于吾先总理者也。吾先总理之三民主义，首为民族。吾中华民族主义最出力者，莫如黄帝。■黄帝以民族主义革蚩尤之命，乃立五千年以来中国之基础。而黄帝古与老子并称，(谓)之黄老，其为道教倡始之祖，■■载之极详，■为国民所公认。故奉行先总理之民族主义，必当发扬道教也，先联合自己民族，以打破外国强权；再联合弱小民族，以打■帝国主义。此为吾先总理民族主义之重要主张。然考之史■，最合吾先总理此项主张者，厥■(管子)。管子佐桓公、一匡天下，民(受)其赐、盖■■救中华民族诸国之被夷族■灭者而光复之，以与■族相抵抗，又扶助汉夷及中原诸小弱国之■楚帝国主义所压迫者，而与楚帝国主义相抵抗，其事迹详于《春秋》，凿凿有■。而管子亦道家也，故其书八十六篇，《汉艺文志》列入道家之中。此又可见道教与先总理民族主义之密合矣。吾先总理之言民权主义也，曰“以人民管理政事，便叫做民权”〔第一讲〕。又曰“人人都是有聪明的，如果给他以充分的政权，令个个都可以管国事，一定可以做出许多大事业”〔第四讲〕。而老子《道德经》之第四十九章“圣人无常心，以百姓心为心”，又云“我无为，而民自化；我好静，而民自正；我无事，而民自富；我无欲，而民自朴”。由此观之，老子之意欲使民自己管理政事，正合吾先总理之民权主义。其以百姓心为心，即是《民权主义》第六讲实行四个民权的全民政治也，而吾道教与先总理民权主义之密合又可知矣。先总理云“中国进化，比较欧美还要在先，民权的议论在几千年以前就老早有了”〔《民权主义》第一讲〕，洵哉言乎。老子之说，既如上述矣，而伊尹亦然。夫伊尹，莘野之农民耳，乃思天下之民有不被尧舜之泽者，“若己推而内之沟中，其自任以天下之重如此”，故孟子曰“伊尹，圣之任者也”。

由此可见伊尹之不肯放弃民权,(与)先总理民权诸讲极相符合。而如第六讲所云“人人应该有政权”“大家负起责任来,把国家治好,国家便可以长治久安”,伊尹尤可以为模范人物,则道教与吾先总理民权主义之密合又可知矣。先总理《民权主义》第一讲,以利己害人为专制之来源,而民权革命则牺牲自己、重于利人。读老子《道德经》第十三章“吾所以有大患者,为吾有身。及吾无身,吾有何患?故贵以身为天下者可以寄天下,爱身以为天下者可以托天下”,此说又与先总理所讲如出一辙,而道教与先总理民权主义之密合又可知矣。说到民生主义,吾先总理《民生主义》第三讲曰“民生主义是以养民为目的”,第二讲曰“国民党对于民生主义,定了两个办法。第一个是平均地权,第二是节制资本”。老子《道德经》第八十章云“甘其食,美其服,安其居,乐其俗,邻国相望,鸡犬之音相闻,民至老死不相往来”,以此为至治之极,其意无非欲使民有民享而到此境界。然此境界,实为平均地权、节制资本之结局。盖地权平均之极、资本节制之极,则必如《民生》第四讲所云“流氓尽绝,人人皆为生产之■子,丰衣足食,家给人足,而民生问题可以解决”。而《老子》第八十章■是此也,故吾道教之目标,亦即先总理民生主义之目标。先总理《民生主义》第二讲曰“我们国民党的民生主义目的,就是■把社会上的财源弄到平均”。老子《道德经》第四十四章则曰“多藏必厚亡,知足不辱”,由此可见吾道教之目标又即先总理民生主义之目标。综上诸条,具见道教对于三民主义最无抵触而又密合,故凡教徒,悉当切实奉行三民主义。■先总理《民族主义》第一讲中有言曰“世界上造成民族很大的力,第四个力是宗教”,又曰“宗教在造成民族的力量中,也很雄大”,又曰“四万万中国人,可以说完全是汉人,同一宗教”,又曰“阿「剌」[拉]伯人和犹太人,他们国家虽亡,而民族所以能「彀」[够]存在的道理,就是因为各有各的宗教”,又曰“我们要挽救中国危亡,便要提倡民族主义,用民族精神来救国”。今根据先总理以上所说,可知构成我民族之宗教,实有提倡之必要,而构成我民族宗教,实惟道教足以当之。考诸历史,黄帝固为道教之重要人物,而黄帝以前天皇、地皇、人皇,称为中国最古之伟人,然其事迹,实符道教所云。故谓道教为中国历古以来之国教可也,先总理讲演中所云是天然进化而成者也,然则从宗教方面提倡民族精神来救国,宜以道教为急■矣。吾先总理之学说，以先知先觉者为发明家，而先总理即以先知先觉唤起民众、贯「澈」[彻]主张，皇皇遗嘱，天下咸知，此又为吾道教所最最服膺者也。盖吾道教之先哲伊尹，固亦若是矣。故曰“天之生此民也，使先知觉后知，使先觉觉后觉也，予天民之先觉者也，予将以斯道觉斯民也，非予觉之而谁也”，此伊尹之学说与先总理若合符节，而先总理不啻为吾道教之教主矣。况非其义非其道则禄之以天下而弗愿，为伊尹最坚毅之精神，而先总理之百折不回以达目的，其精神亦如此。则欲「宏」[弘]扬先总理之学说与精神，吾道教其必须努力焉。先总理《民族主义》第六讲曰“要维持民族和国家的长久地位，还有道德问题。有了很好的道德，国家才能长治久安。我们中国的道德高尚，现在要恢复民族的地位，就要把固有的旧道德先恢复起来”。夫中国旧学，最讲道德者，实惟道教诸书。自老子《道德经》以来，凡吾道经，无一不以道德为主者也。惟是宗派纷繁，不免支离破碎，各立门户，自以为是。正如吾先总理所云如一片散沙，因此人人把自己的自由扩充到很大，而无一个坚固的团体，以致失了固有的宝贝。先总理恒言“我们特别的好道德，便是我们民族的精神，我们不但是要保存，并且要发扬光大”〔《民族主义》第六讲〕。（凡）我教徒，孰非国民，欲尽天职，必当依照先总理联合成功国族之遗训〔《民族主义》第五讲〕，从联合各宗派、各院观、各道士下手，以谋恢复我五千年之所固有的宝贝也。先总理讲“中国一种极好的道德是爱和平。列国都是讲战争，主张帝国主义，去灭人的国家，只有中国是讲和平，论到政治，便说不嗜杀人者能一之”〔《民族主义》第六讲〕，顾此和平之道德，吾道教所主张也。老子《道德经》第三十一章云“兵者不祥之器，非君子之器，不得已而用之。乐杀人者，不可得志于天下”，又三十二章云“天下之至柔，驰骋天下之至坚”。先总理又讲“我们要将来能「彀」[够]治国平天下，便先要恢复民族主义和民族地位，用固有的道德和平做基础，去统一世界，成一个大同之治，这便是我们四万万人的大责任”〔《民族主义》第六讲〕。凡我同玄，皆国民之分子，也都应该服膺总理遗训，发扬吾道教之和平。道德至柔而驰骋至坚，以求贯澈吾总理大同之望也。吾先总理《建国方略》曰“为化学之元祖者，即道家之烧炼术，而种种化学工业由之以兴，如制造朱砂、火药、瓷器、豆腐等事为最著，而其他工业与化学有关系由烧炼之术而致者，不可胜数”〔见《行易知难》第四章〕。夫烧炼一术，吾道教之末技耳，而利益民生有如先总理所云。惜今之道士，流于腐化，然既蒙先总理奖■至此，能不顺应潮流，吸收新学，以无负先总理“恢复国粹还学欧美”之遗训乎？而欲顺应潮流，努力以从事于此，则非群策群力不为功。此所以需联合会也。大道之行，天下为公，孔子言之，而吾先总理之所向往者也。然此大道，果何道乎？即吾道教之道耳。吾道教之经典，自《老子》以下，《庄子》最为精微，其诠发大道至为明晰。而就《老子》言之，如第三章云“不贵难得之货，使民不为盗，不见可欲；使心不乱”，岂非公天下之本原哉？今我政府，奉先总理之遗训，而以廉洁为宗旨，岂不有合于此哉？凡吾同玄，既立联合之会，遇事必遵此义。谨遵先总理之遗志而立之誓曰：“货恶弃地，不必藏于己；力恶不出于身，不必为己。”先总理云“人人当以服务为目的”〔《民族主义》第三讲〕。我们这个联合会，系根据以上各条，而在三民主义指导之下，从固有的宗教方面服务。宣言如此。

1928 年 11 月 12 日第十六版

邑庙寝宫行将翻造

上海城隍庙自甲子年火灾之后，宫殿被毁，即行翻建，次及中厅，而伟大之工程均已完成，石道平砥，屋舍巍然，均极壮观。惟后殿寝宫，年久失修，桷槛腐黑，且征欹斜之象，殊属有危将来。邑庙董事会有鉴于此，即开会讨论，佥谓翻造工程不容再缓，故已请久记营造厂打样阅妥后，即于年内兴工建筑。

1928 年 11 月 14 日第十五版

上海邑庙各殿总管理处紧要启事

上海邑庙之建筑募捐，悉由邑庙董事会负责，掣取正式收条为凭，本管理处向无派人募捐之举。深恐有人假借名义在外招摇私募等情，为特登报郑重声明，务祈各界注意，请勿受愚。倘有持册上门募捐，即系假冒，请即扭交就近警区法办以儆效尤，是所切盼。

1928年11月21日第四版；1928年11月22日第三版；1928年11月23日第五版

上海桐柏宫道院普利道场

夏历冬月初一日起至十一日止，为超度阵亡将士、枉死平民等事，兼请有道之士每日午后二点至五点宣讲道德真言。凡我同志请莅临同参道义为祷。孟纳拉路三五五号。桐柏宫住持艾信慧谨启。

1928年12月13日第三版

城隍神像实行废除

南通郡庙规模宏大，刻地方人士崔朝庆等集合各界，以城隍神在今日已无保存必要，爰于十九日将神像废除，所有两厢十司亦概行打毁，正殿改供该庙原有吕祖神像。

1928年12月21日第十版

道教徒热心社会事业

吾国道家，向多昧于玄理，且派别纷歧，宗风日坠。南阳玄妙观创始于元代，为全真派道众著名之丛林。民元迄今，杨宗阳道人住持该观。李君经验学识均极宏富，因海内羽流多固守旧习，不知改革，乃独力就该观创办中西医院、少怀学校、孤儿院、玄华布厂，历十余年，成绩卓著，曾经河南省政府通令特别保护在案。李君近益发宏愿，由豫来沪，拟将道教内容大加整顿，第一步着手办法，即令全国教徒渐从事于科学生活。闻已得本市方斜路白云观及某大教育家之赞助，决于明春先在白云观成立全真中学以宏造就云。

1928年12月24日第十六版

鲁省府令毁岱庙神像

〔浦江〕泰讯：孙主席令建设厅将岱庙神像一律毁去，改筑中山市场，现正进行中。〔二十六日下午二钟〕

1928 年 12 月 27 日第七版

1929 年

道教议组教育会〈扬州〉

江都城乡各羽士，怵于毁庙废神、破除迷信之公令，除联合僧教会组织僧道联合会，特于七日上午十一时假运司街佑圣观会议，决假该观组设道教育会办事处，办理登记事项，以凭兴办学校。现郡（庙）除去门额及二十四司横匾；大财神庙改塑精忠报国寺之门额，财神偶像亦去冠科头；都土地神像亦然。最近朔望亦鲜进香之妇女矣。

1929 年 1 月 9 日第十版

考试院之院址

〔南京〕鸡鸣寺下之关岳庙将改为考试院，该项建筑工程现正在进行中。原供奉大殿之关羽、岳飞、郭子仪等之牌位决移置朝天宫，将殿宇改建办公处。〔十三日〕

1929 年 1 月 14 日第四版

折毁神庙暂缓实行

萧山城隍庙雷公殿、紫苏殿等自上星期经民众团体举行捣毁后，其未被捣毁之东岳庙及各坊土地庙均预备自行迁移。现县政府奉省令暂缓办理、禁止拆毁等情，应存各祠宇依旧保护，免致骚扰。

1929 年 2 月 1 日第十一版

城隍庙改筑中山厅

萧山县城隍庙，自前次经民众团体捣毁后，现已扫除清洁，一面决将该庙改筑中山纪念厅。

1929 年 2 月 2 日第十一版

城隍庙寝宫失慎

——起火原因为锭帛余烬

昨日下午三时许，城内邑庙大殿后面寝宫〔即城隍与城隍奶奶所寝宫殿〕突然失慎，一时浓烟密布。幸在白昼，为庙祝瞥见，立即用电话通知救火会告警。俄顷各救火会咸驱皮带车到场，汲水灌救。然已火势甚炽，冒穿屋顶。各救火员俱告奋勇，努力扑灭，至四时余始熄，两旁班房亦被焚去屋顶，损失当在数千元。闻起火原因，为香客焚烧锭帛余烬火星飞在悬挂之元宝上，致星星之火起炎炎之祸云。

1929 年 2 月 21 日第十五版

吴淞财神庙昨被捣毁一空

吴淞淞兴路财神庙，于昨日〔二十二日〕下午二时许，突有身穿蓝布衣裤形似工人者二十余人，手持棍棒，一拥而入，将该庙大殿中神像捣毁一空，所有陈设之物亦大半击毁。该庙地处热闹市场，故于此事发生后，观者异常拥挤。吴淞公安局七区区长吴绍璘、八区党部各委员等闻讯后，以国民政府内政部前颁神祠存废标准条例早经国民政府内政部命令取消，改为登记，不料突然捣毁情事，显系有人在中指使，违背中央命令，扰乱地方，当即饬派武装巡警与党部委员前往制止。讵料若辈早已于捣毁神像后一哄而散，待警士等前往，早已无一人。党部与公安局现正派员调查真相。该庙住持僧人湛华，以该庙早「以」[已]依法向社会局登记，于此事发生后，当即具文呈请市政府社会局澈底查究并请派警保护云。

1929 年 2 月 23 日第十五版

玄妙观内计划大商场

苏城玄妙观为城中最热闹之区，现市工务局拟在玄妙观内建筑一极大商场。其计划，门面为十七开间，六层楼，最下层为中山大礼堂，二、三、四三层为各业商店，第五层为戏馆、影戏场，最高之第六层辟为游艺场。该屋用钢骨水门汀建筑，需费约五十万元。刻正筹划中。

1929 年 2 月 28 日第十版

道教会执监常会记

中华道教会成立以来，进行极为锐利，一切计划逐谋实施。先于本学期在西门外白云观前院楼房设第一义务小学一所。查该观前院向有侦缉队驻扎其间，现闻该队长对于教育颇具热心，已允觅屋迁让。昨为该会第二次执监常会，列席者十五人，推宋执委海霖主席，行礼如仪。首由严常委洪清报告账目及经过状况，后议决各案如下：㈠ 设立学校案。议决：依第五次筹备会议案，以西门外白云观前院楼房为第一校所，后院空地为操场，定名中华「通」[道]教育会第一小学校。惟该房现有侦缉队驻在，应即去函商请迁让，便于下月开办。㈠ 学校经费案。议决：本年开办费以五百元为度，经常费每月以二百元为度，当场由白云观、清虚观、大境关帝庙、金司徒庙、大王庙、保安司徒庙、火神庙、松江岳庙摊认，按月筹付，其余各庙以次认筹，将来筹款充足再行购地建屋设立完全小学。㈠ 推定校董案。议决：推请姚天民、谢强公、林康侯、王一亭、龙积之、黄涵之、葛虞臣、陶建华、陈叔任为校董。㈠ 分会支会案。议决：各省县立分会隶属总会，各市乡立支会隶属分会。现在各处函请设立分会者有三十余处，应各发调查单一纸，俟填报到会，经执行会审查合格，再行给予证书开办。㈠ 整顿道规案。议决：先从调查入手，凡正式道士一律须由各庙介绍加入会员，给予证书，俾便执业，并将会员名册汇报官厅备案，以资保护。其有假冒道士惑众敛钱、有伤风俗、甚于迷信者，先由本会设法劝阻。倘劝阻不服，当呈请官厅取缔之。余各开会演讲，阐扬教义，开发道众革命救国思想，设施「症」[诊]所以济贫民，刊杂志以启智识等，切实办法，当陆续施行之。议毕散会。

1929 年 2 月 28 日第十五版

城隍神像亦遭捣毁

嘉定各庙宇，在去年中本有捣毁之议，嗣经上「锋」[峰]通令制止未经发动。今日系废历清明，城中城隍庙香汛原属甚盛，不料庙中神像于昨夜尽被捣毁，惟万年神幸而独存。何人打毁，此时尚无所闻。一般愚夫愚妇得到此信，懊丧不止。

1929 年 4 月 6 日第九版

清明节之城隍庙

昨日为清明节日，除各机关循例停止办公外，本市各学校均系春节放假，学生纷纷回里扫墓。昨因天气清和，龙华道上，一般红男绿女，或乘汽车，或坐马车，来来往往，可称车水马龙，络绎不绝，即各处会馆丙舍均热闹异常。城内之邑庙豫园游人亦拥挤不堪，竟无立足之地，该管特别市一区二所周所长，诚恐匪类乘间攫夺游人银钱等事发生，特即加派长警数名到场弹压，以维秩序云。

1929 年 4 月 6 日第十五版

城隍庙改为救济院

萧山救济院，因房屋狭小不敷应用，本月二日建设委员会决议，将城区城隍庙旧址重行改建，充为救济院。

1929 年 4 月 9 日第十版

党部建议没收岳庙

县党部今日开第二十四次执委会议，以松江岳庙系封建社会时代的特殊产物，在此党治之下亟应废除，应请呈省请转饬县府将该庙没收，办大规模的民众学校或图书馆，以普及民智。经议决，函县府查照寺庙保管条例斟酌办理。

1929 年 4 月 28 日第十版

记三月廿八之虹桥镇[1]

余家居于浦东之虹桥镇，盖在川沙县治北十二里。虹桥镇在洪杨之前为浦东著名之一镇，有酱园，有糟坊，有当铺，今则但存基址而无一店铺矣，即阖镇之居户亦不过十数家。虹桥前，有一古刹，名与善庵者，俗呼虹桥庙，虽一佛庵，而供东岳、轩辕、城隍、文昌、三官、土地、痘神、施相公、刘猛将、鲁般、纯阳、观音、韦陀诸神诸仙诸佛，实合儒释道三教于一佛庵中。每届阴历三月二十八，俗传为东岳圣帝诞日，乃有解天饷之名目，远近善男信女咸来庵中进香，谓为解天饷云。故平日此庵人迹所不至者，一至是日，远近香客游客率至是庵，熙来攘往，竟如山阴道上，大有应接不暇之势，而于庵前庵后旷场之上，且设各摊，成为市集。摊以出售农器为多，铁器，如犁、如耙、如锄、如铁搭、如田刀、如铁锹之类。竹器，如画〔用以画麦穗、稻穗之类者〕、如锏〔削竹长二尺许者七八条，比而束之，铁贯上端，以属诸柄。柄亦用竹，长五六尺，执其柄运转之，由内抛外，以打豆麦，使实与茎离也〕、如稻床、如糠箾、如竹枝帚、如刷布帚之类。藤器，如把斗、如拷栳之类。石器，如「椿」[舂]米臼、如磨刀石之类。木器，如糊盆〔大倍于脚桶，作椭圆形，盖刷布用者，俗呼糊船〕、如梭子、如弹花凳、如槎花盖、如弹花弓、如纺纱锭。而农家杂用器具，如芦帘、如蒲包、如团基、如格篚之类，亦无一不有。此外水果摊、

① 本文作者署名“觉迷”。

糖食摊、点心摊、杂货摊、耍货摊，盖亦无一而不有焉。故平日冷落之虹桥镇，一至三月二十八日，竟成一热闹之市集，犹三官诞日之于上海大南门一带也。所有香客游客，近者来自本邑各镇各乡，远者来自上海、宝山、南汇。盖数十年来，浦东各处几无一处不知三月二十八虹桥镇之有香「泛」[汛]也。此辈既以农家为多，故其来也必购农器数事以归，则此辈之来亦不得尽谓为迷信也。余家即在庵前，去庵仅百步而遥。浦东各处房屋，以余家体制最宏，建筑最工，称曰高房子，香客游客之至者，必入余家参观，曰看高房子云。盖此屋实为沈氏业。沈氏祖上有名沈明鼎者，乾隆朝官至贵州遵义府知府，此业即其手建，故于体制特宏。共有三进。厅之前面则有侧厅，厅之两旁则有甬道。堂之前面则有侧楼，侧楼之前则有走廊，以通客堂。各屋门前俱设石阶，各处墙壁梁柱俱施雕刻。其所雕刻人物禽兽虫鸟花卉，无论于砖上、石上、木上，无不工细绝伦，盖出名匠之手，不啻神工鬼斧，为浦东各处房屋冠。然在当日固美轮美奂，今则多所毁败，实亦徒有其名矣。

1929 年 5 月 12 日第十九版

邑庙戏台筹设民众阅书报室

邑庙处沪市南区中心，为民众集合之所。自由市教育局将该庙布置教育环境及绘制妥贴以来，民众在视觉上已感受不少影响。现该局为谋增民智起见，决定利用该庙戏台，筹办民众阅书报室，附设问字处，由第三科负责筹备，常年经费为每月六十二元，临时费为七百三十七元一角二分，业经局务会议通过，呈请市政府核准办理矣。

1929 年 5 月 17 日第十版

市政府核准寺庙注册一览

上海特别市市政府第三三号通告云：查本市区内各寺庙呈请注册手续完备者，业经逐一审定。惟庙产一项，或恐仍有遗漏及呈报不实情事。现为郑重起见，特先照章通告。自通告后一个月内，如无异议提出者，所有各该庙庙产应即照审定登记，以资保护。兹将第二期审定各寺庙公布如下。中华民国十八年五月日。

名称、地址、住持、庙屋连基地及不动产：

莲隐庵：浦东洋泾镇庆宁市。慧铭。正屋二进，计十间。西首宿舍两屋。佛殿在外。除本庵外，无其他庙产。

上海邑庙：小东门内方浜路。罗克裕、朱纶贤。庙基十二亩六分。

陆家观音堂：公共租界长浜路八十二号。清善。平房八间，厢楼二幢，随屋基地七分。

清净庵：吴家浜。周慧芳。平房一进七间，计地八分五厘八毫。

横泾庙：漕河泾乡。智海。庙屋二十三间，连庙基共四十一亩八分五厘三毫。

秦公庙：宝山县真茹乡第四区第三所夜号十一图。成芳。房屋共十九间。庙基连不动产共十三亩四分六厘七毫。

黄婆庵：市区先棉祠街。莲开。楼房三幢共九间，殿屋则田三分九厘三毫，又基地三分八厘。

北草庵：吴淞镇。广照。前后殿屋共十间，香火田共二十亩零八分九厘三毫。

瞿真庵：吴淞镇木行街。黄金庭。殿屋三间，庙基九分零五毫。

佛安寺：浦东杨思桥北首。圣安。房屋十四间，庙基四亩三分二厘九毫。

关帝庙：宝山县阙三图苏家巷。显培。庙基七分一厘六毫。

迎春高昌庙：二十五堡十二图复善堂街。信华。房屋共六间。

江境庙：新西区二十七堡头图小木桥路。张砚卿。则田共一亩三分二厘二毫，准田共一亩八分九厘二毫，芦滩三亩四分八厘八毫。

广福讲寺禅堂：方浜路五百五十七号。性通。五殿又零屋六间，总地基十三亩，载县志；又寺基八分四厘，详印谕。

社庄庙：浦东洋泾市十八图。曹云卿、虞阿春。庙基金社堂户名则田五亩四分四厘，庙田社庄庙户名则田四亩一分八厘八毫。

海崇侯庙：大东门肇嘉路。杨同会、吴璋书。庙基二分二厘七毫。

七塔寺下院：上海二十四方十堡二图土名陈家港。宽怀〔后由常西接管〕。房屋十一间，庙基连坟地共二亩八分六厘五毫。

观音庙：宝山县炮台湾。愿本。庙基连田共十二亩四分一厘六毫。

三宝堂：虹口虹镇。旭焰。堂基一亩二分。

白塔庙：真如杨家桥。静能。庙基计一亩八分五厘八毫。

正觉庵：闸北宋公园路。然贵。平屋十三间，基地一亩八分。

经家庵：真如秦家角。证鉴。庙屋三间，庙基共二亩五分五厘六毫。

法华庵：引翔港横浜第一号门牌。源量。基地则田二亩三分六厘三毫。

瞿真人庙：五星桥，现移真人路。审查委员欧阳奇僧、张尧卿、康义生。庙屋一所，基地四亩七分三厘四毫。

刘王分庙：吴淞蕴藻浜南口岸。张云卿。庙基田一亩，庙屋六间。

老徐胡庙：吴淞蕴藻浜西泗港口南岸。朱考仙。庙基共一亩二分六厘九毫。庙屋六间。

乐善经堂：美租界海宁路一千七百三十五号。智融。庵基七分四毫，殿屋共计平房八间。

地母庵：虹口胡家木桥北首。王道真。租地建房三间。

净土庵：蒲淞区二十八保西七图。张氏名昔训法。屋十二间，基地二亩一分四厘二毫。

三官堂：曹家渡。倪文藻。庙屋七间，基地五分一厘，则田六分正。

武圣禅院：公共租界孟德兰路一百五十一号。印怀、玉峰。上下楼房二十二间，庙基地二亩四分八厘三毫。

崇宁禅院：上海大东门内。通禅。庙屋楼上下共六楹，基地二分。

关帝庙：肇嘉路西首。大明。殿宇及庙屋共三十五楹，出租余屋六间半。庙基系衙署，载《上海县志》。

真性庵：南市海潮寺。缘根。庙宇十三间，出租平房四间，基地二亩四分二厘六毫。

莲坐庵：高昌路。方山。老庵庙屋楼上下共十二间，又庙房二间，现住庵屋又十二间，庙地六分。

白塔庵：宝山县真如镇北。慧明。庙基三亩七分一厘六毫。

分水庙：上海二十三保十五图第四百号。能如。庙基六分二厘八毫，大殿及厢房共十间。

东岳庙：江湾东市梢。张鹤千。庙宇共二十七间，庙基地六亩五分八厘八毫。

国恩禅寺：法租界维尔蒙路二百三十九号。开生。僧舍十八间，正殿在外。基地共四亩六分八厘二毫。

宝莲禅院：闸北共和新路。开生。五开间大殿一坐，基地二亩四分七厘三毫。

莲花庵：岳州路东虹镇。尼若莲。庙屋十间。庵基一亩二分六厘六毫，又则田一亩三分。

白云观：西门外方斜路。刘永祥。庙屋一百间，观内地基十四亩一分零七毫，塔院墓地十七亩九分三厘六毫。

淡井庙：法租界二十七保六图。慧德。庙基及田共二十四亩七分五毫。

戚王庙：浦东二十四保二十六图。李子文。庙基一亩三分五厘，房屋共十间。

净土禅院：闸北宝山路虬江路。慧海。基地方单七分九厘七毫，道契四分，共计一亩一分九厘七毫。

刘王庙：华德路高郎桥后赵家石桥。华觉。庙屋五间，余屋二间，皆平房，计地七分五厘。

观音寺：闸北宝山路。智慧。庙房五间，基地一亩五分五厘六毫。

三官堂：虹口宁武路。性明。基地九分六厘，房屋九间。

观吾堂：江湾李家湾。宏愿。基地二亩六分八厘五毫。

猛将堂：上海西门内登云桥南首。常闻。庙基四厘。

袁家观音堂：浦东陆行区三十九图。庙主袁赉兴等。庙屋八间，基地南北六十五英尺、东西五十五英尺。

三官堂：浦东塘桥镇。智性。地基六亩七分六厘六毫。

道堂庙：浦东陆行区二十二保四十三图，门牌十七号。丁金林。庙基八分。

性善庵：西门斜土路二十五保十三图。唯愿。庵基七分零，房屋十二间。

莲坐庵：上海虹镇。炼清。大殿三间，庵基则田共三亩一分三厘四毫，东西厢楼四间。

清凉禅寺：英租界新闸路十五号。清海。庙屋三埭，连平屋共六十五间。

玉佛寺上中下院：英租界戈登路槟榔路口及麦根路与成都路陈家浜。可成。上院十二亩二分，中院四十余间，下院楼房十间、平房五间，田八百七十五亩一分三厘五毫六丝。

三壮庙：浦东洋泾镇南首陈家行。陈姜林。庙屋三间，基地一亩九分二厘三毫。

定水庵：浦东洋泾镇。石文生。庙屋二十四间，庙基一亩六分六厘七毫，又庙田一亩三分。

■庵庙：真如区夜十图天字圩二十八号。王少莲。基地二亩九分三厘八毫。

三昧禅院：上海小南门外复善堂街。愿来。平房二十二间，楼房十六幢，基地四亩九分四厘七毫。

广福院：南码头里马路沪军营北首。僧炜舟。除殿屋外，住房七间，基地八分四厘四毫。

天后行宫：吴淞镇。道士徐鼎崇。殿屋三进，楼房上下各三间，基地二亩八分八厘二毫。

泰兴庵：吴淞。道士顾林泉。庙屋前后两进共六间，庙基连出租则田共十二亩零八厘二毫。

万寿寺：江湾沈家桥。尼清莲。正殿三间，草屋二间，基地共四亩零四厘。

应瑞庙：蒲淞区二十八保三图。赵张氏。庙屋八间，基地二亩九分九厘一毫。

广福讲寺南院：城内方浜路。僧圆量。庙屋前后二进，寺基十三亩，免科，载县志。

翠竹庵：法华区东镇。尼广妗。庵屋二十一间，庵基三亩二分六厘三毫，稻田三亩九分八厘七毫。

三官堂：江湾镇东栅外。尼荣德。庙屋十五间，基地连则田共五亩一分二厘九毫。

长寿庵：引翔区。尼圣忠。庙屋共十八间，基土地连地堂共一亩〇〇九毫。

青龙庵：吴淞区。道士张其祥。庙屋前后两进，共十间，基地四亩七分二厘九毫，粮田三亩七分零八毫。

莲华庵：里虹桥元芳路。证善。庵基一亩五分。房屋六间。

黄仙观：虹口虬江桥顺兴里三十六号。梁信友。房屋十间。〔未完〕

1929 年 5 月 19 日第十四版

市政府核准寺庙注册一览（续）

猛将堂：蒲淞区二十八保西七图五家楼。孙凤楼。庙基一亩四分六厘。

三泾西庙：法华乡二十八保八九图，张慎斋，庙基二亩五分，又园地八分，庙屋二十一间。

三林庙：浦东三林塘东列四图二十四保。光裕。房屋十八间，则田九亩，又河池竹园共计三十二亩四分。

静修庵：引翔区唐家滩。福明。庵屋共五间，基地一亩五分正。

江申庙：吴淞殷行乡北隅。道士夏紫宸。庙屋七间，基地四亩一分八厘一毫，则田三亩九分零四毫。

金司徒庙：上海县二十七保十三图。道士严少逸。庙屋二十间，基地连免科，总数实共三亩三分四厘三毫。

九润庵：二十四保二区王十五图南码头。贞莲。基地五亩六分六厘九毫，已收归市有。

观音堂：二十四保二区副十五图徐家桥地方。俞秀宝。则田二亩五分正，已收归市有。

积善讲寺：新北门内穿心街。谷闻。庙屋二十间，连出租房屋地皮共计八亩六厘三毫。

篷场庙：蒲淞区二十八保十九图。沈兆桢。供佛庙屋二十五间，又僧道住屋十间，庙基斋田共十三亩。

猛将堂：殷行区周三图翔殷路洪东宅。杨仲英。庙基二分四厘八毫，房屋三间。

新三官堂：美租界虹口华记路。宝生。大殿三间，楼房四小幢，灶披二间，基地三分七厘。

白灵庵：宝山县江湾郭家宅。吴陶氏、吕吴氏。庙基亩八分八厘四毫。

镇海寺：上海大南门。开珄。庙基二亩三分，又出租庙产七分二厘，庙房九间。

社庄分庙：引翔高郎桥北西王家宅。石林。房屋九间，基地六分一厘五毫。

净土庵：浦东烂泥渡。尼正法。大殿三间，楼房四幢，厨房二间，基地七分。

普照庵：江湾马厅。尼圣学。庙屋三大间，基地一亩二分正。

福慧庵：西门卢家湾。隆缘。则田共七分四厘五毫，房屋七间。

长寿庵：浦东杨思桥二十四保二区五图草字圩。心普，庙基二亩六分，又田七亩，又芦滩五亩七分七厘五毫。

静修堂：闸北太阳庙路。登法。房二十间，基地一亩二分二厘六毫。

长生庵：引翔区六图园沙浜沈家行西。晓僧。平房十间，基地八分一厘七毫。

兴善庵：闸北中兴路。尼慧澄。庙屋计六间，基地四分四厘七毫，荒地五分三厘三毫。

问心庵：浦东塘桥中市。桂福。房屋九间，基地共三亩九分八厘一毫。

财神殿：制造局路五圣堂。背尘。房屋四间，基地六分七厘四毫。

喜儿庙：上海二十六保十一、二十七图夏塔浜。陈秋全。庙屋十九间，基地三亩一分九厘六毫，则田四亩五分二厘一毫，沙田四十三亩五分零三毫。

庆宁教寺：浦南庆宁市。春岩。房屋四十余间，基地十八亩七分正。

观音堂：宝山江湾厂两号二十五图阙字圩十七号。莲证。基地一亩二分九厘七毫，又庙地三分一厘五毫。

共一百件。

核准备案之寺庙：

包公庙：梁陈氏。闸北会文路。

送子庵：连桂。高昌乡望道桥。

黄大仙庙：陈竹泉。虬江路。

青莲庵：了尘。二十五保四图。

虹镇修心庵：柳徐氏。虹口虹镇。

善乐庵：演法。闸北中兴路。

赐福庵：性慧。闸北永兴路。

国庆寺：常恒。闸北共和路。

纯阳庙：本真。浦东烂泥渡花园石桥。〔完〕

1929年5月20日第十三版

钦赐仰殿屋檐坍倒压伤香客

浦东钦赐仰殿房屋，年久失修，倾圮堪虞，本年由庙祝沈姓等捐资修理。讵该屋门埭披檐忽于前日午后三时坍倒，轰然一声，遐迩咸闻。其时适有香客某姓老妪偕其媳并挈领数龄幼孙，计共三人，烧香事毕外出，经过该处，致遭瓦砾击破面部、手臂等处，因伤势尚轻，当即回家自治。有卖荸荠之小贩江北人蔡金林，年约二十余岁，因坐于檐下叫卖，压伤大腿，伤势较重，自投浦东医院医治，昨晨即行出院。

1929年5月21日第十五版

中华民国全真道徒参加总理奉安典礼公告

孙总理遗榇于六月一日奉安新都紫金山，业推定代表前往参加。惟我全国全真道徒散处四方，兹已拟定各向■近常住务于是日正午齐集静默纪念以志瞻依。地址如下：南阳玄妙观、济宁常清观、上海白云观。

1929 年 5 月 28 日第二版

中外参加奉安消息

道教会之通告：中华道教会昨通告道教各庙云“本会本月执监常会议决：六月一日为总理奉安之期，我教各庙，除悬挂半旗外，应于各本庙大殿一律谨敬设位致祭，并于是日邀集道众在总办事处虔诚礼忏，以表哀思而伸祈祷。为此函达”云云。

1929 年 5 月 30 日第十三版

今日各界举行奉安公祭大典

中华道教会：中华道教会为六月一日总理奉安，决议：凡道教庙宇，一律于是日就各本庙正殿恭设总理灵位，召集道众虔诚礼忏一天，以志哀忱而申祈祷。其散处道友，亦须一律赴就近各庙参加致祭。业早分函各庙敬谨预备云。

1929 年 6 月 1 日第十三版

宝山废城隍庙改归民众公用

——改为通俗教育馆、通俗图书馆、民众娱乐院、民众大礼堂

宝山城隍庙，自神像捣毁后，宝山县长吴稼农深恐发生意外，故即派警将该庙发封。嗣经该县各机关联席会议议决，将该庙改为通俗教育馆、通俗图书馆、民众娱乐院以及民众大礼堂等，日来正在雇工，将该庙旁屋修理。所有日前未被毁去之神像十余具，当由工人等，抬赴北门城外河塘，抛入海中。一俟该庙房屋修理完竣，即行订期举行通俗教育馆、通俗图书馆、民众娱乐院、大礼堂等开幕典礼云。

1929 年 6 月 16 日第十五版

钦赐仰殿发封原因

——沈月松因伤殒命，市政府收归市有

浦东洋泾镇西首三里许钦赐仰殿，亦名东岳行宫，又名金四娘殿，创建迄今已达二百余年，十方崇奉为浦东有名古刹，向由道士沈茂【松】、沈月松、沈鎏法、沈兆奎、沈关胜等十二家轮流管庙。前因沈茂松等按照上海特别市寺庙注册条例呈请注册，以与手续未符，未经照准。后托律师瞿钺稽诸志乘，考诸碑记，并证以沈月松等访诸故老传闻，将沈茂松祖上接管该庙之历史及证明文件散失之原因详细叙述，二度呈请注册，经市政『政』府派员调查，复由地保陆秋桥立据证明属实，业已奉批准予备案。于去年夏间律由沈鎏法等轮值接管该庙。讵上首沈月松于移交时，不肯将市府注册收据检交，屡向交涉无效，故由沈鎏法邀请其戚陈金龙等数十人向沈月松（即沈鎏法之叔）理论，当因言语不合，一时动武，即将沈月松痛打成伤，延及一月，月松伤重身死。其家本欲报官伸冤，后由二十图地保陆秋桥、二十二图地保瞿月峰到场劝沈月松家收取医药及成殓等费洋四百五十元，私和成殓。闻沈鎏法共化去有千元之谱。不料此案近忽有人向市政府举发，经张市长派员调查属实，当训令袁局长饬派第二科长渡浦，会同该管三区二分所加派长警，按址前往拘获沈鎏金及值年管庙沈关胜、该处二十图地保陆秋桥等三名解所，扣留一宵，翌晨派警押送公安局发落。又查得该庙去年修葺时，只修大殿，戏台尚未修理，于今春坍倒，压伤小贩数人，该庙道士并不报告公安局。现奉张市长令将该庙先行发封，收归市有。目下已由三区二分所派警驻庙看管，将管庙道士一并逐出，并禁止香客进庙烧香。

1929年7月17日第十六版

邑庙大殿未准启封〈嘉定〉

邑庙大殿经县政府发封已久，日前该庙住持道未孙杏泉具呈县府请予

启封。陈县长据呈，转请民政厅核示。兹奉指令未准启封。

1929年8月19日第十版

浦东陈金龙郑重声明

启者：七月十七日，上海各报登载浦东钦赐仰殿被封新闻一则，略称“管庙道士私和人命，为因上年夏间例由沈鎏法等轮值接管，讵沈月松延不检交，以致交涉决裂，并「人」[谓]鄙人当时在内理论，并有动武情事，已经市公安局移送法院究办”等语。此时鄙人适赴浙经商，毫不知晓，及至日前返申，即经亲友提及。披阅之下，不胜骇异。查该庙之接管与否，与鄙人风马不涉，当然不发生丝毫关系。况上年轮值接管该庙亦非亲戚沈鎏法其人，更无庸代为理论。此等耸听之词亦可不攻自破。再查所载事实率多误会。兹经一再调查，始悉有人觊觎庙产，互相勾串，冒名诬害，意欲渔中取利，黑幕重重，言之痛心。幸蒙上海地方法院烛照其奸，已于本月十日将该案裁决，予以不起诉处分在案。但该案业已解决，是非曲直亦得大白于世，深恐外界不明真相，为特亟述大概情形，庶几黑幕已掀，疑团斯释，邦人君子度亦不致再生误会矣。谨登《申》《新》二报郑重声明如右。

1929年8月27日第二版

市执委会第五十二次常会记

临时动议：一、汤德民同志提，奉交审查之学整会为学运报之经费募捐一案，业经审查，附具意见，请公决案。议决：照办。二、潘公展同志提，奉交审查七区呈释组织市政促进会缘由一案，兹经审查，附具意见，请公决案。议决：照审查意见令复七区。三、邓通伟同志提，奉交审查五区党部呈请将浦东钦赐仰殿拨交本区改建中山纪念堂，并请组织保管委员会一案，兹已审查完竣，附具意见，请公决案。议决：照审查意见，令复五区。

1929年9月12日第十三版

上海桐柏宫道院迁移新屋

敝院因孟纳拉路房屋狭小，特迁至威海卫路二百二十四号〔成都路西首〕，布置道场，承接经「讖」[忏]法事，择于九月初一起建道场九日夜为众祈福，伏望各界大善士降临拈香。附设证道会及玄学研究社，创办玄学医院，延请道界名医严仲琳①先生、玄学医士西蜀黄汉诚先生主持医务，功效如神。对于慈善事业力求举办。并望各界指导为荷。住持艾信慧启。电话：三四二八六号。

1929 年 10 月 3 日第三版；1929 年 10 月 5 日第七版

城隍庙昨晨失慎

昨晨半时左右，城内邑庙后殿突然失慎，一时火光熊熊，不可向迩。各区救火会闻讯，立即驱车到场灌救。无如庙殿房屋进深，灌救颇为不易，观音殿付之一炬，佛像亦多遭殃，延烧约两小时始熄。昨日该庙即从事修理。

1929 年 11 月 4 日第十六版

吴淞财神庙产归为市有

吴淞淞兴路财神庙系由吴淞各商家捐款建筑而成，所有该庙庙产向由吴淞商会及前乡公所会同保管。该庙后为八区党部改作办公处，庙中神像等全行消毁，并由区党部呈准市政府组织庙产保管委员会。曾志本报。兹悉市政府以该庙庙产为市民公有之产，并非庙僧募化得来，与市公产性质相符，现该庙既已消灭，当然归为市有，故业经令土地局派员调查该庙庙产总数，俾便接收管理。

1929 年 11 月 5 日第十六版

① “严仲琳”，10 月 3 日作“严仲珊”。

庙堂改建公共演讲厅〈青浦〉

县属朱家角镇城隍庙大礼堂前由第二区公所雇工修饰，改建为公共演讲厅，业已完竣，于前日行开幕礼。

1929 年 11 月 30 日第十一版

宗教庙宇教堂之调查

上海县陆县长，近以本邑宗教庙宇教堂，县府并无稽考，固为调查之必要，业已训令各区长将境内庙宇教堂分别查明呈报到县。经已核编结果计共[①]全县道教庙宇六所，佛教廿八所，天主教堂十四所，耶教四所，并将住持、主教及财产一并查明列表图考云。

1929 年 12 月 13 日第十五版

① “结果计共”原作“结计果共”，疑为错简，改正。

1930 年

平津要讯

〔北平〕市府社会局商定春节点缀通告，火神庙开半月，厂甸开半月，财神庙二日，白云观十九日，东岳庙一日，觉生寺十五天。〔二十二日专电〕

1930 年 1 月 23 日第七版

元妙观将改建中央市场〈苏州〉

「现」[观]前街为苏城之中心，尤为商业最繁盛之区。现市政府已在筹备拓宽，市民方面组织筑路会从事进行。该处元妙观更为名胜之区，现有沪商顾某等三人预备将元妙观之前门改建中央市场。该处地面约一百六十八方，建筑四层楼钢骨洋房百余幢，建筑费假定十万元。预定计划，最下为各大商店，第二层为酒菜馆等类，第三层为礼堂、旅馆、浴室，第四层为弹子房、游艺场、影戏馆。工程完竣后即行放租。惟该地为元妙观道士所有，系属庙产，故须向道士租地造屋。刻已与市政府有一度接洽，俟接洽完竣即可兴工建筑。

1930 年 2 月 26 日第十版

城隍庙改建民众娱乐场〈镇江〉

县党部据所属一区党部呈称，以城隍庙为迷信之大本营，当此训政时期，欲启迪民智必先破除迷信，亟宜废物利用，改建民众娱乐场所。该部据呈后，昨特函请省会建委会即予改建，以除迷信而利民众。

1930 年 2 月 26 日第十版

南京路虹庙失慎

昨晚八时一刻左右，南京路保安司徒庙大殿左侧，堆置残余蜡烛之甬道内，忽因遗火失慎。中央救火会闻讯后，立即驱车前往灌救，未几即行熄灭，损失甚少。

1930 年 3 月 1 日第十六版

遗失茅山印宫总缘簿①

茅山印宫建造三清大殿，四月一日忽遗失布面总缘簿一本，恐被无耻之徒盗去，在外携簿收捐募捐等情，请各大善士注意切勿受愚。以后概由鄙人亲手可收。特登《申》《新》两报声明。奔牛忠兴会董洪〔即董忠仁〕谨启。

1930 年 4 月 7 日第十二版；1930 年 4 月 9 日第十二版；1930 年 4 月 11 日第十版；1930 年 4 月 13 日第十八版；1930 年 4 月 15 日第十版

〖楚北名胜武当金殿〗②

武当山，楚北名胜也，层峦耸碧，峻谷连云，巍巍高峙，与泰岱、衡岳相伯仲。自武汉至老河口者，必经其域。离山既迩，往者恒登山游历，以广眼界。暮春之时，进香尤盛。山巅有庙曰镇武殿，谓系张三丰修道飞升遗迹。神话相传，往者必虔斋戒蔬食，未敢或亵。殿为明建文时代创基，工未告竣，靖难师起，永乐登极，经营始毕。其地之人，尚有“开工于孙，落成于子”之遗谈。庙不甚大，而若砖若瓦、若柱若栋尽以铜制，不假土木。天霁时日光照耀，辉煌夺目。世谓金殿，则为好事夸张，而非事实。惟神龛的是黄金铸成，形同禅床而稍大，熔合牢固，未能盗窃。有谓往昔有人谋欲窃取，天火骤起，因烧

① 原题《遗失缘簿》。

② 原题《武当金殿》，为《楚北名胜》中的一则。作者署名“持佛”。

益坚。迷信之言未足征也。神龛之内，帐幔暗晦。神面颜色，瞻仰不同，或赤或黄，或白或黑，人人异致，意是光线变相，未能臆测。祀神之人，彼此所见，互相询问神面颜色以卜休祲，赤黄为吉，白黑次之。昔年土匪入山，欲加干渎，乡人力争，率队竟去。匪旋被擒。古谓“神「祗」[祇]何灵？因人而灵”，理或然欤。

1930 年 4 月 20 日第十九版

青云谒墓记①

去南昌十数里，有道观曰青云谱，相传为八大山人修炼处，余耳其名久矣。迩适于役南昌，亟思一揽胜景，奈非识途老马，以致迟迟吾行。一昨乡友刘君慕梁来，邀往同游，欣然从之。爰御摩托，疾驶而往。先至烈士墓，盖北伐将士之纪念地也。墓前石塔矗立，名曰纪忠，形如通常纪念碑，惟中空置石级，可盘旋而上临。塔座镌慕志铭，为国府蒋主席所撰，详记北伐经过以及赣江战役。读竟，仿佛革命怒潮尤涌眼帘。塔左建屋三楹，右峙一亭，瓦俱金黄色，光华耀目，既雄伟，亦美观。拾级而上，分建三台，各挂一碑，上镌将士名讳，盖即沙场健儿之埋骨处。缅怀伟烈，岂仅低徊。谒墓既竟，折而之青云。相距仅半里，遂安步以当车。过小坡，即见石桥流水、茅店酒帘，眼前景物已自不同。渡石桥，即青云，额镌“青云谱”，左端镌“朱重月始建”数字，盖即八大山人之名讳也。二门之阴，镌“众妙之门”四字，闻即山人遗笔，神完气足，的非凡品。入院为关帝殿，塑壮缪象，与通常所见者少异，盖素面凝威而不施重枣色泽也。二殿左右辟门供出入，中则围以短栅，且严扃，不知所供何神。遥瞩之，唯见神案前置一磁香炉，上有“皇帝万岁万万岁”数字，犹系专制时代之遗物耳。三殿亦闭关自守，谢绝参观。两庑则设雅座，供客品茗。中庭有老桂一株，枝叶俱茂。据羽士云“此桂为唐代遗物。先是其老干已枯，而中心忽挺生五干，上出，复合为一，殆即五行合一之意，故名仙桂”，齐东野语，始妄听之。殿左为方丈，住持之居也。再进，为斗姥

---

① 本文作者署名“痴公”。

阁。前临小园，茅亭三五，树木莳花，虽拓地半弓，而部署楚楚。中有一池，殆即放生池也。殿右一室，供历代施主之遗象与夫住持者之神主，亦慎终追远之意。对墙有门，额篆“鹤巢”二字，询之羽士，云为山人乘鹤处。盖山人为明末宁藩宗室之遗裔，痛遭世变，始托僧服，佯狂玩世，继乃委黄冠以自晦，自号良月道人。居此后，非特尽得玄门真秘，且书画亦日臻化境。后竟乘鹤仙去，不知所终。至青云谱，原名太乙观，山人改为今名，并一名青云圃，取青云左券之意云。所言是否有据，姑志之，以待考证。余尝闻观中藏有山人遗墨，曾询羽士，亦唯唯否否，仅导往观摩一石刻山之联语。书作大草，如舞龙蛇，惜余健忘，联语已不忆及矣。中殿之右厢，本系客堂，唯其中置有香板二事，红黑杖二支，并有形如月牙铲之杖一，上镌一月字，据云胥系惩戒违律道徒之刑具。其间并悬有玄门戒律多条，最重者为架火焚身，最轻者亦为杖责，纪律如此，亦云严矣。闻该观前住持名云岩，亦一风雅士，惜已物化，否则见闻所及，或不仅此。游毕出观，复就观前之先得月小饮。迨夕阳西下，始赋归来。午夜静思犹觉心旷神怡，岂仅涤尽俗尘万斛而已哉。爰泚笔记之，以留鸿爪。

1930年4月27日第十七版

浦东钦赐仰殿开放

浦东陆家渡东首钦赐仰殿为多年古刹，昔年香火之盛为浦东各庙冠，浦西士女之前往礼拜者踵趾相接。上年为管庙之沈姓命案事，经当局查封。现闻当地官绅，以该殿由来已久，揆诸保存古迹之义亦不便遽行废止，且神道设教亦属救正人心之一道。爰由公安局三区二所唐镜寰所长陈明当局将该殿开放，并推举浦东公正绅士几人，如沈杏苑、刘颉云、盛茂祥、潘作人、王吉甫、潘志文、陈子馨、张企文、瞿绍伊等为委员，一切公开，并谋重修庙貌，以期焕然一新而便善男信女前往，发挥信教自由之真谛。现悉市政府业已核准，定于本月十八日下午三时，在该殿由委员会接收云。

1930年5月10日第十六版

钦赐仰殿捣毁记

定于前日重行开放之浦东钦赐仰殿，经当地党部为实行破除迷信起见，即于当日午后将殿内偶像百余尊尽行捣毁，只余关岳等五六尊。兹将详情探志如下：

殿之略史：浦东钦赐仰殿位于浦东陆家渡迤东六里许，与洋泾镇相距不远，为浦东有年古刹。内供置东岳大帝、十殿阎王及关公、岳飞等种种偶像，大小不下百数十尊。其创建年期已难查考，相传于前清乾隆年间曾捐资修建一次。前后共为三进，占地约三四亩，工程颇为伟大。每年春季香汛之期，一般善男信女接踵前往烧香礼拜，远如浦西各地闻名渡浦到庙祷拜者亦大有人在。历年香火之盛，在浦东各庙殆无出其右。

查封原因：该殿向由住居洋泾地方之沈姓道士一族管理，每年由沈家各房轮流值管。惟殿屋自乾隆年间修葺后，延传迤今，尚未大加修理，以致颓「圯」[圮]不堪。当地民众对之莫不兴沧桑之叹。前岁该殿门埭，因墙基腐烂不固，突然倾倒，以致压伤小贩数人。而不久，管庙之沈姓，又因管理上发生争执，致酿命案。经政府查明种种腐败情形，遂令行公安局将殿发封，并派警数名常川驻守，禁止民众种种烧香礼拜之迷信举动。

定期开放：该殿自被当局发封以来，迄今两岁，中间虽不时有人私自潜入烧香，但亦寥若晨星。伟大古迹，遂致气象萧条。当地官绅早有呈请启封开放之思想，经数度讨论，佥以数千年之古迹应行保存，不便遽行废止，爰呈准市政当局，推举保管委员九人，拟筹资重度修建以新观瞻；一面定于本月十八日将殿内先行开放，以便佛教信徒、远近香客，于香汛期内来殿烧香。

捣毁情形：浦东五区党部得悉该殿重行开放后，于日前发表宣言猛烈反对。而地方各公团亦相继有种种反对之表示。前日已届开放之期，来殿烧香之香客异常拥挤，骤然恢复未发封前之热闹景象。而午后党部组织之破除迷信会人员数十人亦相偕而至，即取严厉之手段，将前后埭内泥塑木偶尽行捣毁。当正中之东岳大帝偶像，甚为高大，故经多人之拖拆，方始倾毁。

是役，殿内大小偶像百余尊，除门埭等处之关公、岳飞等五六尊未毁外，其余均被捣成泥堆。当经拍照留迹，大呼口号而散。闻党部方面今后拟将该殿改为中山纪念堂云。

1930 年 5 月 20 日第十五版

吉垣北山举行庙会

〔吉林〕吉垣北山二十五日起开药王庙会三日，市民趋之若狂。吉长、吉敦、吉海并售减价游览票以便游客。〔二十六日专电〕

1930 年 5 月 28 日第八版

花神庙讼案试行和解

西门斜桥花神庙管庙人陆士泉，因鲜花业组织同业公会后，不许陆居留庙中，故陆乃向地方法院具状，起诉公会常务委员王鹤渊妨害其权利，要求赔偿损失。昨日上午，由推事官开庭审理。陆士泉称“对于花神庙管庙职务，「巳」[已]三世承袭，溯自该庙成立，本为花业同人草创一茅屋之庙宇，以为祀奉花神之需，并无经费，经原告三代经之营之，成立花棚八所，庙宇扩大，蔚为今日之大观。自被告等强夺后，已将花棚五所拆去，现仅剩三所。惟当时同业组织花业同业公会后，委原告为收发人，言定每月薪水十元，至今年凡十三个月，分文未领。今乃将原告驱逐，故要求索还损失。盖庙中花棚三所值洋六百元，其余花盆、花钵等值洋二百元，又薪水一百卅元，共计九百卅元”等语。被告王鹤渊称“因为原告在管庙时，一、容留匪人，二、常遗失物件，三、不清洁、不卫生，故而停歇”。官问“然则本院为尔等试行如解，着原告不可容留外人，以后谨慎，不得损失物件房屋，逐日整理，务使清洁，则尔所期望者均可满意也”。被告称“我虽为常务委员，但不能作主，应召集执行委员会议决方可有权成约”。官遂谕本案限一星期内速召集执委员议决报告来院，以凭核办，否则依法判决。遂退庭。

1930 年 6 月 12 日第十六版

市府批斥反对钦赐仰殿者

有公民沈进奎前呈控浦东钦赐仰殿保管委员会为非法，业为市府批斥云：“呈悉。查此案，钦赐仰殿碑文所载，该殿系由地方人民捐资重建，初无沈姓四房轮值之明证。该民等竟谓家庙，殊属谬误。该殿既为公有，在自治机关尚未成立以前，暂行组织委员会，以资整理保管，自无不合。且各委员大都为市政委员及各乡乡董，为地方人士所公举，自无勾结之可言。仰即饬沈进奎等速将田单交出，毋事干渎。此批。”

1930 年 6 月 25 日第十六版

施送观音急救保安水

迩来溽暑侵人，疫疠盛行，一般慈善家均购制时疫水，分送各界，以惠贫病。兹悉英大马路保安司徒庙〔即虹庙〕住持张维新，出资商请医师朱菊庭法制一种灵验之痧药水，名曰观音急救保安水，敬送各界。孕妇不忌，专治霍乱吐泻极凶极危之疫症。患者赴庙索取，每人一瓶，不取分文。往索者甚众云。

1930 年 7 月 9 日第十六版

市府请示整理寺庙之权责

本市市政府前为上海特别市执行委员会函请将本埠全市庙产已未登记结果以便会同整理事，市府当以办理市庙登记系属行政范围，且《寺庙登记条例》内亦并无该执委会会同整理之明示规定，故特行具呈行政院究应如何办理之处请迅赐鉴核示遵。呈云“呈为党政机关处理市庙应如何划分权责请予鉴核示遵事。前准中国国民党上海特别市执行委员会函开‘本市寺庙，前由贵府依照国府颁布之条例举行登记，结果如何，外界鲜有知者。值此训政伊始，此种迷信营业自应予以适当之处理。为特函请查照，将全市寺庙已未登记结果公布，以便会同整理，并希见复为荷。此致’等由。查职府办理寺庙登记，悉以现行法令为根据，按诸奉颁之《寺庙登记条例》第十四条所载‘登记办理完竣后，其经办机关特别市公安局应造册呈报该管特别市政府备案’。第十五条内载‘每届一个月造报内政部一次’等语。寻绎立法之意，更无公布之必要。且同条例第十条略载寺庙登记在特别市由公安局负责办理。又查《监督寺庙条例》第五条载‘寺庙财产及法物，应向该管地方官署呈请登记’等语。是办理寺庙，系属行政范围，亦彰彰甚明，无待赘言。兹市执委会所请将登记案公布、会同整理各寺庙，其用意在破除迷信，职府本极表赞同。惟是训政工作各有系统，党政合作亦各有责权。此次该执委会所拟适当处理并会同整理各节，职府尚无法例可援。究应如何办理之处，理合具文呈请，仰祈鉴核示遵。实为公便”云云。

1930 年 8 月 1 日第十一版

县府示禁赴昆山进香

上海县政府昨发布告云：案准昆山县政府函开“案据敝县第五区区长陆治平呈称‘窃属区七步乡新泥河滩地方，有三官堂庙宇一所，一般愚民相传谓三官神灵居住之圣地，故松江一带之迷信者特建庙于此。每届废历七月廿七日神诞之期，来庙进香者甚众，多系松江、青浦、金山、上海、奉贤、南汇、川沙、宝山、吴江等县人民，前后十余日，熙来攘往，份子极为复杂。至最后一日，即废历七月廿七之清晨，数十锣鼓快船群集于昆青两县交界之漕港河中，举行大竞赛，锣鼓、拳艺、百戏杂陈，两岸观众如山，争斗落水之事历有发现。当此地方多事、萑苻不靖之秋，难保不引入匪类发生意外事端，理合据情呈请鉴核设法禁止’等情，据此。查神诞进香事属迷信，际此盗匪充斥之时，严禁以防意外。除布告禁止并饬公安局届时切实查禁外，相应函请查照，布告禁止”等由，准此。查迷信神权向干例禁，合行布告禁止。仰阖邑民众遵照，毋稍故违。切切此布。

1930 年 8 月 13 日第十五版

制止拆毁苏玄妙观

〔南京〕内部奉蒋令饬保留苏州玄妙观古迹，已转饬苏民厅迅予雷令制止拆毁，并派员澈查，俟查明后另拟办法。〔四日专电〕

1930年9月5日第七版

省令拆去玄妙观照墙〈苏州〉

县府奉省府训令"关于拆除玄妙观照墙一案，已令行建设厅按照原定计划饬遵在案，仰即知照"等因。而保古家范君博等昨又分电国府、内政部、省县政府，请主保存，转饬制止执行。

1930年9月9日第八版

观前商民请愿〈苏州〉

观前街商民，因玄妙观照墙已由省府令行建设厅饬遵原定计划执行拆除，昨日下午一时特推代表许恂如等九人赴县府请愿"请即转饬建设局令知颜方丈即日拆除，以便改造市屋早观乐成"等情。黄县长以此案尚在请示中，一俟奉到省府最后决定之命令，即予执行。代表等满意而退。

1930年9月11日第八版

建厅准拆玄妙观照壁〈苏州〉

玄妙观山门两旁照壁拆除与否，保古派与该段商民争执甚烈。兹悉商民许恂如等昨〔十七〕日奉到建设厅十六日指定照准拆除，并颁发改建宫殿式市屋图样等件。许恂如等奉令后，昨特谒见黄县长、魏建局长，请克日施工，俾便进行建筑。黄县长、魏建局长以尚未接奉建设厅及省政府指令，未便率尔执行，且此项照壁系属庙产，须由玄妙观方丈颜觉沧雇工拆除。

1930 年 9 月 18 日第九版

灵官庙庙产纠葛〈无锡〉

本邑第一区长钱钟亮，于上月间呈准县府，将东大街灵官庙拨给第五、第六两镇公所应用，以致引起周姓反对，具呈县政府请求收回成命，而第一区亦据理力争，双方相持，迄未解决。讵于昨日有区民赵松林、张宝基等，以第一区钱区长受土劣之鼓动，擅自毁灭古迹，任意霸占庙产，爰特联名分呈民政厅、县政府，请求随时制止五六两镇公所收用该庙，以维先贤古迹而保地方名胜。

1930 年 9 月 29 日第八版

碧霞宫遭火劫〈高邮〉

县属时堡镇碧霞宫，系建于唐代，宏壮伟丽，忽于十七日下午七时被火焚劫，虽经该镇救火会到场灌救，奈风助火威，终属无效。计烧七小时，闻损失甚巨。

1930 年 11 月 23 日第八版

城隍偶像捣毁一空〈青浦〉

本县城隍庙香火素盛。前日本城各机关为破除迷信起见，由全体职员持械于前夜至该庙，将大小偶像八十二座捣毁一空。仅余沈公像一座，另辟一室作为专祠。

1930 年 11 月 28 日第八版

碧霞宫将筹款重建〈高邮〉

县属时堡镇碧霞宫，系建于唐代，突于前日被火焚毁。该镇人士以多年古迹一旦被焚，殊属可惜，乃组织善后委员会筹募巨款重行建筑。

1930年12月1日第十一版

弥罗阁遗址改建中山堂〈苏州〉

玄妙观弥罗宝阁，自民国初元时毁之于火后，迄今无力重建。现吴县党整会暨县政府，为纪念先总理起见，决定将弥罗宝阁遗址改建中山堂，业已推定党整委王剑文、水公安三区区长沈惟块、县长黄蕴深、财局长袁孝谷、公安局长邹竞、建设局长魏祖摩、警察队长杜鸿仪、教育局长吴耀章、高法院长林彪、地院长胡元椿及地方士绅张云抟等十九人，组织吴县中山堂筹备委员会，定本月十三日召集会议讨论进行方针。

1930年12月9日第八版

元妙观照壁实行拆除〈苏州〉

元妙观吉祥、如意两照壁保拆问题，保古家与观前商民争持甚久，并各电府、部、省、厅主持，曾经前内政部长钮永建亲自莅勘指令拆除在案。现已于昨〔二十三〕晨十时，由建设局长魏祖摩会同建厅技士李启济莅场，召致元妙观颜方丈雇工拆除。公安局长邹敦公亦到场照料。

1930年12月24日第八版

1931 年

麋台思旧录①

弥罗宝阁为苏城元妙观中名胜之一，杰阁三层，高凌霄汉。洪杨之役毁于兵燹。同光中浙人「吴」[胡]雪岩出资重建，始复旧观。不谓其后又不戒于火，变为一片瓦砾场。余尝有句云"元都观内晚风凉，品茗清谈三万昌。杰阁劫余焦土剩，进香村媪话沧桑"，即为是阁咏焉。今三吴人士欲于其遗址改建中山堂，一转移间可以化无用为有用矣。〔三万昌为吴中著名之老茶肆，开设于同治中，至今犹存。〕

1931 年 2 月 1 日第十九版

捣毁城隍偶像〈高邮〉

本邑城隍庙、于今〔二十三〕晨上午十一时许，突来身着西装大衣者八人，各执绳索刀斧，将各偶像捣毁一空。一时轰动全城，往观者络绎于途。

1931 年 2 月 26 日第九版

捣毁城隍偶像续闻〈高邮〉

本邑城隍庙，于昨〔二十三〕晨十一时许，突来身着西装大衣者八人，将各偶像捣毁一空等情。兹闻捣毁偶像之人乃系县党部各执监委员。该委等为澈底破除迷信起见，因有是举。今晨各委员复带斧锯，将沈公、城隍、城隍娘娘等偶像锯成数「叚」[段]，并雇夫役多名，将二十四司各偶像完全抛入该庙之后河中。

1931 年 2 月 27 日第七版

---

① 本文作者署名"病鸳"。

城隍庙将动工恢复〈高邮〉

县政府代表强秘书、蔡科长，佛教会代表仁厚、仁海、妙朗，商会代表陈汝，道婆代表翁、王二道婆奶奶，城隍庙道士代表纪天开，于七日晨十时在城隍庙内磋商多时，对于在该庙内另竖总理像或供总理牌位，当经各代表公决。并闻各道婆已雇有木匠、漆匠多人将于今日午后开始动工，先行恢复老代偶像，其余逐渐恢复，所有经费均由各道婆募化。嗣因未得当局切实允许，各道婆又令各工匠停工。复于今晨齐赴县府，要求遍贴恢复布告。尚不知如何解决。

1931 年 3 月 11 日第九版

灵官庙庙产纠葛〈无锡〉

本邑城中东大街灵官庙由第一区第五、六两镇公所呈县准予收用为镇公所后，当有周临初等，擅以私产为名，出而阻挠攘夺，致缠讼多月。旋由该镇长邵訔孙、王志明检同证物，认为公产，迭经据理力争，呈请县府、民厅公断决定在案。兹悉第一区长钱钟亮昨奉民厅指令"准将该庙由五、六两镇公所暂行收用。如果周姓提出确证，再行呈候核夺"云云。钱区长奉令后，业已转函中区五、六两镇镇长知照。

1931 年 4 月 11 日第九版

沪绅商大做功德

本埠绅商王一亭、王晓籁、杜月笙、王彬彦等一百余人发起祈祷全国统一和平普利大会，定四月八日起至五月二十四日止做七七四十九日功德，赈济阵亡将士、幽冥无祀孤魂，由道德总会通告本埠各道院庵观分任功德。爱多亚路清虚观担任九天；道德总会自五月十五日起至二十四日止担任九昼夜；英大马路保安司徒庙〔即虹庙〕担任三天，计五月四、五、六等三日；其余各寺院担任三天、五天不等。

1931 年 4 月 27 日第十五版

天后宫内大旗杆拆除

本埠北河南路天后宫内原有大旗杆一对，现因年久腐朽，全身动摇，势将毁屋伤人。本市第三区党部，以该项旗杆，既为封建制度之遗迹，又复根本动摇，势非拆除不足以除劣迹而保安全，因于上月十五日呈准市执委会转函市府当局前来拆除。旋市府及市工务局会同派员到宫履勘，亦认为应予拆除，遂于前日〔二十二日〕上午派员率匠将该项旗杆代为拆除。

1931 年 6 月 25 日第十六版

张天师浏览名胜

——将送杜氏家祠道场九天

江西天师府第六十三代表天师张恩溥，号瑞龄，于一星期前由江西原借来沪，下榻法租界辣斐德路口贝勒路梅兰坊八号友人寓所。据云张氏此次来沪，系浏览江浙两省名胜，并悉杜月笙君家祠已落成，故张氏补送道场九天、又匾额一方。惟近因天气炎热，所送道场俟秋凉天气定期设台云。

1931 年 7 月 10 日第十五版

虹庙施诊并给药

英大马路虹庙〔即保安司徒庙〕住持张维新，近因鉴于入夏以来霉雨连绵、寒暖不齐、时症盛行，一般良力劳工贫病交迫、呼吁无门，殊堪悯恻，除仍照往例赠送秘制痧药水外，并受诸大善士之委托，慨施医药，援助贫病之辈，定于国历本月十五日起，就本庙国医侯康伯医寓施诊给药，每日额定五十名，以一月为限。

1931 年 7 月 11 日第十五版

三机关互争邑庙田产〈南汇〉

城隍庙旧有庙田四百余亩，历来被人吞蚀不少。兹有公立第一医院主张将庙田租项收入充作该院基金，同时第一区公所倡议举办殡舍以容暴露尸棺，而该庙管理人亦即组织庙产保管委员会，欲以岁入田租自办慈善事业。三方纷争颇烈，各不让步，致县府无法解决。

1931 年 7 月 28 日第十版

今日雷祖诞

今日为雷祖诞日，本城邑庙豫园雷祖殿及其他庙宇，均于昨晚起全夜开放，以便一班善男信女前来烧香，尤以邑庙雷祖殿最为热闹。凡吃六月斋者，咸往各该庙虔诚烧香云。

1931 年 8 月 7 日第十五版

三官诞之临时市集

昨日为废历七月二十七日，俗传谓三官诞期。一般商民扭于习俗，在南市大南门外大街、大佛厂、复善堂街及陆家浜一带设摊营业，各项家用器具等类无不应有尽有。该处附近市民纷纷前往购买者，大有如入山阴道上拥挤不暇之势。该管一区三分所金所长拨派长警多名，自朝至暮在彼分段巡察。此项情况，实无异一临时国货商场云。

1931 年 9 月 10 日第十四版

叶园筹赈水灾游艺大会

——请张天师作法追荐灾魂

沪绅慈善家王一亭、王晓籁、杜月笙、张啸林、许世英、朱子桥、闻兰亭、张慰如、王彬彦、陆连奎等发起筹赈水灾游艺大会，业由干事部邵如馨、卓达吾、董天涯、钱化佛、周慎锦、金迪卿、冼冠生、郭士白、陆双佑诸君分别担任。现将布置一切外，尚有张啸林君特电聘请江西龙虎山天师张道陵①在叶园游艺大会期追荐灾魂并祈祷全国安宁，定于九月十七日起二十一日止，在园内搭四丈九尺高台一座，门券仍售一元，场内并不募捐。所得券资移作赈款云。

1931 年 9 月 10 日第十五版

上海筹赈各省水灾游艺大会假座江湾叶园开演

各种特别游艺，场场更换，天天不同。节目俟排定后逐日披露。定九月十七日起廿一日止，天雨顺延。并请江西龙虎山道教正宗六十三代张天师亲自莅沪在会建设祈祷消灾水陆道场。各商店出张所地点待布置妥帖再行报告。门票仍售一元，场内并不募捐。发起人张啸林、王一亭、许世英、虞洽卿、王晓籁、朱子桥、林康侯、杜月笙、顾竹轩、张慰如、王彬彦、袁履登、闻兰亭、邬志豪、陆连奎、俞叶封、郑耀南、周慎卿、范志恒、钱化佛、卓达吾、「洗」[冼]冠生、董天涯、袁鹤松、金迪卿、邵如馨同启。

1931 年 9 月 16 日第六版

叶园赈灾游艺会
——今日开幕

叶园赈灾游艺会改期举行已志昨报。兹因各种游艺异常特别，多为市间不常经见者。并筑四丈九尺高坛一座，特请江西龙虎山六十三代张天师亲自莅会启建祈祷和平消弭灾劫水陆道场五昼夜，每日二时、九时祈祷两次，冀消灾眚于无形。又于晚间施放水灯万盏。闻该会推销入场券，购者甚为踊跃，届时必有一番热闹也。

1931 年 9 月 18 日第十五版

---

① “张道陵”应作“张恩溥”。

黄金荣主任祈祷普济道场启事

金荣等鉴于历年天灾人祸惨酷异常，爰特发起普济道场，以冀仗佛慈悲挽浩劫。兹就上海法租界圣母院路西蒲石路中普缘堂建立祈祷普济道场七永日，于十月廿九夜行净坛典礼，十月三十日起至十一月五日止虔诵观世音菩萨普门品及圣号等，并于每夜说放大蒙山施食以期存亡普利，特恭请兴慈老法师为正座主法，并请如三法师、耀恒法师为副座，并延请四十八位清静福田僧暨各大居士随喜参加。又自十一月四日起至六日止三永日另请茅山老道士十三位别设斋坛，共同熏修胜大法事。如蒙各方善信随喜加入，功德无量。

1931年10月23日第二版；1931年10月24日第五版；1931年10月25日第五版

钦赐仰殿香金招标

钦赐仰殿香金业已呈奉市政府核准招人承办。兹定民国二十一年一月一日起至同年十二月三十一日止，全年香金招人投标承办，最低标额为二千元。自即日起至本月二十日止，可至浦东洋泾镇宝仁路洋泾区自治筹备处缴洋一元领取投标办法及契约底稿等各一份。愿投标者每标须缴保证金洋二百元，领取标单、标封，依式填写签名盖章，严密封固，于十一月廿二日上午九时至十二时亲至浦东洋泾镇市公安局三区二分所投入标箱，即日当众开标。钦赐仰殿保管委员会谨启。

1931年11月11日第二版

张天师在杜祠建道场

江西龙虎山第六十三代天师张瑞麟，与杜月笙君友善，嗣因杜君在浦东行家祠落成礼时，天师不及赶到，故于事后补送道场九天，设台在浦东高桥杜君家祠中，共有羽士百余名，天师偕同法官四员每天亲自登坛，而松江及上海等处之各宇观羽士均已加入。连日以来，高桥地方车水马龙，颇形热闹。闻本月二十一日为圆满之日云。

1931 年 12 月 19 日第十六版

1932年

财神殿大火

〔宁波通讯〕甬江北岸财神殿建造以来已历二百余年，为甬北大建筑物。该殿屋宇宽敞，甬北幼稚园及宁波《民国日报》编辑部均附设在内。讵于昨〔五日〕晚九时许，幼稚园之厨房因不戒于火忽肇焚如，势甚猛烈，不可向迩，经一时许始得扑灭。该殿正屋左右两侧厢全部焚毁，民国日报之职员卧室及历年积报亦被毁无余，公私损失约计两万元。

1932年5月8日第七版

中华道教会开办施诊

中华道教会所办宏道义务学校早经教育局立案，成绩显著。虽值战事影响，亦继续不辍，弗使贫家子弟有失学之憾，其办事之精神殊堪嘉许。该会董事会，以现值春尽夏来，气候寒暖不时，每易发生疫疠，为预防起见，爰就大南门内乔家栅路该会会所内设立施诊部，由会董谢强公等组织试办，并请儒医顾霖周暂任施诊部助办，定本月十五日开诊，每日上午八时至十二时，凡贫病无力延医者均可前往挂号求诊。如日后诊务忙碌，经费有着，再当陆续扩充，加聘中西各科医士，并购备药品分送，期达完善。盖因该会附近泰半为劳苦贫民，今有此施诊之发起，亦慈善界之福音。

1932年5月13日第十版

吴佩孚提倡道教

〔北平〕吴佩孚提倡道教，明日亲出席长清观道场。〔二十六日专电〕

1932年5月27日第七版

鸣谢嗣汉六十三代天师张恩溥

鄙人赵海泉，福州人，向在南京盐务处办事。去秋来沪，忽患怪病，近将五月之久。经友人邓荣卿谈及江西龙虎山张天师莅沪行道，下榻于法租界辣斐德路贝勒路梅兰坊八号，乃亲往张府将受病始末一一言明，请求驱除病魔，俾得还复原状。天师设法诊治，不久寝食均安，一切举止行动皆与常人无异，盖至此已霍然全愈矣。鄙人念天师之神术灵验无比，今得转危为安。鄙人无以为报，特登《申》《新》二报鸣谢。谨此奉闻。鄙人赵海泉敬启。

1932 年 6 月 14 日第五版；1932 年 6 月 16 日第五版；1932 年 6 月 17 日第六版

追荐抗日阵亡忠魂

本市绅商王一亭、黄金荣、杜月笙、张啸林、秦砚畦、黄涵之、叶惠钧、张效良等，联名发起，择于废历六月初三日起，延请清修羽士假邑庙中厅建设法坛诵经五天，初七日止，追荐十九路军阵亡将士以答忠魂及被难同胞。昨已遍发通告。全市民众届时莅临行礼，同伸酬报之忱。

又，本埠祈安集同人，兹为追悼东北、淞沪抗日阵亡将士及遇难同胞，定于国历六月二十三日起至二十五日止，启建普道场三昼夜，设坛于西门内果育堂街袁公祠内，超荐忠魂，祈消兵祸。闻各处热心人士参加追悼者甚为踊跃云。

王一亭、王彬彦等，又定于本月二十五日起，假闸北兹善团为死难烈士忠魂及被难同胞亡魂荐醮，醮期五天，僧侣羽衣均已雇妥。闻经费预定一万元云。

1932 年 6 月 22 日第十版

虹庙施诊给药

英大马路保安司徒庙〔即虹庙〕，每届炎夏暑疫盛行时期，该庙主持张维

(新)热心慈善,聘请国医朱菊庭监制观音救苦痧药水,并施医给药。今岁已于明日〔十五〕起循例赠秘制痧药水,并添聘国医侯康伯、龚寿仁两医生施诊给药,每日自上午八时起至十二时止,仍以两月为期。一般贫病受惠匪浅。

1932 年 7 月 18 日第十一版

清虚观追荐阵亡将士

——诵经十六昼夜

爱多亚路西藏路口清虚观道院,鉴于国家多故、民生凋敝、水旱蝗灾连年不绝,加以敌兵犯境、杀戮滋残,爰定七月十七日起至八月一日止,就本观启建隆重斋坛十六昼夜,超荐阵亡将士,并吁天消灾祈祷和平。前日为开坛之第一日,善男信女前往虔诚拈香者颇不乏人。闻一切开支悉由该观自理,并不在外募化。有以锭箔捐助者,该观亦乐收受焚化云。

1932 年 7 月 19 日第十二版

财神庙讼案

——施主控香伙妻侵产,法院判令查明再讯

沪西武定路有一公立财神庙,历年甚久。清末光绪三十一年,上海电报局以该庙系属公产,曾与居住庙内之朱某涉讼,但未获胜,故朱仍留庙中,迄今二十余年,俱未再起争执。朱死后由其妻谈氏继续管理。近来该氏将庙宇改造,一面向土地局请给土地执业证,致引起自称为该庙施主之吴宗骏、奚洪德、张发乾、谈德明、吴莘耕、徐新根等所反对,佥谓"该庙系地方公庙,朱谈氏竟欲以一香伙之地位而赶出道士,孰能容忍",因延洪士豪律师对朱谈氏提起控诉。其状略称"查武定路三十二号公立财神庙,原名迎禧庵,为地方信士公共募捐兴造,于沿革上有相当历史。自有清以来,各方典籍迭有纪载,「斑斑」[班班]可考。至庙内杂务,则历代由庙主公雇之香伙司理。原告人等自先人捐资,创设迄今,逢时礼拜。第须香伙于职务无怠,自亦不加严密督视,历年以来相沿成习。然于该庙产上之共有权利,则未尝一日放弃。初不料久受原告等恩施仰赖衣食住于该庙之被告人，竟敢以香伙地位而觊觎庙产也。被告人接其前手而继为香伙，管理庙务，不图日久玩生，反宾为主，视公产为其己有，一再向土地管署蒙领地契。因见土地庙上端为公立字样之无可自圆其私有之说也，则不惜捏造“朱公立”之谬妄名号，以遂其侵吞公产之怀，甚至同属香伙而涉讼法院。而被告人至此，亦竟明目张胆，指公立财神庙为其己有，近且兴工建筑。似此蓄意图谋，原告人等为地方之公共利益计，情难默尔而息，为此提起诉讼，恳祈赐判确认该产为公有庙产，并允先予假处分，禁止于本案终结前建筑房屋或为其他之处分，以免发生第三者之纠葛，致日后发生执行上之窒碍”云云。昨日午后，由第一特区地方法「地」[院]沈鸿推事开庭传审，被告则由郑文楷律师辩护。郑律师以原告所控并无确切证明，而诉状内所列原告代表一百七十人亦未填明详细住址、职业，即与原告律师洪士豪辩驳之下，并各将证据提案。沈推事旋向原告吴宗骏讯问一过。因其余原告皆与吴所述相同，遂未逐一传讯。谕令退候调查明晰，订期续审。

1932年9月9日第十五版

浦东钦赐仰殿保管委员会声明

本会自奉市政府、公安局令组织委员会保管钦赐仰殿以来，虽逐步整理，从未派人在外募捐。迩来正在雇工修葺门面。乃据驻殿管理人来会报告外间有人冒名募捐，业于本月十日经第二届委员会议决，函请公安局查究并行登报声明。

1932年9月15日第五版；1932年9月16日第五版；1932年9月17日第五版

道教会义校与施诊近况

大南门内乔家栅中华道教会，附设宏道义务小学两所，经校董姚明辉之热心规划，翁寅初、郁葆青等之尽力赞助，校务益臻完善。本学期又添聘教员，加增科目，故贫民子弟之求学者更多，自开学迄今，报名者尚陆续不绝。又该会附设之施诊所，以今夏天气炎热过甚，一般贫民不讲卫生、不慎眠食，致入秋以来患伤寒疟痢者不可数计，是以决议仍于每日照常施诊，以惠贫民。

1932 年 9 月 23 日第十六版

1933年

地方团体不得占用寺庙

——司法院答内部质询

〔南京〕内部以近来地方团体假借寺庙集合，或设立团体名义为临时办公处，致与该地寺庙发生争抗，请司法院解释。司法院解释结果：有住持居住之寺庙，其寺庙若系由住持募款建设，庙产究系公产，非属官用，不得由地方官署拨归任何团体使用，即地方任何团体亦不得擅行占用拆毁；其无僧道住持，须由该管官署征集当地宗教相同各僧道意见，遴选住持管理，地方团体亦不得占用拆毁。即通令各省县地方官署遵照。〔十五日电〕

1933年1月16日第七版

真武庙宝珠被窃〈高邮〉

本城北门外真武庙大殿上之宝珠，大如篮球，每小时颜色均有变化。今〔十四〕晨该庙忽来一口操南方音者，衣履华丽，至则即出洋一元嘱庙祝代购香烛。迨回庙时，其人已杳如黄鹤，当见大殿上之宝珠业已失去，知已被窃，即经该庙住持通知该镇镇丁追缉。

1933年3月17日第九版

市商会呈市府扩充浦东商人教育

——准拨用钦赐仰殿香金，以迷信资金兴办学校

市商会昨呈市府云：呈■据情呈请事。案于三月三十一日，据属会浦东分事务所主任夏信斋呈称"窃浦东人烟稠密，民气闭塞，商业知识幼稚，劳工尤多文盲，究其原因，厥为教育之未能普及。以偌大浦东，仅有市立初级中学一校，为经费所限，因陋就简，校舍尚未建筑，遑论扩充。浦西只隔一

江，学校林立，但因用费高昂，殊非浦东一般小商业阶级所能负担者，以致失学青年日多，文盲愈众。欲求地方教育之普及，非将地方之公款拨助市库之不足决无成效可言。兹查浦东钦赐仰殿每年香金收入约有三千余元之巨，该庙保管委员会成立已逾两载，积存之款颇有可观，究竟用途如何，莫悉底蕴。伏思此项迷信香金系属地方公款收入之一，若能拨充地方教育，庶公款不至虚糜，桑梓受益匪浅，抑且教育之发达与商业之振兴实有互相密切之关系。际此世界商战日益迈进，反观我国陈旧如故、闭塞如故，亟须设法增高商人知识、普及商人教育，尚可竞争图存，否则挽救无由。职所一得之愚，用敢略陈梗概，拟请钧会转陈市府，准将钦赐仰殿每年香金收入之款全数拨充地方教育，庶几商业前途大有裨益”等情至会，据此。查浦东钦赐仰殿每年收入香资为数颇巨，虽有保管委员管理该款，而两年于兹并未见该款之若何动用。以迷信所入之资金储藏于无用之地，殊为可惜。该分事务所主张提充发展商人教育之用，化无用为有用，造福地方实非浅鲜。理合据情呈请，仰乞钧府鉴核，俯赐令行主管局转饬将该项香金照数拨充浦东地方教育之用，至为公便。

1933 年 4 月 2 日第二十版[①]（号外第二版）；1933 年 4 月 3 日第十版

玄妙观建中山堂〈苏州〉

吴县各界发起建筑中山堂，已筹得的款洋三万余元，地点已决定在玄妙观内，建筑计划亦已议妥，即日将开工兴建。各委员昨日〔十九〕下午在张一鹏宅内讨论工程事宜，对于工程设施等均已规定。

1933 年 4 月 20 日第八版

张天师南来办理法师登记〈南汇〉

江西龙虎山第六十八世天师张瑞林昨日到城，下榻新中和旅馆，旋赴县

① “得泓资讯”电子版排在第二十版，“青苹果数据中心”电子版排在第三十二版。

政府拜谒袁县长。闻其南来之工作为办理全县道教法师登记。

1933 年 4 月 23 日第九版

内政部拟改革僧道募化生活

〔南京〕内政部拟改革僧道募化生活，提倡僧道兼营职业。第一步劝导，第二步调查，第三步即拟订实施办法，以减少只分利而不生利之份子。〔八日专电〕

1933 年 6 月 9 日第三版

城隍偶像移送博物院

南通废郡庙城隍夫妇偶像系宋代雕刻，经地方呈准省县，将偶像陈列博物院，借以破除迷信。

1933 年 6 月 12 日第九版

青年会之暑期宗教讲座

本埠八仙桥青年会，定本日起，每逢星期日下午四时在该会大礼堂举行诸教演讲，介绍儒、释、道、耶、回、大同教、火教等，请各教专家作明晰之讲论，熔诸教于一炉，以便参加者之自由采择。今日为第一讲，请蒋维乔先生演讲“儒释道之比较”，届时各界士女均可往听。

1933 年 7 月 16 日第十四版

市政府批准钦赐仰殿香金用途

——以十之三补助浦东医院，以十之三建筑洋泾初中

市政府昨训令市教育局云：为令行事。案据公安局呈称“案奉钧府第五零五四号训令，以‘据教育局呈据市立洋泾初中呈请钦赐仰殿香金项下拨

款补助建筑校舍经费转请照拨等情，令饬查照近年该项香金收入总额共计若干、有无增加，据实呈复，以凭核办’；复奉钧府第五一一二号训令，以‘据市商会呈，据浦东分事务所呈，请转呈将钦赐仰殿香金收入之款全数拨充地方教育之用等情，饬即并案查明呈复’，各等情，奉此，遵经先后令饬该管第三区第二所转饬该保管委员会查明具复去后，兹据该所呈称‘遵经先后录令函达该会遵照。兹于本月十八日准钦赐仰殿保管委员会函复内开：前准贵所四月八日及四月十四日公函，嘱将钦赐仰殿香金收入据实具复以凭转报各等情，准此。查钦赐仰殿香金收入，自上年招人投标承办后，全年收入计有银二千七百十一元。如何支用，曾奉市政府令饬造具预算呈核在案。当于五月十五日召集各委员假同仁辅元堂特开会议，讨论之下，拟以十之二为经常费，十之二为岁修费，又因浦东医院经费不敷函请补助，爰以十之三补助浦东医院常年经费。尚余三成，初议为恤嫠、残废、掩埋各一成。因贵公所函内有洋泾初级中学建筑校舍经费不敷请求将香金移拨等因，乃于六月二十日复开会议，以原定恤嫠等三成补助洋泾初中校舍建筑费，自本年度起，以五年为限，限满后仍照原议办理。是否有，相应备函奉达，即请贵所转呈核准备案，以便遵行，实纫公谊’等由。〔中略〕『据此，理合据情具文呈复，仰祈鉴核示遵等「据」[情]。』据此，埋合据情具文呈复，仰祈鉴核示遵”等情。【据】此。查前据该会暨市商会并五区教育会分呈到府，即经分别指示，一面令饬公安局查复各在案。兹据前情，查核尚属可行。除指令外，合行令仰该局知照并转饬知照。此令。

1933年8月9日第十三版

〖张天师假座镛记大世界诵经作法〗①

江西龙虎山六十三代真正张天师，假座本世界跑冰场原址雇工特建伟大将台，率领全班正一道友日夜诵经作法，追荐阵亡将士，祈祷世界和平。每晚并大放龙虎山派焰口。规模宏大，闻所未闻。酷爱和平「仕」[士]女不

① 本文原为《镛记大世界》广告中的一部分。25日、26日、27日、28日、29日所载“每晚并大放”作“每晚并放”，同时无最后“酷爱和平「仕」[士]女不可不来一瞻天师风采”一句。

可不来一瞻天师风采。

1933年9月23日第二十八版(本埠增刊第八版);1933年9月24日第三十版(本埠增刊第十二版);1933年9月25日第二十版;1933年9月26日第十八版;1933年9月27日第十八版;1933年9月28日第三十版(本埠增刊第十二版);1933年9月29日第二十八版(本埠增刊第十二版)

〖张天师假座镛记大世界诵经作法只剩三天〗①

张天师追荐阵亡将士,祈祷世界和平,诵经作法,祗有三天。今日下午三时起,张天师亲自执笔,当场代游客画镇宅神符。先行挂号,人人可得,机会千载难逢,万勿失之交臂。

1933年9月28日第三十版(本埠增刊第十二版)

〖张天师假座镛记大世界诵经作法只剩二天〗②

江西龙虎山六十三代真正张天师,追荐阵亡将士,祈祷世界和平,诵经作法,祗有二天了。昨日张天师亲自替游客画镇宅符,因时间太少,后至者均抱向隅,殊觉抱歉。今日起延长画符时间,欲得神符者,务乞早临。有钱难买得,千里求勿着,机会真难得,错过怪可惜。

1933年9月29日第二十八版(本埠增刊第十二版);1933年9月30日第三十三版(本埠增刊第十三版)

上海邑庙董事会招标承充邑庙各殿宇管理员通告

本会前委各殿宇管理员将届任满,当经本会秋季常会议决,用投标方法招人承充。凡愿意承充者,于十月五日起亲至本会登记,领取投标章程及各项则,并缴纳手续费一元;十月九日下午一时起将标函送交本会,投入标箱,

① 本文原为《镛记大世界》广告中的一部分。

② 本文原为《镛记大世界》广告中的一部分。30日所载“昨日”作“前昨两日”。

即于是日三时在本会议事厅当众开标。特此通告。

1933 年 10 月 2 日第六版

〖镛记大世界张天师超度黄河水灾被难同胞〗[①]

徇华北各界来函，要求张天师继续诵经作法三天，超度黄河水灾被难同胞，仍旧视自执笔当场画符。关心此黄河水灾各界善士务乞光临参观。

1933 年 10 月 1 日第三十五版（本埠增刊第十一版）；1933 年 10 月 2 日第三十二版（本埠增刊第十二版）；1933 年 10 月 3 日第三十二版（本埠增刊第十二版）

内部决定庙宇存废标准

〔南京〕内政部再令京警厅及各省民政厅分别应存应废庙宇。一、应存神祠：伏羲、神农、黄帝、缧神、仓颉、后稷、大禹、孔子、孟子、公输般、岳飞、关公、释迦牟尼、地藏王、弥勒、文殊、观音、达摩、吕祖、老子、元始天尊、三官、天神、王灵官、穆罕默德、耶稣、基督。二、应废神祠：张仙、送子娘娘、财神、二郎神、齐天大圣、瘟神、玄坛、时迁庙、宋江庙、孤仙庙、痘神。三、存废两可不必调查者：日神、月神、火神、黄星、文昌、旗纛庙、五岳、东岳大帝、龙王、城隍、土地、灶神、风神、雨神、雷神、电母。〔八日专电〕

1933 年 10 月 9 日第三版

〖镛记大世界天师灵符〗[②]

天师灵符：张天师自禳祈水风醮后，另画雷符五百印。红色一元，黄色

① 本文原为《镛记大世界》广告中的一部分。2 日所载在“三天”后增加“只有二天”，3 日所载在“三天”后增加“只有今天”。
② 本文原为《镛记大世界》广告中的一部分。18 日所载正文无“天师灵符”四字。

二元。所得符金悉充浦东风灾难民，欲得灵符者请速。

1933年10月16日第三十版(本埠增刊第十版);1933年10月17日第二十版;1933年10月18日第三十五版(本埠增刊第十三版)

介绍名医朱菊庭

本埠南京路保安司徒庙〔虹庙〕内朱菊庭医生，在该处设诊所已垂三十年，医理精深，经验宏富，内外各科及疑难杂症，一经诊治，无不霍然。有陈钧瑞者，患目疾有年，几将失明，经朱医悉心医治，不到二月，居然痊愈。如朱医者，真深得兰台之秘矣。

1933年11月8日第十四版

青年会演讲老子《道德经》

本埠八仙桥青年会之各教经典大演讲，定本日〔三日〕下午四时举行第三讲，特请孙翔仲先生演讲“道教之《道德经》”。孙氏之于道学富有心得，凡有兴研究道学者，届时往听，均所欢迎。

1933年12月3日第十五版

1934年

僧道能否娶妻依据教规办理

〔南京〕内部据冀省府呈请，解释僧道能否娶妻，娶妻是否即认为还俗。顷部咨复称：僧道能否娶妻，娶妻是否即认为还俗，在现行法令上并无明文规定，自应由所属之教会依据教规办理。〔八日专电〕

1934年1月9日第六版

纯阳庙祝被劫〈松江〉

南门外黄浦滩纯阳庙，素无庙产，又无香火，故无僧道居士，只留庙祝阿友看庙，种植菜蔬，畜养鸡鸭，以资度日，其生计之窘为众所知。乃于前晚突来盗匪六七人，挖穿墙洞入内，以铁尺将阿友背部猛击倒地捆缚，并入房将留宿之阿友亲戚两人亦行捆绑，搜索衣物鸡鸭而逸。三人被绑，无法解缚，直至昨晨，乡人经过，闻声入内解救。如此枯庙亦遭盗匪垂涎，盖亦奇矣。

1934年1月9日第八版

废历年头的苏州①

我国确是个保古的国家，废历废到现在，习俗相沿，依然根深蒂固，积重难返；爆竹声声，锣鼓喧喧，装出一派太平景象。苏州在这废历年头，当然有许多“年仍旧规”，循环举行。现在写了出来，也是一种风土小志。

烧头香：拜佛烧香的迷信举动，政府虽早三令五申，明文禁止，但禁者自禁，干者自干，早变做纸上空谈的官样文章。在香烟很重的苏州，不要说

① 本文作者署名“吴门杀羽”。

旧式妇女，就是摩登姑娘、智识「份」[分]子，也都在那偶像座下仆仆膜拜。在元旦和除夕衔接的午夜，元妙【观】中的三清殿上，在那六十尊星宿座前，早已烛影摇红，香霭飘拂，许多善男信女，人影幢幢的膜拜起伏。这种星宿香，俗例相传，烧得愈早，一年开始就可愈早得到福禄。因此一班想早交好运的人，就坐以待旦，赶烧头香，尤其是北里莺燕，包车成阵，脂馥粉腻，和殿上的香烟红烛，交组成氤氲的浓厚氛围。

兜喜神方：吉利是人人喜欢讨的，那班明达君子更需趋吉避凶，所以在一元复始的元旦日，先须拣查黄历通书，喜神何方，财神何方，然后出得门来，有所趋从。这种兜喜神方的，在现代还是大有其人。

橄榄茶：现在虽已发行了花花绿绿的钞票，现洋也在天然淘汰的公例里，然而民间对于“元宝”，还是始终拥护，人人崇拜。到了这腊尾年头，年糕做成元宝，橄榄称做元宝，菜肴中的元宝更是指不胜屈，社会上洋洋乎充满了一片“赚元宝”的声浪。在废历年头，苏州各茶寮中的红淡香茗，壶壶加添橄榄两枚，唤做“元宝茶”，以讨茶客的吉利。这种风俗相沿已久，到现在仍是奉行不衰。

接路头：路头，就是财神，据《封神传》考证，太公望在封神台上，封神的当儿，共封了五位路头，专司人间财帛。这一派荒唐神话，却图之神轴，深深「的」[地]印在民众脑筋里，尤其是一班重利的商人，更希望把财神接到店中，利占大有。所以到了正月初五，家中店铺，都预备大块的肉，整只的鸡，全条的鱼，锣鼓喧天「的」[地]迎接路头。店家接过路头，将接路头的鱼肉，制肴大嚼，叫做路头酒，然后开张交易，重干营生。

上灯与落灯：十三日上灯，十八日落灯。苏州俗例，到了十三那夜，都须在厅堂上供奉的神轴面前，燃点红烛，叫做“上灯”，从十三起到十八日止，宵夜点燃。过了十八，然后■起神轴，收拾新年景象。在上灯与落灯两夜，神轴面前，还须供奉粉制的“元宵”与“圆子”。在这几天里，苏州宋仙洲巷猛将堂里，神面前燃烧着臂膀粗的「腊」[蜡]烛，红男绿女成群而往，热闹异常，叫做(看)“(大)「腊」[蜡]烛”；到了夜里，还有花爆燃放助兴。

苏州年头的风俗，除了上述几项照例举行外，以前金阊马路，到了新年，还有兜马车的风尚。那班挟着花枝的写意朋友，在马路上驰骋往来，以示阔气。年来花事阑珊，影院勃兴，兜马车已无形淘汰了。

1934年2月22日第十三版

清明节应取缔迎赛城隍神像会

迩来有人假连年市面萧条、商业不振为名，拟于废历清明节将废除多载之迎赛城隍神像会重行恢复，故连日已筹得会费万余元，召集散居各处之三班六房重整旗鼓，届时举行。惟本市当局，因此项迎赛神像会早经内部明令查禁在案，且年来市面衰落根本由于内地农村之破产，岂求诸泥水木偶而能使商业兴旺者。再查本市中外观瞻所系，值此破除迷信之秋，而再使此项矛盾怪现「像」[象]重现于社会，更易为识者所嗤笑，且将有益之金钱耗于无益之处，而使大队前清封建时代之仪仗游行于各处街道间，非惟徒伤民财，抑且有碍交通，尤易滋生祸端、妨碍治安，故此项迎赛城隍神像会，若果于废历清明节重予举行，则决令知市公安局从严取缔云。

1934年3月26日第十一版

中山堂今日开幕〈苏州〉

苏地各界民众，集资三万余金，在玄妙观内弥罗宝阁旧址建筑规模宏大之中山纪念堂。兴工以来，将近一载，业已工程告竣，内部设备亦已完竣，由县党部邀集各界组织管理委员会负责管理。现定于今日〔四日〕上午举行开幕典礼，下午举行余兴。建设厅特电令邹县长届时代表建厅前往参加。

1934年4月4日第九版

昨赛城隍神会

——春雨中观众仍极拥挤

本邑举行城隍出巡大会。本定阴历清明节举行，嗣经市公安、社会两局出示禁止，乃于表面上宣告中止，实际暗中仍在筹备。昨日中午十二时，突乘党政当局未备之时举行出巡，自福佑路出发，经「候」[侯]家浜、九亩地，至肇嘉路，折三牌楼回庙。所有仪仗仍概照前例，各种马队、旗队、阴皂隶、判官、铁练、刽子手等，莫不齐备。出巡神像除城隍外，尚有高昌司、长人司、财帛司等四尊。昨虽天雨，而沿途观众仍拥挤不堪。至下午四时许始毕。

1934 年 4 月 12 日第十二版

张天师将组织法坛

嗣汉六十三代天师张瑞龄氏，前因海上闻人杜月笙君家祠落成，亲率法官由江西龙虎山专诚来沪，就浦东高桥杜氏家祠大厅启建祈天大醮典礼。后应沪杭士绅之请，在杭垣粮道山设坛祈祷，驻节沪上，尚未返旆。兹悉旅沪绅商因鉴国内天灾人祸相逼而至，亟应及时祈禳，故特商请天师在沪组织天师法坛，俾民众得就近祈福禳灾，并求世界和平，已蒙天师俯允。惟规模宏大，一切装置需费不赀。闻各界闻人均愿赞助，成立之期当亦不远。

1934 年 4 月 23 日第十一版

上海市闸北祈祷和平普济孤魂大会启事

窃淞沪闸北自遭一二八战祸以来，生灵涂炭，所有阵亡将士及水火刀兵疫疠各种「旡」[无]妄被灾死难英魂蔽塞天空，以至天时不正，灾劫频仍。兹奉纯阳祖师、南屏佛祖、三茅祖师慈谕，筹设三教普济道场，择于夏历三月十八、十九、二十日〔即阳历五月一日、二日、三日〕三昼夜祈祷消灾降福、国泰民安，礼请龙虎山六十三代大真人亲临唪醮，及各羽士并延清凉寺高僧与夫信仰旧道德之居士，为人民释劫和平，并散放冥赈超荐阵亡将士以及水火刀兵「旡」[无]妄灾死英魂。并蒙刘春山善士担任每日下午六点三刻至七点半在明远广〈布〉[播]电台义务播音三天，俾得各界信士明了佛法、普济孤魂、信仰和平。坛设闸北大统路慈善团内灵云坛。届期务请各界士女早降拈香。特此谨告。黄金荣、杜月笙、张啸林、虞洽卿、王晓籁、王一亭、陆连奎、金廷荪、张贤清、翁寅初、傅品圭、张德意、胡楚卿、徐乾麟、戴旭初、王维琯、樊良伯、邵如馨、顾竹轩、顾松茂、邱长生、刘春山、王文奎、陈元生、张念萱、陆文韶、王振川、王彬彦、许廷佐、郑胜广、胡西园、许锦春、郑鉴泉、柯振武、佘锡品、郑缄三同启。

1934 年 4 月 30 日第二版；1934 年 5 月 3 日第五版

上海桐柏宫道院添设分院启事

敝院创立以来，辱荷海上诸大檀樾之维护，广结善缘，道场日盛，以致原址不敷应用。兹特于法租界巨籁达路贝禘鏖路口一三九号添设分院，由衲邀集海上大善士王一亭先生等择吉国历六月一日〔夏历四月二十日〕起在分院修建祈祷普利道场九昼夜，以利群生，伏望各界善士早降拈香，共沐天庥，曷胜翘企。敝院经忏诚真，道场轩敞，蔬席廉美，侍应周到。凡有超度纪念修诸功德，请随时驾临总院或分院，电话通知，无任欢迎之至。住持艾信慧拜启。总院：英租界威海卫路成都路西二八四号。分院：法租界巨籁达路贝禘鏖路口一三九号。电话：三五七四三。

1934 年 6 月 2 日第五版

城隍做六十年纪念

——昨日邑庙香火奇盛

近年本市迷信举动层出不穷。昨日邑庙传系城隍神莅任六十年纪念日，一般愚夫愚妇前赴邑庙烧香者如水趋壑，庙内万头攒动，拥挤至水泄不通。九曲桥等处亦甚阻塞。此种现状，不知是伊谁作俑，深堪慨叹云。

1934 年 6 月 8 日第十二版

各方求雨殷切

——浦东农民二千余人向龙王跪拜

浦东农民之跪拜：浦东洋泾区由各绅董等，在钦赐仰殿内铺设道场，昼夜诵经祈祷，但迄今数日仍无甘霖下降，四乡农人莫不忧形于色。昨日上午，忽有男女农民二千余人，焚香结队，拥至塘桥镇南首龙王庙内，轮流跪拜求雨。而当地绅士顾聚方等，以该庙神偶职司降雨，故亦发起雇用羽士四十名在庙内铺道祈雨，连续三日，昼夜不停。如届时仍未获雨，则继续祈祷。颇有不达目的不止之势。乡民望雨之殷于此可见一斑。

1934 年 7 月 10 日第十三版

道教会建醮祈雨〈苏州〉

苏地因亢热不雨，致米价飞涨、饮料缺乏。除全城肉业已于九日起自动断屠七天外，一面道教公会在玄妙观施建之祈雨大醮因迄少效果，复在三清殿露台布设八卦阵、上血表，并于昨〔十日〕下午一时，全体法师二十名、道众八十人游行全城各处行香，以期上格苍穹。律师张一鹏昨〔十日〕复斥资万五千元，赴沪购戽水机三十辆，为乡民义务戽水。同时建设局昨〔十日〕派技术员周嘉民赴胥门察勘开辟水关，结果以胥门西近太湖、地形高于苏城，为防将来大水计，开辟后仍需装置水闸，已决造具预算呈厅核示。

1934 年 7 月 11 日第十版

全国祈雨消灾大会，昨晚由张天师净坛

——今日发符正式升坛作法，发表宣言普请各界斋戒

本市慈善家王一亭、徐冠南、邵如馨，会同释家太虚法师、靖海和尚、却非方丈等，发起之“全国各省市亢旱成灾区祈雨消灾大会”，定本月二十日起在新闸路清凉寺设坛，由嗣汉六十三代天师张瑞麟升坛祈禳等情，已志报端。兹将续情志后。

昨晚净坛：大会法坛业已完成，黄色缤纷，炉烟缭绕，布置备极庄严。该会已于昨晚九时，由天师张瑞龄氏率同其法友举行净坛，今日发符，正式升坛祈禳，二十一日上表，至二十二日始功德圆满、焚化符箓、退神下坛。同时沪杭普利念佛会全体会员，于祈禳期内，亦加日讽诵各种经典，共襄善举。

普请斋戒：该会为表示虔诚，感格天心，爰特发表宣言。兹撷录如下：

启者：本年自入夏以来，旱魃施虐，火伞高张，赤地万里，无间南北，并及中外，诚人类之浩劫，固不止江浙两省已也。因之疫疠丛生，禾田龟裂，农作绝望，灾象已成。同人等愿竭愚忱，祈消灾劫，爰特发起上海祈雨消灾大会，敬请江西龙虎山六十三代张天师率同法官暨沪杭普利念佛会全体会员等，于本月二十日起至二十二日，假本市新闸路辛家花园清凉禅寺内设坛三日，虔诚祈祷，以期感格天心，早沛甘霖，消弭一切灾疫。敬恳全国各界士女，在此三日期内，各就居室斋戒，共同焚香，竭诚虔祷，尤盼本市善男信女届时早降拈香，是所盼祷。至本会经费，概由发起人担任，并不派人向外界募捐，合并声明。诸维公鉴。

加入踊跃：至加入该项祈雨消灾大会者，续有行政院秘书长褚民谊、潮州同乡会郑正秋，暨周邦俊、娄子云、董天涯、董信源及上海四十余慈善团体组织之联合会等，善信济济，尤称盛焉。

1934年7月20日第十一版

全国祈雨消灾大会昨日发符祈禳
——张天师于下午五时升坛，今日黎明续由张氏上表

慈善家王一亭、徐冠南、邵如馨，会同释家太虚法师、清海和尚、却非方丈等，发起之"全国亢旱成灾区祈雨消灾大会"，自昨日起迄二十二日止，在新闸路清凉寺设坛，并由嗣汉六十三代天师张瑞龄率其法友升坛祈禳，前晚业由张氏举行净坛等情，均志报端。兹将昨日所得情形再志于后：

昨日发符：昨日为祈雨消灾之第一日。上午六时起，即由沪杭普利念佛会全体男女会员在坛场内外讽诵各种经典。至下午三时，天师张瑞龄氏始率其法友莅坛。至五时许〔酉时初〕正式发符，由张氏率其法友先导，其次为该会总干事邵如馨，最后各善信等数百人，向法坛四周绕行一匝。张氏旋即升法坛祈禳。

今日上表：该会并定今日上午五时余〔卯正〕续由天师张瑞龄氏上表，法仪隆重，莅场善信均须进豆腐粥以示虔信。至昨日发符时，莅坛拈香

者，有王一亭、徐冠南、陆连奎、「洗」[冼]冠生、娄子云、邵如馨、董信源等数百人，颇极一时之盛。同时明星公司邱剑飞、高庭章等亦到坛摄取影片。又公共租界总巡捕房，派西捕头率同中西探在会场戒备，门禁森严。

1934年7月21日第十一版

全国祈雨消灾大会今日下午闭幕
——昨日谒龙王祈求驾云兴雨，改今晨上表下午功德圆满

慈善家王一亭、徐冠南、邵如馨，会同释家太虚法师、清海和尚、却非方丈等，发起之“全国亢旱成灾区祈雨消灾大会”，业于前日起在新闸路清凉寺设坛，由嗣汉六十三代天师张瑞龄发符升坛，开始祈禳等情，均志报端。兹将昨日所得情形再志于后：

晋谒龙王：昨为祈雨消灾之第二日，该会本定昨晨五时余〔卯正〕由天师张瑞龄氏上天表，嗣因其时适大雨如注，未克举行，改于今日〔仍卯正〕补行。当昨日下午三时，由天师张瑞龄氏偕同王一亭、邵如馨、娄子云、清海和尚等诸善信，赴大南门龙王庙谒见龙王，焚化符「录」[箓]，祈求驾云兴雨。旋即返会，升坛祈禳。

上天表文：因昨日天雨，改于今晨上表之表文，探录如下：

维中华民国二十三年七月二十一日，即夏正岁次甲戌六月初十日，佛弟子王震、徐冠南、邵如馨等，斋戒熏沐，谨以至诚心香奉表虔叩玉皇大帝座前而陈词曰：窃维国以民为本，民以食为天。中华国民久蒙覆育，同沐生成。不图本年入夏以来旱魃施虐，雨师失职，以致河川干涸，农田龟裂，赤地万里，热度激增，秋收因之绝望，疫疠因之丛生。自民国二十年各省大水为灾之后，被难生民，中经外患匪祸，三年间喘息未定，复罹旱厄，水深火热，民命如丝，灾劫循环，呼吁无路。伏念上天有好生之德，佛门重救死之功，蝼蚁之微如矜惜，虎狼之暴不予诛夷。是用联合释道教宗、善信士女竭诚祈祷，为全国各省市亢旱灾区请命。恭求皇天昭鉴，普霈甘霖，消弭灾劫，民安国泰，

时和年丰。披沥上闻，不胜惶悚屏营之至。谨表。

今日圆满：该项祈雨消灾大会，自二十日起发符开始，迄今〔二十二〕日下午完毕。天师张瑞龄已定于下午五时焚符退神下坛。祈禳功德至此始告圆满云。

1934 年 7 月 22 日第十三版

全国祈雨消灾大会昨日功满闭幕
——张天师下午退神下坛

慈善家王一亭、徐冠南、邵如馨，会同释家太虚法师、清海和尚、却非方丈等，发起之"全国亢旱成灾区祈雨消灾大大会"，自本月二十日起由天师张瑞龄氏发符升坛等情，均志报端。惟该会原定前晨五时余上表，嗣因天雨，延于昨晨举行。昨亦以天雨故，直至上午八时三刻始由天师张瑞龄氏升坛上表。其法仪，由沪杭普利念佛会随同手执法器及旗伞之法官、道友之属，向坛场禹步绕行数匝。张氏即于此时将表焚化，以吁告上苍。法仪始告成。迨至下午五时，张氏复行焚符退神下坛。功德于焉圆满云。

1934 年 7 月 23 日第十一版

张天师召集正一派道教法师

嗣汉六十三代天师张瑞麟，日前委派正一派道教法师沈颂笙在沪召集会议，嗣因正一派道友到者寥寥，流会未成。现已重订于古历六月十四日，即本月二十五日〔今日〕下午三时，仍假小北门大境三楼继续开会。昨由张天师通告各道友文云：

嗣汉六十三代张天师通告：兹于上次开会，特委沈颂笙法师邀集各道友，到者未及半数。爰再订于夏历六月十四日下午三时续行会议，届期准时驾临小北门大境三楼，万勿观望。恐未周知，特请正一道教众道友公鉴。特此通告。

1934 年 7 月 25 日第十三版

昨日举行城隍会

昨日为废历中元令节，本邑城隍神率同四司出巡施「账」[赈]乏祀孤魂。上午齐集各会首，午刻出巡，周行城厢内外，后至小西门外基坛施「账」[赈]焚化巨量锭帛。休息片时，至六点三十分钟，由坛上起马〔俗称夜会〕，复绕行南市各处，折入大东门及北半城一带，始行回庙。沿途均由各会首照料弹压，秩序颇佳。

1934 年 8 月 25 日第十四版

虹庙施医延长一月

南京路虹庙住持张维新，鉴于贫病之堪怜，并蒙诸善长赞助药剂，敦请国医侯康伯、龚寿仁、侯文寿等就庙诊察，自国历七月十二日〔即夏历六月初一〕开诊以来，病家踵接而来，间有远道求治，活人无算。因今年酷暑疾病丛生，若不酌予展期，有失体恤贫病之宗旨，为特延长一个月，至夏历八月三十为止。

1934 年 9 月 4 日第十四版

朱承勋律师代表嗣汉六十三代天师张恩溥君紧要启事

兹据上开当事人来所声称“阅本月五日《时报》新闻栏内载有《张天师贫困曾经自杀四次》新闻一则，不胜骇异。查所载事实全属子虚，不无故意诽谤破坏宗教之嫌，以致引起外界误会，纷来查询。现除已委请贵律师代为依法诉究，听候法院裁判外，并烦代表登报通告以正听闻”等语前来，合代通告如上。事务所：南京路大陆商场五一七号。电话：九三四〇〇。

1934 年 11 月 19 日第四版；1934 年 11 月 20 日第四版

昨日迎赛城隍神会

邑庙四司书吏联合会，本拟于本年废历十月朔日迎赛城隍会，但是日因故未克举行，乃改于昨日举行。计有城隍神、高昌司、财帛司三神旗幡仪仗之外，尚参有其他点缀，如以花扎成之掌扇式种种戏剧，或为宝塔，或作刘海等，计十余具。下午一时出邑庙，经过方浜路、长生桥、四牌楼、县东街、县西街、三牌楼、昼锦牌楼、陈市安桥、旧校场、沉香阁街、侯家路、紫华路、晏海路，出老北门、民国路，进方浜路、北石驳岸、松雪街、穿心河桥、肇嘉路、庄家桥、梦花街、中华路，进蓬莱路、小桥头、凝和路、乔家浜、巡道街、谈家弄、中华路、老白渡路、郎家桥、豆市街、花衣街、王家嘴角、小九华街、中华路、小南门街、佛阁街、复善堂街、江阴街、迎勋路、车站路、煤屑路，到坛。晚间九时一刻，仍依原路返庙。沿途观众颇形拥挤。

1934 年 11 月 22 日第十三版

史量才先生前日终七

——张瑞麟天师建设大斋

史量才先生于本月二十九日终七之期，由六十三代天师张瑞麟氏特送十宫拔亡经箓全部，于宅内建设大斋三昼夜，天师亲往给受，并请中国道教总会会长沈颂笙法师任高功之职，率领诸门人，奉行新排祭天及九转生神章等法事。所陈设之装严，均雕刻细巧，应有尽有，金碧辉煌。一切布置，均由沈法师侄公子子欣法师主持。张天师山上有急事，即于当晚乘轮回山矣。

1934 年 12 月 31 日第十版

1935 年

军政部通令保护关岳庙宇

〔南京〕军政部通令人护关岳庙宇，不得任意驻扎军队。〔二十九日专电〕

1935 年 1 月 30 日第八版

上海西门关帝庙紧要启事

连日报载社会局报告内云"本庙容留奸人，私设招工机关，以重利诱致苦工出洋，并未呈报主管机关"，又云"据经派员查报，该庙僧人认有此事。现在主持招工之人已离庙他往"等语，阅之不胜惊诧。此中情事全属子虚，谅为宵小有意中伤本庙、谎报社会局，致有此项误会。且布告所云派员来查一节，本庙僧众并未见有何人来庙调查，何得认有此事，想系误会所致。除呈请佛教会转呈社会局、公安局澈予查究此项造谣生事之徒外，为特郑重声明如右。

1935 年 3 月 13 日第二版

邑庙三巡会路由

今日为上元节〔清明〕，邑庙城隍及四司神像由各会首舁之出巡，周行南市城厢各处。兹将路由抄录如下：

日会：准下午一时出庙，西辕门、方浜路、木桥街、金家坊、民国路、露香「阁」[园]路、大境路、旦华路、紫华路、侯家路、沉香「阅」[阁]街、旧教场、福佑路、天官牌楼、长生桥、四牌楼、县东街、县南街、太平街、肇嘉路、庄家桥、梦花街、中华路、蓬莱路、小桥头、凝河路、乔家浜、巡道街、谈家弄、老白渡街、县市街、王家嘴角、小九华街、南中华路、迎勋路、国货路、煤屑路，到坛。

夜会：出坛，煤屑路、国货路、西陆家浜、三官堂街、大林路、黄家阙路、尚文路、西黄家路、阜民路，出大南门、复善堂街、南仓街、水神阁、董家渡街、万裕街、里马路、外毛家弄、外滩、大码头街，进大东门、东街、学院路、四牌楼、长生桥、如意桥街、方浜路，准晚九时半回辕。

1935 年 4 月 6 日第十二版

开光通告

敬启者：本观供奉黄大仙，香火称盛。只因旧观狭小，渥蒙各界名流赞助筹建靶子路海能路新观，业于去腊初十日迁入。兹择吉旧历四月十三日午时恭行神像开光典礼，启建罗天大醮七昼夜，为本观善信植福延寿。是日洁治素筵，幸祈宠临拈香，共领福缘。除柬请外，恐有未周，用特通告，伏维亮鉴。慈航仙观住持陈宗静谨布。

1935 年 5 月 4 日第二十一版（本埠增刊第三版）；1935 年 5 月 5 日第二十一版（本埠增刊第三版）；1935 年 5 月 6 日第二十一版（本埠增刊第三版）

虹庙住持施诊

南京路虹庙住持张维新，鉴于贫病之可悯，每届夏令，敦请国医侯康伯、袭寿仁、侯文寿医士就庙施医给药，并承王问梅君募助药剂，每日上午九时至十二时，六月二十五号起至九月三十日为止，施医给药三个月。【一】般贫苦病民得沾实惠也。

1935 年 6 月 28 日第十二版

今日邑庙城隍出巡

本邑城隍于今日〔即废历七月十五日〕出巡。兹将日夜路由摘志如下：

日会：出东辕门，走方浜路、长生桥、四牌楼、学院路、东街、蔓笠桥、巡道街、乔家浜、中华路、小南门街、佛阁街、复善堂街，进大南门，阜民路、陈箍桶桥、乔家浜、凝和路、小桥头、望云路、虹桥、太平街、县南街、县西街、三牌楼、昼锦牌楼、陈市安桥、旧校场、沉香阁、侯家浜路、和尚浜、紫金路、方浜路、北石驳岸、松雪街、穿心河桥、肇嘉路、登云桥、梭子弄、西仓桥街，一直转西，庄家街、梦花街、中华路、黄家阙路、大兴街、车站路、梅屑路、直达坛。

夜会：由坛上起升，梅屑路、车站路、迎勋路、中华路、小南门街、水神阁、外仓桥街、王家嘴角、豆市街、外毛家弄、外滩、大码头街、外咸瓜街、东门路、中华路，进大东门，东街、益庆桥、小东门街、天官牌楼、福佑路、旧校场、方浜路，进西辕门，回辕。

日会准一句半钟出堂，夜会限下午十一句钟回庙。两旁看会要遵守秩序。上海邑神三司三巡书吏联合会编刊。

1935 年 8 月 13 日第十一版

1936 年

市社会局积极筹办寺庙登记

——分人口财产法物三种，下月下旬起六月底止

本市寺庙登记，因内政部于本月四日公布规则，该项规则施行后，各省市应将辖境内所有寺庙一律从新总登记，限于本年六月底以前为首次寺庙登记总完毕之期。该局奉令后，现正着手积极筹备举办。据负责人语记者，下〔二〕月下旬当可开始登记。寺庙登记规则中最重要者：一、凡为僧道住居之一切公建募建或私家独建之坛庙寺院庵观，除依关于户口调查及不动产登记之法令办理外，应依本规则登记之。二、寺庙之登记，由住持声请之。无住持者，由管理人声请之。三、寺庙登记，包括左列三项：㈠ 人口登记，㈡ 财产登记，㈢ 法物登记。人口登记以僧道为限，但其他住在人等应附带声报〔前项僧道，指僧、尼、道士、女冠而言〕。财产登记，包括寺庙宗教上、历史上或美术上有关系之偶像、神像、礼器、乐器、法器、经典、雕刻、绘图及其他应行保存之一切古物而言。四、寺庙于通告后逾期延不登记，及新成立之寺庙不声请登记者，应强制执行登记。如无特殊理由，并得撤换其住持或管理人。如呈报不实或有故意朦蔽情事，经发觉后，除强制执行补行登记外，并得撤换其住持或管理人。其情节重大、触犯刑章者，并送法院究办。

1936 年 1 月 30 日第十三版

昨日旧历元宵庙宇香烟鼎盛

——邑庙虹庙均有人满患，全日香资收入数可观

昨日为旧历元宵，城内邑庙及南京路虹庙靡不香火鼎盛，炉烟迷目，自晨迄暮，香客络绎，庙宇有人满之患。尤以盛装妇流为众，珠光宝气，鬓影衣香，殊极韵致，蹀躞起倒，备形忙碌。同时逗留庙内之闲客亦夥，以嘲谑为

乐，状至伧俗。统计两庙昨日之香资蜡炬等收入，为数至足可观。

1936 年 2 月 8 日第十二版

茅山香汛已届

——上北等五站代售船票

据确息，镇丹金溧长途汽车公司，以春季茅山香汛已届，朝山香客必甚众多，特与京沪、沪杭甬铁路管理局商定，凡由上北、苏州、无锡、常州、南京五站购买至金坛联票旅客〔经由丹阳站〕须至茅山者，即随票发售金坛至茅山单程或来回船票，单程票价二角，来回票价三角云。

1936 年 2 月 20 日第十四版

市社会局筹备开始寺庙登记

——先哲先烈祠庙同时清查

本市寺庙登记，市社会局现正积极筹备开始。惟开始登记日期尚未确定，大约总在最短期内可实行。又内政部以先哲先烈祠庙财产之保护与管理，以往因未规定办法，处理既极困难，整理亦莫由着手，以致全国寺庙财产实况无从稽考。且各省市对此项祠庙财产，或订单行法规自行处理，或取放任主义听地方团体自行占用，甚则管理无人，任其荒废。为整顿此项祠庙财产，以便管理起见，特审酌各地实情，拟具先哲先烈祠庙财产保管规则，呈奉行政核准。除本月十四日以部令公布，并分行，暨关于孔庙财产仍依孔庙财产保管办法办理外，并咨本市市政府查照，转饬所属将辖境内所有合于该规则规定之祠庙，于文到六个月内一律清查完竣。市政府昨业训令社会局遵照办理。该局对该项清查手续，决与寺庙登记同时开始。惟先哲先烈祠庙财产，系指由国家或省市县地方划拨购置，或公共募置之房屋祀田及同性质之产款而言。但完全由私人捐置或私人共同募置者，不在此内。

1936 年 2 月 28 日第十二版

何键派员赴衡山祭岳

〔长沙〕何键派陈长簇十六日赴衡山，十七晨代表省府祭南岳。〔十六日专电〕

1936 年 3 月 17 日第七版

张天师请赐封给印

——内政部决予批驳

〔南京〕张天师六十一代孙张恩溥呈请赐封给印、承袭天师名号，经内政部特呈行政院请示结果：关于赐封给印一层决予批驳；如信奉道教，可依现行法令呈请党政机关许可，组织道教会。〔二十九日专电〕

1936 年 3 月 30 日第三版

今日邑庙城隍路由

今日为废历清明节，即上元节，沪城邑庙循例举行三巡会。兹将路由志之如下：

准上午十二点钟出堂，晚十时正进庙。由本庙出东辕门、方浜路、光启路、县左路、四牌楼、天官牌楼、福佑路、旧教场、沉香阁街、侯家浜、紫华路、(旦)华路、大境路、万竹路、方浜路、陈市安桥、昼锦牌楼、三牌楼、县西街、县南街、太平街、虹桥、望云路、蓬莱路、凝河路、乔家浜、陈箍桶桥、阜民路、东王家路，出小南门、中华路、乔家浜、巡道街、天灯弄、东梅家弄、灵济路、鱼行桥、彩衣街、东街、东姚家弄、太平弄、外咸瓜街、东门路、里咸瓜街、如意街、油车街、豆市街、花衣街、王家码头街、里马路、南会馆场、芦席街、青龙桥街、薛家浜路、小普陀街、南区街、水神阁、南仓街、复善堂街、跨龙路、东陆家浜路、国货路、车站路、煤屑路，到坛。由坛上起升，保安路、煤屑路、车站路、利涉桥、西陆家浜、三官堂街、大林路、方斜路、白云「官」[观]、前林荫路、安澜路、中华路、梦花街、庄家街、西仓桥街、西仓路、肇嘉路、穿心河桥、北石岸、方浜路、紫云路、晏海路、穿心街、方浜路，回辕。

1936 年 4 月 5 日第十四版

昨日城隍出巡

——仪仗鱼贯里许，沿途观者如堵

本市邑庙城隍神，每年于清明节、七月十五日〔即中元节〕、十月一日，例有出巡之举，俗称三巡会。昨日适值清明节，故循例出巡，分日夜两次。按照路由牌，自邑庙启节。除城隍神外，尚有新江司、长人司、高昌司、财帛司等，一共五神，分「座」[坐]神舆五乘，由各会首排队，沿途护回，并有阴皂隶、红衣会、拜香会、臂香会，排列执事，鱼贯前导，载行载奔，长达里许，作种种杂耍，诚有百戏杂陈之概。仪仗所经，观者如堵。搭有暖阁，即备为五神临时驻跸之处。阁前蜡烛辉煌，炉烟燎烧，膜拜者纷纷，异常热闹。

1936 年 4 月 6 日第十一版

虹口天后庙后日开光

本市天后宫，自拨作市立树基小学校后，久已废祀。兹有戒品法师主持复兴，定名为天后庙，已得各界人士之赞助。现下居于虹口北江西路老靶子路口四五一号三层楼大厦，刻正从事装修，准于下星期一〔即废历三月二十三日〕天后诞辰开光，欢迎各界人士参加。并闻该庙编印《天后宫考略》小册一万本，分赠各界人士，面取不取分文，函索附邮即寄云。

1936 年 4 月 12 日第十二版

城隍会如期举行〈常熟〉

十年未赛之城隍会，本年有好事者提倡，「巳」[已]定本月十三、十四两日举行，仪仗特盛。嗣党政当局以事属迷信即下令禁止。但会中一切

「巳」[已]筹备全齐，而商人亦多进现货以应会市，更以旅馆、饭店事前包定一空，如果一旦停赛，商人损失更巨，乃联合向县府请愿。县长始予允准，惟嘱多作有意识之宣传，抽去迷信及伤风败俗之仪仗。请愿者唯唯。现准如期举行。锡沪汽车公司，特于十二日起添放苏、锡、沪三地专车，接送外埠观客。

1936 年 6 月 13 日第十版

齐云仙境[①]

自屯景路之休祁段，乘公路长途汽车入白岳，为境颇秘。白岳土名齐云山，孤峙皖西南，遥控黄山，相距百余里，休祁名胜也。向者交通梗塞，人迹罕至，其名兼为黄山掩袭，竟至不入远方探幽人士之笈。然一入深秋，香火綦盛，皖东北，浙西南，以迄赣之德兴、浮梁诸处，靡不举国若狂，朝山进香，沿为大典，盖自有其历史之价值在也。予既饱览黄岳，下汤口，转车南行，凡百五十里至屯溪，就站换登西行车，以通车未久，人多车少，不敷分配，莫能行。宿逆旅中，凌晨入站，则见旅客如蚁，后至略无微隙，购票不获。出站索专车，直放岩脚站，三十里过休宁城。再西三十里，睹万山云起，平畴渐稀，迎面一山，遥峰如黛，嵯峨丽天，有异群岫，方拟就询御者，而车戛然止，盖已抵岩脚，下车望前峰，则固白岳也。循站南行，有村集可容茗盥，小憩四望，原野尽为众山屏蔽，数十里间，莫见人烟。度溪桥前进，危樟七八，古杉杂之，蔚乎深秀。稍转，「巳」[已]近荒落，山气飒然，扑襟作高爽。五里入白岳境，长松夹道，山程数转，丰碑兀立，颜曰“齐云仙境”，字迹秀伟，光大山灵。徐进七八里，一峰兀峙，中虚若门，曰“一天门”，皑旋而上，及门坎，古碑无数，刻前代纪游诗，清圣祖之御碑亦在焉。越门下，豁然呈异观，天宇空旷，奇峰环蔽，其下广潭澄浸，盘旋向下，岩隙有“真仙洞”，肤浅陋俗，不甚可驻足。对岩有巨摩崖四字曰“天开神秀”，字大逾丈，高标半空，雄浑苍秀，殆无能喻，举所见各地摩崖，胥无足与之方驾。导游之羽士，谓有人曾以百金索

① 本文作者署名“沈轶刘”。

土民架拓，人莫敢应，盖削壁百丈，猿鸟却视，猱升乏术，特不知何代异人乃作狡狯如是。右望香炉峰，小亭耸其端，白岳道观，隐约可见，齐云之胜，盖极于此。再上，有山衢，屋舍鳞比，分房标号，为香客膳宿处；内衢踞山巅，风景尤绝。两衢之交，道观在焉，形势壮伟，道场广大，象魏崇闳，烟云磅礴，左右前后，开展一如共度，天造地设之山场也；而布置恶俗，迥不若僧寮之幽趣。山中羽士，多火居宗，佥姓汪，籍婺源，无杂派。讯其由来，谓“明嘉靖时，朝命婺源汪鋐，来山求嗣，先期令该山羽士设八字醮，羽士茫无以应，闻汪氏将到，群匿不见面。汪氏入山，阒无一人，下令大索，获厨役某于灶突中，讯之，氏籍皆同，诘其故，役以实对，汪氏乃教以八字，为‘神知我意，我知神灵’，即命代庖，奏以该役世袭山中香火”云。饭于詹姓房，登山，上有方腊墓，不辨真赝，匆匆一巡，无奇胜处，盖「巳」[已]至一天门而尽矣。赋白岳诗：“黄海西来岭又严，天开神秀灿云帘，一天门外天如镜，倒插香炉挂屋檐。”香炉峰四临绝壑，有铁链可援而升。巅有亭，凭陵四望，风来欲堕，远近诸山，变幻奔凑，又一大观。下山，天晚，有匪警，候车不得，雇山舆行，新月如钩，山风簌簌生微寒，颇不耐，瞑目微吟曰：“携筑过白岳，日暮鸟相呼，蜡屐云中下，征车去有无；人烟望城郭，风鹤惊萑苻，不觉篮舆急，闻刁月在途。”三小时后，抵休宁城，越宿返屯溪，乃志胜概，以揭其秘。

1936年6月17日第十七版

筹备训练僧道〈松江〉

县政府为僧道训练，特于七日上午十时召集各寺庙住持及各医院医师在海石堂开会，决议定二十日起训练两个月，每日上午五时至七时为术科，七时后学科，并教授救护等科。李县长对各寺庙住持并催早为准备。

1936年7月8日第十版

虹庙住持施诊给药

英租界大马路虹庙住持维新，悯怜贫病平民，并承王问梅君慨助药剂，敦请国医侯康伯、龚寿仁、侯文寿先生施诊给药，定于国历七月十八号〔即夏历六月初一日〕开诊。

1936 年 7 月 13 日第十四版

僧道训练班开学〈松江〉

县政府呈准第三区行政督察专员公署举办僧道训练班，先从城厢各寺庙入手，县长、公安局长兼正、副主任，县府秘书沈宗梁兼训导干事，戒烟所长王伦鼎兼教务干事，县府科长黄廷芳兼总务干事。筹备就绪，业于二十日下午二时在杨家桥小举行开学典礼。学员六十人，均穿白色制服，颇见整齐。由李县长主席，行礼如仪。王专员亲临训话，县党部代表沈玉旋等相继演说。学员推普照寺住持密传代表致答词。礼毕散会。明日起五时半升旗，继行训练两小时，学科三小时。一般受训僧道颇为兴奋。闻各庵尼姑亦将参加受训云。

1936 年 7 月 21 日第十版

中华道教会昨成立

中华道教会昨在城南区乔家棚会所开成立大会，到会者有苏浙赣鄂晋五省代表及会员等共百数十人，党部代表毛云、社会局代表饶强生到会监督。三时振铃开会，推谢强【公】为临时主席，胡才藻记录，尹勇司仪，行礼如仪。主席谢强公报告筹备经过，〔上略〕谓“自民国十七年发起斯会，曾向内政部备案，并创立宏道义务小学两所，为我道教服务社会之先声。第中间几经困难，又艰于经济，爰于上年重新筹备，呈准上级党政机关许可备案，今日始告正式成立”云云。次由党部毛代表、社会局饶代表先后致训词。继由山西、常熟道友演讲。末由主席将会章逐条读过，请众讨论要否修改。党代表谓“会费一项，不能临时捐募，须规定基本经费，以免将来发生纠纷”，决议“入会费一元，普通会员年纳二元，特别会员年纳四元，各分支会各庙观均应认缴事业特别费”。又会员姚天民提议“一、非会员不得充庙观住持。

二、非庙观不得接经忏。三、非道士不得赴应拜忏”,决议“非本会会员不得执行拜忏业务”。通过后,开始投票。选举结果,计谢强公、李瑞珊、张竹铭、秦锡田、姚天茂①、鲍杏泉、严洪清、陈存仁、张维新九人当选执行委员,王一立、李锡庚、宋海林三人当选候补执行委员,龙积之、乔文达、许海珊三人当选监察委员,刘永祥当选候补监察委员。

1936 年 7 月 28 日第十三版

南京路虹庙施诊给药

公共租界南京路虹庙住持维新,悯贫病之疾苦,并承王问梅君慨助药剂,聘名国医龚寿仁、侯康伯、侯文寿等,每日上午九时至十二时止施诊给药三个月,已于阴历六月初一日起开诊矣。

1936 年 8 月 3 日第十三版

中华道教会执监昨宣誓就职

中华道教会业于上月二十六日正式成立,选出第一届监察委员龙积之、乔文达、许海珊,候补监委陈乐山,执行委员谢强公、李瑞珊、张竹铭、秦锡田、严洪清、姚天明②、陈存仁、鲍杏泉、张维新,候补执委王一亭、李锡庚、宋海霖等,昨日在城内乔家栅总会所举行宣誓就职典礼。到全体执监委员暨会员、来宾等三数十人,由市党部代表毛霞轩为监誓员。午后三时,全体齐集礼堂,公推谢强公为临时主席,尹勇司仪,行礼如仪。宣读本会愿词后,举行宣誓。毛监誓员致训词,大旨谓“道教具有五千年悠久之历史,与国家民族、世道人心有极大之关系。现在人类演进,思想错综,所赖以维系人心者惟有一‘道’字。按道教允合乎革命性。革命者,原非专恃武力,在乎人心之改革,欲以真道化人。革命首在革心,人人要革去其旧染之污,而施以血心。此间所揭橥之大禹谟十六字心传以及‘大道为公’等,确为极好之标语。愿

① “姚天茂”疑是“姚天民”之误。
② “姚天明”疑是“姚天民”之误。

诸君以道教真精神‘清净宁一’为本，以‘无为而无不为’为用，诸君并须详究三民主义，身体力行，具发扬我国固有之文化与道德，以改良社会、维系人心。收效之宏，不但推行全国，直可普遍于世界。愿诸君共勉之”。继由主席答词，谓“今日承毛代表之训勉，余等敬以至诚接受。窃念道教为我国五千年固有之宗教，最切合于民族性。道之广大，无所不容。其间斋醮经典不过宗教中微细之一端耳，不察者以为道教只此而已，往往嗤为迷信，由疑虑而持成见，甚至因一种仪式而轻其全部，并加以诋毁讪谤者。故此后余等当抱定决心，谨慎自修，阐扬道之精义，化导社会。一面切实整顿道规，严格取缔道士之不良恶习，铲除无意识之惑人左道；一面尊重国家法令，实行三民主义，作新生活运动，服务社会，宏我教宗，使我教得全民众之认识，期大道昌明于世界。余等创办之志愿如此。今日又蒙毛代表恳挚之勖勉，自应本大无畏之精神，尽力做去。然而团体者非少数人之力量得以成功，深望我会员热心赞助，通力合作，有过相规，有善相劝，方能达到完善之境域。并望党政机关随时指导，俾资遵循”云云。旋即退入会议室，续开第一次执监联席会议，仍推谢强公为主席，行礼如仪，并读该会愿词毕，先由全体执监委员推选谢强公、李瑞珊、张竹铭为常务委员，又互举谢强公为主席，乃开始讨论各议案。一、如何规定本会组织以利进行案。议决：规定总务、教务、组织三部，推谢强公、姚天民、张竹铭担任之。二、筹备委员严洪清提请移交筹备会各件以清手续案。经众审核分别接收之。三、将大会议决人会规则及会费各项之词句经众修正、交总务部付印公布之。四、通过会证格式，付印备用。五、涟水县道众呈请援助恢复组织案。议决：依照本会章程，着先行呈请加入本会，再行核夺。六、余从略。

1936 年 8 月 4 日第十一版

僧道训练毕业〈松江〉

本县举办第一期僧道训练班业已训练期满，于昨日举行毕业。省政府派刘思寰莅临，偕同李县长检阅成绩，刘氏颇为满意。旋由区保安副司令张瑞澄、专署秘书逯剑花等相继致词。后由李县长颁发毕业证书。摄影而散。

第二期训练即将实行云。

1936 年 8 月 22 日第十版

城隍高昌出巡路由

今日〔即废历七月十五日〕为中元令节，本邑城隍神循例率同四司出巡、莅坛赈济乏祀孤魂。今将出巡路由录之于后：出庙往西，方浜路、侯家浜、和尚浜、紫华路、旦复路、九亩地、大境路，出小北门、民国路，进老北门、晏海路、穿心街、福佑路、天官牌楼、长生桥、四牌楼、县东街、县西街、南三牌楼、肇嘉路、登云弄、西仓桥、净土路、望云路、小桥头、凝和路、乔家浜、东乔家浜、中华路、小南门街、水神阁、南仓街、复善堂街、跨龙路、大佛厂路、马路桥路、东陆家浜、迎勋路、徽宁路、车站路、梅雪路、保安路，到坛。晚间由坛起升，保安路、梅雪路、车站路、利涉桥、西陆家浜、斜桥路、大林路、黄家阙路，进尚文斗、尚文路、西王家路，出大南门、中华路、小南门街、外毛家弄、外滩，进大码头街、外咸瓜街、东门路，进小东门后街、益桥街、东街、老学前街、曲尺湾、鱼行桥、中唐家弄、阜民路、光启路、如意街、方浜路，进东辕门，回庙大吉。

又明日〔即十六日〕为大南门迎春高昌司复坛，路由：出庙朝东，桑园街、陆家浜路、跨龙路、江阴街，往西民立街、中华路，朝东小南门街、水神阁、南仓街、草鞋湾、大王庙街、南京街、国货路、老马路，往北薛家浜路，朝东外马路，进丰记码头、老马路，一直往北，进竹行弄、花衣街，朝南王家嘴角，朝西紫霞路，朝南篾竹街，往西小九华、乔家路、巡道街，进天灯弄，朝南梅家弄、乔家路、凝河路，朝北进西唐家弄、阜民路、光启路、方浜路，参邑庙旧教场、穿心街、宴海路、松雪街、肇嘉路，往南西仓路、西仓桥、梦花街、学东路，穿蓬莱市场、永宁路、应公祠路、西华弄、大兴街、车站路，到坛。晚间坛上起马，国货路、海潮路、陆家浜路、南仓街、水神阁，朝东董家渡街、万裕街，往西王家码头、花衣街，往西紫霞路，朝北外郎家桥、油车街，朝东龙德桥、豆市街，出新码头、老马路，一直往北，进会馆街、外咸瓜街，朝南大码头街，进大东门东街、西姚家弄、曲尺湾、太平街、虹桥，朝南望云路、凝河路，进乔家栅、阜民路、陈箍桶桥，出大南门，回辕大吉。

1936 年 8 月 31 日第十二版

城隍出巡盛况

昨日〔废历七月十五日〕为中元节，南市邑庙为纪念城隍起见，特举行城隍出巡会。中午十二时许，本市福佑路邑庙门前，各参加行会之会员纷至沓来，汇集庙内庙外，情形热闹。至一时正，由该庙主持人点卯出发，共分五组〔每组有木神一座〕，往所规定之路线前进。沿路道旁男女老幼之观众不下十万余人，争先恐后以求一睹为快。神会每至一处，人群蜂拥争观，道途为塞。幸经公安局警士指导之下，秩序井然。至晚上十时后始抵邑庙休憩。

1936 年 9 月 1 日第二十一版

中华道教会今日开始办公

中华道教会，自全体委员宣誓就职后，即经呈报当局核准备案。现内部组织渐臻完备，启用印信，开始办公。昨登报公告各处道庙各派道徒遵章入会以资维护外，闻该会连日接到各省市函索章程及呈请组织分会者「巳」〔已〕有多起。山东岳庙，宝山冲和观，上海大王庙、清虚观、大境关帝殿等，均「巳」〔已〕尽先加入团体会员，且有侨居菲列滨及南洋各岛之道教信徒、华商洪太庵等十余人亦加入会员。该会执行委员会鉴于近今人心险诈、真道沦亡，每有无知之徒假道教名目，用邪术治病、符咒敛钱，及以无谓之迷信欺骗愚民等事，此不特有损道教名誉，且远背国家法律，特嘱会员组将收到声请入会书严格审查，遇有来历不明或有可疑之点即予拒绝入会。此为整顿道教第一步办法云。

1936 年 9 月 3 日第十四版

中华道教会公告〔第一号〕

本会全体执监委员业于八月一日宣誓就职，现已启用印信，开始办公。

凡属各庙观道院坛社暨各派乾坤道徒，务各于九月三十日以前遵章来会申请登记入会，领取证章证书。此为维护吾道教徒权益起见，幸毋观望自误。特此公告。总会所：上海城南区乔家栅卅三号。

1936 年 9 月 3 日第七版；1936 年 9 月 6 日第四版；1936 年 9 月 9 日第二版

中华道教会前日执委会议

中华道教会前日举行第一次执行委员会议。出席执委谢强公、李瑞珊、张竹铭、严洪清、姚天民、张维新、鲍杏泉，候补李锡庚、宋海林。四时开会，行礼如仪，全体读该会愿词。一、主席谢强公报告经过状况。二、常务张竹铭报告组织部各项会员声请登记书审查合格者，均分别通知，候缴到会费即可发给会证。三、讨论。总务、组织、教务三部应如何分股案。议决：总务部设文书、会计、事务三股，组织部设登记、调查、统计三股，教务部设编辑、宣传、指导三股。四、提案。㈠ 房租纠纷应如何应付案。议决：公推姚委员天民前往洽商。㈡ 浙江海门道友函询道众训练应如何办法案。议决：通知先行入会后，当归入僧道训练。㈢ 道教与医药界颇为切近，应如何征集入会案。议决：备函分致医药界广为征求入会。㈣ 催收会费案。议决：分函催缴。㈤ 规定经常月费数目案。议决：先由会计股详拟收支预算，再行核议。议毕，散会。

1936 年 9 月 11 日第十四版

中华道教会通告各庙登记

中华道教会昨通告本市各庙云“为通告事：奉市社会局令「关」[开]‘案查本市寺庙登记应于本年九月底截止，叠经布告，并令饬转知在案。兹查各庙登记者，迄今仅一百五十余所，其延不登记者为数尚多，合再令仰转饬各寺庙迅速登记。事关寺庙本身在权益，慎勿自误为要。此令’等因，奉此。查全国庙宇总登记，系属政府维护各庙宇权益之至意，岂容违延自误，且本会为体恤各庙宇起见，特呈准展期九月底截止。现在截止期近，而尚有多处迄未申请登记。兹奉前因，为亟通告，其有尚未登记之庙宇，务于即日依式填送社会局。或有不明办法者，可来会询问，自应予以指导。事关政府法令、该庙本身权益，倘再延期观望，将来该庙或有发生纠纷，不独诸多不便，即本会亦难负保护之责。其各遵照办理为要。特此通知”云。

1936 年 9 月 25 日第十三版

县府训练僧道〈常州〉

武邑县府，近奉令举办训练僧道，特于二十五日召集各寺庙庵观住持谈话，结果，决定于下月初旬开始训练。第一期训练名额为一百八十名，计天宁、清凉二寺一百二十名，崇法、龙兴、崇胜、显庆、放生、玄妙观等六寺观共六十名，训练期间定一月，采半日制，上课时集中一处，住宿则返回各寺院。各教官亦经分别聘定担任。

1936 年 10 月 27 日第八版

岳庙开凿自流井〈松江〉

本县城厢居户，饮料向恃市河汲用。惟河水溷浊不洁，有碍卫生。李县长因商准金融界各银行、钱庄垫款，先于城外之岳庙内开凿一井，以将来售水所得归还垫款。业经历次会议大致确定，由上海天源凿井公司承包，价额二千余元，预计四十五天完工。李县长于昨日在岳庙内靠西十王殿前破土，即日着手动工。

1936 年 11 月 24 日第八版

1937 年

霄霓国乐会赴苏采集僧道音乐

霄霓国乐学会，为上海业余音乐名家所组织，蜚声沪江十有余年。最近鉴于中国音乐散在民间者，有采集之必要，特由该会李芷谷君商同李根源、叶恭绰、惠心可诸君转约苏州各山著名僧道及民间音乐歌唱家，自本月二十八日起分别召集，共同研究。约须二月五日始能返申。

1937 年 2 月 27 日第十五版

兰垣邱祖庙旧存火药爆炸

——民房倒塌三百余间，毙六人伤二十三人，甘省府拨款办急赈

〔兰州〕兰垣安定门外邱祖庙内，旧存火药，二十六日晚十时五十分失慎爆炸，历时四、五分钟。据二十七日晨公安局调查，计毗连民房倒塌三百余间，已发觉压毙男女六名，重伤二十三人，受灾百二十户。现在由当局拨款办理收容救济。起火原因，据悉二十六日晨有邻居果商将烟头不慎抛入丛草，因而着火云。〔廿七日中央社电〕

〔兰州〕兰坦邱祖庙惨剧发生后，记者二十七日下午亲往视察，全庙毁为一片瓦砾，相距一哩①内之民房皆已倾「圮」[圯]，府内合抱柏树连根拔掷五十公尺外，四周景象凄凉。〔二十七日中央社电〕

〔兰州〕甘省府以邱祖庙附近居民房屋焚毁，二十七日晨拨款二千元办急赈，难民送天水会馆收容，受伤居民送省立医院诊治。〔廿七日中央社电〕

1937 年 3 月 29 日第三版

---

① “一哩”为英语 mile 的旧译名，现译为“英里”。

茅山香船沉没〈丹阳〉

每届春暖，茅山香汛甚盛。前日有厍水船拖带烧香男女坐船两只抵丹，因天已晚，当停泊于东门外大桥附近。讵该厍水船已坏，船底漏水，当经船伙发觉，设法补救，终属无方，旋即沉没。幸该船伙等均逃上岸，未遭溺毙。

1937 年 4 月 2 日第十一版

城隍出巡路由

本月五日为清明，上海县城隍神及四司于是日例行出巡。(兹)觅录路由于下：由本庙出西辕门、方浜路、旧校场街、穿心街、晏海路、旦华路、紫华路、侯家浜路、方浜路、北石驳岸、松雪街、穿心河桥、肇嘉路、太平街、县南街、县西街、(傅)家弄、昼锦路、光启路、县左街、白牌楼、长生桥、小东门街、益庆桥街、东街、彩衣街、鱼行桥、灵济路、梅家街、天灯弄、巡道街、西乔家浜、凝河路、尚文路、迎勋路、江阴街、大佛厂街、跨龙路、复善堂街、佛阁街、小南门大街、外仓桥街、王家码头街、里马路、三角街、陆家浜街、海潮路、国货路、半淞园路、车站后路、车站路、南车站支路、保安路，到坛。晚上由坛起升，保安路、梅雪路、车站路、利涉桥、大兴街、黄家阙路、中华路、梦花街、学院东街、蓬莱路、应公祠路、尚文路、西王家路、东王家路，出小南门、中华路、小五华街、王家码头、花衣街、王家嘴角街、豆市街、外毛家弄、外滩、大码头街、外咸瓜街、东门路、中华路、东姚家弄、东街、学院路、光启路、方浜路，进东辕门，回辕。

1937 年 4 月 4 日第十六版

道教研究会成立会

本埠闸北止园路底四四九弄七号道教研究会，于本月一日举行成立大会，到会员二百余人。市党部代表王家树、市社会局代表徐心曼。当场选出赵协森、虞希圣、许可成、崔富生、金满堂、潘子卿、陶中信、鲁叶舟、虞祥甫九人为理事，韩珊宝、汪公侠、任春水、吴林法、裘普桃五人为候理，吴德忠、潘和宗、郑荣富、冯钦芳、蔡普镕五人为监事，乐彩英、张东生二人为候监。旋即摄影散会。

1937 年 4 月 5 日第十版

城隍出巡①

昨日为邑庙城隍暨财帛司等五神像清明节照例出巡之期，仪仗甚盛。参加赛会之会手达百余班，穿红带枷之跟香囚犯以及杂耍、臂香、马队等达数百人，猬集城厢内外伫立看会之观众不下十余万，盛况可见。赛会于午时由邑庙出发，傍晚达南站保安路坛上。晚七时由坛上起升，灯烛辉煌，更形热闹。十时许返方浜路进香。市警察局鉴于前日浦东赛会中发生武剧，故昨日加派岗警维持秩序，一路得安然无事。同时市区电车、公共汽车，乘客拥挤异常，人力车亦利市一倍，自由车行出租一空。

1937 年 4 月 6 日第十一版

浙东慈溪大霖山清虚观恭逢三清道祖开光大典敬迓诸大护法朝山启事

国历四月念五日至卅日〔即夏历三月十五至念日〕为本观虔塑玉清、上清、太清三清道祖装金圆满举行开光大典，并择国历四月念四日起至五月三日止〔即夏历三月十四日至二十三日止〕九日九宵启建罗天大醮祈祷国泰民安，务望海内善士信女诸大护法届期朝山进香，躬预盛典，不胜企盼。进香路程：由沪乘轮至宁波，换坐火车至叶家站，再乘轿登山直达观门。大霖山清虚观方丈严洪清、住持马福清稽首谨启。

1937 年 4 月 11 日第五版；1937 年 4 月 16 日第六版；1937 年 4 月 21 日第五版；1937 年 4 月 25 日第五版

---

① 本文为《昨日清明，郊外游人如织，扫墓者络绎于途》中的一则。

七庙朝东岳盛会〈无锡〉

废历三月二十八日为锡邑最大之香汛，城区各庙例出朝东岳之盛会。现正在分头筹备，争奇斗胜。参加者共有七庙，计：北塘府殿，用马五十六匹，并有各种戏文二十余座，夜色纱旗纱伞。黎花庄延圣殿，用马四十一匹，戏文十余座，亦有夜色。南门张元庵，用马三十六匹，戏文十余座。东门延寿司殿，用马十五匹，戏文十余座。其余西水仙、南水仙、老庙等三庙，亦有特色仪仗。

1937 年 5 月 5 日第十版

香会热烈盛况〈江阴〉

本县东岳庙于废历三月二十七、八两日例有香会。今岁四乡农民甚为热烈，并有各布厂染工加入，大吊臂香。上海旅沪杀猪作帮亦回里参加名手香善会，届期定有一番盛况。

1937 年 5 月 8 日第八版

十万民众看香会〈无锡〉

七庙朝东岳会业于八日举行。下午二时，各会先后出动，看会者达十万以上，以致交通断绝。复兴路至惠山一带，沿街均搭小台卖坐，其价每人二角至一元不等。会中仪仗戏文，以北塘府殿最为精彩，其余各会亦有特色。入晚并有夜会。是日全县工厂大都停工。县警察局、各警察所、保安队、壮丁队全体出动，维持秩序。复兴路一带及北大街之各商店，大都收市。各银行及钱庄则于下午停止办公。

1937 年 5 月 9 日第十版

东岳行宫修殿并不募捐启事

启者：本庙为松邑古迹，乃奉高台大殿逢雨渗漏，蒙诸庙董会商修理，刻已动工，所有修理费用由庙董补助，并不派人向外捐募。诚恐有人在外冒捐，除登报声明外，特请各界注意。如有人前来劝募，请概行拒绝，或送警局法办。此启。岳庙东西房住持洪镜清、朱秋楣启。

1937 年 5 月 28 日第五版

虹庙施诊给药药

英租界南京路住持张维新，每年夏令施诊给药。近鉴于战争期内，贫病交加者更形困苦，并承王问梅君继续募助药剂，乃得延长，仍聘国医侯康伯、侯文寿二君就庙每日上午施诊治药，以利贫病。

1937 年 9 月 20 日第六版

1938 年

〖城隍庙大殿尘封凄凉万状〗[①]

南市失陷后一年、其景象除一片焦土尽人皆知外……至于城区，除老西门、小南门、乔家浜与大东门、小东门可以出入外，其他各口均被砌以短垣，或置以铅丝，不许来往，借免显此失彼之虞。民国路则完全隔以短垣或以沙袋阻住，不得来往，仅新开河一口许难民区救济会人员进出。里面一条方浜路系南区与难民区交界点，则亦将各口砌断，仅丹凤路、旧校场、万竹路等处可通。即城隍庙之大门亦关闭，不许进出。是以城隍庙大殿迄仍关闭不开，日夜不绝香烟缭绕之城隍庙已有尘封之虞。按城隍庙在往年即香伙一职亦招商投标，每年标价一万三千元以上。仅「腊」〔蜡〕烛头尚如此，则收入之可观固令人羡煞。今则靠庙吃饭与羽士，固大呼负负，亦莫奈何也。城隍庙内外本为一热闹市场，现则仅豫园内湖心亭及得意楼等茶馆尚在营业，其他则只见路上之破碎摊户之木架与路上之排泄物而已。

1938 年 11 月 16 日第十版

丹道刻经会出新书

丹道刻经会，系国内研究仙道学术者所组织，前曾出版《道窍谈 · 三车秘旨》合刊一书、已风行海内，近出第二种道书，名“琴火重光”，乃外丹秘籍，向无流通者，每部一元，寄费另加。该会暂设上海海宁路一千号。

1938 年 11 月 22 日第十一版

---

① 原题《一切不堪回首，南市现状一瞥——城隍庙大殿尘封凄凉万状，亩地实行毒化反觉繁荣》，此处摘录其中一部分。

沈锜王建范律师代表上海邑庙董事会紧要声明

据上海邑庙董事会董事长来所声称“本月三日《时报》新经济版刊载城隍菩萨行将乔迁之消息及六日《新闻报》登有邑庙市场广告后，外界人士纷纷前来询问是否预备将城隍神迁入租界，该商场是否本会主办，并有来定店基摊基者。查南市虽遭沦陷，然邑庙适在难民区域，尚称安全，故本会并无将城隍神迁入租界之意思。邑庙市场向在城内邑庙大殿之前，报载之市场系另一组织，本会并未与闻，委请代为登报声明”等语前来，合行代为声明。事务所：四川路三三号二楼。电话：一六五〇〇号。

1938 年 12 月 9 日第二版

1939 年

《仙道月报》出版

《扬善》半月刊，自二十二年发行以来，因沪战停刊，仙学文化久已销沉。兹幸该刊已于一月一日更名《仙道月报》出版，内容专门研究仙道学术原理、讨论仙道实践功夫。欢迎试阅，函索即寄。地址：上海海宁路一千号。

1939 年 1 月 7 日第十二版

上海城隍庙邑神四司三巡联合会理事处通告

启者：查吾邑城隍神三巡会，自南市成沦陷区域后会务即告停顿，惟原有新年团拜一举，业由会众呈请邑庙董事会核准，于旧历己卯新正月初六日上午暂假英大马路虹庙内循规奉行，俾续向例。前本联合会簿据及一切重要文件、图章均遭遗失，而各会员友亦于战事后大半避难星散、地址不明，因此无从柬请。为特登报通告，凡吾邑神四司大神案下在会各员友等，务希见报注意上开地址、日期准时到庙虔诚拈香，幸勿有误为要。〔临时通信处：暂假英租界爱多亚路六三〇号二楼。电话：九五二四五号代转。〕

1939 年 2 月 15 日第二版

邑庙市场神像开光

吕宋路邑庙市场之神殿于昨日〔十五日〕开放。上午十时，由黄金荣、万墨林、陈福康开光，善男信女纷纷拈香礼拜，一时香云缭绕，宛然旧时邑庙风光。星相、花鸟、灯彩诸肆均为邑庙旧时所有，而为一般市场所无，故“游新城隍庙”已成为口头禅语。百花厅茶室亦座客常满，因其风味别饶，颇适于顾客之憩坐茗话。

1939 年 2 月 16 日第十二版

昨日旧历元宵

——虹庙裙屐翩翻，南市城隍行不得也

昨为旧历元宵节，沪壖妇女胥喜于是日烧香。往年如南市之邑庙、南京路之保安司徒庙〔即虹庙〕烧香妇女络绎而至，极裙改屐翩翻、衣香鬓影之盛。而邑庙城隍神且例于是日出巡，百戏杂陈，尤极盛况。惟自全面抗战起后，沪壖四郊已嗟多垒，而邑庙已陷处游击区域，故出巡之举已成陈迹。第南京路虹庙，今年因租界人口稠密关系，敬香妇女之多实为历年所未有，自晨迄晚庙宇有人满之患。庙左壬昌泰烛号更有宾至如归情况，拥挤不堪。缘是捕房特派华捕多名，在庙外及该烛号门外弹压。此种烟雾弥漫与珠光宝气映耀情形，迄晚六时后犹未消失。

1939 年 3 月 6 日第十一版

湘省府主祭五岳

南岳：名山五岳历代祠典至为隆重。南岳每年春秋二祭，由湘省府民厅主持。今晨三时依例举行，湘省府特派钟毓英代表主祭，当地各机关团体陪祭。〔二十二日电〕

1939 年 3 月 23 日第三版

黄大仙慈航仙观清明祭墓道场醮启

敝观因鉴于国内灾情之重，爰本黄大仙慈悲之旨，谨择农历二月初六日至二十七日圆满，开坛设祭，一连廿二日，跪诵太上道藏诸品仙经，拜礼度亡法忏，敬备果品素筵，供祀祖宗先灵。闻经听法均获超升。如蒙参加者，随时请到宁波路顾家弄敝观报名，设位祭扫。坛设宁波路顾家弄本观。电话：九五四五八。道衲住持陈宗静谨启。

1939 年 4 月 2 日第六版；1939 年 4 月 3 日第五版

罗浮山下的烽火①

五、罗浮山赵道士还要拿枪来干一干

×军攻破了罗浮山的酥醪洞，酥醪观的道士也免不了皇军给道士们一个“好”的光顾，赵道士也就要拿枪来干一干。赵道士是长得很胖的，肚子很膨大，脸很红润，年纪在四十余五十岁的边前，左脚是个跛的。记者前次到酥醪观，和他谈话过，他很识得世故，那时就知道他是曾经沧桑世故的一个消极者。这次记者在酥醪观碰着他，他却不像前次那样的道士消极态度了。一开话匣，他就愤激地这样说：“我赵书麟，入酥醪观十余春，静养晚年，因为我是看醒了‘世界’。以前我是在军队里当过书记，后来也当得营长，做得营长，好多事情自己更不满意去做，便把赚得一点钱，带来罗浮山修道。一千银同人在麻榨墟做生意。今则店被烧毁了，钱是落空了，身上袋的四十块钱也给日本鬼抢去”。这时他说得很亮很急，拐杖在地板用力的一顿，引起了四处的回响。“你想国家危亡，道士也做不成，我还要拿枪来干一干。”他的脸上，浮显得更红了，两边额角的青筋，卜卜的在跳动，于是紧紧握着拐杖，拐杖在那里颤动。

“国家危亡，谁也活不成，大家都要拿枪来干一干。”记者补了他这一句。

1939 年 6 月 13 日第三版〔香港版〕

保安司徒庙施诊给药

南京路虹庙主持张维新君，鉴于贫民疾苦众多，并承王问梅君劝募各善士药剂，敦请国医侯康伯、龚寿仁、侯文寿及其门人沈绍基，就庙施诊给药，定于本月二十八号开诊，上午九时至十二时。

1939 年 6 月 25 日第十六版

① 本文作者署名“杨凡”。

上海清虚观敬告各大护法

本观建塑水火二帝、三十六天将、四值功曹全堂圣像装金圆满，谨詹夏历六月初一日吉时举行开光典礼，并于是日起启建罗天大醮九永日，广召高功羽士虔诚礼忏、熏沐上表，仰赖神光普照、驱魔逐疠、降福消灾，四境得安宁，黎庶获康泰。届日备有素筵。敬希各界善男信女、护法居士早降拈香，同结善缘，无任企盼之至。浙慈大霖山清虚观下院爱多亚路虞洽卿路口上海清虚观谨启。

1939 年 7 月 16 日第一版

申报交际日历表

七月十七日星期一

〔事项〕上海清虚观开光典礼

〔地点〕爱多亚路虞洽卿路

1939 年 7 月 17 日第十五版

杭州玉皇山上海分院启事

敬启者：本观在沪西新设玉皇山分院，于康脑脱路戈登路巡捕房后面，西摩路底蒋家巷朝西八四九弄三百号便是。可乘十路公共汽车或二十四路无轨电车直达康脑脱路小沙渡路下车，朝北向东行五八八弄内亦通。如蒙各界善信诸大护法驾临拈香、虔诚祈福、请经礼忏、阴阳法事以及向在本山曾入皇经胜会暨新加入者辱承接洽，敝院无不竭诚欢迎。谨特布闻。杭州玉皇山福星观上海分院住持紫东道人李理山谨启。临时电话：三五三四四号。

1939 年 8 月 17 日第二版；1939 年 8 月 19 日第二版；1939 年 8 月 21 日第二版；1939 年 8 月 23 日第六版

杭州玉皇山上海分院启事

敬启者：敝院谨择农历八月初一日〔阳历九月十三日〕为新成立纪念，是日玉帝开光，届期恭请各界善信诸大护法驾临拈香祈福。特此周闻。地址：康脑脱路西摩路底蒋家巷八四九弄三百号。临时电话：三五三四四。住持李理山谨启。

1939年9月12日第二版；1939年9月13日第五版

杭州玉皇山上海分院谨涓农历八月十七日〔阳历九月廿九日〕祈祷平安百日道场缘启[1]

呜呼！此何时！此何时！烽火连天，干戈满地。死亡则枕藉也，流离则载道也，疫疠则蔓延也，房屋则灰烬也，市廛则凋敝也，田园则荒芜也。生命之牺牲，财产之丧失，两载以来不知凡几。此诚天祸中华民族之时也。顾曷为而天祸若此，岂天之不仁耶？夫亦人欲横流，戾气所充，上干天谴耳。于此而欲挽回天心，扫荡一切毒氛，殊非祈祷不为功。祈祷云者，非空谈玄理而已矣，必先有悔祸之诚，诵经礼忏，始能感召天和，救生者于万劫之中，慰死者于九泉之下。同人等睹此世界风云变幻莫测而中原大地遭祸之惨实开其端，早存禳解之企图，若乏主持之人物。今也杭州玉皇山道院李紫东道人，抛却湖山风景之区，惠临番市尘嚣之地，抱普济心，负规划责，毅然设分院于此间。福星观以玄门之巨擘率道友以养心，同人等懔于皇天无亲惟德是辅之义，发起百日道场，以期消灾弭劫、超度幽魂而祈祷平安。谨择于农历八月十七日至十一月廿七日〔阳历九月二十九日至一月六日〕圆满，逐日虔诵道藏天经，朝礼玉皇宝忏，仗道力之崇高，冀神灵之呵护，拨开烟雾，重睹青天，荡涤秽瑕，复完白璧，家家获无量之福，人人免无妄之灾，幽明得所，上下相安，空前之浩劫解除，此后之幸福共享。此则同人等发起祈祷之本旨

[1] 29日本文标题中"谨涓"后面时间作"今日"。

焉。莫谓天道无知，殃祥不爽，只要人心向善，福佑自归。白发青年毋去贪三月之肉味，善男信妇愿来拈一瓣之心香。是为启。发起人：冯炳南、虞洽卿、张啸林、吴麟坤、金润泉、邵长春、张兰坪、严裕棠、许行彬、高子白、费钧堂、赵道慈、陈荣安、陈宪和、奚洪德、张澄塘、钱士青、俞叶封、王邈达、朱经源、顾仲安、汤旦元、陈雨芗、陈璋圭、吴光鼎、戚继良、高叔安、张包焯、裘申伯、丁锦生。

地址：英租界康脑脱路戈登路巡捕房后面西摩路底蒋家巷八四九弄三百号。可乘十路公共汽车、廿四路无轨电车，在康脑脱路小沙渡路下车，朝北向东转湾便是。临时电话：三五三四四。

再者：如蒙各界善信临莅拈香，愿意加入胜会者，无不竭诚欢迎。附告。

1939 年 9 月 27 日第二版；1939 年 9 月 29 日第五版

1940年

上海慈善团董事长秦砚畦氏逝世

——今日下午二时大殓

沪上耆宿秦锡田，字砚畦，前清孝廉。曾宦鄂省，有政声。民国后，历任江苏省议会议员、上海地方款产处主任、上海慈善团董事长、上海邑庙董事会董事长、三林学校校董会董事长等职。为人清慎廉介，守正不阿。齐卢之役，保全地方公产，不畏强御。上海沦陷后，先生尤能守身如玉，一尘不染，可以见其平生节操。敬恭桑梓，奖掖后进，数十年如一日。公余以诗文自遣，于乡里掌故多所记述，有《享帚录》等著作行世。三月十二日染肺炎病，遽于十六日午刻逝世，享寿八十岁，社会人士莫不悲悼。兹悉定于今日〔十八日〕下午二时在台拉斯脱路上海殡仪馆大殓，并闻三林学校校友会拟以“敬惠”二字为先生私谥以志景仰云。

1940年3月18日第八版

南京路虹庙为冒名募捐慎重声明

谨启者：本庙向无派人对外募捐。不料近有小宵(探)知本庙行将修葺殿宇，竟乘机在外假名向各界募捐，行(诈)敛款，损及本庙信誉法益。深恐外界不察，受愚被骗。特此登报声明。以后各界遇(类)此假名募化情事发生，请即鸣警扣留，并通知本庙，以便究办而维法纪，至为感盼。诸维公鉴。

1940年4月9日第二版

都江堰举行开水典礼

〔成都〕廿九年都江堰开水典礼，十二午举行，中外人士云集。晨十时，先在伏龙观祀奉李冰，嗣在二王庙祀二郎神，均由中央某首长莅临主持，省垣党政军首长贺国光等陪祭，各机关团体学校代表与祭，共到万余人。游击队之母赵老太太亦往观礼。仪式至为隆重。旋赴都江堰江干，由建长主席祭祀河伯后，即至码头开水。霎时江澜汹涌，夺江而出，直泻千里。开水典礼，于焉告成。〔十二日电〕

1940 年 4 月 14 日第三版

昨日日机两度袭川

——晨扰梁山经华机击退，夜渝市又发空袭警报

〔叙府〕星期日晚间，日机一队袭击岷江沿岸之龙王庙，投下六弹，而将该庙炸毁。日机轰炸该庙之理由，此间尚未获悉。被炸受伤之平民十余人已在此间美国浸会医院医治。〔二十一日合众社电〕

1940 年 5 月 22 日第四版

日机百余架昨日又袭渝市

——市内多处中弹起火，传日机二架被击落

〔重庆〕今日下午又有日机四批约百余架袭渝，在城区内投掷炸弹约百五十枚，被炸区约十余处，毁屋约五百余间，尤以龙王庙等处起火焚烧、受害最重。日机来袭时，华方驱逐机升空迎击，闻有日机两架被华方击落。〔十二日快信社电〕

1940 年 6 月 13 日第五版

五教演讲①

今日为演讲之第三日，所讲为道教之要旨与道德。关于道教之公开演讲，向极少有，预料听众必更形踊跃。在场并分赠《德育古鉴》一书及《道教

① 原文标题另有副标题“昨讲耶教要旨”。

入门》赠书券，俱为名贵之作物。

1940 年 7 月 1 日第九版

〖桐柏宫法律顾问江兆平代表住持声明斥革华至安〗①

据当事人上海桐柏宫住持来所声称：“本年七月三十一日，本宫道士华至安擅离职守，私往三茅宫道院诵经拜「㦬」［忏］。本宫为整饬道规起见，不得已将其斥革。以后该道士在外一切行为，本宫概不负责，应请代为登报声明以清手续。再三茅宫道院住持私邀本宫道士至其道院诵经拜「㦬」［忏］；迨本宫查悉，派人唤召该犯规道士返宫服务，该道院住持又恃众抗阻，并饰词报捕，事后又致函要求损失。其故意违反道规之处，实出本宫意料之外。应请代表登报警告，以免日后再有此类不幸事件发生，并请接受本宫聘请为本宫常年法律顾问，以资保障”等语前来。据此，除受任为该桐柏宫道院常年法律顾问外，特代表该宫住持登报声明并据情警告。至希公鉴。事务所：金神父路一五二号。电话：七〇九六一。

1940 年 8 月 6 日第二版

杭州玉皇山上海分院祈祷平安九日道场启

先哲有言曰“作善降祥，作不善降之殃”，是祥与殃无一非人自召之也。七七事变后，我中华民族横遭惨死者不知凡几，流离失所者又不知凡几，时逾三年犹未能出水火而登衽席，此岂彼苍无厌乱之心乎，夫亦人欲横流，经此亘古未有之奇殃，仍未足以蔽辜，且也机诈者流更复乘此时机以自相残害。呜呼！道德愈沦亡，灾殃亦愈烈愈久。每念先哲之言，辄叹人苦不自悟耳。敝院崇奉道教，睹此现状，不敢不尽道家之责祈祷平安，爰发起九日道场，导人心于向善，冀天道之回和。戾气泯而兵气自销，非虚语也。谨择于国历十二月十二日起至二十日〔农历十一月十四日起至二十二日〕圆满，逐

① 原题《江兆平律师受任上海桐柏宫道院常年法律顾问并代表该宫住持声明斥革华至安道士并警告三茅宫道院住持》。

日虔诵道藏大经，朝礼玉皇宝忏，于十六、十八日拜进金阙覃恩天表一函，二十夕、二十二夕设放荫祖铁罐炼度全堂，替代大千世界表示忏悔微忱，以期天谴稍从末减，而苏民困，而安民生。至超拔幽魂，乃余事也。凡我善男信女，果存悲悯之怀，渴望烽烟尽息，以解倒悬者，盍兴乎来。此启。地址：英租界康脑脱路西摩路底八四九弄三百号。电话：六二六四〇。

1940 年 12 月 11 日第四版

1941 年

杭州玉皇山上海分院举行庆祝玉帝圣诞启事

敬启者：夏历本月初九日，是玉皇上帝圣诞之期，敝院特建瑶坛，先于初五日开始礼忏诵经，至初九日圆满，是日拜进天表。届期务希十万善信莅临拈香，同申庆祝，上祈洪庥，下迎景贶，俾恒年而叶庆，锡众姓以平安。恐未周知，谨此布闻。地址：英租界康脑脱路西摩路底八四九弄三百号。电话：六二六四〇。

1941 年 2 月 2 日第二版

道教协会筹备讯

上海道教同人，为求联络感情，促进互助，曾经集议筹组道教协进会，已得各地道教同人之赞助，纷纷参加，已达数百余人。现已积极筹备，将来并拟分别举办各种福利事业，如救济及施送医药等。一俟筹备就绪，即可定期成立。

1941 年 6 月 28 日第十版

上海紫阳宫祈祷世界和平消灾弭劫
并超度十方幽魂启事

谨启者：世界战祸于今为烈，众生痛苦来日方长。若不实现和平，安能消弭灾劫。此乃全球人类共同之心理，非独一国家一民族为然也。但以人心未能上格天心，故世界和平尚迟迟有待。今欲约束纷扰之人心，使其归本于至诚，挽回震怒之天心，冀能转祸而为福，则宗教家祈祷之法门为尽善矣。兹有紫阳宫住持陈铁海道人，戒律精严，玄功卓越，徒众数十人，概属衣冠整肃，课诵虔勤，久闻遐迩。同人等惕于杀劫兵灾愈演愈惨，中原兴板荡之嗟，大地有陆沉之惧。爰就紫阳宫发起百日道场，逐日按时诵经礼忏，仗道力以消罪业，凭感应而迓天庥，并附带超度十方幽魂同升上界，但愿普遍世间化干戈为玉帛、变戾气作祥氛，同人等不胜企望焉。谨涓于闰六月十五日开坛，至九月二十七日圆满，即国历八月七日至十一月十五日止。各界善信如有诚意莅临拈香，或自愿加入本道场附荐已故亲属者，均所欢迎。是为启。紫阳宫住持陈铁海道人叩。地址：上海沪西开纳路220号。电话：二〇〇七九。发起人：田野云居士、杨清、丁玉堂、陶子康、王郁文、凌昌炎、汪月亭、吴云甫、顾宝林、陆季芳、孙春年、虞益品、叶克盛、张斌、陈撄宁。

1941年8月6日第二版；1941年8月7日第五版

杭州玉皇山上海第一分院为庆祝九皇圣诞暨斗姥开光启事

谨启者：夏历九月初一日至初九日，为九皇圣诞之期，敝院特建瑶坛恭率道侣朝礼大梵斗忏九永日，涓初一日预为斗姥开光，初五日赍呈斗极覃恩天表，初七日度关，初九日禳星并告圆满。届期务希各界善信降临拈香，同伸庆祝。至于玉帝开光稍待异日再行通告。特此布闻。地址：公共租界麦根路口武定路三十二弄二十号。电话：三〇七八三。

1941年10月19日第二版；1941年10月20日第二版

杭州玉皇山上海第一分院为庆祝九皇圣诞启事

谨启者：夏历九月初一日至初九日，为庆祝九皇圣诞之期，敝院特建瑶坛恭率道侣朝礼大梵斗忏九永日，于初九日禳星解厄并告圆满。届期务希各界善信降临拈香，同伸诚敬。至于玉帝开光稍待异日再行通告。特此布闻。地址：公共租界麦根路口武定路三十二弄二十号。电话：三〇七八三。

1941年10月27日第一版

紫阳宫启事

闰六月十五日，为本宫修建百日消灾弭劫祈祷世界和平功德，本于九月二十七日圆满。贫道因有为功德虽能利济冥阳，然不若无为自化运默玄功之效力，爰于八月二十日起闭关静坐共七七四十九日，在关内抱一守中，精修至道，冀补有为功德之不足，计于十月初九日圆满出关，祈祷道场亦延长至是日同时告圆。惟祈祷及闭关期内，承诸大善士乐助功德金，护持大道，普利幽明，贫道谨为诸大善士普祝福利，又为苦海众生拜颂仁施，并祈于圆满出关之期驾临拈香，同圆胜会，共祝升平，是为至幸。紫阳宫住持铁海道人陈至根稽首。地址：沪西开纳路中。电话：二〇〇七九。

1941 年 11 月 26 日第六版

1942 年

杭州玉皇山上海第一分院为玉皇上帝暨列圣开光并庆祝玉帝圣诞启事

谨启者：敝院创修工竣，涓吉于夏历正月初八日为玉皇上帝暨列圣开光，预于初一日启建瑶坛，特饬法侣虔礼玉皇锡福宝忏九永日，初九日庆祝玉皇圣诞洎拜进金阙覃恩天表全函，并告圆满。届期务希各界善信降临拈香，同伸诚悃。特此布闻。地址：公共租界武定路三十二弄二十号麦根路口。电话：三〇七八三。

1942 年 2 月 21 日第四版；1942 年 2 月 22 日第四版

昨日旧历元宵虹庙鬟影衣香

昨日为旧历元宵节，沪滨妇女习俗，胥喜于是日赴各庙宇烧香。南京路虹庙昨日自上午五时起即有香客络绎而至，鬟影衣香，珠光宝气，殿内立无隙地，蜡炬高烧，香烟迷目。至其他庙宇香客亦殊拥挤。

1942 年 3 月 2 日第三版

蓝卍字会上海道教时疫医院免费开诊启事

亢旱无雨，霍乱猖獗，天灾临头，深望各界人士以善劝善、解化劫数。蜗居上海，人烟层密，尤以南市特少治疫急救之设备，不幸传染，绝少生望。好生之德，人皆有之。爰由蓝卍字会创设，上海道教桐柏宫主持发愿积极筹备，并承白云观主持刘永祥助愿借地及各道友之赞助。兹已一切就绪，定八月十二日正式开幕，应诊住院门诊及给药等概不取费，聘请国内医科大学毕业之正式医师六人、护士十余人，备有病床百张，日夜服务，随到随诊。如遇时疫病人请迅即送院为盼。发起人：金益如、曾云霖、李祖荫、王桂卿、屠开征。上海道教桐柏宫、白云观、清虚观、黄大仙观、紫阳宫主持艾朗轩、刘永祥、严洪清、黄贯一、陈[主][至]根。院长曾云霖、副院长艾朗轩启。院址：城内方斜路西林后路白云观道院内。总办事处：威海卫路桐柏宫内。

1942 年 8 月 13 日第一版

道教同玄联合祈雨呼吁各界共发仁心惜物护生持斋戒杀虔诚忏悔启事

《道德经》曰“天地相合以降甘露，民莫之令而自均”，《中庸》曰“致中和，天地位焉，万物育焉”。夫天地相合，即天气与地气交泰，造化之阴阳相调和也。甘露，即时雨也，阴阳调和则时雨自降。时雨降，则天地位而万物育，五谷丰登，民生不匮。然欲如此，则在乎人之能致中和。人能致中和，即能得天地之中和。盖天地之造化，系于人心。人心和祥，造化亦应之以和祥。人心乖戾，造化亦应之以乖戾。天地为生化之源渊，人心乃转捩之机关。昔贤云“我之心正，则天地之气亦正”，又云“人心即天心也”。方今世界干戈未息，更兼久旱少雨，生物枯槁。衲等忝为玄门弟子，是用谨代各方忏悔，虔叩穹苍，诵经持咒，进表陈情。倘邀天鉴，得沛甘霖，殊为万幸。尚望绅商各界，共发仁心，持斋戒杀，惜物护生，降临拈香，同表诚信，则惠迪之吉，不特禾苗得以欣荣，疫疠亦能潜息。善人君子，幸勿河汉斯言。上海桐柏宫住持艾朗轩、白云观住持刘永祥、清虚观住持严洪清、黄大仙观住持王贯一、紫阳宫住持陈至根同谨启。以上各庙均自设坛祈祷，至得雨时为止。

1942 年 8 月 14 日第一版

铁海道人灵符治病

敬启者：贫道在闭关期内曾获神传灵符，专治时邪百病，一切疑难杂症均能应手而愈，前数年中经衲治愈者奚止数千人。最近数年因院务太忙，对于灵符治病不及兼顾。刻下鉴于贫病者日(渐)而医药费日贵，因是再发愿心，将院务暂委徒众担负，重行书符治病，以结善缘。凡患病诸君如来求治者，只须自心虔诚，但备清香一炷可耳，其余分文不取。特此敬告。时间：上午九点至十二时，下午二点至五时。地址：沪西开纳路220号紫阳宫。

1942年8月26日第一版

杭州玉皇山上海分院启建太上万年金箓启事

径启者：敝院谨涓夏历九月十五日起启建太上万年金箓阴阳两利延祥集福道场九永日，迨至二十三日圆满，冀望上消天灾下禳地祸。爰特谨依太上科典始创皈真之坛，为开锡福之门。倘蒙各界善信发心植福愿入胜会者，留芳名于万载，培功果于三生，其禄位得供奉于功德堂中享受万年经功利益。至于入会格式函索即寄，或临敝院接洽。特此奉闻。地址：公共租界武定路三十二弄二十号麦根路口。电话：三〇七八三。

1942年9月28日第四版；1942年10月3日第四版

杭州玉皇山上海分院为改期启建太上万年金箓启事

径启者：敝院原涓定夏历九月十五日起启建太上万年金箓道场九永日，兹因各方善信闻风加入者甚夥，敝院对于筹备各项手续自应负责赶办，但事极烦琐，势非一蹴所能。为郑重周详起见，将金箓日期延展一个月，爰特声明改正。谨于夏历十月十五日起，至二十三日圆满，届期务祈诸大善降临，并希见原，幸甚。地址：公共租界武定路三十二弄二十号麦根路口。电话：三〇七八三。

1942年10月22日第四版

1943年

中华道教总会筹备会启事

本会崇尚道教，阐扬前古轩帝问道于崆峒广成子之至义，爰纠集我宗教信徒组设中华道教总会。凡我海上同玄，允宜万壑归流。同人等深虑「棉」[绵]力，除顶礼十方护法参加赞助并呈请国府备案为社团宣扬宗教保存古文化之一外，特此刊登广告，俾奉我道宗者盍兴乎来。是为启。赞助人：褚民谊、徐乾麟、王彬彦、江政卿、孙祥夫、许振宗、崔福庄、李祖荫、唐松溪、彭寿彭、黄金荣、张兰坪、范回春、王锦霞、陶健华、高延根、刘桐畅、闻兰亭、徐朗西、翁寅初、岑伟生、叶鹏远、周渔笙、董振远、薛巩初、林康侯、冯炳南、王尧臣、雷凤翱、彭栋梁、金谦吉、曾云霖、沈霖生。发起人：上海清虚观住持严洪清、上海白云观住持刘永祥、上海桐柏宫住持艾朗轩。谨启。

1943年4月23日第一版

杭州玉皇山上海分院举行第四届祈祷世界太平九九大醮启

粤稽夏禹治水，虔祷上下神「祗」[祇]，乃感上帝授以太上召呼万灵之书，故九州之洪水尽治；成汤请雨，祷于桑林之野，以六事自责感天赐大雨数千里，岁征大熟。沿及后世，凡国有灾异，尝设坛埠祀天虔诚祈祷无不有感斯应。但以天道高远，非凭表疏何由达悃？天心震怒，非凭忏悔何由降祥？今者世界战祸蔓延，人类痛苦已极，中国北方各省连年又告旱荒，食粮断绝，饿殍盈途，颠沛流离，惨不忍睹。虽曰劫数难以挽回，亦是众生罪业所自召。果能悔过向善，未尝不可转祸为福。天人感应惟在一念之间，上表通疏仍赖玄科之助。此第四届九九祈祷大醮所由发起也。谨择于国历七月十三日〔农历六月十二日〕开经，至十月一日〔九月初三日〕圆满，虔诵道藏天经，朝礼玉皇宝忏，每隔九日判放萨祖铁罐炼度一堂，以资超拔全世界阵亡将士之英灵以及遭劫惨死之冥魂，并济十方界内一切无祀孤爽等众咸遂生天，求上灵以弭劫，希大地之咸宁。惟此长期大醮需费颇巨，独力难支，众擎易举，所望中外善信慨解仁囊，以弭灾为当务之急，以消劫为莫大之功，不吝玉趾惠然肯来，拈一瓣之心香，挽全球之气运，不难世现清平，人享康乐。谨启。

再者：祈祷期内，如诸大善信追荐先亡，附设灵位，务希先期莅院接洽是荷。本院在此九九祈祷大醮期内，如蒙各界乐助香烛锡箔等物，除送来外，或以电话通知敝院，由院立即[①]派人造府领取。地址：麦根路口武定路三十二弄二十号。电话：三〇七八三。

1943 年 7 月 12 日第一版

道教会施衣及施粥券

道士艾朗轩、刘永祥、严洪清、周养真、张维新、王朗泉等，发起中华道教总会，呈准内政、福利两部备案后，闻已筹备就绪，行将成立，入会者已有数百人。该会以寒冬已届，特发印施粥券数万张，每券粥资两元，除由会担任若干外，凡有好善之士亦可向威海卫路桐柏宫总办事处购票施粥，并闻有两大善士各助棉衣百套，在方斜路白云观总会分送云。

1943 年 12 月 7 日第四版

中华道教总会筹字三号公告

本会呈准国民政府内政部、社会福利部批示许可备案，先行组织筹备会，开始筹备以来，历时数月，现「巳」[已]筹备完竣。兹订于国历十二月二十四日午后在南市方斜路白云观内举行成立大会，推选理监事，通过会章，讨论提案等事宜。凡我同道均应加入。除分别呈请内政部、社会福利部长

① “由院立即”原作“由立院即”，错简。

官莅场监视并请本埠有关各机参加列席指导外，合应登报公告，诸希亮鉴。中华道教总会筹备主任艾朗轩启。

1943 年 12 月 16 日第三版

1944年

合境保安黄箓道场通告缘启

为众姓启建合境保安醮典大道场，务希全沪善男信女，于夏历三月念三日为始，念五日圆满，各自虔诚茹素三天为要。〔醮坛设于方斜路白云观内〕

1944年4月16日第三版

杭州玉皇山上海分院为庆祝朱大天君圣诞启事

谨启者：夏历四月廿三、四、五三天为庆祝朱大天君圣诞之期，敝院特建瑶坛虔诚礼忏，涓廿四日拜进神威普感覃恩(大)表全函，届期务希各界善信降临拈香同伸诚敬。地址：武定路三十二弄二十号麦根路。电话：三〇七八三。

1944年5月15日第二版

杭州玉皇山上海分院举行第五届祈祷世界太平禳灾弭劫普济幽爽九九大醮启

呜呼！世界之战争愈煽愈炽，而杀机亦愈发愈惨。在此六七年中，人类之死亡何可数计。长此造作人祸，因之酿成天灾，水旱饥馑，疫疠瘟「瘴」[癀]，蔓延殆遍，苟免无方，大难当前，于戈弗戢，忍而为此，伊于胡底。虽曰阳九之厄使然，实是众生业障所召。果能一一悔过归仁，未始不可转祸为福也。今欲靖全球之战事，致五洲于太平，是在顺天心、尽人力，呼吁昊苍，挽回劫运，忏除殃咎，改悔愆尤。而欲上冀感格玄穹，下减苍黎罪孽，非效王纂之斋醮不为功。此第五届九九祈祷大醮所由发起也。谨择于闰四月初一日开经，至农历六月廿二日功德圆满。在此期内，虔诵道藏天经，朝礼玉皇宝忏，每隔九日判放罗祖铁罐炼度一堂，以资超拔全世界阵亡将士之英灵，并及遭劫惨死之冥爽，且济度十方界内一切无祀孤魂等众，咸遂生机，免沉苦海，乞上天之默佑，希大地以咸宁。区区愚忱，神明共鉴。惟是长期大醮需费颇多，独力难支，众擎易举，伏祈中外善信慨解仁囊，以弭灾为当务之急，以消劫为莫大之功，不吝玉趾惠然肯来，买一瓣之心香，转全球之气运，宥罪锡福胥在于兹。嗟乎！天地以生物为心，必能阴骘下民化八方之戾气；人民以安邦为念，亦必能力回上帝期一视于同仁。所望一德一心诚求朝暮，庶几万感万应契合神人，作九九之大祈祷，弥元元之大劫数，不难世现清平，人享康乐也。谨启。

再者：祈祷期内，如诸大善信意欲追荐先亡，附设灵位，务希先期接洽是荷。本院在此九九祈祷大醮期内，如蒙各界乐助香烛锡箔等冥资，除送来外，或以电话通知敝院，由院立即派人造府领取。地址：麦根路口武定路卅二弄廿号。电话：三〇七八三。

1944 年 5 月 22 日第一版；1944 年 6 月 7 日第二版

中华道教总会

中华道教总会，闻已由社会福利局指令委派张维新、王朗泉、张桐生等十五人为整理委员，主持上海市道教会之改组工作，召集有期。

1944 年 7 月 2 日第四版

上海特别市道教会整理委员会通告〔第一号〕

案奉上海特别市社会福利局指令，委派张维新、张桐生、王朗泉、周浩阳、戴仁法、曹梅生、曹振之、鲍杏全、鲍璋■、陈铁海、陈荣庆、陈爱棠、郭秉刚、唐聘之、朱秋泉等十五人为上海特别市道教会整理委员，并指定张维新、张桐生、王朗泉三人兼任常务委员，于七月十七日开始全市道友登记，俾整理完竣，改组为中华道教总会上海特别市分会。凡已入中华道教总会及浦东联谊会、前上海市道教会者，只收登记纸费，其他新会员一例收入会费。

自登报日起以三星期为限。我全市道友事关切身权益,幸勿观望,是所至要。此启。地点:宁波路三四九号达丰大楼五〇一室〔至圣善院内〕。时间:上午九时至十一时,下午一时至三时〔阴历朔望及星期日停止办公〕。

1944年7月19日第一版

杭州玉皇山上海分院
祈祷世界太平大醮为拜进天表启事

谨启者:敝院举行第五届祈祷世界太平禳灾弭劫普济幽爽九九大醮,业经于国历五月廿二日〔农历闰四月初一日〕开经,迨至八月十日〔六月廿二日〕忏事圆满。兹特涓吉国历七月廿九日〔农历六月初十日〕天赦良辰拜进天表,届期务希各界善信降坛拈香是盼。地址:武定路三十二弄二十号。电话:三〇七八三。

1944年7月28日第一版

杭州玉皇山上海分院
祈祷世界太平九九大醮圆满启事

谨启者:敝院举行第五届祈祷世界太平禳灾弭劫普济幽爽九九大醮自国历五月廿二日〔农历闰四月初一日〕开关至八月十日〔六月廿二日〕忏事谨告圆满。届期务希各界善信降坛拈香是「昑」[盼]。地址:武定路卅二弄廿号。电话:三〇七八三。

1944年8月9日第一版

新建刘王庙普佑上天王开光大吉启事

为普佑上天王刘猛将军,功名垂世,敕封刘王,立庙装身,受万世香烟。其本庙位居浙江省之王江泾连泗荡地方,庙宇巍峨,创建古远,神威灵异,遐迩咸知,四方进香者络绎于途。战事以来,交通阻梗,善男信女前往进香殊感不便。鄙人等不惴微薄，集资在沪西建造新庙，装型神像，以便信士等还愿进香。兹各事已告大成，定于本日〔国历九月廿八日，农历八月十二日〕开光大吉，谨祈各界善男信女早降拈香为荷。此启。神坛址：白克路怀德里七号。新庙址：极司非而路金家巷内。发起人周鸿山等谨启。

1944 年 9 月 28 日第三版

中秋节耆英会

十月一日〔星期日〕为中秋佳节，耆英会为点缀良辰，特于是日下午四时假座南通路丰裕里中教道义会举行雅集，请丁福保先生讲保寿法，陈撄宁先生讲道家长寿法，徐卓呆先生讲老人经，杨中一先生讲月园人寿，朱子尧先生讲老人卫生经验。同时举行聚餐、吟诗、音乐、赏月等余兴，以志庆祝。

1944 年 9 月 28 日第四版

天后宫内古迹正设法保存

海军保甲第七区内之天后宫，本为沪市有名古迹之一。自事变后，该宫内即收容大批难民，致多数古迹均被毁废。兹悉该区士绅为保存该宫原有古迹起见，现一面正设法遣散难民，并拟将该据划分前后两部，前部辟为一义务小学，预计收容学生达一千余人，一部将原有古迹加以修建保存，并定即日起开始动工。

1944 年 10 月 25 日第二版

杭州玉皇山上海分院启建第三届太上万年金箓启事

谨启者：夏历九月三十日起敝院启建第三届太上万年金箓胜会道场九永日，以为阴阳普利延祥集福并祈世界太平，迨至十月初八日功德圆满。如蒙各界善信愿入胜会者，务希先一个月或半个月之前莅院接洽，以便办理禄位、意疏、榜文及各项手续。特印存入会格式，承索即奉。地址：武定路卅二弄廿号。电话：30783。

1944 年 10 月 28 日第三版

中华道教总会清虚观发起万民祈祷消灾弭劫平安普利醮坛启事

嗟夫！世界灾劫尚无了期，民生痛苦日益加甚。若仅恃人力斡旋恐未足以挽救劫运，必须用人力感通神力，求神力默助人力，天人一气，自获平安。敝观忝为道教一份子，不能不尽其本位之责任，因此启建消灾弭劫醮坛十二永日略表微忱，并蒙绅商各界诸君发起赞助，更觉欣慰。今择于夏历十月十七日开坛，至十一月初一日圆满。在此期内，凡有十方善信莅临敝观拈香者，一概欢迎。大上海路八五〇号清虚观住持严洪清谨启。

发起人：蔡晋生、徐永炎、陈孝勤、孙兰生、黄明尧、宓配义、乌人章、陈贤本、桂正秋、沈书卿、马定芳、马云鹏、周渔生。

赞助人：闻兰亭、黄金荣、林康侯、范回春、姚明蝉、陈撄宁、谢子良、汪永庆、陶雪生、胡楚卿、翁寅初、韩宾秋、许振宗。

1944 年 11 月 30 日第三版

中华道教总会筹募冬赈启事

际此百物昂贵、天寒岁暮之交，目睹饿莩载道，实属心伤。本总会爰体胞与之怀，拟策动施送棉衣、发给粥票，以济无告贫民，聊尽道末天责。惟兹事体大，非群策群力筹募巨款不可，为此登报呼吁各界，希乐善好施之士慨解仁囊，俾利多赈之进行而济贫民之功德奚可限量。如蒙捐助，当给收据。所有收支数目自当公开布告以昭信实。敬布微忱，至祈援手为感。中华道教总会理事长艾朗轩，副理事长严洪清、张维新，仝启。收款处：大上海路八五〇号清虚观，威海卫路二八四号桐柏宫。

1944 年 12 月 17 日第二版

吁请本市僧道致力社会福利事业[①]

民国二十二年，政府颁布《寺庙兴办公益慈善事业实施办法》，规定全国寺庙应按其庙产收入提成举办公益慈善事业，既足以发扬宗教精神，复能协助政府推行社会政策，用意至美。然自该项办法颁布施行后，各地寺庙，奉行者虽亦不少，然大多阳奉阴违，有名无实，能稍具规模或成绩者更不多见。夫佛以大我为本、方便为门，道则清静无为、救己救人，为僧道者，自当劳其筋骨，坚其志向，存普渡济世之念，行社会服务之事，决非终日诵经念佛即能了事。反观耶教，旨在博爱，其牧师教徒大都能致力于社会事业，所办之学校、医院以及战时设难民区等咸足表现基督精神；更如天主教之修女，除致力修身养性外，复举办育婴堂、托儿所、养老院等，朝夕工作，始终不懈，口碑载道。为奉行法令、发扬宗教计，今后各地僧道，务必捐弃成见，扫除旧习，自动努力社会福利事业，庶能挽救于未来。本市寺庙僧徒之众、庙产财物之富，甲于全国，倘能急起直追，致力社会福利事业，则一呼百应，各地必能竞相仿效，其收效之宏可以想见，而佛教道教，亦必能赖以日见光明也。

社会福利事业，种类甚多，范围亦广，行之不当，则事倍功半，甚或中途而辍。本市寺庙如举办社会福利事业，首应注重社会需要，以积极性事业着手，更应拟妥详细计划，呈请官厅备案。每一事业之举办，经费必须自筹百分之八十以上。人事方面，以本寺僧道自行分担为佳，不必另聘他人。如本寺人力财力不敷支配，不妨联合邻近寺庙会同办理，俾能持久。兹略举本市寺庙能兴办之社会福利事业如左：

一、平民食堂。本市各寺庙所收僧徒，多则数百，少亦数十，其原有之厨房食堂以及饮食用具，自必具备。如利用原有器具，举办平民食堂，困难必少。倘因与本寺用餐冲突，可将三餐提早，必无妨碍。此项平民食堂，可倡用素食，以符佛教爱护众生本旨。至于食米，纵求诸黑市亦可，但求其售价低廉有益卫生而已。

---

① 本文作者署名“周毓英”。

二、小本贷款。本市多数寺庙收入甚丰，倘能提出若干，派员负责办理小本贷款，手续并不麻烦。此项贷款，定有限额，分期举行，亦可酌收利息，能采信用方式为佳。更可以归还之款项，仍供出借之用，川流不息。则平民小贩，受惠极多。

三、职业介绍。寺庙施主，颇多富户及地位较高之人。如各庙住持，能利用机会，为若干确有能力之失业人士推荐介绍，则轻而易举，成就亦多。故不妨先举行职业登记，继以介绍，因才就地，各施主必乐于接受。

四、济良所。本市以情形特殊，多数沦落妇女未能自拔。如本市各女尼庵堂，酌拨房屋，办理济良所，必能拯救多数可怜妇孺。所内由女住持主办，施以生产训练，使能自食其力，因不必依赖他人救济也。

此外如夏日施茶、冬日施粥等临时振济，均可酌量办理。总之，本市各寺庙以其本身多余之人力、物力、财力及时间，兴办各项社会福利事业，能切实办理，持之有恒，收效必宏，且宗教办得因而发扬光大，政府及社会，均寄以无限之期望焉。

1944年12月18日第二版

修养同志钧鉴

生死问题最难解决，心性哲理非常深奥，若欲澈底明了须从《楞严经》入门。宋济公佛院修士林为广结出世善缘起见，特请陈撄宁居士宣讲《大佛顶如来密因修证了义诸菩萨万行首楞严经》全部。凡有志脱离苦海、超登觉岸者，皆可前往听讲。随带市民证，以凭交换经本之用。地点：宁波路升安里七号。时间：每逢星期六及星期日三时开讲。

1944年12月22日第一版

1945 年

浦东南区近况[①]

浦东南区地近上海市区，故生活必需品之价格，与浦西几乎完全相同。米的来源以从南汇输入为主，不过有时交通遭受封锁，来源断绝，则在价格高涨情形之下，浦西米贩就纷纷负米渡江东来以求厚利，如浦西米价较昂时则反是。〔如最近浦东米价十万元，而浦西则仅九万元的情形也曾有过。〕然变化莫测，实无法捉摸与把握的。菜蔬等虽为浦东所出产，但因全数被大商贩包去，成批大量地运到浦西市场，故出产地的浦东反要到浦西零批再运回售与吃户。柴、油等物多数是由崇明、启东及江北等地运来，也都是先到浦西，再转运来此，故价亦不廉。肉类及家禽蛋类价也一样。由于人口的众多，现该地已有人满之患，工场区工人及苦力来去极为频繁，几无隙地，农民屋舍多是自建自居，极少出租，故觅屋之难竟较市区为尤甚。庙宇有钦赐仰殿，在十八间镇，系道士所有，规模不大，不过香火倒很盛，往年每逢三月出会，邻区各地来观看者极多，现在久不举行，往昔盛况，只能供回想罢了。另有张家祠堂一所，亦仅数椽而已。

1945 年 3 月 6 日第一版

今日之松江[②]

松江古名云间，县治别称茸城，又号娄村，盖治西有吴王猎场。其地黄浦环绕于南，九峰拱列于北。惟民情习于安乐，不喜远游，故仕官千里，差足温饱，即作归计。

该县交通，素称便利。沪杭甬铁路斜贯县境，县治及莘庄、新桥、明星桥、石湖荡、枫泾等皆有车站。公路计有松沪、松泗、松枫、沪杭、泗宝、浦南

① 本文作者署名“熙”。
② 本文作者署名“志澄”。

及砖余等七线，贯通各地。水道至上海、平湖、金山诸县，皆有定期小轮往来。自米粮开禁后，由松江各地，经诸交通线来沪之食粮，不在少数。

城周九里余，居民甚少，城内断垣残壁，触目皆是，无商业市面可言，惟机关林立而已。商市以西门外一带最为热闹，商店栉比。街道战后拓宽，一改往昔阻塞之患。东岳庙中多杂货摊商及菜贩，略似上海之城隍庙、苏州之玄妙观，而无其整齐，内附酆都地府，塑像败坏，空气阴沉，相传建于明万历年间。城西南有醉白池，为顾大申之别墅，今属育婴堂，小沼荷香，疏窗竹影，地既僻静，景尤清幽。

1945 年 7 月 20 日第一版

1946年

龙虎山上来天师，黄浦江畔访市长

张天师嗣汉六十三代天师张恩溥，来自江西贵溪龙虎山，昨日下午特往访吴市长，适市长出席会议，不及接见，约期再晤。张氏现年四十余岁，闻其将向市长提供意见，扩展道教事宜。

1946年6月20日第四版

张天师随身带来"无价之宝"

——世祖传下的玉玺一颗，左山形龙
右山虎，据说降妖确有许多事实

抗战前二年，江西龙虎山六十三代代张天师〔恩溥〕曾在上海大世界演身说法，曾轰动一时。抗战后，这位张天师也就悄然地回到原籍。

时间很快的过去，胜利终于来临，而这位年近五十的张天师也随着胜利后而又重来到了上海。这次的来，是为了中国道教会的成立，所以到上海后，曾拜谒过吴市长和各大居士及友教负责人。

记者昨天碰到天师，曾和他谈了半个钟点，从这位天师口里，知道了一些关于道教的一个概况。他说："道教系根据老子学说，现在最高的就是'正一'派，下面还有'龙门''全真'两派，这种派的唯一分别，就是'正一'可以穿便服，在家和出家并没什么两样，而'龙门''全真'则非留发、着道服、吃净素不可。"记者又询以天师的封号由来和龙虎山的情形，以及有没有所谓捉妖的法力。他正经地说："从世祖道陵公被封为天师起，到「昨」[现]在已经二千二百多年了，但是在世祖前的我们最早的先祖，实在是张良，离开世祖还有九代，合起来一共七十二代。龙虎山在贵溪县，离开浙赣路约五十华里，并不高，因左山形龙，右山形虎，所以名之。至于捉妖一说，在山上确有许多降服妖孽的事实，但在科学昌明今日，吾人实无庸声辩。终之道教是有正无邪、有益无害的一种真理学说。”

最后他还告诉记者：世祖曾传下了许多法器、书籍、经忏和《道德经》等。另外还有二种无价之宝，一为玉玺，一为宝剑，此次来沪，曾带玉玺一颗，将来可能在上海举行一个消灾性的法事。

1946 年 7 月 1 日第四版

张天师到苏州

〔本报苏州六日电〕江西龙虎山第六十三代天师张恩溥，六日由沪来苏，将建罗天大醮。

1946 年 8 月 7 日第二版

行政院重申前令军队不得占寺庙

〔中央社南京十一日电〕【行】政院以人民有信仰宗教之自由，其财产非依法律不得查封或没收，业经约法明文规定，并迭经通令保护。乃各地机关及各部队，仍有非法拆庙毁像夺产逐僧情事，殊属非是。特重申前令，嗣后无论机关部队，均不得违法侵害寺庙权利。

1946 年 8 月 12 日第二版

〖袁希濂律师受任张天师法律顾问通告〗①

袁希濂律师受任六十三代天师张恩溥先生常年法律顾问。天师住城内福佑路三茅阁庙内。袁律师事务所：浦东同乡会大楼五层。

1946 年 8 月 13 日第七版

① 本通告原文只有正文，并无标题。

张劼律师任受三官殿羽士倪文藻法律顾问通告

兹受任上开当事人常年法律顾问。嗣后如有侵害其营业、信誉、财产等一切法益者,本律师当依法尽保障之责。此启。事务所:上海爱多亚路中汇大楼六〇六号。电话:八八〇一二。

1946 年 8 月 24 日第九版

大境关帝殿开光启事

本殿今春由信商仁义社、崇义会及各界善士集募修葺,业已功德圆满。兹詹九月二十五日〔即古历九月初一日〕为开光之吉,务祈各界僧人善士早降拈香以结福禄。谨此公告。地址:民国路小北门大境路。

1946 年 9 月 25 日第十一版

白云观都天庙报丧

哀启者:恩师上诚下瑞字来平张大炼师,痛于民国三十五年国历十月二十三日〔农历九月二十九日〕申时羽化,享寿九十三岁。谨择于国历十月二十六日〔农历十月初二日〕申时入龛,并于农历十月十三日出殡,曷胜痛感。特此讣告。王信德率玄裔等稽首。丧居南市老西门方斜路白云观。

1946 年 10 月 25 日第九版

道士夺产,北平白云观观长竟被活活焚毙

〔联合社北平十三日电〕旧都著名之白云观,昨日发生事变,道士三十六人将观长及香伙一名焚死。据称:该两人违背道教清规,故搜集干柴及汽油一听,手持木棍绳索,冲入其卧室,将两人拖至观外,一顿棒打,加以捆绑,掷上柴堆,浇以汽油,着火焚烧,天虽下雨,火势仍炽,两人于一小时内焚毙。

待警察赶到调查，尸体已成焦炭，当将众道士押入警局鞫讯。据道士在警局供称，起因系为争夺观产云。

1946 年 11 月 14 日第二版

北平白云观遭警局封闭，道士均拘捕待讯

〔联合社北平十四日电〕北平西郊白云观，已有千余年历史，今日遭警察当局封闭，观内道士三十六人，其中三十五人已由警察局拘捕待讯，余一人下落未明。若辈自认曾将该观主持及香伙一人用火焚毙。据警察当局称，此案尚未提起控诉。该观道士已具呈蒋主席、冀省高等法院、平市社会同及警察局等，解释事实经过。观内现只余工人十名看守。据被捕道士称“观长不守法规，私藏妇女，依照教规，凡有淫乱、偷窃及其他违反教规行为者，可将其火化。此外观长与香伙均吸鸦片，食肉饮酒，浪费观内公款，并盗卖经卷，杀戮放生猪羊。道友加以规劝，至少曾被谋害一人，及饿死或逐去数人”云。

1946 年 11 月 15 日第二版

杭州玉皇山上海分院启建第五届太上万年金箓启事

谨启者：夏历十一月初二日起，敝院启建太上万年金箓胜会道场九永日以为阴阳普利延祥集福，迨至十一月初十日功德圆满，如蒙善信愿加入胜会者，务希速即莅院接洽以便办理禄位、意疏榜文及各项手续等事。敝院印有入会格式单，承索即奉。地址：武定路卅二弄廿号。电话：三〇七八三。

1946 年 11 月 14 日第一版；1946 年 11 月 15 日第四版

北平白云观惨案，地方法院昨日开审，两主犯承认下毒手

〔联合社北平十七日电〕古都名刹白云观住持与香伙遭焚毙案，地方法

院今日开审，该观道士主犯两名招认下此毒手，另六名亦供认参与行凶，其余二十七名谓系遭主犯逼迫。两主犯则称“谋毙住持、香伙，曾得各道士同意”。北平道教联合会会长特发表声明称“如果住持与香伙有犯清规，可予开革。主犯前曾对住持与香伙提出诉讼，结果败诉。此次谋杀，或系私人泄愤”云。

1946 年 11 月 18 日第二版

上海城隍庙小史①

这一座具有五百余年历史的上海城隍庙，凡是初到上海的旅客，必要前去瞻仰一番。这一所管理另一世界的衙门，除了香火氤氲之外，已成了一个执热闹市场，和南京的夫子庙、苏州的玄妙观不相上下。

考上海最初的城隍庙，在宋朝已有了，但并不在现在的地方。那时上海只是一个镇市，并无城隍，只有华亭县的城隍，供奉在淡井庙里，因此淡井庙也就称为华亭城隍行殿。元至元二十九年〔公元一二九〇年〕，上海建县，始立城隍，但仍供奉在淡井庙中。

现在新北门内的城隍庙，是明朝永乐年间〔约在公元一四〇三年至一四二四年之间〕由知县张守约就金山庙改建的。金山庙又名霍光行「词」[祠]，祀奉汉代博陆侯霍光，其建立年代据《吴越备史》所载，在三国之末，为吴王孙皓所筑。及改作城隍庙，仍兼祀霍光，所以向有“前殿为霍，后殿为秦”的传说。〔秦指城隍神秦裕伯。〕

五百年中饱经沧桑

城隍庙改建之初，并没有像今日这样的规模，在五百余年中曾遭遇过多次灾祸，红墙紫瓦，泥塑木偶，已饱经沧桑。每次毁损，修理时必加扩充，日积月累，才成今日的局面。第一次修理是在明朝天顺年间〔一四五七——一四六四〕，知县李纹，在殿前建亭，并将诰文刻石。嘉靖十四年〔一五三五年〕因庙门过小，管庙的人募集财帛，建造牌坊一座，当时上海新任知县冯彬曾题

① 原文标题前有加注一段从正文中抽出的文字“这一所管理另一世界的衙门，除了香火氤氲之外，已成了一个『执』热闹市场”。标题后注明“本报特稿”。

“海隅保障”四字，由一永嘉神童书写。〔见万历《上海县志》。〕

万历三十年〔一六〇二年〕，知县刘一爌又加重建，仅四年，毁于火；三十四年由知县李继周重建。明崇祯初，在仪门上建造戏楼，并在庙后添造寝宫。

到了清康熙二十二年〔一六八三年〕知县史彩捐俸倡修，由真君祠道士募化兴工，建鼓亭二所。(见康熙《上海县志》)康熙四十八年〔一七一〇年〕本地人士在庙东构建东园，而城隍庙始为城内名胜之所。雍正十三年〔一七三五年〕庙内住持募修一次。乾隆十三年〔一七四八年〕寝宫毁，后由知县王侹重建。

乾隆中叶店肆林立

从改建金山祠到那时为止，庙基占地十二亩六分，并不怎样大。直到乾隆中叶，又购买豫园作为城隍庙的西园，分地修葺，辟为各业公所，庙基又扩大至三十六亩八分九厘二毫。而游人亦渐见增多，终至店肆林立。

二百年来多灾多难八次遭劫

在最近二百余年中，城隍庙真是“多灾多难”，共遭火劫五次，兵劫三次。乾隆十三年第一次火灾后，屡次修建。乾隆五十九年〔一七九四年〕道会葛文英募建后楼，嘉庆三年〔一七九八年〕复将大殿刷新，在两无列二十四司，仪门外及殿西偏为四司殿。道光十六年〔一八三六年〕遭第二次火劫，西庑及戏楼焚毁，后由众商集资重修。

从道光二十二年至咸丰十年〔公元一八四二至一八六〇年〕，约二十年中，中国正被内乱外侮闹得不可开交，而城隍庙也遭受空前厄运，先后遇到了三次兵劫。第一次在道光二十二年五月十一日，被英水手占领五天，作为临时驻屯所。第二次在咸丰三年，小刀会首领林阿福、刘丽川等率众占领上海，城隍庙被盘据为司令部，先后凡一年又六个月。第三次在咸丰十年，太平军压境，苏松太道吴煦邀请英法军队入城防守，将城隍庙改为英法兵营，被这批碧眼丘八把园景破坏殆尽，损失不赀。

至同治四年〔一八六五年〕，由知县王宗濂等重行修筑，费钱一万八千余缗，历时九月，才把城隍庙重复旧日壮观。光绪十九年〔一八九三年〕知县黄承暄募捐建筑头门、二门、辕门、大殿以及戏楼、鼓亭。次年漕运颁悬“保厘苍赤”匾额。

是时庙内游人日多，商店日盛，各业因见有利可图，纷纷以余地出租，造屋设肆，驯至园中几无隙地。因此在光绪二十四年，知县黄承暄曾出告示“永禁隙地造屋，致毁园境”。宣统元年〔一九〇九年〕，知县李超琼又募款重修墙壁及大殿寝宫。

民国以后又遭火灾三次

民国以后，又连受火灾三次；民国十一年十月初八〔农历〕失火，由地方公款公产处重行修葺。十三年七月十五日，大殿失火，竟告焚如，连金山神主的脱沙像同遭劫运。同年十一月二十六日又焚去东楼一角，殃及殿宇。嗣后邑庙董事会协同海上杜月笙、黄金荣、张啸林诸氏捐款重建，费银五万元，从民国十五年四月兴工，至次年十一月工竣，建成了今日一座钢骨水泥的建筑。同月二十五日，邑庙董事会陈列珍羞，遵循古礼致祭，举行开光典礼，是日善男信女来庙观光者络绎不绝。

新城隍庙，夕阳黄昏

民国二十六年抗日军兴，南市旋陷敌手，城内亦遭蹂躏，难民群集一隅。其时有饶神父者，起而设立难民区，区中房屋，得以保全，而城隍庙适在其内。不过敌骑四布，进出维艰。于是一般靠“老爷”吃饭的人，大动脑筋，又在吕宋路搭建“新城陆庙”，居然商肆林立，生涯鼎盛。而这位“西贝”老爷，靠了“租界”的庇荫，也招来了善男信女的香火供奉。胜利后，南市原址大率已恢复旧观，“沦陷老爷”早在复员之列，香火重兴。吕宋路的新城隍庙，已是“夕阳黄昏”，其命运恐将不会久长的了。

外人眼中看法不同

西班牙文学家伊本内兹，在他的遗著《一个小说家的周游世界记》中，对于上海的城隍庙，表示着衷心的赞美，尤其对城隍庙中的湖心亭和九曲桥。他又赞叹那座“老爷花园”，说中国人的心目中视为「各」[名]建筑，正如埃及金字塔和华盛顿的白宫在西方人的心目中一样。

前法领事梅蓬游城隍庙的印象，是街上嘈杂得烦嚣非常，“他们做出闹声去引动善神，同时也做出闹声去驱逐恶神”。于是他武断地下了一个结论：“中国人都是不喜欢安静的，甚至都似怕安静的。”

有一个《字林西报》的记者，替湖心亭的照片上写说明，他可没有多饶舌，只说："到茶屋去的游客，爱给自己预备两个铜子的糕饼，去丢给池子里的鱼和龟吃。"

前新天安堂主教达文德，他曾经游遍了上海邑城，他发表了如次的感想："我们跑进了城隍庙，……午后，这庭子是一个市场，看到的人便想到了耶路撒冷古寺的买卖者。这儿有小吃铺子，卖玩具的，香店与玩把戏的。"

城隍庙岁事记

上海在尚未开辟商埠时，阖城惟一的娱乐场所便是城隍庙，所以一年中盛事极多，虽然现在大半已成为历史上的陈迹，但是为了保存风土研究资料起见，就闻见所及，拉杂记下如次的一笔流水账：

新春：城隍庙内园和萃秀堂等处，向例在每月朔望日开放二次供人游览，只有在新年初旬终日重门不掩，「仕」[士]女熙攘往来，途为之塞，尤以元旦一天，更形拥挤。

梅花会：在每年农历正月初三，内园例开梅花会，供游客们玩赏。

元宵：农历正月十五夜，庙内各处火树银花，管弦若沸，金吾不禁，游人群集。在元宵前几天，还有"灯市"，群贩荟聚庙旁，出卖彩灯。

城隍神诞辰：相传在农历二月二十一日，例有羽土设坛讽经，并有"老爷"的"下属"晋谒拜寿。

城隍奶奶生日：在农历三月二十八日，庙内悬灯结彩，「仕」[士]女往观者甚多，其盛况往往远过于"老爷"的生日。

三巡会：城隍神每年向例出巡三次，其任务为"赈济孤魂"，时期在清明前一日、七月半〔中元节〕和十月初一。出巡时，带同随员"新江""长人""高昌""财帛"四司，仪仗前导，士民手执香花以从。并时有烟花女子，浓妆艳服，披枷(戴锁)，或坐无顶小轿，装做"女犯"。于是不免引诱浮浪子弟趋之若鹜。至同治年间，知县叶廷春方出示严禁①。

立夏：旧俗须进新麦上供。

兰花会：每在农历四月下旬，在西园召开。会期凡三日，公开展览。满

---

① "出示严禁"，原文此处错简为"出。严禁。示"，其中"示"字还在另一行。改回。

堂罗列佳种，争奇斗胜，列首座者群呼为“状元”。

天贶节：在农历六月初六，由全城衣工在城隍庙举行“晒袍会”。

菊花会：在九月中旬，但并非每年举行，与赛菊花，经品评甲乙，分“新巧”“高贵”“珍异”三项，盆上标列艺菊主人姓氏。第一次菊花会在四美轩举行。

1946 年 11 月 18 日第六版

复员后的城隍庙

——一面贴着灵签五百元，一面贴着谨防扒儿手

天冷了，城隍庙还是那样的热闹，这位复员归来的城隍老爷，在香烟缭绕中，受着他虔诚信徒们的膜拜。两侧的大柱上，一面贴着“灵签五百元”，另一面贴着“谨防搿手”。

但到城隍庙来上香叩拜的，是远不及来闲逛的人们那样多。这里寺庙的意味，已被商场气息盖罩了。一走进大门，就是各种摊头，卖毛巾、镜子、茶杯等日常用品的，卖鱿鱼排骨的、酒酿圆子的，还有推算流年的哲学家们。然而，生意都极清淡，人们到这里来，似乎只是闲逛，并不想买甚么。

九曲桥上也是黑压压的一片人，和南京路上一样，前面的人堵住你的去路，后面的人推着你向前。你随便拉一个人问问，这样冷的天挤来挤去干什么？他不把你当疯子，也不会理你。上海本就有许多人，把生命打发在挤来挤去中。

桥的转角上，也摆着一些小地摊。这里和庙内的摊头不同，它已是美国货的世界了：卖军用食盒的、玻璃裤带的，还有“美国刷子”。

桥下的池水是混浊的，漂着碎纸、栗子壳、各种各样的废物，却也有人倚栏对它呆视，难道真想发现甚么奇迹，或是寻找一条游鱼吗？

走过桥去，也还是挤不开的人，和一家一家的店。店里的人，把手插在袖子里，伏在柜台上，望着挤来挤去的人。这些挤来挤去的人中，也有站下来，望着店内橱上货物的。但望了望，又挤过去了。

弯过去，就是世界联合商场了。踏上楼去，人是更多了。在这空气恶浊

到难以忍受的屋子里，人们极有兴趣的挤着，也不时的听见有人叫着："挤呀！挤呀！"

记者也就这样挤呀挤的，挤了出来。

1946 年 11 月 18 日第六版

上海城隍秦裕伯今年六百五十岁

本市的城隍老爷，相传是明朝的待制秦裕伯。这"相传"两字，是据清代曹一士所著的《四焉斋文集》中《上海县城隍神颂》和褚文洲所著的《沪城备考》。他们都异口同声地说是"秦公裕伯"，但确切的证据已难找寻了。于是这一"相传"便相传到现在。

秦裕伯，字惟(镜)，又字景容，号葵斋，是宋代龙图阁学士秦少游的七世孙，曾祖天佑，祖父知柔，世籍扬州府高邮县，因宋末兵乱，才由他祖父移居到上海来。父名良颢，号述斋，母唐氏。秦裕伯的出生，在元贞元二年六月十二日〔公历一二九五年七月二十五日〕，推算起来，今年正是六百五十岁。

秦氏幼时，随父游大名，冒大名籍肄业胄监，在四十九岁的时候〔元至正四年，公元一三四四年〕方中了进士。旋任湖广行省照磨，至正十年〔一三五〇年〕复迁山东高密县县尹，两年后升福建行省郎中。元末世乱，弃官寓扬州，不久迁至上海。是时张士诚占据苏州，闻秦氏之贤，派人来请他出山，他没有去。至正二十五年〔一三六五年〕母唐氏逝世，他就在家中守孝。明太祖起兵定乱，命中书省檄召之，但是秦氏生性固执，晚年淡泊功名，嘱其弟亨伯上书回绝，书中说："承元帝爵禄十余年，今背之而起，是不忠也；身有母丧，未及终制，忘哀而出，是不孝也。"明洪武元年〔一三六八年〕太祖又去请他，秦氏仍称病不出。结果太祖手谕说："海滨之民好斗，裕伯智谋之士，天下已定，伏处不出，意欲何为?"这顶大帽子压下来，秦氏实在毫无办法，不得不拜书入朝，但太祖要他做官，仍是坚辞不受。明洪武六年的七月二十日〔公历一三七三年八月八日〕在上海逝世，年七十八岁。

从以上的事迹中，可以看出：一、秦氏的世籍是高邮，并非地道的上海人。二、秦氏曾"承元帝爵禄十余年"，因此不愿意"背之而起"，做明朝的官。

一笔胡涂账

至于这位秦裕伯先生，怎么变成上海县的城隍神呢？这其中就含糊得很。据清同治六年〔一八六七年〕有一位秦裕伯的后裔秦温毅曾做过一篇《上海县城隍说》，其中谓秦裕伯卒于洪武六年，讣闻于朝，太祖震悼曰“生不为我臣，死当卫吾土，着即敕封为上海县城隍神”，并且说了许多赞扬的话，最后说秦裕伯做上海城隍，理固宜然。

但是确切的证据，却是一些也没有。比较可靠些的，有曹一士的《上海县城隍神颂》，其中说：“……诰封显佑伯制辞，自洪武二年正月，〔按：明太祖在洪武二年（正月丙申），封京都及天下城隍神，各州封侯，各县封伯。〕而公于是年始为待制。……”

问题就在这里：秦裕伯〖的〗被封为上海县城隍是洪武二年的事，而秦裕伯却是在洪武六年方才死的，世上「那」[哪]有人还没有死就被封做“城隍老爷”的道理？褚文洲的《沪城备考》中也说：“考公〔指秦裕伯〕洪武二年始拜待制……则前此又有何人以主之耶？宋「人」[时]本立城隍祠于淡井庙，自公为神，而宋元之神受代去耶？皆不可解。”

所以秦裕伯的为上海城隍，在清代初年已成疑案。而且秦氏生前既不愿做明朝的官，死后想必他也不愿受明朝的封吧！但是这些都无关宏旨，正如秦温毅的文中说：“天下之城隍类然，而奚独疑于公？”

于是五百余年来，一直是“秦家天下”。

1946年11月18日第六版

遗老谈灵迹

——姑妄言之姑妄听之①

在有清一代的传说中，这位城隍颇为一般善男信女所崇拜。就在现在，还可以时常听到白发遗老们，含着旱烟管，娓娓不倦地对年青人谈着“城隍老爷”显灵的故事。

① 原文副标题“姑妄言之姑妄听之”在正标题“遗老谈灵迹”之前。

据说，在顺治十年的秋天，海寇犯境，苏州总兵王燝，督战失败，被民众群起攻击。适巡抚周国柱统兵来沪，王燝深恐老百姓暴露他望风而逃的失败情况，故意在巡抚面前反诬全上海民众，说他们都与贼人勾结。巡抚信以为真，共同议定“从浦南直至静安寺的居民，一律屠杀”。他们本预备第二天就开始，那知当天晚上，周巡抚得了一梦，梦见城隍神“朱袍象笏，严立阶下，直视摇首者再”。下一天周巡抚便取销前令，而上海居民，赖以保全。

诸如此类的神话，在褚文洲的《沪城备考》中记载得很详细的。如康熙年间，有布商失款，由城隍托梦破获。某一次邑令傅公之孙被贼人所杀，也由城隍托梦破案。洪杨军兴，城隍为“保境安民”而时常“显灵”，言之者更好像“凿凿有据”。

不管那些神话是如何的荒诞不经，在茶余酒后，大家仍作为谈话的资料。

1946 年 11 月 18 日第六版

上海白云观沪北都天庙

先师上诚下瑞字来平张大真人，于国历十二月六日〔夏历十一月十三日〕五九之期，在本观修经设奠典主成礼，恐讣未周，谨再登报讣告。住持道末王信德。奠设南市方斜路西林后路一百号。

1946 年 12 月 6 日第八版

北平火烧老道案昨经法院审结

本市西郊白云观火烧老道案，十日在北平地方法院大法庭正式公审。卅五个老道许信鹤等，于是日上午八时许由地院看守所解到。九时半，推事唐秉钧，书记官张若虚升堂。大法庭上旁听者人山人海。至下午五时一刻，辩论终结，定本月十四日下午三时宣判。一干人犯仍行收押看守所。

1946 年 12 月 11 日第二版

北平火烧老道案，为首三人坐长监，其余各犯分处徒刑

白云观活烧老道案，平地方法院今日已宣判，为首之许信鹤、马至善、杜信龄共同杀人，各处无期徒刑，褫夺公权终身。该三道士本应判死刑，因自首关系，乃获减刑。次要之陈志中、李至慧，各处徒刑十五年。其余处徒刑十二年者一人，八年者一人，四年者十二人。另有袁明强等十六人无罪。凶器木棍二根、绳子八小节没收。现白云观临时保管委会将于十九日成立，道士方面有计十二人。此外，尚有社会局、警察局及地方绅耆参加，共同保管此一名刹。

1946 年 12 月 15 日第二版

上海市道教会筹备会征求会员通告

案查本会呈奉市社会局转奉部令核准组织，业经开始办理分组登记事宜，凡我道教同人从速来会照章办理登记手续，自即日起至一月二十七日为限。事关道教同人权益，希勿延误。特此通告周知。

筹备员：艾信慧、王士魁、严静涛、李锡庚、陈莲笙、黎易岩、戴仁法、黄贯一、严子麒、曹与镇、吴福庭、过滋臣

筹备主任：李理山

本会地址：武定路〔即旧麦根路〕口卅二弄二十号杭州玉皇山上海分院。电话：三〇七八三。

1946 年 12 月 28 日第十版

1947 年

上海白云观住持道末王信德为发起
组织中国道学会启事

忆我道教建立，已有数千年之历史矣！我道祖兴教之旨趣，在修身立业，辅王法之不逮，以济世渡人为本。如今日详加审察，自我检讨，已类多舍本逐末，借道为名，以经忏为衣食父母，或以迷愚乞化为职业，背叛祖德，不一而足，殊堪痛心，遗憾之至。不佞秉承师传，本宏扬道义有利众生之至，不惜一己之得失，拟急起挽救狂澜之风，故集合同志，群策群力，从事革新，发扬光大，以期流播世界，造福人群。爰特发起中国道学会之组织，除积极筹划并呈报有关当局外，事关我教兴隆，凡我云朋霞友，盍兴乎来，并希诸大「坛」[檀]越源源赐益，俾早促成，毋任感盼之至。谨是为启。

1947 年 1 月 1 日第十六版

张天师至昆山排解道友纠纷

六十三代张天师张恩溥，于一日由沪来昆。张氏此来，除在道教公会讲解教理外，并为道友解决纠纷，同时又赴县府拜访沈县长畅谈。张氏勾留两日后即离昆。

1947 年 1 月 5 日第三版

漫话东西两城门

——一个是国际贸易市场，一个是
宗教□集之地

十方丛林：西门可说是宗教的集合地，除了儒教中心的文庙以外，还有

一个道教的中心，即方斜路的白云观是。始创于光绪八年〔一八八二年〕，最初不过一座小小的雷祖殿，过了六年，领得《道藏》，才仿照京师白云观的成例，定为“十方丛林”，改称白云观。

1947 年 2 月 10 日第六版

上海市道教会筹备会通告

本会于卅五年十一月廿五日奉上海市社会局市社三五福二字第二七五〇四号通知准予组织在案，兹已筹备就绪，准定国历三月十五日下午一时在本会筹备处〔玉皇山分院〕举行成立大会。除分呈党政机关派员指导并分别通告外，用特登报公告。会址：上海武定路〔即旧麦根路〕口玉皇山分院。电话：三〇七八三号。

1947 年 3 月 13 日第六版

成都散步[①]

青 羊 宫

青羊宫在南门外，几乎已经是乡里的地方，是市梢的一座道教的庙宇。这里，每年春天要举行一次花会。从四乡送来各种奇花，在这里比赛，是一个热闹的集会。据我想，可以说原来并没有宗教的中国，汉唐以后，道教算是中国人自己创造的一种宗教，但远不敌来自异土的佛教有势力，因为，道教实在没有一贯的理论，而其说法完全是一种神话，所以只能骗愚夫愚妇。佛教在一般[②]人想起来，好像也是鼓吹迷信的，但因为他有不少的经典，无论什么宗派，主要的在促进个人的修养，而以达到克已爱人为极致，所以看来好像是消极的态度，但其实适用于任何一方面，能使每一个个人和群众调和，不起私意，所以，他虽然受了若干腐儒的毁谤，而得到许多真知识者的提倡，居东洋宗教的首位了。我许多年游迹所至，知道道教不如佛教有势力，

① 本文作者署名“叶鼎洛”。
② “一般”原文作“般一”，错简。

尤其在南方，道教比佛教更为式微，这是因为两晋南北朝以来，民族南移，佛教也随着政治势力繁殖到长江流域来，所以这青羊宫，虽然是一座大庙，实在可以说是相当的陈旧了。庙的前部已经作为军警机关，保存宗教和艺术的气息的，仅是后面的一所大殿和废园中的一个八卦亭，因为过去的建筑相当的讲究，至今依然保存了他的美观和威严，但青羊之名，实在不知道有什么根据。大殿上主要的神像是老君，分列左右的两只铜羊，是美丽无比的艺术珍品。铜制的和真的羊一般大小的模型，被多少年来人们摸得光光的，实在可爱，真是两件好古董。为了这两只铜羊，我在那庙里盘桓了半天，觉得也并不无聊，比坐在菜馆里喝菜好得多了。

大殿的侧面，有一个院子，是道士们的宿舍，纸窗木壁，古朴到几于像明朝的时候。我觉得，住在这里面，读读书，写写字，「到」[倒]很舒服，然而，这种幸福，已经给此地的道士占去了。无论到那里，我总不幸而是城里了，真是可恨。

1947年5月2日第九版

江湾庙会扒手活跃，拘获八名究办

江湾镇东岳庙，畴昔每逢废历三月廿八，名为"轧江湾"，迎神赛会热闹异常。昨日适值会期，盛况空前，一般弄手窃党乘机蠢动，该管江湾警分局饬令全体长警严加防范，结果拘获男女扒手王亚生、黄德兴、刘阿万、刘有戴等八口，带局究办。

1947年5月19日第四版

重建无锡洛社镇东岳庙募捐启事

敬启者：概自抗战军兴，河山异色，鲸牙肆虐，胜迹为墟。我洛社东岳庙被日寇毁炸于丁丑之冬，殿庑念余栋悉遭铜乌煨烬，昔日之壮丽琳宫伟大，今者之雄巍珠殿荒凉。惟迩来物质腾昂，工程巨大。同仁等徒有重建之心，奈无点金之术。用特恭疏小引，遍乞众擎。素钦诸大善士皆喜舍之迦蓝，好施之髯佛，或请助黄金一笏，或请捐乌宝千缗，俾得兴工土木，运斤起堵，从此香袅庭阶，重拜鳞堂，衮冕全凭众力，以复旧观。敬祈诸大善士慨施布地之金，将永注郁单之福。此启。

附办法四则：一、发出之募捐册，均已编列号码，分送各募捐人经募。期间以两个月为限。二、各募捐人以募得之捐款连同捐册一并点交上海中正中路南京大戏院对面无锡同乡会刘心权先生代收。南京交新街口一之二号（文）园三六九点心店刘世泉先生代收。汉口交硚口路燧华里八号曹天仁先生代收。并由收款人出具收据为凭。三、经募人以募得之款由收款人存放国家银行，兴土时得提用之。四、诸大善士之捐款，统以募足之日止，将捐助人之芳名披露《申报》，借资鸣谢以表颂扬。

发起人：杨虎、黄金荣、杜月笙、向松坡、杨庆山、张子廉、原洗凡、张春宝、周汉卿、罗海涛、许凤祥、李叔明、方觉慧、邱伯衡、万少珊、刘金一、夏先宇、杭石君、郑子良、刘伯琴、田亚丹、石宗五、刘光军、王寄一、孙履平、蔡良弼、赵班斧、王建成、唐祖淮、徐亚东、王境宸、陈景珊、宋安民、冯仲达、王雅纶、刘秀英、张长贵、许镜清、陆士良、杨秋如、周云鹏、沈贵洲、王松懋、邓金大、蔡天闻、金澹如、王翔欣、彭问梅、姚忠棠、张震国、龚伯英、曹慈凯、杨云、张炳泰、吴和叔、董润洲、郁秉刚、郁秉坚、范汝霖、刘心权、朱金根、徐伟如、翟金宝、姚蓉仁、陆钟麟、丁佩良、臧文辉、顾永根、许浩泉、刘孝泉、陈渭泉、陆士懋、周衡桢、强定生、吴叙林、杨庆润、张子浩、张佩苍、李金林、陆炳根、张根柏、陶馥和、陶海龙、冯梦阳、蔡根泉、许卫道、张泉芳、杨仲荣、刘士敏、汤亚夫、庄石正、曹天任、石麟、许俊卿、汪作民、花燮泉、王秉钧、冯绪承、龙雨霖、刘世泉。

1947 年 6 月 10 日第七版

上海市道教会开办送诊给药通告

本会为服务社会、拯济贫病起见，特举办送诊给药。荷承黄金荣、丁济万、范开泰、岑子良、朱秉禄、毛（吟）康、陈楚湘、雷显之、赵正源、赵德如、方炳章、吴臣卿诸位先生之赞助，并承清虚观严洪清道长移助斋仪，使筹备工作得获完成。兹已聘请内外科中医师、备置药材，即日起在本会内开始送诊给药。特此通告。会址：武定路玉皇山分院。电话：三〇七八三。

1947年8月8日第一版

城隍会

——三班六房前呼后拥，善男信女途为之塞

昨为旧历七月十五日，俗称中元节，为旧俗所称三大鬼节之一，南市城隍庙内，竟日香烟缭绕，信男善女，络绎不绝。五尊城隍神像，亦于午后出巡，仪仗鲜明，行列整齐，阴差皂隶，三班六房，前呼后拥，观众犹如潮涌，一时途为之寨。闻此次"出巡"费用，所耗达数百千万之巨。

1947年8月31日第四版

杭州东岳庙"鬼世界"现形记[1]

阴历七月，是一个人为鬼忙的季节，杭城西北的东岳庙，这半月来已成了神秘的鬼世界，上千上万的善男信女，都远道到这里来烧香。

到老东岳的香客，很多是哭哭啼啼的，因为他〔她〕们是为爱子、丈夫或亲戚，伴他们渡过地狱苦难，寻求超脱，然后才能使活人心里获取安慰。外地来的，他们有的是招死了的亲戚回家去；本地的，有的是送流落在杭的"流浪鬼"回故乡去。而这一切是要向"东岳大帝""送批"的。"大帝"其实祇是傀儡，而由案书、班头之流代行职权，过过大帝瘾，所以他们照逊清的官制，设有礼、户、理、兵、工、刑等六科，另外还有总六科，及局、厅等长，其实都是挂名差使，除了拍菩萨的"马屁"之外，过过官瘾而已。但他们为了取信于愚民，到夜间十二时后，把菩萨招到大殿，去上公堂，皂隶、捕快之流，呼吆咄叱，带阴魂上来，实行公审，像煞有介事地问讯一过，于是判道："……尔等无由冤鬼，流落他乡，殊为可怜，现发给尔等川旅，仰克日返里，沿途不得惊扰

---

① 本文作者署名"黄行天"。

良民，切切此谕！”这种“判决书”和他们的“公堂”布告，都是朱印加批，官架十足，堂皇地贴在山门口；其中有一张，是公然写着阴阳合办的。怎么合办呢？真是一个奇迹。据他们说是“大帝”的灵符在人身上，再由那个人来传达“大帝”的意旨的。这和“扶乩”迷信一样。

东岳庙位于北山北麓，建于西晋末、东晋初的时期，因为它是一个道教的圣地，所以除了正殿外，另有上青、内、碧霞、大中、崇圣等六个宫，二廊、午门和著名的地狱。现在崇圣宫已坍毁，地狱里的十殿阎罗仍布置得阴森森的怪骇人，牛头马面、黑白无常，扮着鬼脸，高高地立在门口，比你高一尺，眼光狠狠地盯着你，胆小的人是不敢进去的。道士共有三百人，都不住在庙里，而庙四旁的住户，就都是这批姓郑的道士。他们现有四十八房，每天轮流去照顾庙务，全年就靠这半个月里的香火钱和做香客生意过日子，这显然是暴利生意无疑。譬如香客去东岳烧香，必需过夜，一夜的宿费即需廿卅万。此外，香烛的利润也很厚的。杭州城里也有很多人到老东岳去抢道士的生意，但是租一间店面，半月租金亦高达六七十万。据非正式的统计：这半月来，平均每天化在这里的钱，数达三亿至五亿，可谓消耗惊人。但据道士的族长郑用甫先生说：“抗战后，民间的元气未复，去年战后第一年，香「泛」[汛]袛及战前十分之三，今年较好，亦仅及十分之五。”今年香市一如往年，老东岳最热闹的几天仍是上海人撑的市面，老坤号和正坤号，化的钱最多。香客肯多化的在道士是好的，但郑道士的意见却出人意外，他对于这些香客们最热心的阴阳合办等工作，都认为是封建遗毒而已。记者几次打听这事，都被他不屑一谈地把话题掉转去了。他说：“我们是靠自己挣钱的，有点知识的人都到外地谋事去了，我还有一个侄子在空军学校读书呢！”这明显地表明了道士渐趋没落的事实。自然，这也可以说是社会进化的好现象。在归途上，我想“人为人忙，毕竟「此」[比]人为鬼忙更有意义”，因为人活在这社会上，要做的事实在太多了。

1947年9月5日第五版

北平火烧老道案主犯三人判五年

前曾轰动一时之白云观火烧老道案复判，主犯许信鹤三人由无期徒刑减为五年，其他十二人亦减刑或释放。

1947年9月23日第五版

五道院香伙闹劳资纠纷

继和尚庙后，道士院香伙与资方亦发生劳费纠纷。香伙要求改用底薪，每月按生活指数发薪及平分锡箔灰。经社会局召集双方进行调解，双方意见各趋极端。社会局拟于日内再召集双方调解。因本市道教院仅玉茅山、三茅观、桐柏寺、清虚观、白云观等五家，香伙亦仅数十人，不若和尚庙之众多，故此项纠纷尚不难解决也。

1947年10月28日第四版

羽士无声抗议

——非劳资纠纷，社局不受理

本市桐柏宫、白云观、茅山宫等一部「份」[分]道士因要求院方调整每场经忏待遇，未为院方接受，昨日为怠工罢做经忏。道教会常务理事艾朗轩昨日至社会局请予调解。社会局表示：各院法师不能代表资方，道士亦非劳方，此案并非劳资纠纷，不予受理，应请警局调处。

1947年11月28日第四版

社会局裁定道院职工待遇

本市白云观、桐柏宫、清虚观、三茅宫等五道院香伙蔬菜斋厨职工，前要求院方对处置锡箔灰办法，依照佛教会同样办理，未为道教会接受，各道院认为锡箔灰应全归院方。社会局调解未成，乃以裁定方式处决其办法为：一、小账采公开制度，凡工作人员均可平均分摊，当家之二成取销。二、工资底薪，每月分一元、一元五角、二元计算。三、锡箔灰百分之五十作为劳工福利金，其余百分之五十归院方。

1947 年 12 月 7 日第四版

江阴玉皇庙被焚毁

邑西观山乡，有秦望山〔俗名小茅山〕，上有三茅峰，每逢春季香汛甚盛。山上有玉皇庙三埭，在抗战时期，曾遭敌人焚毁。胜利后，经地方人士集资重建。十三日午后，忽有年青乡民三人，手携洋瓶一只，上山至玉皇庙，仅称游玩，庙中僧人不疑有他。翌晨〔十四〕三时许，玉皇庙忽火光冲天，当时风势甚大，霎时延烧二殿三殿。附近山下殳桥、里湾、茶岐各村民均往施救，因山高水涸，无法灌救，重建之玉皇庙又付一炬。事后，僧人方知系匪徒纵火所致。

1947 年 12 月 18 日第五版

1948 年

杭州玉皇山上海分院启建第六届太上万年金箓启事

谨启者：夏历十二月初一日起，敝院启建太上万年金箓胜会道场九永日，以为阴阳普利延祥集福，迨至十二月初九日功德圆满。如蒙善信愿加入胜会，务希速即莅院接洽，以便办理禄位、意疏、榜文及各项手续等事。敝院印有入会格式单，承索即奉。地址：武定路卅二弄廿号。电话：三〇七八三。

1948 年 1 月 6 日第五版

谨向陈公侠先生道歉

兹因除夕香火繁盛，纸钱焚化火力甚烈，正在纷乱浇水时，适陈公侠先生来庙进香，误致衣帽等浇湿，幸蒙不予追究。当向道歉外，特此登报道歉，并将本香金充作慈善费用。保安司徒庙住持谨启。

1948 年 2 月 13 日第五版

北平的白云观①

每遇年节，一般人士多喜出游，加以年节名胜地方又都约期开放，犹之乎天津的娘娘宫、上海的邑庙。前往游览的人，在信佛道场摩顶礼拜的固然不在少数，属于以游览为目的，与二三朋友以快耳目的，更是不少。北平年节开放地方，又以在城外郊野者居多，所以我们在新年期间里看见了不少络绎于道的人们，都是去游览春节名胜的。

杜工部《丽人行》云“三月三日天气新，长安水边多丽人”，这还可以说是

① 本文作者署名“刘雁声”。

气候暖和，借机出游。以现在说，这些人不怕春寒料峭、冬意还未退去的滋味，前往一游，可以说是兴致不浅了。

北平西郊的白云观，就是新岁中开放日子最多的。其他如东岳庙、大钟寺、厂甸等处，都差不多以开放到上元节为止，独白云观是以旧历正月十九日为收庙之日，而前一日又有居士们放堂施舍，晚间又有“会神仙”之举，虽说涉及「逃」[迷]信，但是这种流风遗俗，递传许久，并没有衰落的征象，在大家欢呼愉快渡过春节之顷，有这许多点缀，也增加了不少繁华景象。

白云观是北平近郊道教一大寺院，是元邱处机的行宫，领导道教的力量很大。由于清末白云观方丈参与了宫庭行事以后，■力骤增，许多富买都愿意前去随喜。每年旧历年节开放的时候，招商摆设货摊，观里的老道也全体出动，办理春节开放事情。一般游人，以在年节总觉非到白云观去游览不可。过去在民国元二年一直到十几年，白云观后有跑车、跑马之举，两旁搭起茶楼，当中是很宽的跑道，一般公子哥儿，因为自己家里有车有马，就到这个地方，大出风头，彼此比赛。虽然没有花红彩奖，但是以车马漂亮、跑街第一，是最露脸最出风头的事情。跑过的时候，茶楼里面品茶人们，呼喊喝彩，很像现在赛球的拉拉队似的。然而这已随着生活高涨、时代变迁，不仅兴致毫无，在当年的富厚之家，如今也感觉力量不足，所以在无形中废止了。现在跑道犹存，但当年叱咤比赛的人们，不知道现在到什么地方去了！

白云观离北平城不很远，游人代步，除各种车辆以外，还有一种每逢年节常见之景，就是大家骑驴前往。在拂面春风中，平旷沙原上，骑着小驴，也是北平春节中一幅行乐画图。现在，骑一趟驴的代价，在当年是颇可多买几头长耳公了。

1948 年 2 月 22 日第九版

龙门教祖八百仙寿祝嘏通启

盖闻饮水思源，后裔敢忘乎先德蟠桃献寿，凡情创始于仙家。幻泡出没，虽示现朝暮；道气常存，则精神不朽。伏维我龙门邱祖长春真人，幼慕烟霞，壮怀利济，磻溪炼性，六载披蓑，蒙主归仁，一言止杀。五千妙谛罗胸，七二丛林开化。功行积而名动君王，丹诏颁而飞升上界。留周天之口诀，普渡缘人；演百字之派文，绵延嗣脉。清规代守，十方众咸沐慈恩；仙体长生，八百岁欣逢圣诞①。为此征求公意，招集同玄，齐秉虔忱，参加庆典。凡属玄门派下子孙，并诸善信绅商「仕」[士]女，务希届时贲临，全力襄兹盛举。所冀道风广被，群瞻吾教之重光；祖泽覃施，永跻斯民于寿域。典礼时间：农历戊子年正月十九日午时。上海市道教会理监事暨全体道众谨启。地址：上海市武定路麦根路口玉皇山分院。电话：三〇七八三。

1948 年 2 月 23 日第七版；1948 年 2 月 26 日第五版

上海市道教会鸣谢启事

农历正月十九日吾教龙门始祖邱大真人八百仙寿，感荷各省市同玄暨各界善信惠临拈香，或宠锡隆仪，或荣颁芬翰。祇以招待不周，用滋悚渐，谨鸣谢悃，诸希亮詧鉴宥是幸。

1948 年 3 月 1 日第七版

上海市道教会召开会员代表大会公告

兹订于国历六月十二日〔星期六〕下午一时在本会大礼堂召开三十七年会员代表大会，务希各会员代表准时出席。除呈报暨分函外，特此公告。地址：武定路玉皇山分院。

1948 年 6 月 11 日第二版

庙之种种②

有神无庙：本市马霍路口之二石翁仲，本在跑马厅内，后西人筑屋，移

① 26 日所载，在“圣诞”之后，附注“考祖降生于宋高宗绍兴十八年戊辰正月十九日，今年岁次戊子，适值八百岁整寿”。

② 本文作者署名“郑逸梅”。

之为点缀品，不意善男信女，纷往焚香膜拜，且上匾额，奉之为神。然神无一椽之庇，是可谓有神无庙。

有庙有神：南京路之虹庙，即保安司徒庙也，每逢岁首，青楼中人往往天未明竞烧头香，以卜利市。曩年《吴友如画宝》已绘图以志风俗，盖具有悠久历史矣。本市有庙有神者，指不胜屈，虹庙其代表之一也。

有庙无神：沪南制造局路有花神庙，供十二花神，花树业中人，所以馨香俎豆焉。前岁庙之正屋，忽告焚如，所谓十二花神，无不焦头烂额，乃径去之，不留迹象，迄今犹未修复，而庙之侧屋，且辟为学校，为生徒弦诵之处矣。

无庙无神：南门内本有一福田庵，巨刹也，香火素盛。不料住持某忽为多金所动，乃以庙屋鬻之于人，神像送往他处。于是不仅无庙，且无神矣。

老庙老神：上海城隍庙，供奉先哲秦景容，始于元代至元廿九年，惟地址在今淡井庙，至明永乐年间，由邑宰张守约迁至城内，盖将三国东吴孙皓所建之霍光行祠改建，其年代之久远可知。今则不论妇孺，咸以老城隍庙呼之，此老庙老神也。

新庙新神：自抗战军兴，城内外断绝交通，托庇于外人租界者欲进香城隍庙，大感不便。于是投机者于淡水路别辟新城隍庙，塑像筑庙，居然面目一新，遂有新城隍庙之号，此则新庙新神也。

1948 年 6 月 20 日第八版

上海白云观紧要启事

窃我白云观为江南唯一玄门大丛林，兹敦请杭州玉皇山李理山紫东道长为本观监院，谨于国历六月廿七日〔农历五月廿一日〕恭请李监院驾临本观接管视事，敬请十方护法、诸山道长匡襄不逮为幸。白云观全体道众仝启。

1948 年 6 月 27 日第五版

常熟老城隍庙大殿屋面坍毁

西门内老城隍庙，因年久失修，九日晨二时许，其大殿等屋面突告倾圮，所有偶像，除城隍外，尽遭压毁，损失约三百亿，庙主正筹划办理善后。

1948 年 7 月 10 日第五版

〖遗失上海市道教会职员证、会员证启事〗

陈莲笙遗失上海市道教会六号职员证、七号会员证各一张。除申请补发外，声明作废。

1948 年 7 月 27 日第五版

宁波老城隍庙定二十日开光

本埠老城隍庙，经邑绅金廷荪等筹款兴修，费时半载，耗资巨万，全部工程大致完成，画栋雕梁，金璧辉煌，庙容焕然。定本月二十日开光，为本埠百事凋敝声中唯一盛事。

1948 年 11 月 16 日第六版

杭州玉皇山上海分院启建第七届太上万年金箓启事

谨启者：夏历十二月初七日起启建太上万年金箓胜会以为阴阳普利并祈世界太平及超荐阵亡将士、殒难同胞道场九永日，迨至十五日功德圆满。如蒙善信愿加入胜会者，请速即莅院接洽，以便办理禄位、意疏及各项手续等事。敝院印有入会简明章程，承索即奉。地址：武定路卅二弄廿号。电话：三〇七八三。

1948 年 12 月 27 日第三版；1948 年 12 月 28 日第三版

1949 年

苏省保安部通令禁止往茅山朝香

省保安部为确保江南治安，今通令江南各县制止民众前往茅山朝香。

1949 年 2 月 16 日第二版

金母宫道院启事

敝宫谨择于正月十九日起至廿九日止启建金箓大醮十二天，祈祷世界平安，阴阳两利，设立瑶坛，虔诵太上诸品仙经十二部，朝礼各宫宝忏十二部，于中修崇法事全堂。在此礼诵期间务请诸大护法降临拈香，同蒙慈荫。(附设阴阳牌位，香金有无不计。)金母宫住持杨理律稽首。地址：小西门中华路迎勋路口。

1949 年 2 月 17 日第三版

〚苏省保安司令部令饬江南各县制止举行香会〛

〔镇江〕茅山大茅峰、印宫、二茅峰、三茅峰，为江南佛教①胜地之一，每年废历正月十八日至三月十八日，例有香会之举。兹因在戒严期中，苏省保安司令部令饬江南各县制止举行香会。

1949 年 2 月 18 日第七版

① 茅山为道教胜地，但当时报道中往往佛道不分。

上海旧话之三
——闲话天后宫[①]

河南路桥堍的天后宫，一般人都称它为天妃宫，是上海大家都知道的地方。但不知道天后宫数百年来已是屡经沧桑了。

最早的天后宫，并不在河南路桥堍，而是建造在小东门外。据考据，那是在宋朝元符三年，即公历一一〇〇年，离现在已八百五十年了。天后娘娘本是保护航海的神，所以海上舟子对于天后娘娘都是非常虔诚敬奉，许多老式海船，在船艄上，即舵师的后面，都有一个神龛，里面供奉的就是天后娘娘，香烟终年不断。据说，船在江中洋面，遇到狂风巨浪，即将发生危险之时，只要祈求天后娘娘的佑护，就可逢凶化吉，一途平安。由此，也可见天后娘娘是和航行发生密切关系的，几个沿海重要商埠，如宁波、福州等地，都有天后宫的建造，而且都建造得十分庄严堂皇。

到清咸丰三年，即西历一八五三年，洪杨之乱发生，天后宫也在战火中被焚成平地。事平以后，闽广等航商帮，即集资在原址重建。但造成后不久，又因有小刀会之乱，天后宫二次被焚。原来那时的几个小刀会首领，即以天后宫作为隐匿联络之地，清廷前去捕捉，却扑了个空，于是把天后宫烧了，算是铲除巢穴之计。自此以后二十年间，天后宫就不曾重建。

光绪十年，即一八八四年，又勘定公共租界铁马路桥北堍，重行募捐修建，这就是现在的天后宫。所谓铁马路桥，并不是因为马路以铁铺筑，而是因为公共租界时建造苏州河上的各座桥梁，最早用铁条为骨干而上铺木板的，就是这座桥，所以人都称之为铁马路桥。自从天后宫造成以后，就称之为天后宫桥，现在的名字是河南路桥。但现在一般人，都称之为天妃宫桥，究竟何人最初把这个堂皇的“后”字降而为“妃”，那就无从考据了。

1949 年 3 月 8 日第八版

① 本文作者署名“古斋”。